CS 比 较 译 丛 17

比 较 出 思 想

比较
Comparative Studies

美国增长的起落

The Rise and Fall of American Growth

[美] 罗伯特 · 戈登（Robert J. Gordon）_ 著
张林山 刘现伟 孙凤仪 等 _ 译
银温泉 _ 校

中信出版集团 · 北京

图书在版编目（CIP）数据

美国增长的起落 /（美）罗伯特·戈登著；张林山等译 .--北京：中信出版社，2018.5（2025. 7 重印）
（比较译丛）
书名原文：The rise and fall of American growth: the U.S. standard of living since the Civil War
ISBN 978-7-5086-8195-5

I. ① 美… II. ① 罗… ② 张… Ⅲ . ① 经济史—研究—美国 Ⅳ . ① F171.29

中国版本图书馆 CIP 数据核字（2018）第 240792 号

美国增长的起落

著　　者：[美] 罗伯特·戈登
译　　者：张林山等
译　　校：银温泉
出版发行：中信出版集团股份有限公司
（北京市朝阳区东三环北路 27 号嘉铭中心　邮编　100020）
承 印 者：北京通州皇家印刷厂

开　　本：787mm × 1092mm　1/16　　印　　张：48　　字　　数：754 千字
版　　次：2018 年 5 月第 1 版　　印　　次：2025 年 7 月第 12 次印刷
京权图字：01-2015-8578
书　　号：ISBN 978-7-5086-8195-5
定　　价：128.00 元

服务热线：400-600-8099
投稿邮箱：author@citicpub.com

获奖信息

纽约州注册会计师协会2017年“财经新闻著作奖”优秀获奖图书

Winner of the 2017 Excellence in Financial Journalism Book Award, New York State Society of Certified Public Accountants

美国出版商协会2017年“美国职业学术历史著作奖”获奖图书

Winner of the 2017 PROSE Award in U. S. History, Association of American Publishers

《纽约时报》畅销书

A New York Times Bestseller

彭博视点“改变保守主义思想的五本书”

One of Bloomberg View's “Five Books to Change Conservatives' Minds”, chosen by Cass Sunstein

彭博社“50本最有影响力图书”榜第36位

#36 on Bloomberg's “50 Most Influential” List

2016年彭博社最佳图书

One of Bloomberg's Best Books of 2016

2016年《金融时报》最佳经济学书籍

One of Financial Times (FT. com) Best Economics Books of 2016

2016年《经济学人》经济和商业书籍

One of The Economist's Economics and Business Books of the Year 2016

2016年战略与商业最佳书籍的经济类图书

One of the Strategy + Business Best Business Books 2016 in Economy

2016年《柯克斯评论》最佳非虚构类图书

One of Kirkus Reviews Best Nonfiction Books of 2016 in History

2016年彭博视点的伟大历史著作

One of Bloomberg View's Great History Books of 2016

2016年《纽约时报》100本值得关注的著作

One of The New York Times 100 Notable Books of 2016

2016年《华尔街日报》20大好书

One of The Wall Street Journal's "The 20 Books That Defined Our Year" 2016

2016年《外交事务》杂志编辑精选图书

One of Foreign Affairs' Editors' Picks 2016

2016年《华盛顿邮报》最佳经济学图书

One of the Washington Post's Best Economics Books 2016

入围2016年英国《金融时报》和麦肯锡年度最佳商业图书

Shortlisted for the 2016 Financial Times and McKinsey Business Book of the Year

《纽约客》Page-Turner博客"2016年我们喜欢的书"

One of The NewYorker. com Page-Turner blog's "The Books We Loved in 2016"

入围2016年麦吉尔大学历史文献著作的坎迪尔奖

Longlisted for the 2016 Cundill Prize in Historical Literature, McGill University

献给朱莉，她知道我们的爱与此永驻

目录

第一篇

1870—1940 年
伟大发明成就了家庭内外革命

第二篇

1940—2015 年
黄金时代和增速放缓的早期预警

第三篇

增长加速和放缓的根源

“比较译丛”序

2002 年，我为中信出版社刚刚成立的《比较》编辑室推荐了当时在国际经济学界产生了广泛影响的几本著作，其中包括《枪炮、病菌与钢铁》《从资本家手中拯救资本主义》《再造市场》（中译本后来的书名为《市场演进的故事》）。其时，通过 20 世纪 90 年代的改革，中国经济的改革开放取得阶段性成果，突出标志是初步建立了市场经济体制的基本框架和加入世贸组织。当时我推荐这些著作的一个目的是，通过比较分析世界上不同国家的经济体制转型和经济发展经验，启发我们在新的阶段，多角度、更全面地思考中国的体制转型和经济发展的机制。由此便开启了“比较译丛”的翻译和出版。从那时起至今的十多年间，“比较译丛”引介了数十种译著，内容涵盖经济学前沿理论、转轨经济、比较制度分析、经济史、经济增长和发展等诸多方面。

时至 2015 年，中国已经成为全球第二大经济体，跻身中等收入国家的行列，并开始向高收入国家转型。中国经济的增速虽有所放缓，但依然保持在中高速的水平上。与此同时，曾经引领世界经济发展的欧美等发达经济体，却陷入了由次贷危机引爆的全球金融危机，至今仍未走出衰退的阴影。这种对比自然地引发出有关制度比较和发展模式比较的讨论。在这种形势下，我认为更有必要以开放的心态，更多、更深入地学习各国的发展经验和教训，从中汲取智慧，这对思考中国的深层次问题极具价值。正如美国著名政治学家和社会学家李普塞特（Seymour Martin Lipset）说过的一句名言："只懂得一个国家的人，他实际上什么国家都不懂（Those who only know one country know no country）。"这是因为只有越过自己的国家，才能知道什么是真正的共同规律，什么是真正的特殊情况。如果没有比较分析的视野，既不利于深刻地认识中国，也不利于明智地认识世界。

相比于人们眼中的既得利益，人的思想观念更应受到重视。就像技术创新可以放宽资源约束一样，思想观念的创新可以放宽政策选择面临的政治约束。无论是我们国家在 20 世纪八九十年代的改革，还是过去和当下世界其他国家的一些重大变革，都表明"重要的改变并不是权力和利益结构的变化，而是当权者将新的思想观念付诸实施。改革不是发生在既得利益者受挫的时候，而是发生在他们运用不同策略追求利益的时候，或者他们的利益被重新界定的时候"*。可以说，利益和思想观念是改革的一体两面。囿于利益而不敢在思想观念上有所突破，改革就不可能破冰前行。正是在这个意义上，当今中国仍然是一个需要思想创新、观念突破的时代。而比较分析可以激发好奇心、开拓新视野、启发独立思考、加深对世界的理解，因此是催生思想观念创新的重要机制。衷心希望"比较译丛"能够成为这个过程中的一部分。

钱颖一

2015 年 7 月 5 日

---

* Dani Rodrik. "When Ideas Trump Interests: Preferences, Worldviews, and Policy Innovations". NBER Working Paper 19631, 2003.

前　言

这是一本关于内战之后美国经济增长起落的书。人们早已意识到，经济增长并不是稳定且连续的。从罗马帝国衰落到中世纪这长达 8 个世纪的时间里，经济都没有增长。历史研究已经证明，在 1300 年到 1700 年的 4 个世纪里英国人均实际产出仅增加了 1 倍，而相比之下美国人均实际产出在 20 世纪每隔 32 年就增加 1 倍。从半个世纪前的研究中得出的结论是，1920 年之前美国经济稳定增长但相对缓慢，1920 年起才开始腾飞。数十年来，学者们都在努力寻找导致生产率增长在 1970 年后显著下降的因素。然而，对于为什么生产率增长在 1920 年到 1970 年之间非常迅速而后非常缓慢，并没有全面一致的解释。本书将有助于解决这个关于美国经济史的最根本问题。

本书的中心思想是，随着时间的推移，美国经济增长经历了系统性的变化，在 20 世纪中期达到高峰，随后开始下降。这在某种意义上代表着对“稳态增长”模型的背离，该模型从 20 世纪 50 年代中期开始一直主导着关于增长过程的思考。我对 20 世纪中期增长高峰的兴趣可以追溯到我 1965 年从事的暑期工作，当时我 24 岁，刚结束麻省理工学院（MIT）经济学研究生一年级的学习。我们的一个项目是研究公司“税负转嫁”问题，即企业是否通过向消费者收取更高价格来转嫁税负，从而降低公司所得税税负。我们的研究方法是将 20 世纪 20 年代与 50 年代的价格和利润进行比较。其中，20 年代的公司所得税税率较低，而 50 年代的税率已经大幅提高。已有文献支持以更高价格转嫁税负的观点，依据是50年代单位资本的税前利润率明显高于20年代，但商品销售利润率并没有相应增加。这个反差是由20世纪20年代至50年代销售额对公司资本比率的大幅上涨所致的。

那个夏天，对经济增长感兴趣的经济学家正开始消化约翰·肯德里克于1961年出版的权威著作《美国的生产率变化趋势》（*Productivity Trends in the United States*），该书首次提供了一套关于1889年以来产出与投入的年度连续数据。肯德里克的数据表明，20世纪20年代到50年代产出相对于资本的大幅增长不仅是公司部门的特征，也是整个经济的特征。这似乎与我们在麻省理工学院课堂里学习的增长模型相冲突，那些模型的典型特征是产出资本比长期不变。意识到理论与现实之间的这一潜在矛盾，1965年8月26日，我写信给身为经济学家的父母："我对此十分着迷，因为产出资本比的上升必定存在技术和结构性的（实际）原因。"[1]

我在暑期对税负转嫁的研究最后形成了一篇学期论文，并被《美国经济评论》接受发表。我的博士论文就是研究20世纪20年代至50年代产出资本比猛增这一难题，并与20世纪中期生产率剧增相对应，而后者形成了本书的一个中心主题。尽管博士论文的大部分内容对于寻求解决方案贡献甚少，但是其中最重要的章节发现："二战"期间与战后形成产出的资本投入的很大一部分都没有对应的数据，因为"二战"期间通用汽车、福特等私有企业用于生产坦克、飞机和武器的所有工厂和设备都是由政府支付的，没有计入私有资本投入数据。

20世纪90年代末，我撰写了一篇会议论文，再次回到对20世纪经济增长史的研究。这次会议在荷兰格罗宁根举行，旨在纪念经济增长统计学的著名开创者安格斯·麦迪森（Angus Maddison）。这篇论文于2000年刊出，标题是"解释美国长期生产率增长中的'一个大波浪'"，它唤起了人们对20世纪中期美国经济增长高峰的关注。同时，有证据表明1972年后美国生产率增长的长期衰退已经结束，至少暂时看是这样，因为劳动生产率的年增长率在20世纪90年代后期开始急剧上升。但是，对于促进长期经济增长，计算机时代的发明是否同 19 世纪晚期电力、内燃机和其他伟大发明一样重要，我是持怀疑态度的。

这种怀疑促使我撰写了同样发表于 2000 年的另一篇文章，题为"'新经济'是否能媲美过去的伟大发明?"。在这篇文章中，我将 19 世纪晚期许多方面的发明汇总在一起，并与 20 世纪 90 年代的互联网革命进行系统比较。这部分内容生成了本书的第一篇，它分析了伟大发明如何改变日常生活。本书的整个主题代表着对两篇论文的合并，其中第一篇分析"大波浪"，第二篇分析"伟大发明"。

本书分别与两个不同的研究分支相关。其一是有悠久传统的经济史，旨在解释经济增长的加速与减速。其二是"技术乐观主义者"最近的成果，他们认为机器人和人工智能正史无前例地将美国经济带入生产率增长历史性加速的顶峰。第 17 章透视了技术乐观主义，指出数字化对生产率增长的主要好处体现在 1996—2004 年生产率增长的短暂复苏中。第 18 章则指向了不同方向，它在不平等、教育、人口和财政等阻力中发现了增长放缓的其他原因，这些阻力正使实际可支配收入中位数的增长远远滞后于生产率增长。

本书写作开始于 2011 年暑假。对于第一篇的章节，我了解得相对较少，因而必须从头开始，并且得到了一些本科生研究助理的帮助。在 2007 年构思本书写作计划时，我就立刻聘用了第一位研究助理，到 2015 年暑假对图表做最后更新时，西北大学一共有 15 位本科生研究助理参与了这一项目的工作。本书最后专门对他们和其他帮助者致以谢忱。

本书第一篇分析 1870—1940 年的章节，参考资料主要来自馆藏图书，这些书在西北大学办公室和我家里的书桌上堆积成山。其中，最有意思的书不是由经济学家而是由历史学家和非学院派作者撰写的。我最喜爱的经济史著作是威廉·克罗农的《自然的大都市：芝加哥和大西部》(*Nature's Metropolis: Chicago and the Great West*)，此书 1991 年刚出版时我就看完了。撰写前面章节时对我参考价值最大的两本书，分别是托马斯·施勒雷特的《维多利亚时代的美国：日常生活中的转变，1876—1913》(*Victorian America: Transformations in Everyday Life*, 1876 -

1913），以及安·格林的《马在工作：工业化美国的驱动力》（*Horses at Work*：*Harnessing Power in Industrial America*）。

本书第二篇关于1940年后章节的写作任务相对简单。此时我较少依靠图书，因为相应的文章十分丰富。这也是我的专长领域，因为我先前已经写过许多与战后生活水平提高有关的文章。目前我承担的课程之一是新生研讨课《经济学赢得了两次世界大战吗?》，这在超过15年的时间里，为我广泛阅读有关“二战”期间大后方经济学资料提供了机会。这一背景帮助我得出了第16章的结论，即大萧条和“二战”共同构成了20世纪20年代至50年代全要素生产率大幅提高的主要解释变量。

当写到关于服装、住房、家用电器、电视机、汽车等物品的战后质量提升时，我重新回到了先前作为价格指数传统测度方法的批评者的角色。在第10—12章中，许多对质量变化的估计都来自我1990年出版的著作《对耐用品价格的衡量》（*The Measurement of Durable Goods Prices*）。第17章与第18章的核心观点最早出现在2012年的一篇关于增长终结的工作论文中，并在2014年的后续论文、无数的演讲以及同技术乐观主义者的争论中得到了进一步发展。

本书终稿以非常独特的方式将经济学和历史学结合起来。本书与大部分经济史研究的差异在于，它仔细考察了家庭内外日常生活和工作的小细节。不同于许多关于家庭生活或工作条件演变的历史记录，本书在经济增长分析这一更广泛的背景下解释了这些细节。其中有120多幅图表对数据重新进行转换和安排。该分析有助于对20世纪中期持续几十年的经济快速增长和1970年起持续至今的增长放缓提供一个逻辑一致的解释。

本书采用了不影响阅读的倒叙手法，追溯到这样一个时期：生活和工作不仅枯燥乏味，而且充满风险和危险；生活和工作的环境不是太冷就是太热，因为那时不仅没有空调，也没有集中供暖系统。本书不仅仅涉及数字、趋势以及增长率的上升和下降，而且包括个人的泪水和汗水、自来水和洗衣机出现之前洗衣服这样的苦差事。在那个时代，搓衣板和户外晾衣绳是洗衣服的仅有工具。本书旨在刻画革命性世纪的戏剧性变迁，在这一个世纪的时间里，借助于一系列奇迹般的发明和经济增长的加速，现代社会得以形成。在此之后，未来发明对日常生活产生类似影响的潜力将下降。这可能对未来的美国和世界经济产生最为深远的影响。

罗伯特·戈登

伊利诺伊州埃文斯顿

2015 年 8 月

第1章
引言：经济增长的加速与放缓

内战之后的一个世纪是一个革命的年代，其间发生了无数次几乎无人注意的革命，这些革命不是发生在立法机构的大厅里，不是发生在战场上或路障边，而是发生在家里，发生在农场和工厂里，发生在学校和商店里，发生在陆地上、海洋里和天空中。它们之所以很少引人注意，是因为来势十分迅猛，是因为它们随时随地都在影响着美国人。不仅是美国大陆，还包括人类经验本身，乃至社区、时空、现在与将来的含义，都在被反复修正。一个新的民主世界正在被生活在各地的美国人创造和发现。

——丹尼尔·布尔斯廷（Daniel J. Boorstin，1973）

特殊世纪

美国内战之后的革命性世纪不是关于政治的而是关于经济的，它使美国家庭摆脱了痛苦而又无休止的体力劳动、烦琐的家务劳动、黑暗、隔离和早逝。仅仅一百年之后，日常生活已经发生了翻天覆地的变化。户外体力劳动被空调环境中的室内劳动替代，家务劳动越来越多地由电器设备承担，黑暗被光明驱走，而取代隔离的不仅是旅游，还有将世界带入客厅的彩色电视图像。最重要的是，一个新生儿预期将活到72岁而不是45岁。1870—1970年的经济革命在人类历史上是独一无二的，也是不可复制的，因为它所取得的许多成就只能发生一次。

本书基于一个有丰富内涵的重要思想：经济增长并不是一个又一个世纪以不变速度创造经济进步的稳态过程。相反，这一过程在一些时期比另一些时期发生得更快些。1770年之前的上千年几乎没有经济增长，在1870年之前的过渡世纪只有缓慢增长，而在截至1970年的这个世纪中发生了显著的快速增长，1970年之后增长再次放缓。我们的中心论点是一些发明比另一些发明更加重要，而内战之后的革命性世纪是在19世纪晚期一系列独特发明的推动下形成的，我们将这些发明称之为“伟大发明”。

这直接引向第二个重要思想：1970年之后的经济增长既让人眼花缭乱又令人无比失望。解释这个悖论的关键是：1970年之后的进步已经逐渐转向人类活动的一个狭窄领域，这些活动与娱乐、通信、信息收集和处理有关。对于人类所关心的其他事务，包括食品、服装、住房、交通、健康、家庭内外的工作环境等，无论是从定量还是定性的角度看，在1970年之后进步速度都已经放缓。衡量创新和技术进步速度的最好标准是全要素生产率，它主要用于衡量相对于劳动和资本投入的增长而言产出增长有多快。1970年之后全要素生产率的增速几乎只是1920—1970年相应增速的1/3。

在第二个重要思想之后，紧接着就有了第三个重要思想：过去150年中美国人民生活水平的提高，很大程度上依赖于历史上大大小小的创新。但是，对未来美国经济进步的任何考虑都必须超越创新来考察阻力，这些阻力像狂风一样正在拖累经济进步的步伐。其中，最主要的阻力是日益严重的不平等，即1970年之后最高收入阶层享有美国经济增长成果的份额不断扩大。

我们的出发点是一个独一无二的百年时期，即“特殊世纪”，这个世纪对经济进步的作用远比其他所有世纪都重要，这意味着对过去60年不断发展的经济增长理论的背离。增长理论指出，经济具有“稳态”运行的特征，这种状态下持续流入的新思想和新技术不断创造投资机会。

但是，经济理论方面的文献较少提及，其模型并不适用于人类生存的绝大部分时期。根据著名经济增长史学家安格斯·麦迪森的说法，在公元 1 年到公元 1820 年，西方国家的年均增长率仅为 0.06%，亦即每个世纪增长 6%。[1] 经济评论家史蒂文·兰兹伯格对此做了简要阐述：

> 现代人类最先出现于大约 10 万年前。而在接下来的大约 99800 年中什么事情都没有发生。当然，并非绝对没有事情发生，其间有战争、政治阴谋以及农业发明等。但是，所有这些事情都没有对人们的生活质量产生多大影响。几乎每个人都过着相当于现代年均收入 400 美元到 600 美元的生活，略高于温饱水平。在那之后的大约 200 年，人们开始变得越来越富有。并且，日益富裕这一趋势仍在继续。[2]

本书采用"特殊世纪"这一视角来分析经济增长，认为经济增长经历了一个快速增长的非凡时期，并将不可重复。把 1870 年到 1970 年之间的一百年定义为特殊时代，仅适用于美国这个自内战以来为所有发达国家开创了技术前沿的国家。虽然本书聚焦于美国，但是它并不否认其他国家同样取得了巨大的进步。例如，西欧国家和日本在 20 世纪后半叶已经大体赶上了美国，而中国和其他新兴国家如今也正处于追赶发达世界所享有的技术和设施的过程之中。

我们的首要工作，是识别 1870 年后经济革命那些独一无二且不可重复的具体方面。我们如此习惯于日常生活的舒适便利（包括洁净和温暖），以至于很轻易地就忘记了这些舒适便利是最近才实现的。在 1870 年，农场和市区的工薪阶层家庭成员在厨房（通常是家中唯一加热的房间）的大浴盆里洗澡。人们用木桶从室外运凉水，然后在开放式壁炉上加热。运送和加热凉水非常麻烦，因此人们不可能每天或者每周洗一次澡，有些人甚至一个月洗一次澡。类似的，给所有房间加热在当时看来也是遥不可及的梦想。但是，这一梦想在 1890 年到 1940 年仅仅几十年间就变成了现实。

毫无疑问，进步并不是在 1870 年突然发生的。然而，这一年标志着传奇时代的开始，因为内战为我们提供了一个将战前和战后两个时期分开的醒目的历史标志。一个关于经济进步的故事需要数字来记录进步，而关于经济的原始数据在1869年第一次工业调查后变得更加充分。恰恰就在这一年，横跨大陆的铁路在犹他州秃顶山连接贯通，从而使美国连成一体。

我们的研究起点是1870年，但这并不意味着矮化先前半个世纪的进步。1820年的世界几乎是中世纪的，这是一个用烛光照亮的昏暗世界。那时，人们使用偏方来解决健康问题，出行速度顶多是马或帆船的速度。那半个世纪的三项伟大发明，即铁路、蒸汽船和电报，为1870年之后的更快速进步奠定了基础。当北方的火车将北方军队运送到前线、北方蒸汽船封锁英国人对南方的物资供应（这加速了南方的战败）时，美国内战自身很好地展现了这些发明。半个世纪以前，新奥尔良战役于1815年1月8日打响，而此时结束1812年战争的《根特条约》都已经签订三周了。在电报和海底电缆发明之前，消息传播非常缓慢。但在美国内战期间，一旦战役的结果出来，日报会在短短数个小时内将其公之于众。

紧随着美国内战出现的大量发明彻底改变了生活，将人们的注意力和精力从平凡事物转移到摩天大楼和飞机上。使1870—1970年这一时期如此特殊的，正是这些不可能重复的发明。当电力使轻触开关替代划火柴实现照明成为可能时，实现照明的过程就被永久改变了。当电梯使建筑物可以纵向扩展而非局限于横向铺开时，土地使用的性质也被改变，密集的城市也得以形成。当可在地板上移动或可手持的小型电器取代了以皮革或橡胶皮带传送动力的笨重蒸汽锅炉时，用机器替代人工劳动的范围也扩展超出了人们的认知。汽车取代马匹成为市内交通的首要方式，相应地，社会再也不用将其1/4的农业产出用来喂养马匹，不用供养大量劳动力来处理马匹产生的废弃物。值得注意的是，在所有伟大发明中，交通工具最引人注目，它的速度在大约一个多世纪里增长了1倍：从19世纪30年代最初的原始铁路取代驿站马车，到1958年波音707接近音速飞行。

在 19 世纪后期，每个家庭将其一半的预算用于购买食物，而食物供给从中世纪到现代的过渡同样发生在这一特殊世纪。1859 年约翰·兰迪斯·梅森发明的梅森罐使人们可以在家中保存食物。第一批罐头肉在内战期间供应给北方军队，而在 19 世纪后期，从家乐氏（Kellogg's）的玉米片和博登（Borden）的炼乳到吉露（Jell-O）果子冻，大量的品牌加工食品进入美国家庭。克拉伦斯·伯宰（Clarence Birdseye）在 1916 年迈出了进入现代社会的最后一步，即发明了冷冻食品的方法，尽管这一发明直到 20 世纪 50 年代电冰箱冷冻室足以将温度维持在零度时才真正成为家庭的实用技术。1870 年，鞋子和男装是从商店购买的，而女装则是母亲和女儿在家中自制的。缝纫机直到那时才进入大众市场，并“给出了不可能的承诺，即家庭生活中的一个苦差事可以真正令人兴奋，带来乐趣”。[3] 到 20 世纪 20 年代，大部分女装都是从零售店购买的，这些零售店在 1870 年时并不存在。也就是说，1870 年还没有城市的百货商店和为农村顾客服务的邮购商品目录。

衡量进步的指标有一些是主观的，但预期寿命的延长和婴儿死亡率的降低是衡量这个特殊世纪在医疗和公共卫生领域取得进步的可靠指标。公共自来水厂不仅彻底改变了家庭主妇的日常生活，而且保护每个家庭免于水传疾病的困扰。19 世纪后期麻醉药的研制使截肢手术中的可怕痛苦成为过去，而无菌手术的发明则使 19 世纪的医院远离肆虐的病菌。X 射线、抗生素和治疗癌症的现代方法都是在这个特殊世纪中得到发明和应用的。

使这个世纪如此独一无二的，不仅是其变化的程度，还包括实现这些变化的速度。在 1880 年还没有一个家庭通电，但到 1940 年几乎百分之百的美国城市家庭都通了电。在同一时期，使用洁净自来水并通过下水管道处理废弃物的城市家庭的比例也达到了 94%。到 1940 年，超过 80% 的城市家庭安装了室内抽水马桶，73% 的家庭使用煤气取暖和烹饪，58% 的家庭装有集中供暖系统，而 56% 的家庭已经购买了机械式冰箱。[4] 简而言之，1870 年家庭与世界的其他部分相隔离，但到 1940 年通过“网络”相互连接，大部分家庭实现了五通：通电、通气、通电话、通自来水和通下水道。

住宅的网络化与现代家电一起彻底改变了家务劳动的性质。以前用搓衣板洗衣服、在室外晾晒衣服、制作和缝补衣服以及烘焙和保存食物，需要花费大量时间，如今这些家务劳动仅需花费几个小时。女性从繁杂的家务劳动中解放出来，因而有时间参与市场工作。男性工作环境的改善可能更为明显。1870 年，作为农场主或农场工人，超过一半的男性从事农业。他们工作时间很长，并且十分辛苦。他们在夏天遭受暴晒，在冬天又要忍受寒冷。同时，他们的劳动果实还要受干旱、洪涝和害虫侵袭的摆布。城市中的工薪阶层需要每周工作 60 小时，或每天工作 10 小时，星期六也不能休息。一半以上的十几岁男孩成为童工，家庭的男性户主则要一直工作到丧失劳动能力或者死亡。但是，到 1970 年，整个时间观念已经改变，其中包括引入一个世纪之前鲜为人知的大段闲暇时间，如双休日和退休。

由于所有这些不可逆转的改变，在内战之后的半个世纪里美国实现了非常重要的转变，从一个由松散联系的小城镇组成的农业社会，过渡到由更强大的私人和政府机构组成且人口多样化不断增加的城市和工业社会。从乡村社会到城市社会这一单行道上的里程碑是根据总人口中城镇人口的比重来确定的，而所谓城镇人口是指生活在 2500 人以上由政府划定的城市和乡镇的人口。美国城镇人口的比重，已经从 1870 年的 24.9% 提高到了 1970 年的 73.7%。[5]

2012 年 10 月末，异常强大的飓风“桑迪”过境，对纽约市的大部分以及新泽西州海岸造成严重的损害，没有其他例子能比这次事件更好地说明特殊世纪的发明对人类社会的重要性了。洪涝灾害在人类历史上十分普遍，但气候与伟大发明之间的相互关系从未达到此次灾害所显示的程度。“桑迪”使许多灾民退回到 19 世纪的生活水平。纽约市三十四街以下的居民也领略到失去电梯后的生活将会怎样。不仅垂直移动受阻，而且因为地铁被洪水淹没和停电，水平移动的主要方式也都无法使用。在没有电的情况下，任何人都无法使用电灯、空调、换气扇以及防止食物损坏的冰箱和冷库等现代发明。许多居民无法取暖，无法加热食物，甚至没有了自来水。生活在新泽西的人们也找不到通勤所需的汽油，因为加油站的泵在停电时已不能使用。而且，在笔记本电脑和手机的电池耗尽之后，通信也被切断。

1970 年以来：进步范围日益狭窄且收益递减

我将 1870—1970 年标记为“特殊世纪”，这意味着 1970 年之后的年份将不再那么特殊。首先，技术进步开始放缓。除了少数显著的例外，1970 年以后的创新步伐已不再像特殊世纪的发明所推动的那么广泛，那么深入。其次，在 1970 年之后，不断加剧的不平等意味着创新的果实不再由人们平等分享：尽管那些处于收入分配顶层的人们仍在继续成功发展，但是收入分配中层和底层的美国人民在不断增大的经济蛋糕中分享的份额正在减少。

特殊世纪之所以特殊，不仅因为日常生活已经完全改变，而且在于这些改变发生在与电、内燃机、健康、工作条件以及住宅网络化等领域密切相关的诸多方面。1970 年以后进步仍在继续，但是主要集中在娱乐、通信和信息技术领域，这些领域的进步不会像伟大发明的副产品那样丰硕壮观，那样突然迸发。相反，变化是演进式的、连续的。例如，20 世纪 40 年代末和 50 年代初电视机的出现和普及导致电影院的上座率直线下降。但是，电影并未因此消失，相反，它们日益成为电视节目的中心元素，在有线电视开通数百个频道之后尤其如此，因为这些有线电视频道需要为观众提供节目。类似的，电视机并没有淘汰收音机，而是使收音机的角色从起居室家具中的主要成员转变为一种便携式小型装置，并更多地成为车载设备。同样，也没有其他事物出现来淘汰电视；相反，电视技术变得更好，其表现之一是高清彩色大显示屏成为标准。

从 1876 年发明电话到 1983 年打破贝尔电话公司的垄断局面，固定电话在通信领域占据统治地位长达一个多世纪。从那时起，手机的出现使越来越多的家庭放弃使用固定电话。与 1970 年以前相比，信息技术以及它所支持的通信在 1970 年之后取得了更快的进步。从 20 世纪 60 年代和70年代的大型计算机到80年代的独立个人计算机，再到90年代的联网个人计算机，最后发展到最近的智能手机和平板电脑，这一转变是所有变化中最快的。但是，同样的，这一转变仅仅与人类经历中很有限的范围相关。在2014年美国GDP（国内生产总值）中，全国所有企业和家庭的电子娱乐、通信和信息技术（包括购买电视、音频设备、手机服务）等方面的全部开支所占比重大约仅为7%。

与娱乐、通信和信息技术相比，其他领域的技术进步在1970年之后更是缓慢。冷冻食品已经出现了很长时间，在食物可得性方面的重大变化只体现在更广泛的多样性上，尤其是民族风味特色餐饮、反季节蔬菜和有机食品。除了款式和原产国之外，在服装方面没有什么特别明显的改变，但是服装进口已经使美国国内成衣行业几乎全部停工。到1970年，厨房充斥着大大小小的家用电器，微波炉是1970年以后唯一产生较大影响的家电产品。汽车在2015年的基本作用同1970年别无二致，即运输人和货物，尽管它们已经变得更加便利和安全。如今航空旅行的舒适度甚至已经比不上1970年，因为座位设置越来越拥挤，同时长长的安全警戒线也使飞机离港过程耗时更长、压力更大。

1970年以后美国取得的成就并未落后于大部分发达国家，但在一个重要方面美国人感觉到了明显落后，那就是如何根治国家医疗保健体系的高昂成本和低效率。与加拿大、日本或任意一个西欧国家相比，美国到现在为止医保系统最为昂贵，但预期寿命最短。与1940年到1970年之间取得的大量进步相比，医疗方面的改进在1970年以后也已经放缓。在前一时期中，人们见证了抗生素的发明、冠状动脉疾病治疗和预防方法的发展以及放射性和化学疗法的出现，这些至今仍然是治疗癌症的标准方法。

生活水平及其测度

测度生活水平的最常用标准是实际GDP与全国人口的比率，或称“人均实际GDP”（其中，实际GDP是指经通胀调整后的商品和服务总产出）。之所以使用这一标准，可以用以下两点来解释。一是大部分国家的人口数据是可靠的，二是用于衡量实际 GDP 的方法普遍标准化了。在比较不同国家时，我们通常根据它们的人均实际 GDP 对其进行排名。同时，在讨论贫穷国家向富裕国家生活水平的“趋同”时，使用人均实际 GDP 增长率这一标准已经成为惯例。

本书表明，有两个重要的原因足以解释为什么人均实际 GDP 大大低估了任意国家（特别是美国）在特殊世纪中所取得的生活水平的提高。第一，GDP 遗漏了生活质量的很多方面，这些对人们十分重要。这种遗漏的产生源于 GDP 指标的设计而非其理论缺陷，因为 GDP 测度的是在市场中交易的商品和服务，并没有包括那些对人们非常重要的非市场活动的价值。第二，即使作为衡量市场活动的指标，GDP 增长也会被系统地低估，因为用于将当前货币支出转换为经通胀调整的不变价值美元的价格指数会高估价格增长。这一部分我们将超越实际 GDP 的界限拓展生活水平的概念，下一节讨论价格指数偏误的来源，最后用相关例子进行总结，说明人类活动中容易被 GDP 遗漏或严重低估的一些主要方面。

人们通常根据加里·贝克尔的时间分配理论来定义生活水平。[6] 家庭将市场上购买的商品和服务与时间相结合，从中获得效用。电视机等新增家用设备，以及电视机画面质量提高等技术进步，将增加用于家庭生产和家庭闲暇时间的边际产品。例如，1955 年人们观看一小时电视所获得的效用，要高于 1935 年在同一客厅中听一小时收音机所获得的效用。与使用搓衣板洗衣服并在户外晾晒相比，自动洗衣机和烘干机使投入家庭生产的时间更有价值。

让我们扩展贝克尔的分析框架，加入第三个元素，即市场工作的负效用导致家庭福利减少。其中，家庭必须进行市场工作，赚取收入，购买市场商品和服务。例如，如果在 1900 年需要用 60 小时工作收入购买的商品和服务，到 1940 年可以用 40 小时工作收入来购买，那么在 1940 年工作负效用就减少了，变得相对较小。在关于经济增长源泉的文献中，很早就有对更短工作时间的解释，这可以追溯到爱德华·丹尼森。他指出，当每周工作时间从 60 小时缩短到 40 小时，人们的时均产出（output/GDP per hour）会更多，这仅仅是因为疲劳降低了那些额外工作时间的生产效率。[7]

表现为降低工作负效应这种形式的进步并不一定仅仅涉及工作时间的减少，可能还包含工作强度的降低以及与工作性质有关的不舒适的减少（例如，轧钢厂工人遭受的酷热）。以农业劳作负效用的极大减少为例，如今，农民坐在装有空调和 GPS（全球定位系统）装置的拖拉机中进行耕种，这与 1870 年跟在马或骡子后面用犁耕地的农民形成鲜明对比。通过将每一个家庭同时视为消费者和生产者，这一方法很好地解释了生活水平的提高。

工作质量的极大提高，包括从容易发生身体损伤和危险的蓝领工作转向办公室、宾馆和零售店空调环境中的工作。同时，它还包括因为个人工作时间灵活性和可控性提高而得到的工作质量提升，这与制造业全盛时期装配线工作的高度受管制形成对比。同样，“青年素质”也因为取缔童工和受教育程度提高而得以改进，这充分反映在如下强烈的对比中：1900 年的孩子在黑暗、危险的煤矿中赶骡子，而 2015 年养尊处优的青少年则使用多个电子产品发短信、发微博和玩游戏。这种强烈的对比也说明了这一点。

因此，如果涵盖家庭生产、闲暇时间的价值以及工作不愉快的减少，生活水平概念就超出了市场上购买的商品和服务的数量及质量的变化。但即使如此，那些包含在 GDP 中的项目仍然会因为价格指数（用于将现值美元支出转换为经通胀调整后的不变价美元）的缺陷而不可避免地出现错误。这一转换要求用一整套价格指数来调整，例如将消费者以 1965 年价格（每加仑* 0.3 美元）消费的当期汽油支出调整为以 2009 年不变价格（每加仑 3 美元）计算的相应支出。在这个例子中，汽油价格在 1965—2009 年增长了 10 倍，因而 1965 年 200 亿美元的当期汽油支出会转换为以 2009 年不变价格计算的 2000 亿美元。用 2009 年价格计算 1965 年购买的所有商品和服务的价值，就可以得到 1965 年的实际 GDP

* 加仑是一种容（体）积单位，分为英制加仑和美制加仑。1 加仑（美）约合 3.785412 升。——编者注

总额，用同样的方法可以得到其他每一年的实际 GDP。

但是，并非所有产品都和汽油这种在几十年里质量维持不变的商品相同。当引入新产品，如室内空调时，并没有考虑到消费者在炎热的夏夜可以在凉爽的卧室内睡觉而提高的消费者福利，可得的价格指数告诉我们空调出售后其价格发生了什么变化，但是并没有告诉我们任何关于其基本价值的信息。更糟糕的是，新产品通常会在上市早期经历价格的急剧下跌，因为制造商需要扩大产能，实现规模经济。然而，官方价格指数会一贯地在新产品上市销售多年之后才将其纳入。例如，空调在 1951 年首次销售，但是直到 1967 年才被纳入官方价格指数；录像机于 1978 年正式上市，但直到 1987 年才进入价格指数。

在最重要的产品发明中，福特 T 型汽车是一个代表，它于 1908 年以 950 美元的初始价格开始出售。在接下来的 15 年里，亨利·福特将流水线生产方式引入汽车生产，汽车价格惊人地降到了 1923 年的 269 美元（参见表 5.2）。按照购买福特 T 型汽车支出的美元现价计算，1923 年的实际 GDP 是 1908 年实际 GDP 的 3 倍多。但是这一事实在 GDP 统计中完全看不到，因为直到 1935 年才有关于汽车的价格指数。

因此，价格指数忽略了新产品的福利收益以及新产品进入市场初期价格降低的福利提高效应。此外，在测度已有商品的质量方面还存在"质量偏误"。在任意给定月份，大部分电视机的型号都与前一个月的相同，价格指数测度的是已有型号任意月份环比价格的变动。但是，这将忽视能够以较小价格变动提供更大屏幕或更高清晰度图像的新型号的不断引入。消费者成群地停止购买旧型号而转向新型号，但是价格指数并没有考虑到质量价格比的提高。[8] 汽车燃油效率和家电能源效率的提高，如室内空调机和烘干机等，是官方价格指数中特别显著的质量偏误来源。

价格指数同样遗漏了消费者从新型零售渠道中获得的收益。例如，沃尔玛（Walmart）出售食品的价格通常要低于传统超市。[9] 这里有两种价格指数，一种是超市中的鸡蛋价格，另一种则是沃尔玛的鸡蛋价格。消费者以更低价格（例如低 20%）购买同样鸡蛋的能力从未被记作价格降低，价格指数高估了消费者购买鸡蛋的实际支出，因而 GDP 的增长存在遗漏。类似这种“销售点替代偏误”导致大量的实际 GDP 反复地被遗漏，最初发生在百货商店取代小型专卖店，随后是邮购商品目录与乡村杂货店竞争，接着是超市开始销售食品、沃尔玛以比传统超市更低的价格供应食品，最近的则是网络销售比传统销售渠道提供更广泛的多样性以及更低的价格。

许多更高生活水平的来源丝毫没有纳入 GDP，最初是房屋质量的大幅提高，其典型代表是抽水马桶取代了室外厕所，集中供暖取代了柴火和大型炉灶。青霉素的发明拯救了成千上万条生命，每一条生命都有极大价值，但是 GDP 统计只会记录用于发明和生产的劳动力和设备方面的费用。其他类似的例子包括巴斯德的细菌致病论和服务员强调使用肥皂清洁，使抽水马桶成为城市公共卫生基础设施的发展，以及 19 世纪后期认识到一些在市场上出售的食品存在污染、掺假和稀释等问题。

生活水平提高的最后一个方面，是预期寿命延长对退休后闲暇和居住地选择方面产生的间接效应。在早期，工人们经常在退休年龄之前死亡，或者没有足够的财富来享受退休生活，这使他们不得不同子女生活在一起。如今大部分人活得比退休年龄长，且大多有足够的财富可用于搬到一个阳光明媚的老年社区，该社区可以提供高尔夫球场、游泳池、纸牌游戏以及与子孙联系的 Facebook（脸书）。

住房质量的部分提高涉及一些发明，尤其是电气化。但是，有一些改进却与发明无关，例如，从旧式公寓的房间到郊区独栋房屋的转变，则主要源于住房面积的正收入弹性，以及也能让工薪阶层家庭购买自有住房的信贷机构的发展。更高的收入同样具有溢出效应，从而影响其他并不一定需要创新的购买类型，包括在洁净水和教育方面的公共支出。

创新驱动的进步与收入驱动的进步有着明显区别：对居住空间的需求取决于使城郊生活成为可能的交通运输创新，而洁净水则取决于过滤和氯化技术。生产率快速增长的行业（例如制造业）与生产率较少甚至没有增长的行业（例如建筑业或教育）共存的现象，可以用“鲍莫尔成本病”这一术语来归纳，也就是说，创新密集型行业（如电脑生产）的相对价格随时间降低，而非创新型行业（如弦乐四重奏演出）的相对价格却随时间提高。鲍莫尔成本病可以在某些情况下被治愈，例如，唱片、磁带、光盘和 MP3（一种能播放音乐文件的播放器）使弦乐四重奏的一次演出可以被数百万人听到。但是，某些经济活动仍然显示存在鲍莫尔成本病，没有技术缓解其相对成本的上升，包括现场演出的座位、高校学费和医疗服务费用。

测度不准确这一问题与将 1870 年至 1970 年这一百年定义为“特殊世纪”有相互作用。测量误差在早期是最大的，不管是生活水平的范围还是价格指数偏误的程度，都是如此。显然，在很早以前消费者从各类生活中得到的被 GDP 完全遗漏的福利收益是最大的，对消费者福利的贡献而言，从搓衣板到自动洗衣机的转变无疑比以下两种转变更加重要：人工控制转向电子控制，12 磅 * 的洗衣缸转变为 18 磅的洗衣缸。未被测度的所有收益中最重要的是预期寿命的延长，这在 1890—1950 年比后来更加迅速。价格指数偏误在特殊世纪的早期也相对更大。在 1900—1935 年整个时期，汽车价格都被官方价格指数所遗漏，这是任何其他价格指数偏误都不能相比的。价格指数自身也在不断改进：2015 年的价格指数优于 1995 年的价格指数，而后者又相对好于 1975 年或 1955 年的价格指数。

生活水平和生产率的无规律提高

拓展生活水平概念的尝试大部分是定性的，因为我们无法精确测度与创新和技术进步有关的消费者福利提高这一概念。然而，理解包含在标准概念的历史记录中的重要信息至关重要。图 1.1 显示了 1870 年以后的生活水平、生产率和人均工作小时（以下简称人均工时）的基本数据，并且以 1920 年和 1970 年为分界点将整个期间分为三个时期。每个时期都对应有三个柱形，每个柱形都表示相应时期中的年均增长率。每组柱形中的左边柱形（白色）表示人均实际 GDP（即人均产出）增长率，中间柱形（黑色）表示每小时实际 GDP（即劳动生产率）增长率，

* 磅是英美制重量单位，1 磅约合 0.45359237 千克。——编者注

而第三个柱形（灰色）表示人均工时增长率。

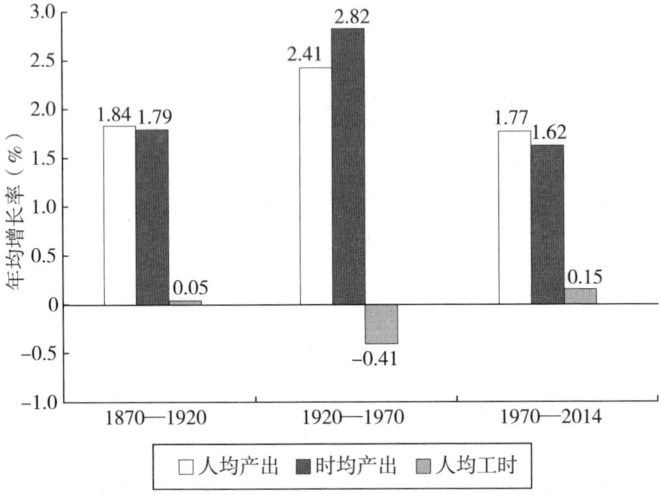

图 1.1　1870—2014 年人均产出、时均产出和人均工时的年均增长率

资料来源：参见数据附录。

在这一历史记录中，有两个非常明显的方面。第一是图形的对称性：第一个时期和第三个时期每个柱形的高度几乎相等，但是中间时期（即 1920—1970 年）则有明显差异。中间时期的人均产出增长率明显高于其他两个时期，而劳动生产率增长则更高，其年均增长率达到 2.82%，而第一个时期和第三个时期的人均产出年均增长率分别为 1.84% 和 1.77%。与第一个时期和第三个时期相比，中间时期劳动生产率增长率超出人均产出增长率很大一部分，这说明在 1920—1970 年人均工时出现了锐减。这就引出了一个问题：为什么中间时期人均工时减少得如此之快？同样，还有第二个问题：是劳动生产率快速增长导致工作时间减少，还是人均工时的减少以某种方式推动劳动生产率增长加快？

1920—1970 年人均工时的减少反映了指向同一方向的几个因素。首先是生产工人每周工作时间的长期减少，到 1920 年已经从每周 60 小时减少到每周 52 小时。其次是罗斯福新政立法的影响，包括直接减少工作时间以及授权工会争取实现 8 小时工作制，到 20 世纪 30 年代末每周工作 40 小时。一个不相关的因素是 1947—1964 年的婴儿潮，这使与工作年龄人口（16～64 岁）相比儿童人口（0～16 岁）增加，因而降低了工作时间与总人口的比值。劳动生产率增长对减少工作时间的负反馈反映了劳动经济学的标准观点，即随着实际收入增加，个体将不会把他们所有的额外收入花费在市场商品和服务上，而是以增加闲暇的形式消费一部分，也就是说工作时间将更少。

第一个时期（1870—1920 年）中人均工时的变化可以忽略不计，这大概表明从农村到城市的转移就业使城市工薪阶层雇员每周工作时间温和减少，前者的工作时间更长且受限制更多。1970 年以后，人均工时的少量增加包含了两个完全不同的趋势。在这一时期的前一部分，大概是 1970—1995 年，由于家庭主妇摆脱家务劳动而进入市场就业，人均工时增加；而在 1996 年以后，人均工时的减少是因为壮年男性和青年人劳动参与率持续降低；2008 年以后，劳动力退出市场的规模又因为婴儿潮一代的老年人退休而进一步扩大。

为什么劳动生产率在 1920—1970 年比其他时期增长得更快呢？我们将劳动生产率增长的源泉分为三个部分，具体参见图 1.2。这里，时间间隔与图 1.1 相同，只是因为缺乏一些数据序列，我们必须选择 1890 年而非 1870 年作为起始日期。每一个柱形都被分为三个部分，其中，白色标示的顶部代表受教育程度提高对劳动生产率增长的贡献，

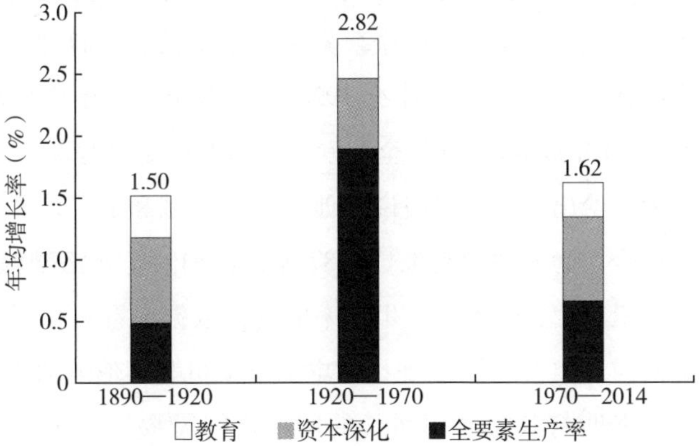

图 1.2　1890—2014 年时均产出的年均增长率及其组成

资料来源：参见数据附录。

这些被广泛认可的估计来自克劳迪娅·戈尔丁和劳伦斯·卡茨的研究。[10]用灰色标示的中间部分说明了每工时资本投入量稳定增加的作用，劳动生产率提高的一个持续来源是每个工人配备的资本数量更多且质量不断提高。[11]资本投入与劳动时间之比上升的效应通常被称为“资本深化”。

除去教育和资本深化的贡献之后，剩下的部分则是全要素生产率的增长，我们通常称之为“索洛余值”，用增长理论和增长核算的最杰出缔造者罗伯特·索洛的名字命名。这一测量指标是说明创新和技术进步对经济增长的潜在效应的最佳代理变量。结果令人吃惊，因为教育和资本深化的贡献在每个时期几乎相同，所以中间时期劳动生产率的较快增长都源于更快的创新和技术进步。在本书之前，我已经用“大波浪”来提醒人们注意美国经济史的这一方面。[12]

1920—1970 年全要素生产率增长的优势地位十分明显，几乎是其他两个时期相应增长的 3 倍。[13]从另一个视角来看，值得注意的是，1920—1970 年这 50 年占 1890—2014 年这 124 年的 40%。如果每年或每 10 年同等重要，则从 1920 年开始的 50 年将占到 1890 年以来全要素生产率累计增长的 40%。但实际情况是，1920 年之后半个世纪里的全要素生产率增长占整个时期全要素生产率增长的 66%。

我们之前将 1870—1970 年定义为“特殊世纪”，似乎与图 1. 2 中所表示的全要素生产率增长情况相冲突。虽然，只有特殊世纪的后半个世纪表现出了显著高于平均水平的全要素生产率增长。我们可以用两种对称的方法来陈述这一难题：为什么 1920 年以前全要素生产率增长那么慢？为什么 1920 年以后的 50 年全要素生产率增长如此迅速？

保罗·大卫给出一个主要假说，他对电动机械和电子计算机的演进提出了一个如今广为人知的类推。[14]1987 年，罗伯特·索洛嘲讽道：“你随处可见计算机时代，但就是在生产率的统计数据中看不到。”[15]实际上，保罗·大卫回应道：“稍等。”他认为电动发动机和其他电动机械的先例表明，在伟大发明与其生产率增长的回报之间需要一个很长的孕育时期。保罗·大卫提出，从托马斯·爱迪生 1882 年在下曼哈顿区建设珍珠街电厂，到 20 世纪 20 年代早期制造业电气化带来生产率增长不断高涨，之间差不多间隔40 年。他认为，电气化在制造业中的实现之所以滞后，不仅因为需要时间来发明和完善机械，而且需要电力价格自身的大幅下降。

在 1990 年的文章发表仅仅几年之后，大卫的类比便被证明是有预见性的：美国总体生产率增速在 1996—2004 年开始猛增，几乎是 1972—1996 年相应增速的 2 倍。但是，这一类推在 2004 年之后被打破。在经历 8 年的激增之后，劳动生产率增长再次回归到 1972—1996 年的缓慢水平，尽管平板电脑、台式电脑、笔记本电脑和智能手机在 2004 年之后的 10 年里迅速普及。与此相比，在 20 世纪 20 年代电气化对工业效率的促进持续了 8 年以上。生产率增长在 30 年代后期开始加速，并且持续到了 40 年代，从而带来了图 1. 2 所示的 1920—1970 年令人瞩目的年均增速。

大卫关于发电机/电脑的类比只维持了 8 年，由此似乎可以得出结论，电力革命比计算机革命更加重要。而且，1920 年以后的生产率高涨并不仅仅依赖于电力，还依赖于内燃机。毫不奇怪，汽车对 1920 年以前劳动生产率或全要素生产率增长的影响很小，因为它们仅仅在之前很短时间才出现。1900 年登记汽车数量仅为 8000 辆，仅在 30 年之后就达到 2680 万辆，美国家庭拥有汽车的比例达到 89. 2%。总体经济的生产率部分取决于工人（包括卡车司机和送货人员）可以多快地从一个地方移动到另一个地方。正如 20 世纪 20 年代建筑热潮中安装了成千上万部电梯方便了垂直移动并提高了城市密度，汽车和卡车数量的增长也加速了人们在农村和城市间的横向移动。

为什么会在 20 世纪中叶出现增长高峰?

尽管本书的主要任务是超越 GDP 范畴，拓展我们对经济增长的理解，但是美国实际 GDP 增长的历史仍然有一个方面需要我们予以解释。如图 1. 2 所示，为什么全要素生产率在 1920—1970 年比其他时期增长得更快？第 16 章提供了一个解释，并探讨了有关“大跨越”之谜的其他解释。如图 16. 5 所示，当 1890—2014 年的全要素生产率增长被分成 12 个单独 10 年时，1920—1970 年的超凡增长表现在 20 世纪中叶达到一个更加突出的高峰。为什么全要素生产率在20世纪中叶增长如此迅速?

第16章给出的答案出乎意料，就是大萧条和“二战”直接造就了大跨越。如果没有大萧条，就可能不会出现罗斯福新政，也就没有推动工会发展的《国家工业复兴法案》（NIRA）和《瓦格纳法案》（Wagner Act），这些都直接或间接地导致真实工资的急剧上升和平均每周工作时间的减少。反过来，更高的实际工资和更短的工作时间有助于推动生产率的提高：更高的实际工资促进了1937—1941年的资本替代劳动，而更短的工作时间则能够减少疲劳并提高效率。

对于“二战”高压经济中出现的“干中学”引起的生产率提高，人们思考分析得较少。1941—1945年的生产奇迹教会企业和工人如何更加有效地开展业务，而从战争时期的生产奇迹中学到的知识在战后并未消失：生产率在1945—1950年继续提高。除了提高已有工厂和设备的效率之外，联邦政府资助了整个制造业的新部门，资助了新建工厂和新购生产设备。第16章表明，战争期间安装了数量惊人的新资本设备——其实际购置成本等于1941年已有私人设备存量的一半，并且这些设备比旧设备更加先进，更有生产力。

1937—1941年以及战争期间投入的新资本的生产效率，让我们再次回到保罗·大卫对1882年第一个发电厂与1919—1929年集中发生的工业电气化之间有一个长期时滞的解释。他将20世纪20年代作为突破性的10年，但忽视了这样一个事实：现代装备的全面扩张（不仅是制造业，而且包括其他经济部门）集中在1929—1950年。经济学家如此集中关注20世纪30年代大萧条时期史无前例的产出减少，以至于忘记了那10年发生了多少创新。亚历克斯·菲尔德重新引起人们对20世纪30年代创新的关注，而本书则提供了那10年中多个维度快速进步的证据，包括收音机、电影以及汽车质量的大幅提高。[16]

设置边界：本书的范围和结论

范围。本书的主题是美国的生活水平。自1870年以来，美国一直在开拓技术、推动创新和提高劳动生产率。美国突破到哪里，西欧主要国家就会跟随到哪里，而日本直到“二战”之后还相对落后。两次世界大战都极大地延误了 19 世纪后期的伟大发明在欧洲和日本的应用，以至于到 1950 年西欧国家的劳动生产率只有美国的一半。当欧洲进入被法国称为“辉煌三十年”（1945—1975 年）的时期时，欧洲人正在追赶美国在几十年前开创的技术前沿。事实上，有人声称 1948 年法国人口中能够使用电力和汽车的比例大致等于美国 1912 年的相应比例。

本书内容不仅限定为 1870—2014 年的美国经历，而且限定为承担消费者和生产者双重角色的普通民众的视角。许多美国经济史的传统主题并不属于本书的考察范围，包括金融繁荣与崩溃、信托公司的崛起和随后的反垄断立法、进步时代以及工会斗争。我们对美国禁酒令的兴趣不在于其实施或废除，而是看它如何导致美国 20 世纪 20 年代食品和饮料消费数据被严重低估。

本书涉猎范围广泛，必须有所选择，因此这里并没有太多空间来讨论过多细节。如果有的话，也与地区差异有关。农场生活的细节反映了 19 世纪后期美国中西部和北美大平原地带的典型农场，仅仅从侧面考察了南方佃农的困境。南方农民只有一次受到关注，那也是仅仅在表格中显示，与 1940 年就已经基本完成向现代世界转变的城市居民相比，他们在获得电力、自来水和室内浴室等现代便利设施方面有多么落后。

方法。本书打算从定性和定量两个方面来记录美国生活水平的提高。生活水平的提高极大地增加了消费者福利，这在特殊世纪（1870—1970 年）中尤其如此。本书主要关注人类生活改进中被 GDP 完全忽视的方面。例如，实际 GDP 将啤酒、猪肉、土豆和洋葱的耗费以不变价美元相加，计算食品消费，但是并没有考虑从 19 世纪 70 年代的猪肉玉米粥这种单调膳食向 20 世纪 20 年代饮食更加多样化的转变。第 3 章考察了食品和服装的演化，该章从定量角度记录了发明家的故事和他们发明的加工食品（从安德伍德的辣味烤火腿到家乐氏的玉米片），以及美国人的实际饮食情况。对服装的考察则聚焦于缝纫机在减轻妇女负担方面的作用，考察如何从家里做衣服逐渐转变为从市场上购买衣服。我们不仅关心家庭的吃穿，而且关心他们在什么地方购买。因此，第 3 章讲述了大型城市百货商店的闪亮登场（它们通常是第一个外饰全用电灯的建筑），以及乡村购买因蒙哥马利·沃德公司和理查德·西尔斯公司提供邮购商品目录才可能发生的彻底转变。

后续章节探讨未纳入 GDP 的其他进步，包括家庭及家用设备、公共与个人转型、信息、通信、娱乐、公共卫生和医疗等许多方面。本书最新颖的部分，是讨论了工作条件改善的细节，包括成年男性的工作条件、成年女性在家中工作的条件以及年轻人从童工向受教育者的渐进转变。

发明和发明家。19 世纪后期的主要发明来自个体发明家而非大公司。我们首先去幕后考察托马斯·爱迪生在新泽西门洛帕克的实验室。在 1879 年 10 月 10 日这一划时代的夜晚，一种炭化棉纤维最终使电灯泡得以出现，这个电灯泡能够持续数天或数周而非仅仅一个小时。我们同样会拜访卡尔·本茨的实验室，仅仅在爱迪生发明电灯泡 10 周之后，卡尔·本茨踏出了发展可靠内燃机的最后一步。

尽管本书的讨论主要针对美国，但是许多发明是外国人在他们自己的国土上做出的，或者由刚迁移到美国不久的外国人做出的。在这些对伟大发明做出重要贡献的外国人中，主要有发明电话的苏格兰移民亚历山大·格雷厄姆·贝尔、提出细菌致病论的法国人路易斯·巴斯德、发明电影的法国人路易斯·卢米埃尔、发明无菌手术的英国人约瑟夫·李斯特和进行早期无线电实验的英国人大卫·休斯、发明内燃机的德国人卡尔·本茨，还有海因里希·鲁道夫·赫兹，他做出的一些重要发明，使意大利移民吉列尔莫·马可尼在 1896 年获得无线电专利成为可能。外国发明家在 19 世纪后期的角色明显比他们在一百年后的角色更加重要，因为个人电脑和互联网革命几乎完全是由美国人推动的，这里包括保罗·艾伦、比尔·盖茨、史蒂夫·乔布斯、杰夫·贝索斯、拉里·佩奇和马克·扎克伯格。在这些互联网时代的先驱巨头中，谢尔盖·布林（谷歌的创始人之一）是少有的出生在美国之外的人。

结构。本书正文从第 2 章开始，主要讨论 1870 年的生活条件。第一篇包括 8 章（即第 2 章到第 9 章），主要讨论到 1940 年为止生活水平取得的革命性进步。之所以选择 1940 年作为分界线，一方面因为它是 1870 年与 2010 年的中点，另一方面因为 1940 年开始了第一次家计调查，该调查提供了对住房及住房设备的详尽定量测度。第二篇（第 10 章到第 15 章）将论述从 1940 年到现在的变化，这篇较少关注变化缓慢的食品、服装以及生活的其他方面，重点强调快速变化的娱乐、通信和信息技术等方面。第三篇从第 16 章开始，试图解释“大跨越”之谜，并评估劳动生产率和全要素生产率在 1920—1970 年的增长远快于其他时期的原因。随后，第 17 章将 1970 年以后创新速度的改变与今后 25 年可能出现的情形进行比较。第三篇以第 18 章结束，主要讨论哪些阻力导致美国经济增长放缓至低于技术进步可能带来的潜在增长率。本书以一篇简短的后记结束，其中提出了一系列可能有助于克服阻力的政策方向。

生活水平增速的上升与下降。后续章节主要描绘生活水平、劳动生产率以及全要素生产率增速的上升与随后下降的鲜明对比。图 1. 1 和图 1. 2 中展现的历史记录提供了这些记录的定量部分。其中一个重要主题是，实际 GDP 低估了生活水平的实际提高，那些创造了特殊世纪重大成就的许多新发明，超出了人们的想象。通过第一篇各章节的全面考察，我们发现生活改善的一些方面并未纳入 GDP。以从乡村商店转向西尔斯邮购商品目录为例，这种方式大大增加了消费者的选择，降低了价格，从而极大地提高了消费者福利。除第 12 章（考察娱乐和通信）和第 13 章（讨论信息技术）之外，第二篇各章节都有一个鲜明的特征。它们都涵盖了从 1940 年至今的进步，但我们通常会发现，在 1940 年至 1970 年间进步非常快，随后变得缓慢。这些章节证明，要使增长维持在 1970 年以前的速度，并不具有现实可能性。然而，虽然速度较慢，但 1970 年之后进步仍在继续，并且通常发生在本书第一篇中较少受关注的领域。例如，汽车事故死亡率和航空事故死亡率急剧下降，尤其是航空事故死亡率几乎为零的情况已经持续了大约 10 年左右的时间。[17]类似的，1990 年以后几乎每个城市的谋杀率都已经下降。

第三篇的新因素是阻力，包括不平等、教育、人口和债务偿还，这些阻力减缓了美国经济增长，并使收入分配底端 99% 人群的实际可支配收入的增长率降至接近于零。对美国生活水平未来增长的展望并不乐观，本书的结尾质疑了如下说法：今天年轻人的生活水平将比他们父母的生活水平翻一番，与19世纪末以来的每一代美国人的生活水平都有所不同。

过去与未来。要得出清晰的结论，就需要明确区分过去与未来。过去的事情有案可查，而未来则需要推测。我们知道1970年以后劳动生产率的增速不尽如人意（如图1.1和图1.2所示），而1970年以后全要素生产率的增速几乎仅是1920—1970年增速的1/3。同样明显的是，人均实际GDP的温和增长率并未被公平地分享。而且，人口正在老龄化，受教育状况萎靡不振，而增长放缓产生了一个要求更高税率和/或更低转移支付的反馈回路。

假如知道不久以前做了什么，我们就可以推测未来会发生什么吗？我们不能预测每一个新的发明；事实上，即使对那些已现端倪的发明，例如无人驾驶汽车和批量化小型机器人，我们仍然对其作用和重要性争论不休。但是，我们可以预测的事情也有许多。例如，婴儿潮一代如今正在老龄化，年龄处于50~68岁。因此，我们可以较为合理地预测这些人的退休将降低劳动参与率1~2个百分点，具体取决于他们中有多少人会工作到比之前几代人更晚的年龄。如果美国高中生在阅读、数学和科学的国际测试中总是排名靠后，那么其分数突然提高到前所未有的水平几乎是不可能的。如果股票市场继续上扬，我们知道不平等将会加剧，因为股票的资本收益将不对称地积累到顶层收入人群那里。

本书预测未来增长将比过去更慢，这遭到了我统称为“技术乐观主义者”的一些评论家的强烈反对。他们倾向于忽略过去10年生产率的缓慢增长，忽略客观存在的阻力。相反，基于人工智能的能力指数化增强，他们预测未来的生产率增长将会非常迅速。还有一些经济学家不假思索地驳斥了悲观主义。例如，经济史学家迪尔德丽·麦克洛斯基写道：“悲观主义一贯是现代经济世界的拙劣向导。与两个世纪前相比，我们在身体和精神上都已经变得非常富有。”[18]在考察横跨过去两个多世纪的增长情况时，麦克洛斯基只计算了一个增长率。而本书为过去150年提供了三个单独的增长率，分界点是1920年和1970年。确实，与1870年的同行相比我们已经遥遥领先，但是，我们的进步已经放缓，同时也面临着许多持续增长的阻力，这些阻力远大于一两个世纪前的前辈们所面临的阻力。

第一篇

1870—1940年
伟大发明成就了家庭内外革命

第2章
起点：1870年的生活与工作

你将发现，你能够从事的最好工作就在你父亲的农场或作坊之中。如果你没有家人或朋友的帮助，又看不到前景，那就将你的目光转向大西部，到那里成家立业。

——霍勒斯·格里利（Horace Greeley，1846）

引　言

美国统计生活水平的历史始于1870年，根据当前标准那时的生活水平还很低，但并不能说是原始的。1870年的美国并不像17世纪的西欧那样处于中世纪农业社会，相反它已经享用、适应并改进了由英国主导的18世纪后期第一次工业革命的许多成果。到1870年，美国的人均收入已经提高到英国的74%，德国的128%。[1]

美国人自身以及欧洲人都认为，美国人在机械工程方面有着特殊天赋。美国人长期被欧洲人视为乡巴佬，这种形象到1851年伦敦水晶宫展览会时就荡然无存了。英国人和其他外国参观者深受震撼，这不仅包括美国人所展示的先进工具，更重要的是他们展现了全新的制造方式：

> 美国人（被认为）基本同和蔼可亲的伐木工人一样，尚未做好在世界舞台上自由活动的准备。因此，当展会开始后，人们惊奇地发现美国展区成了魔法和奇迹的一个前哨。几乎所有美国机器都做

> 到了世界热切希望机器能做的事情，包括冲压钉子、切割石头、用模具制作蜡烛等，这些机器所具有的整齐、高效及耐久可靠性使其他国家为之侧目……赛勒斯·麦考密克展示了一款可替代40人工作的收割机……最令人兴奋的是塞缪尔·柯尔特的连发左轮手枪，这种手枪不仅极具致命性，而且使用可以互换的零部件生产组装，这种制作方式如此独特以至于被称为美国制造体系。[2]

英国和欧洲的上层阶级对美国怀有恐惧心理。人们不需要借助乘法表便可以推断，伴随着高出生率和自由移民所带来的人口快速增长，美国的人口总量不久就会超过任何一个欧洲国家。实际上，美国人口于1857年超过了英国（包括整个爱尔兰），并于1873年超过了重新统一的德国。[3] 欧洲人面临的更加严峻的挑战是，美国于19世纪中期稳定发展的一整套制造技能，1851年水晶宫展览所带来的反应就是一个典型例证。

在19世纪，关于美国情况的两个最著名的欧洲观察者分别是亚历克西·德·托克维尔和詹姆斯·布赖斯。因为托克维尔的两卷本《论美国的民主》（*Democracy in America*）相继出版于1835年和1840年，这两本书考察了比本章考察的1870年美国更早的时代。而更加相关的是布赖斯的《美利坚联邦》（*The American Commonwealth*），该书以作者在19世纪70年代与80年代的五次美国之行为基础，包含了发人深省的历史描述、比较和分析。作者布赖斯还煞费苦心地重走了托克维尔的旅行线路。[4]

布赖斯的叙述给本章带来了一个主要挑战：1870年美国的生活状况是十分可怜、令人同情，还是令人惊讶的舒适惬意？在可获得的关于1870年生活条件的文献中，大部分描述是那些惨淡情景：家庭主妇每周七天都在从事枯燥的家务劳动，而她们的丈夫则在危险、非常艰苦的工作条件下工作；生命十分短暂，大家庭挤在狭小的居住空间中，大部分食品和服装都是家庭自己制作的，从市场上可以获得的商品主要是生食和纺织品，例如在家中缝制衣服所需的布料。

但是，布赖斯考察美国人生活的视角既不是出于当代富裕美国人对穷人的同情，也不是出于后人对几十年进步所做的回顾，而是基于一位英国历史学和法学教授的敏锐眼光。对他来说，美国人的生活水平较高而非偏低，他对美国与英国及欧洲大陆所做的大量翔实比较显示：大部分美国人的生活优于同时代的欧洲人。在消除了上层欧洲人的惊讶之后（他指出美国的生活好于欧洲，而且生活改善才刚刚开始），布赖斯提出了他的核心反驳：

> 在欧洲，如果一个观察者离开其自身所在阶层的视角……他会发现，到目前为止，很多人还过着非常艰苦的生活……在英国，大量劳动者迄今还需要不停地劳作，他们在 50 岁时会患上风湿病，并在济贫院里终老一生……在美国的康涅狄格州和马萨诸塞州，通过参加知识文化和娱乐活动，制造业城市中的技工都过上了比英国或法国的职员或售货员还要轻松、多姿多彩的生活。[5]

在布赖斯的观察中，一个基本的核心结论是，美国工薪阶层无疑过着比同期英国人和法国人相对优越的生活。的确，生活在小城镇和农村地区的大部分美国人的生活条件实际上要大大好于同期的欧洲人。惨淡的城市生活条件仅适用于某些西部大城市，并且可能还要优于类似规模的欧洲城市中下层社会的生活水平。但是，我们必须小心谨慎，不要为生活在农村地区的 75% 的美国人的生活状况涂上太多的亮色，因为 1870 年美国人口中的 26% 生活在原来的南方邦联各州。正如我们后面所看到的，1870 年他们的生活状况非常惨淡，而且因为内战的破坏比 1860 年显著恶化。布赖斯之所以可能保留他的乐观评价，部分原因是他在美国北部和西部旅行，但明显很少（如果有的话）去过南部地区。

如果不掌握美国人口的分布比例，就无法对 1870 年的美国进行评价，当时 50% 的人生活在北部和西部农村，25% 的人则生活在南部农村，另外 25% 生活在城市，主要在北部和中西部地区。因为城市人口比例在几十年间开始不可阻挡地上升，许多从农村迁移到城市的流动人口的生活条件开始恶化，并且城市居民的队伍因为从未经历过农村生活（至少是美国的农村生活）的移民增加而逐渐壮大。正如英国的农村人口向城市迁移降低了 1800—1830 年普通工人的生活水平一样，美国在 1870 年之后经历的城市化同样降低了美国工薪阶层的生活水平。[6]

黄金道钉：1870 年美国的象征

美国进步和预示未来前景的一个典型标志是 1869 年楔入了一颗黄金道钉，从此将横贯大陆的铁路连接在一起。这一故事将英国人发明的铁路同美国人发明的电报相结合，铁路迅速适应了美国更为广阔的土地。[7] 这一事件于 1869 年 5 月 10 日中午发生在犹他州秃顶山上。同时，它也是世界历史中的一个关键事件，因为利兰·斯坦福用银锤楔入黄金道钉，立刻结束了加利福尼亚和大西部同美国东半部之间的长期隔离状态。

同样重要的是，1844 年电报的发明以及 1858 年第一条海底电缆的建设，标志着通信速度的革命性提高。著名信息“完成了！”在一秒内传遍了美国、加拿大和英国。[8] 这是人类历史上的第一次，无数人在同一时间为一个划时代事件的新闻而欢欣鼓舞：

> 全国各地钟声齐鸣，即便是费城那珍贵的独立钟也在敲响。接着是加农炮的轰鸣声，其中旧金山鸣炮 220 响，华盛顿特区鸣炮 100 响，在其他地方还有无数的大炮被点燃。据称为了庆祝而点燃的大炮远多于参加葛底斯堡战役的大炮……一个芝加哥的通讯记者恰到好处地描述了这种让整个国家融为一体的精髓。这一庆典“完全不受好战氛围的影响，也不受关于苦难、危险和死亡言论的影响。而在庆祝南北战争胜利的庆典上，这些言论所产生的恐怖阴影却无处不在”。[9]

通过横贯大陆的铁路和即时电报通信，整个国家连为一体，标志着到 1870 年美国人民的生活水平有了多么大的提高。自古罗马时代以来，农民的生活并未发生多大改变，而到 1870 年以前，第一次工业革命已经沿着多个方向撒播它的恩泽，尤为重要的形式包括蒸汽发动机、轧棉机、铁路、轮船、电报通信以及基本的农业机械，这些都极大地减轻了农场中体力劳动的负担。如果第一次工业革命的开端可以追溯至 1750 年，那么它在改善生活水平方面的速度是相对缓慢的，正如许多史料记载的一样，包括乔尔·莫克尔（Joel Mokyr）的作品。[10]本书选择将 1870 年作为起始点，不仅因为大量可得的经济数据只能追溯到 1870 年，也因为生活水平提高的速度在 1870 年之后的 30 年里明显加速。

在 1870 年，第二次工业革命伟大发明的所有成果（其中许多都没有被纳入 GDP 的统计之中）还没有显现。那时，人们用蜡烛、鲸油和民用燃气照明，制造业中使用的大部分动力则来自蒸汽机、水车和马匹。不断扩大的客运和货运铁路网提供了城际交通运输，但是火车的速度只有 1940 年火车速度的 1/3。同时，城市内部以及小城镇之间的交通主要还依靠马匹，大部分人都紧挨着工厂居住，以方便步行上班。[11]

1870 年美国人口统计：
土生土长的、国外出生的以及能生育的

到 1870 年，美国人口总量近 4000 万。美国人口统计最独特的方面是人口增长速度非常高，从 1790 年到 1860 年内战前夕年均增长率达到 3.0%，这一空前的速度意味着人口每 23 年将增加 1 倍。[12]在 1860 年之后，人口增长率有所下降，1860—1890 年为 2.3%，1890—1910 年为 1.9%，1910—1930 年为 1.4%。然而，与西欧发达国家相比这些增长率仍然很高，1870—1913 年，德国、英国、法国的年均人口增长率分别为 1.2%、0.9% 和 0.2%。

早在 1798 年，托马斯·马尔萨斯对美国的高生育率和较大家庭规模进行了评论，他将这些归因于农田极其廉价：

> 而考虑到农田极其廉价，资本不可能找到比农业更为有利的用

> 途……这些有利条件的共同结果，引发了或许是史无前例的人口快速增长。在所有的北部殖民地，人口在25年里都翻了一番。[13]

通过提供1940年和2010年的同类数据，表2.1展示了1870年美国人口统计学的几个重要方面。最上面一部分所强调的不仅包括与1870年接近的相应年份中的人口快速增长，还有相对较大的平均家庭规模和较高的已婚夫妇家庭占比。到2010年，户均人口几乎减半，从5.3人降至2.6人，而已婚夫妇家庭成年人口的比例也从80.6%降至48.4%。1870年美国人口中7/8是白人，其余是黑人，几乎没有其他人种出现。1940年的人口甚至更加同质化，将近90%的美国人为白人，剩下的绝大部分为黑人，这与2010年的人口结构形成鲜明对比：2010年，白人与黑人之外的其他人种占美国人口的比重达到15%（主要是西班牙裔和亚裔，不过也有人填报两个人种）。

1870年与2010年的一个重要区别是年龄分布。1870年美国人口中25岁以下人群所占比例达到惊人的59.4%，与此形成对比的是1940年的43.2%和2010年的34.0%。按照定义，25岁以上人群所占比例在1870年明显更低，对于25~64岁人群与65岁及以上人群而言都是如此。值得注意的是，在1870年，人口中65岁及以上人群所占比例仅为3.0%，而这一比例在1940年和2010年分别是6.8%和13.0%。

在表2.1的同一部分，我们可以看到1870年人口中将近14%出生于国外，并且这些人几乎都来自欧洲。相比较而言，出生于国外的人群在1940年和2010年所占比例分别为8.8%和11.9%；同时，1940年出生于国外的美国人主要是欧洲人，而到2010年则主要来自欧洲以外的其他地区，并且其中超过一半来自拉丁美洲，剩下的大部分来自亚洲。

表2.1中接下来的部分展示的是根据年龄和性别分组的劳动参与率，这些数据表明了1870年与较近年份的几个重要差异。1870年，16~19岁的青少年男性劳动参与率为76.1%，相比之下1940年该比例为50.8%，而到2010年更低，仅为40.1%。这一结果反映出使用

表 2.1　1870 年、1940 年和 2010 年的人口统计维度

	1870	1940	2010
总人口（百万）	39.9	132.0	308.7
相邻五年的年均增长率（%）	2.7	1.1	1.0
家庭总户数（百万）	7.5	34.9	116.7
户均人口	5.3	3.7	2.6
已婚夫妇家庭占比（%）	80.6	76.3	48.4
分项百分比（%）			
白人	87.1	89.8	72.4
黑人	12.7	9.8	12.6
其他	0.2	0.4	15.0
0～24 岁	59.4	43.2	34.0
25～64 岁	37.6	50.0	53.0
65 岁及以上	3.0	6.8	13.0
出生于国外的人口占比	13.9	8.8	11.9
来自欧洲的移民占比	13.7	8.7	1.4
来自非欧洲地区的移民占比	0.2	0.1	10.5
劳动参与率（%）			
选定的性别和年龄组[a]			
男性，16～19 岁	76.1	50.8	40.1
男性，40～49 岁或 35～44 岁	97.6	92.9	92.2
男性，60～64 岁	94.5	81.3	59.9
女性，16～19 岁	29.0	27.8	40.2
女性，40～49 岁或 35～44 岁	21.1	24.6	76.1
女性，60～64 岁	8.1	15.2	48.7

（续表）

	1870	1940	2010
出生率、死亡率和移民率（%）			
每1000人的出生率	41.6	19.4	14.3
每1000人的死亡率	23.1	10.7	8.0
每1000人的净移民率	9.2	0.4	3.7
总和生育率			
白人	4.6	2.2	2.1
黑人	7.7	2.8	2.2
每1000个白人中的婴儿死亡率	175.5	43.2	6.8
白人出生时预期寿命	45.2	64.2	77.9
60岁男性预期寿命	14.4	15	20.9
60岁女性预期寿命	15.3	16.9	23.9

注：a. 1870年和1940年的年龄组是40～49岁和60～69岁，2010年的年龄组则为35～44岁和60～64岁。更早年份的比例指的是相应年份之前10年的数据，例如第1列中“1870”对应的是1861—1870年。

资料来源：1870年和1940年数据来自美国历史统计数据（HSUS）不同表格。2010年数据，按照原籍国分组的出生于国外的人口，数据来自美国人口统计局美国国外出生人口统计调查，2009年3月（http：//www. census. gov/population/www/socdemo/foreign/cps 2009. html）。2010年其他数据的大部分来自美国商务部的《美国统计摘要：2011》（*Statistical Abstract of the United States：2011*）。2010年一列所展示的一些数据指的是最为接近的年份，有的是2007年、2008年或2009年。

童工和受教育程度较低者等现象在1870年较为普遍，同时在某种程度上也体现了2007—2009年衰退对青年劳动参与率的持续影响。相较而言，1870年女性加入劳动力的人数更少，这意味着大部分年轻女孩没有在校学习或没有入职工作，而是在帮助母亲干家务活。对1870年年轻人生活的一个简单刻画是：农场中的男性青少年是农场劳力，他们在父亲的指导下干一些基本农活；农村和城市中的青少年女性都在帮母亲做家务，这是农民家庭和城市工薪阶层家庭中女性每周的主要工作。

1870年壮年男性的劳动参与率几乎达到98%，而在1940年和2010

年这一比例分别是相对较低的92.9%和92.2%。壮年女性劳动参与率朝相反的方向改变，从1870年的21.1%和1940年的24.6%提升至2010年的76.1%。数据表明，1870年工作的老年男性多于当前，而1870年工作的老年女性却少于当前。事实上，正如我们所见，当代各种资料说明男性当时“一直工作到累垮为止”，即直到他们因为残疾或死亡才停止劳动，因此对于男性而言退休这一概念并不存在。由于没有养老保险和社会保障制度，男性必须不断工作才能养家糊口。

表2.1的最后一部分记录了出生率和死亡率的降低。按照今天的标准，1870年的生育率（白人为4.6%、黑人为7.7%）令人惊讶地大幅超过了1957—1958年战后婴儿潮的生育率峰值3.7%。1870年白人母亲的生育率是1940年或2010年的2倍，而对于黑人母亲来说，1870年的生育率几乎是2010年的3.5倍。但是，到1870年，白人生育率（4.6%）已经降低，远低于1790年记录的7.0%。[14]这些婴儿中的大部分死于他们出生的第一年，而婴儿生育率的持续降低有助于解释：尽管1870—2010年60岁时预期寿命增加较少（男性为6.5年、女性为8.6年），但是出生时预期寿命增加了33年。

这些数据所描述的是年轻的、快速增长的人口，大部分家庭由已婚夫妇和多个孩子组成，其中一些孩子在出生时或者出生不久就夭折。每个家庭的规模都比较大，由单身男性或女性（不论是未婚、丧偶还是离婚）领头的家庭非常稀少。人口相对快速的增长是由非常高的生育率与快速的移民流入共同推动的。

迈克尔·海恩斯估计，1790—1920年美国人口增长有一半来自自然增长，在这个意义上，1790年人口的自然增长将使人口到1920年增加至5200万，而1920年人口的实际数量是1.06亿。[15]1790年后的移民和移民的生育可以解释人口增长的另一半。大约从1850年起，移民家庭的生育率就远高于美国本土家庭，部分原因是移民家庭结婚年龄较早，结婚率更高。

1870年美国人住在哪里呢？大约35%的美国人居住在新英格兰和中部大西洋沿岸各州，也就是在缅因州和华盛顿特区之间。另外35%居住在中北地区东部和西部各州，包括西弗吉尼亚州和肯塔基州。其他26%居住在旧邦联的 11 个州，而剩下的大约 4% 则居住在山区和太平洋沿岸各州的广阔地区。1870 年，美国人口中刚好有 1/4 可归类为“城市人口”。[16]大部分城市人口居住在美国的东北部地区，即阿巴拉契亚山脉以东和弗吉尼亚州以北地区。[17]

中北地区东部和西部各州占有相对较大的人口份额，这一方面反映了 19 世纪发生的从东部向西部持续迁移现象，另一方面也体现了移民在东北部和中北地区各州居住的偏好。移民涌入与其家乡气候类似的地区，这有助于解释为什么如此多的斯堪的纳维亚人集聚在明尼苏达州。移民也嫌恶原来的南方邦联各州，在这些州国外出生的人所占比例不到北部各州相应比例的 1/3。[18]不管他们去往哪个方向，除了南方，移民们都会找到与他们说相同语言、具有共同地理和文化根源的人。一个瑞典移民在讲故事时，无意识地证实了移民链模式在怎样塑造着美国农村的族群构成：“我们的西部荒无人烟，大约 16 英里 * 开外只有瑞典人。在我们的东部、南部和北部，则混居着美国人、德国人、波希米亚人和墨西哥人，毫无疑问，这是一种奇怪的混合。”[19]

消费支出：这么多的人如何依靠如此少的收入生活？

1870 年美国的消费支出约占其 GDP 的 76%。将这一比例与本章开头引用的人均 GDP 估计值相乘，便可得出人均消费支出为 2808 美元（按照 2010 年价格水平计算）。大部分当代美国家庭会怀疑，那时的人们如何仅用每周 54 美元（当前价格）来勉强度日，购置食品、服装和住房。

我们从最可靠的资料来源中将价格指数联系到一起，那么 1870 年平均消费者价格与 2010 年平均消费者价格的比率为 7%。这意味着 1870 年人均消费支出约为每周 3.80 美元或每年 197 美元。因为 1870 年平均每个家庭有 5 个成员，这意味着家庭年均消费 983 美元。当代对 983 美元这一数字进行评价的参考资料，主要是马萨诸塞州劳工统计局（简称 MBLS）开展的 1874—1875 年预算研究。参与调查的 397 个工薪家庭报

---

* 英里为英制长度单位，1 英里约合 1.6 千米。——编者注

告的平均消费水平是 738 美元。该调查仅涉及工薪阶层，其中大约一半为熟练劳动力。被排除在外的包括雇员、专业人员和经营业主，因此如果考虑这些人群较高的收入，那么每个家庭的平均消费很可能接近从宏观时间序列数据中推算出的 983 美元。[20]

1870 年的家庭如何依靠如此少的收入生活呢？从现有标准看，大多数社会都比较原始，对该问题的回答也适用于大多数社会。当时消费支出仅仅包括食品、服装和住房这三项必需品，几乎没有剩余资金可用于其他非必需品。罗伯特·高尔曼发现，在 1869 年 51.9% 的消费开支用于易损商品，15.7% 用于购买半耐用品，9.3% 用于购买耐用品，而剩余 24.1% 用于购买服务，主要是房屋租金。[21] 表 2.2 的第 1 列展示了高尔曼所列的四类主要消费支出。

表 2.2 中的第 1 列还提供了这些不同类别支出项目的详细支出构成。通过将高尔曼数据中每个大类（如半耐用品）的份额与威廉·肖的商品流资料汇编中的各类物品的份额相乘，便可计算出详细分类开支的份额。[22] 大约 87% 的易损商品支出是用于购买食品，剩余部分则用于购买烟草制品、药品、印刷品和取暖/照明燃料。用于半耐用品的支出大致可以分为三等分，分别用于购买成衣、鞋类以及布料等用于制作衣服的纺织品。剩余的极少一部分用于购买玩具、游戏和体育产品。

表 2.2　1869 年、1940 年和 2013 年的分类消费支出份额　　（单位：%）

	1869	1940	2013
易损商品	51.9	28.2	9.2
店外消费的食品、酒精	44.3	22.3	7.6
烟草、印刷品、取暖/照明燃料	7.6	5.9	1.6
半耐用品	15.7	17.3	13.4
服装和鞋类	9.9	10.1	3.1
家庭制作衣服的纺织品	5.0	0.0	0.0
家居用品、玩具、游戏和体育用品	0.8	0.8	1.2
尚未发明的，包括汽车燃料、药品、娱乐项目和住房供应	0.0	6.3	9.1

（续表）

	1869	1940	2013
耐用品	9.3	11.5	10.9
家具、地毯和家居用品	4.5	2.8	1.4
玻璃器皿、餐具	0.9	0.7	0.4
体育设备、枪支和弹药	0.0	0.3	0.5
书籍、乐器和行李箱	0.9	0.8	0.6
珠宝和手表	1.5	0.6	0.7
马车	1.3	0.0	0.0
尚未发明的，包括汽车、电器、录像机和 IT 设备、房车、治疗设备和通信设备	0.0	6.3	7.3
服务	24.1	43.1	66.5
包含居民自有住房估算租金在内的租金		13.2	15.5
餐饮服务和住宿		6.2	6.2
捐赠		1.5	2.7
未发明或未购买	0.0	22.2	42.1
家庭水电费		2.7	2.7
医疗卫生		3.1	16.7
交通服务		2.7	2.9
娱乐服务		2.2	3.8
金融服务		3.4	7.2
其他服务（通信、教育、个人专业护理、家庭维修）		8.1	8.8
总计			
1869 年已有类别支出所占份额	100.0	65.2	41.5
其他类别支出所占份额	0.0	34.8	58.5

资料来源：1869 年主要类别数据来自 Gallman（2000，表 1.10，第 30 页），并根据 Shaw（1947，表 II-1，第 108～152 页）的数据分配到各子类中。1940 年和 2013 年数据来自 NIPA 表 2.4.5。

在耐用品一类中，大约一半支出用于购买家具、烹调设备、地毯和其他家居用品。接下来，占比最大的一类是珠宝、手表和马车。其余部分则分散用于玻璃器皿、餐具、乐器、行李箱、殡葬用品和墓碑。但是，没有信息告诉我们占比 24.1% 的服务支出的内部结构，即租金和其他服务分别占多少。

表 2.2 同样提供了 1940 年和 2013 年的消费支出份额。我们将一些类别组合起来，以匹配 1869 年数据中的子分类。比较 1869 年、1940 年与 2013 年的支出结构，我们发现了极大的差异。“店外消费”（主要是家中）食品在消费支出中所占比重从 1869 年的 44.3% 降低到 1940 年的 22.3%，到 2013 年进一步降至 7.6%。剩余的易损类别主要包括取暖/照明燃料，在 1869—2013 年从 7.6% 降低至 1.6%。

在过去的 140 年里，半耐用品支出所占比重基本保持不变，但是其结构已经完全改变。服装、鞋类和纺织品支出所占份额从 1869 年的 14.9% 直线下降到 1940 年的 10.1% 和 2013 年的 3.1%，并且在 2013 年 2/3 的半耐用品支出用于 1869 年并不存在的分类产品。耐用品支出所占份额从 1869 年到 2013 年有适度增长，但所购买的耐用品类型几乎完全改变，从家具、家居用品、珠宝和马车等传统商品转向 1869 年后发明或开发的商品，其中主要包括汽车、电器和大量计算机、通信和娱乐设备。

服务支出方面的变化更富戏剧性，其份额从 1869 年的 24.1% 膨胀到 2013 年的 66.5%。到 2013 年，租房租金和自有住房等价租金的总份额从大约 24% 降至 15.5%。表 2.2 中最有趣的发现可能是在 1940 年，超过 1/3 的消费预算用于 1869 年尚未存在的商品和服务。到 2013 年，用于 1869 年后出现的商品和服务支出已经接近总消费支出的 60%。表 2.2 告诉我们，新服务的发明（如果有的话）比新商品的发明更加重要。新服务中最重要的一项是医疗卫生，这对于推动预期寿命的延长（表 2.1 已经展示）发挥了部分作用。

食物：人们吃什么以及去哪里购买？

当时的美国人吃什么呢？1870 年食物消费的一个最重要事实是，在一个以农村为主的国家里家庭生产占据主导地位。因为食物受制于农民在其土地上能种植什么，所以当时的饮食非常单调。由于缺乏保存食物的方法，因此腌制和熏制猪肉成为主要的肉食。猪肉在所有地区都很普遍，这不仅是因为它容易保存，而且在于养猪不需要人们操太多心，它们可以自由走动并以橡子和森林中的其他植物为食。同样，玉米几乎适合在每个地方种植，玉米粉的普遍性和廉价性使得用玉米烤制的产品成为主要淀粉类食品，这还包括用玉米和小麦面粉混合物制作的玉米粥或面包等玉米衍生品。

> 在尚未开通火车的南部和西部地区，“猪肉玉米粥”仍然是主要食物。据在19世纪50年代到南方旅行过的弗雷德里克·劳·奥姆斯特德所说，南方种植园主的主要食物包括熏猪肉、玉米饼和黑糖咖啡。[23]

在北方气候下，人们在夏季可以享用各种各样的新鲜蔬菜。因为叶类蔬菜容易变质，人们主要种植能够储存的蔬菜，包括萝卜、南瓜和各种菜豆。在南方的夏季，因为环境湿热，蔬菜容易腐烂，人们除了玉米之外很少吃蔬菜。白色或“爱尔兰”马铃薯是北方的一种主食，但在南部各州它们成熟太早并且无法在炎热气候下储存，所以南方人将秋季成熟的甘薯作为主食。尽管夏季在农场或城里人的后院可以种植蔬菜，但人们在冬季只能吃到根茎类蔬菜和干豆角。在1870年，除了能够存放数月之久的苹果外，美国人的饮食中很少有水果。新鲜水果因为会很快变质，所以人们很少食用，大部分都被用于制作苹果酒和白兰地酒。树上结的水果可以制成果酱来保存，但因为果树需要多年才能成熟结果，所以在新定居地区水果非常稀少。[24]

巧克力、茶叶特别是咖啡是几乎所有地区人们常喝的饮料。“咖啡壶总是出现在六发式左轮手枪旁边或者有篷马车里，这已经成为老西部的一个象征。”[25]到1870年，冰红茶在东部城市已经非常普遍。牛奶和水的消费量也十分巨大，但仍然存在水源不洁净和牛奶兑水稀释等问题（在第3章中会进一步讨论这一问题）。

即使在 1870 年，美国在饮食方面也相对好于欧洲。根据 1870 年可得数据估算，美国的人均日摄入热量为 3029 卡路里，而同期英国的人均日摄入热量大约为 2500 卡路里。[26]一位瑞典移民更是惊叹，即便是瑞典最知名的美食家也会惊讶于美国食物的丰富和多样性。[27]英国小说家安东尼·特罗洛普发现，“美国是世界上每天能吃两顿或三顿肉的少数几个国家之一”。[28]

无疑，美国人的饮食为其提供了足够的卡路里，营养不良仅发生于生活贫困（主要在大城市）的个人或家庭。但是，移民们必须适应边疆可得食物的单调乏味，他们怀念很多传统食物。因为大部分欧洲移民过去的住处比较靠近大海，所以在来到美国后想念鱼类食物。特别是，瑞典人想念盐腌鲱鱼，而来自中欧地区的移民想念“好的甜酸黑麦面包”。[29]

与食物消费密切相关的是另一种易损商品——烟草。1870 年，香烟的产量仅为人均 13 根。那时，品牌非常少，因为独家商标到 1881 年通过联邦立法后才出现。1870 年仅存在 120 个商标，相比之下仅 1906 年的商标注册量就超过了 1 万个。[30]第一个商标（画的是胡子着火的魔鬼），于 1867 年被授予安德伍德的火鸡和火腿罐头。[31]

在 1870 年，食物保存方法还比较简单。尽管 19 世纪 60 年代已经发明了冰箱，但是直到 80 年代冰箱才开始普及。同样，在 1870 年也没有铁路冷藏车。这一发明出现于 1871 年，它在 19 世纪最后时期极大地扩展了可得食品种类的多样性，包括运往东北部的中西部冷冻牛肉以及运往全美各地的加州种植冷藏生菜。在集中屠宰和冷藏车厢出现之前，人们将牛等活物直接通过火车慢车从西部运送到各个城市。这些牛在到达目的地时几乎快要饿死了。《哈珀周刊》（*Harper's Weekly*）1869 年抱怨道：“城里人总是有买到不健康肉食的危险；经销商们肆无忌惮，而公众则较少受到相关的教育。”出售的肉或家禽被挂在架子上，或者放在市场柜台上。根据纽约卫生理事会 1869 年的记录，“肉或家禽在自发地变质……变得绝对对人体有毒”。另一份 1872 年的资料则抱怨一车车水果变质，比如被碰伤的橘子和腐烂的香蕉。[32]

但是，1870 年的厨房设备并不能反映 19 世纪后期出现的许多进步。厨房的水槽是木制的，并带有木制滴水板槽；铁制或瓷制水槽尚未出现。木柴和煤炭依然是烹饪的主要燃料。当时已经发明了燃气灶，但是人们认为它十分危险，实际上也有大量燃气灶爆炸的报道。因为大部分烹饪（特别是农村家庭）是在壁炉上而不是在封闭炉子上进行的，准备食物也非常耗时，所以人们烹饪食物时经常利用上一餐剩下的很多东西。如果晚餐有普通的玉米面布丁，那么人们会把剩下的切成薄片，油炸，再加上牛奶或蜜糖，作为第二天的早餐。如果午餐吃的是炖肉，那么晚餐就可能用剩下的肉做土豆炖肉。城市人口的缓慢增长降低了热午餐的重要性，因为丈夫们会带着简单的食物出去工作，包括用剩余的肉食做成的三明治和用剩下的馅饼做成的甜品。[33]

在 1870 年，“加工”和“购买”等词汇与占人口 75% 的农村人关系不大。那时大部分美国人居住在农场，并且在自己家中生产所需的食物与服装。边疆地区的农民通常饲养牲畜以获得肉食，种植马铃薯和其他蔬菜，并且当地理环境适宜时也会种植小麦以获取面粉。但是，他们仍然需要现金收入，用于购买食糖、咖啡、调味品以及其他无法在农场里生产的基本食物，也需要现金收入来购买衣服，或者至少购买布料用于在家中缝制衣服，另外，他们还需要购买厨具以及最基本的农具。[34]

食物和纺织品（例如做衣服用的布料）的标准来源是最近的乡村杂货店。商店柜台与货架的惯常摆法是，在右边摆放纺织品，而在左边摆放杂货、烟草和药品。彩色包装的消费品尚未出现，因此在 1870 年的乡村杂货店，商品都摆放在桶、罐、箱和麻袋里。顾客必须排队等候，店员把咖啡、茶叶、食糖和其他散装产品盛出并称重。[35]

在家庭生产和乡村杂货店之外，一些大型城市里还有小型专业化城市市场以及出售某些商品的街边摊贩作为补充。街边摊贩在农村就是流动小贩，他们穿梭在城镇之间，有时会携带一些乡村杂货店没有进过的稀罕商品。在乡村和城市里，大部分商品都是赊账销售的。19 世纪后期在百货商店和连锁商店发展起来之前，固定价格是比较罕见的。顾客从散装容器中购买商品的耗时等待过程，因为需要讨价还价而进一步延长。向身份和经济地位更高的人收取更高的价格，是屡见不鲜的事情。

用布料和针线缝制衣服

1870 年后不久，随着 1875—1910 年百货商店和邮购商品目录的同时发展，如第 3 章所述，一场营销革命改变了服装的销售方式。但是在 1870 年，服装的生产和销售仍然非常原始。无论是在城市还是在乡村，妇女和她们的女儿都用大部分时间给自己制作衣服。男性的衣服小部分是在家里制作的，大部分是在城市商店和农村综合商店购买的。大部分农村成年人只有一两套日常服装——男子有衬衣和衬裤，女子有简单的连衣裙。根据个人收入，成年人可能会有一套用于教堂或社交场合的更好的服装。年幼的孩子大多穿着家里传下来的旧衣服。“现代的清洁标准都不管用。劳动时穿的衣服最多每周洗一次，在脏乱环境中劳动多天后衣服会变得非常脏。”[36]

对于中上阶层家庭而言，他们的衣服从市场购买而非在家里制作的比例更高。对于富裕家庭，衣服则是从大城市的专卖店定制的，甚至可能是从欧洲定做的（电影《乱世佳人》反映 1860—1861 年早期的片段中，郝思嘉就是如此）。但是，即使中产阶层，妇女的衣服也主要是在家中自己制作的。“有钱人家会雇用女裁缝帮忙做衣服，但裁缝很少会包揽所有的活。通常是女裁缝设计并裁剪连衣裙，将实际的针线活留给这些家庭的妇女。”[37]

因此，1870 年的服装购买者并不会从百货商店的主要创新中获益，这些创新包括固定价格和降价、退货保证以及品种更加多样化。第 3 章的中心主题是，对于 1870 年的农村家庭和城市家庭而言，1870 年以后发生的创新都是遥不可及的梦想或不可想象的进步。

大多数人的住房并不是旧式公寓

除了食物和服装之外，对 1870 年住房条件的任何讨论必须明确区分

75% 的农村人口和 25% 的城市人口。许多当代学者关注城市工人阶层家庭的恶劣生活条件，最著名的当属改革者雅各布・里斯，他对纽约市的旧式公寓（tenement，公租房）进行了考察。但是，这些并不是其他城市的工人阶层的普遍生活条件。在 1890 年美国 25 个最大城市中，有 17 个城市的多户住宅占住宅存量的比重少于 5%。[38] 城市工人更愿意住在简易的独户小屋中，而不愿意住在没有电梯的多户旧式公寓里。此外，城市住房条件完全不同于一般美国农村家庭的自有住房。

贯穿本章的一个主题是，哪些东西是 1870 年的家庭所"没有"的。换句话说，本章重点关注生活水平改善的主要来源，亦即那些在 1870—1940 年的 70 年里发明并发展的事物。在 1870 年，已经通电的家庭所占比例为零。所有家庭中使用集中供暖和室内管道的比例也接近于零。例如，热水散热器是在 19 世纪 50 年代后期发明的，这意味着 1870 年时集中供暖非常少。[39]

缺少集中供暖，就意味着需要将燃料（木柴或煤炭）运送到各个住宅单元，并将灰烬再运出去。尽管所有的运送工作都已做完，但是 1870 年的住房在冬天依然比较寒冷。"塞进裂缝的破布是唯一能保温的东西。大部分房间靠近天花板的地方比较暖和，但地板大多非常寒冷。"[40] 在 1870 年，密封、建造良好的木柴或煤炭取暖炉尚不完善，火通常会在夜里熄灭，因而睡在未供暖卧室的大部分人会在夜里被冻醒。没有电意味着在黄昏之后做家务或看书必须有照明设备，不管是蜡烛、煤油灯（发明于 1855 年）还是燃气灯（从 19 世纪 20 年代起在一些城市就已经出现，但对工人阶层来说非常昂贵）。从今天的角度来看，1870 年住宅的基本特点是入夜后就变得昏暗。

明火取暖和燃气灯或油灯照明，使得美国在 1870 年，事实上在整个 19 世纪都经常面临火灾危险。火星会点燃木制建筑物，而油灯中的油可能会泄漏。实际上，被奥莱利夫人的奶牛踢翻的油灯通常被认为（但有很多争议）是 1871 年芝加哥大火灾的源头。尽管 1870 年以后密封取暖炉的改进减少了与家庭取暖有关的火灾，但是照明仍然是整个 19 世纪火灾的一个源头。

1870 年，不论哪个阶层或者处于哪个地区，所有类型的住宅不仅没有电和集中供暖，而且没有自来水、浴室和室内抽水马桶。第一个活塞式抽水马桶的发明可追溯到 1875 年，这意味着在 1870 年城市居民还在依靠“夜壶并打开门窗来处理，另外还有室外厕所”。[41]我们只知道在 19 世纪 70 年代这 10 年，关于厕所排污和通风过程设计的知识才有所发展，其中特别是如何防止下水道气体返流到家中。[42]管道设施在美国农村几乎闻所未闻，仅在大城市才略微常见一些：“美国劳工委员会 1893 年的报告发现，53% 的纽约家庭、70% 的费城家庭、73% 的芝加哥家庭和 88% 的巴尔的摩家庭仅有室外厕所。”[43]1870 年这些城市的相应比例无疑更高。

1870 年大部分住宅的特征是这些方面的设施不存在。但是，在农村与城市之间以及不同地区之间是有差异的。即使按照现代标准，北方已开发地区（在 1870 年主要包括明尼苏达州、艾奥瓦州和密苏里州以东地区）的农舍也已经非常完善。与有“黑屋”（无窗房间）且通风不好的城市旧式公寓截然不同，农舍通常是两层，有四到八个带窗户的房间，每个房间都有充足的光线。农村农场住宅的一楼一般有宽敞的门廊。这些住房部分是由原先的拓荒者当初占地建造的，部分（特别是 1870 年以后）是由租房者建造的。一楼包括厨房、客厅，有时也会有餐厅。二楼通常会有三个卧室，一个是父母的，另外两个分别是男孩子和女孩子的。[44]

对于日益扩大的城市里的工人阶层家庭而言，这些农舍的宽敞似乎是难以置信的。历史学家长期以来一直认为，城市工人阶层惨淡的生活条件导致了总体平均生活水平的全面下降，因为美国的农村—城市人口比从 1870 年的 75∶25 转变为 1900 年的 60∶40，再到 1940 年的 43∶57。城市化和工业化将大家庭塞进了小公寓。直到 1910 年，匹兹堡的工人阶层中大部分底层家庭还不得不从室外阀门或公共水龙头处取水。[45]在 1870 年的匹兹堡，“在平均有 5.1 口人的普通蓝领家庭里，平均每个房间住 1.25 个人”。[46]人数与房间数之间的较高比值不仅反映了较高的出生率和较大的家庭规模，同时也反映了许多家庭都需要向一个房客出租房间，以获得额外收入。

弗兰克·史屈莱托夫对此有负面评价：

> 在大部分大城市以及一些稍小的城市，所得报酬较差的工人住在旧式公寓里。他们为缺少适当卫生间和浴室设施的黑屋或昏暗房间支付了过高的租金。高昂租金使人们必须接纳寄宿者和房客，最终导致小型公寓过度拥挤……工人一般再也无法拥有属于自己的住房，因此失去了拥有住房的稳定效应，他们的节俭动力减少，同时也不太可能像过去那样仍是可靠的公民。[47]

上述引文指的是1900—1910年这一时期。那时住在旧式公寓中的城市工人比例比1870年还要高。对于住在独栋住宅中的家庭，其生活水平方面的一个福利是有一个院子，不管它有多大。这在更小的城镇和城市尤为如此，那些地方的住宅区更大。“一个自内战以来就住在印第安纳州曼西市的种子店老板估计，1890年75%~80%的城镇家庭有花园。”[48]

客厅和用人：上层社会的生活

尽管本章对住宅和生活条件的大部分讨论都只适用于农村农民和城市工人阶层，但我们必须承认，在1870年还有大量的城市中产阶层，还有人数虽少但非常富裕的上等阶层。寻找关于中产阶层的最明显证据是去看历史，从这个意义上说，我们可以走在东北地区和中北地区各州的大部分老城和城市近郊的街道上，去观察那个时代中产阶层的住宅。在东北部的每个城市（从马萨诸塞州的坎布里奇到华盛顿特区），都可以找到许多1870年那个时代的中产阶层住宅。在南卡罗来纳州的查尔斯顿和乔治亚州的萨凡纳，旅游者可以看到成片的住宅，这些住宅都历史悠久。目前有许多建造于1870—1875年的房子在出售，广泛分布在从缅因州到阿肯色州再到加利福尼亚州的大片区域；人们可以很容易在网上浏览到。[49]

按照1870年的名义价格计算，这些住宅的建造成本大约为3000美元到10000美元。那么，当时什么人有能力购买呢？我们可以从下面将要讨论的 1870 年职业分布中得到一些印象。那时，8% 的家庭属于管理人员、专业人员或者经营业主。这些职业群体中的人们是纽约市 19 世纪标志性砂石街富人区住宅的最初购买者，也是北方各州城镇中大量意大利风格和安妮女王式住宅的最初购买者。

针对 19 世纪后期的中产阶层，有人给出的定义是：中产阶层是指拥有一个用人的家庭。[50]本章后面的表 2.3 显示，1870 年劳动力中的 7.8% 属于“家政服务人员”。假设几乎所有这些人都在农业部门以外工作，那么将近有 15% 的非农家庭雇用了一个服务人员。根据这一计算，1870 年中产阶层在总人口中所占份额可能接近于 15%，而剩余 85% 的人都属于工人阶层。

在关于 19 世纪后期中产阶层住宅的分析文献中，大部分指的都是 1875 年以后这一时期。从 1870 年视角来看，19 世纪后期的所有进步几乎都还没有出现——燃气和燃气灶分别是在 19 世纪 80 年代和 90 年代才开始普及，而电灯直到 19 世纪 80 年代才开始出现。今天从旁边走过，1870 年建造的中产阶层住宅从外表来看可能引人注目；但是，从内部来看，原先的建筑都不具备那些在 19 世纪后期开始改变世界的所有设施。

铁路、马和尘土：货物与人员的流动

如前所述，1869 年关于黄金道钉的庆祝仪式将一个庞大的国家连为一体。从此，人们可以通过铁路从波士顿前往旧金山，尽管与今天的标准相比速度非常缓慢。长途旅行对于大部分人而言太过昂贵，因此当地交通更受人关注。在 1870 年的城市里，马车仍然是主要交通工具，这在随后的 20 年中同样如此。恶劣的道路状况、缓慢的马车以及通信的缺乏，使得 1870 年的农村家庭与外界隔绝。即使家里养着马，可以乘坐马车到镇上去，也几乎没有公路，即使有，雨后也会满是车辙印和淤泥。出行速度极其缓慢。尽管 1870 年可以在全国范围内投递报纸和电报，但是那时西部农民还用不上电报和邮政服务。乡村地区免费邮递还是 20 年之后的事情。

但是，1870 年前后不久，邮件投递就取得了巨大的进步。乔治·阿姆斯特朗于 1864 年开始着手建立移动的邮政列车，这极大地加快了邮件投递速度。以较高速度运行的旅客列车都挂着带有邮局职员的邮政车厢，这些职员在列车快速前进中分类整理邮件。在每条线路的终点站，已经整理好的邮件会被转交给运往不同方向的连接列车。阿姆斯特朗是 1871 年去世的，但是他在生前已经见证了自己覆盖全国的邮政列车系统的建成。[51]

相对于 19 世纪后期评论员们给予铁路的所有赞美，相对于铁路所取得的巨大进步，蒸汽机推动的交通运输革命是不完整的。蒸汽铁路确实在 1870 年贯穿了全国，但是这并没有给城市职工从家到工厂或办公室的日常交通带来多大帮助。就 1870 年的市内交通而言，马匹仍然扮演着主要角色，正如《民族周刊》（*The Nation*）在其 1872 年的一篇文章中提醒读者：

> 我们几乎完全忽略了一个事实，即我们对马匹的依赖几乎与对蒸汽的依赖同步强化。我们已经开辟了连通全国各地的蒸汽交通主线，但是必须依赖马匹分送货物和乘客。我们已经用大蒸汽船横渡了大洋，但是没有马匹就不能装卸运载货物。[52]

城镇的交通、建设和物流配送完全依靠马匹。1870 年在建设紧凑的城市波士顿，有市民 25 万，有马匹 5 万。波士顿马匹的密度几乎达到了每平方英里 700 匹。而在 1867 年的纽约，马匹每周要撞死 4 个行人。1872 年的秋天，马匹的重要性更加凸显，因为东北部所有城市的马匹因感染了强毒株马流感而无法工作：

> 城市生活停滞不前……有轨马车暂停服务，未发送的货物堆积在码头和铁路仓库，消费者缺少牛奶、冰和生活用品，酒吧的啤酒断货，建筑工地、砖厂和工厂停止作业，市政府也减少了消防和垃圾回收工作。[53]

在詹姆斯·瓦特发明蒸汽机整整一个世纪之后，城市为什么还如此依赖马匹而非蒸汽动力设备呢？在城市的狭窄范围内，蒸汽机有很多缺陷，包括火花引发火灾危险、黑烟刺鼻、噪声震耳欲聋，以及重量太大，导致街道路面开裂变形。

休闲：从报纸到酒吧

到 1870 年，美国人发明的电报已经报道了横贯大陆的铁路贯通，同时，电报在 1861 年就使驿马快信制过时，也让当地印刷的报纸能够报道全国和世界各地当天发生的事件，包括内战中每天发生的残杀。19 世纪末大众通俗新闻的激增尚未开始，在 1870 年阅读报纸的人还比较少。1870 年，美国共有 574 家报社，总共发行 260 万份报纸。在 1870—1909 年，报社数量和报纸发行量分别增加了 4 倍和 10 倍。此外，在 1870 年，电话、留声机、电影和收音机都还没有发明出来。

1870 年，工人阶层家庭中甚少有娱乐活动。而且，那时的娱乐活动主要是家庭的男主人与朋友在当地酒吧喝酒。妇女不会出席这种活动，她们习惯了在家庭里位于第二的排名，当男性外出喝酒时，妇女就留在家里照看孩子和做家务。“酒吧是一个明显不同于家的休闲场所，它给工人提供了一个打发闲暇时间的更加舒适和更有吸引力的地方。较少有女性会去酒吧，因为它提供的社会娱乐活动几乎是专门为男性服务的。”[54]

很明显，人们可以参与的其他闲暇活动非常少。城市家庭会去附近的市政游乐场和公园游玩。而受制于马这种交通工具，农村家庭几乎去不了任何地方。假期时间几乎是未知的。冬天农民无须劳动，有的是时间，但是他们必须竭尽全力确保其牲畜不会死于中西部地区非常恶劣的冬季气候，所以很难说他们有闲暇时间。相对少量的城市中产阶层开始有假期，但是由于交通落后，除了当地公园和旅游景区之外他们也很少有其他地方可以游览。

早期工人阶层娱乐的一个著名地点是纽约布鲁克林的科尼岛游乐

园，该游乐园从 19 世纪 30 年代开始吸引度假游客，并在 19 世纪 60 年代已经通过有轨马车同纽约市中心连接起来。[55]在后续章节中，我们将讨论为工人阶层提供廉价娱乐的其他主要游乐园，例如 1904 年开业的芝加哥河景。在 1870 年，主要体育联赛还没有出现。

死于饮食、疾病和污染物

1870 年，新生儿的预期寿命仅为 45 岁，相比之下最近已经达到了 78 岁。这种变化明显大于 65 岁人群预期寿命的变化，这反映了婴儿死亡率的迅速递减。在 1870 年，婴儿死亡率高达 176 人/千人。克莱因伯格将高婴儿死亡率归因于贫困的生活条件尤其是恶劣的卫生状况，并且着重强调了牛奶供应中缺乏污染防护："牛奶质量是导致婴儿死亡的一个关键因素，因为这些年提早断奶已经成为趋势。"[56]

1870 年，大部分美国人是在家里出生的，即产妇在产婆或者其他邻里妇女的帮助下生产。死亡不仅在婴儿出生第一年非常普遍，在童年时期和青少年时期也同样普遍。对于大部分疾病，当时并没有有效的治疗方法。"除了黄热病、霍乱和天花等间歇性的流行病之外，还有无处不在的流感、肺炎、伤寒、猩红热、麻疹、百日咳以及更为严重的肺结核。"[57]此外，工伤事故是家庭男主人死亡的一个常见原因。

1870 年医疗执业的一个显著特征是没有从业许可，1870 年之后各个州才逐步引入从业许可制度。那时，并没有完善的系统以识别内科医生的受教育水平或者相关医疗机构的优劣。医学被不同的医疗实践哲学分为相互敌对的阵营。1870 年东北部城市特别流行的是顺势疗法医学，其信念是：如果一种药用于健康人身上能够产生与待治疗疾病相同的症状，那么这种药就可以治愈这种疾病；在使用非常小的剂量下，药物的疗效是最大的；几乎所有疾病都是抑制瘙痒或"牛皮癣"的结果。而与之对抗的学派——"折中"医学的理论基础，是草药和反对过度用药与放血。

1870 年，美国正处于医疗改革（第 7 章有详细描述）的风口浪尖，这次改革的开端是 1869 年查尔斯·艾略特被任命为哈佛大学校长以及 1873 年约翰·霍普金斯去世。后者是巴尔的摩的商人，他捐赠大量财富（按照当时的标准）用于建设新医院和大学。当时艾略特的一段评论最好地反映了 1870 年医学界的状态：“美国医学院的普通毕业生获得学位就能很宽松地走进社区，他们的无知和普遍不胜任非常可怕，值得深思。”[58]

1870 年，美国还主要是一个农业国家，但是城市化发展非常迅速，并且带来了大量的公共卫生问题。其中，部分问题是饮食。1870 年典型的饮食习惯是过多食用肉食和淀粉，较少食用水果和蔬菜，引发了缺钙症、佝偻病、糙皮病、坏血病和便秘。另外，健康还会进一步受到重体力劳动和居住环境的侵害。那时，居住环境要么太热要么太冷，通风不畅，煤火和炭火以及煤气和燃油照明通常造成烟雾缭绕，还有昆虫肆虐等问题。尽管内战期间发明了窗纱，但在 1870 年人们尚未将其作为对付昆虫问题的可靠方法。因为夏天必须打开门窗通风，昆虫（被称为“19 世纪的国鸟”）可以在室外人与动物的粪便和室内餐桌上的食物之间随便飞来飞去。饮用水同样也受到污染，使得几乎每个夏季都会暴发伤寒症。[59]

到 1880 年，只有 1/3 的城市家庭安装了抽水马桶。但是，在城市下水道系统发展之前，抽水马桶是直接向“已有户外茅房和化粪池”排放的。[60]1870 年之前的 20 年见证了“合流制排水方式”的第一次发展，这种下水道将雨水和污水收集在一起。但是，包括芝加哥和纽约市的下水道在内，许多这样的下水道都不经过滤处理而直接排放到河流中。1873 年，纽约卫生局局长声称：“河流是最大的天然净化器。”[61]毫无疑问，流水通过所谓的“氧化”过程能够逐渐净化人类粪便。但是，这一过程比较缓慢，以至于无法阻止霍乱和伤寒成为致命的水传疾病。[62]美国第一次对水进行过滤发生在 1870 年与 1872 年之间，但是直到 20 世纪初才开始普遍采用水过滤系统。

1870 年后生活水平的部分改善，得益于内燃机驱动的动力逐渐取代了马匹。如前所述，1870 年的城市生活中，马匹无处不在，这同样会带来健康问题。一匹马每天通常会产生 20 ~ 50 磅的粪便以及 1 加仑尿液，都是无限制地排放到马厩和街道上。每天的粪便总量大约为每平方英里 5 ~ 10 吨。[63]马尸也经常在街道上一搁就是好几天，对公共卫生构成严重威胁。

尽管北部和西部各州的卫生状况较为糟糕，但是南部的卫生状况更差。在内战期间，南方人深受不合格营养摄入和基本卫生缺失之苦，这使他们在战后更容易生病。1860 年至 1870 年间，南方和平时期的死亡率不降反升。钩虫病的流行使问题更加严重，该疾病的身体症状是贫血和能量损失。“经过几个夏天，一个健康家庭全家都可能变得苍白无力；曾经勤劳的，会在工作中变得懒散和落后；曾经富裕的，又会陷入债务危机；曾经得意、有产的，又会沦为佃农和穷人。”[64]

由于南方气候温热潮湿，许多南方城市比北方城市更容易出现流行病。1873 年 9 月，黄热病、霍乱和天花在孟菲斯同时暴发；大约 7000 人感染黄热病，其中 2000 人死亡。40000 名居民中，半数以上暂时离开了这座城市。“在孟菲斯的商业区外，几乎没有下水道，来自开放水沟的污秽直接在相邻的海湾处堆积起来。”[65]

工作：男性又热又脏，妻子在家繁重枯燥

除了消费者这一视角外，本书还将从家庭内外工作条件的角度来探讨生活水平。表 2.3 展示了 1870 年、1940 年和 2009 年三个年份的职业分布情况。具体将工作者分为 12 个职业组，并将这些分组归纳为四大类。对于 1870 年而言，一个最重要的事实是农业在美国人生活中占据主导地位：46% 的劳动力从事农业劳动，包括农场主和农场工人。非农部门以蓝领工人为主，其中工匠、技工和普通工人大约各占 1/3。服务工作的比例还相对较低，且大多数服务人员是家政服务人员。剩余 8% 的职业是中上阶层中的核心，包括管理人员、专业人员和经营业主。

表 2.3　1870 年、1940 年和 2009 年的职业分布　（单位：%）

	1870	1940	2009
农场主和农场工人	46.0	17.3	1.1
农场主	26.5	11.0	0.5
农场工人	19.5	6.3	0.6
蓝领工人	33.5	38.7	19.9
工匠	11.4	11.5	8.3
技工	12.7	18.0	10.2
普通工人	9.4	9.2	1.4
服务职业	12.6	28.1	41.4
文职人员	1.1	10.4	12.1
销售员	2.3	6.2	11.6
家政服务人员	7.8	4.4	0.6
其他服务人员	1.4	7.1	17.1
管理人员、专业人员和经营业主	8.0	15.1	37.6
管理人员和行政人员	1.6	3.7	14.4
专业人员	3.0	7.1	20.5
经营业主	3.4	4.3	2.7
总计[a]	100.1	99.2	100.0

注：a. 1870 年加总数据大于 100 是凑整所致；而 1940 年加总数据小于 100 则是因为存在“未分类”一项没有计入。

资料来源：1870 年和 1940 年数据来自 HSUS 序列 Ba1033–Ba1046；2009 年数据来自《美国统计摘要：2011》，表 605“自雇人员”以及表 615“雇员”。

我们将在后续章节中继续讨论 1870—2010 年职业分布的巨大变化。作为一个职业，务农几乎已经消失，而蓝领工人在劳动力中所占份额已经下降了 1/3，与此同时，服务职业以及管理人员和专业人员所占比例都出现了爆炸式增长。如今，专业人员所占份额大约等同于 1870 年农场工人的份额，这意味着工作条件在各个维度，包括劳动强度、风吹日晒、伤亡风险以及教育经历，都发生了翻天覆地的变化。[66]贯穿全书，我们都将追踪从不愉快工作到愉快工作的这种缓慢转变。如果将务农、蓝领工作和家政服务认为是不愉快的工作，那么在1870年有87%的工作是不愉快的。而在1940年，这一比例为60.4%，到2009年降低到仅仅21.6%。

但是，美国人在职业上的这些改变并不完全是单向的。例如，蓝领工人占劳动力的比重实际上从1870年的33.5%提高到了1940年的38.7%，之后又急剧下降至2009年的19.9%。尽管管理人员和专业人员已经从不到劳动力的5%提高至超过1/3，但是经营业主所占比例从1940年的峰值4.3%降至2009年的2.7%。由于技术进步，农业所需劳动力总量不断降低，其从业人员在社会劳动力中所占比重已经从1870年的将近50%，降至1940年的17.3%以及2009年的1.1%。在发明农业机械之前，1870年在农场工作的农民不仅要依靠畜力从事非常辛苦的劳动，还要忍受酷暑寒冬。特别是，当农民从大西洋沿岸地区向西迁移至中西部和北美洲大平原各州居住时，气候变得更加极端。在1870年用马或骡子耕地，要比在2010年操作装有空调和大量电子设备的拖拉机辛苦得多。

农场主不仅需要种植农作物，而且要负责安身立命的方方面面。许多农场主最初得到土地应当感谢1862年的《宅地法案》，根据该法案他们可以在附近的联邦土地办公室登记自己免费得到的土地。如果农场主从铁路公司购买了土地，那么铁路公司的代理商通常会在细节上予以帮助。男性经常会自己前往西部地区，而将家人和孩子留在后方。只有在确立了土地所有权合法性、初步建房以后，他们才会将家人接过来。[67]

1870年，许多迁移者从艾奥瓦州和密苏里州的肥沃地区西进冒险，前往气候未知的达科他州、内布拉斯加州、堪萨斯州和俄克拉荷马州。新定居者，尤其是来自气候适宜地区的欧洲人，并未做好应对北美洲大草原恶劣气候的准备。该地区如今被称为龙卷风地带，这是一个有着严寒酷暑的地区。在夏季，炎热气候总是伴随着干旱，给该地区带来了严重灾难，例如发生于1934—1936年夏季的“灰碗”黑风暴事件。但是，对于农场主家庭或主要家畜的生存而言，恶劣气候并不是唯一的障碍。

草原火灾的发生、冰雹、干旱以及蝗虫都会侵害 19 世纪 70 年代的农业生产，都会使在这片肥沃但脆弱的地区投资的人们收入锐减。[68]对该地区缺乏了解以及免费土地的可获得性，诱使移居者到这片气候危险的地区冒险。

1870 年的农场有多大呢？它雇用多少工人，产出又有多少呢？当时有 266 万个农场，平均面积是 154 英亩*，平均产出是每年 874 美元（按现价美元计算）。农场面积的中位数将近 90 英亩，这意味着农场的规模有非常大的离差。平均而言，每个农场有价值 100 美元的农用工具，并为 2. 2 个农场主和农场工人提供工作。

当我们将表 2. 3 中的职业数据同农业总量数据放到一起就可以发现，每个农场平均有 1. 25 个农场主加上 1 个农场工人。数据同样表明，并不是所有的农场都由其所有者经营。1870 年，就美国整体而言，75% 的农场是由全职或兼职所有者经营的，其余 25% 则是由佃农经营的。而在南方，相应比例分别为 64% 和 36%，这意味着佃农分成制在南方各州具有更加重要的地位。[69]

960 美元现值收入可以同马萨诸塞州劳工统计局的城市工人阶层家计调查中的样本家庭收入进行比较，后者平均收入为 770 美元。这种差异特别明显，因为城市工人阶层家庭将其收入的一半以上用于购买食物，而农村家庭所需食物多为自家种植。因此，这似乎表明，就平均而言，农场主家庭要比城市工人阶层家庭富裕，而后者占美国城市家庭的比重将近 85%（如前文估计）。

在我们今天看来，1870 年的农场工作十分原始，但那时的工作条件要比之前 50 年先进得多。1834 年收割机的发明，极大地降低了收割小麦所需的劳动和时间总量。马匹也用于其他工作，包括在踏步机上走动以驱动机器，将干草打捆和打麦。[70]许多发明家都在积极开发农业机械，但在 1873 年以前很少有人取得成功。因此，我们将这方面的进步留待后

---

* 英亩是英美制面积单位，一般在英国、美国等地区使用。1 英亩约合 4046. 86 平方米。——编者注

文进行分析。

与在大草原各州开拓疆土的农场主相比，南部各州的农场主遭受了更加炎热和潮湿的夏季。诚然，他们无须经受恶劣冬季中寒冷和暴风雪的折磨，但是他们会遭受暴雨灾害，也没有硬化公路。“他们的骡子和马在泥潭中挣扎，而马车车轴则深陷泥泞。”[71]

南方农业经过数十年才从内战中恢复过来。除了战时的大量破坏外，南方棉花产业的竞争地位也因为世界其他地区新兴种植者（包括埃及和印度）的兴起而降低。观察者还将南方农场主所面临的问题归因于高关税，因为这种做法提高了进口机器和消费品价格，还有过高的铁路运费（所有地区都对此有抱怨）以及促使实际利率上升的持续通货紧缩导致的信贷紧缩。[72]关于人均收入下降的一个更具争议的判断是福格尔—恩格尔曼的观点，即种植园系统比个体农场主的非合作生产更有效率；奴隶被解放后，就再也不会像在严苛的人身控制下生产得那么多了。[73]劳伦斯·拉森对无效率给出了更宽泛的评价：“进入19世纪80年代，南方的农业体系并不适应自由市场。地产商和乡村商人主导着碎片化的经济，其中分成制扼杀了私人企业。”[74]

在1870年城市工人阶层生活中，最典型的一个方面是男女角色的清晰分离。男主人负责赚钱养家。每个青少年男孩都被迫参与劳动，以补贴家用。家庭主妇和女儿则要待在家中，通过一系列重复性的家务劳动来维持家庭的运转，包括洗衣、熨烫、打水、打扫卫生以及做饭。

1871年受访的工人阶层男性都直言对“工资制度”下苛刻工作条件的不满。当时并没有地方可以抱怨或发泄不满：“没有赔偿，没有申诉；雇主的惯用语是如果你不喜欢，就请离开……只有恐吓、残酷和欺诈。”[75]正如几十年前英国所发生的一样，熟练工匠怨恨机器的入侵以及相伴随的工厂生活的严格控制。

各阶层之间的流动性如何呢？普通工人的儿子的确常常可以成为工匠或操作人员，但所有这些人几乎都身处体力劳动者队伍，不具有中产阶层职业资格所要求的教育或其他属性。“白领和蓝领的世界界限分明。有些人只有在接受足够的学校教育后才能进入白领群体，而另一些人却可以直接进入。”[76] “在社区生活 10 年之后，3/4 的普通工人没有职业流动机会；而 70% 的人在 20 年后仍然是普通工人。”[77]

1870 年美国城市工人阶层家庭总是被描绘为不停地移动。当发现不能在原驻地达到体面的生活水平时，他们会从一个城市迁移到另一个城市。相比之下，土地所有者则倾向于固守一方。这同时具有经济和政治意义。“尽管工人阶层不会在一个城市中长期停留，但是仍然存在着一群富裕而相对稳定的社区领导者。结果，一小部分人享受着社区高度发达的成果，并控制着地方政治。”[78]

可以用费城市中心一块地方的机构构成，来描述 1870 年的职业多样性和城市生活的密度。那里有五个马厩和两个马车行，一个浸信会教堂，一家克纳普手摇风琴制造厂，一家砖厂，一家蒸汽洗衣店，一家铁匠和木匠铺，一家车轮和机器店，一家锁匠铺，一家糖果店，一家中国人开的洗衣店，一家雪茄厂，一所学校以及一个会议厅。[79]1870 年比较重要的工作分类，从马匹饲养员到马车行东家，都随着城市马匹的过时而消失。在 1870 年，不愉快的职业还包括为城市或私人企业承担清理马粪这种有臭味工作的工人。

在自来水出现之前的时代，大部分城市工人阶层家庭都需要承担与水有关的体力劳动，而这些劳动对于农村家庭而言相对较少。根据 1886 年的一次计算，“一个典型的北卡罗来纳州的家庭主妇每天需要取水 8 到 10 次。洗一次衣服，包括洗涤、开水烫和漂洗需要耗水大约 50 加仑。一年下来，她提着水走过 148 英里，并运送了超过 36 吨水。”[80]家庭主妇不仅需要取水到家，还要将脏水运出去，更不用提倒夜壶这种不愉快的事情了。

但是，运水并不是需要做的全部事情。在 1870 年，尚未发明燃气炉或电炉，因此做饭需要木柴或煤炭。人们需要将木柴和煤炭运到家中，最后还要将灰烬运出。[81] “纸和引火物需要放到火炉里边，并要小心调节炉门和烟道，这样才能成功点火。因为没有恒温器来控制火炉的温度，妇女必须全天盯住炉子……保持火燃烧一整天需要消耗 50 磅煤炭或柴火。”[82]

家庭没有雇工的帮助。边疆地区一位挪威移民抱怨道：“在上流阶层家庭里，厨师、女佣和管家各干各的活，而在这里女主人必须做所有这些人的活。而且，她也必须像在挪威时那样身兼三职。”[83]当移民农场家庭与挪威老家“上流阶层家庭”进行比较时，这种情绪非常明显。1870 年挪威的工人阶层主妇想必同样要做中西部挪威移民主妇在农场里所做的家务。

青年、童工和学校教育

1870 年，年龄低于 25 岁的青年人占总人口的比重高达 60%，他们过着完全不同于当代青年人的生活。1870 年的学校教育基本仅限于初等教育，很少有人在 12 岁以后还能继续接受教育，而这经常取决于父母对孩子进入私立学校的支付意愿。年龄在 16～19 岁的男性劳动参与率非常高。有必要强调 1870 年 16～19 岁男性青年与女性青年在劳动参与方面的差异，前者的劳动参与率为 76.1%，而后者仅为 29%。而且，女性青年参与劳动的时间相对较短，一般到第一次怀孕时就会终止。与此不同，男性将从 15 岁（甚至是 12 岁）持续工作到丧失工作能力。

男性青年的较高劳动参与率是必然之事。核心家庭必须提供种植农作物和维持家庭所需的所有劳动力。男性青年和父亲一同在田间劳作，女性青年则帮母亲做着永无休止的家务活（第 8 章的图表提供了 1870 年后童工的演变）。1870 年，美国仍然是一个农业社会，学校会适当安排时间，以便农场孩子有较长的暑假能够帮助他们的父亲照料和收割农作物。[84]阿尔伯特·费希罗将美国的教育实践同当时相对富裕的主要欧洲国家做了比较，其结论是美国教育并不落后。到 1870 年土生土长的美国人大部分都识字，文盲主要是到北部各州的移民或南方原有的黑人奴隶。

尽管 1870 年几乎没有人接受中等或高等公共教育，但是初等教育非常发达。小学强调采取多种措施，以帮助社会中多语言的孩子们融合在一起，因为这个社会有着很多国外出生的移民。最值得关注的是，“小学强调学生要遵守纪律、注重效率、按时出勤以及严守时间”。[85]所谓的“公立学校”（即小学）在 1840—1870 年取得了很大发展。“到 1860 年，10～14 岁儿童的登记入学率几乎百分之百”。[86]1870 年，男性的读写能力明显高于女性，而南方各州在入学和读写能力上也显著落后于北方。

南方各州面临的主要问题是黑人教育问题。没有专门为处于奴隶制度下的黑人开设的学校，同时种植园主们也通过不提供教育、让奴隶成为文盲而确保对奴隶的控制。内战之后，在南方大部分地区，给南方黑人上课是南方白人不可接受的事情。因此，必须从北方引进教师。“到 1868 年，无数的传教士组织、教师以及政府官员和军官迁移到密西西比河地区，意图教育、鼓励和保护以前的奴隶。”[87]教育方面的努力经常通过黑人教堂来组织，强调最基本的读写技能，水平要求远低于周边白人的水平。

正是因为 1870 年人口中青年人所占份额很高，所以 65 岁及以上人群仅占总人口的 3.0%。从今天住在封闭式社区且能够打高尔夫的退休老人的视角来看，1870 年的老年生活十分悲惨。那时没有社会保障项目，因此家庭男主人到老都还要养家。但他们主要是农民或体力劳动者，生产能力会随着年龄的增长而下降。农民还能更多地依靠自己的儿子（如果他们有儿子的话），但是城市工人阶层就没有这么幸运了。“挣钱能力在 50 岁以后会急剧下降……而熟练蓝领工人进入老年时期后的前景将非常暗淡。”[88]克莱因伯格也认为，这个年龄的体力劳动者“不再有工厂主所要求的体力或敏捷性”。[89]

结论：黎明时分的现代美国

1870 年的典型家庭不仅只能获取有限数量的消费品，还要承担艰辛的工作，家庭男女主人只有艰辛地工作，才能赚取购买这些商品所需的收入。农村和城市中辛勤劳作的家庭主妇最为辛苦，她们不仅需要做好运送水、煤炭、木柴和灰烬等日常工作，还必须承担做饭、做衣服等劳动，而后代们有钱了就可以直接购买制成品。

1870 年生活的许多方面在我们今天看来都是非常不愉快的，但没有体现在 GDP 中。1870 年的生活水平有许多无法测量的不足，后代们是看不到的，这样的故事讲也讲不完。加工食品基本上是没有的，鲜肉也是不安全的，所以饮食主要是腌猪肉和淀粉类食物。除非是自家种的，否则人们只有在夏季才能吃到水果，而冬天能够获得的蔬菜仅限于可以储存的根茎类蔬菜。当时的衣服也比较粗糙，大部分妇女的衣服是自己做的，在缝纫机发明之前，做衣服是农村和城市家庭妇女的一个沉重负担。

1870 年的住宅单元普遍缺少室内管道、自来水、废物处理装置、电力、电话和集中供暖。尽管中产阶层和上流阶层家庭在城市和附近郊区建造住房（这些如今已经成为城市的历史街区），但是农民和城市工人阶层在居住条件方面面临更多的困难。尽管 1870 年的许多农民已经有了 6 个隔间以上的农舍，但这种住房条件对城市居民来说是非常罕见的。一些农民住在原始的草泥墙房屋或单间棚屋里。1870 年还没有纱窗，苍蝇和其他昆虫在家里到处乱飞。疾病发生的先决条件不仅存在于拥挤的城市贫民窟地区，同样也存在于每一个农场。

1870 年每个美国家庭都直接或间接地依靠马匹。蒸汽动力的确推动了铁路和一些工厂的发展，但在 1870 年还没有蒸汽驱动的农用机械或蒸汽驱动的市内交通工具。马匹仍然是主要的动力来源，从农村的犁地和打谷机运转，到市内交通、配送和建筑，都是如此。1870 年依靠马匹还产生了一些未计入 GDP 的负外部性，包括粪便和尿液散布在街道上，需要花钱请人清理，更不用提农业生产中较大一部分精力是用于饲养无处不在的马匹。1870 年，马匹数量达到 860 万匹，或者说大概每五个人就有一匹马。

从今天的视角来看，美国人口中占比 75% 的农民普遍处于隔离状态。1870 年不仅没有电话，也没有农村邮政服务。许多拓荒者前往北美洲大草原的边疆地区，都遇到极为恶劣的气候条件，甚至让那些经历过极端气候的斯堪的纳维亚和东欧移民拓荒者都望而生畏。

GDP 数据忽略了农村和城市家庭主妇的日常负担。在之后几十年间，创新可以让妇女卸下许多家务负担。但是在 1870 年，她们是家务活的主要承担者。这种辛劳发生在农村家庭里，他们见证了摧毁农作物（这是农村家庭的唯一收入）的气候变迁；或者出现在 1870 年的美国城市中，那时一起宏观经济事件能破坏城市就业机会，正如 1873 年及后续年份发生的经济萧条。

1870 年代表着现代美国的黎明时分。在随后的 60 年中，生活的每个方面都经历了革命。到 1929 年，美国城市实现了电气化，几乎每个城市的住宅都被基础设施网络覆盖，通过电、燃气、电话、洁净自来水和下水道同外部世界连接在一起。到 1929 年，马在城市街道几乎消失，而机动车辆与家庭数量的比值达到 90%。1929 年的家庭有着 1870 年时无法想象的娱乐选项，包括留声机、收音机以及在华丽电影院播放的电影。1929 年，人类已经基本征服了婴儿死亡难题，而医院和行医也采用了当今的从业许可和职业化的形式。同时，在 1929 年工作日已经缩短，小部分男性从事体力劳动，家用电器也已经开始减轻烦琐的家务劳动。

这种划时代的转变开始比较缓慢，它的速度在 1900 年后因为电气化和机动车辆的迅速普及而达到顶峰。但是，在 1870 年之后的第一个 10 年中，现代社会的基础已被奠定。电灯、第一台可靠的内燃机以及无线电传输都是在 1879 年底的 3 个月时间里发明的。在这 10 年中，人们还发明了电话和电报。第二次工业革命正在改变这个世界，这种改变完全超出了人们的认知。

第3章 人们吃什么、穿什么以及从何处购买

由于缺少卫生标准，贫民窟地区的现有供应商——从街头小贩到街角杂货店，都在出售现在看来不适合人类消费的食品。

——奥托·贝特曼（Otto Bettmann，1974）

引言：必需品

食品、服装和住房，是人们生活的三大必需品。本章将讨论1870—1940年与前两种必需品有关的生活水平的演变，而第4章将讨论住房数量和质量方面的变化，包括电气化、室内管道和集中供暖在彻底改变家庭生活方面的作用。与第4章中记载的改变截然不同，本章所探讨的变化是渐进式的而不是革命性的。

比人类所吃食品和所穿服装方面的改变更加重要的，是食品和服装的生产方式以及购买地点等方面发生的划时代变化。随着美国城市化步伐的加快和真实收入的快速增长，家庭自制食品和服装所占份额迅速降低，这就释放了之前参与家庭生产所耗费的一些时间。人们发明了许多新的加工食品，很多当今的著名品牌在19世纪最后30年里已经为人所熟知。

最初的食品和药品立法出现于1906年，开启了消除食品供应链中的腐肉、掺水牛奶、有意误测等问题的漫长过程。在城市化过程中出

现了连锁便利店，这使购买者可以在一个地方购买他们所需的大部分食品，而不用去多个小型专卖店。服装方面从家庭自制到市场购买的这一转变，因为19世纪末的两个发明得以加速：大型城市百货商店和邮购商品目录。大城市中最早的百货商店是1876年在费城开业的沃纳梅克（Wanamaker），不仅极大地增加了可选商品的多样性，而且通过高效组织降低了商品价格。

邮购商品目录，特别是1872年开始的蒙哥马利·沃德公司和1894年开始的理查德·西尔斯公司和阿尔瓦·罗巴克公司，结束了美国农村的隔离。同时，它使品种爆炸式增长的美国造制成品在印刷品上随处可见，其中既包括逐渐降价的老产品，如钉子和铁锤，也包括新发明的产品，如自行车和缝纫机。

本章开始先行研究预算，以确定家庭支出中用于购买食品、服装及其他种类商品所占份额的变化，然后考察大类食品消费变动的证据。之后，我们考察食品生产、食品销售以及食品质量和安全方面的创新。最后，通过对成年人身高及其他体质特征的生物计量学研究，探讨食品消费对营养的意义。

对服装的分析比较简短。其中，一个中心主题是从家庭自制服装，特别是自制女装和童装转向从市场购买服装，邮购商品目录和城市百货商店提供了种类丰富的服装。最后，本章的结论部分分析了下述问题：为什么关于价格和产出的传统数据低估了食品和服装对美国生活水平提高的贡献？

食品支出惊人的持续性

从19世纪和20世纪美国食品消费记录中，可以得出一个惊人的结论：食品消费中的卡路里在过去200年中几乎没有发生变化，至少直到过去30年仍然如此。图3.1给出了1800—2011年人均每日热量摄入的变化。在1980年之前的几十年中，人均热量消耗虽有上下波动，但总变动较小：1800年人均每日摄入2950卡路里，而1980年人均每日摄入

3200卡路里。随后关于食品消费其他度量的讨论，应当从相对稳定的热量摄入这一视角出发。

食品是三种必需品（食品、服装与住房）中最基本的一种。当人们较为贫困时，其家庭预算的绝大部分将用于购买食品。然后，随着收入的增长，人们可以将更多的资金用于购买服装、住房以及其他产品和服务。除食物、服装和住房之外，其他产品和服务能够增加生活的愉悦度，包括理发等个人护理和电影院观影等娱乐项目，但它们并不是必需品。

图3.1　1800—2011年人均每日热量摄入

资料来源：Floud et al.（2011），表6.6，1970年后的数据来自“食品和农业组织的食品平衡表”并进行了同口径调整。

已知的对美国预算的第一次研究，是马萨诸塞州劳工统计局于1874—1875年开展的项目。部分受马萨诸塞州劳工统计局研究的鼓舞，新成立的美国劳工统计局（简称BLS）着手对1888—1891年、1901年、1917—1919年和1935—1936年进行大规模研究，表3.1总结了这些研究的结果。[1] 我们使用居民消费价格指数（CPI）将名义总支出转换为实际值。[2] 表中最后一行给出了根据1901年价格处理后每户家庭的实际总支出。1888—1891年的中点与1901年之间家庭实际消费的年均增长率为1.99%，而1901年与1917—1919年之间以及1917—1919年与1935—1936年之间的增长相对缓慢，年均增长率分别为1.06%和0.95%。

表 3.1　1888—1936 年美国四次消费者预算研究

	美国 9 个城市的工人（1888—1891）	工薪家庭（1901）	城市家庭（1917—1919）	城市家庭消费支出（1935—1936）
	（1）	（2）	（3）	（4）
样本量	2562	11156	12896	14469
平均家庭规模(人)	3.9	4.0	4.9	3.6
税前收入(美元)	573	651	1505	N. A.
支出（美元）				
总计	534	618	1352	1463
食品	219	266	556	508
服装	82	80	238	160
租金	80	112	224	259
燃料	32	35	74	108
杂项	121	124	260	428
支出比例（%）				
食品	41.0	43.0	41.1	34.7
服装	15.4	12.9	17.6	10.9
租金	15.0	18.1	16.6	17.7
燃料	6.0	5.7	5.5	7.4
杂项	22.7	20.1	19.2	29.3
按 1901 年价格计算的总支出(美元)	491.6	618.0	739.7	873.6

注：第（3）列中的“租金”包括“家庭自有住房”。

资料来源：第（1）~（3）列来自 HSUS Cd465 – Cd502；第(4)列来自 HSUS Cd540 – 557。

因为消费者支出在两次调查之间一直有增长，我们可以预计食品支出所占百分比在逐渐减少。但是，表 3.1 没有反映这种变化。从前 3 列可知，在 1888—1919 年，各类支出所占份额几乎没有变化。特别是，食品支出所占份额也没有明显减少，仅仅在 41.0% ~43.0% 变动。消费者预算中的很大一部分都分配给了食品，且总的热量摄入也没有变化。因此，可以说在这一时期（1888—1919 年）生活水平并没有重大提高，除非这种提高发生在所消费食品的多样性上。服装、住房与食品共同组成了传统的三类必需品，而取暖和照明所需的燃料被视为第四类必需品。购买服装、燃料和租用住房这三类必需品的开支所占份额在四次调查中相对稳定，分别为 36. 4%、36. 7%、39. 7% 和 36. 0%。

只有在 1935—1936 年的调查中，食品消费占比降低至 40% 以下。相应地，“杂项”类所占比重从 1917—1919 年的 19. 2% 提高至 1935—1936 年的 29. 3%。那么，杂项是指哪些项目呢？实际上，这部分支出用于保险、医疗、烟草、理发、外出用餐、家具、工会会费、教堂捐助以及公共交通费用等。[3]

人们吃什么：给单调饮食增添多样性

分析特定食品消费变化的最好数据，是美国农业部（USDA）的食品表观消费量时间序列。[4] 在表 3. 2 中，我们提供了 140 年里（1800—1940 年）特定种类食品消费变化的大量相关数据。表的顶部记录了不同类型肉食的消费量，这里立刻产生了一个谜题。从 1870 年到 1900 年，肉食消费不断减少，猪肉消费的减少量远大于牛肉消费的增加量。1900 年之后，牛肉和猪肉消费量都迅速减少。到 1929 年，总的肉食消费量比 1870 年减少了 1/3。其中，牛肉减少了 1/4，而猪肉减少了 1/2。羔羊肉、羊肉、鸡肉和火鸡的总消费量在 1870—1929 年并没有增加，因而无法抵消牛肉和猪肉消费量的减少。

哪种食品取代了肉食消费呢？发生增长的食品类别包括脂肪和油、水果、奶制品、鸡蛋、食糖和咖啡，而面粉和谷物类产品的重要性已经降低。猪肉消费的减少，是矫正不合理的美国饮食的一部分（详细描述见第 2 章）。随着加工食品的发明与普及，家庭出现了更加令人满意的配料，从而能够使饭菜丰富多样。1870 年的早餐猪肉面粉粥，已经被 20 世纪 20 年代的玉米片等谷物类包装食品和柑橘类果汁所取代。

表 3.2　1800—1940 年美国人均食品表观消费量　　（除鸡蛋外单位为磅/人）

	1800	1870	1900	1929	1940
肉食	212	212	190	130.7	141.2
牛肉和小牛肉	74	62	78	45.0	50.1
猪肉	123	131	83	64.8	68.3
羔羊肉和羊肉	1	3	6	5.0	5.9
鸡肉和火鸡[1]	15	17	22	16.0	16.9
脂肪和油				48.7	50.1
黄油		11	20	17.6	17.0
人造黄油			1	2.9	2.4
猪油			13	12.7	14.4
其他油脂				15.5	16.3
水果[2]	80	73	219	193.7	202.2
蔬菜[3]	334	220	273	319.9	291.1
牛奶总当量[4]	509	472	750	811.9	818.2
牛奶和奶油			253	300.3	305.7
奶酪		4	4	5.9	7.9
冷冻奶制品			0.3	10.2	11.7
鸡蛋（个）	72	102	255	324.3	309.2
食糖和甜味剂[5]		35	65	112.7	108.4
面粉和谷物类产品		334	317	236	199
咖啡		6	10	10.2	13.0
合计			1366	1368	1330

注：1. 1800—1900 年数据不包括火鸡，这只是家禽中的很小一部分。2. 水果包括 HSUS 的瓜类。1800—1900 年数据用到了每蒲式耳水果重 40 磅这一转换因子。3. 包括人类消费的玉米和土豆。1800—1900 年数据中，假设每蒲式耳商品蔬菜作物的售价与豌豆和豆角相同。豌豆、豆角和商品蔬菜作物按照每蒲式耳 40 磅估算。4. 包括列在脂肪和油类中的黄油。5. 1800—1900 年数据只计算食糖。作为对比，1929 年食糖消费量为每人 97 磅。

资料来源：1929—1940 年数据来自 USDA ERS 食物可得性数据系统、HSUS（1960）G552 - 584、HSUS（1975）G881 - 915；1800—1900 年数据来自 Floud et al. 的著作 *The Changing Body: Health, Nutrition, and Human Development in the Western World since 1700*，SAUS 以及 Towne and Rasmussen 所著 *Trends in the American Economy in the Nineteenth Century* 中的“19 世纪农业总产值和总投资”。

尽管1870年后美国北部和西部的饮食多样性已经大大提高，但南方以猪肉、玉米和野味为基础的饮食仍然保持了数十年。之前丰衣足食的种植园主如今已穷困潦倒，只有少数上流阶层还在继续食用传统南方菜，这些菜品在内战之前种植园的厨房里司空见惯。据估计，在19世纪最后1/3的时间里，南方人所食猪肉是北方人的2倍。关于1860年南方猪肉的大量消费，来自佐治亚州的一位医生评论道："对美利坚合众国的最恰当称呼，可能是'吃猪肉的大联邦'或'猪圈共和国'。"[5]

针对美国人的典型饮食，批评家指出，北方和南方的美国人都太过喜欢煎锅：

> 油炸面食是我们最喜欢的食品之一。面团坚果、薄煎饼、油煎饼，是我们常用优质小麦面粉做的食品。煎火腿、煎鸡蛋、煎肝尖、煎牛排、炸鱼、炸牡蛎、煎土豆和炸土豆片等，同样是我们一日三餐经常吃的食物。[6]

即使在19世纪80年代冷藏机车技术出现之前，19世纪50年代的城市饮食也因非冷藏铁路运输的出现而获益。纽约北部为东北部城市供应鲜奶，环绕大城市的蔬菜农场在夏天提供蔬菜，甚至水果都可以来自遥远的佛罗里达州和加利福尼亚州。

林德夫妇详细调查了印第安纳州曼西市的生活，并区分了19世纪的"冬季饮食"和"夏季饮食"。[7]在冬季，主要食品是肉食、通心粉、土豆、萝卜、凉拌生菜丝和作为餐后甜点的蛋糕或馅饼。腌菜被作为调味品。由于在冬季缺少绿色蔬菜，常见的抱怨是"春季病"。蔬菜花园在这个中等规模城市是十分普遍的，同时，几乎每个人（即使是工薪阶层）都住在独栋私家住宅中。19世纪90年代至20世纪20年代的一个主要变化是，得益于冷藏列车和室内冰箱技术的发展，冬季的新鲜蔬菜供给日益增加。

与曼西市类似，在大部分中等规模城市和城镇中，人们住在独栋住宅中，通常有种植自家蔬菜的园地。表3.2中的美国农业部数据很可能忽略了城市蔬菜消费增长中的很大一部分，即独栋住宅园地种植的蔬菜。农场和日益增长的城市贫困阶层在蔬菜消费方面存在着显著差异。农民并不是完全自给自足，他们会出售剩余的腌制猪肉、谷物和蔬菜，以获得食糖、咖啡、鞋子和简陋的农具。城市居民需要用现金收入购买所需的食品，而 19 世纪 70 年代和 90 年代的宏观经济萧条使很多人沦为底层，他们只能依靠救济站提供的微薄口粮充饥。营养不良导致健康状况恶化，而大城市里的生活区过度拥挤、光线不足和通风不畅使这一问题更加严重。

表 3. 3 展示了考察 1909 年后食品消费变化的另一种视角，即用三种方式衡量食物摄入：食品消费、食品消费磅数和每日卡路里摄入量。食品消费指数用每磅食品的价格作为加权数。如果有一个转换，例如从 1 磅低价值食品（如土豆）转向 1 磅高价值食品（如牛排），则食品消费指数将增加。从该表中可以很明显地看到，1909—1940 年食品消费几乎没有变化，不管用食品消费、食品消费磅数还是每日卡路里摄入量衡量都是如此。按照这三种衡量方式，食品消费的年均增长率分别为 0. 22%、-0. 21% 和 -0. 18%。

表 3. 3　1909—1970 年美国农业部食品消费指数（1967 年 = 100）

	食品消费	食品消费磅数	每日卡路里	单位价值（每磅消费）
1909	85	113	109	78
1919	84	107	106	79
1929	87	110	106	82
1940	91	106	103	88
1950	95	105	100	95
1970	103	101	100	103
2006			122	
年均增长率（%）				
1909—1940	0. 22	-0. 21	-0. 18	0. 40
1940—1970	0. 41	-0. 16	-0. 10	0. 51
1970—2006			0. 55	

资料来源：HSUS 序列 Bd559 -567，美国农业部经济研究局。

如果用表3.3中第一列的食品消费除以第二列中的食品消费磅数，我们就可以计算食品消费的单位价值。在1909—1929年，单位价值的增长微乎其微。相反，主要的增长发生在1929年之后。表3.3的最后一部分表明，1909—1940年单位价值以年均0.40%的速度增长，而1940—1970年的增长相对较快，年均增长率为0.51%。

纵观19世纪后期和20世纪早期，移民所购买的食品日益多样化。在上流阶层中，法国烹饪最受重视，烹饪书上满篇都是法国风格的菜谱。德国烹饪对工薪阶层和中产阶层的影响更大，尤其是德国移民居多的城市，包括辛辛那提、圣路易斯和密尔沃基。德国人带来了烹饪猪肉的新方法、新式香肠、醋焖牛肉和德国泡菜，更不用提圣诞饼干和圣诞树等德国传统。到1900年，纽伦堡那种用一片面包夹着香肠的风俗，在美国已经转换成热狗面包，据说第一次是在科尼岛出售。意大利移民则带来了无处不在的餐馆，并向本土美国人展示了许多做酱汁意大利面的新方法。从19世纪早期开始，这种意大利面已经与通心粉类似。

19世纪后期，早在机械式冰箱发明之前，把冰放在一个盒子里给车厢降温的方法被称为“制冷”。尽管在1870年很少家庭拥有冰盒子，但冰盒子于19世纪70年代和80年代在南方变得常见，而10年之后在北方也已普及。1914年，北方大城市所使用的冰超过1880年使用量的5倍。[8]用马车运送冰的历史持续到20世纪，冬季的运煤车在5月和10月之间改为运冰。早在1879年，美国人口调查发现大城市的冰块消耗量约为每人每年2/3吨。

食品加工和冷藏运输增加了水果和蔬菜的多样性，到1903年，加利福尼亚的种植者发明了一种被称为“冰山”的莴苣，运送到全国各地都能保持新鲜。[9]同时，冰盒子的使用继续流行。在1907年纽约市的一次支出调查中，“冰箱”出现在81%的年收入不超过800美元的家庭中，或者出现在90%的更高收入家庭中。但是，此处对“冰箱”的定义与今天不同：“有些受访者所说的冰箱是桶装冰块，是比桶装冰块强不了多少的冰盒子，但大多数受访者所说的冰箱是保存易腐食品以及冰块本身的地方。”[10]

制冷能够降低许多易损商品的价格，减少价格的季节性波动，并延长许多商品的保质期，最后提高人们的营养和身高。我们将在后文中回到身高这一问题。现在，我们援引克雷格等人关于非机械制冷益处的结论：

> 营养和成人身高的提升，与机械制冷在易损商品储存和运输中的使用是相吻合的。制冷很好地促进了 19 世纪后期美国经济的时空整合。据估计，制冷对卡路里和蛋白质摄入的影响分别约为 0.75% 和 1.25%。19 世纪 90 年代营养改善的几乎一半，可能应直接归因于制冷。[11]

就像食品消费模式在过去几十年中发生变化一样，酒精饮料的消费模式也是如此。德国移民的啤酒饮用量高于本土美国人，意大利移民则更爱喝葡萄酒。但是，在解释关于食品和饮料总消费量的数据时必须谨慎，斯坦利·莱博格特所提供的数据就是如此。莱博格特为 1900—1930 年的大部分产品构建了按类别划分的消费支出数据。可惜的是，他照字面意思使用了"禁酒"这一词语，他所记录的 1914 年酒精消费在食品总消费中占比为 15%，而 1920—1930 年占比为零。[12]莱博格特似乎忽视了克拉克·沃伯顿关于禁酒的经济效应的著作，在这本书中沃伯顿筛选各种各样的数据以确定禁酒年份（1920—1932 年）的酒精实际消费量以及相应价格。[13]

用体积衡量的酒精消费量数据低估了它对名义支出的影响，因为禁令造成了价格上涨。沃伯顿总结到，1929 年的酒精消费为 50 亿美元，约为 1929 年 GDP 的 5%。[14]这一比重相对高于莱博格特对禁酒前年份（1914 年）的酒精消费占 GDP 比重的估计（4%）。[15]因此，我们得到了一个具有讽刺意味的结论：禁酒令不仅没有减少或消除酒精消费，反而导致酒精消费占 GDP 比重增加。

从玉米片到番茄酱：加工食品的兴起

继 1870 年后的 30 年见证了加工食品消费量的高速增长。从饮食主要以基本未经加工的食品为主开始，罐装和烘干的水果和蔬菜的消费量大幅增长。其中，主要包括加工黄油、奶酪、人造黄油、加工面粉、玉米粥、粗燕麦粉、燕麦片、早餐食品、精制糖、通心粉、面条、咸菜、果酱、调味酱、瓶装矿泉水和苏打水、各类肉制品（包括鲜肉和香肠等腌肉）等。[16]

在19世纪80年代之前，人们在邻近或所在地区的磨坊里将谷物磨成面粉。从家庭生产到市场购买的渐进转变，就包括面包这一食品。1850年，商业面包店生产的面包不到美国面包消费量的10%，到1900年这一比例也仅仅增长到25%。[17]面包和其他烘焙食品已经有几百年的历史，但是由市场烘焙的食品所占份额只有在家庭有市场购买能力后才开始增长。1929年对纽约州北部农村妇女的一次调查表明，大约一半受访者烘焙所有或大部分自己食用的面包。到20世纪20年代，“口味和偏好已经成为比成本更加重要的因素”。[18]

加工食品虽然早在几百年前就已出现，但在1870年之后才加速增长。咸味饼干最早出现于18世纪，长期作为海军军舰储存的一种主要食品。大型商业饼干店在19世纪50年代大量出现，以满足对桶装饼干的市场需求，这种桶装饼干也是乡村商店的主要商品。[19]将食物装罐的工艺最早于1809年由法国人尼古拉斯·阿佩尔发明，他开发了一种储存食品的真空密封罐的生产工艺。尽管阿佩尔系统多年来被法国作为国家机密，但是到19世纪30年代，两个抵达美国的英国人成功复制了阿佩尔的技术。其中一人是威廉·安德伍德，他促使密封罐从玻璃罐转为锡罐，后者在19世纪40年代更受人们偏爱。随后，他还因为获得美国第一个注册商标而出名，即1867年授予他的辣味烤火腿和火鸡的商标。[20]

另一个最早生产罐装食品的企业家是盖尔·博登，他的创业生涯无愧于他的时代。霍雷肖·阿尔杰记载：“据说，他为‘当纳聚会’（Donner Party）的灾难感到震惊。”[21]在这次灾难中，一群拓荒者于1846年被雪困在内华达山脉，为了生存他们开始同类相食。博登决定开发并完善一种可以减轻或“压缩”食品的方法，以便将食品装入相对较小的包裹中。这项使他成名和致富的发明是炼乳（浓缩牛奶），他于1856年申请了专利。很快，内战为其罐装营养品提供了现成的市场，他在内战中为北方军队供应罐装营养品，同时成为罐装食品的早期开拓者。

许多美国男性第一次食用罐装食品时，还是内战期间的联邦士兵。他们最喜欢的食品不仅包括博登的炼乳和安德伍德的辣味烤火腿，还包括总部位于印第安纳波利斯的范·坎普公司提供的罐装猪肉和牛肉。如今仍然在使用的另一个早期品牌的产品是李和佩兰的伍斯特沙司。[22]尽管罐装水果、蔬菜和海鲜的个例已经出现，但是1870年的产量按人头计算每人每年还不到一罐。[23]尽管1859年梅森罐已经出现，但因为这项技术难度较高，并且保存食物所需的食糖价格高昂，家庭储藏直到1900年才开始真正发展。[24]

罐装食品在美国东部地区推广较为缓慢，除了费用较高和担心污染外，还包括家庭主妇的心理因素，她们为“提供”自己制作的食物而自豪，也十分喜欢将色彩丰富的食物摆成一排排的梅森罐。罐装食品最早被普遍接受是发生在西部边疆，主要因为这是增加饮食多样性的唯一方法。1865年的一篇评论极为赞美罐装食品在西部地区的作用：

> 少数新英格兰家庭主妇提供了多种多样的优质蔬菜和水果，我们在每个地方都可以看到，如每一个酒店、每一次车站用餐、每一次私人午餐和晚餐。玉米、西红柿、牛肉、菠萝、草莓、樱桃、桃子、牡蛎和龙虾等是最常见的……每个家庭会购买两打罐头以防万一。每个后院都有堆到膝盖高的旧锡罐。[25]

1869—1900年见证了农产品全国性品牌的发展，生产这些品牌产品的公司在规模上逐渐超过内战时期成立的公司。其中，包括生产肉食的斯威夫特（Swift）和阿穆尔（Armour）、生产面粉的通用磨坊（General Mills）和品食乐（Pillsbury）。尽管亨氏公司到1900年发展了57个品种，但是在上文引用过的1907年纽约市预算研究提供的详细食品清单中，并没有关于罐装蔬菜或调味品方面的支出数据。在表3.1的食品数量清单中，同样没有相关数据。标志性的可口可乐品牌发明于1886年，但是在1899年建立第一个装瓶厂之前它只出现在冷饮柜台上。因此，其销量的大部分增长发生在 1900 年之后。[26] 这同样适用于预制食品，比如 19 世纪 90 年代发明的美国吉露果子冻。[27]

到 1900 年已经成立的其他公司包括坎贝尔汤料厂、桂格燕麦公司和利比肉罐头厂。在 1894 年发明之后立即大获成功的是冷食早餐麦片，其中最早的是家乐氏玉米片，它是疗养院的医生约翰·哈维·凯洛格偶然制成的。1897 年宝氏提子脆多谷物麦片引入后，麦片市场开始出现竞争。宝氏提子脆多谷物麦片是由查尔斯·威廉·波斯特发明的，他以前是凯洛格医生在疗养院的一位病人。[28] 冷麦片比较方便且能够节省劳动力，因而可以替代热麦片。这一转变是在 1890—1920 年实现的，得益于大规模生产和工业规模经济，冷麦片由此也从中产阶层和富裕人群才买得起的昂贵品牌产品转变为工薪阶层家庭普遍接受的大众品牌产品。到 1900 年，美国食品加工业的产值已经占到制造业产值的 20%。1910 年，该产业生产了超过 30 亿罐罐装食品，每人每年约合 33 罐。[29]

广泛存在的个体企业家甚至已经拓展到了我们如今所说的垃圾食品。弗雷德里克和路易斯·迪尔凯姆两兄弟出身于卑微的街头小贩，他们在 1893 年的芝加哥世界博览会上出售爆米花、糖浆和花生的奇特混合物。到 1896 年，他们已经完善了配方，并获得了“玉米花生糖”这一商标。很快，这个商标通过广告传遍全国。1905 年，11 岁的弗兰克·爱普森在某个晚上偶然将加了粉末的苏打饮料放在了户外，其中还放了一根木棍。醒来后，他发现在木棍上附着美味的冰冻混合物，但出于一些原因直到 1923 年他才为自己的发明申请了专利“Epsicles”。他的孩子为这一专利起了另一个名字“Pop’s’sicles”（流行的新玩意儿），爱普森为专利所起的名字就被弃之不用了。不久后的 1928 年，沃尔特·迪默开发了第一块泡泡糖，并将它命名为大大泡泡糖（Dubble Bubble）。[30]

罐装食品之外的另一个变化是冷冻的鱼类、肉类、蔬菜、水果和预制菜肴的日益多样化，这些食品在战后几年变得普遍。冷冻食品业直到 1929 年还处于发展初期。创业天才克拉伦斯·伯宰 1912 年在拉布拉多半岛的旅途中有了重要发现，即通过冷冻手段来保持食品风味。在那里，他观察到当地因纽特人如何保存冰冻鱼。因为冰盒子不能将冷冻食品保持在足够低的温度，机械式冰箱也因为价格太贵而无法迅速普及，所以最初进展十分缓慢，但经过一些必要的改进后，伯宰还是准备在 20 世纪 20 年代推出自己的冷冻食品生产线。冷冻食品在美国的推广真正开始于“二战”后：到 1950 年冰箱得到了很大改进，其特点之一是有了冷冻室。[31]

1900 年人们消费的加工与预制食品有哪些呢？纽约市家庭预算研究提供了六个样本家庭食品购买的准确数量，这里我们将一个收入接近样本平均水平的家庭的支出进行了归总。[32]在这个家庭中，父亲（男性赚钱者）是年薪 760 美元的运务员，并从一个寄宿者那里获得了 104 美元的额外收入。家中还有妻子、一个 12 岁的男孩和一个 3 岁的女孩。家庭预算能够给父亲每天提供 3685 卡路里，每天花费 35 美分，而妻子和孩子们的支出被转换为“男性等量物”。

该家庭每周的食品开支是 7.04 美元，或者每天 1.01 美元，其中 35 美分用于父亲、66 美分用于其他三位家庭成员。从今天的视角来看，这个家庭每周食用 10.5 磅肉（包括牛肉、腌牛肉、羊肉和鸡肉），看起来十分奢侈，但除以家庭成员数 4，就可以得到每人每年的肉食消费量为 136.5 磅，这低于表 3.2 中记录的 1900 年全国平均消费水平 190 磅。在这个家庭每周消费的肉食中，有 2 磅鱼肉和 1 罐鲑鱼。每周的乳制品消费包括 1 磅黄油和 1 磅奶酪、16 个鸡蛋和 21 夸脱 * 牛奶。谷物类食品则包括 7 块面包、49 个面包卷、2 盒饼干、3.5 磅面粉和 1 盒早餐谷物类食品。同时，家庭也消费了各种各样的蔬菜，但具体数量并不清楚。其中，十分确切的包括 4 夸脱土豆和 1.5 磅苹果。饮食中还有柑橘、香蕉、胡萝卜以及其他未指明的新鲜蔬菜。最后，还包括茶和咖啡各 1 磅、食糖 3.5 磅、数量不明的香料、1 品脱威士忌酒和数量不清的葡萄酒。[33]

廉价食品有一个最极端的例子，就是 19 世纪末 20 世纪初在美国城市的当地酒吧里可以获得免费午餐。城市工薪阶层男性在酒吧里消费 5

---

* 夸脱是个容量单位，主要在英国、美国及爱尔兰使用。美制湿量夸脱约合 0.946 升，美制干量夸脱约合 1.10 升。1 加仑等于 4 夸脱。1 夸脱等于 2 品脱。——编者注

美分的啤酒，就可以获得足够多的免费食品。一份典型的酒吧午餐可能包括一些黑麦面包、烘豆、奶酪、香肠、泡菜和腌黄瓜。喝啤酒送午餐这一交易价格之所以低，是因为酒类产业提供了补贴，它们购买了大量食品提供给酒吧业主。

到20世纪20年代，美国人的饮食已经实现了从1870年的“猪肉玉米粥”的单调模式到当今通常消费的更多样性饮食的大部分转变。到1920年，早餐通常包括柑橘类水果、干麦片和牛奶或者鸡蛋和吐司面包；午餐比较清淡，包括三明治、汤和/或沙拉；晚餐则包括肉食或其他主菜，搭配土豆和蔬菜，可能有果冻、冰激凌等餐后甜点。[34]受意大利、德国以及东欧国家移民的影响，晚餐主菜不再是简单的烤肉。这些移民通常会用多种食材制作一盘食物，例如炖汤、土豆烧牛肉或者包含番茄、橄榄、香肠等食材的意大利面食。[35]移民这种消费少量肉加上意大利面、土豆和蔬菜等其他食物的传统，或许能够较好地解释1900—1929年肉食消费量的总体下降（见表3.2）。

进步的另一个维度是餐馆多样性的增加，这应该归因于收入的增长。收入增长使得更多的人，尤其是城市居民，能够搬出拥挤的生活区。19世纪后期餐馆数量膨胀，既有供应法式大餐的高档酒店餐厅，也有价格亲民的民族风味餐厅，尤其是中国人、德国人和意大利人开设的餐厅。冷饮柜台开始出现在伍尔沃斯和其他连锁商店，而冰激凌（发明更早，大约在19世纪10年代到20年代）则越来越受欢迎。我自己所在的城市伊利诺伊州埃文斯顿，声称在1890年发明了冰激凌圣代（有争议）。[36]

汽车带来了食品消费方面的转变，我们通常会将此与20世纪50年代和60年代相联系。到20世纪20年代，主要高速公路沿线出现了各色乡村或现代金属外观的免下车餐馆，一些餐馆有统一制服的女服务员。霍华德·约翰逊的全国连锁餐馆成立于1925年，它提供普通食物，有着橙色屋顶和佐治亚州风格。而第一家白色城堡汉堡连锁店于1921年开业。[37]

从杂货店到超市：食品是如何销售的？

我们对1870年食品零售业的印象，必然受到全国农村和城市居民之间 75∶25 这一比例的影响。在农村家庭，大部分食品是农场生产的。去当地杂货店的路途比较耗费时间，基本上有特殊情况才会去。全家会一起出门，销售富余的食品，换取鞋子、男士衣服以及妇女缝制自己衣服所需的布料。价格是通过相互之间的讨价还价决定的，而赊账是正常的支付方式。如果天气、昆虫或其他因素导致当地农作物歉收，那么人们会按月甚至更长时间结算账单。当地杂货店通常是垄断的，城镇越小越是如此，随着城镇规模的扩大，垄断的程度会逐渐降低。

美国内战结束改变了南方农村的商业。在内战之前，许多交易都是种植园主从批发商那里大批采购。战争期间，大众消费品变得难以获得。内战结束后乡村商人蜂拥而至，他们热衷于向穷困潦倒的客户提供赊账。农村家庭，不管是黑人还是白人，都会尽可能多地购买商品，直到达到商人设定的赊销限额。

> 当内战结束时，这些客户再次成为有购买欲望的买家。大部分南方人都没有钱，但由于国家立法机构最近通过了留置权法律，他们就能购买数量惊人的商品。每个地方都渴望购买新商品，即使购买意味着负债……在那些战前只有一家商店的地方，现在出现了 10 家。一个兴旺的战后市场创造了成千上万个销售点。[38]

在人口稠密的城市，家庭主妇们会步行前往附近的商店。城市越大，越可能有一家或多家集中化的市场，那里有大量的卖家，既有住在附近的农民，也有出售特定食品和非食品商品的商人。到 1860 年，波士顿和圣路易斯各自有 10 家这种大型市场，而旧金山有 5 家。市场中销售的商品不仅包括各种各样从远方运来的食品，还有家庭生产的产品，例如扫帚和篮子。在这些市场中，价格都是讨价还价决定的，与农村杂货店一样，但要使用现金支付，这反映了买卖双方之间的关系缺乏连续性。一些外国观察者赞叹道，“市场上可供选择的食品几乎无所不包，包括肉、家禽、鱼、蔬菜和水果”。[39]

在 19 世纪中期，农村居民与城市居民在可得食品的多样性上存在着明显差距。在每个城市里，中产阶层和上流阶层比工薪阶层家庭有能力购买更加多样的食品。双方支付的价格也明显不同，因为农村家庭通常遭受当地垄断乡村商店哄抬价格之苦，而大型城市市场中的商人之间却存在着竞争，更不用提这些市场与无处不在的街头小贩之间的进一步竞争了。小贩是日常的送货员，他们销售纺织品、烘焙食品、肉食或者农产品。他们还出售冰块、煤炭和木柴，也收购破旧衣服、废金属和可回收垃圾。[40]

在20世纪初期，几乎1/3的美国人住在不到2500人的小城镇，在这里居民不再受制于乡村商店的垄断。这些城镇规模比较大，足够容纳各种类型的专业商人，包括销售杂货、肉食和农产品的商人。非食品商店主要出售马具、油漆、自行车、枪支、书籍和男女服装。[41]对走在得克萨斯州小城镇主干道上一位行人的描述，可以唤起这些回忆：

> 他喜欢这里的气味：布料里放置的樟脑丸，农具上的油漆和润滑脂，蔬菜带来的泥土气息，马鞍上的皮革，食物的香味，这些味道自然而然地混合在一起。[42]

1870—1900年零售市场中出现的一个主要营销创新是连锁食品店。大西洋与太平洋茶叶公司（Great Atlantic and Pacific Tea Company，简称A&P）最初以别的名称成立于1859年，在1869年改为现在的名称。[43]到1876年，这家公司已有67家连锁店。该公司扩张最快速的时期始于1912年。大约在这个时候，与之前提供送货和赊账不同，A&P转为在其开设的大量小型新商店中实行现购自运。很快，“连锁商店”和“现购自运”成了同义词。

在1859年A&P成立之后，其他主要的连锁食品店也相继创立，包括大联盟（Grand Union，1872年成立）和克罗格（Kroger，1882年成立）的前身。连锁店的批量购买使它们能够削减本地商人的价格，反连锁商店活动者对连锁店的抗议，与今天反对沃尔玛的活动者并无二致，均出于同样的原因，包括对小型独立商人造成了威胁。其中的一个差异就是19世纪后期对连锁商店的反对不涉及工会，而今天一些城市对沃尔玛的抵制是由工会领导的，他们抗议沃尔玛员工中非工会成员日益增多。

20 世纪 20 年代，向连锁商店这一新模式的转变基本完成。到 1920 年，主要的全国连锁店有 7500 家销售点，到 1930 年翻了两番，增加到了 30000 家。其中，15000 家由 A&P 经营。连锁店倾向于采购标准化的全国性品牌产品，而对本地生产的农产品、肉和奶酪选择有限，这就使得专业化的独立商店可以生存，包括绿色食品店、肉店和面包店。与今天相比，那时的连锁商店还非常小，且主要进一些食品杂货。顾客们排队等候，而售货员从其身后的货架上取货。尽管低价格是解释连锁食品店兴起的主要因素，但其他因素也起了推波助澜的作用，包括商店规模更大，更有吸引力，地理位置更好，产品更新鲜，种类更丰富以及广告的有效使用。连锁店不仅能够在产品方面获得数量折扣，在设备方面也是如此。同时，它们的资本更加雄厚，因而能够以更低的成本贷款。因此，即使利润率较低，它们也能够维持经营。[44]但是，仅是食品销售新形式的发展，并不意味着所有工薪阶层都会到连锁店购物，有些人还是会光顾稍贵些的社区商店，而不是从更大规模的连锁店购买。

彼得·舍戈尔德认为社区商店不仅更加人性化和热情，而且允许工人赊购商品。但是，因为工人经常光顾社区商店，他们不得不因为小型商店的无效率而在购买食品时支付一定的额外费用。[45]小城镇商人的存货较少且周转较慢，这就要求他们比大城镇中的商人制定更高的价格。据估计，拓展赊账业务将使他们的经营成本提高大约 10%。[46]“因此，为食品支付更高价格的人实际上是购买能力最差的人。”[47]我们将在第 5 章中看到，汽车的好处之一，是让农民和小城镇居民能够摆脱当地商人的垄断控制，前往最近的大城镇或小城市购物。

广告的发展在某种程度上是大批量生产的一个结果；同样，也可以说广告使大批量生产成为可能。[48]公司认为通过低价格吸引顾客存在局限性，于是开始尝试以品牌为中心的广告促销策略。尽管广告始于 19 世纪后期，随着第一批品牌化产品的发展而出现，但是真正的发展始于 20 世纪 20 年代，随着新发明的收音机而日益增加。

我们可以用黄油这一日常产品，来说明大众市场销售商如何应对 1906 年《纯净食品和药品法》，并利用自身优势来促销地区性和全国性品牌。为应对新规则而采用的黄油包装，为个体牛奶公司突出自身特征提供了一种途径。包装替代了之前个体农民的做法，即用木制图章将他们的印记印在黄油盒上。一位作者为从个性化口味向标准化黄油这一转变而感到惋惜："标签的存在时刻提醒着我们，黄油如何从具有细微差别的各种独特味道的奢侈品，发展成为如今广为人知的标准化和相对没有特殊口味的产品。"[49]

发生于1870—1940年及之后的食品营销革命，增加了低估生活水平改善的可能性，因而其影响被人低估。20世纪早期A&P食品连锁店的历史，戏剧化地展示了为什么连锁店的价格低于小夫妻店。批评者提出A&P的价格太低，声称低价格的源头来自批发商的大规模交易，来自自有品牌的发展，省略了中间商。但是，批评者不是针对A&P，而是不知不觉变成了针对资本主义制度下的经济发展，这种制度能让最有效率的经营者取代小型、无效率且有时不胜任的乡村商人和小型家庭式城市商店。[50]生活水平的提高之所以被低估，是因为居民消费价格指数分别记录各种类型商人的价格变动，没有对不同类型商人之间的价格进行比较。因此，如果传统商店中一盒家乐氏玉米片的价格在3月和4月固定在20美分，而在附近一家4月刚开业的A&P商店中价格为17美分，那么这个价格就会被视为固定的20美分。居民消费价格指数存在的这种误差被称为"销售渠道替代偏差"，并且在过去30年里一直存在，因为沃尔玛商场对食品的定价要低于其他传统超市。

幸运的是，得益于1911年对匹兹堡社区商店（工人经常光顾）和零售店价格比较的一项调查，我们可以量化连锁店降低食品价格的程度。这项调查由匹兹堡大学进行，并且持续了数年之久。[51]从数据中，我们可以计算出相比于社区商店而言连锁店价格下降的对数百分比，45种单独列出的食品的未加权平均值为－21.3%。为了明确异常值是否会影响结果，我们剔除了10个最大差异和10个最小差异，再次计算了价格差异。结果，25种食品价格的平均值更大，为－23.5%。肉食连锁店折扣似乎更大，大致为－35%；而食糖、面粉以及罐装水果和蔬菜等主要产品的价格变动为－15%。

证据表明，随着 1911 年连锁店的引入而产生的消费价格指数中的销售渠道替代偏差，可能和 20 世纪 80 年代至 90 年代沃尔玛的出现一样重要。[52]在两种情况下，消费者都能以更低的价格购买食品。但是，消费价格指数以及原有价格指数只追踪了给定类型销售渠道中的价格变动，并没有考虑由创新催生的更有效的新型零售业态所带来的价格下降。

远离牛奶和肉类：疾病和污染丛生

前文已经说明，甚至在只有 10% 的家庭通电或拥有汽车之前，全国性的食品生产、分销和商标制度的基础就已经建立。但是，在 1870—1940 年，美国家庭面临污染或掺假食品的威胁。1897 年出版的一本食谱的编辑玛丽·罗纳德警告所有的母亲，牛奶是疾病媒介物，并建议在给孩子们饮用前应当把牛奶煮开。[53]克莱因伯格投入了大量精力，分析牛奶污染可能是导致婴儿死亡率从 1875 年的 17. 1% 升高至 1900 年的 20. 3% 的重要因素之一：

> 不洁净的水源、不纯的牛奶和不合适的废弃物处理，都很容易导致婴儿腹泻……几乎所有的美国城市都出现了最热月份婴儿死亡率上升的情况，这一问题只有在生活水平提高、冰盒子使用非常普遍之后才得以消失，当时的公共卫生运动推动了牛奶和水源的净化。[54]

第一份巴氏消毒牛奶于 1907 年被引入匹兹堡，美国农业部在 1913 年谴责了一家铁路公司，因为它用非冷藏的容器运输牛奶。在之前的几十年中，远方地区的大型牛奶生产商已经逼走了 700 多名住在匹兹堡附近的乳牛场主。医生们批评母亲给婴儿喂瓶装牛奶而非母乳，有时会将“喂瓶装牛奶”列为婴儿死亡的原因。[55]

亨德森提供了关于 1906 年巴氏消毒法出现之前牛奶问题的详细研究，那时候通过掺水来增加牛奶“产量”的做法并不罕见。[56]1906 年同时也是一个标志性的年份，因为那年出现了第一个检测和监管奶牛的项目。此后不久，相关机构开始定期检查奶牛是否患有疾病以及饲料的质量，同时牛奶也进行巴氏消毒。1910—1919 年这 10 年，牛奶被装入密封玻璃瓶（发明于 1886 年）中出售，因为家庭没有冰箱，所以牛奶只能当天配送。

贝特曼提供了丰富的坊间传闻，来说明 1870—1900 年这一时期污染危险的范围。牛奶不仅存在污染问题，而且存在掺水问题；经销商仅仅需要“1 个水泵就能将 2 夸脱牛奶变成 1 加仑”。为了去除病牛所产牛奶的色泽与味道，经销商会“加入糖浆、白垩粉或者熟石膏”。在 1902 年，纽约市委员会检验了 3970 份牛奶样本，结果发现其中 52.8% 都存在掺水问题。即使面包也不能逃脱这种问题。19 世纪 80 年代的纽约市面包师用超量的明矾和铜来拉伸和保存生面团。“顾客们经常被激怒，因为他们时常会在面包里发现大块异物，例如烤箱灰和烘焙设备上的沙砾。”[57]

肉类行业的普遍做法更为糟糕。对该行业情况的最著名抗议是厄普顿·辛克莱于 1906 年发表的名作《屠场》，该书记录了芝加哥肉类加工业中极其可怕的生产和工作环境。他描述了制作香肠时的不卫生条件，其中工人甚至会失足掉入原料桶并成为产品的一部分。为了掩盖腐肉和其他变质食品的味道，食品生产商会使用添加剂增进食品的气味、味道和色泽。生产商会用一些酸来保存牛肉，事实证明这样处理的牛肉对健康有害。[58]

尽管《屠场》的直接影响是建立了食品安全监管，但是辛克莱丑闻的影响长期存在。这本书产生的直接影响，是肉类消费量减半。即使到了 20 世纪 20 年代末，肉类加工厂仍然在努力提高肉类销量，力争回归 1906 年之前的高水平（见表 3.2）。出现这一情况不仅有《屠场》挥之不去的影响，也是因为联邦政府对进入州际贸易中的牛胴体或牛肉产品进行检查提高了牛肉产品的成本。[59]更普遍的是，新的监管加快了食品加工业合并成少数几家大公司的速度，因为小公司无法承担遵从新法律的成本。[60]

从上文对食品的讨论中可以得出几个主要结论，它们都与安全和污染问题相关。基于以下各方面因素，食品安全水平逐渐提高：冷藏货车的发明、冰盒子进入普通家庭、新的罐装和瓶装技术的发展、加工食品全国性品牌系统的形成，以及连锁食品店的扩张，它们运用当地杂货店难以做到的批量采购的标准化方法来降低食品价格。尽管许多食品的安全问题不复存在，但 20 世纪早期有关牛奶和肉类安全的丑闻产生了长期影响，尤其影响肉类消费量及其分销成本。

一代侏儒：人们为什么变得更矮了？

前文已经通过经通胀调整的价格、重量和卡路里摄入量三种衡量方式讨论了食品消费，这里作为一个补充，我们转向食品消费的间接证据：身高的生物计量研究及其与营养和健康的关系。对此，理查德·施特克尔提供了对人类身高与健康以及经济问题之间关系的简短文献综述。[61]根据年龄划分的生长曲线图最初用于建立婴儿到青年时期正常生长的标准。一些研究从营养、公共健康和卫生、接触疾病、体力劳动的性质以及可能接触到的危害等因素出发，分析了人类的身高差异。

收入与健康之间存在强相关关系，但随着收入增加，健康收益递减。在从营养不良转变为适当饮食之后，人们并没有变得更高，不管他们多么富有。收入与身高之间的关系已经超出了食物的范畴，影响因素同时包括更高收入者支付健康医疗的能力以及享有更好住房条件的能力。因为贫困会阻碍长高而极端富裕并不一定会增加身高，所以给定人群的平均身高会随着收入不平等的加剧而降低。

大部分生物计量学文献考虑了各国身高的差异，但这里我们感兴趣的是美国人身高随时间的演变。最令人震惊的结果是，本土出生的美国成年男性身高降低了 3% 以上：1830 年出生的成年男性平均身高为 68.3 英寸*，1890 年出生的成年男性平均身高为 66.6 英寸；随后有一个迅速增长，1940 年出生的成年男性平均身高为 69.6 英寸，此后就很少发生变化。[62]为什么在经济增长如此迅速，人均食品消费量等各方面都进步的时代，

---

* 英寸是使用于联合王国（UK）及其前殖民地的长度单位 。1 英寸约合 2.54 厘米。——编者注

平均身高居然会降低呢?

当我们画出按出生年份划分的成年男性身高与人均食物热量摄入量之间的相关图形时（见图3.2），这个迷惑就更加令人不解了。尽管曲线的整体斜率为正，但是1860—1920年这整个时期的观察值都低于回归曲线，而1930—1980年所对应的观察值则在回归曲线以上。美国经济增长的一些方面，除全民营养不良之外，必定会导致身高在1840年之后降低，并且在1890—1920年缓慢恢复。

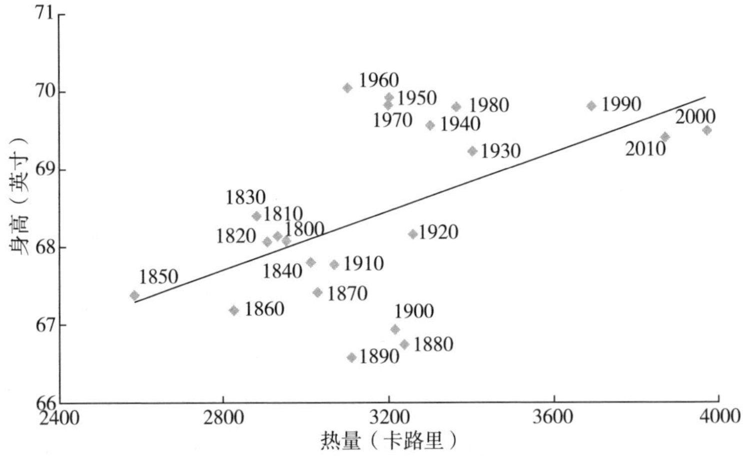

图3.2　1800—2010年每日热量摄入和男性平均身高

资料来源：1970年后的数据来自 Floud et al.（2011），表6.6和表6.10；1970年后的数据来自 CDC Vital Health Statistics。1970年后的热量数据来自图3.1。

施特克尔简单列出的解释包括食品价格上涨、不平等加剧、内战的破坏、城市化和孩子们在公共学校中相互接触（可能传染更快）可能造成的疾病传染。[63]我们将对健康相关原因的讨论推迟到第7章。鉴于1830—1890年这半个多世纪里，身高都在降低，且1860年之前业已发生，内战的破坏看上去就不是一个可信的解释。食品价格的年表也不具有解释力，因为1890年的食品价格比1830年低，随后在1915—1920年迅速上升，而此时，身高增长得最快。[64]

尽管一些人宣称1800—1860年人口增长快于食品生产增长，这一因素导致了1830—1890年身高的降低，但是食品生产数据并不支持他们的观点。[65]在表 3. 2 中，我们已经分析了 19 世纪人均食品消费的增长。很明显，美国食品生产足以供养不断增长的人口。基于图 3. 2 中身高与热量摄入之间的散点图，我们可以得出结论，食品消费并不是身高降低的原因，相反，我们认为健康特别是婴儿死亡率的决定因素才是身高降低的原因。关于身高降低的健康原因，最充分的证据是，在 1830—1890 年身高降低之时，婴儿死亡率也在恶化。

放下针线：购买服装的兴起

服装和服装消费发展方面的问题，远没有食品方面的问题复杂。1870—1940 年最重要的发展是，家庭自制衣服转向购买服装。在 1870 年，除了有支付能力雇用裁缝或购买时尚设计的上流阶层妇女外，绝大部分妇女都是自己缝制自己的衣服，同时也会缝制孩子所需的大部分衣服和丈夫的至少小部分衣服。每个妇女都要会缝纫；事实上，在 19 世纪的大部分时间里，这些技能都是必不可少的。1870 年，布料和针线在家庭预算中占据较大份额，与购买服装所占份额相差无几。只有从那以后，布料在预算中所占份额才迅速降低，家庭自制衣服开始转向购买服装。

由于购买服装需要费用，家庭自制衣服需要时间，所以绝大部分农村家庭只有少量服装。男性通常有一两套耐穿的日常衣服，而女性有几件非常简单的连衣裙。有些农村家庭有一套用于特殊场合的服装，例如教堂或葬礼。孩子们穿着家里传下来的旧衣服，或者是来自亲戚朋友的旧衣服。按照现代标准，那时的衣服一般很脏，因为洗衣服是非常艰辛的劳动。人们的外套一般几个月才洗一次。[66]

尽管农村妇女和城市工人家庭主妇可以缝制一些简单的女装和连衣裙，但中产阶层妇女承受着较大压力，因为她们要缝制剪裁合体的衣服。如果要打扮得体的话，她们必须裁剪和缝制自己所需的衣服，因为她们没有财力另请他人。在 1844 年，《女士手册》（*Ladies' Hand Book*）声称："完全不考虑自身形象的女性可以明确地说，她们在一些最重要的品质（与'良好品质'一直对应的）上存在缺陷。"随着 1850 年之后中产阶层的时尚转向贴身衣服和收腰的蓬松裙子，女性开始更多地使用从专业商店或杂志上获得的纸样。但是，这里并没有给出尺寸，尺寸问题成为女性猜测或实验的特别话题。[67]

图 3.3 总结了与从布料到市场购买服装这一转变有关的历史记录。每人每年的美元支出被分为三类：布料和针线品[68]、服装和个人穿戴用品、鞋子和其他脚上用品。按照 1913 年的不变价格计算，总支出从 1869 年的 11 美元增加到了 1899 年的 21 美元和 1929 年的 30.50 美元。注意，布料和鞋类产品方面的支出在 1869—1899 年少有增长，而几乎所有支出增长都发生在服装一类。随后，在 1899—1929 年，用于购买布料和鞋子的支出实际上有所减少，但服装支出是总支出增长的主要部分，这与从家庭自制衣服转向在商店和邮购商品目录上购买服装这一变化相吻合。1890 年后东欧移民的到来，促进了对成衣的购买，因为许多新移民是裁缝。

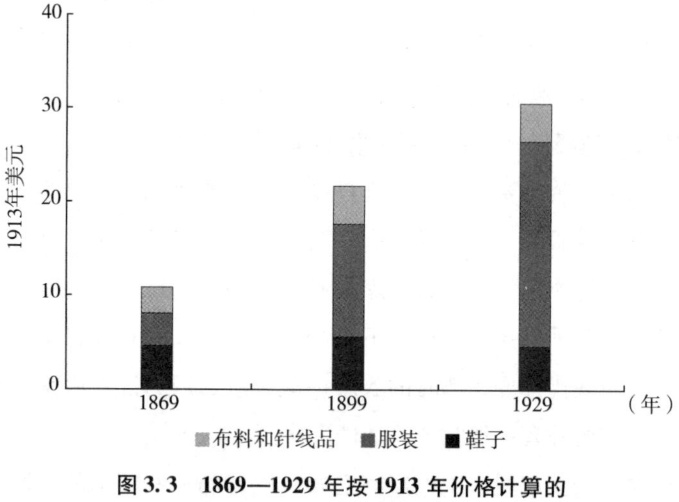

图 3.3　1869—1929 年按 1913 年价格计算的人均布料、服装和鞋子价值

机器制作大众化服装……是由纽约的苍白、矮小且为贫困所迫的东欧裁缝推动的，他们在黑暗、发臭的车间里或有火灾危险的肮脏阁楼里日夜劳作。他们带着愤怒和毅力工作，不仅是为了谋生，也是在证明其生存的权利。[69]

美国西尔斯—罗巴克公司（以下简称西尔斯公司）邮购商品目录的现成档案提供了关于女性时尚变化的证据。[70]1902 年的目录一页页地展示了“布和丝绸夹克、定制西服、水洗裙子、长裙、丝绸裙子、衬裙、丝绸腰围和女士面巾”，所有这些都是统一紧身展示的，甚至配备宽肩、宽松上衣和蓬松裙子的束腰。[71]这些时尚的共同特征是收腰，但比 1870—1890 年时尚典型更宽松的上衣。[72]1902 年后不久，女性时装的新时尚是仿男式女衬衫，即腰部较紧但肩部比较宽松的女士衬衫。这是美国人的创新，却被“傲慢”的巴黎裁缝“嗤之以鼻”。西尔斯 1902 年目录中只有五款这种风格的衣服（价格在 0. 50 美元到 1. 65 美元之间），但是到 1905 年目录中这种风格的衣服已经超过 150 款，人们用各种可能想到的国内和国外布料制作这种风格的衣服。到 1919 年，这种风格的衣服已经完全消失。[73]

在 1890 年之前，几乎所有裙子都是垂地长裙。自行车的流行诱使女性甘于冒穿“七分裙”的风险，这种裙子比垂地长裙短。向短裙的转变缓慢发生于 1890—1910 年的 20 年间。载入 1902 年目录的裙子中可能有 1/3 是比垂地长裙短 8 ~ 10 英寸的“街头裙子”。[74]只有在“一战”之后，裙子的长度才开始缩短，到 1926 年已经短至膝盖以上。目录中的裙子紧随这种时尚，并且在 20 世纪 20 年代后期开始变化，看上去与 1902 年的款式完全不同。到 1927 年，收腰这一特征完全消失。礼服变得四四方方，从肩膀向下完全没有收紧，而是一路下垂，在臀部周围非常宽松，裙子也开始转变为大多裸露膝盖的褶裥短裙。男孩子气的图案成为时尚，而“男式短发”也成为相应的时尚发型。[75]

女性的时尚不仅发生了很大变化，同时也成为零售商业更加关注的焦点。在 1902 年西尔斯目录的扉页上，画着怀表和钟表匠的工具，这反映了理查德 · 西尔斯最早从事钟表制作业务。但是到 1925 年，女装成为扉页的图案。[76]在 1927 年的版本中，该目录中有 163 页（相比之下，1902 年版本中只占用了靠后部分中的 53 页）都被用于展示各种类型的女装和童装（从皮毛大衣到连衣裙再到婚纱）。

从杂货店到富丽堂皇的城市百货商店

在1870年的美国，本地商人在当地有着垄断势力，他们的顾客很难比较价格。农村顾客和商人之间的关系长期处于紧张状态，因为较少有指南可用于评判某一价格是否公平。

> 这是“狗咬狗”和“以牙还牙”。我们出售棉花以换取羊毛，出售羊毛和棉花以获得丝绸和亚麻布；事实上几乎所有事物都不同于它所代表的东西……如果可能的话，每一方都预期自己会被骗……“交易的技巧”多得数不胜数。[77]

黄油和粮食等标准化食品较少存在这种问题，因为新闻报道提供了关于价格的基本信息。但是，制成品并未实现标准化，因而容易受少数基准的影响。在19世纪末之前，全国性广告还未开始提供关于替代品及其价格的信息。在这样的环境中，我们可以理解为什么邮购商品目录能够拯救农村顾客。[78]

小贩和流动商人不仅在城市无处不在，而且会转移至小城镇和农场出售种类多样的特殊商品。有时候人们称之为“批发商”，这些中间商起着批发商的作用，且有助于解决乡村杂货店业主出售什么商品这一问题。例如，批发商会很快就追随伍尔沃斯公司关于5美分商店和7美分商店的概念，并给乡村商人提供一箱箱混合产品，例如“钩针、洗脸盆、婴儿围嘴、钟表的发条钥匙和口琴”。[79]

1870年是服装商品化革命的风口浪尖。现代美国百货商店最早源自巴黎伯西考特的好商佳（Bouçicaut’s Bon Marché），它在1862年已经发展成为百货商场。这里有许多原创性的创新，美国同行起初也借鉴了这些创新：不能讨价还价的固定价格、退款保证、薄利多销的理念替代厚利少销、欢迎顾客无须购买便可尽情参观。[80]好商佳的美国模仿者的发展是1870—1910年这一时期的中心，而他们降低价格的努力（大多如连锁食品商店那样）推动了生活水平的提高，但在关于消费价格和经通货膨胀调整的消费者总支出的统计数据中，这些都被忽略了。

关于早期百货商店的文献强调它们模仿法国前辈所开创的壮丽、奢华的建筑风格。在电气化进入美国工薪阶层家庭很久以前，电只是用于照明以及百货商店内的其他用途。电梯、电灯和电风扇吸引顾客走进百货商店的更高楼层，有助于管理者提高空间和人员的使用效率。电力驱动的传输系统允许商店设置集中收银台，以提供收据和进行交易。在此期间，商店在只收现金政策下运行，这使它们可以很快支付给供应商，而它们的大部分利润来自供应商的折扣。[81]

这些商品买卖的豪华“殿堂”成为其所在城市的黄金观光景点，其中的典型是马歇尔·菲尔德百货公司（Marshall Field）这一标志性建筑。它于1907年完工，装饰有蒂凡尼玻璃天花板，是第一座也是最大的使用蒂凡尼独特彩虹色艺术玻璃天花板的建筑，一共用了160万块玻璃。因为建筑这些城市宫殿需要巨额的投资，业主们必须找到吸引顾客到顶楼的方法。马歇尔·菲尔德百货公司将整个第七层设置为餐厅和咖啡馆，那里有时会提供一些现场艺术表演，以吸引购物者进入新奇的电梯。马歇尔·菲尔德百货公司以及其他主要的城市百货商店通过提供阅读和写作休息室来吸引主要的女性顾客。另外，它还有邮局、美容院、托儿所、会客室和维修服务。[82]

> 在这些商店购物成为一场高雅艺术的探险。百货商店成为博物馆，其中代表身份地位的艺术品在顶部展示，吸引顾客不断去尝试提高他们的生活水平。[83]

百货商店业主为消费者提供的愉悦体验，因为向城市家庭主妇提供了有吸引力的购买商品的新方法而进一步增加。以前妇女们需要跟店家讨价还价，甚至可能根本看不到商店的全部商品（一些商品被放置在屏风后边，部分原因是缺少空间）。百货商店则将所有商品按照固定价格展示，而妇女们非常享受她们新具备的比较不同商家要价的能力（至少在有不止一家百货商店的大城市是如此）。[84]

大部分百货商店在1870—1940年仍然采取单店经营。在1929年，

R. H. 梅西在纽约34街海诺德广场一个店的销售收入将近1亿美元，而直到战后初期才出现了郊区百货商店。第一家专注于服装和纺织品的连锁商店是彭尼公司（J. C. Penney，也译作杰西潘尼），1902年它在怀俄明州凯默勒的商店面积约为25英尺*乘以45英尺，面积之小令人不可思议。[85]该连锁商店稳步增长，到1910年扩张到14家分店，而到1920年、1929年分店数量分别达到312家和1023家。西尔斯百货在彭尼公司之后开业，它在1925年开始开设零售商店，以补充邮购商品目录的运营。在1929年，西尔斯百货有319家分店，数量远低于彭尼公司。而且，这一年其销售额的60%仍然来自邮购商品目录。

在这一时期，大型优雅的中心城市百货商店并不是非食品零售方面的唯一创新。伍尔沃斯公司的杂货连锁店和药品连锁店在1879年最初只有一家，但后来它大获成功，到1911年已经有318家连锁商店，并且有足够的资金储备支持其业主建设纽约伍尔沃斯大厦。该大厦于1913年完工，在1913年到1930年之间，伍尔沃斯大厦是世界上最高的楼宇。30年后，沃尔格林公司的连锁药店在1909年开设了第一家小型单体店，但到1920年分店数量就达到了90家。到1929年，其连锁店数量增长至397家。这种杂货连锁店和药品连锁店直接促进了美国人民生活水平的提高。正如邮购商品目录一样，这些连锁店也使许多特定商品（可能尚未生产）能在全国展示。它们实现了多样化产品的规模经济和批量生产，从针线、儿童玩具到钢笔、文具和书写工具等。

无条件退货：邮购商品目录

在大型百货商店带给城市居民好处的同时，邮购商品目录公司，主要是蒙哥马利·沃德公司（简称沃德公司）和西尔斯公司，也给大部分农村居民带来同样甚至更大的好处。沃德公司于1872年发行了其第一份邮购商品目录，而西尔斯公司在涉猎钟表邮购订单销售10年之后，于

---

* 1英尺约合0.3048米。——编者注

1894 年发行了其第一份几百页的邮购商品目录。[86]

在西尔斯公司成立 20 年前，亚伦·蒙哥马利·沃德（Aaron Montgomery Ward）是农村商业革命当之无愧的推动者。他知道农村顾客需要有替代方法，以消除他们与乡村商人和小贩之间的紧张关系。因此，他在诚实及每次交易无风险的天才构思基础上，创立了自己的经营哲学。顾客蜂拥进入一个替代性的世界，这里有退款保证以及无条件接受退货的承诺。因此，邮购商品目录的作用不仅在于降低价格，还提高了每次交易的质量。因为闲暇时间更高的生产率提高了效用，所以邮购商品目录提高生活水平的程度远高于可测度的价格降低带来的效果。

西尔斯公司和沃德公司都位于芝加哥，这绝非偶然，因为当时这个城市正成为全国铁路枢纽，能够与全国各地直接相通，任何地方都无法与之相提并论。通过将产品扩展到已有的所有产品线，西尔斯公司的销售额大约在 1900 年左右就超过了沃德公司。[87]当时，西尔斯公司平均每天完成 10 万个订单，1902 年的西尔斯邮购商品目录长达 1162 页。当时西尔斯公司出售所有半耐用品和耐用品，从精心制作的帽子、假发到紧身内衣和皮毛大衣，从自行车、班卓琴到中央供暖炉、枪支。唯一没有列在邮购商品目录中的一类重要商品是除茶叶和咖啡之外的食品。

邮购商品目录邮购商品目录之所以能够成功渗透到美国农村，主要归功于农村免费邮递的引入。这种服务始于 19 世纪 90 年代早期，最终在 1901 年得到彻底完善。邮购商品目录公司告诉顾客，他们可以“仅将信件和钱给邮递员，邮递员就可以在邮局填好汇款单，替你发出去”。[88]包裹邮递服务于 1913 年正式启动，从而降低了邮购商品目录公司的运输成本，当时这些公司尽管已经建立了完善的货运系统，但需要收费。随后汽车在美国农村逐渐普及，使农村家庭可以到更远的地方采购，而连锁店的增长，包括西尔斯自身在 1925 年建立的零售商店，逐渐分流了邮购商品目录公司的一些顾客。

不过，邮购商品目录公司将美国农村带入现代社会的作用无论怎样强调都不为过。之前农村家庭相互隔离并依赖于本地杂货店垄断商，如今他们在邮购商品目录上扫一眼就可以买到丰富的产品。西尔斯邮购商品目录发行量的快速增长证明了其影响力的提升——1902 年使用邮购商品目录的美国家庭比重达到 3.6%，到 1908 年和 1928 年分别提升至 15.2% 和 25.7%。[89]

> 对美国农村而言，这种改变非常重要。如今他们脱离了其所见和所知的狭窄社区，可以持续接触到更大的世界，接触到大量前所未见、前所未闻的人物、事件和事务。[90]

结论：统计数据是否遗漏了一部分美国经济增长？

食品消费在多样性方面取得了非常缓慢的进步，但在数量方面并非如此，因为 20 世纪 20 年代的卡路里摄入量实际上还要低于 19 世纪 70 年代。服装在数量或质量方面改变甚少，相反改变主要发生在家庭主妇的工作和生活质量上。到 1929 年，家庭主妇的大部分衣服是购买而不是自己制作的。这主要是因为生产制造的效率以及邮购商品目录和百货商店的革命，市场出售服装的价格降低，再加上更高的家庭收入，使得妇女有能力购买服装而无须亲自缝制。

食品和服装消费的缓慢增长可能并不是一个悖论：在这些传统必需品方面支出的减少可能是家庭的自愿决策，以腾出预算来购买新发明出来的东西。但是，有充分的理由让我们相信，食品和服装消费的增长因为价格指数偏差而被低估了，特别是，价格指数无法考虑消费者从定价较高的乡村和邻里商店转移至连锁店购买食品所获得的更低价格。我们的计算表明，1911 年连锁店的食品价格比传统销售点的价格低了 22%，这意味着在连锁店已经成为主流的 20 世纪最初 25 年，有一个每年下降的潜在的食品价格指数偏差。类似的偏差也可能发生在服装价格上，因为城市百货商店和邮购商品目录的出现也降低了服装价格。

不过，除了食品和服装的价格指数偏差之外，还有一个更广泛且可能是更重要的原因，可用于解释为什么用实际人均消费额来衡量可能低估了生活水平的提高。伟大发明带来的好处，从消除堆满街道的粪便到为城市和农村家庭主妇省去提水的苦力活，再到为照明、运输和家用电器提供电力，所有这些大部分都被排除在 GDP 之外，因而也淡出了我们的视线。在第 4 章中，我们的主题将是比食品和服装方面更大的生活水平转变，也就是住房的数量和质量，其中主要考察住房质量提升的四个维度的作用，即电气化、自来水、室内管道和集中供暖。

第 4 章
美国人的家园：从昏暗隔离走向明亮通达

在 19 世纪的最后 20 年间，世界许多地方的企业经营者、城市管理者以及工程师开始指导安装有轨电车、自来水、下水道、电话、燃气以及电力等网络。

——罗斯（Rose，1995，第 2 页）

引言：住房

与第 3 章分析得出的 1870—1940 年衣食方面的缓慢渐变不同，本章要考察的家庭住房及住宅设施却发生了革命性变化。美国农民用更加坚固结实的住宅替代了包括边远地区的土坯房和小木屋在内的原始农舍。城市公寓居民从又臭又暗的旧式公寓搬到了装有电梯的现代公寓大楼和高层建筑。70 年间，绝大多数美国农村或者小城镇家庭，甚至绝大部分城市居民，都不再居住在多户家庭的公寓内，而是住进独门独户的住宅。

到 1940 年，57% 的美国居民居住在 2500 人以上的城镇，该比例是 1870 年的 2 倍多。这个时期的美国城市变革可以用一个词来概括：网络化。数十年内，美国的城市家庭以难以再现的速度实现了向网络化的巨大转型。每户家庭都通上了电，安装了电灯，不再用蜡烛和煤油灯照明，并且添置了种类日渐增多的家用电器。[1]越来越多的家庭开始使用两个以上的系统，其中一个系统用于供应洁净的自来水，另一个系统用于排放废水，户外厕所和化粪池被逐渐淘汰。富裕阶层在 1880 年之后，工人阶层在 1910 年以后，开始增加集中供暖。自 1940 年开始，大多数集中供暖系统都使用燃煤炉或者燃油炉。但是，那时的煤和燃油都是通过卡车运输，而不是通过管道自动输送。1940 年，美国已经开始努力建立可靠的天然气管道网络。1890 年之后，另一个网络即电话网络也快速普及（详见第 6 章）。

网络化本质上意味着平等。每个人，不管贫穷还是富有，都连接着相同的电力、自来水、下水道、燃气以及电话网络。虽然穷人比富人晚一些，但是，他们最终都能连接上同样的网络。相比而言，在 1870 年，网络化变革还未展开，当时的富人需要仆人来搬运生活必需的水、煤以及木柴，而当时的工人阶层以及中产阶层不得不自己完成这些繁重的体力劳动。运送到中产阶层和上层社会家里的水也要比运送到工人阶层社区的水更洁净，但是，这类不平等现象到 1929 年在美国的城市大多消失了。

不管是同 1870 年之前还是同 1940 年之后的任何年代相比，1870—1940 年美国城市的网络化变革都非常迅速。正如我们将要看到的，1940 年美国 77% 的存量住宅建于 1900 年之后，而且大部分住宅在一开始建造的时候，就融入了一些新技术，包括通上了电、自来水以及下水道。1940 年，美国城市已经普及电力网络，其中拥有洗衣机和电冰箱的家庭已达到 40%，电话、自来水、带有现代卫浴设备的私人卫生间以及采暖系统已经变得非常普遍。

尽管美国小城镇和农场花了更长的时间才赶上这一变革，但是截至 1940 年，向现代文明转型的大部分变革已经完成。从 1800 年至 1940 年，美国从一个几乎完全的农业国家变成了城市化率达 56% 的国家。[2]仅仅从住宅更加密集，就可知道在城市配置现代设施要比偏远的农场和小城镇容易得多。比较而言，现代便利设施首先进入城市，然后是中等城镇，接着是居住人口少于 2500 人的小城镇，最后是通常彼此相距至少半英里的农场，在这里，“密度经济”是至关重要的原因。[3]

本章首先讨论的是美国住宅的面积、位置以及外部环境。我们提供了一个多维度的图景，区分了农场、小城镇和城市，独栋住宅、旧式公寓和新式公寓，城市和郊区，同时我们承认美国南部地区的状况特别差，尤其是南部农村地区。[4]实际上，在1940年，南方地区的农民仍没有享受到城市地区已经普遍享受到的任何现代便利设施。

本章的中间部分追溯了家庭照明的演变，其中包括爱迪生1879年的伟大发明。除此之外，还阐述了铺设自来水与下水道的规模和时机。本章对每一项变革的解释都是从消费者角度展开的：这些变革是何时发生的？对日常生活产生了哪些重要影响？截至1940年，变革的范围有多广？

由于坚持从消费者视角分析生活水平的改变，我们省略了很多与城市规划、城市政治以及电力设施规划相关的主题。关于城市规模扩展的论述主要在第5章，因为交通工具的创新稳步缩短了家庭与工作场所之间的距离，所以城市的发展被看作一系列交通工具创新的必然结果。本书第10章主要阐述的是“二战”以后支持城市扩张的一些政策以及1940年以后的住宅详情。本章也有意省略了商业周期的影响。找工作的难易程度在各个经济衰退期会发生变化，在大萧条时期生活水平的下降十分突出。但是大萧条并没有导致家庭住宅不再使用电、自来水以及下水道系统；在大萧条时期，1929年前购买的家用电器也仍旧在使用，继续推动人们生活水平的提升；而且20世纪30年代见证了电冰箱和洗衣机普及率的急速提高。

本书的一个核心主题是，许多伟大发明只可能发生一次。在1870—1940年的70年里，城市住宅发生了翻天覆地的变化，从难以想象的原始状态（详见第2章）变革至1940年的状态——一种同我们现在的居住方式惊人相似的状态。住宅革命的核心是在新房建设、旧房改造时配备现代便利设施。这次革命对生活的影响，尤其是对美国女性解放的影响，是1870—1940年生活水平提高的核心部分，但官方人均GDP数据很大程度上一直忽略了这一点。

美国人居住的地方：城市的重大转型

人们对 19 世纪末住宅的印象受到了社会改革家的极大影响。根据报社记者丹麦移民雅各・里斯在《美国另一半人如何生活》（*How the Other Half Lives*）一书中对纽约市工人阶层脏乱的居住环境所做的描述，1890 年时，处于收入分配底层的那一半人所居住的公寓不仅狭小、拥挤而且通风差，从窗户望出去，可以看到发出阵阵恶臭的通风井，公寓里面很多房间根本没有窗户。[5]实际上，在 1890 年，纽约市有 2/3 的居民都居住在旧式公寓内，这种旧式公寓是有三套或者三套以上公寓的建筑物。1867 年通过的公寓法规定，每 20 个人使用一个抽水马桶，而且下水道的要求也只是"尽可能"铺设。但是，这类规制实际上执行不力。[6]

直到 1920 年美国农村人口依然超过 50%，因此里斯的《美国另一半人如何生活》可能夸大了整个工人阶层的悲惨生活。1920 年占一半人口的美国农民住宅均是独栋住宅，四周都有空地，而不是有多户家庭的旧式公寓。但是，纽约市作为移民的重要入境港，不管有多重要，它也只能代表美国城市人口的一小部分。实际上，根据罗伯特・查宾 1909 年的调查资料，里斯描绘的旧式公寓主要集中在曼哈顿下东区，而且在美国其他城市，多户家庭住宅单元数很少超过两个或者三个，总层数也不会超过三层。[7]

关于住宅的差异性数据详见表 4. 1。该表给人留下的第一印象是快速增长。在 1870—1940 年，人口增加了 2 倍多，家庭数量增加了将近 4 倍。实际上，从表中可以明显看出，家庭数量与住宅单元的数量非常接近，这表明，度假住宅和其他第二套住宅所占的比例非常小。在 1870—1940 年，家庭的平均人数从 5. 0 人跌至 3. 7 人。平均家庭规模的缩小反映了出生率的下降，这使居住环境相对来说不再那么拥挤。

表 4.1 1870—1990 年城市、农村非农场以及农场人口、家庭和自有住宅数量

	(单位：百万)			每个家庭的人口数量	人口比例(%)		
	家庭人口总数	家庭数量	自有住宅数量		城市	农村非农场	农场
	(1)	(2)	(3)	(4)	(5)	(6)	(7)
1870	37.0	7.5		5.0	23.2	38.6	38.2
1880	48.2	9.8		4.9	26.3	33.8	40.0
1890	59.4	12.5	12.7	4.7	32.9	29.6	37.6
1900	70.3	16.0	16.0	4.4	37.3	27.3	35.4
1910	87.3	20.0	20.3	4.4	46.3	18.8	34.9
1920	101.3	24.1	24.4	4.2	51.4	18.5	30.1
1930	118.4	29.8	29.9	4.0	56.2	18.9	24.9
1940	127.6	34.9	34.9	3.7	56.5	20.3	23.2
1950	145.0	42.9	42.8	3.4	59.0	25.7	15.3
1960	174.4	53.0	53.0	3.3	64.4	26.9	8.7
1970	197.5	63.6	63.4	3.1	67.7	27.5	4.8
1980	220.5	80.4	80.4	2.7	68.0	29.3	2.7
1990	240.9	91.9	91.9	2.6	69.3	28.8	1.9
2000	267.9	103.1	103.2	2.6	70.2	28.0	1.8
2010	300.8	115.7	109.2	2.6	71.7	26.6	1.7

资料来源：(1) 美国人口普查以及 HSUS 序列 Ae85，其中缺少 1890 年以及 1930 年的数据。这些数据是将相邻几十年内的总人口比例（Ae7）补充到家庭人口中而获得的。(2) HSUS 序列 Ae79，美国人口普查。(3) HSUS 序列 Dc660，美国人口普查。(4) (1) / (2)。(5) HSUS 序列 Aa728/Aa716，美国人口普查。1950 年改变了城市的定义；1950 年之后的数据根据 1950 年前的定义进行了同口径调整。城市的百分比从 Aa728 获得，该百分比可追溯至 1880 年；1870 年人口比例与 Haines（2000，表 4.2，第 156 页）提供的 1880 年数据相关联。(6) 100% 减去 (5) 减去 (7)。(7) 1910 年前的数据来自 HSUS 序列 Ae81/Ae79，1910—1990 年的数据来自 HSUS 序列 Da2。1910 年前，家庭数量代替人口数量。1980 年改变了农场的定义。农场主的数据来自农业普查，对 1990 年之后使用的数据比率进行了调整。

表 4.1 的一个重要方面是通过位置来区分住宅。1940 年，城市住宅占 56.5%，与 1870 年的 23.2% 相比增加了 1 倍以上。1870—1940 年，农场住宅比例从 38.2% 跌至 23.2%，跌幅将近一半。农村非农场住宅（如小城镇住宅）比例也出现类似降幅，从 38.6% 跌至 20.3%。但令人惊讶的是，美国乡村以及小城镇人口比例在战后出现上升，到 1980

年恢复到了 1890 年时的水平，而居住在农场的人口比例却萎缩到几乎为零。[8]

1870—1940 年的住宅主要是什么时候建成的呢？表 4.2 是 1940 年的住宅统计数据，其中包括住宅使用年限和位置。尽管在人口高速增长的背景下并非意料之外，但是 1940 年的存量住宅几乎都是在 1880—1940 年建成的，这一现象仍然非常引人注目。1940 年的存量住宅里，只有 7.3% 建于 1880 年之前。

表 4.2　将 1940 年的存量住宅单元按建造年份（1859 年前至 1939 年）、类型和位置分类

	建造的住宅单元数（百万）	百分比（%）					
		城市	农村非农场	农场	北部	南部	西部
住宅单元总数	37.33	57.9	21.6	20.5	58.7	29.1	12.2
报告建造年份	34.66	91.4	94.0	96.0	91.2	95.0	95.6
1859 年及以前	1.01	1.9	3.4	5.1	4.1	1.8	0.2
1860—1879	1.54	4.1	4.0	5.8	6.3	2.3	0.8
1880—1889	1.95	5.8	4.5	6.3	7.7	3.0	2.1
1890—1899	3.56	11.3	7.7	10.4	13.1	6.8	5.4
1900—1909	6.12	18.9	14.0	18.0	18.6	17.0	14.7
1910—1919	6.45	19.2	16.1	19.6	17.1	20.7	20.7
1920—1929	8.52	27.8	23.3	17.2	22.4	25.9	31.2
1930—1939	5.53	11.1	27.0	17.6	11.1	22.3	24.7
未报告建造年份	2.66	8.6	6.0	4.0	8.8	5.0	4.4
住宅使用年限中位数	25.4	26.1	20.2	28.1	30.2	21.1	18.3

资料来源：美国人口普查局，《1940 年美国住房统计》（*U. S. Census of Housing: 1940*），第 12 页，表 5。

因此，第 2 章中对 1870 年原始住房条件的描述，仅仅适用于 1940 年人们居住的很小部分住宅。即便是农场住宅，也有 89% 建于 1880 年之后。我们今天对南卡罗来纳州查尔斯顿市和佐治亚州萨凡纳市内战前历史街区的印象，极大地高估了美国南部旧式住宅的重要性。1940 年美国南部的住宅中，96% 建于 1880 年之后。表 4.2 的最后一行是 1940 年住宅的使用年限中位数，为 25.4 年。美国北部住宅建造年份的中位数是 1910 年，南部是 1919 年，西部是 1922 年。大部分住宅，至少在城市地区，都是在城市接入电力以及铺设自来水和下水管道等城市卫生基础设施之后建造的。

拆掉旧住宅并用新住宅替代的速度有多快呢？如果从表 4.2 中抽出 1880 年前建造的住宅，并加入未报告建造年份的那部分住宅，那么可以得出，1940 年存量住宅中有 270 万套是建于 1880 年之前。有资料显示，在 1880 年，有 610 万套住宅单元。[9]因此，1880 年的存量住宅单元中，至少有一半的住宅单元在 1940 年前就已经消失了。

1880 年之后，多户家庭住宅的重要性增加，但是其重要性并没有达到旧式公寓批评者所说的程度。在 1900—1939 年的 40 年内，53% 的新建住宅为独栋住宅。出人意料的是，大部分独栋住宅都用于出租。[10]除此之外，19% 的住宅为两户式住宅。这类双层住宅的住户，有两个单元，分别位于住宅的第一层和第二层。每个房间的采光和通风与独栋住宅相同，通常有一个院子和花园。剩余 29% 的城市住宅建于 1900—1939 年，结构包含三个或者三个以上的住宅单元。但是，大部分这类住宅都不是旧式公寓。20 世纪头几十年建造的包括三个单元的木制“三层住宅”在波士顿市仍然随处可见。三层住宅具备双层住宅的所有优点，不仅采光充足，而且通风很好，但缺点在于，顶层的住户需要爬更多楼梯，而且每家去院子或者花园的通道相对较少。与此对应的是带电梯的多层建筑，这类住宅建于 20 世纪 20 年代住宅建筑高速发展时期，在纽约中央公园、第五大道、芝加哥湖滨大道周围，以及其他高档多户住宅小区中间的街道上，现在依然可以见到。

住宅单元演变：房间更少，人口甚至更少

评价居住条件要用动态的观点，要考虑到生命周期和时间的变化。

在生命周期的第一阶段，工人阶层的孩子居住在拥挤的卧室内，平均两三个孩子使用一间卧室。到了生命周期的婚前阶段，青少年或年轻人可以选择离开家庭，暂时居住在短期租住的房屋或者学校宿舍内。结婚之后，他们可能会搬进小型公寓。在孩子在家居住的 20 年里，一个家庭的住房拥挤程度会日渐提高，而在孩子长大成人从家里搬出去后，拥挤程度就会下降。不过，空巢老人届时并不需要搬回小型公寓，他们可能会继续住在现有住宅内，并主要照料着独栋住宅的花园。

除生命周期外，随着时间的推移，人们在每个生命阶段的生活水平会逐渐提高。因为接受了更好的教育，人们不再从事辛劳、乏味或卑微的工作，而是从事更加令人愉悦的营销、服务以及白领职业，所以，工人阶层的孩子就有了更好的机会进入中产阶层。和富兰克林·罗斯福同一年（1882 年）出生的孩子，可能跟随其移民父母，随着 19 世纪 80 年代的移民潮抵达美国，在大城市内拥挤的移民工人阶层住宅内度过自己的童年。这一代人自己的孩子可能出生于 1910 年左右。当时住宅内已经安装了电灯和自来水，汽车也进入了家庭。出生于 1882 年的父母和出生于 1910 年的孩子一同见证了直到 20 世纪 20 年代的那场变革，进入一个消费品充足和安全、便利的新世界。1910 年出生的孩子，很可能读完了高中，有些已进入大学学习。他们的孩子可能在 1940 年左右出生，在 50 年代长大成人，周围充斥着家用电器、电视以及唱片，并能够驾驶汽车。[11]

动态观点的另一个方面涉及美国人特有的城际和州际迁徙。除了外来移民，美国的国内移居也处于一种连续且无止境的状态。这意味着“美国不仅仅是一个移民国家，也是一个移居者的国家”。据估计，1890 年波士顿的人口为 45 万，这少于前 10 年进入波士顿市的 60 万人，也少于已经离开波士顿的 50 万人。根据《米德尔敦》一书*关于美国印第安纳州曼西市米德尔敦镇的研究，在 1893—1898 年，曼西市家庭的迁徙比例为 35%；1920—1924 年，迁徙比例增加到了 57%。[12]

---

* 米德尔敦（Middletown），中等城镇，或译中镇，现从国内已有翻译书名。——译者注

由于城市居住人口增加，农场居住人口下降，住宅质量最显著的变化是密度增加，以及城市环境固有的外部空间减少。如果“空间”是一件正常商品，每栋住宅的内部空间是否会同我们预期的一样，随着生活水平的提高而扩大呢？尽管每个住宅单元的房间数量有所减少，但这完全是因为 1870—1940 年，平均家庭规模从 5.0 人降至 3.7 人（详见表 4.1）。由于每个住宅单元房间数量的减少更为缓慢，所以每个住宅单元的人均房间数大约增加了 10%。[13]不过，另有资料显示，1910—1940 年，人均房间数量增长了 35%。[14]无论增长多少，人均空间的这种增长都代表了人们生活水平提高的一个方面。

相关证据表明，1910—1930 年，住宅变得越来越小，越来越高效。每个住宅单元的投资资源下降的一个原因可能是“无效区域”的减少，其中“无效区域”包括“过去典型的住房框架”中的楼梯、走廊以及那些不能利用的角落等。[15]住宅实际变小而非统计假象的另外一个原因是，人们普遍拒绝维多利亚时代那种中上等阶层对住宅过于华丽精致的装饰。下文对此将有详细描述。自 20 世纪伊始，住宅开始向精简转变，减少或者淘汰了大型门厅以及多个正式会客厅，这在 1910—1930 年的平房建设高潮中达到顶峰。

城市住宅：独栋住宅逐渐取代旧式公寓

1900 年至第一次世界大战这一时期被称为“改革时代”，当时，有许多出版物抱怨工人阶层住宅质量差。人们对波士顿、纽约、华盛顿、芝加哥、匹兹堡以及许多其他城市的工人阶层居住条件进行了很多详细调查。[16]“各处的居住条件基本上大同小异，过度拥挤、房间光线不足、缺水、卫生便利设施缺乏、住宅破败、火灾风险过大以及居住在地下室。”[17]

一份关于纽约城市工人阶层住宅的最重要的定量实证材料，来自罗伯特·查宾 1907 年针对 400 户家庭展开的详细调查。查宾得出的结论是，平均五个人居住在三个房间内。[18]除此之外，根据报告，60% 的家庭有至少一间“黑屋”（即没有窗户的房间）。同时期的观察家认为，黑屋几乎是无处不在的：“一些旧房子的里间没有窗户，呼吸不到新鲜空气，这对没有研究过该问题的人而言，是难以置信的。在 1901 年，美国纽约有超过 35 万个房间没有窗户……有数百万个房间条件稍微好一点点，它们都有窗户，但是，透过这些窗户只能看见昏暗、狭窄的街道和过道，甚至有时候只能看见另一堵墙。”[19]

一份更加生动的记述记录了纽约市贫民窟的居住条件：“肮脏的厕所；污秽不堪的污水坑，脏水滴答流下的楼梯井；在墙角小便的孩子，危险失修的楼梯；下水道破洞中冒出的有毒且易燃的臭气。”[20]尽管如上所述，“旧式公寓”这个词最初仅仅是指任意含有三个或者三个以上住宅单元的多户建筑。但是，该词的意思在内战之后发生了变化，指的是“贫民窟住宅”。[21]旧公寓法时期的许多旧式公寓都是哑铃式设计，街边住宅从街道延伸至地块后方，中间的住宅向内凹陷，只有一个小型通风井。这种设计能够容纳 20 户以上的家庭居住在一个 25 英尺宽、100 英尺深的小地块内。这种结构通常有 5 层、6 层或者 7 层，其中每层有 4 套公寓共 14 个房间。通风井大都是典型的 5 英尺宽、60 英尺深。因为很多人会向通风井内丢掷垃圾，所以，每到夏天，打开窗户之后，家里会充斥着恶臭。在 1901 年，这一哑铃式的设计终于通过立法改革和引入新公寓法而被禁止。[22]

即使当代评论家的批评也认为，纽约的住宅条件非常差：“纽约工人居住的条件，要比文明世界里任何其他城市都糟糕。”[23]不过进一步的证据表明，纽约市只是一个特例。尽管在 1885 年，有一半的纽约工人居住在有 6 户或者 6 户以上家庭的公寓里，但是，在费城只有 1% 的居民居住在这样的公寓里。在芝加哥和波士顿，当时容纳两三户的住宅占一半。[24]其他城市的外来移民通常居住在一层或者两层结构的住宅里，而不是居住在砖混高层建筑里。“在（芝加哥）的贫民区，高层旧式公寓并不常见。”[25]另一个权威机构也认为，芝加哥“几乎没有像纽约一样的大型旧式公寓”，并且指出，“人们不想建设此类旧式公寓，开始关注居住在较小旧式公寓里的城市贫困人口的居住条件，这些都可以解释发生在芝加哥的住宅建设活动。”[26]

住宅密度：公共交通带来城市扩张

按照欧洲的标准，不管是英国狭窄的带露台的住宅，还是欧洲大陆多户式公寓大楼，美国中西部城市的开放空间绝对属于意料之外的事情。詹姆斯·布赖斯在他的经典作品《美利坚联邦》中提道：

> 在克利夫兰或芝加哥这样的城市……绵延数英里的郊区，到处都是整洁的木屋，每栋木屋都带有一个小花园，木屋的主人是店员或者手工艺人，他们会在晚上下班之后乘坐有轨马车回家……这种舒适和富足因为怡人的空气和清新整洁的城市而愈发令人印象深刻。英国城镇充满烟雾和煤灰的肮脏不堪的环境，在这里不见了踪迹；你正处在一个新的世界，在一个还能见到太阳的世界。[27]

布赖斯仔细审视了19世纪80年代中期的美国城市，并与同时期拥挤、烟雾缭绕的英国城市进行了对比。另外值得注意的是，美国城市的密度要比欧洲城市低。根据阿德纳·韦伯1899年的计算：美国有15个样本城市的人口密度为每英亩22人；与之形成对比的是，德国有13个样本城市的人口密度为每英亩158人。

渐渐地，在1840—1870年，理想的郊区住宅邻里之间需要一定距离而非物理上的相连。“草坪是一道屏障，是一条将家庭与城市危险和诱惑相隔离的翠绿护城河。”[28]1870年之后，开发城市郊区时，产权契约通常要求住宅与街道和人行道保持一定的距离。刘易斯·芒福德如此描述城市空间形象的改变：“成排的建筑物不再充当连续墙，将街道形成一条封闭的走廊；建筑物不再同街道相连，而被风景环绕，成了风景的一部分。”[29]19世纪60年代，人们发明了轻型剪草机，这使得在住宅周围铺种大片草地成为可能。

新建的市郊距离市中心两三英里，可乘坐有轨马车到达，因此最初被称为“有轨马车郊区”。观察者注意到，这些新型有轨马车“让每个人都能有一个郊区的（家）”。[30]因为这些新建市郊是提升工人阶层居住环境的第一步，所以它们也被称为“新兴区域”。[31]甚至到 19 世纪末，芝加哥等地的开发商仍在大片土地上建造有轨马车郊区，并按照分期付款的方式对外出售，有些住宅开发商同有轨马车的轨道开发商之间存在着关联财务关系，因为如果不连接有轨马车，新开发的住宅就可能卖不出去。[32]

布赖斯在芝加哥观察到的住宅被建筑历史学家称为“工人的小屋”。[33]它们是单层结构的建筑物，内有四到六个房间，建造朴素，几乎没有任何装饰。尽管有一部分房屋已经破败，或者被拥挤的多户住宅单元替代，但是，很多这样的住宅保留了下来，并在 20 世纪初得到改造，通上了电，铺设了管道设施。这类住宅所在社区为当时蜂拥而至的南欧和中欧移民提供了住所。在美国的中西部城市，如芝加哥、底特律、克利夫兰和密尔沃基，其移民的居住环境要比纽约市的旧式公寓好得多。很大一部分住宅所有权都属于住宅的使用家庭，随着住宅的所有者能够承担起安装现代便利设施的费用，这些家庭逐渐在小屋里添加了现代便利设施。

19 世纪末，芝加哥工人住宅的典型面积为 25 英尺 × 125 英尺。[34]在 1886 年，建造一栋有四个房间的单层住宅需要花费 600 美元，建造一栋两层带有壁炉的住宅需要花费大概 1300 美元。[35]另有独立的证据表明，在 1880—1905 年，工人阶层住宅的建造费用为每平方英尺 1 美元。[36]一开始，这些房屋都没有安装浴室或者采暖系统。19 世纪 70 年代至 80 年代发明出煤炭炉子和木柴炉子之后，这类炉子成了主要的供暖设备。由于没有单独的供暖，这些房屋的卧室在冬天会非常寒冷。19 世纪 60 年代，这类住宅内首次出现了地下室，可提供多余的居住空间。有时候，地下室也被用于出租。地下室可以为家庭招徕寄宿者，为家庭增加足够的收入来支付自有住宅的费用。

寄宿或者房间出租的情况要远比住宅出租普遍。许多工人阶层的家庭妇女因为有多个孩子，所以被羁绊在家中。在 1870 年，如果一名家庭妇女有五个孩子（假设孩子之间出生的间隔较短），那么，在最小的孩子满 16 周岁之前，她抚养孩子的时间预计会超过 20 年或者 22 年。如果该名女性在23岁时有了第一个孩子，那么她在45岁或者更年长之前，都不可能进入劳动力市场。在为数不多的家庭妇女可以增加收入的办法中，其中之一就是接收寄宿者。在1870—1920年，美国城市里寄宿现象非常普遍。根据查宾1907年的报告，在所有接受调查的家庭中，有1/3的家庭接收寄宿者，寄宿收入能让家庭总收入增加10%～15%。[37]

一些寄宿者的账簿显示，单个寄宿者会在厨房的一角或者一些其他不起眼的地方租一张床位，但是，也有其他寄宿者反映，会有多达6～12位寄宿者挤在一套只有几个房间的住宅内。[38]一些外来移民采用双班轮班制租赁床位，在不同时间工作的工人可以共用一张床位。寄宿协议包含由家庭主妇提供多项服务，其中包括做饭和洗衣服。表4.3第1列显示的是接受寄宿者的城市家庭比例的时间序列，在1900—1930年，该比例从23%跌至11%，并由于30年代出现经济大萧条而在1940年暂时升高。不过，寄宿现象到1960年实际上已经消失了，一些特殊情况除外，比如大学校园附近一些较大房子为大学生提供房间。[39]

表4.3　1900—1970年的寄宿者、拥挤程度和自有住宅

	所占比重（%）			所有家庭中平均每个房间的人数
	接受寄宿者的城市家庭比例	所有家庭中自有住宅比例	城市家庭中自有住宅比例	
	（1）	（2）	（3）	（4）
1900	23	47	37	
1910	17	46	38	1.13
1920		46	41	
1930	11	48	46	
1940	14	44	41	0.74
1950		55	53	0.68
1960	4	62	58	0.60
1970	2	63	58	0.62

资料来源：Lebergott（1976），表3、表6和表7，第252～259页。

在 19 世纪末，新兴的美国中西部城市，比如密尔沃基等，并没有老旧的存量住宅可以提供给新来的工人移民，所以，新房子并非只为中产阶层建造，也是在为移民建造。在城市最贫穷的地区，有为波兰移民新建的住宅。克利福德·克拉克描述了一栋“典型”住宅，屋子比院子低 30 英尺。[40]建造于 19 世纪 90 年代的住宅有一层半，房屋的外围面积为 22 英尺 ×40 英尺，总面积大概为 1250 平方英尺。一个家庭里有丈夫、妻子，还有六个孩子。一个被称为已经爬到“社会阶层上一层”的二代德国铁铸工，就居住在两层结构的住宅内。

尽管工人阶层居住的独栋住宅可能比较小，但 19 世纪末典型中产阶层住宅的面积同今日郊区独栋住宅的面积相当。远在西尔斯公司 20 世纪初开始邮购销售整套住宅之前，建筑师设计的定制住宅就与低成本的邮购“住宅设计书”竞争。典型的住宅为两层结构，每层有四个房间。根据某些平面图中关于房间面积的详细说明，典型住宅大概有 1000 ~ 1500 平方英尺。[41]住宅普遍可见精心的装饰，因为建筑商用现代机械替代了技术精湛的技工，所以住宅建造成本大大降低了。“不再需要石雕工来凿刻檐板，因为机器可以冲压出便宜的锡制仿制品。不再需要木雕工，因为液压机可以将木头挤压成复杂精细的形状。”[42]

19 世纪 80 年代，一些主要城市大概有 10% 的居民都拥有坚固的房子，而且因为足够大，所以需要至少一名仆人提供服务。这些房子大多在 1850—1900 年建成，位于连接有轨马车的郊区。从一开始，郊区住宅就是为不同阶层和不同收入的人设计的，这样工人、零售商和家庭的用人可以很方便地为中上层家庭提供服务。“与‘二战’后经济社会相对而言比较同质的郊区不同，在有轨马车郊区中，并非只有一个经济阶层。”[43]伊利诺伊州欣斯代尔和埃文斯顿等郊区的早期地图显示，这些郊区被分成了面积不同的地块，临街面宽 30 英尺到 200 英尺不等，这与市中心普遍的较窄地块形成了鲜明对比。[44]今天，得益于对房子不间断的修葺和改造，我们依然可以看到建造于 19 世纪末期的大多数房子。[45]同 1900 年之后相比较，1870—1900 年住宅发展最明显的不同，是特定社区内住宅风格和住宅面积的多样化。

平房运动：变化的象征

在描述1870—1930年美国城市住宅变化时，一些人认为，1910—1930年建造的较小且较简易的平房取代了1880—1900年建造的大型维多利亚式住宅。[46]但是，实际情况比这复杂得多。平房代表的是1900年前的工人阶层逐渐迈向20世纪50年代及此后的中产阶层的第一步。平房设计效率的提升与实际收入的稳步增加是同步发生的。其中，一些创新减少了住宅建筑结构的实际成本，很多工人阶层家庭因此得以从又小又不牢固的房屋和拥挤的经济公寓搬入坚固的住宅。通过分期付款，这些家庭都负担得起这类住宅。本章之所以重点强调平房，是因为在20世纪早期，平房在自有住宅民主化过程中发挥了关键作用，同时，汽车也使许多家庭的自由迁徙发生了根本性变革。

平房最初建于洛杉矶地区，1905年传入芝加哥。在芝加哥，平房建筑使工人阶层家庭进入了现代时期，用上了现代便利设施。[47]有一位作家曾经这样总结，“比较富裕的工人阶层成为20世纪20年代新型（平房）建筑的主要受益者”。[48]时至今日，平房建筑依然是芝加哥庞大“平房区”的主要建筑，约占芝加哥市区面积（225平方英里）的1/3。[49]约8万套平房建造于1910—1930年，另有2万套平房建于相邻的郊区。“平房不仅变成了芝加哥现代住宅市场上的主要住宅，也是城市社区的主要住宅。平房如此成功地将人们负担得起的艺术与舒适结合在一起，为20世纪的城市建筑做出了突出贡献。”[50]

“平房与维多利亚式住宅的特点截然相反，它简单、随意且高效。”[51]标准的平房只有一层结构，但是有的平房也会在屋顶上另加一层充当卧室，卧室内配有低而扁的老虎窗。平房外部优先使用的是不需要维护的材料，其中包括加利福尼亚红木、芝加哥红砖、新英格兰石块和亚利桑那的土坯砖。典型的平房，其第一层的面积通常为1000～1200平方英尺，第二层另加的卧室面积通常为 300 或者 400 平方英尺。[52]芝加哥建造的平房，有“巨大的窗户、大地下室，还有采暖系统、电力以及室内管道等现代便利设施”。[53]

在 1900—1930 年，芝加哥作为一座大城市，发展非常迅速，因此其平房区的独有特点格外引人注目，成为那个时期全国进步的主要典范，许多其他大中型城市竞相模仿。所有的平房后面都建有车库，每个街区之间有一条小径隔开，供汽车行驶以及垃圾回收，这也反映了汽车时代的到来。因为电线杆和电话线杆都被藏到了巷子里，所以芝加哥街道看起来非常整洁。在铺石人行道与街道之间是特色公园大道，公园大道边上种植了树木，风景如画。[54]

平房第一层的平面图与标准的维多利亚式住宅完全不同。战后家庭活动室通常与厨房合并在一间房内，平房则通常将起居室和餐厅融合成一个与厨房相连的更大的公共空间。平房内没有维多利亚式住宅的门厅，进门后通常直接进入起居室与餐厅合在一起的公共空间。从现在来看，我们可能会觉得 25 平方英尺或者 30 平方英尺的地块小得难以接受，但这是从外部观察而产生的一些误解。毫无疑问，平房之所以受到普遍欢迎，是因为它的建造成本非常低，剔除土地成本，有些平房每平方英尺的建造成本只需要 1 美元。[55]同时，能以如此低价建造平房，还要得益于美国西尔斯等公司激进的销售策略，这些公司向房屋建造地运送预制材料，人们只需要把这些预制材料组装起来就可以了。

即便经过了“一战”后的通货膨胀，西尔斯公司提供的芝加哥式平房的所有零部件费用也都在 750 美元至 2000 美元不等。购买者除了需要支付西尔斯公司提供的材料费用之外，还需要支付土地费用以及组装这些材料的劳务费用。[56]西尔斯公司曾经宣称，工匠可以用预制材料在 352 个小时内组装一套房子。[57]使用标准化方案和预制材料来建造平房，是自 19 世纪中期以来建筑业长期创新的结果，相当一部分居民因此拥有独栋住宅。丹尼尔 · 西塞证明，钉子的实际价格在 1830—1930 年下跌了 90%。[58]相较于技术精湛的木匠利用当地材料建造住宅的工艺，新开发的薄木板“轻捷骨架结构”，加上更便宜的钉子，大大降低了住宅的实际建造价格。

尽管芝加哥等城市的平房面积基本一致，且空间布局紧凑，但是建房者还是利用许多不同面积和形状的窗户、不同颜色的砖块、装饰石灰岩窗框、楼梯间承台以及窗台上的石头花盆箱等，使平房的外观有所不同。和许多建造于1945年之后的房子相比，平房内部都比较高档，配有嵌入式家具、陈列柜、壁炉和硬木地板。大批量制造的木质家具是购置平房时的标准配置，其中包括“嵌入式书架、窗座、壁炉架、瓷器陈列柜、早餐长凳、梳妆台和带罩壳的散热器”。[59]除了石匠和木制品工业提供了数量繁多的装饰品外，还有资本密集型产业大规模生产的管道、采暖以及厨房设施等。[60]

大都市与农场之间：小城镇和中型城市

我们关注最多的一直是大型城市。那么，20世纪20年代很多美国人居住的“中型”城市是什么样子的呢？在林德夫妇1929年对印第安纳州曼西市的经典调查报告中，我们可以找到很多关于住宅条件的详细记录，当时曼西的城市人口为38000人，住宅单元为9200套，平均4.13人共享一套住宅单元，这同表4.1中1930年每个家庭的人口数量4.0非常接近。

在曼西市，86%的住宅单元都是独栋住宅，“每栋住宅都独立地建造在单块土地上”，10%的住宅为双户结构，新式公寓的比例只占1%。接受采访的1/3的工人阶层家庭和80%的“商业阶层”家庭居住在两层独栋住宅内。与芝加哥平均25～30英尺的临街面宽不同，曼西市的临街面宽达到了40英尺。住宅的使用年限与表4.2中所列的1940年普查数据相近，从中可以看出，1929年的存量住宅中，72%的住宅都建造于1900—1929年。因为需要建造车道和车库，所以缩小了院子和花园的面积；因为相较于19世纪80年代的街区，20世纪20年代的街区日渐缩小，所以花园面积被进一步挤占。[61]

林德夫妇区分了“贫穷的工人”和“比较有钱的工人”的住宅。

除了住宅面积，不同之处还包括住宅的特点、家居和设施。贫穷的工人回家时，“走在未铺设的街道上，拐进院子之后，可以看到院子里被丢弃的生锈的三轮车或者旧汽车轮胎，打开松垮的门……整个房子一目了然——厨房里的桌子和地上的苍蝇、面包屑、橘子皮、废纸、煤块和木头块”。[62]相反，较富裕的工人回家时会穿过“窗台上种满天竺葵的花盆箱……缝纫机放置在起居室或者餐厅，熨衣板和一摞衣服整齐地叠放在厨房一角”。[63]不同阶层的人居住的房子不同，阶层低的人居住的房子“破旧杂乱”，阶层高的人居住的房子“宽敞舒适”。

在 20 世纪早期，小城镇上的中产阶层和工人阶层的住宅并没有明显的区别。最初，小城镇街区网格中的地块面积都是相同的。上层社会回避这种约束的办法只能是将好几个地块连在一起。因为中产阶层和工人阶层都居住在独栋住宅里，房子质量的差别是难以察觉的。“20 世纪早期，美国小城镇里穷人和富人成为邻居的可能性很大。通过穷人和富人混居，促进了小城镇的社会平等。”[64]与里斯、伊迪丝·伍德（Edith Wood）和其他社会改革家描述的城市旧式公寓拥挤的居住条件相比，小城镇居住密度要低得多。很显然，小城镇周边都在农村，对上层人士和工人阶层而言，走几步就可以从乡村到小城镇。几乎每个家庭都有一个花园，夏天在花园里可以种植一些蔬菜。“五月份收草莓，然后是豌豆和新土豆，接着是菜豆、甜菜、胡萝卜、甜玉米、番茄以及各种夏季水果。”[65]

同北部和西部坚固的农场独栋住宅相比，南部的农场住宅要差很多。根据 20 世纪 20 年代北卡罗来纳州的一项调查，绝大部分黑人佃农居住在“小屋”内。黑人住宅内大概有 1 ~ 3 个房间，而白人住宅平均有 4 个房间。房屋的墙壁上没有石膏或者其他涂料，而且玻璃窗户也不是推拉窗。为了防雨，一些窗户装有百叶窗。大概有 1/4 的家庭至少 4 个人共用 1 间卧室。[66]尽管许多美国人的住宅质量都有了改善，但是不同区域之间仍然存在巨大差别。

农场住宅的改变：现代便利设施的制约

詹姆斯·布赖斯对中西部城市郊区街道上的工人住宅的评价平平淡淡，而对美国农场的生活却狂热赞美。[67]“在整个宽广的西部，从安大略湖到密苏里北部，人们经过一个个200～300英亩的农场，每个农场的果园和草地之间都建有宽敞的农舍……”[68]

正如不变的街道网格（street grid）确定了纽约、费城、华盛顿等城市的空间关系一样，在西部，网格也划定了阿巴拉契亚山脉以外西北部地区的农场界限。西北地区和路易斯安那购置地出售农业空地时，按平方英里来划分土地，布赖斯在北部以及中部各州观察到的“200～300英亩”的农场就来自此处。1平方英里即640英亩的一半是320英亩，这与布赖斯看到的农场面积非常接近。但是，根据历史统计，美国的中型农场面积不到如上提到的农场面积的一半，1870年为153英亩，1900年为147英亩，1930年为157英亩，这么大的面积对欧洲人布赖斯而言，依旧是非常大的。[69]

如表4.2所示，我们看到1940年的存量美国农场住宅中，2/3以上都建于1900年之后，考虑到弗雷德里克·杰克逊·特纳1893年提出的备受争议的“边疆假说”，这种情况有些出乎意料。外来农民移民最初建造了草屋和小木屋来躲避北部和西部平原的冬日严寒，后来，这些房屋都被许多新建的农舍取代了。“早期的农舍更像是棚屋，而不是坚固又舒适的房子。”[70]在1870年至1940年，农舍的质量，至少是南部以外的农舍质量变得越来越好。

在19世纪末期，两层单户独立式农舍与小城镇和除一些最大城市以外的所有城市的独栋住宅相似，其中就包括林德夫妇所描绘的印第安纳州曼西市上层工人阶层的标准住宅。[71]住宅的第一层由厨房、客厅，也许还有餐厅组成。第二层通常有三个卧室，父母一个卧室，男孩一个卧室，女孩一个卧室。1870—1900年，供暖系统从使用开放式壁炉变成了封闭式铁炉和锅炉。

在 1900—1920 年，伴随农场繁荣而来的是农村住房的改善。部分原因是农场家庭可以很便利地通过沃德和西尔斯的邮购商品目录购买家具、纤维织物和厨房设施。通过手动泵将水箱连接至厨房，在一定程度上解决了由来已久的取水问题，也减少了家庭妇女无休止地取水和倒脏水的负担。除了新安装的水泵之外，农场住宅还安装了纱窗和纱门来防止飞虫飞进农舍。

然而，与城市居民相比，美国农民还是越来越落后，其中部分原因是现代便利设施进入农村太缓慢。截至 1940 年，很少有农舍能够通上电，装上自来水和室内管道。实际上，在 20 世纪 20 年代，美国农场不仅经济萧条，农民情绪也很消极。他们因为感到没有赶上现代发展而焦躁不安。有一首“一战”时期非常流行的歌曲“（见过巴黎之后）人们怎么还能留在农村？［How Ya Gonna Keep'Em Down on the Farm（After They've seen Paree）?］”就很好地捕捉到了人们的这种不安。[72] 20 世纪 20 年代的城市到处充满激情和流行文化，然而，当时的农场却弥漫着“经济贫困、人口下滑、心理怀疑和绝望，这些好像都是破坏农村生机的根源”。一位来自田纳西州的农民就通过令人难忘的对比描述了这种不安：“地球上最大的事就是心中有上帝，第二大的事就是家里通上电。”[73] 而这正好与本章主题相符，那就是现代便利设施使城市居民之间更加平等，却让城市与农村生活的差异更大。

仅此一次的变革浪潮：1870—1940 年的现代住宅建设

重塑美国住宅和美国生活水平的革命只是人类历史长河中一个相对很小的片段，主要集中在 1910—1940 年。从经济千年停滞的角度来看，网络化的现代便利设施来得非常迅猛。1910 年这些设施在美国城市还基本杳无踪迹，但到 1940 年已经无处不在。本部分提供了 1890—1970 年每 10 年各种便利设施的普及率：自来水、室内抽水马桶、集中供暖、电作为主要照明来源、洗衣机和机械式冰箱。为了能够对比，我们也标注了汽车（详见第 5 章）和收音机（详见第 6 章）的普及率。

表4.1和表4.2的所有普及率都来自同一部著作，这部著作里有大量细致而连贯的相关资料。[74]为了看起来更清晰明了，相关数据通过两张图来表示。图4.1列出的是嵌入式住宅设施，图4.2列出的是家用电器和汽车。自1900年伊始，现代便利设施就登上了历史舞台。当时，已经有1/3的住宅接入了自来水，但是只有15%的住宅安装了室内抽水马桶。这两组数据表明，截至1940年，所有标绘的线条都已经超过了40%。在1900—1930年，用电量和汽车实现了从零开始的暴增。当电力普及率达到68%的时候，汽车普及率达到了60%，室内抽水马桶普及率达到了50%。尽管在30年代经济比较萧条，而且在“二战”时期生产受到限制，但是1930—1950年是机械式冰箱和集中供暖普及最快的时期。

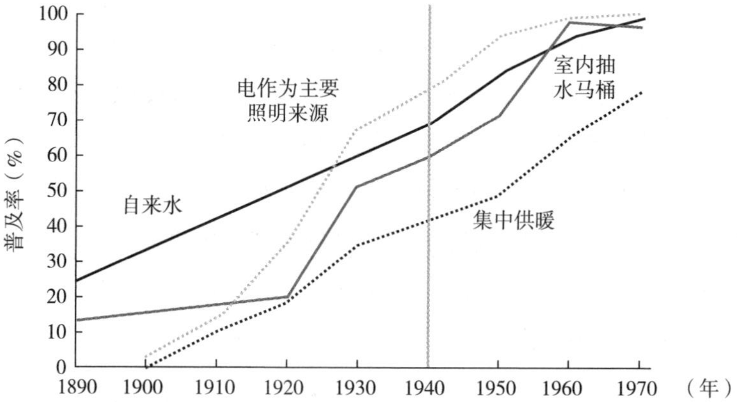

图4.1　1890—1970年现代便利设施的普及率

资料来源：Lebergott（1976，第260~288页）。

截至1970年，普及率分成了两组。汽车、洗衣机和集中供暖的普及率达到80%左右的高水平。一些居住在纽约等密集城市环境中的家庭选择不购买汽车，而利用公共交通出行。一些新式公寓的住户家里没有放置洗衣机的空间，所以选择去附近的自助洗衣店洗衣服。在南部和西南部的一些温暖区域没有必要安装集中供暖系统。除此之外，所有标绘的线都在1970年达到了96%~100%。一场革命用了70年，其中很大一部分仅仅用了40年。住宅质量的这种根本变革只可能发生一次。住宅在

1900—1940 年的变化要比 1940 年至今的变化大得多。

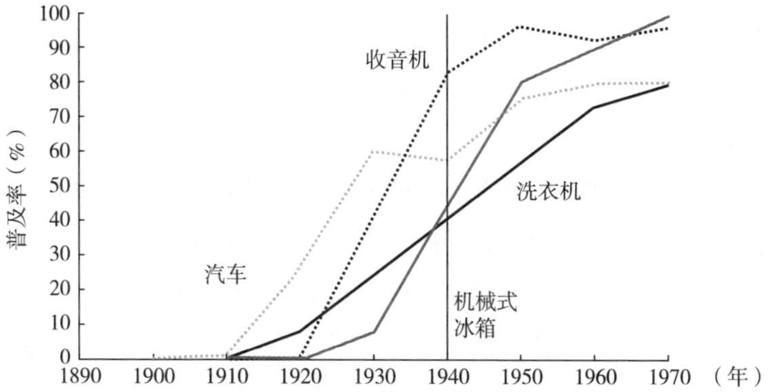

图 4.2　1890—1970 年现代家用电器和汽车的普及率

资料来源：Lebergott（1976，第 260 ~ 288 页）。

电气化的奇迹：1940 年前的照明和早期家用电器

尽管电气化用了 50 年的时间才进入大部分城市家庭，并且用了更长的时间才改变了农场和农村非农场的生活，但是电气化的影响是普遍的，也是革命性的。富裕阶层获得室内管道、自来水和集中供暖等现代便利设施的时间要早于中产阶层和穷人，城市要早于小城镇和农场，北部和西部州要早于南部州。在短短 50 年内，美国居民就经历了一场变革，从需要自己劈柴、运煤和使用煤油灯来取暖和照明转向使用燃气和电力的新时代。燃气和电力作为商品，购买后自动抵达住宅单元，不需要人力搬运。[75]通电之后，人们不再生活在黑暗中，再也不会因为使用蜡烛、蜡制灯、煤气灯以及需要“添油、倒油和修剪灯芯”的煤油灯等而污染空气。但是，即便如此，电力并没有彻底消除污染，因为燃煤发电厂发电时会向大气排放二氧化碳，所以电只是将室内污染转移成室外污染。

从今天的视角来看，1870 年住宅最关键的特征就是天黑之后房间昏暗。一根蜡烛在一英尺距离的特定角度上发射的光通量为 1 流明。一根蜡烛可以发出13流明的光，而100瓦的白炽灯泡大约可以发出1200流明的光。1870年，没有什么照明设备能够超过6～8根蜡烛时间，也就是发出大约80～100流明的光。当时最先进的灯具使用的是民用煤气、鲸脂油或者煤油，其发出的光通量大概只有100瓦灯泡发出光通量的1/12～1/15。[76]

在1879年发明电灯之前，晚间的照明都需要燃料，所以在照明的同时，也产生了一定程度的气味和烟雾。在1870年，煤油灯是一个相对新的发明（出现于19世纪50年代），当时的很多家庭依然在使用蜡烛和鲸脂油灯。煤油灯因为火焰明亮而备受青睐，一盏煤油灯的照明亮度可以抵得上10根蜡烛。同鲸脂油灯相比，煤油灯的危险性更小，闪燃点更高，重量更轻，价格只是鲸脂油灯的1/10。[77]"宾夕法尼亚州石油的发现，不仅将煤油推向了世界，也拯救了濒临灭绝的鲸鱼。"[78]煤油灯的一个主要缺点是需要定期清洗灯具，以保证其亮度与安全。

民用煤气是将烟煤变成焦炭时的副产品，自19世纪开始一直在英国使用。民用煤气第一次用于照明，是在英格兰北部的棉纺厂，当地的棉纺厂要保证工作时间，一年有半年时间需要晚上照明。与油灯和蜡烛相比，煤气灯的火焰更亮更白，但是煤气灯的光线比较闪烁，而且在燃烧过程中会产生氨气、硫、二氧化碳和水。除此之外，因为煤气灯消耗氧气，所以如果在通风较差的房间里使用，会引起人们的呼吸问题。如果煤气灯在户外使用，那么其燃烧后排放的物质以及对氧气的消耗都不成问题，所以，后来煤气灯成为标准的街道照明设备，19世纪20年代的巴黎、30年代的纽约，都是如此，当时惊艳了很多观光游客。

在大部分城市里，只有最富裕的街区才能享受到煤气灯的好处。尽管煤气管道还没有铺设到较贫穷的街区，但是煤气厂建在那儿，"煤气厂发出的臭味非常浓郁，到处弥漫着硫黄的臭味。煤气厂发出的氨气和硫黄污染了附近的土壤、下层土和供水，使得周边街区一片惨淡"。[79]因为瓦斯爆炸时常发生，所以煤气供应非常不稳定。许多家庭同时使用煤气灯和油灯，并且因为煤气灯的味道比较大，所以人们尽量避开在卧室等私人空间使用煤气灯。[80]这类灯具，加之在采暖时产生明火，在 19 世纪时导致了大量的家庭火灾风险。

托马斯·爱迪生并没有发明电灯，但是他于 1882 年在纽约市的珍珠街建设了发电站，开始将具有实用性的电灯与发电的应用结合在一起，使电灯商业化变得可行。[81]爱迪生的独特贡献是他找到了两个问题的解决办法，不仅发明了可以进行批量生产的有效率的灯泡，还同时建立了发电厂，将电力供应到了每家每户。

与 1869 年宣告横贯美国大陆的第一条铁路完工而举行的黄金道钉国际庆典（参见第 2 章）相比，电灯在商业上变得切实可行的瞬间显得安静很多。在整个 1879 年，爱迪生位于新泽西州门罗帕克的实验室一直在努力寻找灯丝的最佳材料。最终，在 1879 年 10 月 22 日的那天晚上找到了答案。

> 凌晨一点半，巴彻勒和杰尔观察着爱迪生开始使用第九段纤维，这是一段扁平的碳化棉线细丝……安装在一个真空玻璃灯泡内。他们接通电池之后，灯泡开始发出柔软的白炽灯光，照亮了昏暗的实验室。架子上摆放的瓶子反射着微弱的光芒。正如许多其他的实验模型一样，灯泡发出明亮的光芒。但是这一次，电灯在整个晚上一直持续发光。第二天，上午过去了，棉线细丝依旧发出白炽灯光。午餐过去了，碳化的棉纤维依然在发光。当天下午 4 点，玻璃灯泡破裂，灯光随即熄灭。灯泡发光时间持续了整整 14 个半小时！[82]

任何其他发明都没有像电灯的发明那样受人欢迎。在 1879 年至 1880 年整个冬天，数千人来到门罗帕克参观“未来之光”，其中也包括在有生之年其住宅都不可能实现电气化的农民。乘坐宾夕法尼亚州铁路旅行的乘客都可以看到爱迪生办公室发出的明亮光芒。1879 年 12 月 21 日，《纽约先驱报》（*New York Herald*）用一整版向世界宣告了这个消息，它的长标题非常引人注目：爱迪生的灯光——伟大发明家在电气照明领域的胜利——小碎片——创造了光，没有煤气、没有火焰，比石油还便宜——棉线带来的成功。[83]在1879年的新年前夜，3000人乘坐火车、四轮马车和农用运货马车齐聚爱迪生实验室，见证灯泡发出光芒。在那一天，实验室安排了开放参观日，用现代化的光芒开启了新时代。

与之前所有的灯光相比，电灯非常清晰，亮度有了显著提高。这是历史上最伟大的发明之一。爱迪生在向投资者和纽约市政府领导展示电灯的过程中，有一次是将300个户外灯泡同时关闭，随后瞬间同时打开。电灯最让人惊讶的一点就是，开灯或关灯只需要轻轻一按即可，这跟煤气灯需要一盏盏单独点燃或者熄灭非常不同。

> 只需要轻轻一按，真空玻璃内就会有光，再不需要与火苗连接，也不再需要小心摆弄，慢慢调整；灯光不会摇曳不止；灯不会翻倒、漏油、发出臭味，也不会消耗氧气；它不会点燃工厂里的衣服，也不会点燃牧场的草堆。孩子单独和它在一起也很安全。[84]

最初的电灯比最亮的煤油灯亮3倍，但是到1920年用金属灯丝改良电灯之后，新的电灯要比煤油灯亮10倍，要比一根蜡烛亮100倍左右。[85]电灯是1880—1920年及日后科技创新大爆发的一个实证。尽管到1950年，荧光灯已经成为工商业环境里的主要照明设备，但是从1920年至1990年开发出节能灯之前，家庭照明设备基本上没有任何改变。在过去百年里，任何东西都比不上火光照明和电气照明之间的巨大差别。但是也有人认为，机动车辆代替马车是更为根本的创新（这是第5章的主题）。

威廉·诺德豪斯曾付出极大的努力，尝试计算过去几个世纪灯光的价格。[86]1875—1885年，一盏有效的煤油灯发出1流明的光所需费用大概是1800年蜡烛所需费用的1/10。如果用其他的度量标准来计算，那么每晚点燃5根蜡烛3个小时，也就是每年点燃5500蜡烛小时，所需的成本是20美元。在1890年（发明电之前），20美元的民用煤气和煤油灯相当于每年73000个蜡烛小时。

最初，爱迪生电灯泡的价格与最好的煤油灯的价格相同，这个价格到 1920 年大约下降了 60%。考虑到 1920 年的电灯要比煤油灯亮 10 倍，用同样的 20 美元可以每年购买 440 万蜡烛小时。名义上，1990 年细丝白炽灯泡每流明的成本与 1920 年相同，但实际上 1990 年的成本要更低，大约是 1920 年成本的 1/8。迄今为止，官方的价格指数并没有包括这种价格下降，可以毫不夸张地说，这种价格下降产生的消费者剩余，让我们有充分的理由认为 1890—1940 年实际人均收入的增长被大大低估了。需要注意的是，所有的价格比较都是基于设备发出的光流量来计算的，所以灯光质量提高带来的价格下降是被低估的。质量的提高包括不再有气味、不再需要清理玻璃灯罩、不再有火灾危险以及灯光不再闪烁。生活成本的传统测量完全没有计入这些质量提高，而且，诺德豪斯试图将蜡烛、燃油灯和电灯泡的每流明价格联系起来的创造性努力也完全没有计入这些品质的提高。[87]

1900 年，只有 3% 的美国家庭用上了电。1912 年，在爱迪生珍珠街发电站建立 30 年后，只有 16% 的美国家庭通上了电。[88] 1902—1915 年，人均年发电量每 7 年翻 1 倍。1915—1929 年，人均年发电量每 6 年翻 1 倍。[89]电力不只供应给家庭照明与家用电器，也供应给制造业、零售业、电气化铁路和有轨电车。电力消费之所以快速增长还受到电价下降的刺激。1902—1929 年，每千瓦时名义价格从 16.2 美分降到 6.3 美分，经通胀调整后的不变价格在 27 年内就下跌了 81%，即每年下跌了 6%。[90]

表 4.4 比较了 1940 年美国城市和美国农场（尤其是南部农场）之间电气化程度的差异，对图 4.1 做了补充。表 4.4 显示，使用电力照明的住宅比例在城市约为 96%，在小城镇约为 78%，在农场约为 31%，而南部农场只有约 16%。爱迪生成功发明电灯泡 60 年之后，仍有 80% 左右的南部农场家庭在使用煤油或者其他燃料作为照明材料。

表 4.4　1940 年不同地区、不同类型的带有现代便利设施的住房百分比（%）

		全美国				美国南部
		总数	城市	非农场农村	农场农村	农场农村
照明	电	78.7	95.8	77.8	31.3	16.4
	煤油或者汽油	20.2	3.8	20.9	65.7	80.7
	其他	1.1	0.4	1.3	3.0	2.9
制冷	机械式冰箱	44.1	56.0	38.7	14.9	9.6
	冰块	27.1	31.6	23.0	17.9	19.5
	没有或者其他	28.8	12.4	38.3	67.1	70.9
烹饪燃料	木柴	23.6	6.0	28.6	69.5	83.9
	煤气	48.8	73.0	24.0	3.8	2.4
	其他	27.6	20.9	47.5	26.7	13.7
水供应	自来水	69.9	93.5	55.9	17.8	8.5
	其他	24.9	5.8	36.0	67.4	72.2
	没有	5.1	0.6	8.1	14.8	19.3
卫浴设施	室内抽水马桶	59.7	83.0	43.2	11.2	4.7
	室外公共厕所	32.2	8.6	51.2	78.9	80.1
	没有或者其他	8.1	8.4	5.6	9.9	15.2
浴缸或者淋浴	室内	56.2	77.5	40.8	11.8	5.4
	没有或者公共	43.8	22.5	59.2	88.2	94.6
集中供暖	完全	41.8	57.9	27.0	10.1	1.3
	没有	58.2	42.1	73.0	89.9	98.7

资料来源：作者根据《1940 年美国住房调查》表 7、表 7a、表 7b、表 8、表 9b、表 10a 以及表 12a 制作。

从又脏又累的家务劳动向 20 世纪 50 年代现代电气化厨房的划时代转变在 1917 年才刚刚开始。在那一年，通用电气公司将电气设施的吸引力概括为“可以帮你洗涤、熨烫、清洗、缝纫的电动仆人。它们可以替你完成所有的烹饪——没有火柴、没有煤烟、没有煤块，也没有争吵——让你的厨房变得非常酷”。[91]家用电器很快便被发明出来，但进入普通家庭的速度很慢。因为进户电线最初仅仅可以用来照明，容易损坏，所以开始时遏制了家用电器的推广。电炉、电冰箱、洗衣机和电熨斗的电力消耗过大，需要重新布线，而在 1900—1920 年，一个现实的障碍是，没有标准化的电源插头和电源插座。实际上，因为一些电气公司直到 30 年代仍然提供直流电，所以，交流电时至今日也没有规范化。除此之外，电压也不相同。[92]

到 1940 年，洗衣机发展迅速，已经有 40% 的家庭购置了洗衣机。1928 年，西尔斯公司的邮购商品目录上推出了两款带甩干功能的电动洗衣机，售价分别为 79 美元和 92 美元。相比而言，印第安纳州曼西市家庭收入的中位数 1925 年为 1450 美元，大概是每周 28 美元。因此，最便宜的洗衣机大概相当于家庭三周的收入。[93]慢慢地，由于洗衣机连接上了自来水和排水管，每周在洗衣服时要做的多项任务都开始集中到地下室，而地下室也是使用集中供暖系统时提供热量的火炉或锅炉所在的位置。

因为价格昂贵，电冰箱的普及最初较慢，而当时冰盒到处可见，冰块运输既可靠又便宜。实际上，1920 年之前就没有机械式冰箱。1930 年，8% 的住宅安装了电冰箱；直到 1928 年，西尔斯公司的邮购商品目录还将冰盒称为“冰箱”。但是，到 1940 年，家庭拥有电冰箱的比例骤然上升至 44%。虽然出现了大萧条，但是 20 世纪 30 年代冰箱使用率还是出现了爆炸式增长，这反映出冰箱最初的价格比较贵，1919 年冰箱的价格为 775 美元，1926 年为 568 美元。电冰箱销量在 20 世纪 30 年代出现猛增，1919—1929 年仅销售了 100 万台冰箱，而 1932 年销售了 250 万台，1941 年销售了 600 万台。1931 年，西尔斯公司的邮购商品目录首次提供了价位在 137 ~ 205 美元的电冰箱，电冰箱出现了价格下调。[94]如表 4. 4 所示，在 1940 年，美国城市电冰箱的使用比例为 56%，而在南部农场只有约 10%。[95]

除了电灯之外，被人们热情接受的另一类家用电器是电熨斗。第一个电熨斗于 1893 年售出。电熨斗让人们不需要在煤气炉或者木炭炉上不断加热或者再次加热那沉重的铁熨斗；因为铁熨斗的温度很难调整，所以烫坏衣服是常有的事情。在家里洗衣服之所以又费时又单调，除了因为没有洗衣机之外，还有一个原因是铁熨斗需要单独加热。正如大多数家用电器一样，电熨斗在数十年之后才出现了关键技术的改良。1927 年才引入电熨斗的自动恒温器，在这之前，电熨斗只有两个调节器，一个是开，一个是关。1928 年，西尔斯公司的邮购商品目录展示了四款不同类型的电熨斗，价格从 1.98 美元到 4.95 美元不等，其中没有提到任何关于温度控制的描述，而且只有较贵的型号设有开关。[96]参考曼西市中位数家庭收入，一个电熨斗的价格要低于一天的收入。

到 1940 年，有 79% 的美国人使用电灯，使用电熨斗的比例与此相当。另一个流行的家用电器是真空吸尘器，价格相当于曼西市中位数家庭一周的收入。[97]然而，在 1929 年，美国家庭的电气化还处于比较初级的阶段；1929 年的美国家庭平均耗电量相当于 3 个 100 瓦电灯泡每天照明 5 个小时。1910—1960 年，住宅耗电量增长率大约每 10 年翻一番。[98]

1929 年，芝加哥一家电气公司调查的消费者可选家用电器种类里，超过 80% 的居民有电熨斗和真空吸尘器，53% 的居民有收音机。其他的家用电器里，使用比例超过 30% 的只有烤面包机和洗衣机（分别是 37% 和 36%）。1929 年，芝加哥居民家用电器使用比例在 10%～30% 的分别是咖啡渗滤壶（16%）、电冰箱（10%）、电风扇（10%）和电暖器（10%）。[99]

当代的相关解释关注的不是这类比例，而是电力革命本身。自然的昼夜循环不再能约束家庭成员的活动。因为电灯要比煤油灯或者煤气灯明亮得多，所以到了晚上，尤其是冬天的晚上，人们可以借着电灯做很多事情。家庭的电气化，尤其是照明设备电气化和家用电器的普及，从根本上改变了千百万美国人的日常生活。

水流进流出：最伟大的变革？

自来水和室内卫生间等现代便利设施花了很长时间才进入寻常百姓

之家。在 19 世纪 90 年代，“只有非常富有的少数人才知道”这类便利设施。[100]在 19 世纪 90 年代，大部分家庭，不管是密集的城市旧式公寓还是单户农舍，都没有自来水。其中，旧式公寓的居住条件最为糟糕：

> 他们不得不去走廊使用马桶，或者去外面的院子里上厕所。在私人住处外使用马桶或者厕所非常不方便；如果两户或者两户以上的家庭共同使用一个马桶，会让人感觉非常尴尬。有时候因为厕所或者马桶有人在使用，有的人不得不去附近无人的角落或者空地上方便。[101]

让农村和城市家庭主妇最为头疼的事情是，她们需要将洁净的水运进家里，并且将污水运出。甚至到 20 世纪初，工人家庭的主妇还不得不从街上的给水栓拉水，这与几个世纪以来农场家庭主妇从最近的小河或者井里拉水基本没有什么区别。所有用来做饭、洗碗、洗澡、洗衣服和清扫房屋的水都需要从外面运进来，用完之后再把污水运出去。

基础设施建设投资的速度非常重要；只有建成网络，人们才有可能使用现代便利设施。正如只有电力公司将电线接入小区以后，小区的居民才能买电一样，人们不能只是简单地出去购买自来水，必须等到市政自来水厂将管道铺设到所在地区之后，才能购买使用。最早的市政自来水厂 1801 年建立于费城，但在 1870 年前发展非常缓慢。“大多数社区饮用的是被自己污染的水或者其上游邻居的污水。伤寒症和痢疾当时非常普遍，而且城市的死亡率非常高。”[102]但随后，市政自来水厂的数量急剧增加，从 1870 年的 244 个增加到 1924 年的 9850 个。[103]改善公共卫生设施的最初动机是为了消除水传疾病，而不是为了减轻家庭主妇来回运水的负担。除此之外，还包括消防、街道清洗和制造业等其他动机。在世纪之交，大部分城市都铺设了下水道，但是直到 1900 年之后才配有水处理、净化和过滤设备。[104]

资料显示，第一个柱塞式抽水马桶发明于 1875 年，这也就意味着，在 1870 年，城市居民除了使用户外厕所，主要通过“夜壶、开窗户以及后院来处理他们的排泄物”。[105]直到 19 世纪 70 年代，才有了厕所的排水系统和通风系统，通风系统主要用来防止下水道臭气回流入室内。[106]1870年之前，只有相对较少的居民家里安装了室内管道设施，通过劣质水管和泵网系统将水输送进家里，水管另一端连接着私人水井或者水箱。污水直接进入化粪池，所以供水和污水与外界相分离。[107]实际上，在一些大厦以及奢华的郊区住宅里，虽然可能已经安装了现代卫浴设备，但是没有连接下水道，所以"化粪池渗漏"进基础墙让人们非常头疼。而且维修开裂的基础管道，会让下水道臭气进入室内，造成室内空气污染。

市政自来水厂的发展带来了一个意想不到的问题：进入住宅内的水增加了，但是在城市污水管道系统发展之前，增加的废水却无处可排。因为这个问题非常严重，所以波士顿市颁布了一条法令，没有医生的允许禁止洗澡。公众因为不想再三清理厕所和化粪池，所以迫切想要建立污水管道系统。[108]1870—1900年，公共给水增长快速，家庭管道系统最终连接到了铺满整个城市的自来水和废水管道网络。1920年，全国室内厕所比例在10%～20%，1930年增加至50%，1940年增加至60%。[109]

1885年前，印第安纳州的曼西市还没有自来水。截至1890年，"整个城市配套齐全的浴室数量还不到24个"。[110]人们需要费力地将水从井里或者水池里运到后门或者厨房里。1890年，在大概95%的家庭，"洗澡"意味着需要将笨重的木制或者锡制浴盆拖到浴室，或者更多时候是拖到温暖的厨房里，然后用抽水泵灌半浴盆水，用厨房炉子加热。到1925年，曼西市75%的住宅都通上了自来水，2/3都安装了下水管道系统。在那个时候，除了非常便宜的房子之外，所有的新房都建有浴室，较旧的房子也都在安装浴室设备。[111]

在城市供水基础设施扩张的同时，企业家也一直在努力开发人们负担得起且可靠的现代管道设施。管道供应行业一直在努力实现大批量制造性能佳、不泄漏的管道设施；这一目标到1915年终于达到了。[112]世纪之交，管道设施行业飞速发展。虽然在1897年，西尔斯邮购商品目录里提供的卫浴设备只有面盆，但是到1908年，西尔斯邮购商品目录就提供了几套卫浴设备，其中包括弓形足浴缸、陶瓷面盆，还有装了“金橡木”水箱和坐垫、现已成为古董的马桶。这三件套只需要43.80美元，在当时大概是工人阶层三周的收入。三件套的运输重量为480磅。[113]

表4.4显示，1940年安装室内抽水马桶和室内浴室的家庭没有安装自来水的家庭多。全国大概有60%的家庭安装了室内抽水马桶，其余40%的家庭有的使用公共厕所，有的同上个世纪一样，使用户外马桶或者厕所，有的根本没有厕所。正如电力和自来水一样，美国城市使用室内抽水马桶的比例非常高，而在小城镇和农场则低得多。1940年，城市居民使用室内抽水马桶的比例为83%，南部农场的比例为4.7%；城市居民使用室内浴缸的比例为77.5%，南部农场的比例为5.4%。

截至1940年，美国浴室已经达到了其标准样式，与今日相比几无差别，包括一个嵌入式浴缸、瓷砖地板和瓷砖墙体、一个马桶、一个陶瓷面盆和一个药柜。自来水、室内管道以及室内浴室的逐渐普及，为人们带来了另一种不那么显眼的奢侈品，即个人隐私。19世纪末，不管是城市家庭还是郊区家庭，因为热源在厨房，所以家庭成员的大部分时间都是在厨房度过的。人们不仅在厨房做饭、吃饭，还在厨房洗澡、洗衣服和开展社交。在那个时候，洗澡（虽然跟今天的标准相比很少洗澡）是公共事件。室内浴室的快速增长唤醒了美国家庭祖辈们没有过的一种新意识，即个人隐私。

采暖：从壁炉到集中供暖

正如我们所见，在1870—1940年的开端，不管是在农舍还是在城市住宅，大部分是通过开放式灶台或壁炉来取暖的。尽管在19世纪40年代就发明了铸铁取暖器和厨房灶具，但是它们到了19世纪70年代至80年代初期才成为重要的热源。不过，这些热源虽然能为厨房和重要生活区域供暖，却几乎不能为卧室供暖。在北方，尽管房主会从厨房的炉子里将温暖的铁锭或者陶瓷“床砖”带进卧室，但是在20世纪之前，美国北方的卧室基本上同室外一样寒冷。

19 世纪 40 年代早期，有一段关于第一次尝试安装集中供暖设施面临困难的奇闻逸事。由于蒸汽锅炉容易爆炸，所以马克·吐温在《密西西比河上的生活》一书中半开玩笑地写道，在圣路易斯内河船上寄宿的人们只有一半的概率能安全抵达新奥尔良。在 19 世纪中期，每周都会发生四起锅炉爆炸事故。1888 年发生了 246 起锅炉爆炸事故。[114]有资料显示，在每三起爆炸事故中，会有两人丧生。[115]虽然如此，19 世纪五六十年代，某些地方还是在房间内安装了带有散热器的第一代蒸汽供暖系统。[116]在确定了低气压标准，用低气压代替了容易导致锅炉爆炸的高气压，并改进了管道设计和通风之后，原来的安全问题逐渐得到解决。

从 19 世纪 80 年代开始，蒸汽、热水式和热气式集中供暖系统开始得到广泛应用。在最初的时候，它被安装在上层人士的大房子里。[117]在 1880 年之后的半个世纪内，这种创新慢慢进入了中产阶层和工人阶层的家里。到 1925 年，俄亥俄州赞斯维尔市有 48% 的家庭都通过中央加热炉采暖。[118]这与表 4. 4 中显示的有 57. 9% 的城市家庭在 1940 年安装有集中供暖系统相吻合。

表 4. 4 还显示，在小城镇和农场，集中供暖的普及程度要低得多。1940 年，只有 1. 3% 的南部农场安装有集中供暖系统。调查发现，这既是因为南部气候温和，也是因为南部农场基本上没有安装现代便利设施。在拥有集中供暖系统的城市住宅中，有 3/4 以上的住宅使用煤或者焦炭作为燃料，这意味着需要运送煤炭并移除煤渣，且大气污染要比天然气作为集中供暖主要燃料的今天更为普遍。

集中供暖的一个副产品是窗户可以做得更大。据印第安纳州曼西市“建筑专家”的估计，“为了使房子内可以保留更多的热量”，所以 1915—1929 年建造房子所用的玻璃“要比 1890 年房子的玻璃多出 50%”。[119]集中供暖也推动了地窖变成地下室的进程。在 19 世纪末期，地窖是在地下挖的基本不通风的一个洞，由石墙和土质的地面构成，仅用来储藏东西。但是集中供暖锅炉或者中央加热炉的到来，使地窖转变成由水泥墙壁和地板构成的地下室，空间变得更大。

结论：住宅的转变

1870—1940 年从农村到城市的转变，有时被描述成从开放空间和单户农舍向拥挤的旧式公寓转变。而且这些旧式公寓的房间里没有窗户，有限的光线从充满恶臭、洒满垃圾的通风井透进来。我们已经看到，这种观点过于简单且不准确。当时大部分城市住宅并不是旧式公寓，而是拥有一两个住宅单元的建筑，这种结构有一块露天的地方，而且通常带一个小院子。1870 年时，并不是所有的农场住宅都是经典的中西部两层农舍。南部的农场住宅大多是原始小木屋、泥屋和棚屋。

1870—1940 年，城市居民主要居住在独立式住宅内。19 世纪末期工人阶层的原始小屋在 1905 年以后被现代城市平房所取代。这些新型住宅用一两年的收入就可以购买到，而且从一开始，这类住宅就已经安装了电、自来水、至少一个室内浴室和集中供暖等现代便利设施。这类平房到今天依然是中心城市的一道风景线，尽管它们坐落在狭窄的地块上，看起来可能有些拥挤，但是它们代表了从原始住宅到现代住宅的革命性飞跃。

1870 年之后，美国人尤其是美国城市居民的生活出现了巨大的变化，从依靠自己运水和运燃料转向依靠网络化。新建的电话线、上下水管道、电力电缆的网络并不是一蹴而就的。它们都是逐渐建成的，并且从城市核心区域向人口密度较小的区域逐渐扩展。在发现需求之后，政府基础设施机构与私人资本结合起来，以满足这类需求。向网络连接的逐步转变，伴随着千年以来基本日常生活的另外两种改变。1870 年，因为依靠壁炉，且没有第二个热源，所以大部分住宅内的温度跟室外的温度一样。让室温常年保持在 70 华氏度（21℃）左右通过两步就实现了：第一步是 20 世纪上半叶集中供暖的逐渐推广，第二步是 20 世纪下半叶空调的逐渐普及。

向网络化住宅转变产生了多大的经济价值呢？这个问题的答案可以从房价或租金与住宅设施之间的关系中去寻找，包括有没有室内浴室或者空调。与不配备全套卫浴设施的住宅相比，配备全套卫浴设施的住宅租金要高出82%。相较于壁炉式厨房，有集中供暖设施的住宅租金要高出28%。因为电力的普及速度太快，所以没有关于电力的独立研究，但是，可以肯定的是，电力的价值与集中供暖的价值一样大。将所有这些改进叠加在一起，可以看出，由于在住宅内引入了电力、卫浴设施和集中供暖，所以住宅单元的品质认知度提高了3倍。[120]本章所讨论的发明意义巨大，其价值可能比本书第一篇其他各章所述的发明意义都要大，当然除了第7章婴儿死亡率的降低。

在完成网络化住宅革命的过程中，私人企业家的角色同之前章节里讨论的衣食革命中私人企业家的角色相当不同。在衣食革命中，我们对很多企业家的名字都耳熟能详，包括食品加工方面的皮尔斯伯里和盖尔·博登，市场营销创新方面的马歇尔·菲尔德、R. H. 梅西、亚伦·蒙哥马利·沃德和理查德·西尔斯等。相比之下，除了发明电灯的爱迪生和开发电力的威斯汀豪斯，基本上没有与住宅相关的“名人”。大部分美国城市住宅实现网络化的创新都是匿名和分散式的，其中，相关的创新涉及家用电器、卫浴设施、卫生间和炉灶等方方面面，更不用提核准城市卫生基础设施建设，并为其改造而尽力的成千上万市政工作人员了。

美国住宅的革命性转变说明了本书的一个重要主题——这些创新只可能发生一次。尽管现代便利设施直到1929年才进入大部分美国城市住宅，进入小城镇和农场的时间要更晚一些，但是一旦住宅内安装了这些现代便利设施，住宅的革命性转变也就随之完成。持续的经济增长需要持续的创新流。大部分家用电器在1940年前都已经被发明出来，进入绝大多数家庭只是时间问题。1940年后，除了空调之外，再没有发明能有如此大的影响了。如本章讨论的，这些发明使人们从需要手拉肩扛到只需要轻轻点击开关和旋转阀门，极大地改变了人们的日常生活。

第 5 章
汽车替代马匹、铁路：发明和持续不断的改进

我的心怦怦跳个不停。我转动曲柄。发动机开始有规律地发出“噗噗噗”的未来乐章。我们整整听了一个小时，真是太奇妙了，尽管音调单一，我却一点都不觉得厌烦。它发出音符的时间越长，我心里的忧愁和焦虑就越少。

——卡尔·本茨（Karl Benz，1879），
援引自斯米尔（Smil，2005，第 99 页）

引言：交通工具的大跨越

从人类历史开始，旅行的速度一直受制于“蹄和帆”的速度。自 19 世纪 20 年代开始，蒸汽动力结束了这种缓慢的旅行。铁路旅行和蒸汽轮船旅行的快速发展，使这个世界变得越来越小，运输成本得以降低，长期停滞不前的经济开始飞速发展，许多新的商业形式和通信方式也应运而生。在我们研究的起点 1870 年，美国已经建造了 6 万英里的铁路运输网络，并且与各大陆之间都有蒸汽轮船通航。1869 年 5 月 10 日，在犹他州秃顶山举行的“黄金道钉”庆祝仪式，宣告了第一条横贯美国大陆的铁路完工，正如本书第 2 章所提到的，它是美国人民生活水平历史上的一道分界线。

本章关于交通运输的探讨进一步彰显了本书的主题。19 世纪末的重

大发明彻底改变了郊区和城市的生活水平，而且这些改变只可能发生一次。每项重大发明之后发生的改变都不是一蹴而就的，而是在多年之内逐步完成的。正如本书第 4 章所述，从 1880 年至 1930 年，用了 50 年的时间，电、自来水、下水道和集中供暖为美国的住宅单元带来了现代便利设施，改变了城市生活。但是，对美国农村的农场和非农场而言，到 1940 年才完成其中的大部分类似改变，直到战后和平繁荣时期，改变才基本完成。

相比于向家庭便利设施的转变，向更快、更灵活和更舒适的交通转变既慢也快。正如第 4 章从农场农村、非农场农村、城市，从区域和社会阶层等方面对住宅进行多维度分析一样，本章也分别从不同维度来阐述交通运输革命。在整个 1870—1940 年，城市间的长途旅行方式变化缓慢，主要靠蒸汽火车，但与此同时，城市交通工具却在经历一场稳定且相对快捷的变革，从 19 世纪 50 年代至 60 年代的公共马车转变为有轨马车、有缆电车、有轨电车以及以高架列车和地铁为代表的快速交通。到 1904 年，纽约市地铁的电气化特快列车的行驶速度为每小时 40 英里，而仅仅 40 年前，公共马车的速度只有每小时 3 英里，电气化特快列车的速度比公共马车快了十多倍。[1]

但是，在数千年的人类历史中，至少是除了电视机于 1950—1955 年在美国家庭普及之前，没有任何其他事物能与汽车普及速度相比。从 1910 年至 1930 年，汽车仅仅用了 20 年的时间就进入了大部分美国家庭。在这短短 20 年里，内燃机的发明与应用使美国城镇街道发生了翻天覆地的变化，从充满车辙印、坑坑洼洼、堆满动物粪便的泥地，变成像今天一样行驶机动车的平整道路。在 1910 年，有 30% 的美国人居住在农场，机动车对他们具有同样深远的意义，因此城市街道变化对他们同等重要。尽管以家庭为导向的现代便利设施在城市被接受的速度远快于农村，但是，汽车在农场受到绝对的欢迎，普及速度甚至比城市还快。

本章不仅按时间顺序记述了一系列发明成果，还阐述了每种新型交通工具在最初的商业应用之后的连续渐进式改进。尽管 20 世纪 30 年代的客运列车同1870年的运输方式表面上相同，但前者不管是舒适度、速度还是安全程度都得到了改善。与1900年汽车刚引入时相比，40年后几近定型的汽车在动力、舒适度、速度与便利性方面都有了很大的改善。特别是在1860年至1900年间，地面公共交通也通过持续的改进提升了速度和舒适度。虽然每项发明只能发生一次，但是对这些发明的持续改进可能需要几十年的时间。

从19世纪40年代至50年代开始，蒸汽铁路淘汰公共马车、运河船和明轮船的速度几乎和铺设铁路的速度一样快。[2] 但是除了能为相对富裕的人群提供去往郊区飞地的通勤线路，蒸汽铁路无法解决城市内的通勤，也无法解决农民从农场到最近火车站的交通问题。美国的城市和农村在1900年前是马的时代。马不仅运输效率低，吃掉全国1/4的粮食，而且是城市污染、疾病和马粪清洁工感到痛苦的源头。[3]

两场交通革命几乎同时发生。在爱迪生的发电厂和配电网划时代商业化的10年内，城市公共交通也在发生转变。从1890年至1902年，美国彻底完成了从有轨马车到有轨电车的转变。到1880年，纽约蒸汽动能的高架列车覆盖了整个曼哈顿。1897年，芝加哥电气化高架列车基本建成，1904年，纽约开始启用第一条电气化地铁系统。

第二场革命即机动车辆革命是从1879年德国发明可运行的内燃机开始的，这仅仅是在爱迪生电灯实验成功10周之后。最初，内燃机安装在类似于四轮车的车子上。又用了另外10年时间，变速箱被发明出来，实现了内燃机动力由机器到车轮的可靠传输。1900年，美国只有8000辆登记车辆，但是，到1910年，登记车辆猛增至468000辆。1920年和1929年，登记车辆分别为900万辆和2300万辆。最令人吃惊的是，早在1910年，汽车的总功率就超过了所有农场动物的马力数。[4] 作为交通历史上的重要发明，铁路和汽车的基本差异是，铁路的出现并没有取代马匹，而且在铁路向当时不可到达地区拓展文明的过程中，反而增加了对马匹的需求，但是汽车直接取代了马匹作为主要交通工具的地位。

本章从消费者福利的角度审视了1870—1940年发生的交通运输革

命，主要聚焦于新交通方式的发明和发展如何改变城市性质、住宅开发模式、农场和小城镇的关系，以及如何在大大减少农村孤立状态的同时，使新的工作和娱乐形式成为可能。这些变化不仅来自每种发明的初始效应，也来自接下来的几十年内在速度和其他质量属性方面持续而巨大的改进。在1870—1940年，城际铁路的速度几乎提高了3倍，全国硬化道路网络的发展也提高了汽车行驶的速度，1929年的汽车行驶速度至少是1905年的5倍。

本章按照发明的时间顺序编排，首先是1870年已经充分发展的城际铁路，然后是马匹在城乡经济中的作用。我们分析了从公共马车和有轨马车向有轨电车和快速交通的转型。我们对汽车、卡车和公共汽车革命的分析包括对消费者非常重要的技术改进和质量改善，其中包括高速公路、城郊、超市和休闲旅游等方面的辅助性发明，每一种辅助性发明都推动了机动车辆需求曲线向右移动，从而提高了与初始创新有关的消费者剩余。[5]

限于篇幅和范围，本章没有提到跨洋蒸汽船运输[6]、内河船和运河船，因为这两种运输船在我们的研究起点1870年伊始就已经基本上被乘客遗弃了。另外，航空旅行到1940年末才开始，所以我们把航空旅行的演变放到本书第二篇第11章再行叙述。[7]

城际蒸汽铁路：经济发展的原动力

1840—1900年，美国铁路网发展如此迅速，以至于在描述铁路旅行或铁路的好处时，都需要指明具体讨论的是哪一年。1861年的铁路轨道示意图显示，缅因州和威斯康星州之间的北方联邦州铁路轨道覆盖密集，纽约与芝加哥之间至少有三条主要线路，但在东部的艾奥瓦州和密苏里州只有实验性线路，在西部则根本没有铁路。南部邦联州的铁路轨道也非常稀疏。[8]

1860年2月27日，亚伯拉罕·林肯抵达纽约发表了划时代的库伯联盟演讲，也许那时他不知道芝加哥和纽约这两座城市之间有直达线路。[9] 当时，他选择了一条蜿蜒迂回的路线，从伊利诺伊州的斯普林菲尔德出发，经由韦恩堡、匹兹堡和其他一些中转站，最终抵达纽约。芝加哥和纽约这两座城市之间的直线距离只有 825 英里，但是林肯的实际旅程超过了 1200 英里，总共搭乘了五次火车、两次渡轮，花了四天三夜的时间，而且还经历了无数的延误。[10] 另外，在 1860 年，从华盛顿到纽约的火车旅行并不只包含火车，还包括马车，总共需要乘坐四次火车、三次渡轮，并且在火车和渡轮之间需要乘坐七次马车。[11] 1860 年建成的长达 31000 英里的铁路衔接得不好，出现这种现象的原因是美国南部、北部和加拿大采用了不同的轨距（两条铁轨之间的宽度）标准。

全国范围内采用标准轨距为火车联运提供了便利，也为乘客的长途旅行提供了便利，乘客不再需要在火车之间来回搬运行李，也不再需要在站台或者在四面透风的火车站等车。甚至在轨距标准化之前，铁路网的扩张就非常迅速。铁路英里数详见图 5.1。尽管在美国内战期间基本没有修建铁路，但是在 1870—1900 年，总的铁路英里数增加了 4 倍。在这 30 年内，平均每天会铺设将近 20 英里的铁轨。在 1869 年人们庆祝具有历史意义的从奥马哈市到萨克拉门托的铁路贯通时，横贯大陆的铁路只有这一条，而到 1893 年，已经有七条铁路横贯大陆，其中有三条线路离得较近，并经过堪萨斯州和内布拉斯加州。这三条铁路中，又有两条离得非常近，它们都穿过人烟稀少的达科他州和蒙大拿州。[12] 在建设横贯大陆的铁路时，产生了很多关于野心勃勃的企业家、债务融资和灰色融资的故事，企业不断破产导致两度出现金融恐慌，并使国民经济陷入大萧条。[13] 人们在评论 19 世纪末铁路工业建设的时候，有一个共同的主题，那就是“过度建设”，确实如此，截至 1900 年，从芝加哥到明尼阿波利斯市或者奥马哈市的铁路至少有 6 条。[14]

关于铁路交通方面的数据详见图 5.2。除了“二战”期间交通顶峰时期，旅客运输最繁忙的 10 年是从 1911 年至 1920 年，当时的年均旅客周转量是 381 亿人英里。当然这与 2014 年航空业的旅客周转量8500亿人英里相比，显得微不足道。[15]从1911年至1920年这10年间，铁路旅客人均运距为379英里，而在2010年，民航旅客人均运距为2571英里。在大萧条和“二战”期间出现波动之后，战后人均铁路客运周转量都经历了稳步下降，至1958年已经降至低于1882年的水平。

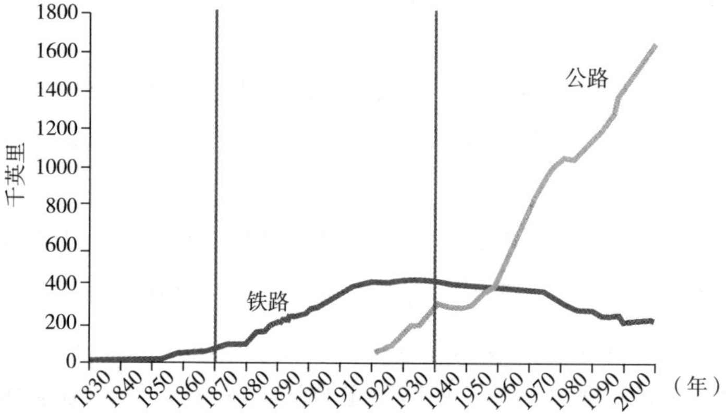

图5.1 1830—2009年铁路运营里程和沥青公路铺设的总英里数

资料来源：HSUS的序列Df 213、Df 214、Df 876以及Df 931；SAUS，Fraumeni Highway Capital Stock data；BEA Fixed Assets。

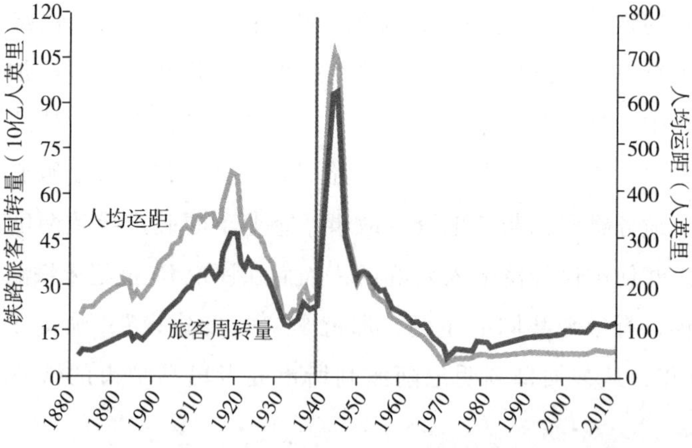

图5.2 1880—2012年的铁路旅客周转量和人均运距

资料来源：HSUS的序列Df 903、Df 950以及Aa7；National Transportation Statistics表1.40。

19 世纪 50 年代至 60 年代铁路在美国中部各州的扩张，不仅带来了比马匹或水运更快的速度，也带来了很多其他收益。[16]铁路不会受到已有河流流向的影响，可以在城市之间沿直线修建。在之前靠运河船和内河船运输的体系下，货物或人通常需要通过马车运送至目的地，所以铁路的出现直接使人们不再需要忍受下雨天乘马车在泥泞中出行的折磨。最重要的是，在冬天，美国中西部河流从圣路易斯北开始结冰，因此从 12 月到来年 4 月，人们不得不在这 5 个月内停止通过河道网开展的贸易活动，而铁路的出现直接消除了冬季的不良影响。

几年之后，亚伯拉罕·林肯对纽约和芝加哥之间的快速铁路服务赞誉有加。因为在 1852 年这一年，从纽约抵达芝加哥不再需要两周的时间，而只需要不到两天的时间。[17]但是火车旅行带来的收益不只体现在速度方面，火车旅行带来的可靠性也让人们感到非常新奇。因为之前的旅行方式，不管是通过运河与河流运输，还是通过马车，如果遇到“坏天气、事故或者其他灾害”，可能会延误几小时甚至几天。[18]铁路不仅通过地面旅行的绝对速度改变着人们的生活，其单个火车头就可提供几百马力，也就是说火车具有更大的运载量，因此，铁路运输极大地减少了客运和货运的运输成本，更不用提时间成本了。

1854 年，詹姆斯·克罗农对一位名叫博勒斯的伊利诺伊州商人在芝加哥和密西西比河的岩岛铺设铁路前后的生活做了一个经典对比。[19]在铁路铺设之前，他主要从事的是日用品、纺织品和五金器具批发零售，直接从农民手里采购农产品，包括麻袋装的粮食、腊肉和各种新鲜蔬菜。他购买或者销售的所有产品都通过内河船运输，但是因为河水结冰，所以每年只能通过内河船运输 6 ~ 7 个月。他的大部分时间花在河道上来回打听潜在买家的信息，但是这些消息的传播速度只能限于轮船或马车的速度。

1854 年在芝加哥和艾奥瓦州之间建立了第一条铁路，但这并不意味着人们可以毫不费力地连接东海岸和纽约。直到 1870 年，“船长”范德比尔特通过与非其所属的其他铁路达成协议，建立了第一条纽约到芝加哥的铁路服务线路。19 世纪 70 年代早期，铁路和电报的出现给博勒斯和其他各地商人的生活带来了翻天覆地的变化。人们可以每时每刻通过电报和每天通过铁路获得信息。随着铁路的到来，不仅高额的运输成本消失了，而且原来在那 6 个月的河水冰冻期间，人们无法从东部出口农产品和进口制成品，而不得不需要贷款，现在则不需要了。实际上，铁路建成之后经营条件更为宽松，大量商人因此进入，不需要拥有大量资本，并可能制定较低的价格，这使过去像博勒斯那样资本雄厚的商人不再能因为无须贷款、承担风险和贮存货物等而获得高额利润，博勒斯的生意最终还是失败了。

铁路消除出行限制是一个渐进的过程。按照后来的标准，第一条连接中央太平洋从萨克拉门托到犹他州以及联合太平洋从犹他州到奥马哈的横贯大陆的铁路技术是较为原始的。早期，火车头基本无法沿着陡峭的轨道载重翻越加利福尼亚州的内华达山脉。19 世纪 70 年代头几年，因为内华达山脉和大平原出现积雪与结冰，这条横贯大陆的铁路每年都有一个月或更长时间完全停运。[20]

铁路的出现对农场和城市的普通家庭都产生了深远的影响。甚至在内战之前，城市居民就开始享受铁路的一些好处——可以通过铁路到距离几百英里的城市经商，可以考虑迁徙，或者访亲问友。从 1860 年林肯的故事中我们可以看出，通常只在距离较近的城市之间开设短程铁路；但是 1870 年之后，长途铁路也建成了。

铁路在货运方面的作用远比客运重要得多。由于铁路供应稳定，所以铁路运输减少了之前因为河水结冰和马车运输迟缓而产生的价格波动，这反过来降低了商品的成本，增加了商品的种类。19 世纪 80 年代，随着铁路冷藏车的发明，食品质量和种类得到了进一步提升。这些冷藏车早期不是机械制冷，而是堆放有冰块的狭槽，但能够使加利福尼亚的鲜果蔬菜和中西部的冷藏新鲜肉类得以广泛流通。冷藏车的出现使牛肉行业变得更为高效，不再需要将牛成群地赶到一些大城市，从而减少了牛在路途中的死亡。几十年内随着食品质量和多样性逐年提升，污染也逐渐减少了。

在农产品和肉类从农场和牧场流出的同时，大量的现代制成品通过货运列车从工业城市运输到小城镇和农场。早在 1869 年，客运列车上首次出现了邮政车厢。到 19 世纪末，一定区域内的投递时间只需要一两天。1892 年引入的乡村地区免费邮寄和 1913 年引入的美国包裹邮递服务极大地促进了商品邮购的迅速崛起。火车带动的邮递服务将商品邮购商品目录投递给农民和小城镇居民，并将他们的订单带回芝加哥的中心邮购仓库。[21]

在 1870—1930 年，铁路的延伸及其对生活水平的影响与芝加哥崛起成为世界上增长最快的城市是同步的。克罗农（1991）的记录提供了一个富有成效的组织结构，说明了 19 世纪末铁路带来的生活福利。铁路在不同程度上提高了大部分美国人民的生活水平，这基本可以从进出芝加哥的交通流量图中看出来。由于密歇根湖建有水坝，所以不管是客运还是货运，只要驶向威斯康星州、明尼苏达州、艾奥瓦州和美国北部或者西北部任何地方的火车，都需要经过芝加哥。到 1905 年，世界铁路营运里程中有 14% 经过芝加哥。[22]

芝加哥除了承担汇聚流通加利福尼亚州的生鲜农产品和芝加哥肉类加工厂新鲜肉类的角色外，也是在大平原建设美国新领土的中心。木材商将原木从威斯康星州森林顺水漂流运往芝加哥锯木厂，随后切割好的木材会通过火车运往大西部，建造房屋、粮仓、零售业建筑和谷物升降机。1889 年，400 平方英里的芝加哥转运中心是芝加哥市区面积的 2 倍，它为 5000 家公司提供服务，有 160 个货运场和 76 个货运站。在 19 世纪和 20 世纪之交，每天有 650 个货运列车车次通过 30 条铁路进出芝加哥。[23]

纵观美国的小城镇，火车站都是城镇的中心，商业区和住宅区在火车站四周呈放射状排列。火车站内设有电报局，可与远方即时联系。在铁路网络普及之前，无数乘客都难以提前安排行程：

> 乘坐火车的乘客有去蜜月旅行的新婚夫妇，有去城里上学的学

生，也有奔赴战场的年轻人。下车的旅客有旅行袋里装满样品的旅行推销员，有携带大包小包购物回来的妻子，也有归乡埋葬已故者的人。[24]

“二战”之前，我们习惯性地将火车旅行视为一件标准商品，从19世纪末铁路建成到“二战”后美国铁路客运萎缩、衰落就基本上没有变化过。但是，通过铁路时刻表，我们惊讶地发现，火车速度从1870年至1940年一直在稳步提升。铁路的合并、相互连接、换乘和滚柱轴承等方面出现了很多改进，在20世纪30年代，客运列车完成了从低效的蒸汽机车向柴油发动机和空调客车的转变。

在计算机时代之前，人们主要依靠“铁路官方指南”来规划铁路旅行。该指南于1868年开始发行，为人们打开了一个窥探世界的独特窗口（在美国境内现已不存在了），指南里可见非常密集的铁路网络，几乎连接着每个城镇，连很小的城镇都不例外。[25]比如，在1900年，波特兰与缅因州班戈之间总长135英里的铁路，共设有32个火车站点（每4.2英里一个站点），行程5个小时，平均每小时的运行速度为27英里。

表5.1分别显示了1870年、1900年和1940年不同铁路线的距离、运行时间和速度，按照较短距离到较长距离上下排列。[26]每条线路内，运行最快的火车和提供直达服务的最慢火车的运行时间都被列出。[27]1870年，火车每小时的运行速度不到25英里。1900年，即便是最快的豪华特快列车每小时的运行速度也不超过40英里。令人吃惊的是，1900年，从芝加哥到洛杉矶的圣达菲高级快车，其平均速度为每小时27英里，不及波特兰到班戈的本地火车速度！[28]尽管现在来看，这些速度都比较慢，但是，相比于通过运河以每小时4英里的速度旅行，通过驿站马车以每小时5~6英里的速度旅行，这些速度都已经是火箭速度了。实际上，历史上马的最快速度是驿马快信公司实现的，为每小时9英里，但是需要经常更换马匹和骑手，当时雇用的骑手跟今天的赛马骑师一样，体重均较轻。[29]

表 5.1　1870 年、1900 年和 1940 年特定铁路线路的时间和速度对比

铁路公司	线路	英里数	1870		1900		1940		1870—1940	1900—1940
			运行时间	速度	运行时间	速度	运行时间	速度	速度变化百分比	
缅因州中央铁路	波兰特—班戈	135	5 : 58	22.6	4 : 00	36.0	3 : 20	40.5	58.4	11.9
					5 : 00	27.0	4 : 20	31.2		14.4
沃巴什[1]	芝加哥—圣路易斯	286	13 : 50	20.7	7 : 51	36.4	5 : 15	54.5	96.9	40.2
					10 : 00	29.0	7 : 35	37.7		26.3
宾夕法尼亚	纽约—芝加哥	908	37 : 05[2]	24.5[2]	24 : 05	37.7	16 : 00	56.8	84.0	40.9
					27 : 50	32.6	17 : 00	53.4		49.3
纽约中央铁路	纽约—芝加哥	961	38 : 30	25.0	24 : 00	40.0	16 : 00	60.1	87.8	40.5
					25 : 00	38.4	20 : 00	48.1		22.3
伯灵顿	芝加哥—丹佛	1034			27 : 30	37.6	16 : 00	64.6		54.2
					33 : 10	31.2	20 : 20	50.9		49.0
圣达菲	芝加哥—洛杉矶	2227			83 : 00	26.8	39 : 45	56.0		73.6
							49 : 49	44.7		

注：第 8 列的速度变化百分比取自然对数计算得出。

1. 1870 年芝加哥—圣路易斯的数据取自圣路易斯、万达利亚和特雷霍特铁路数据。

2. 使用的是 1880 年数据而非 1870 年数据。

资料来源：*Official Guide of the Railways and Steam Naviation Lines of the United States*, *Puerto Rico*, *Canada*, *Mexico*, *and Cuba*，1990 年 9 月和 1940 年 9 月发行；1870 年 9 月的部分数据，摘自 *Traveler's Official Railway Guide*。

1940年，火车的运行速度明显提高，这是因为使用柴油设备提高了行驶速度，还因为引入尊享服务减少了停靠站点。建于1934年的“丹佛和风”是当时最快的线路，从芝加哥到丹佛的运行里程为1034英里，经停12个站，平均时速为64.6英里。这个速度基本上同著名的纽约中央铁路20世纪有限公司的特快列车速度一样，该公司的线路从纽约到芝加哥总长961英里，只需要16个小时。从芝加哥到洛杉矶的线路，见证了火车运行速度从1900年的每小时27英里向1940年著名的圣达菲“超级领袖”（Super Chief）每小时56英里的转变，速度翻了一番。然而，即便在1940年，火车运行速度和运行时间都要远远落后于现在日本的子弹头高速列车和欧洲的高速列车。

表5.1只列出了选定目的地之间的最快列车，所以并不能真实反映1870—1940年的铁路旅行情况。对于那些不在大城市之间旅行，而是在不同线路小城镇之间旅行的人们而言，旅行速度就慢得多。1900年，如果在郡县之间不同火车线路上旅行，从出发地到目的地每小时的旅行速度通常还不到10英里。[30]而且，在1940年，大部分乘客并不十分关注铁路的运行时间。铁路卧铺，甚至像20世纪有限公司或者“超级领袖”等个性化火车的卧铺都会收取额外费用。绝大部分乘客能负担得起的普通火车的速度还是非常慢的。这也是“二战”之后航空旅行快速流行的一个鲜少提及的原因——大部分航空旅行可以直接或者经停一两个站点将乘客从出发地送达目的地，这与有多个经停站点的火车旅行完全不同。

表5.1的火车时间表显示了“二战”之后火车旅行无法与航空旅行竞争的阿喀琉斯之踵。充满传奇色彩的“超级领袖”每周只运行两天，而不是每天都运行。最重要的是，对那些电影明星和想要从纽约最快抵达洛杉矶的人而言，从纽约到芝加哥最快的火车，包括纽约中央铁路和宾夕法尼亚铁路在内，抵达芝加哥的时间均是上午8点，而“超级领袖”在晚上7：15才会（从另一个火车站）驶离芝加哥。很多人都将这种延误视为正常现象，这也直接导致芝加哥的商业和按小时收费的旅馆生意非常兴隆。

在 20 世纪 20 年代，尽管出现了汽车，但因为汽车行驶的道路依然比较原始，且汽车本身性能不可靠，所以人们依然主要乘坐火车休闲旅游。铁路推出广告，宣称可以在暑假带人们去往不同的国家公园，吸引了很多中学老师和大学生，有些大学生还选择在暑假期间去公园工作。很多渴望逃避 20 年代禁酒令的人会利用哈瓦那专列和轮船联运的方式，周末在车船上饮酒赌博。铁路同样也使许多家庭能够在新英格兰、长岛或者新泽西建造消夏别墅，让平时上班的父亲在周末回到海滨与家人团聚。

铁路可以到达更遥远的目的地，提供精美舒适的火车站和更多的直达列车服务，减少中转次数。但是，从旅客角度看，火车内部舒适度的稳步提高同样重要或者更为重要。19 世纪末期，移民通过货运列车或者拉牲畜的列车等特别肮脏的货运列车到达西部。列车上唯一可以坐的是木制长凳，车厢里空气污浊，弥漫着食物和烟草的味道。罗伯特·路易斯·史蒂文森在 1879 年的一篇散文中将它描述为“车轮上的挪亚方舟”。联合太平洋铁路上的移民车：

> 唯一引人注目的特点是极为简陋……灯光昏暗，经常熄灭，即便亮着灯，也只能发出一点微光。长凳太短，所以只适合儿童……夜幕降临之后，人们在长凳上搭块木板，做成一张床，宽度可容纳两个人，长度相当于一个中等身高男子。[31]

在 19 世纪 70 年代，出行条件非常糟糕，以至于卢修斯·毕比悲叹道，“美国公众在严格管制的不舒适中奔向灰尘飞扬的远方”。[32]列车的时间无法保证，人们只能靠猜测，经常错过转车的时间，这种情况在冬天尤甚。“旧燃木机车喷射出的灰渣在空中发出如冰雹般的噼里啪啦声，烟雾和蒸汽笼罩着火车。旅客抵达终点站之后，会发现自己灰头土脸，就像在铁匠铺工作了一天一样。”[33]美国的火车旅行私密性没有欧洲好，在欧洲，火车通常被分为一个个小隔间，每个隔间里乘坐 6 名乘客。

19 世纪 70 年代至 80 年代，火车出行的另一个危险之处是人们需要依靠煤油灯来照明，而且用来供暖的“炸弹”锅炉非常不稳定。这些都使木制车厢经常窜边（一个车厢骑到另一个车厢上方）和燃烧，使频繁的撞车变得更加糟糕。这类事故在1881年引入蒸汽供暖设备和1892年引入电灯照明设备之后慢慢得到了缓解。[34]20世纪30年代，人们在追求铁路舒适度的道路上又迈出了非常重要的一步——第一列空调通宵列车于1931年投入运营。[35]

19世纪60年代美国铁路长途客运列车引入了普尔曼卧铺车，标志着又一个重大改进。到1925年，普尔曼列车占美国铁路客运周转量的1/3，有大概25000名职员提供服务，其中大部分职员都是普尔曼列车的行李搬运工，这些人的收入主要是小费。[36]从旅客的角度来看，这些行李搬运工将长途铁路旅行变成一种文明且舒适的运输方式。行李搬运工的职责主要包括：将行李从月台搬到隔间内，用干净的亚麻制品铺床，向乘客说明如何调节采暖设备（和后来出现的空调）以及满足乘客的一系列其他要求。[37]在“二战”之后，当商业化的航空飞行基本淘汰了长途旅客列车的时候，普尔曼列车依然提供着标准水平的舒适度。向柴油机和电力“流线型”火车的转变始于1934年伯灵顿公司的“和风”号列车；该列车增加了空调，减少了噪声，速度更快，乘坐体验更佳，并且没有烟雾和煤灰。柴油机燃烧1磅燃料的效率是蒸汽机的4倍。[38]

不管是19世纪70年代的原始列车，19世纪末引入的更为舒适的普尔曼列车，还是20世纪30年代出现的豪华流线型列车，铁路为美国人的生活带来的划时代转变远远不止体现在乘客的舒适度和安全性上。霍尔布鲁克在美国铁路通史中就铁路带来的影响做出了如下总结：

> 典型的火车旅行让一个人用不到一生的时间横跨整个大陆，将生命的血液通过动脉运送到最遥远且最难以到达的地区——它驱除了这些地区的荒凉，驯服了野性，而且为这些地区和那里的人们带来了文明。只有火车能做到这一切。人们还来不及惊讶，这些转变就都已经完成了。这就是铁路带给美国的改变。[39]

通勤铁路、新兴郊区和依赖马匹的城市

在美国内战之前，城市内部的交通运输非常缓慢，以至于住房只能

分布在离工作区域不远的数英里之内。富裕的雇主与他们的工人阶层雇员居住得非常近；实际上，不管是雇主还是雇员，每天都是步行上班。19 世纪早期的“步行城市”直径不太可能超过三英里，只需不到一个小时的时间，人们便可以从城市的这头走到城市的那头。铁路的到来带来了改变，它为富裕阶层和中上阶层提供了离开拥挤城市的路线。从 19 世纪 50 年代开始，紧挨着主要城市间的铁路走廊建立了通勤铁路。现在，城市开始呈星状而非圆形，每一个点都代表沿着铁路线从城市内向外延伸的一个新郊区。[40]

因为早期的通勤铁路都由蒸汽机驱动，会产生令人不适的烟雾和煤灰，乘坐火车的旅客只有关上所有窗户才能减少烟雾和煤灰，如果是在夏天，关着窗户车厢里会非常闷热。不过，在 19 世纪末城市内的公共交通中，快速的蒸汽动力铁路通勤服务还只是代表着未来的世界，因为直到 1890 年，马匹依然是市内旅客出行和货物运输的主要原动力。因为担心蒸汽机产生的火星引起火灾、噪声震耳欲聋、烟雾弥漫，以及蒸汽机过重会动摇房基和破坏路面，所以蒸汽机没有在市内街道上使用。在 1850—1880 年，80% 的费城居民的交通方式依然是步行。[41]除了步行之外，人们主要依靠马匹。

在 19 世纪，用于出租的四轮马车就像现代的出租车。不管是由私人还是由公共机构运营，城市交通都有三个不同于出租车的特点——价格合理、时间固定且路线预定。最早期的城市交通车辆是公共马车，由马车演变而来，于 1828 年在巴黎、1832 年在伦敦被获准开展城市交通服务。[42]公共马车在 1833 年被引入纽约市，发展迅猛。到了 1853 年，企业家雅各布 · 夏普很快便推出了有轨马车服务，在 13 个小时内就有 3100 辆公共马车经过百老汇钱伯斯街，也就是说平均每 15 秒就会有一辆马车驶过。[43]在 19 世纪 40 年代至 50 年代，有轨马车服务向美国东北部和中西部的很多大中型城市快速扩张。

因为街道上坑坑洼洼，泥泞不堪，所以公共马车在行驶的时候会产生比较大的摩擦力。一辆载有 10 名乘客的公共马车通常需要三匹马，因而公共马车运营成本较高。“通常需要很多人用绳子和木板花费两天时间才能把滑到泥沼地的公共马车拉出来”（Young，1998，第 36 页）。1864 年，《纽约先驱报》发文称，“现代的苦难简单地说就像乘坐纽约的公共马车”。[44]甚至在纽约市的第四十二大街以北也基本上没有铺砌的道路，“到处都是未铺砌的道路，破旧的街道，零星分布着擅自占用公地的棚屋，一片凄凉景象”。“即使在建成区，也有很多不平整的道路，旅客不得不费力地踩着泥泞上马车和公共马车。”[45]

1892 年，鲁德亚德·吉卜林将纽约城市总结为一座“了解越多，越能感受到它变得愈发荒诞”的城市，其中纽约城市的街道状况就是多种原因之一。

> （在街道上）路面坑坑洼洼，崎岖不平，遍布车辙印，铺得乱七八糟的鹅卵石和路缘石高出路面两到六英寸；电车轨道铺设得高于街面两到三英寸；建筑材料散落半条街；石灰、木板、石块和灰桶随处可见；货运马车和有篷马车在十字路口相撞……最后，到处一片污秽，还有冬天寒风都吹不散的臭味……如果换成其他地方，都只能代表邋遢、污秽和缺乏基本城市功能。[46]

公司相互竞争也使其司机彼此之间竞争，造成公共马车、行人和装有商品的马拉货车撞在一起。1853 年，费城一家报纸抱怨道：“一种可怕的情绪控制了驾驶员，他们藐视法律，并享受破坏带来的乐趣。”[47]由于马少乘客多，所以票价很高。在纽约市每次乘车通常需要支付 12 美分，而当时工人阶层的工资每天只有 1 美元。因此，乘坐公共交通工具的人主要来自上层社会中产阶层。

19 世纪 40 年代至 50 年代，向有轨马车的转变取得了实质性进步，公共马车在很多城市的街道上都消失了。新的有轨马车结合了“畜力的低成本、灵活性和安全性与铁路的效率、平稳和全天候运载能力”。[48]由于摩擦力减少，所以两匹马可以拉载有 30 ~ 40 名乘客的车辆，与普通的公共马车相比，有轨马车内部空间更大，进出更容易，刹车制动更有效。[49]有轨马车的平均速度从每小时 3 英里增加至 6 英里。[50]单次乘坐的平均费用从 12 美分跌至 5 美分。

除此之外，有轨马车也带来了很多延续至今的运输方面的创新，其中包括与距离无关的单一票制和按一定折扣出售给通勤者的多次票等。[51]尽管如此，因为票价的原因，也只有 17% 的从业人员从家到公司乘坐有轨马车。有轨马车在 19 世纪 80 年代达到顶峰，全美有超过 10 万匹马在 3000 英里轨道上拉载 18000 辆有轨马车。[52]与交通运输的其他进展相比，有轨马车使居住地点与工作地点的分离成为可能，从而带来城市布局的重大改变，这主要发生在 19 世纪下半叶。

尽管有轨马车比公共马车前进了一步，但是，与现代标准相比，乘客的乘坐条件比较简陋。车厢里没有供暖和照明设施，“冬天乘务员会在地板上铺设一英尺厚的干草或者稻草，为乘客暖脚”。[53]最初人们尝试在地板下安装加热器，但是几次火灾之后，人们就放弃了这一想法。[54]除此之外，随着美国城市的发展，随着芝加哥等城市的有轨马车交叉线路发生严重的交通阻塞，马车作为动力机械的固有缺陷成为人们批判的对象。马在城市街道上排泄成千上万吨粪便和成千上万加仑尿液；由于在服役时死去，每年单单在芝加哥就会有 7000 具马尸等待被拖走；马携带的疾病会传播给人类等。

> 有些让人讨厌的马厩里会产生浓重的马粪气味，并招致成群的苍蝇。尤其到了夏天，这种情况会变得更加讨厌……纽约自由大街上的马粪最高堆积了七英尺。纽约市街道上……经常堆积有几层马粪。[55]

替代马匹：有缆电车、有轨电车和快速交通

19 世纪下半叶，私人企业家和城市规划者一直专注于寻找可以替代马匹的交通工具。最显而易见的解决办法是铺设蒸汽铁路，但是正如上文所述，蒸汽铁路不适合在市内街道上铺设。最初，人们选择用有缆电车替代有轨马车。蒸汽锅炉产生的能量能够拉动街道下方凹槽里的线缆，为有缆电车提供动力。有缆电车总是与旧金山相关联。由于旧金山地势陡峭，用马拉载较为困难，所以在 1873 年，旧金山的缆车开始投入运营。[56]

实际上，19 世纪末最大的有缆电车系统于 1882 年在芝加哥建立，不是因为地势陡峭，而是人们想拉马匹不能胜任的更长的车辆，承载更多的重量。[57]除此之外，有缆电车的时速可以达到 9～10 英里，这几乎是有轨马车的两倍。[58]在有缆电车鼎盛时期，芝加哥铺设的有缆电车轨道超过了 86 英里，由 13 台大型蒸汽机驱动；有缆电车在拓展城市住宅范围方面发挥了主要作用。据估计，那时候有缆电车避免了 2000～3000 匹马在街上排泄粪便。[59]

1893 年 10 月 23 日达到了有缆电车使用人数的峰值。单单那一天，芝加哥有缆电车系统承载的来往于哥伦比亚博览会的乘客就高达 70 万人次。[60]在作为芝加哥主要交通工具的短短 15 年间，有缆电车加速了城市的向外扩张；一旦有缆电车线路取代了有轨马车线路，房产价值就能提高 30%～100%。[61]但是，有缆电车并没有持续很长时间。1900 年，美国的大部分城市都不再使用有缆电车，芝加哥在 1906 年也不再使用有缆电车。到今天为止，唯一使用有缆电车的城市是旧金山，但其主要用途是吸引游客。

正如 19 世纪 80 年代旧金山等地的有缆电车网络迅速扩张一样，人们开始利用更加有效的电力牵引。引领电力革命的核心企业家是英国人弗兰克·史伯格。他曾经短暂地为托马斯·爱迪生工作过一段时间，之后，他被挖到了弗吉尼亚州里士满，研发了一个能够适应城市内丘陵地形爬坡的有轨电车系统。史伯格完善了从中心电站通过高架电线向灵活的“空中调运车”输送电力的系统。“空中调运车”可以前后移动，保证其连接着高架电线，并保证连续的电流能够传导至有轨电车下方安装的发动机上。在史伯格成功地展示有轨电车系统之后，美国兴起了地面车辆电气化浪潮。[62]在史伯格成功安装了里士满有轨电车系统之后的两年内，美国各地运营的有轨电车系统超过了 200 个。在 1895 年至 1930 年，绝大多数乘客都选择有轨电车出行。甚至到了 1940 年，乘坐机动公交车出行的乘客都比乘坐有轨电车的乘客数量要少。

1890 年，第一次全国有轨车普查中记录的电气化轨道总长已经达到了 1260 英里，占有轨车行业（包括有轨马车、有缆电车和有轨电车）轨道总长的 17%。截至 1902 年，轨道总长增加了两倍，其中电气化轨道暴增，占到轨道总长的 98%。有轨电车时代已经开启。电可以通过其架空电车线路系统进入每辆有轨电车内。电不只提供牵引力，还同时提供有轨电车内的照明与供暖所需的能源。1890 年，乘坐有轨电车的乘客有 20 亿人次，到了 1902 年，每年乘坐有轨电车的乘客数量将近 50 亿人次。[63]

虽然有轨电车的效能很高，但因为有轨电车、货运马车、私人四轮马车和出租马车都在街面上运行，所以有轨电车也受到城市交通堵塞的影响。拍摄于 1890—1910 年的很多关于芝加哥市中心的照片都可以向我们展示芝加哥城区非常严重的交通堵塞情况。其中有一张照片显示，在一个城市街区内，可以看见 14 辆车。[64]有轨电车线路向各个城市中心汇集，提升了城市百货商店的重要性，这些百货商店一般位于电车线路枢纽附近。不管是在芝加哥的国家大道，还是在曼哈顿的先驱广场，城市的有轨电车枢纽不仅为马歇尔·菲尔德和梅西等大型百货商店带来了顾客，四周也都“环绕着新建的钢架摩天大楼，大楼里有电梯、电灯、通风系统和电话网络”。[65]

1863 年，英国伦敦开始使用蒸汽机驱动的地铁，这为美国城市异常拥堵的交通提供了解决方法。显然，地下铁路和高架铁路能够绕开街面的交通堵塞。纽约高架列车的出现早于电力的出现。在 1876 年，每天从巴特利到五十九大街运行着 40 列蒸汽火车。截至 1880 年，有四条高架线铺到了曼哈顿岛的最北端。[66]16 年之后，芝加哥的高架轨道于 1892 年建成，芝加哥在 1893 年举办了哥伦比亚博览会，小型蒸汽机将很多游客运到这里。为了 1893 年的博览会，当时还专门修建了一条围绕博览会场地的三英里环状高架铁路。该高架铁路是第一条由电动机驱动的铁路，电动机安装在车厢下方，由连接的输电轨提供动力。[67]

尽管这些高架轨道在博览会之后就被立即拆除了，但到 1896 年，原有蒸汽驱动的高架铁路被转换成使用输电轨的电力牵引。正是发明有轨电车架空线路系统的弗兰克·史伯格，促进了快速高架铁路和地铁“多单元”驱动系统的发展。它们没有火车头，但在每个连接的车厢下面都有电动机，能够快速停车和启动。这种创新最重要的一个方面是，尽管有些车厢有发动机，有些车厢没有发动机，但是只要一个司机就可以控制所有带发动机的车厢。随后这些车厢安装了自动门；早期的高架铁路和地铁内，每两节车厢有一个负责手工开关门的列车员。[68]

正如有轨马车是早期公共马车的升级车辆一样，高架铁路也是早期有轨马车的升级版，而且高架铁路的速度比有轨电车还要快。不过，正如有轨马车的固有缺陷是马匹一样，高架铁路也有其不足之处。高架结构挡住了太阳和天空，使得下方的街道变暗，同时在高架铁路上连续穿过的火车会产生连续不断且令人不快的噪声。

自 1863 年伦敦地铁运行之后，美国发明家就一直在尝试获得公众对地铁系统的支持。最终，在 1897 年，第一条地铁系统开始运行，但不是在纽约，而是在波士顿的特莱蒙街。在建成的四条轨道上，每小时能够运行 400 辆有轨电车，是地铁建成之前地面车辆运载能力的两倍。建成后第一年，长度不到两英里的地铁运载的乘客就有 5000 万人次。[69]正如其推广者所预测的一样，地铁的建成立即减少了城市地面交通的堵塞。《波士顿环球日报》（*Boston Daily Globe*）在地铁建成之后不久写道："产生的影响就像是从阻塞的河流里移走淤泥一样。"[70]

纽约市的第一条地铁线路于 1904 年投入运营。这在当时是一个非常雄心勃勃的项目，地铁线路总长 15 英里，从市政厅一直到城市的最北端。地铁刚建成的时候，总共有四条轨道。在站与站之间，地铁的运行速度为每小时 40 英里，比有轨电车的速度快得多，也比与之竞争的高架铁路速度快得多，当时高架铁路的时速是 12 英里。[71]截至 1940 年，纽约市每年乘坐公共交通的旅客为 50 亿人次，而地铁和高架铁路就占 30 亿人次，而且在 1940 年只需要花费 5 美分就可以乘坐地铁从科尼岛抵达布朗克斯。[72]

如果讨论 1870—1940 年的公共交通，那么城际铁路是必不可少的。城际铁路不仅比在相邻城市间运载乘客的蒸汽铁路速度更快，而且还有电动机的灵活性。与蒸汽铁路相比，城际铁路有两个优势。第一，它们的线路能与城市交通与城际快速交通相衔接；第二，其运行的电力牵引成本要比蒸汽列车更便宜。有轨电车发明后不久就在 1891 年建成了第一条城际铁路，从明尼阿波利斯到圣保罗。到 1905 年，城际铁路已经无处不在。那一年，太平洋电气公司的城际铁路已经连接了洛杉矶的 42 个城镇。截至 1910 年，芝加哥和纽约市之间将近 187 英里的距离，已经铺设了几条不同但彼此连接的城际铁路。[73]

美国公共交通在 1925 年达到峰值。在人口超过 25000 的城市，不包括乘坐蒸汽列车和城际列车，旅客每人每年会乘坐 383 次公共汽车。1922 年，乘坐公共交通出行的乘客中，85% 的乘客选择有轨电车出行，但是到了 1940 年，有轨电车乘客比例跌至 50%。快速列车（高架列车和地铁）所占比例基本上没有任何改变，而公共汽车和无轨电车所占比例从 3% 增加到了 36%。[74]除了"二战"期间轮胎和汽油定量供应的时期，公共交通乘客人数再也没有达到 1913—1923 年的峰值。乘坐公共交通出行的人数逐渐下降，很大程度上是因为汽车变得更加便宜也更加便捷，但也不完全因为此。下降的另一个原因是成本挤压。在 1913—1923 年，价格水平平均上涨了 74%，但是根据特许经营合同，许多公共交通只能收取 5 美分的费用，这使许多公共交通陷入亏损的局面，这是一个从经济方面控诉价格控制的标准案例。第一次世界大战末期，1/3 的公共交通公司都破产了。

汽车来临：直接收益

在人类历史上，几乎没有任何发明对人类的影响能与内燃机相提并论。发明家在此前的一个世纪中不断实验，尝试利用煤气驱动自走式（self - propelled）发动机。到 1876 年，尼古拉斯·奥托已经开发出了四冲程压缩机，但是它无法产生适合交通运输的足够动力。技术史上一个最伟大的巧合是，1879 年 12 月 31 日，卡尔·本茨成功完成了二冲程发动机实验（参见本章开头引语），仅仅 10 周前，也就是 10 月 22 日，爱迪生的电灯泡开发取得了划时代的成功。

到 1886 年，本茨开发出了原来发动机的第二代，即四冲程发动机。他将这个发动机安装到一个三轮底盘上，诞生了世界上第一台不用马拉的车辆。但是，不像爱迪生的发明那样在最初几年内就开始为百货商店和有轨电车提供电力，内燃机花了较长的时间才对人们的日常生活产生显著影响。而且，与爱迪生的发明发生在美国不同，在 19 世纪末，内燃机和汽车的许多创造性发明都来自欧洲，特别是德国。

正如铁路在 1830—1850 年需要进行一系列技术改进一样，汽车之所以在 1910 年左右成为一种主要的交通运输工具，成为美国人民迅速向高生活水平飞跃的驱动力，也得益于它之前经历的一系列发展。在 1890—1910 年，人们克服了一些如今看来稀松平常，当时对汽车行业的未来却至关重要的挑战。转向装置是连接两个前轮的一根长杆，通过这种连接，两个前轮可以向一个方向前进。发动机从车厢座位下方移到了车辆前方，从而为安装更大的发动机提供了空间。火花塞、汽化器、变速器和自动启动器等都被发明出来，并慢慢得到了改良。在 19 世纪 90 年代，由于大规模生产自行车，解决了很多平常的问题，其中包括冷轧钢、精确的机加工齿轮、滚珠以及滚针轴承和充气轮胎的开发；在 1887—1894 年，对橡胶轮胎及其与金属车轮的黏合等关键技术，美国颁发了 24 项相关专利。[75]

到 1906 年，威廉·迈巴赫开发出了六缸发动机，其动力与今天的本田思域等四缸发动机小型车很接近。这就是发明的速度，在内燃机发明后仅仅 20 年内，就已经生产出与今天的小汽车接近的汽车（虽然比较笨重）。这是本书主旨的一个经典例子——许多发明只可能发生一次，但随后会有长时间的持续改进。

许多历史学家早就意识到了“汽车诞生于欧洲，但是在美国被广泛接受”这一点。[76]具有讽刺意味的是，汽车作为一种不太昂贵的大众交通运输工具，其发展主要由美国人主导，特别是亨利·福特和其他的先行者，然而，内燃机和汽车的早期发展主要由德国人左右——本茨、奥拓、戴姆勒、迈巴赫，法国人别儒和莱瓦索也做出了一定贡献。在 1900—1910 年的 10 年间，汽车创新从德国向美国转移，不仅因为那时主要的德国企业家或者退休或者去世，还因为美国企业家狂热尝试效仿梅赛德斯和其他德国汽车制造商已经取得的技术进步。[77]

刚开始的时候，汽车的发展比较缓慢。1900 年，美国登记车辆只有 8000 辆，到了 1905 年才达到 78000 辆。[78]与短途旅行相比，开车长途旅行比较困难；佛蒙特州一位医生和他的司机首次从旧金山开车到纽约，总共花了 63 天时间。[79]汽车在刚开始的时候被接受的速度比较慢，这与明尼阿波利斯市城市工程师们于 1906 年对 10 个不同的 24 小时时段内的车辆计数结果一致。“每天平均而言，（数到的）马车有 2722 辆（其中 2/3 的马处于小跑状态），骑马的不到 3 位，骑自行车的有 786 位，汽车只有 183 辆。”[80]

因为马的售价高，维护费用也比较高，所以导致骑马的人数比较少。整个转变发生得非常快。截至 1917 年，匹兹堡的一项类似调查显示，发动机驱动的车辆是马车的两倍，而且截至 1927 年，“那时候的市区不仅看起来、闻起来而且听起来都跟今天的市区是一样的，汽油驱动的车辆几乎是马车的 50 倍”。[81]美国伊利诺伊州的小城镇俄勒冈的汽车发展明显要比匹兹堡早得多。根据 1916 年的一项相关调查，当时的汽车数量是马车的 5 倍以上，比率为 1171∶215。[82]

汽车明显要比马车更好，所以当马主能够买得起新的“无马四轮车”时，他们就立刻用汽车替代了马车。马的局限不只是会产生很多排泄物。马车的速度大概只有每小时 6 英里，且一匹马最多只能连续跑 25 英里。25 英里之后，只能再换一匹马。[83]机动车辆的早期发展同电力发展是并行的。这两项“伟大发明”最初都需要同其他产品竞争——用于照明的电力需要同煤气竞争，有轨电车需要同马车竞争，城际电气化火车需要同蒸汽火车竞争，电梯在最初的时候也需要同气动升降机竞争。同样，汽车运输不仅需要同有轨电车和城际列车竞争，也需要同蒸汽长途火车竞争。1905 年以后内燃机技术成为主导，在此之前，汽车也需要同蒸汽动力和电动交通工具竞争。

在城市轨道运输向汽车转变的过程中，因为内燃机具有灵活性，所以人们对此热情很高——人们可以直接驾驶汽车从起点抵达终点，不再需要先走到有轨电车车站、乘坐一辆有轨电车，通常还要换乘另一辆有轨电车（这需要更长的等待时间），然后步行至最终目的地。最重要的不是汽车是否比较快，而是它省去了等待有轨电车的时间，而且不再需要来回搬运行李，人们只需要将行李放到汽车的后座就可以了。“在 20 世纪，城市公共交通的乘客已经不愿意再乘坐城市轨道交通。”[84]汽车实现了人们自由生活在乡村的梦想。一位观察员早在1904年就明显观察到了这种现象：

> 想象一下，一些工人，在傍晚惬意地驾驶着自己的汽车回到二三十英里外的小农场、乡村的家或者海边的家！因为有机会居住在种满花草的农村，而不是拥挤的城市，所以他们是一群更健康、更开心、更聪明也更有尊严的市民。[85]

汽车的第一个10年：质量迅速改善，价格快速下降

在最初的10年，只有富裕的人才有汽车，他们可以从很多不同的设计中挑选自己喜欢的汽车设计，且每种设计的汽车产量都很小。表5.2追溯了1906—1940年汽车价格降低和质量提升取得的划时代进步。第（1）列展示的是1903—1905年最畅销汽车的数据，即奥兹莫比尔弯挡板敞篷车的数据，下一行列出的是只含基本配置的最低价型号。这条线下方一排列出的是其他可以选择的质量和经质量调整的价格的测算方法，包括不同马力的重量、不同重量的价格、基于马力和质量加权平均数的质量指数和经质量调整的价格指数。[86]该表最下方对比了原始价格、经质量调整的价格和人均可支配收入，用来估算将近40年间人们的汽车购买力。

福特T型车的出现预示着汽车革命的开始。这款汽车于1908年末开始生产，于1927年停产。表5.2的第（2）列展示的是1909—1910年开始生产的T型车，当时该车的价格为950美元。福特天才般的设计结合了很多不同的元素。就该型号的车重（1200磅）而言，其马力较大（22马力）。其齿轮转矩能提供足够的牵引力，令车辆驶离其他较重型车辆无法驶离的泥地。它独特的双踏板行星齿轮变速器不再需要换挡，农民操作起来既简单又方便，而且可以通过邮购商品目录轻松购买零部件。“就那个时代的标准来看，它不仅稳定可靠，而且非常便于驾驶。”[87]

至少从表面来看，表5.2中的质量数据没有提供T型车取得巨大进步的证明。尽管其重量与马力的比率从根本上得到了改进，质量指数高

表 5.2　1906—1940 年热销汽车型号的规格、价格、质量调整和可支配收入

	1906	1910	1923	1928	1934	1940
品牌	奥兹莫比尔	福特	福特	福特	雪佛兰	雪佛兰
型号	Model B	Model T	Model T	Model A	Std. Series DC	Master 85
车身型式	标准型轻便小汽车（Standard Runabout）	旅行车（Touring）	两驱轻便小汽车（2-dr. Runabout）	两驱标准型（2-dr. Standard）	两驱长途客车（2-dr. Coach）	两驱轿车（2-dr. Sedan）
	（1）	（2）	（3）	（4）	（5）	（6）
价格（美元）	650	950	269	480	580	659
重量（磅）	700	1200	1390	2050	2995	2865
马力（HP）	7	22	20	40	60	85
每分钟转数（rpm）	600	1600	1600	2200	3000	3400
排气量（立方英寸）	95.5	176.7	176.7	200.5	181	216.5
长度（轴距、英寸）		100	100	103.5	112	113
重量/马力	100	55	70	51	50	34
价格/重量	0.93	0.79	0.19	0.23	0.19	0.23
质量指数	100	132	137	179	232	248
经质量调整的价格	650	722	196	268	250	266
人均名义可支配收入	263	301	623	643	418	582
价格/人均名义可支配收入	2.47	3.16	0.43	0.75	1.39	1.13
经质量调整的价格/人均名义可支配收入	2.47	2.40	0.31	0.42	0.60	0.46

资料来源：Kimes and Clark（1996）。1929 年之后的 NDI（名义可支配收入）来自 NIPA 表 2.1；1929 年之前的 NDI 来自 HSUS 1965 序列 F9。

出了 32%，但是因为其价格更高，所以，经质量调整的价格实际上要比 1906 年的奥兹莫比尔更高。但是，相比较 T 型车专为泥地驾驶而进行的独特设计，价格方面的涨幅基本没有对人们产生任何影响，这种设计深受美国农民的喜爱，这也解释了为什么这款车型能获得如此巨大的成功。不久以后，虽然 T 型车的质量一直在提升，但是与其他汽车相比，它的价格要低得多。尽管在福特发明 T 型车之前，车辆的重量与马力之比一直在 80∶1 之上，但是，正如表 5.2 所示，福特的轻型设计使车辆的重量与马力之比达到了前所未有的 55∶1。1909 年，T 型车“在从纽约到西雅图的 4100 英里竞赛中打败了一款较重且价格较贵的旅行车”，在这场比赛中，福特 T 型车的轻型大马力设计的高效能得到了很好的展示。[88]

福特在美国企业家历史上地位比较特殊，这不只是因为他在汽车设计方面的创新，还因为他在生产方面的创新，正因为这种生产创新，汽车的价格才能够大幅下降。福特著名的高地公园工厂建立于 1910 年 1 月 1 日，该工厂采取了垂直一体化，包括在工厂内部生产汽车的大部分零件。截至 1913 年，移动装配线将劳动过程分解成重复的动作，装配线上的汽车会缓慢地经过工人面前，使得大规模生产成为现实。除此之外，在 1913 年之前，福特已经建立了一个将近 7000 人的经销商网络，并已经渗入了只有 2000 人的小城镇；其中有 65% 的经销商都在乡村。[89]T 型车普及之后，其独特的经销商网络和服务站开始销售轮胎、电池、零件，还有代理的汽车。福特创建的网络化优势，与今天苹果和安卓在其智能手机双头垄断市场上的网络化优势相类似。

T 型车与 1925 年之后的车辆质量真是天壤之别。T 型车的司机：

> 司机只能从右侧门爬进车里，因为没有左侧门……打开点火器摆好油门杆……然后拉出启动柄。用右手抓住启动柄，然后用左手食指穿过控制启动柄的线圈。拉动线圈，猛烈地旋转启动柄。当发动机最后发出轰鸣声时，立即踩住抖动的脚踏板，然后侧身停止点火并关闭风门。[90]

T 型车虽然在 20 年内一直在沿用相同的数字编号，但是它并没有在质量提升方面停滞不前。即使其价格在下降，之前需要支付额外费用才能获得的配件，在 1915 年也开始成为标准配置，包括车头灯、挡风玻璃、车顶、喇叭和车速里程表。[91]电启动器替代了手动曲柄，并在 1921 年前普及。[92]现在的人可能会对 1910 年至 1925 年的汽车广告感到困惑，因为在那时，几乎所有汽车广告里的汽车都是没有车顶的。[93]在 1919 年，只有 10% 的汽车有帆布或者金属车顶，但是，带封闭车顶的车辆包括 T 型车迅速占领了市场。1924 年，带封闭车顶的 T 型车占汽车销售额的 43%；1927 年，该比例增加至 85%。在整个那段时间，福特并不销售需求旺盛的汽车配件，从而缺乏一个巨大的零部件市场，出售能够满足安全与流线型风格需求的新型钢制挡泥板、车顶、散热片排气罩和汽油表等其他普通零件。[94]截至 20 世纪 20 年代早期，西尔斯邮购商品目录为 T 型车提供了 5000 种不同的配件。[95]

T 型车的批量生产使得其价格要比大多数竞争车辆低，在整整 20 年的流水线生产过程中，T 型车总共生产了 1500 万辆，而其价格，无论是名义价格还是实际价格，都一直在下降。实际上，截至 1914 年，T 型车已经占领了美国新型汽车市场的 46%，在 1923 年达到顶峰，所占比例将近 55%。1923 年，T 型车的产销量为 180 万辆。[96]表 5. 2 中，通过相邻的两列，对比了 1910 年和 1923 年的 T 型车。除了从之前可选择配置向标准配置转变导致重量增加之外，其他方面基本上没有任何变化。最大的变化就是一辆车的价格从 950 美元跳水至 269 美元，而且车辆变得更重，几乎在各个方面的性能都更佳。车辆价格与重量的比率下降了 76%，经质量调整的价格下跌了 73%。

但是，1923 年之后 T 型车的销售额开始下降。经过 20 年的创新，一些竞争对手，特别是通用汽车，可以生产出更快、更强也更舒适的汽车。部分是为了满足其批评者的要求，福特用 A 型车替代了 T 型车。A 型车加入了之前缺乏的许多配置，包括减震器、雨刷、组合尾灯、刹车灯、保险杠和配有车速里程表和汽油表的仪表盘。[97]1928 年，福特 A 型车将质量指数从 137 提高到了 179，同时经质量调整的价格从 196 美元提高至 268 美元，部分原因是有很多与马力和质量无关的改进。

表 5. 2 还展示了当时热销的另外两个型号，分别是 1934 年和 1940 年的雪佛兰。1940 年雪佛兰的马力为 85 匹，甚至可以达到今天小型汽车的水平，且与 1906 年的奥兹莫比尔汽车相比，质量指数为 248。同 1923 年福特 T 型车相比，1940 年雪佛兰的价格/重量比仅稍稍增高，除了重量增加之外，还有大量的改进，且根据质量调整的价格基本上同 1928 年福特 A 型车相同。尽管 1940 年新的雪佛兰汽车没有自动变速装置、空调和其他今天所有车辆标准配置的便利设备，但是这款车已经称得上是一辆现代汽车，因为这款车的行驶速度可以达到路况允许的最大速度。相比于 1906 年奥兹莫比尔轻便小汽车和福特 T 型车，1940 年雪佛兰汽车的质量有了重大飞跃。[98]

图 5. 3 总结了表 5. 2 中所列热销汽车的价格走势。其中，浅灰线展示的是原始的未调整价格，显示了 1910—1923 年福特 T 型车价格的下降，随后是福特 A 型车和两款雪佛兰汽车的价格上涨。但是，1923 年之后的这种价格上涨被质量提升抵消了，因此 1923 年之后经质量调整的价格保持不变。最后，黑线显示的是经质量调整的价格与人均名义可支配收入比率的大幅下降，这说明，1910—1929 年汽车的快速普及正是得益于汽车价格相对于收入的急速下跌。

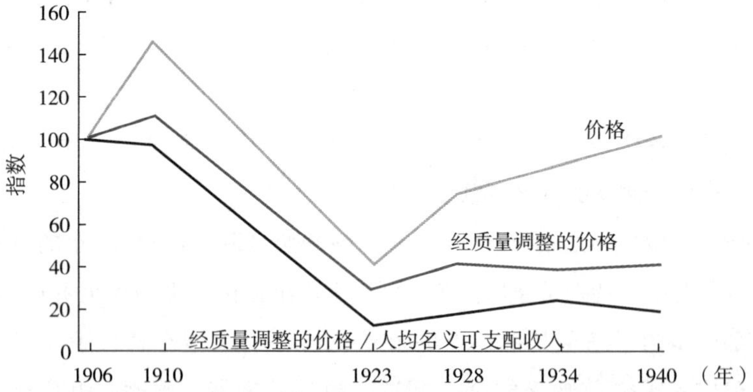

图 5. 3 1906—1940 年选定汽车型号的价格、经质量调整的价格和经质量调整的价格与人均名义可支配收入之比

资料来源：同表 5. 2。

汽车与硬化道路：鸡与蛋

汽车运输发展过程中的最大障碍是缺少平整的硬化道路。1901 年的梅赛德斯被人们普遍称为革命性的“第一辆现代汽车”，当时在美国的售价为 12450 美元，而人们的平均年收入还不到 1000 美元。该车辆的速度为每小时 50 英里，比表 5.1 中 1900 年快速火车的速度还要快。但是，该车辆只有在平坦的硬化道路上才能达到时速 50 英里。[99] 欧洲的汽车，包括那些出口到美国的汽车，都将底盘贴近路面，以此来增加汽车急速转弯时的稳定性。但是，这些欧洲汽车在当时的美国道路上基本无法行驶，因为在 1903 年，美国的道路上“有两条深深的凹痕，中间高高的石脊剐蹭着汽车底盘”。[100]

在 20 世纪的最初几年，在农村道路硬化问题上出现了政治僵局，部分原因是搭便车问题。乡村的居民担心，如果他们那儿铺设了道路，相邻乡村的居民会使用这些硬化道路，而不再铺设自己的道路。[101] 普通汽车驾驶员的着装可以反映当时的道路情况：“为了防尘，驾驶员都披着单子，戴着帽子，把旅行箱裹在毯子里……严寒、雨雪和干燥天气都让旅行很不舒服，行程也无法预知。轮胎漏气或者爆裂是常有的事情。”[102]

通常认为汽车的发展刺激了道路建设，但也有一些作者认为，道路建设早于汽车的发展。道路建设的一个动力是 19 世纪 90 年代的自行车热，因为自行车鼓励了人们自由探险。建设更好道路的另一个推动力是引入乡村地区免费投递的美国邮政服务。美国邮政服务开始于 1899 年，乡村包裹投递开始于 1913 年。乡村地区免费投递是道路改善的一个重要压力来源，因为除非道路达到最低的质量要求，否则邮局会拒绝投递邮件。“如果农村地区免费投递需要一条好路，那么农民就会着急闹着修一条好路。”[103] 因此，公众呼吁修建优质道路要早于汽车：“尽管呼吁修建优质道路的人们想要提升乡村娱乐和乡村文化，但是他们不得不将其主要精力放到马匹和工作上面。”[104]

在 1904 年，连接美国农场和乡镇的道路大部分都是土路，总长为 200 万英里。“1900 年将美国的所有硬化道路首尾相连，总长还不及纽约到波士顿的距离。”[105] 1900 年，在整个伊利诺伊州，只有 26 英里的农村道路硬化了路面。[106] 1914 年 12 月 31 日，一份完整的公路调查对公路情况进行了汇总，总共有 29000 英里的“好路”和 257000 英里的“硬化道路”。其中，“硬化道路”通常是指碎石路。[107]

图 5. 1 显示的是公路英里数，反映了完全铺面公路英里数的建设历史。1916 年《联邦道路援助法案》颁布之后，公路建设获得了联邦政府的支持。美国公路英里数的记录可以追溯到 1923 年。20 世纪 20 年代早期，经过改良的公路英里数还不到铁路英里数的 20%，但是公路的快速增长（尤其是 1956—1975 年州际公路建设时期），很快就使铁路望尘莫及。这里所说的公路英里数根据基本建设费用计算而得，因此，带立体交叉道的四车道州际公路英里数是相同长度的两车道硬化乡村道路英里数的两倍或者更多。[108]

道路的发展并不只是增加了硬化道路的英里数，其他的创新早就出现了。1900—1930 年，道路建设技术稳步提升，其中包括开发沥青和混凝土作为耐用路面。[109] 1918 年，威斯康星州开始建造高速公路。1911 年，第一条中间带有白色中线的公路建造于密歇根州。1915 年，底特律首先开始使用停车标识。1910—1920 年，现代三色电子交通信号灯得到了充分应用。1926 年，第一份公路图制成，公路图记录了特定线路的改良状况和未改良状况，成为当时驾驶员的必备品。[110] 同年，建立了一套统一的线路编号系统，大西洋海岸公路被指定为美国的 1 号公路，太平洋海岸公路是美国的 99 号公路和 101 号公路，林肯高速公路是美国的第 30 号公路，旧国道（19 世纪 30 年代从马里兰州到俄亥俄州建立的第一条公路）是美国的第 40 号公路。

然而，在整个 20 世纪 20 年代，未硬化的公路仍然是一大隐患。1926 年的一份区分硬化和未硬化公路的地图看起来几乎同 1861 年的美国铁路系统地图一模一样；除了太平洋海岸，在密西西比河西侧基本上没有硬化道路。[111] 在这些未硬化的道路上，春、秋、冬季道路会变得泥泞不堪，产生安全隐患，夏季又经常尘土飞扬，让人很不舒服。

然而，在 20 世纪 20 年代至 30 年代，通过联邦援助项目，美国很快就建立了覆盖全国的两车道硬化公路网络，司机可驾车按照指定线路从东海岸抵达西海岸，且中途不会经过未硬化的泥泞土路。30 年代见证了多车道的工程建设奇迹，其中包括乔治·华盛顿大桥、金门大桥、海湾大桥等，同时也见证了多车道限速收费高速公路的开始，其中包括康涅狄格州南部的梅里特观光道路和宾夕法尼亚州收费高速公路的第一段。这些工程预期成为、在某些情况下也的确成为战后州际公路系统的一部分。[112] 自 1940 年开始，美国公路系统主要线路图同今天的州际公路系统几乎没有什么差异，只是那时的公路主要是两车道公路，有交叉路口，且没有进入限制。[113]

汽车取代马和公共交通

尽管 19 世纪 90 年代，几乎在一夜之间完成了从马车向有轨电车的转变，但是因为马依然是城市商业和农村农业的主要动力，所以在那个年代，全美马的数量增加了 25%。发明蒸汽火车和有轨电车之后，人们依然在使用马，这反映了它们之间存在技术上的互补性。蒸汽火车和城市有轨电车之间有着相同的限制，即铁轨的限制。随着经济的增长，人们仍然在使用马这种比较灵活的运输工具。1900 年之后，马的角色最终被汽车替代。马带来的不便、污秽和疾病到处可见：

> 在城市里到处都可以看见马：站着的、走着的、颠着的、小跑着的，有时惊跳、跳跃、摔倒、前腿直立、前蹄跌落或者被拴在马桩上。它们作为一种牲口，占据着城市的空间……粪便、汗液和马毛的味道与城市里的垃圾、人类排泄物和工业产品的味道混合在一起。马奏出了城市的交响乐——马蹄在街道上发出的咔嗒声、货运马车发出的嘎嘎声、车轮发出的吱吱声、马具发出的叮当声、马的嘶鸣声和喇叭声。[114]

有轨电车用10年时间便取代了有轨马车，而汽车取代公共交通则花费了相对较长的时间，但是早在1910年之前，汽车就已经普遍威胁到轨道交通，当时出现了“小公共汽车”。这类“小公共汽车”是没有执照的出租车，任何人都可以经营，在有轨电车的路线上接送乘客，尤其是携带行李的乘客。有轨电车经营者对这类“小公共汽车”很是恼火，因为它们不需要纳税，也没有受到任何形式的监管。[115]

1905年，纽约第五大道引入了第一辆公共汽车，但是公共汽车的发展出人意料地慢。最初的公共汽车设计改自卡车，重心离地面较高。1920年，加利福尼亚州奥克兰的法沃尔（Fageol）兄弟设计出了与现代样式非常接近的公共汽车，即“法沃尔安全长途客车”。它的站台与座位贴近地面，只需要一两步就可以进入公共汽车。为了增加乘客的舒适度，还专门设计安装了弹簧，这在早期公共汽车的前身卡车那里不是必需的。[116]

尽管公共汽车的出现比较缓慢，但在1920年之后，很快便被接受了。相比于有轨电车，公共汽车的优势不只是不再需要修建昂贵的轨道，可以行驶至任意新建居民区，还体现在机械优势上。公共汽车可以更快速地完成加速和停驶，而且用橡胶轮胎替换有轨电车的钢轮，极大地增加了乘客的舒适度，减少了震动与噪声。

在1910—1930年，城市间的道路逐渐有了改善，来自社会各阶层的先行者开始从事城际客车业务。截至20世纪20年代中期，随着技术的发展，人们生产出了装有100马力发动机的公共汽车，可容纳30名乘客，装置了取暖和通风系统、内部行李架，而且有些公共汽车里面还设有卫生间。因为与铁路相比，公共汽车在线路选择上比较灵活，且运营成本比较低，所以当时有很多铁路公司都开始在旅客稀少的支线上运营属于自己的客车车队。第一条横贯美国的客车线路于1928年开始运营，从洛杉矶到纽约总共设有132个站，需要5天零14个小时。[117]到30年代末，虽然有许多小公共汽车线路在大萧条期间倒闭了，但是城际公共交通依然运营良好，占城际客运量的28%。[118]

在 1900 年，大部分市民还没有从某个特定起点到特定目的地的交通工具；他们不得不乘坐城际蒸汽火车和市内有轨电车等轨道交通工具。对普通市民来说，养马的成本太高，也不方便。因为大多数家庭没有足够的空间养马，所以人们会步行至车马出租所，租一匹马，然后骑马或乘坐马车到达目的地。但是，租来的马在返回前一直需要停留在目的地。

无生命的汽车解决了很多问题：它可以停放在家附近，开往任意地方，熄火并锁在目的地，不需要提供食物或者饲养。许多城市居民无法承担马匹开支，没有空间建马厩或者满足养马的要求，因此，在 1900—1915 年就购买了汽车。“汽车也为人们提供了越来越多的安全、私密空间，拓展了私人住宅的空间。相比之前，人们可以到更远的地方，也可以更快抵达。”[119]

人们期待探险的自由，期待解除固定铁路和有轨电车时刻表的束缚，这导致了公共交通的衰落。“经过深思熟虑制定的硬化街道的市政措施促进了汽车和卡车运输。人们所描绘的公共交通衰败的惨淡画面通常只反映了城市交通运输的一角。城市和这些城市的人们在很大程度上都选择自己的交通工具。”[120]因为乘坐公共交通工具的人数不再增长，甚至开始下降，所以市区的轨道交通已基本无力融资以将轨道线路延长至新建的住宅区。

公共交通工人工资的增加和公共交通系统生产率的停滞，都对公交票价造成了压力，从而导致了恶性循环，亨利・福特成功地降低了汽车价格，更使这种形势雪上加霜。按照整体通胀调整后的实际价格，1912—1913 年，汽车的运行成本下跌了 78%，汽车购置费用下降了 63%，但是平均的公交票价只下降了 6%。[121]在中等城市，有轨电车系统特别脆弱，没有通勤站或者其他的中心节点交通，而且在这些城市里，汽车可以自由行驶，没有交通堵塞。因为公共交通线路都是私人所有，要应对公共交通乘客人数下滑的局面，除了减少服务之外，别无他法。相较汽车，更少的路线选择和更长的等待时间进一步降低了公共交通的吸引力。

图 5. 4 展示了 1900—2012 年户均汽车拥有量，还分别列出了轿车和卡车的拥有情况。该图用最小的篇幅揭示了“二战”之前汽车的普及速度。如果用每百户家庭的汽车拥有量来看，呈暴增态势：1900 年只有 0. 1 辆，1910 年为 2. 3 辆，1920 年就达到 38. 3 辆，1930 年更是达到了 89. 8 辆，1940 年达到 93. 0 辆。因此，截至 1930 年，几乎每户家庭都有一辆汽车。令人惊讶的是，美国家庭当时拥有的汽车占全世界汽车的 78%。[122]

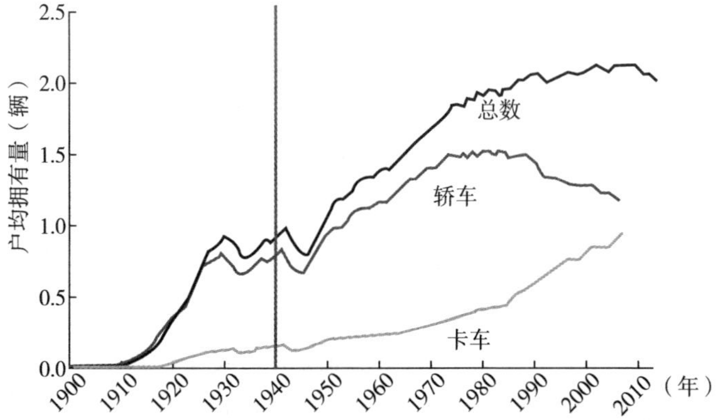

图 5. 4　1900—2012 年每户家庭不同车型的汽车拥有量

资料来源：HSUS 序列 Df 339-342 和 Ae2；SAUS，National Transportation Statistics 表 1-11。2006 年，车辆分类发生了变化，所以 2006 年后的分类资料不可同 2006 年前的资料相比较。

运用图 5. 2 的数据，图 5. 5 对比了人均铁路旅客周转量与汽车行驶里程。正如对数标度所示，1880 年之后，汽车行驶里程的增长比例远远超过了铁路旅客周转量；甚至在“一战”期间，汽车行驶里程就超过了铁路旅客周转量。“二战”期间，实行汽油与橡胶轮胎的定量配给，导致铁路乘客增加和汽车行驶里程下降。而在“二战”之后，铁路旅客周转量出现不可逆转的下降，汽车行驶里程呈现持续增长态势。

美国汽车的普及速度是独一无二的，形成这种独特性的原因部分归功于亨利 · 福特天才般地制造出了耐用且廉价的汽车，也是因为“一战”对美国造成的经济损失和破坏性后果都远低于当时的欧洲其他发达国家。在 1929 年，美国仅用了一年的时间，就制造出了 600 万台内燃机，这也解释了美国为什么能在“二战”期间制造出包括飞机在内的如此之多的机动交通工具。

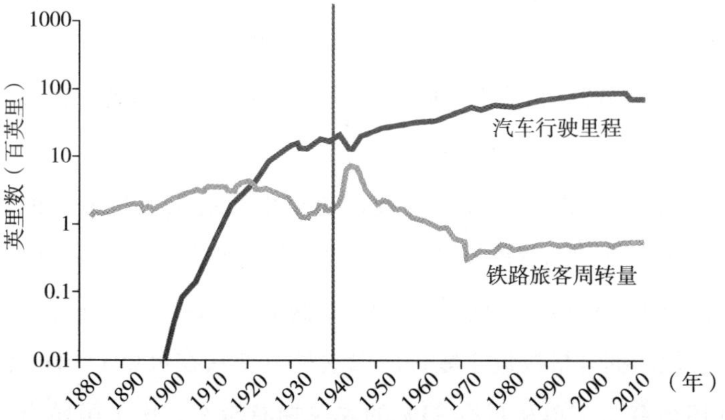

图 5.5　1882—2012 年人均汽车行驶里程和人均铁路旅客周转量

资料来源：Federal Highway Administration 表 VM-201，NTS 表 1-40，HSUS 序列 Df413-415、Df 903、Df 950 和 Aa7。

汽车改变了农场和小城镇的生活

1900 年，美国有 35% 的人仍然居住在农场，85% 的马在农场而不是在城市。汽车带来的最大好处在于它有望终结乡村地区的彼此隔离。[123] 因为存在时间和距离障碍，所以农村生活甚至小城镇生活的质量很不正常。糟糕的交通条件，使农民不愿骑马和坐马车到数英里以外的地方参加社交集会，城市居民的情况却截然相反，人们只需要从这一户到另一户，或者从这个街区到另一个街区就可以进行人际交往。“社会交往很少，而且通常只是在几英里半径范围内；教育设施缺乏，销售农产品与购买必需品基本上不存在讨价还价的机会。这一切都因为汽车的出现而彻底改变了。”[124]

从今天的视角来看，你可能会觉得不可思议，但是在当时各个乡镇和小城市，第一辆汽车的出现都是头等大事。在 1900—1910 年整整 10 年间，伊利诺伊州奥梅尔县的《俄勒冈共和报》对进入该市的每辆新车都进行了报道。[125]农民对汽车的热情并非只是因为它能终结农村的隔离，也并非因为汽车可以用于农场作业。汽车改变了农场家庭休闲时间的含义；星期天旅行很快在农村成为一种风气，其中包括拜访朋友，参加远离当地村庄的娱乐、文化、教堂活动以及购物等。农民们在改善乡村道路方面具有共同利益，他们因此开始积极地投入政治活动，很多农民都是第一次介入。[126]

农场交通工具的变化速度是美国历史上所有发明里最快的，实际上，只有 1995 年之后互联网的扩散速度能与之媲美。截至 1924 年，650 万美国农场共拥有 420 万辆轿车、37 万辆卡车和 45 万辆拖拉机。而在 1909 年，汽车拥有量接近于零，所以这种改变只在短短 15 年内便完成了。到 1926 年，艾奥瓦州有 93% 的农民拥有汽车，比美国城市居民的汽车拥有率还高。[127]

汽车改变了小城镇的面貌。市区街道变宽了，还铺设了适合各种天气的路面。与马相关的制服、马具、马车厢和铁匠等经营商铺都被汽车展示厅和修配车间取代了。街上看不到拴马柱和饮水槽等各种“马匹配套产品”了。市区街道上出现了绘制的停车线。慢慢地，一些监管停车的标志和管理交通的信号也出现在街道上。进入汽车时代后，随着停车场、汽车销售公司、修配站和加油站等占用空间的扩张，中央商业区与住宅区之间的明显界限开始慢慢变得模糊。

汽车的出现对城乡原有的商业都造成了巨大冲击。由于农民享受到了新的自由选择，所以十字路口的杂货店和当地许多小型独立银行受到的冲击最大。[128]因为农民和小城镇的居民可以驾车去就近的大城镇或者小城市购物，所以城镇越小，汽车对当地商人的威胁就越大。旅行的可行范围扩大，削弱了人们之前对当地商人的忠诚。汽车“似乎专为那些不安分的人设计，让他们可以无拘无束地畅游世界”。[129]因为学生们现在可以乘坐公共汽车去往较大的联合学校，所以那些只有一间简陋教室的小学校舍成了汽车革命的另一个牺牲品。

汽车革命产生的更广泛影响

有三个因素可以解释汽车为什么能够很快被人们接受。第一，农场主将汽车视为一种必需品，T 型车结实又实用，价格也在农场主可承受范围之内，所以一经问世农场主就热情购买。第二，20 世纪 20 年代消费信贷的发展极大地推进了汽车的普及。截至 1926 年，75% 的新汽车都能“及时”获得资金支持。尽管之前分期付款信贷只适用于钢琴和缝纫机等贵重物品的采购，但是汽车消费信贷很快流行起来，并推动后来家用电器业使用相似的消费信贷。[130]

但是，到 1929 年为止，汽车之所以在美国出现了任何其他国家都无法匹敌的迅速普及，最重要的原因是福特 T 型车推动汽车价格迅速下降。如表 5. 2 底部所示，T 型车购买价格与人均名义可支配收入之比从 1910 年的 3. 16 降至 1923 年的 0. 43。也就是说，到 1923 年，一辆新型 T 型车的成本只占人均年可支配收入的 43%。对一个四口之家而言，只占家庭总收入的 11%。因为 20 年代绝大多数新汽车都是通过分期付款购买的，所以，购买车辆的年度负担可能还不到家庭年收入的 5%。除了那些最贫穷的家庭，所有家庭都买得起汽车。

现代流传的很多故事间接解释了汽车为什么能够迅速普及，汽车的发明甚至被认为比室内浴室的发明更为重要。据报道，印第安纳州农场的一位家庭主妇曾经在 1925 年说道：“你不能乘坐浴缸进城。”另一位有 9 个孩子的母亲评论道：“我们宁愿不穿衣服也不愿意放弃汽车；我们买车的时候不是没有漂亮衣服可以购买。”林德夫妇在 1929 年印第安纳州曼西市进行调查（在第 4 章中经常引用），他们调查了 26 栋“特别破败的住房”，让他们惊讶的是，其中 5 家有浴缸，但是 26 家都有汽车。[131]

乘坐有轨电车从家到工厂、从家到中央商业区购物的活动路线被汽车代替了，驾驶汽车可以到达多个目的地：工作、在不同的社区购物、走亲访友、周末驾车去乡村或者在酷热的晚上驾车兜风。人们的追求从客厅和后阳台变成家庭汽车后座。[132]汽车进入除最低收入家庭之外的所有家庭，不仅为中产阶层创造了新的机会，甚至也为工人阶层创造了机会。享受带薪休假的工人现在可以驾车数百英里访亲或者观景。在某些地区，一些新景点只对驾车前来的游客开放，并不对乘坐公共交通工具或者铁路到来的游客开放。比如，在1929年之前，罗伯特·摩西已经在长岛建造了南郡大道，驾车旅行的游客可以通过南郡大道进入琼斯海滩，海滩上有6英里的滨水区，并且有23000个停车位。[133]

在1920年之前，城镇之间的公路上没有任何商业活动。小说家尤多拉·韦尔蒂在回忆1917年或者1918年儿童时代的旅行时，记得空旷的乡村与零星城镇边界的转换断断续续，乡村与城镇之间什么也没有：

> 我的父亲会带着我们驾车去城镇，察看城镇中的旅馆，然后决定在哪里可以安全过夜。城镇不管大小，都有起点和终点。走到城市边缘，驻足之处便是农村，这里已经完全看不到城镇的影子，就好像城镇从来没有出现过一样。而城镇本身完全孤立，前方的一个镇子静静地躺在大地上，就好像桌上的盘子一样。[134]

公路建设成为一个繁荣的产业，并改变了公路的本质。公路不再只是一座城镇到另一座城镇之间的出行线路，企业家开发了很多新的路边生意，从加油站、汽车代理、修配车间到路边餐馆等，因此，出行线路慢慢成为商业区域。“居住在美国道路两侧的人们开始意识到，蜂拥而至的车流实际上是流过他们门口的黄金之河，聪明的人都会努力从中淘金。”[135]

但是旅客能待在哪里呢？旅馆都建在城里，而不是马路边，城市旅馆对旅客而言太正式了。从20世纪20年代末开始，私营业主就在其杂货店和加油站旁开始提供付费宿营地。当宿营地业主开始增加小型木屋的时候，汽车旅馆的雏形就出现了；最终所有的木屋都连接在了一起，共用一个大屋顶，汽车旅馆也由此形成。有一部拍摄于1934年的经典电影《一夜风流》（*It Happened One Night*），我们可以从中一窥当时的情景。当克拉克·盖博和克劳黛·考尔白共用一个汽车旅馆房间时，他们在绳子上挂了一条毯子，将小小的房间分成两个半私密的空间。

20 世纪 20 年代末期，公路革命的审美效应越来越明显。此前我们在公路上能欣赏到的或多或少是风景如画的乡村画面，但是现在我们看到的通常是颜色鲜艳的建筑和高耸的电子化标识。1928 年，人们如此描述初期的路边商业：

> 几百码就有一个……汽车加油站，加油站前面装置着半打彩色的泵。挨着加油站或者加油站之间的是一个有“热狗”标识的小屋。如果没有小屋也没有加油站，那么你可以看到一块贴有海报的巨幅广告牌。[136]

尽管在最初的时候，拥有或者经营这些简陋的路边店铺的通常是农民或附近乡镇的生意人，但是很快，一批更加雄心勃勃的企业家开始建立全国性的路边商业网络。1921 年，埃德加 · 英格拉姆和沃尔特 · 安德森在堪萨斯州威奇托开设了一家小型餐馆，后来发展成为“白色城堡”汉堡连锁店。1925 年，霍华德 · 约翰逊在马萨诸塞州昆西开了一所药房和冷饮小卖部，逐渐发展成路边连锁餐厅。到 1939 年，他拥有 132 家加盟店，到 50 年代和 60 年代，他拥有大概 1000 个销售网点，占据了路边餐厅市场的主导地位。[137] 1930 年，哈兰德 · 桑德斯在肯塔基州科尔宾的“桑德斯服务站”（Sanders’ Servistation）研制出了著名的鸡肉配方；1938 年，J. F. 麦卡洛在伊利诺伊州坎卡基建立了现在的奶品皇后（Dairy Queen）。[138]

汽车取得的成功并不是没有争议的。政府政策鼓励城市扩张，破坏了城市公共交通和客运铁路的财务活力。甚至在“二战”之前，公共政策都是向汽车倾斜的，包括利用公共资金建设街道和公路，而城市交通和城际电气铁路则靠自给自足的私营企业来运营。许多早期的公路都是通过发行债券建造的，且利息由地方财产税支付，因此在公路系统的建设过程中，汽车所有者和公共交通使用者支付的费用相同。汽车比公共交通更有吸引力。住宅范围的扩张和汽车的普及慢慢消除了 1920 年前街道上的一些普遍特征。在 1940 年前后的数年内，街道上的摊贩、送报员、闲逛的人、街头杂货店、当地咖啡馆、社区商店、人行道上的露天演示，甚至人行道本身，都慢慢地消失了。随之消失的还有人们相互之间微妙的人际关系。[139]

结论：只可能发生一次的革命

本章和前一章反映了本书的核心议题。现代便利设施给美国家庭带来的变化以及内燃机带来的交通运输革命，通过一系列只可能发生一次的变化，从根本上提升了美国人民的生活水平。同时，这些发明促进了美国从农村社会向城市社会的转型。由于城市所占比例不可能超过100%，所以这种从农村社会向城市社会的转变只可能发生一次。

本章从至少三个维度描绘了1870—1940年交通运输的划时代变化。第一个维度是城际铁路，1860年的城际铁路由协调性较差的拼接铁路组成，几乎在整个艾奥瓦州东部都无法进行连续的长距离旅行。1870年典型的铁路速度为每小时20～25英里，到1940年提高了将近两倍，至少收取额外费用的优质快车线路是如此，铁路旅行也能穿过桥梁与地下隧道，连续前行。铁路取得的进步不只是包含速度的多倍提升，同时也包含旅行舒适度等方面的多维度改善，最终以1940年前几乎所有特快列车都安装了空调而达到极致。

第二个维度是城市交通运输。1870年的城市交通完全由公共马车和有轨马车组成，其中公共马车的速度为每小时3英里，有轨马车的速度不到公共马车速度的两倍。经过缆车的短暂统治之后，至少在几个城市是如此，仿佛一夜之间，有轨电车便进入了人们的生活，并在1902年几乎完全取代了有轨马车。不久，通过广泛建立高架铁路及地下电气化快速交通，大城市克服了有轨电车造成的街道交通堵塞，在主要城市间短途旅行的乘客可以乘坐快于蒸汽火车的城际电力火车。正如城际电力火车替代城际蒸汽火车，行驶在坑坑洼洼、未硬化的城市街道上的公共马车被行驶在平整道路上的有轨电车和快速交通替代，电也为公共运输车辆带来了热与光，所以在1870—1940年，人们见证了交通舒适度的重大提升。

第三个也是最重要的维度是汽车。汽车在 1910—1930 年使城市与农场的生活发生了革命性的变化。易损坏、价格高、动力弱且不舒适的汽车很快就被福特 T 型车取代。针对此前汽车暴露的弱点，福特 T 型车相对来说动力更强也更稳固，而且还逐渐添加了其他的便利设施，包括车顶和电启动器等。到 1940 年，汽车车身呈现流线型和封闭式特点，变速器和悬架都得到了很大的提升，发动机动力也足够强大，能让汽车在新的全国硬化公路网上按最快速度行驶。

在 20 世纪 20 年代，由于亨利·福特将坚固耐用的汽车价格降至相当于家庭年收入的 1/4 或以下，所以，仅仅在几年内就迅速完成了向新世界的转变。截至 1926 年，艾奥瓦州和其他北部州 93% 的农民都购买了小汽车或者卡车。农村的隔离消失了，取而代之的是农场家庭的自由，农民可以驾车到四面八方高价出售其农产品，并低价购买自己想要购买的产品，同时也可以到较远的地区进行娱乐和消遣活动，而在此之前，由于马车出行半径较小，这些活动一直受到限制。

总的来说，在 1870—1940 年发生的这三个独立的交通运输革命改变了城市的规模、空间与结构。正是电力与汽车的结合改变了城市面貌。电梯创造了位于中央商务区的办公建筑群、旅馆和公寓等垂直综合体。纽约、芝加哥等已经建立良好通勤铁路系统的城市，空间密度特别高。但是，在城市中心变得越来越拥挤的时候，城市边缘的拥挤程度却在降低。1890 年，由于受到马车和通勤铁路线路范围的限制，城市规模相对紧凑。与之不同的是，到了 1940 年，小汽车和卡车的出现使得城市在扩张过程中不必再担心社区消失。

郊外住宅区的发展并不是什么新鲜事：铁路带来的早期郊区住宅可以追溯到 19 世纪 50 年代。但是这些铁路郊区带在铁路线路之间留下了大量未开发地区。在 20 世纪 20 年代，人们不仅开始在这些区域开发住宅，而且建立新型购物区，将零售活动从中央商务区分散开来。大萧条和“二战”中断了郊区化的步伐，但在 40 年代末，郊区化重新迅速发展。

交通运输改进的三个维度对 1870 年典型依靠马匹的交通运输所产生

的影响是不同的。稍稍让人吃惊的是，蒸汽火车的出现并没有取代马匹的位置，反而成为马匹的一种补充交通工具。由于线路延伸开垦了大量新的农田，铁路增加了人们对农用马匹的需求。尽管铁路扩大了全国市场的范围，但是铁路的机动性受到铺设铁轨的限制。只有马匹能够“提供目的地至铁路间的短途运输，以及铁路线路之外的货点间的短途运输……让铁路运输变得有用的首先是马匹”。[140]

与之相反，包括有轨电车和快速列车在内的城市电气运输工具都替代了马匹，就像汽车替代了马匹一样。城市街道交通记录表明，1905 年有轨马车还在城市占据主导地位，但到 1917 年就大部分消失了。城市街道交通的这一短暂转变时期是发明史上变化最快的一个时期。尽管 20 世纪 50 年代末农业机械还没有完全替代马匹，但是到 1929 年，马匹在美国多数城市已经销声匿迹了。

本章所述的 1870—1940 年的交通工具为本书的三个中心主题提供了坚实的证据。第一，如上划分的三类交通工具的发明彻底改变了农场、小城镇和城市内每个家庭成员的日常生活。第二，发明带来的大部分好处在发明头 10 年是享受不到的，需要在随后几十年间推动辅助性与补充性的次级发明，实现渐进式改进，才能逐渐享受到发明的好处。第三，总的来看，初始的发明和后期的补充改进只能发生一次。

美国从农村社会向城市社会的转变发生在 1870—1940 年。这种转变实质上只可能发生一次。城际列车的运行速度从 1870 年的最快 25 英里每小时提升到了 1940 年最慢 60 英里每小时，这种速度的提升只可能发生一次。“二战”之后，从活塞式到喷气式飞机的转变也只可能发生一次。马及其排泄物和有关疾病的消失只可能发生一次。城市公共交通工具的速度 40 年间从 3 英里每小时提升至 40 英里每小时，只可能发生一次。尽管 1940 年之后汽车的舒适度、便利度、性能以及安全性都有诸多提升，但是汽车从 1906 年只有 7 马力、易损坏、与四轮马车相似的敞篷轻便车，到 1940 年拥有 85 ~ 100 马力的流线型封闭汽车的转变只可能发生一次。

1940 年，商用航空事业的大部分潜能依然没有得到充分发挥。但是，重大交通工具革命的成就已然显现，而且这些成就都是复合且多维的：

> 汽车的好处极为明显：整洁的城市、乡村隔离孤立的消失、改良的街道、更好的医疗护理、合并起来的学校、娱乐机会的增加、商业以及居住模式的分散化、郊区房地产的兴旺，以及建立了标准的中产阶层国民文化。[141]

本书把 1940 年作为分界点，在此显得极不合适，因为这忽视了商业航空旅行的进步。虽然按照今天的标准，20 世纪 30 年代商业航空旅行很少而且是碎片化的，但是，它代表了战后航空革命的最前沿。1940 年的 18 年后人们发明了飞行速度是声速 0. 85 倍的波音 707。波音 707 使这个世界联系得愈加紧密，之前几百上千年的所有发明都无法与之匹敌。客运的重大转变并没有在 1940 年结束，正如第 11 章所述，大部分重大变革在 1970 年才宣告结束。

第 6 章
从电报到有声电影：信息、通信和娱乐

查理·卓别林 8 岁的时候，一晚上能在三个大音乐厅里演出。10 年之后的 1915 年，每天晚上世界各地成千上万个大厅里都能看见他的表演。正是因为有了电影，观看方式才发生了向非竞争性方式的显著转变，才能同时在许多地方观看到卓别林的表演。电影通过自动化、标准化以及可交易化实现了娱乐的工业化。

——巴克（Bakker，2012，第 1036 页）

引　言

1870 年被称为“大众传播时代”的开端。涉及信息、通信和娱乐的所有方面都在 1870—1940 年发生了彻底改变。在 1870 年还处于信息匮乏的国家，随着科技使纸张和印刷的价格大幅下降（几乎像 20 世纪 90 年代互联网使通信成本大幅下降那般），很快就从报纸的发展中获益。不久，从最底层的工薪阶层家庭到最富有的大亨，所有人都开始看报纸。畅销杂志的发行量爆炸式增长，同样的增长还有图书的销售量和公共图书馆的数量。虽然电报是在 1870 年之前发明的，但它对通信速度划时代提升的主要影响发生在 1870 年之后，当时，从国际新闻到金融市场再到粮食价格，各种信息都能够即时传输。从 1876 年开始，由于能提供即时双向通信，电话取代了电报的地位。

在 1870 年，除了一些流浪乐手、马戏团演员或者在家玩的棋类和纸牌游戏外，普通家庭并没有什么娱乐活动。留声机使专业演奏的听众群体大规模增加，1900 年之后，数百万人可以听到卡鲁索的咏叹调或者格什温的歌曲。但在历史上，没有什么能比收音机引起的轰动更快地席卷全国。最贫苦的家庭不再需要买唱片来听音乐；在收音机里音乐都是免费的，而在 1930 年，买一台收音机都花不了 20 美元。

虽然收音机引起了轰动，但刺激大众文化的是视觉图像和电影巨星，尤其是在 20 世纪 30 年代的那段经济低迷期，银幕上美好的愿景转移了所有人对经济崩溃这一残酷现实的注意力。尽管留声机和收音机复制声音的音质一直在稳步提升，但都比不上电影的发展，在本章涵盖的 1870—1940 年这段时期的最后 15 年内，尤其如此。1924 年的电影没有声音，只有字幕和影院里的钢琴或者风琴伴奏。但仅仅 15 年后，两部史上最伟大的电影《绿野仙踪》和《乱世佳人》在 1939 年差不多同时上映，而且都是彩色的，有音乐、有声音。这两部电影在 1939 年上映，紧挨着本书第一篇和第二篇的分界线 1940 年，也为 1870—1940 年的发展创立了一个颇具象征性的标签。在人类历史中，再也没有哪个时代在信息、通信和娱乐等多个方面如此迅速地改变了普通人的生活。

前面章节的主题用几个词便可以概括，比如用“多样性”来概括食品和服装，用“网络化”来概括家庭现代便利设施的到来，用“革命性的变革后紧接着的持续改进”来概括交通运输的连续革命。在本章中，第一个主题仍将是网络化，因为到 1940 年，电话以及之后的收音机将家庭和外面的世界连接起来。事实上，1876 年，亚历山大·格雷厄姆·贝尔在他第一次成功完成电话实验的那个晚上，就颇具远见地预测，他的发明将与“自来水和燃气”一样，成为公用事业网络的一部分，连接每一个家庭。

这一章的第二个主题是“乘法”，因为娱乐的接连创新让一场演出的观众越来越多。“鲍莫尔病”（Baumol's disease）的诅咒——劳动密集型产业的生产率无法提升，因为弦乐四重奏乐团中的四位演奏家既没有办法弹奏得更快，也没有办法弹奏给更多的人听——早在 19 世纪 90 年代随着留声机的发明就不复存在了。之前演员的努力受到剧场观众规模的限制，到1910年之后就可以通过默片展现在数百万人面前。到20世纪30年代，杰克·本尼（Jack Benny）、罗彻斯特（Rochester）、唐·威尔森（Don Wilson）以及他们的美国同行，在每周一次的广播节目中，仅仅靠着一些笑话和音效，不用相机、不用布景、不用道具，就能娱乐数百万人。

第三个主题是信息和通信技术的发展提高了企业和工人的生产率，与此同时，新型娱乐媒体的出现提升了闲暇时间的价值，正如第1章中介绍的贝克尔模型一样。从19世纪90年代的钢琴和纸牌游戏，到1910年之后的电影，再到1920年之后的收音机，这一系列转变表明了家庭认为用什么样的方式度过闲暇时间最有价值。

报纸和杂志：大众阅读

到1870年，文化水平得到了提高。表6.1中的统计数据显示，80%的总人口和88.5%的白人表示自己受过教育。奴隶制的遗留影响阻碍了全美识字率的提升，在1870年只有20.1%的黑人识字。相比之下，白人的高识字率反映了小学教育的基本普及。1870年，在全体人口中，5~13岁人群的小学入学率为81%，这意味着对白人而言这一比例接近90%。[1]1880年后，黑人的识字率稳步提升，到1940年达到了88.5%。在1870年，美国白人的识字率大大超过了同年英国人76.9%的识字率。[2]

在19世纪最后30年里，美国人都读些什么呢？从1870年一直到1995年前后网页浏览器商业化的整个漫长岁月里，阅读选择都局限在图书、报纸和期刊上。没有数据显示一共售出了多少册书，正如约翰·特伯所言，“事实就是，保存下来的数据并不尽如人意……在图书出版业的记录中充斥着矛盾与混乱”。[3]但无论如何，我们可以追踪图书出版数量的变化趋势。1880年大约出版2000种书，到1940年就增加到了11300种。

表 6.1　1870—1940 年不同人种和出生地的识字率　（单位：%）

	总数	白人			黑人及其他
		总数	本国出生	国外出生	
1870	80.0	88.5	—	—	20.1
1880	83.0	90.6	91.3	87.9	30.0
1890	86.7	92.3	93.8	86.9	43.2
1900	89.3	91.8	95.2	87.1	55.5
1910	92.3	95.0	97.0	87.3	69.5
1920	94.0	96.0	98.0	86.9	77.0
1930	95.7	97.0	98.2	89.2	81.6
1940	97.1	98.0	98.9	91.0	88.5

资料来源：HSUS 序列 Bc793-797。

这一增长在很大程度上反映了人口的高速增长。图 6.1 比较了图书、报纸和期刊每 10 年的平均传播情况；每一个标出的点所代表的是接下来的 10 年，1880 年图书的点提供的是 1880—1889 年的平均数据，也就是在那 10 年里，每千户家庭平均出版 0.36 本书。每千户家庭的图书出版量在 20 世纪头 10 年达到了顶峰，即 0.50 本；到 20 世纪 40 年代则下跌到了 0.24 本，到 20 世纪 70 年代之后又再次增长达到新高。1950 年后图书出版的激增与战后初期广为流传的预言相矛盾，这一预言认为电视的出现意味着阅读作为一种闲暇活动将寿终正寝。

在世纪之交，小说是图书的主流形式，1901 年出版了 2200 多种新小说，而其中爱情小说又是那时最受欢迎的类型。传记和历史类分别占据了第二和第三的位置。在 1901 年，有 15 种小说的销量达到了 10 万册甚至更多，一本书的售价通常为 1.00 美元到 1.50 美元，在公共图书馆这些小说也被广泛传阅，在 1900 年时公共图书馆超过了 1700 个。[4]随着 14 ~ 17 岁人群的高中入学率由 1890 年的 6% 增长到 1928 年的 41%，人们对阅读的偏好也持续增强。

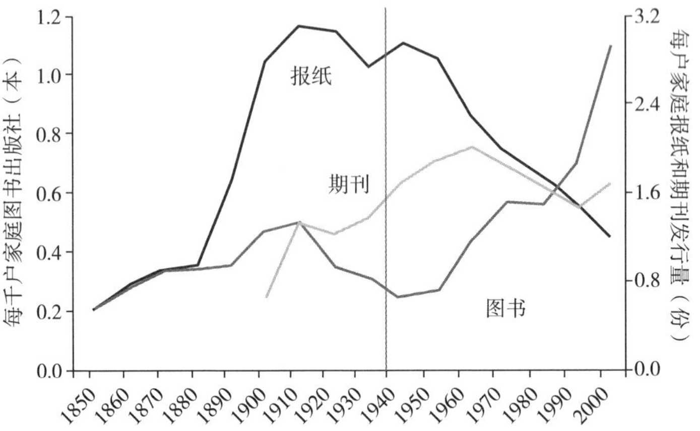

图 6.1　1850—2009 年每 10 年图书出版、报纸和期刊发行家庭平均数量

资料来源：HSUS 序列 Dg225、Dg254、Dg256、Dg266 和 Ae2；SAUS 表 1129、表 1134、表 1135。每一年代表之后 10 年的均值（例如，2000 年代表 2000—2009 年的均值）。

到 19 世纪时，报纸的地位已经确立。在英国，报纸诞生于 17 世纪初，美国的第一份报纸于 1695 年在波士顿出版。不同于英国的出版社受教会和政府颁布的内容规则的限制，美国的出版社从一开始就不受限制。同时也因为不受那些制约英国出版社降价的税收法规的制约，在 19 世纪 20 年代至 30 年代，美国的廉价报刊迅速发展。1829 年，宾夕法尼亚州的人均报纸发行量比英国高 9 倍，而报纸价格是英国的 1/5，刊登广告的价格是英国的 1/30。美国的报纸和广告能够保持低价，是 1813 年发明的蒸汽印刷机促成的，到 19 世纪 30 年代，印刷机已发展到可每小时印刷 4000 份报纸。[5]

日报、星期日报和周报的发行量从 1870 年的 700 万份增加到 1900 年的 3900 万份，再增加到 1940 年的 9600 万份。即使仅考虑图 6.1 中所描述的以家庭为单位的数据，这一增长仍引人瞩目，从 19 世纪 70 年代的 0.90 份增长了两倍到 1910—1930 年的 3.0 份以上。包括最底层的家庭在内，每个家庭平均购买 3.1 份不同的报纸，这可能也是本章中最惊人的事实之一。[6]报纸最快的发展出现在 1870 年到 1900 年，在那一时期，作为不断增长的人口的主要信息来源和娱乐方式，报纸的地位已牢牢确立。[7]彩色印刷机在 19 世纪 90 年代出现，最开始用于印刷彩色漫画和增刊。[8]到 20 世纪初期，报纸的内容远远超出了新闻本身，增加了“随笔专栏、旅游和休闲建议、彩色漫画以及体育赛事结果”。[9]

1880—1905 年被称为“黄色新闻”时代，很可能是由“黄孩子”（Yellow Kid）这一当时流行的漫画角色而得名。都市报纸都陷于发行量的战争，在这一战争中取胜的关键在于刊登更煽情的故事，有时甚至是以“暴力、色情、灾难以及犯罪”为特点的低俗故事。最著名的发行量之争发生在 19 世纪 90 年代后期约瑟夫·普利策（Joseph Pulitzer）的《纽约世界报》（*New York World*）与威廉·伦道夫·赫斯特（William Randolph Hearst）的《纽约新闻报》（*New York Journal*）之间。赫斯特急不可耐地想给西班牙和美国的古巴之争煽风点火，他派出了摄影师弗雷德里克·雷明顿（Frederick Remington），雷明顿却找不到一丝战争的迹象。在那份著名的往来电报中，赫斯特给雷明顿的答复是：“你提供照片，我来提供战争。”[10]

大量发行的全国性杂志是 19 世纪 80 年代和 90 年代的产物。不同于报纸发行区域受到向特定都市区域提供时效性新闻这一需要的局限，杂志所具有的特性使其能够以更从容的步伐走向读者。因此，从 19 世纪中期开始时杂志就是全国性的，在 19 世纪末发行量最大的杂志包括《麦克卢尔杂志》（*McClure's*）、《科利尔杂志》（*Collier*）、《星期六晚邮报》（*Saturday Evening Post*）和《妇女家庭杂志》（*Ladies' Home Journal*）。

到 20 世纪 20 年代，严肃的大众期刊中混入了低俗的色情杂志和忏悔杂志（confession magazine）。“性冒险杂志的出版商们……学会了一种精妙的技巧，既能煽动读者，又不招致审查。”创办于 1919 年的《真实故事》（*True Story*）的发行量到 1926 年几乎达到了 200 万份，这是“一个在杂志发行史上前所未有的快速增长纪录”。[11]亨利·鲁斯（Henry Luce）在他 1923 年新创办的《时代周刊》（*Time*）杂志中创造了一种全新的新闻和专题报道风格，之后得益于不断进步的摄影设备和远距离传输，在 1937 年又推出了以令人惊叹的动作照片为特点的《生活》（*Life*）杂志。到 20 世纪 30 年代，报纸和杂志已发展成为现代形式，几乎没有进一步的改变，直到20世纪80年代有线新闻网络的到来以及90年代那些可能使新闻传播碎片化的网络浏览器的到来。

电报加速商业、交通运输和新闻业的发展

开发电报系统的许多尝试，可以追溯到18世纪，第一个有关电磁电报的专利于1837年在英格兰授予了威廉·库克（William Cooke）和查尔斯·惠斯通（Charles Wheatstone）。那时，萨缪尔·摩尔斯（Samuel F. B. Morse）听说了欧洲的实验，到1838年时运用他的摩尔斯电码开发出了自己的版本。为了寻找超远距离间信号传递的方法，又用了6年时间。[12]1844年5月24日，摩尔斯在位于华盛顿的美国国会大厦向巴尔的摩的一个火车站发出了“神做了何等大事?”这一著名消息，开启了商业上可行的电报时代。[13]在那之前，消息传递的速度一直受制于步行、骑马、航运以及更近一些的火车的速度。

摩尔斯系统是一个重要突破。仅仅两年内，就有9家电报公司铺设了2000英里的电报线路，从缅因州的波特兰一路延伸至芝加哥和新奥尔良。[14]到1855年，电报网络已经遍及东部；到1861年末，建成了横贯大陆的电报网络；在19世纪50年代末尝试失败后，在1866年成功铺设了一条连接英国和美国的海底电缆。当时的观察家们几乎立刻就意识到了电报的重要性。早在1847年，电报就被看作“能促进人际交往，开创人类及各国间的和谐局面”。在19世纪60年代末，一位作家预言：“当这个大链条中全部缺失环节都被补全后，所有的文明国家都能进行即时通信……这将打破邪恶的偏见和风俗的壁垒……”同一时期，另外一个人也乐观地表示，“每当科学取得一次胜利，压迫的枷锁上就有一颗铆钉脱落”。[15]

虽然刚开始时由于发送电报的价钱太高，私人家庭无法运用，但它立刻受到金融、铁路以及报业这三个行业的重视。电报能够传送商品和金融资产价格数据，因此可以减少或者消除那些信息渠道特别好或者特别差的交易者的套利行为。通过挤压利润空间，电报提供的信息开始淘

汰那些曾经依靠不同信息渠道获利的批发商和中间商。到 1890 年，一笔国内的金融交易，从发出指令到确认只需要不到 2 分钟。在海底电缆建成之前，纽约和伦敦之间需要花 6 个星期，这种延迟会造成对大宗商品及其他商品买进或卖出的低效决策，这意味着电报和电缆所带来的好处不仅体现在金融市场上，同时也体现在实体经济部门。[16]

对铁路运输业而言，电报成为控制客流量和货运量的关键工具。在 19 世纪末，电报带来的最重要的社会效益或许就是让大铁路公司能够运营单轨线路而不是在英国常见的那种双轨线路。电报可以提前传递火车到达的消息，通知相向运行的火车向旁边转轨。亚历克斯 · 菲尔德估计，在 1890 年因为电报使铁路无须建造双轨线路带来的社会效益大约有 10 亿美元，这大致相当于当年名义 GDP 的 7%。[17]

到 19 世纪 70 年代，电报与铁路业密切结合，在密西西比河以东地区创造了一个全国性的综合市场。在这个全国性市场内，铁路将商品从生产商运送到批发商和零售商那里；而电报则有助于加速经济转型：从一个由在地方和区域性市场上经营且往往功能单一的小企业组成的经济转向由全国性大型多功能企业组成的经济。电报和铁路使快速发展的大型城市百货商店有可能储存大量的货品并进行存货管理。

在横贯大陆的电报线路建成后的多年内，邮递在消息传递上依然很重要。电报服务十分昂贵，所以仅用于传递非常重要的简短消息。对于不太具有时效性的比较长的消息，包括社论观点在内，邮递仍然是最重要的通信方式。在第一条电报线路建成后，纽约的一些报社就因希望分担美墨战争的报道开销几乎立即于 1846 年成立了美联社。很快它便发展成为一个全国性的、从其成员报社和雇员那里分享信息的协会。美联社和西联电报公司一起发展，并形成了垄断：一个占据消息，一个掌握通信。1875 年，即使在最小的城镇和村庄也有西联公司的电报线路和营业部的身影，西联公司也被称为“唯一一家真正全国性的美国公司”。[18]

邮政服务抵达每一个农民的邮箱

美国邮政服务初期的发展早在 1870 年本书所要研究的起始时间之前

很久就开始了，事实上，1775 年 7 月大陆议会任命本杰明·富兰克林为邮政大臣，美国的邮政服务就开始发展了。[19] 到 1870 年，由于铁路已经出现，邮费急剧下降。1792—1845 年，将一封重半盎司的信件邮递到 500 英里之外的地方需要 25 美分的邮费，之后降低到 10 美分，1851 年后寄信到 3000 英里远的地方只需要 3 美分。[20]

相较于 19 世纪末的大多数变革，邮政并没有那么为人所知。到 1890 年时，美国总人口大约有 7600 万，但只有 1900 万人能在自己的门口收到由美国邮政署投递的邮件。对生活在小城镇和农场的其余 5700 万人而言是没有邮政投递的。农民不得不驾着自己的马车，沿着有车辙的泥泞道路前往最近的有邮局的大村庄，还得排队等着从当地邮局职员的手中取走自己的信件。之后，乡村地区免费邮递制度如同奇迹般地一夜之间就出现了。乡村地区免费邮递使数以百万计农民的生活水平得到了提高，正如下文所描述的：

> 他们有生以来第一次能够在除周日外的每一天都看到有关这个世界的新闻……他们能够知道什么时候卖出自己的农作物最有利……那些对他们而言意味着金钱的重要信件……不再因为他们不知道信件已经到达而在邮局耽搁两三天。还有那些他们可以省下的时间！利用那些之前前往邮局花费的时间，一个人能够额外种植一英亩玉米或者运输一车干草。[21]

从 1901 年开始，实施乡村地区免费邮递制度大约花了 10 年时间。在实施这一制度的过程中遇到了数不清的困难，包括招募成千上万的人骑马送信，更不用说将农村的信箱设计成联邦政府所批准的合格尺寸和形状这种大量单调的工作。但从一开始，乡村地区免费邮递就是高度成功的。流动的农村邮递员成为服务对象的杂工和跑差。很快，汽车革命让福特 T 型车取代了马匹作为运送工具。邮递员在其投递的线路上充当了邮局副局长，他卖邮票、明信片和信封，也接收挂号信和邮政汇票。在 1913 年，当邮政包裹加入乡村地区免费邮递网络后，邮递员的职责又有所增加。在 1890—1915 年这段时间，乡村地区免费邮递已非常普遍，要求建设更好道路的政治压力随之而来，他们认为，只有更好的道路才能够使用汽车，反过来说，正是因为有了汽车，才需要有更好的乡村道路。

电话来了："请说号码"

就像第 4 章所讨论的 1879 年电灯的发明，或者像第 5 章所概述的差不多同一时间出现的内燃机的发明一样，电话的发明也是之前几十年探索和实验的结果。但电话的酝酿期要短一些。1854 年菲利普·里斯（Philip Reis）提出了一个想法：由人的声音引起的空气压力变化可使柔性板振动进而打开或关闭一个电路。[22] 1876 年，仅仅在这个想法提出 22 年后，这一发明就出现了。进一步的发展之所以受到限制，是因为无力提供可变螺距（variable pitch）和传递人的声音，而不是因为电报交换机（telegraphic switch）上简单的转换开关。转折点等待着一位对听说过程都有深入理解的发明家的出现。

亚历山大·格雷厄姆·贝尔并不是专业的发明家。他的专长是人类语言，而不是电力或者机械。他的祖父是莎士比亚戏剧的演员，最终在伦敦开办了一所知名的演说学校，专攻治疗口吃；而他的父亲是一名演说学教授，发明了一种教聋哑人说话的新方法。[23] 1873 年，贝尔追随祖父和父亲的脚步开始了自己的事业，在波士顿大学担任语言生理学教授，但很快他的兴趣，也就是发明能用一根电报线同时传送数条信息的"谐波电报"让他分心了。

在 1876 年初，贝尔为电话申请了被称为史上最具价值的专利，仅仅比竞争对手——发明家伊莱沙·格雷的专利申请早了几个小时。在那时，他们的发明都没有达到实用电话的程度，所以这些专利是对未来成功的猜测。这个发生在两小时内的戏剧性事件被称为"专利史上几乎同时独立申请专利的最著名案例"。[24] 在该专利申请后的短短一个月内，贝尔迎来了突破性的进展：声音不是通过稳定的间歇性信号传递的，而是通过"逐渐增强或减弱电路的电阻"来传递的。1876 年 3 月 10 日，电话实验在波士顿取得了成功，贝尔对着原始的传送机说出了那条著名的信息："沃森先生，请到这里来——我想见你”，而他的助手这时就等在隔壁的房间里。贝尔非常确定这是一项伟大的发明，当晚他给父亲写信道：“我觉得我终于找到了这个重大问题的解决方案——电话线像自来水和燃气一样装在房子里的那一天将会到来——朋友们不出家门就可以互相交谈。”[25]

正如早期的汽车没有那么好用一样，最早出现的电话设备使用时非常笨拙，而且在静电干扰下发出的模糊声音也很难听清。送话器和收话器是同一个组成部件。人们首先得对着它大声说话，说完之后将这个设备从嘴巴移到耳朵来听答。虽然如此，贝尔的设备总体运转良好，能够在 1876 年 6 月的费城百年纪念博览会上介绍给全世界。贝尔实现了人们长久以来力图实现的梦想，找到了一种能够通过电线传递声音的设备。在回顾发明史时，人们看到电报和电话在爱迪生的电灯和发电站之前就被发明出来，会觉得有些奇怪，事实上，正是 19 世纪 30 年代出现的电池才使这种情况成为可能。[26]

在一年之内，电话业务出现在美国最大的那些城市之中，出现在一个被电报主导的环境中，在电线杆林立和电线交织的环境里，一小队穿着制服的小伙子们“快步穿梭于街道传递着消息”。一份份宣传单旨在向电报用户说明电话的优点：（1）“不需要熟练的操作员，能通过语音直接交谈”；（2）“通信将更加迅速”；（3）“运行、维护和修理都不需要费用”，所需要的仅仅是租赁费——家用电话每年 20 美元，商用电话每年 40 美元。[27]

到 1893 年，在使用的电话有 25 万部，到 1907 年超过 600 万部。[28]但电话同电力一道扩大了美国城市与乡村之间的生活水平差距。在大城市地区和个人农场住宅之间是中型城镇，比如印第安纳州的曼西市，林德夫妇的《米德尔敦》一书对此进行了详细的调查和描述。虽然在 19 世纪 80 年代初期第一部电话就出现在米德尔敦，但之后用了数十年才深入到当地大多数家庭，1924 年在米德尔敦约有一半家庭安装了电话。这种发明的扩散用了将近 50 年，而 1920 年后的收音机，或者 1946 年后的电视，1990 年后的互联网，扩散都只用了 20 年，相比而言，电话的扩散速度极其缓慢。

图 6.2 说明了电话如何从发明伊始就对电报业形成打击。每户家庭每年的电报在 1867—1878 年从 1 份升到了 4 份，但从未超过 8 份。在 1880 年，每户家庭每年已经要通 10 次电话，1899 年总量达到 125 次，1929 年则达到了 800 次。近年来，每户家庭打电话达到 2440 次，事实上，家庭电话拥有率从 1929 年的 40% 已经上升到 1985 年的 160%（见图 6.4）。

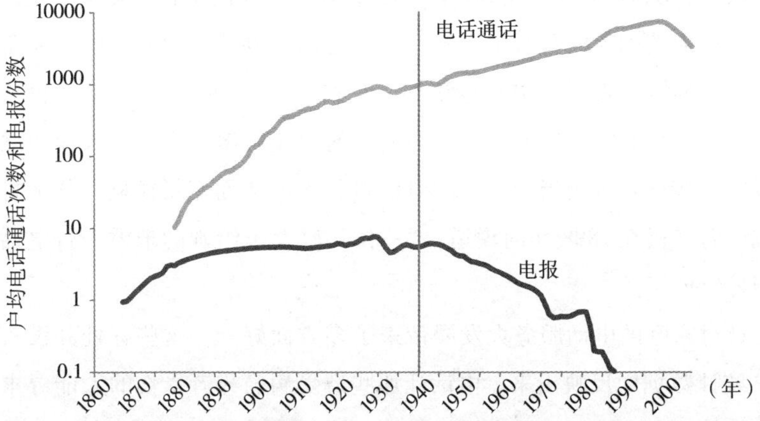

图 6.2　1867—2007 年户均电话通话次数和电报份数（两年移动平均值）

资料来源：1982 年之前的数据来自 HSUS 序列 Dg8、Dg9、Dg51 和 Ae2，1986 年之后的数据来自 FCC《电话服务的趋势》（*Trends in Telephone Service*，2010）。1982—1986 年的数据为内插值。

电话交换机几乎在同一时间被发明出来，当操作员把电线的金属尖端插入插孔来创建连接时，可以连通 50 ~ 100 条线路。旋转拨号电话和自动开关早在 1892 年就被发明出来并授予专利，但由于“贝尔系统领导层的抵制”，直到 1919 年才被美国电话电报公司（AT & T）引入服务。[29] 在全美各地，扩大电话覆盖范围的进程也十分缓慢。直到 1892 年，才出现了纽约和芝加哥之间的第一通长途电话；纽约和旧金山之间的第一通长途电话到 1915 年才出现。从电话发明到电话服务覆盖美国大陆间隔了 39 年，这是 1844 年电报发明到 1861 年电报网络横贯美国大陆之间 17 年间隔的两倍多。

在本章后面的图 6.4 中能明显看出不同用户数的增长率。在贝尔的原始专利到期后，随着独立公司的出现，在 1893—1908 年电话服务出现了加速增长。1894 年后的 15 年间，价格竞争使贝尔系统的电话入户服务的年收费下降了2/3。[30]到1907年，独立公司几乎占到了美国电话数的一半，但是5年后，贝尔系统的电话公司以直接或者从属许可协议（Sublicense agreement）的形式控制了美国85%的电话。这时，“美国电话电报公司有效抑制了这个国家其他地方的竞争”。[31]随着贝尔公司尽可能地收购竞争对手，价格停止了下滑；同时，1920—1929年用户的增长明显放缓，随后到20世纪30年代大萧条的10年间增长则完全停止。

在成为美国人民日常生活的一部分之前，电话在商业中已经非常重要。电话的第一批用户中有警察部门。到19世纪80年代，电话机连接到消防站已是非常普遍的事。电话最初的商业用途和之后私人使用之间的界限因客户要求用当地商人的电话打私人电话而变得模糊。芝加哥的一位药店老板在1888年时说道：“一位年轻女士给她的未婚夫打电话说不想嫁给他了。”[32]

针对家庭的电话服务大发展带来了多方面好处，这些好处并没有在GDP统计数据中反映出来。电话让那些遭受病痛或者受伤的人能寻求帮助，拯救生命。电话和电梯的发明一道使得高层写字楼和公寓成为可能。电话的作用，可谓好坏参半，它使人们独自生活成为可能，也促成了几世同堂大家庭的解体，电话即便没让古老的书写艺术消失，也使这门艺术逐渐衰减。[33]

在早期的几十年间，话务员的核心地位导致电话出现了之前未曾料到的作用：

> 话务员经常收到这样的请求，“明早6点请电话叫醒我”；在芝加哥，话务员每天要接到5000次询问时间的电话；选举和职业拳击赛的结果、足球和棒球的比分也被不断重复询问。[34]

同样，农村的话务员也成了当地社区的信息发布中心，帮忙寻找走失的儿童以及发布洪水和火灾预警。在农村地区，绝大部分电话都是“合用线”，也就是两家、四家甚至更多家庭共同使用一条电话线。就像今天在一个使用多部分机电话的家庭中会出现的一样，当拿起合用线的电话时，常常会听见一个通话正在进行。在广播肥皂剧出现之前的日子里，通过合用线听邻居通电话是农村娱乐的一种形式。

1940 年电话网络的一个主要限制是长途电话的价格。图 6.3 显示了纽约、伦敦和旧金山之间三分钟通话的费用。虽然到 1940 年费用已经明显降低，但从纽约打到旧金山的三分钟电话费相当于 2005 年的 46 美元，而这样一通电话打到伦敦则需要 242 美元。进入 20 世纪下半叶，费用依然较高。直到 1966 年，打到旧金山的三分钟电话费才降到 10 美元以下，而打到伦敦的话费直到 1981 年才降到 10 美元以下。这样的价格使电话网的应用在初期主要限于当地。

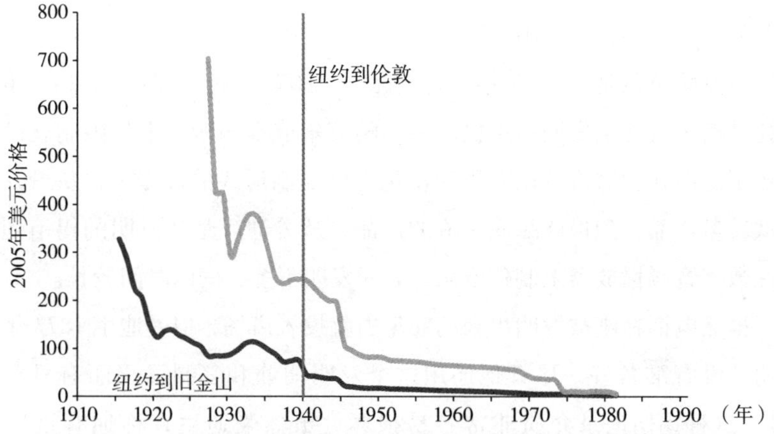

图 6.3　1915—1981 年纽约、伦敦和旧金山之间三分钟日间电话费用

资料来源：HSUS 序列 Dg59、Dg60 和 Gordon（2012a）附录表 A-1。

电话是美国的一项独特创新。这不仅因为它是在美国发明的，虽然发明者是一个苏格兰移民，而且因为它在美国的传播和运用远远超过其他国家。1900 年美国的人均电话数量是英国的 4 倍，德国的 6 倍多，法国的 20 倍多。纽约州的电话就和整个欧洲一样多。贝尔系统的垄断为美国政府反垄断机构所容忍的重要原因之一，就是美国的电话使用远远领先于其他国家。外国的电话公司同样也是垄断，但是为政府所有，而且费用通常定得非常低，以至于建设电话网络的资金不足，电话服务通常有长长的等待名单。[35] 政府强制贝尔系统解体还要再等半个世纪，直到 1983 年。

留声机：治疗鲍莫尔成本病的第一步

鲍莫尔成本病最初提出时是以莫扎特的弦乐四重奏作为例子的。[36]任何一场四重奏的表演都要求四名演奏家，这妨碍了生产率的提高。但在一个生产率整体水平提高的经济体内，工资也以大约相同的速度上涨。[37]因此为了阻止室内音乐演奏家跳槽到工资更高的其他行业，他们的工资也必须增加，这就要求古典音乐会的门票价格上涨。这种“成本病”不止困扰着古典音乐，也困扰着教育、医疗卫生，以及所有生产率提高受限制的行业，甚至包括附近不起眼的小理发店。

虽然鲍莫尔是在1967年才著文提出“鲍莫尔病”，但早在1877年7月托马斯·爱迪生发明留声机之后，鲍莫尔成本病所带来的限制就已经减弱了。但在尝试将音乐和语音转化为可复制形式的过程中，从最开始的低质量产品，到最终品质一流的产品，从爱迪生最初发明的锡箔到今天在数字音频播放器上制作音乐，其间发明不多，间隔时间较长。[38]

虽然电话在刚被发明出来的一年内就投入市场，但爱迪生1877年的发明并没有准备好，尽管他还用这个发明朗诵和复制《玛丽有只小羊羔》。这种锡箔记录介质非常容易损坏。虽然爱迪生宣称拥有这项发明，还在1878年向时任总统拉瑟福德·海斯做了展示，但他并没有把它作为大众消费产品进行设计和生产。爱迪生最初发明留声机并不是为了娱乐，而是将它视作一种商业设备，是录音机的早期原型；他称之为“会说话的机器”。《纽约时报》一篇早期的社论认为，这种记录机的主要用处是作为永久储存当时政治家演讲的设备。[39]

相较于改进和完善机械，爱迪生本人更擅长的是预言。在1878年的一篇文章中，他预言留声机可以给盲人读书，能教孩子们正确地说话，能制造会唱歌的娃娃，能将音乐表演从一个时刻转移到另一个时刻，还能够保留前几代家庭成员的声音。爱迪生的想象力天马行空，他预测“留声机时钟会告诉你时间，能够叫你吃午饭，能够在10点送你的爱人回家”。[40]

虽然很快爱迪生就开始在蜡盘上进行录音，但它们被证实太软、太脆弱，很难大规模制造和运输。到 1884 年，批评者写道，“留声机的失败对爱迪生先生的受欢迎程度产生了很大影响”。当“格拉福风留声机”（Graphophone）这种竞争技术出现时，爱迪生大为恼火，称之为“试图窃取我的发明成果的强盗”制造的，格拉福风留声机获得了爱迪生的竞争对手贝尔的支持。[41]直到 1888 年，爱迪生才推出了他的“完美留声机”，但其实它远不够完美，因为机械零件很容易发生故障而且内部电池也不可靠。

留声机最初的动力并不是电力，而是曲柄或者脚踏板。爱迪生的留声机和竞争对手格拉福风留声机的技术很快因爱米尔·贝利纳（Emile Berliner）在 1888 年的改进而黯然失色。这种更好的方法以一种最初每分钟约 70 转的平面圆盘为基础。[42]贝利纳发明的这种记录盘的主要技术特征就是圆盘的槽既能横向录音又能推动指针。[43]到 19 世纪 90 年代中期，“录音”这个词已经非常普遍。贝利纳的发明最终被出售，成立了维克多留声机公司，该公司在 1929 年又和美国无线电公司（RCA）合并成世界上最大的唱片公司——美国胜利唱片公司（RCA Victor）。那个著名的商标，即听留声机的小狗尼佩尔（Nipper）是由贝利纳从一幅法国绘画中借用并很快在 1900 年注册成商标“它的主人的声音”（His Master’s Voice），之后缩写为“HMV”。在广告中，维克多留声机公司的产品叫作“Victrolas”，这个名字逐渐被广泛用于指代任何类型的留声机，尤其是那种用硬木雕刻从而与其他家具配套的落地式留声机。

最早出现在 19 世纪 90 年代的留声机并不是家用的，而是作为一种投币机器放在冷饮柜台或者酒吧里。顾客花 5 美分就能听到约翰·菲力浦·苏萨（John Philip Sousa）的军队进行曲或者史蒂芬·福斯特（Steven Foster）创作的民谣。1900 年之后家庭拥有留声机的增加有助于推广新的音乐类型，包括 1910—1915 年的“舞蹈热潮”，那时的唱片公司在《星期六晚邮报》之类的流行报刊上宣传其“正宗的舞蹈节奏”的唱片。[44]

虽然留声机有史以来第一次把专业音乐表演带进了普通家庭，但几乎同时发明的自动钢琴也做到了这一点，后者在世纪之交时非常畅销。以今天的视角来看，我们或许会预测新生的自动钢琴产业会因留声机而黯然失色，因为留声机能复制歌手以及多种乐器的声音，而不单单是钢琴。但在1900—1905年，自动钢琴并不是与今天那样精准的声音复制相竞争，而是同那个时代草创的留声机，它那发条曲柄、低劣的声音复制以及易碎的黑胶唱片相竞争。数十年来钢琴都是“文化资本”的核心成分，年轻的女士都被要求上钢琴课并达到精通。[45]

留声机有史以来第一次让普通人能够听到由专业人士精心演奏的音乐。随后，能够被录制的音乐远远超过了钢琴演奏，包括乐队和管弦乐队，既有流行音乐也有古典音乐。恩里科·卡鲁索在1902—1920年制作了490张商业发行唱片，成为那个年代最知名的人物之一。[46]不论早期的留声机有什么缺陷，普通人与录音设备最初相遇所带来的动人体验完全改变了音乐和声音的可获得性。

留声机最初进入美国家庭的速度因为钢琴的竞争而受到了限制，购买唱片的费用在有限的家庭预算中也可以用于支付乐谱和钢琴课的费用。留声机的出现并没有立刻造成钢琴过时，事实上，制造业普查表明，在1899年、1904年和1909年，钢琴的产量多于留声机。[47]在1910年每个家庭平均名义个人可支配收入为1240美元的情况下，考虑到这些商品的价格，钢琴是一笔重大的支出。[48]在1902年西尔斯公司的邮购商品目录中列出的家用电风琴只要27美元，而一台带红木雕刻和胡桃木橱柜的竖式钢琴需要98美元，还要加上运费，它那800磅的重量会产生大量的额外运费。

同一本1902年西尔斯邮购商品目录用4页展示了从20美元到120美元不等的多种留声机。两种型号的唱片售价分别为20美元和40美元。从这个目录中摘选的宣传词，不仅告诉我们很多有关唱片播放器的信息，还体现了1902年的目录写作技巧，直到最后才说明留声机不是靠电力，而是靠上紧发条的马达驱动：

> 它是最美丽的乐器，比例巨大，造型美观。机械装置被放在设计精美的高抛光橡木柜中……它的机械装置堪称完美……能保证发条功能可靠，每个绕组能运行3张大的10英寸音乐会唱片。[49]

早期的留声机不仅靠发条提供动力，而且唱片录制本身使用原声，声音由留声机的喇叭而不是电扩音器收集。歌手必须站得很近，还要把他/她的脸放到喇叭里，而且在管弦乐队中也只能听到部分乐器。直到 1925 年，扩音器和真空管技术才进步到足以在唱片上完成精准的音乐录制。到 1948 年，所有唱片从头到尾都是现场录制，没有剪辑。任何瑕疵要么保留在唱片中，要么需要重新表演以消除瑕疵。

20 世纪 20 年代中期的一系列创新将之前的留声机淘汰了。发条驱动被电动马达替代；唱片的录音通过扩音器和真空管而不再通过喇叭进行，同时引入了自动换片器，能够听完一整部交响乐而不需要每三分钟就手动换一次唱片。到 20 世纪 20 年代末期，柜式落地留声机也被淘汰，取而代之的是收音机/留声机的组合装置，能够用收音机的扩音器播放留声机的声音。至此，不仅在录音上，在收听上喇叭也被取代了。

同电话和收音机相比，家庭使用留声机的增长有多快呢？图 6.4 对比了平均每户家庭的留声机数量和住宅电话数量。[50]在这场比赛中，留声机和电话非常接近。我们看到，从电话和留声机差不多同时发明出来到进入一半的美国家庭，其间经历了整整 50 年。

图 6.4 也比较了 20 世纪 30 年代电话和收音机非常不同的使用模式。当时家庭电话拥有率从 1929 年的 45% 下滑到 1933 年的 33%。由于电话是租用而不是完全购买的，当经济大萧条使收入低到无力支付电话费时，电话就简单地从家庭中消失了。相反，收音机是买来的，在整个 20 世纪 30 年代，收音机拥有率从 1929 年的 35% 飙升到 1940 年的 82%。当富兰克林·罗斯福在珍珠港遇袭次日发表“国耻日”演讲时，几乎全体美国国民都有条件在自己家中听到演讲。形成明显对比的是，直到 1953 年家庭电话的使用率才超过 50%。

在 1890 年到 1929 年，几乎是一夜之间，电力、汽车、公共交通系统以及公共卫生基础设施就改变了美国人民特别是美国城市人口的生活。电话和留声机是这一系列划时代变化中的一部分。电话线连接了至少一半的家庭，其中绝大多数位于城市地区，这为那些

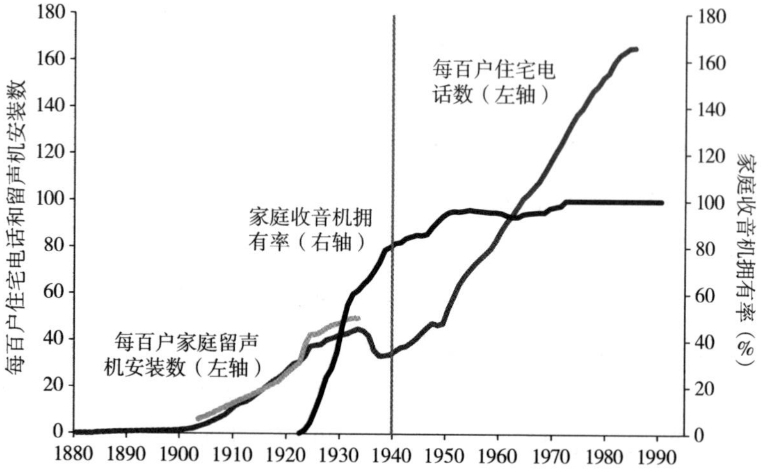

图 6.4　1880—1990 年电话、收音机和留声机的家庭普及情况

资料来源：HSUS 序列 Ae2，Dg46（1920 年的数据与 Dg48 做了同口径调整），Dg128（HSUS，1958，第 231 页）。

已经通过电力、燃气、自来水和下水道同外界相连的“网络化住宅”又增加了新的连接。电话使人们足不出户就能互相交谈，留声机让专业的音乐演奏取代了业余的音乐，让表演能够跨越数月甚至数年时间，同时也代表着医治“鲍莫尔成本病”的众多发明中的第一个发明。

收音机将世界带进几乎每一个家庭

收音机像野火一般蔓延到全国，在 1920 年第一家商业无线电台问世后短短 20 年内，就有超过 80% 的美国家庭至少拥有一台收音机。收音机到来的速度超过了电力、汽车、电话以及留声机，其中的原因是显而易见的。与留声机不同，收音机是作为完完全全的电器出现的，并和它的真空管一起构成了在战后多年间占据主导地位的电子革命的第一阶段。购买了收音机之后，它提供的所有娱乐都是免费的，不需要再买唱片或者自动钢琴打孔纸卷。而它能提供即时新闻报道的功能使它成为日报的竞争对手。

信息通过空气而非电线传递，远远早于商业电台的问世。19 世纪末期大多数伟大的发明总与特定的名字比如爱迪生、贝尔相联系，但那些鲜为人知的先辈们的发现还要向前推几十年。虽然古列尔莫·马可尼在 1896 年获得了无线电报的第一项专利，但早在 30 多年前的 1864 年，詹姆斯·克拉克·麦克斯韦就第一次提出了电磁波理论。1879 年 12 月，戴维·爱德华·休斯在伦敦首次进行了传递和接收波的实验，这和卡尔·本茨发明第一台可用的内燃机是同一个月，比爱迪生发明第一盏电灯晚两个月。1899 年的一篇报纸文章总结了被忽视的休斯的作用："1879 年的实验事实上是在赫兹之前发现了赫兹波（电磁波），在布朗利之前发现了粉末检波器，在马可尼等人之前发现了无线电报。"[51]

马可尼是实现远距离传送无线电信号的第一人。虽然曾有许多其他发明家非常接近他，将其他人创造的部件组成一个特定的组合，但马可尼才是将所有原件组合在一起的首创者，并于 1896 年 22 岁时在英国和美国同时申请了他的第一项专利。1896 年他在英国第一次公开演示，在将近两英里的距离间发送了清晰的信号；1901 年他发出的信号跨过了大西洋。英国海军几乎立刻就使用了无线电报；1912 年泰坦尼克号灾难中，无线电的作用几乎立刻成为公众认知中不可或缺的一个部分，因为当时几艘邻近的船都没有打开它们的接收器。

商业电台的实现还需要 1900—1920 年一系列其他发明来传递声音和音乐，而不仅仅靠摩尔斯电报电码。这其中有 1907 年发明的真空管，它在 1947 年后晶体管出现之前对电子工业非常重要。虽然早在 1913 年发电机、天线、扩音器、接收器就已经为创造商业电台做好了准备，但第一次世界大战的爆发影响并推迟了这一进程。[52]

到 1920 年的选举之夜，行星已对齐，科技也已就位，世界上第一个商业电台——不是在伦敦，也不是在纽约，而是在匹兹堡开始广播。那时已经用交流电击败爱迪生的直流电的电气巨头乔治·威斯汀豪斯发现了他的公司在销售收音机方面的巨大潜力，当时除了零星不定的演讲以及无线电业余爱好者使用未知频率发送的音乐外，没有什么可听的。威斯汀豪斯与一个叫弗兰克·康拉德（Frank Conrad）的业余无线电爱好者合作，在西屋电气的屋顶上建造了一个小木屋。1920 年 11 月 2 日选举之夜的下午 6 点整，KDKA 电台的播音员莱奥·罗森贝格（Leo Rosenberg）说出了人们在商业电台中听到的第一句话，实际上，他最后还谦逊地问道："有人在听吗?"

> 这里是位于宾夕法尼亚州匹兹堡东部的西屋电气制造公司的 KDKA 电台。现在我们将广播选举结果。我们通过同《匹兹堡邮报》《太阳报》的合作以及特殊安排而得到选举结果。任何一个听到这一广播的人请和我们联系，我们将非常感激，因为我们迫切地想要知道这个广播能传多远，又是如何被接收的。[53]

就在 KDKA 电台广播的第一个晚上之后，全国各地都燃起了对收音机的兴趣。在夜间整个东部各州都能听到 KDKA。1921 年，一个又一个的第一次出现在这个电台：第一次广播总统就职演说，第一次广播体育赛事，第一次实况广播棒球比赛，第一次广播橄榄球比赛。因为建设收音机制造工厂以及分销网络需要花费时间，所以刚开始广播时听众非常少。

1921—1922 年的冬天，"水闸"打开了，收音机的商业潜力随之释放。"收音机"一词迅速取代了"无线电话"。一家旧金山的报纸这样描述这一同时被数百万美国人所发现的现象："每个夜晚，各个地方，都能听到电台播放的音乐。任何人都能通过一个接收器在家收听，而随便哪个男孩都能在 1 小时内将接收器安装好。"到 1923 年末，无线电台有 556 个，收音机的销售额从 1922 年的 6000 万美元飙升至 1929 年的 8.43 亿美元。[54]

在图 6.4 中我们已仔细观察了电话和留声机的传播。同一个图中可看到 1930 年 46% 的美国家庭有收音机，而到 1940 年足足 80% 的美国家庭有收音机。1940 年以前的发明史上没有任何其他产品能带来显著的平等化效果，新闻和娱乐能被最富有的大亨和最贫穷的街道清洁工同等享有。[55]在 1922 年末大部分家庭还没有收音机时，通过对比收听收音机与身处剧院，人们这样总结了收音机令人惊奇的影响：

> 现在，我们再次被聚集到 KDKA 这个不受限制的剧院中，在这里，座位距离舞台有上百英里之远，观众都抱着自己的小匣子，他们可以迟到也可以早退，不会让讲演者尴尬，不会打扰其他观众。[56]

可以这样认为，收音机对 20 世纪上半叶的意义不亚于汽车。虽然留声机将专业的音乐表演带到了家中，但现在新闻、音乐、消息和广告都能不分昼夜地获得。“作为第一个现代大众传播媒介，收音机将美国变成了一个听众的国度，有教育、有娱乐，有愤怒、有欢乐，并将所有年龄、所有阶层的人都连接到一个共同的文化之中。”[57]

一旦购买了收音机，收音机随后提供的所有内容都是免费的。1927 年，西尔斯的台式收音机仅售 24.95 美元，并提供一个首付 4 美元月供 4 美元的分期付款方式（25 美元还不到 20 世纪 20 年代一个典型工薪阶层家庭收入的 2%）。正如落地式留声机在 20 年前就已经装在精心雕刻的木质橱柜中待售一样，柜式收音机也列在 1927 年西尔斯邮购商品目录上，售价 50～100 美元不等。[58]

收音机更广泛的影响在于对及时性和亲密性的改变。听众在事件发生时就能够收听到，包括 1927 年巴黎的人们对美国人林德伯格飞抵巴黎而聚会欢呼，无须等待第二天报纸上干巴巴的报道。与及时性相伴而生的是亲密性。二者在 1933 年 3 月 12 日罗斯福总统那引人注目的第一次炉边谈话中都得到了体现。当他对每一个听众说话时，仿佛就在他们的身旁，他在开头解释说银行系统依赖的是大家的信心，并向全体国民保证当银行在下周重新营业时将钱存入银行是安全的。

甚至在 1920 年第一个商业电台广播之前，通用电气就成立了美国无线电公司（RCA）。[59]美国无线电公司成为新的收音机时代的标志，它的股票就被简单地称为“收音机”。这一股票价格剧烈的涨跌也成为 20 世纪 20 年代股票市场繁荣与衰退的象征。它的股票价格在 1924 年和 1929 年的峰值之间上涨了 100 倍，之后到 1931 年时跌得几乎一文不值。[60]

早在 1922 年，人们就注意到有必要将无线电台相连以使它们能共享相同的节目。如我们所知，无线电广播网在 1926 年随着美国全国广播公司（NBC）的成立而到来，这是一家由美国无线电公司、通用电气和西屋电气联合成立的企业。在美国全国广播公司成立之前，曾出现过两组无线电台，一组以纽约的 WEAF 为中心（现在称为 WNBC），另一组以 WJZ 为中心（现在称为 WABC）。它们成为两个独立的广播网，分别被称为美国全国广播公司红网（NBC Red）和美国全国广播公司蓝网（NBC Blue），后者在 1943 年成了美国广播公司（ABC）。到 1927 年 6 月林德伯格飞行时，美国全国广播公司红网的网络与 24 个州的 50 个电话线站相连接。[61]

无线电网络扩散的影响与大型清晰频道电台的发展相交织，这种电台都是其所在频率的唯一电台，而且每一个电台都能够在夜晚从远距离收听到。[62]到 20 世纪 30 年代早期，几乎全部夜间节目都来自无线电网络，所以农村的听众调台不论是调到明尼阿波利斯市的 WCCO 还是圣路易斯的 KMOX，都会听到相同的节目。对 1925 年生活在农场和小村镇的 47% 的美国人而言，有收音机真是一件幸事：

> 当他们说“收音机”时并不是指一个橱柜、一种电学现象或者一个在播音室里的人；他们指的是一个进入他们的生活和家庭，某种程度上如神一般无处不在的物件。[63]

直到 1929 年，美国城市和农村的差异体现为农村在汽车和电话上的消费比电和收音机的消费更大。但在 20 世纪 30 年代，随着收音机价格的下降，这一情况有所改变。由于配电网建造的高成本，电力还没能到达美国乡村地区。然而在 20 世纪 30 年代，乡村地区使用收音机已非常普遍，这部分要归功于高效的电池供电式收音机的发展。

20 世纪 30 年代收音机的中心地位受到了一个调查结果的支持，“美国人情愿卖掉他们的冰箱、浴缸、电话以及床来支付租金，也不愿意舍弃同世界相连接的收音机。”[64]随着收音机向以商业广告为基础的金融系统转变，节目也从教育性质的节目和古典音乐变为流行音乐和喜剧/综艺节目，后者通常由曾从事歌舞杂耍表演的人主演。在 1933 年达到顶峰时，每天的《阿莫斯和安迪》（*Amos' n' Andy*）广播剧能为两位黑人喜剧明星带来10万美元的年收入，比美国全国广播公司和美国无线电公司的董事长或者美国总统的收入还要高。[65]支撑这一高收入的商业广告来自分销全国的包装商品，包括香烟、牙膏、咖啡以及泻药。

喜剧演员乔治·伯恩斯（George Burns）在他的自传中讲述收音机对其先前歌舞杂耍演员工作的影响时，回忆了《阿莫斯和安迪》广播剧：

> 收音机出现了。有史以来第一次人们不再需要离开自己的家也能享受娱乐。表演者来到了他们的家中。当剧院开始通知他们的表演会暂停15分钟，让观众收听《阿莫斯和安迪》剧时，我就知道歌舞杂耍表演将要终结……几乎不可能向没有生活在那个时代的人解释收音机对当时整个世界的影响。[66]

某种程度上，收音机的日益流行反映了收音机价格的持续下跌和质量的持续提高，这也是战后电子时代人们熟悉的一个主旋律。电台节目质量的提升和种类增加是对收音机销售同样重要的另一个刺激因素。柜式收音机成为美国家庭中非常重要的家具，让父母和孩子们一块儿收听喜剧和综艺节目、新闻、戏剧，甚至还有最新出现的“肥皂剧”。“收音机为那些工作死气沉沉或者缺少爱情而寂寞的人，为那些情感被剥夺或者情感匮乏的人提供了幻想的补偿。”[67]

20世纪30年代收音机的商业化与无处不在的广告密不可分。与杂志的广告页可以被直接翻过不同，广播广告是没有办法避开的，尤其是因为大多数人都是围坐在落地式收音机旁边，要调低音量的话还不得不从椅子上站起来。广告是收音机比留声机或是电话更快地走进美国家庭的间接原因，因为广告的存在使内容能够免费。20世纪30年代收音机中的内容让听众暂时忘却大萧条正在发生：

> 舞曲乐队演奏着欢快的音乐，但即使杰克·本尼（Jack Benny，美国喜剧演员、广播家。——译者注）在最好的时候也会担心钱的问题。在这个明显的矛盾中或许显示了收音机根本的吸引力所在。

> 20世纪30年代的现实生活令人难以承受。当人们打开自己的收音机时，他们寻找的不是现实，而是逃避。带着赞助商的信息，收音机带来了一丝安慰。[68]

规制的新时代随着1934年美国联邦通信委员会的成立而到来，对广播公司造成了威胁，它们被要求播放更多的文化和公共服务节目，而不是那么多的由商业广告赞助的轻喜剧和音乐。一些公司在重大规制措施实施之前就采取了相应行动：沙诺夫公司（Sarnoff）聘用阿图罗·托斯卡尼尼（Arturo Toscanini）建立并指挥整个交响乐团；美国全国广播公司交响乐团当年在美国无线电公司大楼里拥有独立演播室，即现在为人所知的“30Rock”。从1937年的圣诞夜开始，美国全国广播公司交响乐团的演出一直延续到了1954年。

在20世纪30年代末期，战争的威胁使广播加入了公共服务功能。新闻广播历史性的一刻出现在德奥合并之夜——德国在1938年3月13日接管了奥地利。那一夜诞生了“哥伦比亚广播公司（CBS）世界晚间新闻”，直到今天每晚还在播报，它也第一次实现了位于纽约的罗伯特·特劳特（Robert Trout）和远在伦敦、巴黎、柏林、维也纳和华盛顿的通讯记者之间跨大西洋的短波无线电连线。值得注意的是，那晚爱德华·默罗（Edward R. Murrow）在联网广播的首次登场中用一种通俗的、非正式的风格从维也纳发出报道，这与其他的报道者明显不同。[69]

在大萧条那段惨淡的日子里，那些生活无望的民众向霍雷肖·阿尔杰（Horatio Algers）这种因努力和幸运从贫困走向成功的人物寻求鼓舞人心的源泉。到1937年，“所有这些新的社会和科技力量都在融合……新的明星呼之欲出，所需要的只是主题本身。”[70]结果这个主题是一匹名叫“海饼干”（Seabiscuit）的赛马。这匹腿有点问题的小马从默默无闻中崛起，让整个国家为之着迷。“海饼干”被称为1938年最大的一起新闻事件，至少就大众兴趣这一标准而言是这样。1938年“海饼干”和赛马“战将”（War Admiral）之间的比赛不仅被视为最伟大的赛马比赛，也是截止到那时广播听众最多的一场比赛，在1.29亿人口中有4000万人收听了这场比赛。“罗斯福深深地为这个广播所吸引，以至于让一屋子的顾问等待着，直到比赛结束他才现身。”[71]

从最早的无线电实验到 1938 年成熟的收音机产业之间，只有不到 60 年的时间。1879 年，大卫·爱德华·休斯在伦敦成功地将无线电信号发送了数百米远，到 1938 年，无线电网已经能够连接位于不同大洲的通讯记者进行实时通讯，哥伦比亚广播公司世界晚间新闻的第一次播音以及吸引了无数听众的“海饼干”的比赛都证明，收音机有能力将全国的注意力集中到一起事件上。仅仅三年后，将会有更多的听众收听罗斯福的“国耻日”演说，谴责日本并对日宣战。

电影：从 5 美分镍币影院到《乱世佳人》

电影的历史始于静态摄影，这要追溯到大约公元前 330 年亚里士多德关于光学定律的第一次观察，以及大约在公元 1000 年一个阿拉伯人发明的针孔成像。然而直到 19 世纪 20 年代，也没有找到保存针孔成像的方法。1839 年路易·达盖尔（Louis Daguerre）发明的银版照相法是第一种能够创造永久图像的处理方法。之后，很快在 1841 年，英国人亨利·福克斯·塔尔伯特（Henry Fox Talbot）发明了一种制作一个负像并通过它做出许多正像的方法。然而，早期的处理过程都非常不方便，需要使用拍照后立刻制作出来的湿板负像，在实践中也就要求摄影师随身携带一个暗房。直到 1879 年干板底片才发明出来，使手持相机成为可能；最终在 1889 年，乔治·伊斯曼（George Eastman）发明了胶卷，摄影的现代时代随之到来。[72]

电影最初的发展集中在制作动画以及能够在墙上投影图像。在留声机的发展上，爱迪生就曾因坚持使用圆筒而不使用平的记录圆盘而落后。同样，在 19 世纪 90 年代初，他在创造远非新奇玩意儿的电影上也失败了。1894 年他发明了“活动电影视镜”，这是一个小匣子，观看者向里面看能看到一个小的动态图像，但它有着先天的局限：图像非常小而且影片时长只有 20 秒，虽然很快被延长到了 90 秒。爱迪生没能看到电影作为教育工具以外的商业价值。[73]最终，托马斯·艾尔曼特（Thomas Armant）解决了让足够的光通过胶片以照亮大屏幕的问题。他设计了一种放映机，让每一幅画面在经过投影灯时稍做停留就能展示明亮的图像和平稳的动作。

由于艾尔曼特没有足够的资金或者声望将他的项目商业化，因此他与爱迪生就新命名的维太放映机（Vitascope）达成了共享收益的协议。1896 年它的初次亮相包括了“山姆大叔将身材矮小的混蛋英国人约翰·布尔打倒，来自纽约的街景，还有第一个中距离的特写亲吻……观众们都高声叫好”。[74]但由于艾尔曼特财富与名望不足，电影还是被归功于爱迪生，虽然爱迪生事实上几乎没有参与这项发明。

尽管如此，人们一开始都是通过被称为“立体镜”的家用仪器或者是在公共游乐场看照片的，游乐场还提供留声机、占卜机，有时候还有老虎机。就如歌舞杂耍表演一样，游乐场不设在农村地区，一般在人口密集的城市街区发展，在那里家庭成员用几便士就可以到游乐场玩耍而不需要在公共交通上花费本来就不多的金钱。1905 年前后，游乐场开始在后面单独划出一块区域，在墙上或银幕上放电影；因为电影的入场费是 5 美分而不是 1 便士，所以很快这一业务就被称为“5 美分镍币影院”。

很快，5 美分影院就从游乐场后面的屋子发展成了独立的建筑。到 1908 年，仅在曼哈顿就有 200 多个 5 美分影院，在全美则至少有 8000 个，每天能吸引 400 万名观众。5 美分影院标准的设计是 20 英尺宽、80 英尺长，由木制的椅子或长凳作为座位。一个主要的技术局限是，投影机在每一幅画面上都会暂停一下。这些停顿和开始使屏幕产生了让人眼睛疲劳的“闪烁”效果，所以“看电影”有了一种的新说法：去看那些闪烁（going to the flicks）。[75]在电影院前部的栏杆后面有一块地，是留给钢琴演奏者为无声电影伴奏用的。虽然影院内部可能很简单，外部却渐具特色：巨大的拱门，大量的主题装饰图案，其风格从摩尔式到哥特式再到学院派（Beaxu Arts），不一而足，通常还会装点上龙、人脸或雕塑。每一个电影院都用灯泡做点缀，所以人们用“不夜城”来形容每个城市的电影院所在地区。

从我们现在的角度很难想象这些早期电影所带来的兴奋，但那时许多观影者从来没有旅行过，没有机会看看离家几英里以外的地方。有史以来第一次，人们有机会看到一头活动的大象是什么样子的，第一次看到大西洋或者太平洋的沙滩。在早期 5 美分影院的一场电影中，当一列火车向着镜头方向缓缓驶入车站时，一些前排的观众甚至惊慌失措地跑了出去。[76]

从 5 美分影院向豪华影城的转变早在 1911 年底特律哥伦比亚影院开业时就开始了，这个影院不仅有 1000 个座位，还有第一台电影管风琴。1917 年美国加入第一次世界大战的前几年是影院建筑最疯狂的年代，这时那些又小又简陋的 5 美分影院在每个城市的中心地区都被巨大的影城所代替，在住宅区则被类似的小一些的影城所代替。这些影城内华丽的装饰包括了“雕刻的壁龛、环绕的拱廊、望不到头的镜子，以及巨大的盘旋楼梯……当孩子们走进这些宏伟影院的大门踏上通往仙境的道路时，他们的眼睛表露了一切”。[77]这些颇具异域风情的建筑包括了从巴比伦、格拉纳达和里维埃拉获得灵感的主题。

新的影城提供了一种社会平衡，因为来自工薪阶层的顾客只需要 7 美分就能进入那些能够激发上层贵族灵感的艺术宫殿。“它们使那些生活在闷热公寓中的人们每周能进入一次富丽堂皇的豪宅，暂时忘却那令人窒息的窘迫生活。”[78]1921 年 10 月，《芝加哥论坛报》报道了一家影院的开幕，并称赞道：“就凭这些纯粹的光彩、高昂的价格以及这些演出，芝加哥影院就创造了一项世界纪录。”[79]

1910—1920 年的 10 年见证了从 5 美分影院里非常短的影片到大剧院中未删节影片的完全过渡。抛开那粗鲁的种族歧视和对 3K 党的赞颂，格里芬（D. W. Griffin）的《一个国家的诞生》（*The Birth of a Nation*）是许多电影技术的开拓者，包括特写镜头、快速编辑还有渐隐。每周观影人次的迅速上升带来了明星效应，到 1915 年时，查理·卓别林和玛丽·璧克馥都是为人熟知的名字，他们从电影表演中得来的名气又被报纸杂志进一步放大。

到 1922 年，全国范围内每周观影人次达到了 4000 万，大约占总人口的 36%。这意味着，在全部人口中，从婴儿到老太太，每三周就会看不止一次电影。当考虑到在 1920 年这个国家还有一半是农村地区时，这一数据就尤为引人注目；由此可见，在美国城市地区看电影的频率肯定接近一周一次。1919 年一份关于俄亥俄州托莱多市的研究记录表明，在该市 24.3 万的人口中每周观影人次达 31.6 万，人均观影率达到了 130%！

托莱多市的研究为 1919 年的电影行业提供了有价值的分析。电影院门票从 7 美分到 55 美分不等，均价为 15 美分。另一个来源显示 1913 年电影票的均价仅为 7 美分。[80]一场电影大约持续 2.3 小时，包括了“新闻评论、杂志的专题集锦、教育短片、小丑喜剧，最后才是电影”。[81]在默片时代，新闻短片是非常普遍的，第一个全新闻剧院于 1909 年在纽约开业。曾经通过干巴巴的报纸报道来了解新闻的读者，现在被真实事件生动的新景象俘获。

在托莱多及全国各地，最大型的那些影院为故事片提供了现场风琴伴奏。电影制片厂会分发建议使用的音乐“脚本”，但风琴或钢琴演奏者完全可以即兴创作，所以《一个国家的诞生》在托莱多就会和其他地方比如在西雅图听起来完全不同。在一篇 1922 年的散文中，一位风琴演奏者以可适用于任何场景的古典音乐为例：比如说，一个有急促水流的电影场景可以用圣－桑的《洪水前奏》（Prelude to the Deluge）来伴奏。风琴或钢琴演奏家为每天多场的电影放映一遍又一遍地演奏伴奏曲目，所以他们的表演听起来是即兴的，事实上却是大量额外工作的结果。[82]

电影史上一个让人觉得神奇的方面是在有声电影发明之前这个产业就变得如此巨大。另一个意外的方面则是声音与动画的结合居然花费了那么长时间，因为早在 1890 年爱迪生就将有声电影作为目标了。在整个 20 世纪 20 年代，发明家们都被这一问题困扰，包括让声音和图像同步的核心问题以及一个尴尬的现实，即在 1925 年时扩音器与现代电影院的空间大小难以匹配。美国人李·德福雷斯特（Lee de Forest）发明了胶片录音技术，将音轨通过光学录音的方式刻录在电影胶片的边缘。因为在电影胶片上声音和图像在物理上相邻，那么完美的同步也就是必然的了。

虽然有关林德伯格飞行的有声新闻短片早在 1927 年 5 月就在电影院上映了，但第一部引起轰动的由艾尔·乔尔森（Al Jolson）出演的有声电影《爵士歌手》（*Jazz Singer*）还要在几个月后才能出现。华纳兄弟从第一部有声电影以及紧接着 1928 年的三部电影中获得巨额利润，这让其他电影制片商确信它们必须立刻转向有声电影。这一转变几乎一夜之间就完成了，到 1930 年，电影广告都带着“100% 有声”的标语。[83] 从默片到有声电影的转变发生得非常快，不仅造成机器设备的过时，钢琴和风琴演奏者的工作减少，还让之前的明星不再受欢迎。颇为讽刺的是，在 1952 年的电影《雨中曲》（*Singing in the Rain*）中，一些默片明星因其声音尖锐、不具有吸引力而被新一代电影明星取代。

如图 6.5 所示，在 1929 年到 1933 年，也就是经济崩溃时最糟糕的那几年，周观影人次占总人口比例从 73% 下降到 48%。但在 1936 年到 1937 年又迅速回升到 68%，从 1935 年到 1948 年该比例一直保持在 60% 以上，随后的 20 世纪 60 年代急剧下降到 10%，之后电视成了娱乐的主要方式。20 世纪 40 年代后期，电影的持续流行反映了一个不同于

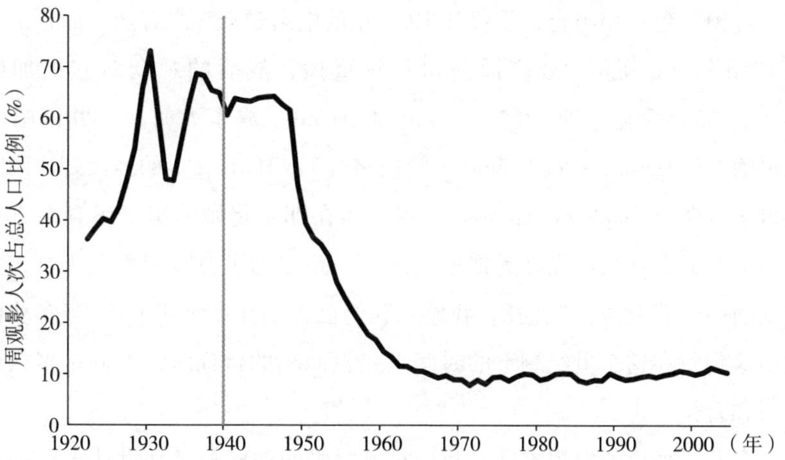

图 6.5　1922—2004 年美国周观影人次占总人口比例

资料来源：1950 年之前的数据来自 HSUS 序列 Aa7、Dh388，1950 年之后的数据来自《国际电影年鉴 2006》（*International Motion Picture Almanac*，2006）并做了同口径调整。

收音机的商业模式，在购买了收音机之后，收音机提供的所有内容都是免费的。购买电影（票）却不需要任何初始投资，此外，在市中心电影院放映的首轮电影的票价在1929年到1933年之间从50美分降到25美分，而在社区剧场放映的第二轮电影的票价则从25美分降到了10美分。[84]以25美分的票价推算，一个人一年看50部电影需要12.5美元，这相当于1936年人均名义可支配收入525美元的2.4%。[85]20世纪30年代的观众希望他们的入场费能看两部电影，选择的组合是无穷无尽的，从警匪片、西部片、怪诞喜剧到由巴斯比·伯克利（Busby Berkeley）编舞或者弗雷德·阿斯泰尔（Fred Astaire）和金吉·罗杰斯（Ginger Rogers）翩翩起舞的音乐史诗，应有尽有。奇幻片、恐怖片和科幻片脱颖而出，《吸血僵尸惊情四百年》（*Dracula*）、《科学怪人》（*Frankenstein*）和《金刚》（*King Kong*）让数百万电影观众为之尖叫。

美国电影学院于1998年评出的20世纪十大电影中有四部是在1939年到1942年之间完成的。其中的两部《公民凯恩》（*Citizen Kane*）（1941）和《卡萨布兰卡》（1942）就在本书的第一篇和第二篇分界线1940年后不久完成。但另外两部则清楚地表明了有声电影在《爵士歌手》之后10年中的发展历程。《绿野仙踪》前所未有地将前面部分单一的棕褐色与后面鲜艳的色彩相组合，不仅让1939年的电影观众为之着迷，而且由于从1956年开始哥伦比亚广播公司每年重播，战后的观众对它更加熟悉。[86]这部影片让朱迪·嘉兰（Judy Garland）成了大明星，并因哈罗德·阿兰（Harold Arlen）和叶·哈伯格（Yip Harberg）的经典好评两次获得学院奖（Academy Awards）。多萝西在那个将她的房子甩到东方坏女巫头上的龙卷风后完好无损地出现，一路走到了奥兹的彩色天堂，并对她的小狗朋友说："托托，我感觉我们已经不在堪萨斯了。"当多萝西说出这句将在这个世纪剩下的时间里一直回响的台词时，人们是多么地惊讶和喜悦。[87]

多亏了战后的电视重播，我们对《绿野仙踪》和《乱世佳人》都很熟悉，不过后者于1939年在美国人中激起了更大的轰动。玛格丽特·米切尔（Margaret Mitchell）的那部史诗小说是1936年的畅销书，在整整两年的时间里，整个国家都在关注着寻找扮演郝思嘉的女演员：

> 影迷杂志喋喋不休地报道任何与这个项目相关的内容，哪怕只有一点点的关系；米高梅公司甚至在盛大的首映式上搭建了郝思嘉心爱的家塔拉庄园的门廊……所有这些大张旗鼓的宣传活动都是物有所值的：《乱世佳人》迅即并持久地引起人们的关注……它将 20 世纪 30 年代塑造成一种宏大的风格……因为纯粹的娱乐（人们看电影的真实原因），它是那 10 年的冠军。[88]

总结：在 70 年的时间里从史前走到了现代

如果我们将本书看作对 1940 年之前和之后生活水平的提高进行比较的话，与第一篇其他各章相比，本章就 1940 之前的发展所提供的证据可能最为薄弱。第 3 章展示了食品的生产、多样化和配送以及服装从自制到购买的转变；第 4 章描绘了在 1870 年到 1940 年间出现了与电力、燃气、自来水和下水道相连接的网络化住宅，以及一同发展的封闭式壁炉、炉灶和其他家用电器；第 5 章则见证了从原始的公共马车到高架列车和地铁等快速交通的变革，以及从城市地区马匹造成的污染向更快、更高效、更清洁的汽车的划时代转变。那么，本章有什么能够和这些变革相媲美呢？

与这些根本性的进展相比，本章有关信息、通信和娱乐的主题同战后发展相比或许显得小巫见大巫了。但要知道，许多当下我们认为理所当然的东西在 1940 年时是没有的，那时即使早期最简单的 9 英寸黑白电视机都还没有出现，更别提之后的彩色电视机以及有数百个电视台的有线电视了，也别说在密纹唱片、磁带、光盘以及数字音乐播放器上播放音乐，又或者通过互联网搜集并通过比以往更小更方便的台式电脑、笔记本电脑、智能手机以及平板电脑来浏览信息了。[89]尽管如此，我们仍然可以说，相比于 1940 年之后，1940 年以前的发展对美国的文化和社会产生了更大的影响。

在1870年到1940年之间，隔离被连接所取代。1870年时人类生活尚未存在的许多方面到1940年已成为现实：从给邻居打电话借一杯糖，到一个农场主紧急寻找世界古典和流行音乐唱片，再到让新闻和娱乐成为生动、及时而且免费的收音机革命，最后到电影非凡崛起成为娱乐的主要形式。

在我们为当前平面媒体落伍于互联网竞争而悲叹时，很容易忽略平面媒体是在1870年之后而不是之前占据主导地位的。1870年后书籍、杂志和报纸的读者人数出现暴涨。这支持了本书的主题，经济增长虽然在1870年之前就已经准备就绪，但是在1870年之后的一个世纪里才闪亮登场，并成为人类生活的驱动因素。这不仅是因为科技使纸张和印刷技术价格急剧下降，而且得益于几乎普及的识字率（除了之前南方的奴隶）。人们阅读量的巨大突破不仅由于私人部门的发展，也得益于政府提供的公共图书馆。

在1844年之前，通信速度受到火车、马匹和帆船的限制。在技术跨越的上千年历史中，从来没有像1844年电报的发明那样让通信速度出现如此大的提升。到1870年，有许多发明家等待着迈出将点线组成的电报码转化为通过电话传送人声的下一步。亚历山大·格雷厄姆·贝尔以非常微小的优势，获得了第一项专利，由于这一原因，美国电话电报公司的电话网络在20世纪被称为“贝尔系统”。从1876年到1926年，电话用了50年的时间进入美国家庭，虽然相对缓慢，但终于成为主要的通信形式。

创造现代娱乐的发明始于留声机。在留声机到来之前，没有生活在大城市的大多数家庭都无法听到专业的古典或流行音乐。留声机的缓慢发展与收音机的迅速普及形成了鲜明对比。与留声机需要花钱购买唱片不同，收音机提供多种形式的内容，从新闻到喜剧再到音乐，而且都是免费的。虽然应该“没有免费的午餐”，但收音机几乎实现了这个不可能，尤其是在20世纪30年代收音机价格跌到20美元以下时。最贫困的家庭听音乐不再需要买唱片了，因为在收音机里这些都是免费的。

一个当代读者或许会同我一样为电影的早期大事记以及电影迅速转变为一个重要产业而感到惊讶。在 1906 年到 1907 年时突然就出现了 5 美分影院，到 1911 年建造华丽的电影院，用赤褐色的装饰和未删节的默片来吸引观众。在 20 世纪的前 30 年里，娱乐各方面的质量都得到了提升，1928 年时有声电影的年代就到来了。

我们已经走了多远？从 1870 年的隔绝状态开始算起，70 年内整个国家连接在一起。1938 年不少于 4000 万人，即整整 1/3 的人口收听了“海饼干”和“战将”之间的赛马比赛。当多萝西从黑白变为彩色并说出了那句象征性的话“托托，我感觉我们已经不在堪萨斯了”[90]时，数百万人见证了那魔幻的一刻。

没有比《乱世佳人》的制片人大卫·塞尔兹尼克（David O. Selznick）在 1939 年电影上映两个月前的一段鲜为人知的旅程更能象征大众娱乐的到来。通过联系影院老板并征得同意，制片人出现在圣巴巴拉市，为观众们带来了一个大惊喜。（当时的）公共广播系统里传来了这样一则通知：他们不会看到那晚计划放映的两部电影中的一部。

> 影院经理告诉观众将会看到“非常特殊”的画面，开始后任何人都不得离场。整个放映期间守卫都守在大厅里。当片头字幕出现在银幕上时，出现了兴奋的惊叫声和欢呼声。在没有幕间休息的 3 小时 45 分钟后，人们起立鼓掌。塞尔兹尼克被这热情感动得热泪盈眶。[91]

那晚的观众离开时带着一种优越感，能够看到如此特别的事立马让他们在朋友圈中出了名，而且这件事让他们多年后还能向自己的子孙们吹嘘炫耀。[92]

所有这些在 1870 年都不会发生，但在 1939 年，一切似乎都成了可能。收音机和电影抵达了其成就的高峰，但电视还没有到来，后者在 1939—1940 年的纽约世界博览会上得到了生动的展示。1940 年的现代世界与 1870 年之间的差距是否比 2015 年的娱乐与 1940 年之间的差距更大呢？我们将在第 12 章重新讨论这个问题。

第7章
肮脏、残忍和短命：疾病与早逝

在这些结果中，引人注目的是，在多个领域实际上消除或者有效控制了传染病，这些病菌通过水、牛奶、食物或者昆虫、啮齿动物以及人类自身传播。因此，在像美国这样的一些国家中，黄热病、伤寒、白喉和疟疾之类曾经可怕的疾病已经成为过去。

——乔治·罗森（George Rosen，1958）

引　言

之前的各章回顾了重大发明及其补充性的后续创新对提高生活水平的作用，这些发明和创新提供了新的产品和服务，提高了消费者福利，增加了闲暇时间的价值，减少了家庭生产的乏味和单调。本章将考察另一个维度的发展，这一系列发展能够延长预期寿命，从而使人们享受时光和新产品的年限增加。在本书第一篇覆盖的1870—1940年这一时间段内，所有年龄段的预期寿命都得到了提高，其中又以出生时的预期寿命提高最快，因为这些年见证了婴儿死亡率的近乎根除。根据一些估计，死亡率尤其是婴儿死亡率下降的价值与同一时期市场购买的所有商品和服务增长的价值一样大。

站在当前有利的位置预测未来经济发展时，要格外重视基因解码和干细胞等医学研究可能带来的持续进步。一般认为，20世纪30年代至40年代发明了抗生素，70 年代后开发了治疗癌症的放疗和化疗技术，出现了包括 CT（电子计算机断层扫描）和 MRI（核磁共振成像）在内的能够提高多种疾病确诊率的电子设备，医学发展的步伐一直在加快。因此，如果说预期寿命提高的年增长率在 20 世纪前半叶是后半叶的两倍，许多读者都会感到惊讶。大卫·卡特勒和格兰特·米勒认为，“连同 19 世纪末期，在美国历史上没有任何一个有记载的时期（像 1900—1940 年一样）见证了死亡率如此迅速地下降。”[1]

预期寿命的划时代提高是如何实现的呢？本章总结了多种解释。其中涉及城市卫生基础设施的发展，包括自来水和独立的污水管道，它们都是 1870—1929 年美国住宅“网络化”的一部分（在第 4 章中讨论过）。路易斯·巴斯德的细菌致病论也功不可没，它的贡献在于使公众意识到大量昆虫和积水池中隐藏的危险。内燃机应得的那部分功劳在于它把城里的马匹和大量散落在城市街道上的马粪和马尿移出了城市。19 世纪 70 年代发明的窗纱的贡献则在于，它在农舍上建立了一道屏障，阻止昆虫往返于动物粪便和家庭餐桌之间。至于政府的行动，在地方层面上建设了城市卫生基础设施，在国家层面上成立了食品药品管理局。

再没有哪个时期能够像 1870—1940 年那样，说明健康和长寿所依靠的绝不仅仅是医生和医院方面的支出。这个主题现在已经成为常识，分析师思考美国预期寿命在世界上排名之所以较低，有多少可归因于肥胖和吸烟等健康产业之外的因素。然而，卫生保健部门的作用随着时间推移变得日益重要。1870—1940 年的一项伟大成就是婴幼儿死亡率的迅速下降。相比之下，60 岁人群的预期寿命在 1940 年之后比之前提高得更快。

本书从加里·贝克尔的时间经济学理论的角度考察家庭。[2]家庭购买市场生产的商品和服务，再用自己的时间生产能带来效用的最终产品，比如一顿家常便饭或者一个小时收听收音机的时光。因此在这个效用函数中，有一个以商品、服务和时间为投入品的家庭生产函数。乔尔·莫克尔和丽贝卡·斯坦扩展了这一解释，并将之用于分析健康。在他们看来，家庭生产函数生产的不仅仅是享受，还有身体健康，因为消费者会购买肥皂和阿司匹林之类的商品。但烟草之类的商品会削弱健康。同一个商品能在提供享受的同时导致身体的不健康，比如过多的食物会导致肥胖，抽烟会导致肺癌。根据他们的解释，20 世纪早期死亡率下降的一个重要原因是个体家庭层面对健康知识有了更多的了解。[3]

不管预期寿命的提高是如何实现的，它的重要价值是无可争议的。虽然专家对于在任何给定时间下的医疗进步是否使人均 GDP 增长估值提高 50% 或者 100% 这一点存在争议，但我们所做的研究认为这一价值是惊人的。婴儿死亡率下降的价值要大于提高一个 65 岁老人预期寿命的价值，这意味着相比于 1940 年之后，在 1940 年之前健康状况的改善对家庭福利的增加贡献更大。生活水平的提高不仅可以用预期寿命的改变来衡量，也可以质量调整寿命年（QALYs）来衡量，这一指标试图以定量方式衡量医疗干预的结果。[4]

本章的中心任务不仅是解释 1870—1940 年预期寿命的迅速增加，还包括识别除降低死亡率之外改善生活质量的其他变化。第一步是从不同年龄的预期寿命、死亡率和死亡原因等维度量化这些进步，然后研究导致进步的各种原因。备选项包括卫生部门之外的进步，主要有饮食、营养、自来水和下水道、食品和药品监管，以及工业事故和暴力的减少。在卫生领域，我们把预期寿命的提高归功于阿司匹林等早期药物的发明和包括早期 X 光机在内的医疗技术进步。我们会问，在药物匮乏且医学知识原始的早年，“医生和医院做了什么?”卫生保健的转变同样也能追溯到 1890—1940 年，在这 50 年间，美国生活水平的其他许多方面也发生了变革。医院与其他新机构，比如旅馆、工厂、俱乐部、歌剧院、交响乐团、影院、高中和大学一道，采取了与现代大致相当的形式。

空前绝后：1870—1940 年生活水平改善的维度

在 1870 年之前，死亡率和预期寿命这两个方面都没有改善，而且在大多数的数据序列中，1890 年之前也没有什么改善。1870—1879 年 20

岁男性的预期寿命和 1750—1779 年时是一样的，对女性而言实际上还更低。[5]预期寿命提高最主要的事实是婴儿死亡率的下降，如图 7. 1 所示。1880 年时每 1000 个新生儿中死亡 215 个，这一比例和早在英国都铎王朝时期所报道的每 1000 个新生儿中死亡 200 ~ 250 个的比例持平。[6] 1850—1880 年没有出现改善，紧接着的 1890—1950 年婴儿死亡率出现了锐减，1950 年之后以一种缓慢得多的速率继续下降。婴儿死亡率历史性的下降集中在 1890—1950 年的 60 年间，这也是美国经济增长史中最重要的事实之一。1880—1950 年，每 1000 个新生儿中由于这一改善而多存活的有 188 个，而在 1950—2010 年仅仅多存活 21 个。

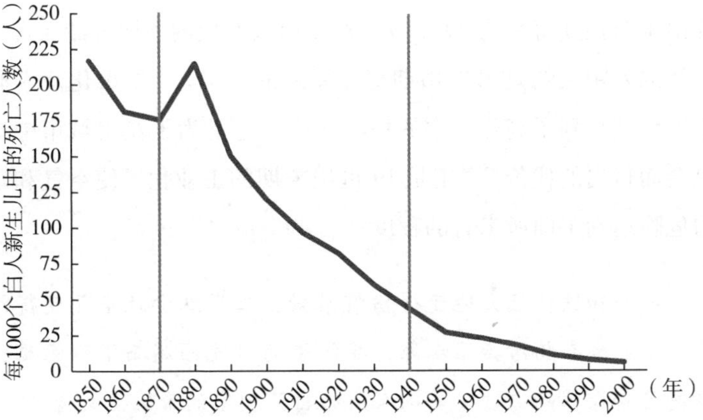

图 7. 1　1850—2000 年白人婴儿死亡率

资料来源：HSUS 序列 Ab9。

预期寿命直到 1890 年才开始了历史性的提高，这一点与 1890 年之前环境恶化的大量证据相一致。罗伯特 · 希格斯总结道："没有什么证据能表明 19 世纪中期乡村的死亡率明显低于一个世纪之前。"[7]罗德里克 · 弗拉德和罗伯特 · 福格尔以及他们的合著者表明，10 岁人群的预期寿命在 1790—1850 年稳步下降，之后直到 1880 年都保持不变，再之后才开始有所改善。同样，出生时的预期寿命在 1850—1880 年也保持不变，在 1890 年之后才开始稳步提升。[8]与认为一个世纪后才出现大幅改善的观点相一致的证据，来自同一位作者编制的有关人类身高方面的事实。该证据表明，在19世纪30年代至90年代期间出生的人，身高逐步下降，之后出现了稳步上升，其中在1890—1930年提升的速度最快。[9]还有独立的证据表明，马萨诸塞州的预期寿命在1890—1920年的提高比1890年之前一个世纪的提高都要多。[10]

历史研究一致发现，城市地区比农村地区死亡率更高，预期寿命更低。[11]农村地区的食物更加新鲜，而当食物送达城市消费者的时候往往已经变质。人们在城市里住得更近，传染病传播得更快，城中的死水也比农村中的更容易繁殖携带疾病的昆虫，拥挤的城市旧式公寓中的房间常常没有窗户，通风条件差，这些都容易导致疾病和死亡。根据一项估计，1900年农村地区白人男性出生时预期寿命为46岁，而城市地区白人男性出生时预期寿命为39.1岁；对于白人女性的预期寿命而言，农村和城市间的差距大约是男性预期寿命差距的一半。“城市化使人们从低死亡率地区迁移到了高死亡率的环境之中，这是为了获得城市中更多的经济机会而付出的代价。”[12]正是19世纪末期的工业化，使空气和水污染带来的危险达到了前所未有的程度：

> 矿井和铁轨让大地变得伤痕累累；工厂烟尘让空气变得污浊昏暗；工业废弃物污染了水源，受污染的水流倾泻而下肆意腐蚀着曾经覆盖着森林的山坡。美国人成为自己国家的帝国主义者。[13]

图7.2突出说明，年龄直至70岁的较大年龄人群的预期寿命提高幅度与出生时预期寿命提高幅度相比，有显著的差异。该图显示1950年是拐点，在那之后，出生时预期寿命的提高幅度较之前明显放缓。但从年龄更大的每个人群看，预期寿命的提高都要少得多，这可直接推论出战胜婴儿死亡率是总体预期寿命提高的一部分。1890—1950年出生时预期寿命的提高幅度是1950—1998年的两倍（分别为每年提高0.32年和0.15年），对于70岁人群的预期寿命来说情况正好相反（两个时间段每年分别增加0.03年和0.05年）。[14]当美国人成功度过了童年之后，他们的预期寿命并没有随着时间推移迅速提高。我们想起美国历史上一个最奇怪的巧合：约翰·亚当斯和托马斯·杰斐逊都死于1826年7月4

日，正值独立宣言 50 周年纪念日，亚当斯是 90 岁高龄，杰斐逊是 83 岁。虽然用现代的标准来看，那时的婴儿死亡率出奇地高，但即使在 18 世纪，从儿童早期幸存下来的美国人也有可能活得像亚当斯和杰斐逊一样长寿。

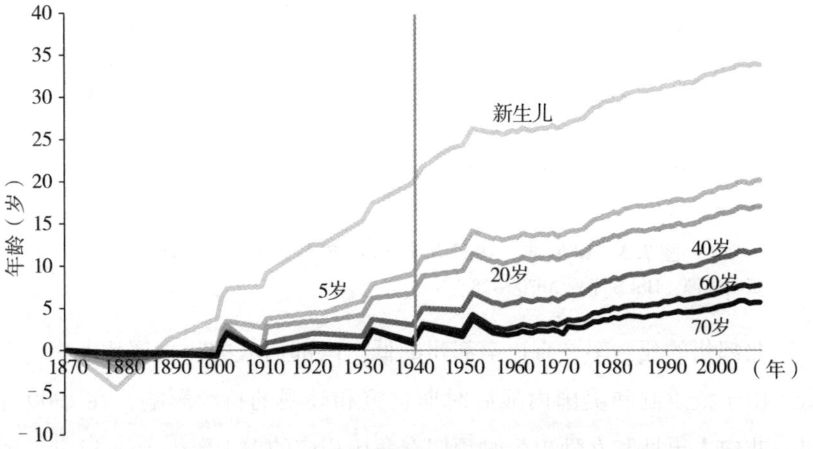

图 7.2　1870—2008 年与 1870 年相比不同年龄组预期寿命提高年数

资料来源：HSUS 序列 Ab656-Ab667，2002 SAUS no. 93，2003 SAUS no. 107，2004-2005 SAUS no. 94，2006 SAUS no. 98，2007 SAUS 表 100，2008 SAUS 表 101，2009 SAUS 表 103，2010 SAUS 表 105，2011 SAUS 表 105，以及 2012 SAUS 表 107。

描述婴儿死亡率对预期寿命提高的作用，还有一种方式是绘制存活率。100 个出生的人中，活到了从 1 岁到 80 岁每一个年龄上的分别有多少人？图 7.3 描绘了三组存活率，分别是 1870 年、1940 年和 1997 年。代表 1870 年组的较低曲线明确地显示了婴儿死亡率在降低存活率方面的破坏性作用，到 5 岁的时候存活率就降到 75%，相比之下，1940 年组为 94%，1997 年组为 99%。该图也显示，1870 年这组到 50 岁时已有一半人过世，而 1940 年和 1997 年这两组分别到 67 岁和 77 岁时存活率才降到 50%。凯文·墨菲和罗伯特·托佩尔通过简单的事实比较就捕捉到了这一引人注目的进步："1900 年，在美国出生的男性将近 18% 在 1 岁之前就夭折了；而现在到 62 岁时累积死亡率才达到 18%。"[15]

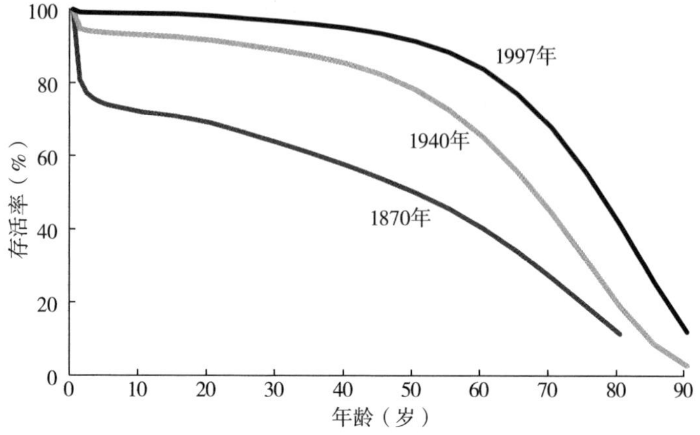

图 7.3　1870 年、1940 年和 1997 年各年龄组的存活率

资料来源：HSUS 序列 Ab706-728。

北部州的死亡率一直比南部州的低，南部白人的死亡率比非白人的低。由于奴隶制和美国内战后时期贫穷和歧视的持续影响，在 1900 年时，非白人男性和女性出生时预期寿命比相应的白人要少 16～17 年。到 1940 年，这一差距明显缩小。1900—1940 年，白人男性出生时预期寿命从 48 岁提高到 63 岁，非白人男性从 33 岁提高到 52 岁，二者的差距从 15 年减少到 11 年，但差距依然很大。对女性而言，同一时期，差距从 16 年降到了 12 年。[16]非白人预期寿命较短的一个原因是明确的种族隔离政策，不向城市和农村的非白人地区提供白人地区有的自来水和生活污水处理等现代便利设施。[17]

其他各章强调，1870 年后数十年内美国人民的生活条件以前所未有的速度发生着改变。这一点同样发生在 1870 年时占 75% 的农村人口死亡率上。在 1870—1910 年的 40 年间，农村地区死亡率下降了 30%～40%。正如罗伯特·希格斯所说：

> 在 1870 年后的半个世纪里，美国农村地区发生的事情不亚于一场重大革命。这么长时间、这么大幅度的死亡率下降在 1870 年之前的美国历史上是极不可能出现的。[18]

自来水和下水道：死亡率降低的主要原因

道格拉斯·伊贝克和罗伯特·普雷斯顿强调了有关死亡率下降的核心问题。他们指出“死亡是一起生物事件，所有的影响因素最终肯定都是从生物学因素上影响死亡率的”。他们关于婴儿死亡率下降的分析同样简明扼要：“在一个世纪之前，影响美国婴幼儿死亡率的主要生物因素是与传染病的接触，以及人们对此的反应。”[19] 即使在巴斯德细菌致病论正式确立以及治疗特定传染病的方法被发现之前，人们也普遍认为城市是不健康的地方。在 1858 年，作家将城市描述为一个带来糟糕的健康状况和死亡的世界：

> 贪婪诱发了贫困，拥挤而狭窄的房屋坐落在肮脏的街道和恶臭的院落中，成为致命臭气的长期来源，这些臭气有可能飘到邻近富丽堂皇的大厦，给那里带来疾病和哀痛，而一旦在任何一个城市中瘟疫的扩散范围达到流行病的程度，商业和贸易就会被驱赶到更健康的市场中去。[20]

在 1940 年以前，医生和医院的医疗护理改善对死亡率下降以及与之相伴的出生时预期寿命提高的影响相对较小。希格斯总结道：“1870—1920 年，医疗实践的改变对农村总体死亡率下降的贡献往好了说也几乎可以忽略不计。”[21] 对这一观点最直言不讳的支持者是麦金利夫妇（John and Sonja McKinlay），他们绘制了与图 7. 4 类似的图，我们将那幅图的截止日期从 1972 年更新至 2009 年。这一更新后的图描绘了总体死亡率和减掉 8 种传染病影响后的死亡率。

从中得出的第一个结论是，1900 年超过 37% 的死亡是由传染病导致的，但到 1955 年这一比例下降到不足 5%，到 2009 年仅为 2%。[22] 与之相反，在这段相同的时期内，三种慢性疾病（心脏病、中风和癌症）导致的死亡率从 7% 上升到 60%。第二个结论是，到 1955 年几乎所有的传染病死亡率都已出现下降，这是在医疗保健支出占 GDP 的比例从 20 世纪

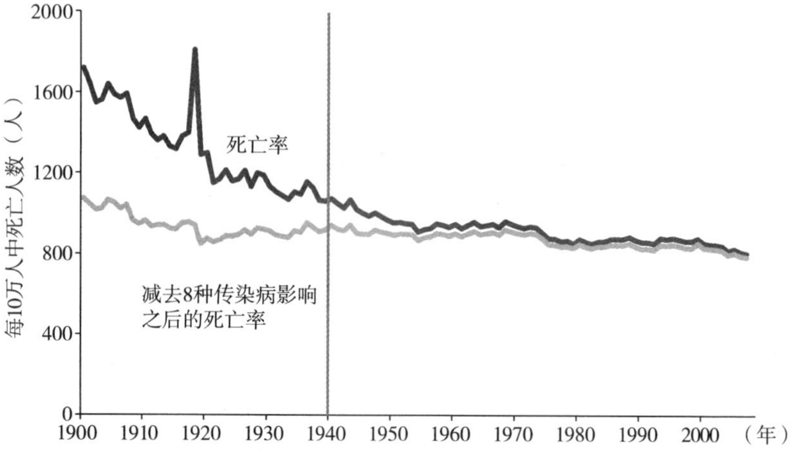

图 7.4　1900—2009 年的死亡率

资料来源：HSUS 序列 Bd46 和 Ab929-943，2002 SAUS no. 101，2003 SAUS no. 116，2006 SAUS no. 107 和 2012 SAUS 表 120 和表 134。

50 年代中期的 4% 不可阻挡地上升到 2010 年的 17% 之前实现的。本章的一个核心问题是，1940 年之前死亡率下降的主要原因与药品、医生和医院是否有关？如果没有关系，是哪些因素造成了这一下降？

在解决这个问题之前，需注意图 7.4 中 1918—1919 年传染病导致了死亡人数的迅速上升，打断了死亡率相对平稳的下降。整整 67.5 万名美国人死于 1918—1919 年的西班牙大流感，而这在全球死亡人数中仅占较小的比例，全球死亡人数估计达到 2000 万至 5000 万，远超过“一战”造成的死亡人数。这一大流感的具体原因一直未被确定，有关病毒的研究在那时还处于起步阶段。直到 1933 年甲型流感病毒才被分离出来，1944 年才推出第一种流感疫苗。[23] 这种流感之所以被冠以“西班牙”之名，是因为战时审查制度限制报道，以维持公众士气，而西班牙是战时中立国，有关这一流感的大多数报道来自那里，导致人们认为西班牙是这一流感的源头。

抛开 1918—1919 年西班牙大流感，对传染病的征服在 20 世纪上半叶逐渐推进。麦金利夫妇比较了每一种传染病死亡率的下降时间和旨在治疗这种疾病的医疗干预如青霉素和其他疫苗的引入时间，他们的发现是惊人的：大多数重大疾病尤其是肺结核和流感死亡率的下降，在医疗干预介入之前就开始了。他们得到的结论是："1900 年以来，医疗措施对美国死亡率下降的总贡献率的合理估计上限可能是 3.5%。"[24]

爱德华·米克同意麦金利夫妇的观点，他认为，大约从 1885 年开始，死亡率下降的主要推动力是制服了传染病。米克反对将医疗实践的进步以及病原体的病毒性基因改变作为原因。相反，他关注公共卫生领域的重大改善，比如城市卫生基础设施，包括过滤自来水的集中式供应和污水管道，第 4 章将这一点作为 1870—1940 年美国城市地区"住宅网络化"发展的内容加以强调过。米克提供的数据表明，在开始供应自来水之后，美国 20 个城市斑疹伤寒发病率急剧下降。[25]关于供应洁净水的重要性并不是一个新观念："自远古以来，人们就意识到这一点，要想保持健康，就必须将尿液和粪便之类的排泄物同食物和饮品严格地分开。"[26]

在伟大发明的历史中，用压力将水通过管道输送到家庭和企业的重要性常常被忽视。第 4 章关注水在建立"网络化住宅"中的作用，并指出水的入户减少了家庭主妇打水这项苦差事，在那之前，她们不得不像牲口一样每年搬运足够多的水供家庭使用。在这一章中，我们将自来水供应系统和生活污水系统与 20 世纪前半叶死亡率的下降联系起来。除了个人便利和健康之外，广泛使用的自来水的更多用途可能被忽略或者遗忘了，多样化的用途说明了各城镇为什么竞相争取实现完全的管道化供水：

> 供水最重要的一个公共用途也许是灭火……其他重要的公共用途有街道洒水和下水道冲洗，为公共建筑供水，以及为饮用和观赏喷泉供水……良好的供水累积产生的所有益处都会从许多方面间接增强一个城镇的吸引力，并提高这个地方的房产价值。[27]

1890—1940 年是过滤自来水和下水管道铺设速度最快的时期。过滤自来水供应的家庭占比一开始增长缓慢，从 1880 年的 0.3% 到 1890 年的 1.5% 再到 1900 年的 6.3%。之后城市地区迎来了供水系统建设的高峰期，到 1910 年时城市地区使用自来水的家庭占比提高到了 25%，到

1925年达到了42%。[28]根据第一次家计普查（见表4.4），到1940年，足足有93%的城市家庭使用自来水，83%有单独使用的室内厕所。从1910年的25%到1940年的93%，美国城市地区过滤自来水使用率的大幅提高与莫克尔和斯坦的说法有冲突，他们认为“到1914年自来水就基本普及了”。虽然我不同意他们所说的时间，但同意他们的结论：“最终征服我们的还是自来水，它改变了这个世界，成为我们日常生活的一部分。”[29]

希格斯将美国城市地区自来水、下水道和公共卫生计划的核心作用同缺乏这些改善的美国农村地区进行了比较：

> 农村人口继续通过传统的渠道取水，在大多数情况下通过浅水井、泉水、水池取水。牛奶未使用巴氏杀菌。厕所仍用同样原始的方式处理人类排泄物。简而言之，1890—1920年，在美国大城市成功的公共卫生运动几乎完全绕开了乡村地区。[30]

事实上，一开始在农村地区建立自来水供应装置的动机是防止火灾，并没有关心水的洁净与否。1940年的普查证实，在美国城市地区自来水普及之后，农村地区还是依赖水井与河流。

历史学家没有将自来水和下水道基础设施的推广归因于任何技术变革，而是归因于优先事项的改变，包括发现一些疾病是由不洁净的水传播的，同时归因于日益增长的财富，它使投资能够得到资金，还归因于充分领先的欧洲榜样作用，欧洲早在1875年就建成了大量的基础设施。[31]另一个推动力是1878年孟菲斯黄热病的流行，这种疾病杀死了孟菲斯城市人口的10%。虽然之后不久就确定了蚊子是病因，但在1878年病因是未知的，即使患者都出现了黄疸、肝肾功能衰竭等普遍症状，之后“患者真的变成了黄色并在痛苦中死去”。[32]

早期的市政供水系统并不是万能灵药，很多水传疾病都不能被预防，原因在于街道上的动物排泄物被街道清洁工扫到了排水沟中并最终进入了市政供水系统。很多城市的下水管道要么建在河流上，要么建在五大湖上，都排到了饮用水源的水体中。在19世纪末期让家庭认识到保持清洁对预防疾病的好处从而改变对保持清洁的态度是一回事，而要真正保持清洁又是另一回事，因此向冷热水和室内浴室的转变成了关键。今天冲澡所能察觉到的成本是微不足道的——打上香皂在热水下站两三分钟。但在室内管道设施出现之前是非常不同的，那时洗澡是在一个大的金属容器中，需要先把水运进家后再加热，过程冗长乏味。[33]

19 世纪末期公共卫生运动的首要目标是建立一个普遍的洁净饮用水供应和污水处理系统。事实上，洁净饮用水技术被称为“或许是 20 世纪最重要的公共卫生干预”。[34]基于 1890 年和 1900 年城市比较的实证研究表明，以人均供水系统英里数和每英亩供水系统英里数衡量的供水系统的建设程度，不仅与婴儿死亡率而且同成人死亡率都呈显著的负相关。在那个时期，腹泻、伤寒、结核、白喉这四类疾病的减少可以解释总死亡率下降的 80%。

卡特勒和米勒将氯化消毒发生重大进步的时间确定为 1906—1918 年，过滤发生重大进步的时间在 1906—1922 年。[35]这与一种主要的水传疾病伤寒症造成的死亡率极其迅速地下降在时间上是吻合的，伤寒在 1900—1920 年下降了 80%。[36]1910 年之前，“水很丰富但几乎没有洁净的”。“在 19 世纪 50 年代中期就有了家用过滤器，但直到 19 世纪 70 年代它才成为家庭中的常见物品。”[37]

这些作者估计，洁净的过滤自来水和氯化消毒系统能够解释 1900—1936 年总体死亡率下降的一半、婴儿死亡率下降的 75% 以及儿童死亡率下降的 67%。

巴斯德的细菌致病论以及从掺假到监管的转变

除了城市卫生基础设施的快速推广，1940 年之前死亡率的下降还有其他补充解释。即使卡特勒和米勒的研究结果也为这些解释留下了空间。除了洁净的饮用水和下水道之外，公共卫生运动还有其他目标，包括“街道的整体洁净，贫民窟住房的改善，对食品和牛奶的检查、检疫和消毒措施，以及白喉抗毒素的分发”。[38]1880—1900 年，“平均一年发现一种病原生物”的一系列科学发现被统称为“巴斯德革命”。[39]19 世纪后期几十年内进行的实验确定了多种疾病的细菌病因，这可谓以惊人的速度发生的科技革命。[40]

虽然最初的研究大多数在德国进行，但到 1900 年美国已成为实施传染病预防工作的领导者。大多数州和城市建立了包括细菌诊断实验室在内的公共卫生实验室。1892 年在纽约建立的一个实验室在两年之内就发明了最早的白喉抗毒素，并在 20 年内实施了一个有效的疫苗接种项目，结果死亡率从 1894 年每 10 万人 785 人下降到 1950 年的每 10 万人仅 1. 1 人。在 60 年的时间里，导致死亡的一个重要因素就被彻底消灭了。很快，研究扩展到“结核、痢疾、肺炎、伤寒、猩红热以及牛奶在疾病中的作用”等细菌病因。[41]

洁净自来水的到来不仅有助于战胜水传疾病，而且提高了住宅和家庭本身的清洁程度。当不得不靠双手把水提到家中时，用循环使用的水洗澡最多也就是星期六晚间奢侈一下。方便注水的成人浴缸逐渐代替了洗澡盆，虽然在公寓或者住宅配备自动热水器之前，需要先用火炉把水加热。[42]

在这些补充解释中，还有巴斯德理论对父母尤其是母亲行为的影响。莫克尔和斯坦建立了一个理解死亡率下降的生产函数，将外部环境的影响与家庭自身的选择结合起来，这种选择把市场购买的商品和服务同自有时间进行组合，从而得到健康这一产出。根据这一分析框架，外部环境的变化包括洁净饮用水和下水道的易得性，以及随着马匹向机动车辆的转变，街道上动物排泄物减少后环境更加干净。从市场购买的食品的质量变化，包括污染和掺假的减少，都算在家庭的外部环境之中。

19 世纪末面临的另一个环境问题是空气污染。工业企业集中在芝加哥，“连烟雾都具有罕见的攻击性”。对于芝加哥，鲁德亚德 · 吉卜林非常坦率地说道：“见到它之后我就极不希望再看见它。它的空气就是尘土。”世界上最大的屠宰场又“为芝加哥的空气增加了刺鼻的气味”。在堪萨斯城，四处乱跑的猪把城市搞得脏乱不堪，恶臭是如此熏人，以至于奥斯卡 · 王尔德评论道：“即使石头人的眼睛也会被熏出泪来。”纽约也未能幸免，得到如下评论：

> 没有垃圾场，没有下水道，没有什么容器能比在漫长旱季中纽约城特定地区的空气容纳更大量、更多种的污垢了。没有屏障能将它隔离在外，没有社会差别能让谁幸免；家里不干净，也没有个人卫生措施能使洁净的空气取代污秽的空气。[43]

在一系列选择中，对于所购商品和时间的使用同更好的健康结果之间的关系，家庭已有更多的了解。这包括购物时购买更多的肥皂和消毒剂以减少细菌和传染病，也包括让婴儿尽可能远离患有传染病的家庭成员。虽然人们很早就知道母乳喂养在健康方面的优势，但这种行为因为能够让婴儿免受不干净的牛奶和水的感染而有了新的吸引力。莫克尔和斯坦强调了学习和公共教育在推动行为改变、加快死亡率下降方面的作用。[44]

食品变质和掺假并不是 1890 年后亟须解决的老问题，而是工业化本身产生的一个新问题。在 1870 年之前，美国人主要生活在农场和小城镇中，大部分食物要么是自家产的要么是从邻居家买的。每个家庭都可以采取措施，防止食物腐烂和受污染。但随着美国城市化的推进，越来越多的食品在工厂中生产，并需要长距离运输，而此时机械制冷还未发明。贪婪的食品制造商掺假造假，并用新的化学方法染色，掩盖真相，大多数食品掺了假，消费者对此无能为力。因为能获得的未掺假产品如此之少，消费者只有靠买不同的品牌，加以品尝并观察结果，才能做出明智的选择。有关牛奶掺假，一个愤世嫉俗者曾评论道："缺水就能让牛奶商破产……所有商人需要的就是一个水泵，把 2 夸脱牛奶增加到 1 加仑……为了改善病牛牛奶的颜色，他们经常往里面加糖浆、白垩粉或者熟石膏。"[45]由于掺假用的是受污染的水，市场上购买的牛奶非常危险。"直到 1900 年，这个国家供应的牛奶依然受到肺结核、伤寒、白喉、猩红热和链球菌的严重污染。"[46]

甚至啤酒和酒精饮料都掺了假。纽约州罗彻斯特市的一位退休啤酒制造商透露，在制造过程中"水杨酸、苦木、丹宁酸、甘油和葡萄糖"都被加进他生产的啤酒里。纽约城一位退休的烈酒制造商告诉记者，

“人们在纽约买到纯白兰地的机会和被闪电击中的机会一样大”。[47]在1906年厄普顿·辛克莱对芝加哥屠宰场那令人不安的揭露之前，纽约卫生委员在1869年就报告指出，食品被挂在货架上或者放在柜台上，“逐渐变质并最终变成完全有毒”。[48]在19世纪80年代初期，这一切都几乎没有取得什么进展：

> 纽约市大多数待宰的动物……穿过迷宫一样的居民街区，一路散落着粪便，带起大量灰尘，苍蝇横飞尾随，就这样到达屠宰场。其余部分来自城市里臭名昭著的肮脏牛奶厂中用酒厂泔水喂养的病牛……孩童们在屠宰场排水沟渠的下游玩耍。[49]

19世纪80年代和90年代在清洁此类恶劣环境方面逐渐取得了进展，这是美国历史上由妇女领导的第一场政治运动的成就。1884年成立了纽约女士健康保护协会（LPHA），很快一些类似的组织加入进来，该组织发起了一场全国范围的改革运动，要求屠宰场所有者进行大幅度改革，这一政治压力在屠宰场所有者的游说和政治捐款下遭到了强烈的抵制，但最终民意通过对立法的影响而取得了胜利。改革者同完全以利润为目标的掺假和污染供应商之间的斗争高潮出现得非常突然。在1906年2月，厄普顿·辛克莱的《屠场》出版了。这本书是有关芝加哥屠宰场的半虚构故事，辛克莱本打算让《屠场》成为“工人运动中的《汤姆叔叔的小屋》”。[50]几乎20年后，女士健康保护协会揭露了纽约的情况，有关细节甚至更加令人作呕：肉“没有洗过……就被放在烂棚车里从一个房间推到另一个房间，整个过程都沾染了灰尘、碎片、地板上的污秽，患有结核病或者其他疾病的工人随地吐痰”。[51]

《屠场》这本书当即成了畅销书，而且由于它指控联邦肉类检疫员受贿，立刻引起了西奥多·罗斯福总统的注意，下令展开调查，包括美国劳动专员在内的联邦高级官员亲自调查，汇报的情况差不多和辛克莱描述的一样糟糕。从发现这一弊端到提出相应的解决方案，间隔时间之短可能创下了美国规制史上的纪录，政治补救方案在几周之内就出台了。在1906年6月初政府报告和全国报纸发布令人震惊的报道之后，

“猪油、香肠、罐头食品的交易几乎都停止了……餐厅的生意据报道也出现大幅下降”。[52]到 6 月 30 日，国会立刻通过了《纯净食品和药品法案》，西奥多·罗斯福签署使之成为法律，并建立了监管机构，它就是现在的食品药品管理局的前身。[53]报纸和其他出版物称赞这一法案为“国会有史以来通过的最重要的立法之一”。[54]

评论员将这一划时代的立法向前追溯了至少 20 年。但显然辛克莱的书是让这一宜早不宜迟的立法变成现实的催化剂：

> 辛克莱的小说之所以“引起这么大的反响”，是因为它将人们对商业化的食品和药品“已经知道或者怀疑的事加以确认并予以公开”。《屠场》只不过是食品安全这一“长期风潮”的“壮观而又戏剧性的高潮”，推动这一风潮的是那些“耐心的调查者”，包括妇女组织、食品分析员、新闻记者以及其他改革家和利他主义者。[55]

在立法通过后的那些年里，食品生产的改善进展缓慢，因为必须雇用和训练检疫员，而且食品生产商也尽其所能地推迟立法的全面实施。州和地方政府逐渐通过了各自的立法并实施规则和检查。巴斯德的细菌致病论被广泛接受，对食品生产的每一个环节，从屠宰场到其他每一类食品生产商、零售商、餐厅以及酒吧，人们都更加重视清洁。预防疾病的范围扩展到包括虫害防治，用现代卫生的饮水器替代敞开的水桶，以及禁止在公共场合吐痰。

药店和驯服药品流通的“狂野西部”

19 世纪末期，购买药品的情形是这样的：在狂野的西部边疆，不需要医生的处方，顾客就能在柜台上自由地买到任何种类的药品。在 1870 年之前，药店实质上是不受规制的。“一般认为药品掺假非常普遍，药力大大减弱，医生通常开出过量的处方。”[56]药品从药店唾手可得提升了药剂师相对于医生的地位。药店向顾客出售三类不同的药：第一类是具有疗效甚至到今天依然得到认可的有信誉药物，不仅包括阿司匹林，还包括吗啡、奎宁和白喉抗毒素。第二类由专利药组成，这类药大力宣传神奇疗效，但实际上成分只不过是彩色的水加酒精。第三类包括吗啡和其他麻醉剂，现在这些麻醉剂很大程度是被禁止的，但在1900年很容易得到，比如鸦片、可卡因和海洛因。第二类和第三类药有一些重叠，因为一些专利药的成分也包括鸦片。

到19世纪80年代，原先被雇来修建第一条横贯美国大陆铁路的中国移民在旧金山和其他地方建立了中国飞地，并开设了鸦片馆，让烟瘾在当地人群中传播。在1880—1930年，不仅鸦片及其衍生产品，还包括可卡因，都是治疗疼痛、改善睡眠、减轻咳嗽以及治疗其他医学疾病的常用疗法。[57]因为购买药品不需要处方，所以药剂师具有非常高的地位，被寄予能够为顾客诊断疾病的厚望。几乎所有药房老板都忍不住将最有利可图的药品卖给消费者，这些药品有的来自转售，有的是药房拿几种材料自制的。药剂师遇到的最有力的新竞争，就是人们能够通过邮购商品目录以更低的价格获得许多药品，尤其是专利药。

在这个对现在的我们来说非常陌生的混乱世界中，任何处方药没有医生的处方也可以得到。虽然没有医生的处方，药剂师也能出售这些药，但医生的处方仍具有推广作用。当一位病人带着名医的处方购买某种特定药品时，药剂师就可以宣传这种特定药品是某著名医生认可的万能灵药。然而，因为医生并不是只能开处方，他们也可以在办公室直接向病人卖药，以增加自己的收入，这就破坏了药剂师的生意。在19世纪末期，报纸和制药公司之间也存在类似的共生关系。药品广泛地在报纸上打广告，作为回馈，报纸压制了有关药品使用导致的任何危险或者副作用的报道。[58]

在19世纪80年代和90年代，因反对酒精而广为人知的基督教妇女禁酒联合会（WCTU）成为反对所有成瘾药品的领导组织。1898年它的一本宣传小册子宣称，美国看上去"已经彻底沦为可卡因瘾君子的国度"，而且医生都"漫不经心、自私自利、毫无原则、粗心大意"。[59]1906年的《纯净食品和药品法案》迈出了规制药品营销的第一步。任何含有酒精、吗啡、可卡因、海洛因、大麻的产品都必须明确注明，但并没有受到禁止。从 1914 年到 20 世纪 30 年代，更多的立法和执法有效地禁止了这些药品，在 1920—1933 年《禁酒令》生效期间，酒精也在禁止之列。

1940 年之前，有效的药品并没有多少，那些在市场上销售的药品能治疗表面症状，但在治疗根本的病情时却没有效果。在那个时期，药剂师事实上可以将一些药物成分混合成药品加以出售，而不仅仅是转售大型制药企业生产的药品。相比于政府规制的影响，消费者自己试错对购买决定有更大的影响。[60]在 1935 年发现磺胺类药和“二战”期间发现青霉素后，发现有效药品的速度大幅提高。因为这一加速的大部分影响在 1940 年之后才体现出来，所以在第 14 章再进行探讨。

在 1906 年食品和药品立法之后，经过多年的争论，1938 年通过了新的食品和药品法案，监管环境发生了根本的改变。第一个重要的改变是要求食品药品管理局批准引入新发明的药品。第二个改变或许更加根本，要求许多常用药也需要医生的处方。这将之前药品公司没有理由向医生打广告的世界彻底转变成一个新的世界，在这个世界里医生被广告、四处兜售的药品销售人员和大量的样品所包围。现代意义上的药品规制、药剂师和医生在决定药品可得性上的差别，都始于 1938 年，与本书第一篇向第二篇的过渡年份 1940 年非常接近，1938 年的立法至今仍是食品药品管理局监管的基础。

医生做什么？

1850—1930 年见证了医生“专业权威的巩固”，这既是因为医生的无知，也是因为医生拒绝从科学发现中学习，以遵循现代医学实践的共识。[61]如果能得到 19 世纪末期详细的国民核算数据，我们会发现几乎看不见医疗保健行业。大多数医疗护理活动没有在市场经济中发生，而是发生在家里或者邻里间的相互帮助中。事实上，所有种类的卫生保健总支出在 1929 年只占 GDP 的 2. 3%，相比之下 2013 年为 16. 6%。[62]

1870 年时 75% 的美国人口都是农民，他们居住在农场或者总人口不足 2500 人的小镇中，由此也可以看到正规医疗部门作用有限。农场之间、小城镇之间都相隔很远。许多农村小镇太小，单靠自身无法养活医生，而高额的交通费又自然地限制了以医生上门看病的方式获得医疗护理服务。支付给医生的费用不仅包括出诊的基本收费，还包括按英里收取的用于补偿医生坐马车到农场看病的交通费。一位医生抱怨路途遥远，声称他“生命中一半的时间在泥泞里，另一半在尘土里”。[63]

由于缺少医生，大多数农村地区由产婆接生婴儿，雇用通常不付报酬的女性专门照顾病人。“大多数拓荒者对疾病的第一反应是用偏方并悉心照顾。”[64]当地的杂货店提供前沿医学的主要产品，比如缓解疼痛的阿片酊。缓解身体和精神痛苦的另一种流行药物是威士忌。“应对消化不良的一个解决方案，是将大黄苦味剂或者辣椒粉与威士忌混合后涂抹于腹部，通常还用威士忌和水共同服用。”[65]

随着汽车代替了马车，随着人们集聚在城市而离得更近，交通费的下降使通过市场购买更多的服务成为可能。“由于时间成本的下降，理发、嫖娼、看病平均来说都变得更便宜。”也许没有别的职业比医生更热情地拥抱汽车的到来了。“除了上门看病的时间减半”，一位俄克拉荷马州的医生写道：“汽车有一些东西是让人着迷的，你越开车就越想开。”[66]

医疗护理提供了电话的发明给消费者带来利益的另一个例子。在电话进入农家之前，病人的亲戚朋友必须亲自去请医生，多走路是不可避免的。在许多情况下，因为医生出外就诊而找不到医生，前去请医生的人就只能干等，如果着急就到医生可能去的地方到处找。对于诊室就医（office visits）的医疗机构来说，电话非常必要，它让病人能提前打电话预约，医生也能根据预约情况来制定时间表而不是等待病人突然上门，从而使就医变得更加高效。

1870年时几乎没有专门的外科医生。一名外科医生在1876年说过，“可以放心地断言，在北美大陆上没有医生专门从事外科”。[67]一些难以克服的问题似乎阻碍了外科的发展，包括缺乏可靠的麻醉剂导致病人疼痛，术后败血症导致高死亡率，而这当中的部分原因又是由手术过程未消毒以及缺乏抗菌剂引起的。大病房中住着许多有开放性创伤的病人，引起病人之间的交叉感染。相比于农村自己家里，城市的医院更加拥挤，更有可能出现大病房，这也是城市化有损健康的一个例子。

在 1870—1940 年，各项活动发生了从家庭生产向市场购买的转变。医疗护理也经历了从家庭自己治疗到流动医生上门再到去诊所看病最后到住院治疗的转变。在这一时期，包括听诊器、检眼镜和喉镜在内的医生最常用的工具都已被发明出来。向缠绕在上臂的橡胶带注入空气的现代血压器原型是由一个意大利医生在 1896 年发明的，而这仅仅在威廉·伦琴（Wilhelm Röntgen）发现 X 光的性质并第一次使用 X 光机几个月之后。不久之后，一位荷兰生理学家在 1901 年发明了心电图，这在 20 世纪 20 年代得到广泛应用。[68]

我们可以将 1876 年、1901 年和 1926 年作为标志性节点，来衡量医疗行业的进步。1901 年的情况简直就和上文描述的 19 世纪 70 年代那 10 年一样。医生仍忙于有关顺势疗法和其他非常规疗法是否有害的争论。他们感觉受到药剂师的侵犯，这些药剂师提供免费的医疗指导，使用医生的处方开药，并以“某医生推荐”的名义进行推销。他们面临太多医生带来的竞争，其中许多医生来自那些声名狼藉、追求利益、缺乏标准的医疗学校。[69]

人们在 1926 年所看到的问题与 1876 年和 1901 年的非常不同。医生成了备受尊敬并能获得可观收入的职业；声名狼藉的医疗学校关闭了，这减少了来自训练不当的医生的竞争；执业资格法规限制了来自药剂师和训练不足的医生的竞争。医学界将“威胁其地位的医院、药品制造商、公共卫生转变成了坚强有力的支持后盾……简而言之，它有助于塑造医疗系统，使其体制能够支持而不是损害专业至上主义（professional sovereignty）”。[70]

但问题依然存在。首当其冲的便是医生分布的不均衡，医生对农村社区的遗弃速度快于对小城镇的遗弃速度，农村人口占全国人口的比例正在下降。此外，由于 1900 年后医学院标准的提高，从医学院毕业的人均医生变得越来越少，在 19 世纪 90 年代宽松标准下受教育的那批医生开始逐渐消失。因此，对 1926 年仍约占到一半的农村人口而言，医学知识或许是丰富的，但运用这些知识的医疗从业人员日渐减少，那个时期的这一状况被描述为“从糟糕到令人绝望”。[71]

图 7.5 显示了 1850—2009 年万人拥有医生数以及 1910—2009 年万人拥有病床数。从图中可以看到，随着在严格的专业标准之前受训的医生退休，万人拥有医生数从 19 世纪 50 年代最高点的 17.6 人下降到了 1929 年的 12.5 人。在 1940—1950 年大体保持在 13.3 人，之后在 1970 年上升到 16.9 人，1990 年到 25.6 人，2009 年到 31.6 人。图 7.5 中医生比例不可阻挡的显著上升趋势反映了医学专业人士日益增加以及医生相对收入不断提高，这一定程度上又导致了 1955 年之后医疗护理费用的无情增长。我们将在第 14 章对此进行讨论。

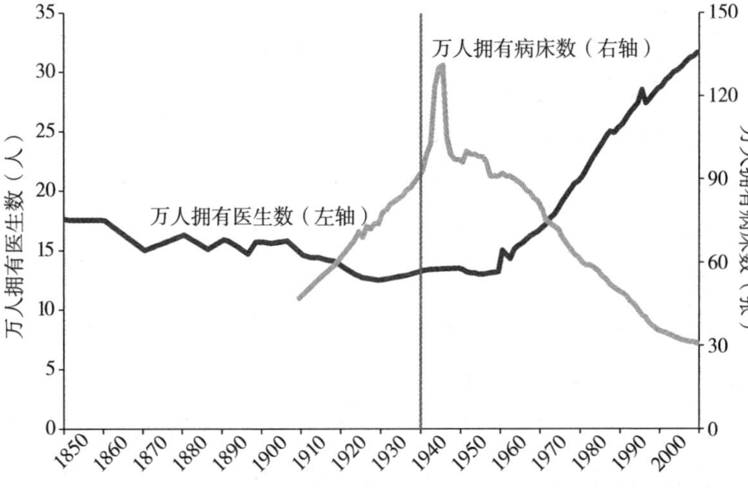

图 7.5　1850—2009 年万人拥有医生和病床数

资料来源：HSUS 序列 Bd242、Bd134 和 Bd120，2002 SAUS no. 153，2012 SAUS 表 160 和表 172。

万人拥有病床数的历史与万人拥有医生数的比例在一定程度上存在反向关系。19 世纪末期发明的抗菌剂和麻醉剂让医院成为更适合接受医疗的地方。万人拥有病床数从 1910 年的 47 张翻番到了 1940 年的 93 张，之后在“二战”期间由于伤员治疗临时需要增加床位出现短暂的急剧增加。战后，由于医院在长期护理上作用减弱，万人拥有病床数有所下降（其中一些转变为养老院和精神病院）；疗效的提升，让住院时间变得更短；而住院治疗相对价格的提高，导致病人寻找其他的医疗护理形式。

医院：从“穷人垃圾场”变为治疗疾病的场所

1870 年的大型城市医院在某种程度上更接近于现在的养老院而不是大型的教学和研究型医院。在 1870—1920 年，医院从穷人的收容所转变成与现代医院类似的机构，同时，数量也从 1873 年的仅仅 120 家增加到 1920 年的 6000 家。[72]医院的名声逐渐从“污垢与传染病的储藏室”变为从事先进医疗护理的干净场所。[73]但在 19 世纪 70 年代和 80 年代，医院同一个世纪前几乎一样，被视为下层社会和贫穷移民的垃圾堆积场，是患者有可能感染败血症的地方。1872 年纽约贝尔维尤医院（Bellevue Hospital）的一个参观者说道：“那里的气味令人作呕。病床和病人的情况是无法形容的。一个护士在浴室睡觉，而浴盆里装满了肮脏的垃圾。”[74]事实上，术后败血症感染导致将近一半接受了较大手术的患者死亡。“外科医生的常见报告是：手术成功，但患者死了。”[75]

1870—1900 年抗菌剂的发展使术后死亡和截肢大大减少。抗菌剂发展过程中的核心发现是内战后不久由格拉斯哥皇家医院（Glasgow Royal Infirmary）的外科医生约瑟夫·李斯特（Joseph Lister）完成的，现在依然畅销的李施德林漱口水就是在 1879 年以他的名字命名的。李斯特认识到空气中的细菌会导致伤口腐烂，他推断必须在手术过程中就杀死伤口上的细菌，并选择了石碳酸作为最初的杀菌剂。但这被证明还不够，在之后的数十年里，人们发明了为外科医生的双手、工具、手套以及衣服杀菌的新方法。[76]1881 年加菲尔德总统因刺杀者的子弹而在医院死亡，充分说明了感染在死亡中发挥的关键作用；据说专业医生用自己的手指和未经消毒的工具找子弹，继发感染后加菲尔德很快就去世了。[77]

在那个时期，医院并不是医疗实践的中心，在中上层社会中，生病也在家中忍着，等着游医的出现。即使铁路、有轨电车和马车事故的受害者大部分也是被送到家里而不是医院。[78]一位专栏作家在 1888 年的《波士顿晚报》上总结了那时对医院的态度：

> 这里到处弥漫着病人的气息，特别是大病病人的气息，充斥着死亡的味道，或者只能等待死亡，或者刚刚逃离死亡，处处可见医护人员态度和蔼可亲但工作敷衍塞责，情形简直令人震惊。医院……只是让病人想着怎么打发每一天的时光。[79]

在那个时期，医院的维持靠的不是穷人或者政府的资金支持，而是富人自愿的慈善行为以及一些宗教团体和民族协会（ethnic association）的赞助。医生的主要收入来自私人诊所，在医院基本都是免费工作，主要是积累他们在出诊时难以遇到的疑难病症的有关经验和知识。19 世纪末医院的一个主要问题是，虽然它们受到中上阶层的指责，但提供的免费食物、病床和照料对穷人还是非常有吸引力的，因此不得不制定政策，规定住院的最长期限，但这一期限经常变动。在 19 世纪 70 年代末，免费患者的平均住院时间为五周。[80]

与 19 世纪末期医院在分娩中发挥的微小作用相一致，它在更广泛的卫生领域作用也非常小。“19 世纪的妇产医院是城市里无法在家生产但医生和慈善家认为应得到医疗服务的穷人、流浪者或者工薪阶层已婚妇女的收容所。”虽然在 1900 年时只有 5% 的美国妇女在医院分娩，但随着逐渐克服住院产褥热，公众对医院作为分娩场所的看法也慢慢发生了变化。到 1921 年，随着妇女开始认为医院分娩更安全，随着一些无法在家里实施的医疗程序的发明（比如 1894 年出现的第一例剖宫产），在美国的许多主要城市里，超过一半的分娩在医院进行。到 1939 年，一半的妇女以及 75% 的城市女性在医院分娩，到 1960 年，在全体妇女中这一比例上升到 95%。正如据说是罗丝·肯尼迪曾经说过的那样，“潮流改变了”。[81]

医院转变的一个早期步骤是通过 19 世纪 70 年代第一所护理学校的成立而实现的；在那之前，护士的社会地位同家庭清洁女工一样低。护理学校的数量从 1873 年的 3 所增加到 1900 年的 432 所，再到 1910 年的

1129 所。[82]到 20 世纪初，医疗技术的发展开始吸引来自更高收入阶层的患者，这是因为抗菌剂和更加洁净的环境让医院没有那么可怕了，也因为医院能够实施在家中无法完成的手术和其他医疗程序。到 20 世纪 20 年代，医院里患者的职业分布同全体人口的职业分布已非常类似。

> 仅仅在二三十年前，医院还是嘈杂、肮脏、杂乱的，但现在（1910 年）已井然有序：护士制服发出的沙沙声、敲打电报的铃声、液压电梯的咯咯声、蒸汽的嗞嗞声、手术室的喃喃细语声。洋地黄、奎宁和水银让救助患者大有希望；鸦片、吗啡、可卡因和索佛那又减少了痛苦的叫喊声……溃烂伤口散发出的腐臭味因抗菌剂和不懈的清洁而不复存在。[83]

医生在继续腾出时间照顾穷人的同时，也会在医院收费的基础上另外向一些患者收取一定的费用，因此，一些自己付费的患者在给医生带来更大工作负担的同时，也会通过付费给医生作为时间补偿。医院开始将病床分为"头等病房和普通病房"，为付费病人提供私人或半私人的房间，为不付费的穷人提供"救济病房"。更进一步的隔离是将黑人患者和白人患者分开，将性病患者和其他疾病患者分开。[84]

医院融资在医疗保险基础上开始发生变化，转向美国现代体系，这始于 20 世纪头 10 年形成的针对工人工伤事故的补偿金。在西奥多·罗斯福总统的支持下，工人补偿金通过向企业征税来支付受伤工人的医疗费用，到 1919 年大多数州有了这样的制度。根据现代的标准，那时的医疗服务依然非常便宜，在"一战"前的 10 年里一周的病房费（不包括医院和医生对医疗程序的收费）普遍为 10 美元。[85]以 2013 年经通胀调整后的美元计价，一周的病房费为 170 美元。1923 年，包括医院病房费、医生和护士的费用以及医院的额外收费在内，分娩总花费为 50 ~ 300 美元。医院费用激增的部分原因是"一战"期间整个经济的价格水平翻番。到 1920 年，纽约医院的病房费达到了每天 5 美元。[86]

转向在医院分娩产生了两个合意的意外效果。第一个效果是，1890—1950 年婴儿死亡率的快速下降与同一时间基本完成的从在家分娩到医院产房分娩的转变绝非巧合。第二个效果是，医疗护理相对较高的价格导致替代作用，让家庭决定少生孩子，因而降低了出生率。相比于医疗护理，产婆仍是一个便宜得多的选择，受到移民女性的偏爱，但到20世纪30年代她们不再选择产婆了。这是因为年老的产婆退休或者去世，但又没有新的一代来顶替，这其中的原因有二：一是本土女性有更高收入的其他选择，二是1921年和1924年限制性的《移民法案》将年轻的外国产婆挡在国门之外。[87]

20世纪20年代是医院建设的全盛时期，扣除通胀，在医院建设上的支出直到20世纪50年代中期才超过20年代末的比例。消费者生活水平的提高不仅来自婴儿和成人死亡率的降低，也来自新建医院舒适度的提高。隐私是极具价值的新商品，1928年的新医院将46%的病床用于私人病房，23%用于半私人病房，21%用于小病房，只有7%用于大病房。[88]病房中缺少隐私以及很难有同来访者交谈的私人时间，进一步增强了中上层收入的患者为最好的私人病房花钱的决心，这又加深了自19世纪末以来一直存在于医院的社会隔离。

到1926年，美国境内有6800家机构被归类为医院。其中44%有检验科，41%有放射科。大约28%的医院为联邦、州或地方政府所有，剩下的72%属于教会机构、个人或合伙机构以及独立（即非营利）机构。

医学研究、医学院以及医学知识的转变

在1940年之前，医学知识进步缓慢但稳步推进。手术的原理和用酒精作麻醉剂在内战之前就已发明出来，在内战之后仍继续研究用酒精、氯仿甚至可卡因作为麻醉剂。19世纪晚期发明了在去除胆结石、治疗阑尾炎、心杂音和肝脏疾病的手术中使用麻醉剂的技术。路易斯·巴斯德、约瑟夫·李斯特和罗伯特·科赫被称为“改变现代医学的三位杰出人物”。[89]虽然把某种疗法归功于像巴斯德和科赫这样的个人，但医学的发展其实是由美国和一些欧洲国家的科学家不断重复并改进早期实验的集体努力推动的。

虽然一些医生欢迎这些新发现，但另一些并非如此，而且还常常对细菌致病论怀有敌意。“当强调细菌致病论的医学论文宣读时，一些著名医生离开会议厅”，这种情形屡见不鲜。“他们想要表达自己对这种理论的轻视，拒绝聆听。”[90]由于交锋派别的不同和医学理念的差异，19 世纪医疗学校的历史就是“一段分裂、阴谋、政变的历史，在这过程中还时常发生对医疗机构的破坏”。[91]如此巨大的分歧，部分来自对顺势疗法的广泛认可，而不仅仅是因为对细菌致病论的怀疑。[92]

产生敌意的另一个原因是对科学的广泛怀疑，人们拒绝相信那种大面积的传染病是由几乎看不见的微生物造成的，这对医生在开立当时可得的保守治疗药物（palliative drugs）处方的专业知识构成了威胁。然而疫苗的发展逐渐改变了持怀疑态度的人，细菌致病论带来的第一个好处是更加重视清洁和消毒，传播了有关医生诊所和医院真正灭菌所需条件的知识。顺势疗法医学理论日益遭到反对，到 1920 年时贯彻顺势疗法的医学院几乎都消失了。

医学和科学知识的发展状况包括医学院的状况。1870 年时只有 60 所医学院，而且除了最好的几所外都是粗劣的短期教学项目。两年时间每年学 18 周就可以获得医学学位。这些医学院在解剖学和生理学方面都很薄弱甚至根本没有开设，同时也缺乏临床训练。它们所讲授的是现代医学院授课内容的中间部分，也就是如何做医学诊断和医疗程序的技巧。绝大多数医学院没有入学条件，也不给课程打分。与之形成鲜明对比的是分别于 1889 年和 1893 年创建的约翰·霍普金斯医院和约翰·霍普金斯医学院的高标准。[93]

19 世纪末期，在医学教育中占主导地位的是营利性的“文凭工厂”，“它们除了热乎乎的文凭外一无所有”。此外，许多“冒牌者”提供无效的医学文凭。到 19 世纪末，可以用 5 ~ 10 美元的价格获得一份医学“文凭”，价格取决于印刷文凭纸张的质量。“即使对最穷的庸医而言这个价格都不算贵。”[94]

美国医学史上最重要的里程碑之一是 1910 年《弗莱克斯纳报告》（*Flexner Report*）的发表。美国医学会意识到不能直接介入这一有争议的领域，于是委托颇具声望的卡内基教学促进基金会进行研究并提交研究报告。年轻的教育家亚伯拉罕·弗莱克斯纳访问了美国所有的医学院，并受到了欢迎，因为这些医学院认为这一访问或许是卡内基财政捐款的提前审查。这些医学院正期待着财政捐款，却惊闻这份报告质疑了它们存在的必要性。

《弗莱克斯纳报告》抱怨道，“教授每周数次向准备不足的学生授课一小时……私人测验项目主持人（private quizmasters）训练数百名学生记忆微不足道的细节，把实物摆放在面前他们也没法过关。”[95]弗莱克斯纳摧毁了私人营利学校声称的合法性，告诉人们“被吹捧的实验室……由雪茄盒里散落的一些试管组成；因为没有在解剖室中使用消毒剂，尸体散发着臭味。图书馆里没有图书；所谓的教职工都在忙于自己的私人诊所。”

《弗莱克斯纳报告》将美国大多数医学教育机构送上了断头台。该报告建议顶尖的学校，比如约翰·霍普金斯大学和哈佛大学应当加强，少数几所最好的医学院应当致力于进入顶尖行列，剩下的那些医学院应该关闭。[96]事实上，许多医学院确实关闭了，我们在图 7.5 中看到，这一段时间后人均医生数量减少。

患者如何支付医疗费用？

在 1910 年或者 1920 年之前的早期时代，医疗费用并不是一个重要问题。那时大多数医疗服务是通过医生出诊提供的，医生的收费包括一笔根据之后的任何标准而言都非常低的出诊费用，加上一笔根据行程英里数计算的额外收费。1905—1920 年是流动医生开着自己的新汽车出诊的全盛时期。尤其是在美国农村地区，医生在患者家中尽其所能地提供服务，而不会将患者送到医院，部分原因在于医院数量很少而且距离患者家很远。

到 20 世纪 20 年代，绝大多数医生都被组织进入私人诊所，根据对每个患者各自的服务收取费用，而且与医院没有任何正式的薪酬关系。[97]

出诊继续存在，据估计在 1925 年 2/3 因疾病而行动不便的患者在家中接受医生治疗，剩下的则在医院。主治医生同专科医生之间的合作既不协调又比较原始，这与现在电子医疗记录涵盖患者护理方方面面的健康护理目标是截然不同的。患者可以在没有与任何主治医生联系或者没有主治医生推荐的情况下随便拜访专科医生的办公室，并且不得不为专科医生的服务自掏腰包。[98]

1910 年之后医疗费用不可阻挡地上升了。部分原因在于医学院推行改革，提高了学费，进而导致医生收费提高，以提供足够大的激励吸引学生到医学院就读。医生职业资格创造了抬升医疗收费的一种准垄断。1900 年后美国医院的兴起使患者面临新的财务困难。医疗疾病中越来越多的部分要用 X 光和其他现代设备来治疗。随着传染病的消除，剩下的健康问题更需要专科医生。患者费用增加的原因包括：专科医生比全科医生收费更高，医生更多地选择医院而不是患者的家作为出诊地，以及为治疗特定病症需要对越来越多的项目付费。

> 在某些情况下可能有 8 ~ 10 项单独收费：家庭医生和几个专科医生那里各有一项，实验室检查有一项或几项，医院的食宿费有一项，护士有一项或几项，还有护士的伙食，此外麻醉剂、手术室和药品还有额外的收费。[99]

那么，在这个越来越复杂的医疗系统中，患者是如何付费的呢？在某些情况下，医生乐意通过向富人多收钱和向穷人少收钱来调整他们的收费，但这样做面临一个基本障碍，就是没有独立的方法核实患者的家庭收入。一份同时代的资料列出了 20 世纪 20 年代中期患者对高医疗费用的七种不同反应：（1）免费药房和诊所；（2）家庭医生慷慨地提供免费护理；（3）将乐意支付医生的账单作为一件值得骄傲的事；（4）从共济会、一些商会以及劳工补偿金和商业服务提供商那里获得不充分的医疗保险；（5）穷人逃避治疗，这导致了他们的高死亡率；（6）江湖医生和其他非专业人士的帮助；（7）用偏方和专利药自我治疗。[100]虽然患者可以获得商业健康保险，但它有现代健康保险的所有弊病，包括“挑肥拣瘦”地寻找最健康的患者，用年龄限制为老年人提供保险，用医疗检查发现已经存在的病情，以及不愿意为那些预计更容易患传染病和其他病症的下层阶层提供保险。

需要注意的是，上述七项反应中没有出现任何综合型医疗保险，而这是西奥多·罗斯福的进步党在1912年总统竞选中提出的施政纲领之一。该施政纲领承诺“通过建立适合美国人的社会保险体系，保护家庭生活免受疾病、非正常就业以及年老的伤害”。[101]罗斯福在那次选举中败给了伍德罗·威尔逊，之后，全民医疗保险制度的倡导者和包括医生、药剂师、雇主甚至工会在内的看上去不太可能的反对者之间爆发了长达五年的立法斗争。

支持者主张以综合社会保险计划为目标，这种计划在德国于1883年开始实施，在英国始于1911年，许多欧洲国家也在此期间开始实施。与欧洲的方案一样，罗斯福的想法是不仅要覆盖医疗费用，还要通过补偿因疾病造成的收入损失来减轻贫困。当时有人在芝加哥的一个工薪阶层社区对4500名工人进行了调查，该调查显示有1/4的工人在上一年因疾病至少损失了一周的工资，对这部分人而言共损失了13.6%的年收入。[102]一位支持者在1917年注意到甚至没有一个州引入医疗保险，他对此感到很悲哀：

> 我们看待疾病还远远没有超出个人的不幸，认为应该由每个人和单个家庭进行预防，最好的可能是德国式的英雄主义方法，将疾病视为整个国家之恶，运用国家机器予以打击，而这对我们而言仿佛远在另一个星球。[103]

医疗保险的早期形式通常被称为“疾病基金”，最早可追溯到19世纪90年代，在1900—1920年的进步时代里已比较普遍。1917年一份有关三个工业州的估计显示，足足有1/3的非农劳动力有某种形式的医疗保险，包括慈善互助会、工厂、工会建立的疾病基金，以及私人购买的保险。如果把低覆盖率的农场主、农场工人以及南部州的非农业劳动者计算在内，全国范围的覆盖率可能达到这个估值的一半。[104]

20 世纪 20 年代成本上升只是医疗护理融资问题的一部分，医院治疗复杂疾病能力的提高大大增加了收费的变动性。虽然需要住院治疗的疾病依然相对少见，但那些非常倒霉的中产阶层成员因住院时间延长预计要支付其年收入 1/3 或 1/2 的医疗费用。一个国家委员会在 1930 年报告说，拥有最大医疗账单的 3.5% 的家庭支付了约占全国 1/3 的医疗费用。[105]无保险的医疗费用能有如此大的收入占比，这种风险自然而然地提高了对医疗保险的需求。

工业疾病基金覆盖了美国的一部分工人。虽然这些基金的覆盖范围有限，但它们都与就业相关联，正如现代美国医疗保险一样。因此大萧条这一宏观经济灾难引发的失业导致工人同时失去收入和医疗保险。这一双重不幸又因雇主倾向于解雇健康不良的雇员而加重。因为这些不健康的员工被踢出就业队伍，也不再受疾病基金覆盖，所以疾病基金里剩下的成员就比普通人更健康，基金的支出反而因此减少。这导致出现一个荒谬的论断："大萧条提高了被保险工人的平均健康状况。"[106]

罗斯福新政期间尽管实行了强制性的失业补偿金和社会保障，却不曾有组织地努力推动全民医疗保险。最貌似有理的解释是美国医学会毫不妥协地反对，以及罗斯福顺从民意而不是引领民意的倾向。事实上，罗斯福对激烈游说反对全民医疗保险的回应是将其从社会保障立法中删去，他害怕如果不把全民医疗保险从立法计划中移除，政府担保的养老金计划就难以在国会通过。[107]

事故和谋杀导致的死亡

本章的标题"肮脏、残忍和短命"原本是指导致死亡的原因，包括导致寿命缩短和令人不快的死亡的疾病。[108]不过这些死亡至少是随着病情的发展逐渐来临的，能够让年轻人和老年人与其家人告别。还有一些死亡是"残忍的"，都不允许时间稍长的告别。这包括工业作业中偶发事故导致的死亡，铁路事故导致的工人、乘客和行人的死亡，汽车事故导致的死亡以及谋杀导致的死亡。

爱迪生在1879年10月发明的电灯受到热烈欢迎，这不仅因为光的亮度和光源的可靠，还因为同之前的煤气灯和煤油灯时代相比开关方便。但在列举爱迪生这项发明的好处时，很少有人重视由于电灯更大的安全性而在1879年之后拯救了更多的生命：

> 单单在美国每年就有5000~6000人因为照明事故而丧生，由于灯油掺假、自己笨手笨脚和粗心大意，比如将灯油溢出或把灯打破，或者将灯放在离窗帘或被子太近的地方，在吹灭之前没有拧低灯芯，或者在熄灯时碰倒灯罩。[109]

工作场所发生的伤亡水平现在看来几乎是不可思议的。可以引用哈里森总统在1892年说的一句话作为例证，他指出："美国工人面临的生命危险同士兵在战争时面临的危险一样大。"事实上，在1898—1900年，美国铁路部门导致的工人、乘客死亡以及马匹同行人相撞造成的死亡堪比英国军队在三年布尔战争中的人员伤亡。[110]

与铁路相关的死亡事故峰值出现在1907年，达到11800起，如图7.6所示，这相当于在那年每百万人中就有138人死于火车事故。1940年这一比例迅速下降至35人，到1970年之后就不足10人了。如右轴所示，伤者的最大值为每百万人中有2060人，之后的下降速度甚至快于死亡人数，到1940年时为224人。在"二战"期间由于铁路网利用率极高，铁路意外死亡和受伤数量出现了暂时的增加，之后逐渐消失，到1980年之后几乎为零。在20世纪早期，美国是唯一一个死亡率如此之高的国家，1911—1915年美国的平均死亡率比同时期德国、奥地利和英国记录的死亡率高6倍以上。[111]

美国的死亡率之所以高于欧洲，原因之一在于建设标准的差异，因为美国的资本成本高、人口密度低和给定线路上运输量少。欧洲大多数铁路的修建一开始就是立体交叉式的，所以公路交通就可以在铁轨上方或者下方。相反，除了大城市和一些城郊铁路，美国大多数铁路都修建

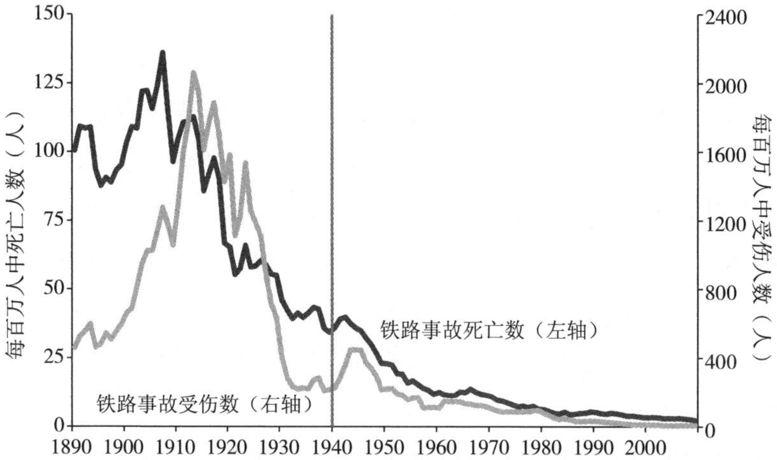

图 7.6　1890—2009 年铁路事故死亡和受伤数

资料来源：HSUS 序列 Ba4768 和 Ba4769，2002 SAUS no. 1112 和 2012 SAUS 表 1122。

在平面上。英国的铁路桥是用钢铁修建的，美国的铁路桥大多数是用木材建造的。此外，硬化道路在欧洲也更为先进，而美国那狭窄肮脏的道路在夏天时灰尘飞扬，在冬天时又泥泞不堪，连接城市和乡镇的道路弯弯曲曲。铁轨铺设的直路吸引许多行人跳上货运车或者沿着铁轨行走，从而将自己暴露在危险之中。在欧洲的火车站，栅栏和站台防止乘客和接站的人在铁轨上行走，但开放式设计的美国火车站很少这样做，通常可见轨道旁仅有一座小建筑物。[112]

铁路安全逐渐得到提高，正如图 7.6 中下降的伤亡率所示。更好的刹车、耦合器和其他安全设备，更重以及建造得更好的铁轨和轮子，人工信号向自动信号的逐渐转变，所有这些终于在 1929 年几乎消除了碰撞的发生。铁路员工死亡人数在 1910 年曾高达 3400 人，随着设备更加安全，随着员工委员会建议改变操作方法，并针对特定工种的危险培训员工，死亡人数逐渐下降。来自汽车和公共汽车的竞争让短途铁路客运量大幅下降，推动了从相对危险的农村铁路和车站向设计得更好的城市和城郊基础设施的转变。

这一小节之所以将铁路单独列出，是因为它不仅会造成铁路员工的伤亡，还会导致乘客、行人，特别是铁路交叉口的人、马伤亡，车辆受损。除了铁路旅行，航运也会造成乘客死亡。在泰坦尼克号沉没造成大量人员遇难仅仅 8 年之前，一艘名叫斯洛克姆将军号（General Slocum）的三层甲板明轮船，搭载着数百名参加了一整天流动聚会的德国移民行进在纽约东河上。大火突然燃起，油箱跟着爆炸，整艘船都被火焰吞没。胡乱扔下的救生艇和破旧不堪的救生衣导致 1300 名乘客中超过 1000 人死亡。[113]在 1913 年，芝加哥河上搭载着西电公司员工准备出发开始一场聚会航行的东陆号蒸汽船倾覆，造成 844 名乘客死亡。这仅仅是在美国水域发生的轮船事故中最有名的两例，反映出安全预防措施和轮船设计非常糟糕。

相对于汽车，铁路死亡人数很快就变得微不足道。1918 年，汽车事故死亡绝对人数第一次超过铁路事故，而到 1921 年就成了铁路事故死亡人数的两倍。每一亿英里的汽车事故死亡人数在 1909 年时达到了最大值 45 人，到 1922 年就已经减半为 22 人，到 1939 年再次减半为 11 人。这一数据在 2008 年时仅为 1.3 人，是 1939 年的 1/10，是 1909 年的 1/40。这是一个在 1940 年前后都快速进步的例子。[114]

歌唱家盖希文兄弟（George and Ira Gershwin）的一个忠实粉丝指出："汽车就是来屠杀的。"[115]在 1900 年问世后的最初一些年里，汽车不比马快多少而且经常抛锚，几乎没有造成过事故。但随着汽车速度的提升，危险开始增加。道路狭窄而泥泞，在街道上玩耍的小孩子成为汽车事故的受害者。"早期的汽车刹车很弱，轮胎易爆，车头灯刺眼，平板玻璃窗很容易翻动……没有安全带，通常是软顶板或者根本就没有顶板……没有关于驾驶员培训的要求，没有驾驶考试、视力测试、年龄限制，而且在大多数地方没有车速限制。"[116]

在过去一个世纪的大多数时间里，谋杀导致的死亡人数大约是汽车事故死亡人数的一半。图 7.7 显现了 1900—2010 年*每 10 万人中的谋杀率，呈周期性的而不是单调的下降或上升趋势。整体上呈 U 形，在 1933 年之前和 1970 年之后有宽尾（wide tail），20 世纪 30 年代早期到 60 年代末期

* 原文此处即为 1900—2010 年。——编者注

谋杀率急剧下降。在谋杀率中出现了两个峰值，第一个与 1933 年禁酒令的解除一致，第二个出现在 1980 年毒品暴力的峰值处。从 1933 年到 20 世纪 50 年代中期，谋杀案死亡人数下降了一半还多，那时的谋杀率同 1907—1910 年相当。之后直至 80 年代再次上升到峰值，比 30 年代的值要稍高一点。到 2008 年，虽然没有达到 50 年代的低水平，但谋杀率显著地下降了。

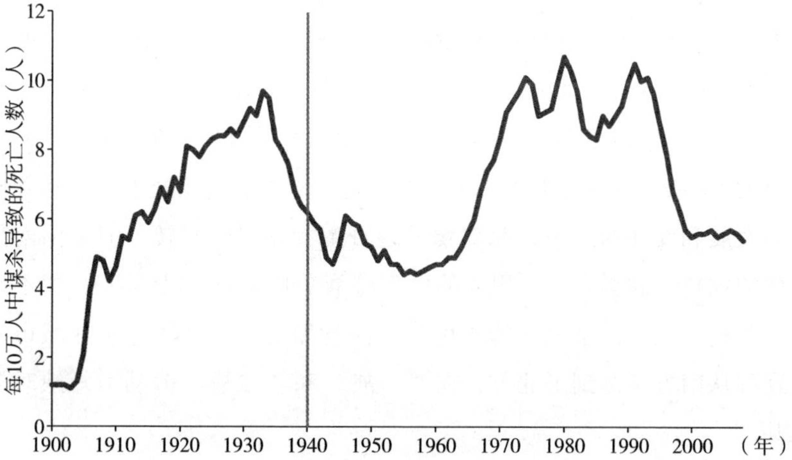

图 7.7　1900—2008 年大致的人均谋杀案发生率

资料来源：HSUS 序列 Ec190，2012 SAUS 表 312。

20 世纪 30 年代早期，谋杀案死亡人数的绝对数量大约是同一时期汽车事故死亡人数的 1/3，同 1917—1918 年铁路相关的死亡人数相当。引人注目的是，美国的谋杀率比 20 世纪早期任何一个欧洲国家都高 7 ~ 10 倍。谋杀案不同于铁路或汽车事故，美国各地并不一致。事实上，在 1900 年，新英格兰同英格兰有相似的谋杀率。各州的谋杀率表现出了强烈的地域分布，新英格兰同威斯康星州以西的靠近加拿大边境的北部各州都有较低的谋杀率，高谋杀率出现在以路易斯安那为首的南部各州。[117]

在 2007 年，非裔美国人的受害者大约是白人的 10 倍，同时南方黑人和白人都比他们在北方的同种人更加暴力。在 1850—1950 年，纽约市黑人谋杀黑人的案件从高于白人谋杀白人案件的 3 倍上升到多达 13 倍。根据史蒂芬 · 平克的解释，原因是民主在美国“来得太早了”；相比之下，欧洲国家很早之前就解除了民众的武装，取得暴力垄断权，以此作为维持治安的方法。美国南部可谓是一个极端，在那里更倾向于依赖“自主正义”解决争端和实施报复，而不是通过强有力的政府维持治安。平克转而追溯了南方文化直至南北不同的移民来源，生活在远离沿海种植园的多山边疆地区的南方人主要是苏格兰与爱尔兰人，他们来自不列颠群岛的多山地区。

不过，南方地区谋杀率还远不及西部边疆城镇，在那里每10万人中因谋杀导致的死亡人数能达到100人，相比之下1900年的英国这一数据为1人，1925年和2008年的美国这一数据为7人。平克将这种“无政府状态”和“大混乱”归因于执法的不足，容易得到枪支，由缺少妇女教化的15~30岁年轻男子所主导的文化，以及酒精无处不在。随着城市的发展和女性的到来，西部暴力的野蛮状态终于好转。但美国南部文化的独特性和黑人谋杀黑人的极高谋杀率时至今日仍然存在。[118]不幸的是，这一黑人谋杀黑人的历史随着向芝加哥和底特律等工业城市的大迁移从南方延续到了北方，在“一战”和“二战”劳动力短缺时期尤甚。[119]

所有改善中最有价值的一项？ 预期寿命提高的价值

本书贯穿的一个主题是，重大发明和之后的补充创新对生活质量提升的贡献远远超过了它们对市场制造的GDP的贡献。国民经济核算忠实地记录了在汽车和相关服务上的支出，并试图对质量变化进行不完善的校正。但就汽车的发明而言，GDP账户没有包括马匹的退出以及它们不再在城市街道上随地大小便带来的健康和审美方面的好处，更不用说汽车在创造一个名为“自助游”的全新消费类别中的作用了。每一项发明都创造了无法衡量的益处或者说消费者剩余。

但没有哪一项改善能比得上本章前几节所述的死亡率下降和预期寿命提高带来的社会福利。在过去30年里，经济学家一直在研究用什么方法计算寿命延长的货币价值。[120]如果更长的寿命能够同比例地增加GDP和人口，那么人均实际GDP就没有变化。但每一个人的境况都变得更好，因为人们有更多时间享受生活水平的提高。夫妻能有更多时间与伴侣共享时光而不是在丧偶中度过余生，孩子也有更多时间分享父母的教诲与慈爱。加里·贝克尔和他的合著者用到了一个术语“全部收入”（full income），这是指每年产生的以市场为基础的收入和享用这笔收入的年数变化的货币等价物。[121]

与诺德豪斯的建议相反，预期寿命增加的货币价值不应被视为医疗保健行业的产出指标。[122]正如我们已经看到的，医疗保健行业对 1890—1950 年死亡率划时代下降的贡献微乎其微。死亡率下降大部分应归功于其他产业的发展，包括洁净自来水和生活污水管道的出现，从冷藏列车到食品和药品监管这一切带来的食品污染和掺假的减少，以及巴斯德细菌致病论的发展和随之而来的重视害虫防治、清洁卫生以及转变对母乳喂养的态度。

对于死亡率下降、寿命增加的货币价值，威廉·诺德豪斯、凯文·墨菲和罗伯特·托佩尔在其最近的研究中都进行了估计。他们的方法有一个共同的目的，就是根据历史死亡表用新增寿命乘以寿命内的储蓄来测算新增寿命的价值。为简化这一部分，我们仅列出诺德豪斯的研究结果。

诺德豪斯在计算健康改善的价值时给出了四个充分相似的可替代估计，我们将其估计值平均，并把他的结论转化为图 7.8。诺德豪斯将健康改善的价值作为传统消费支出的一部分，我们对他的估值进行了调整，作为 GDP 的一部分。如图 7.8 所示，诺德豪斯的计算意味着在 1900—1950 年，从所有方面来看，预期寿命增加的价值同其他原因导致的人均实际 GDP 增长率一样大。因此，他将潜在人均 GDP 增长率从每年 2.05% 翻番为每年 4.2%。1950—2000 年，寿命增加的价值占 GDP 其余部分增加的 63%。如果将他的健康资本估计值包括在内，“二战”后 GDP 增长 3.5%，而不是传统的 2.1%。

诺德豪斯从研究中得出的一个最重要结论是包括健康在内的人均实际 GDP 增长率在 20 世纪上半叶大大高于下半叶。虽然官方测算结果显示上半叶的增长要慢 0.1%，但诺德豪斯的估计显示要快 0.7%。这一结果与本书的一个中心主题是一致的，即相比于下半叶，20 世纪上半叶的

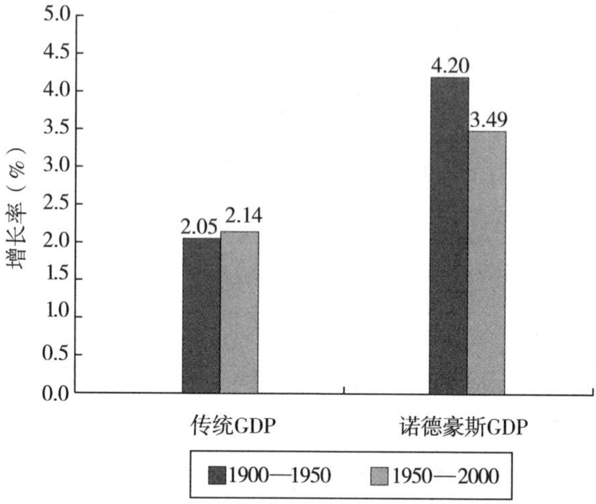

图 7.8　1900—1950 年和 1950—2000 年包括和不包括健康资本时的人均 GDP 年增长率

资料来源：Nordhaus（2003），HSUS 序列 Ae7。

福利增长速度被显著低估了，这一结论还没有考虑第 3 章到第 6 章讨论的其他发明带来的巨额消费者剩余，包括电气化、汽车、信息和娱乐带来的好处。

结　论

在本章覆盖的 1870—1940 年这段时间里，公众健康和医学界堪称取得了两个巨大的胜利——战胜婴儿死亡率和战胜传染病。20 世纪上半叶预期寿命提高的速度是下半叶的两倍。医学界知道如何治疗和实际医疗结果之间存在着巨大差距，从这个意义上说，1926 年的进步是显而易见的。1927 年一本有关美国医学情况的综合书籍给出了双重结论：

> 医学界著名的领军人物公开宣布很快就能获得有关知识，抑制疾病导致的痛苦和早逝。相比实验室世界中不可思议的高效生产服务，健康领域的配送服务极为低效。我们知道如何做很多事，但实

际上没有做，或者做的事少得可怜。[123]

在促成 1890—1940 年进步的原因中，位居首位的应属城市卫生基础设施。这些管道网络将洁净的自来水打压送到家中，不同的生活排污管道同时将垃圾和污水带走。卡特勒和米勒的研究表明，洁净的饮用水能解释婴儿死亡率下降的 3/4。这里需要慎重一点，因为非水传疾病导致的死亡率同水传疾病导致的死亡率以相同甚至更快的速度下降。有一些应归功于减少传染病传播的其他因素，包括有关家庭清洁和母乳喂养的知识、制冷和联邦规制在减少食物掺假和污染中的作用、纱窗的发明、1900—1930 年马匹向汽车的转变以及马粪和死马的消失。

洁净的水和未被污染的牛奶都有助于婴儿死亡率的下降。牛奶掺假在城市里更加普遍，城里的家长从小贩那里而不是从农场购买牛奶，而农场牛奶则来自农民自家的奶牛或者其他邻近的奶源。1906 年颁布的《纯净食品和药品法案》把要求实行公共卫生规制的改革运动推向了高潮，目标不仅针对掺假和污染的牛奶，还有在不卫生环境下的屠宰肉类。牛奶供应的净化是婴儿死亡率在 1880—1910 年的 30 年间下降最快的一个重要解释。[124]

医疗卫生领域的发展可分为研究、医院和医生三部分。在医学科学中最重要的一个发展是巴斯德的细菌致病论。这一理论在 19 世纪 80 年代和 90 年代推动识别出一些昆虫和细菌，它们曾在 19 世纪末期引发传染病，造成大量人口死亡。医生和公共卫生官员越来越相信细菌致病论的正确性，从而刺激了城市卫生基础设施的发展和对食品和药品的监管。但在 1920 年之前，医学科学本身对死亡率下降的贡献相对较小。医学进步主要发生在外科领域，麻醉剂和抗菌剂的发展让手术过程不那么痛苦，也减少了感染导致的死亡。不过，随着心电图、X 光机和其他现代医学基本设备的发明，未来发展的基础在 1920 年之前就已奠定了。

在前面关于食品、服装、网络化住宅、电气化、机动车、通信以及娱乐的章节中，美国在 1870 年后就确立了发明、创新和发展的前沿地位。但美国“例外主义”并不完全是优点。我们在本章中已经看到，美国城市供水和下水道的建设比西欧一些大城市晚了 20 ~ 30 年。美国例外主义最大的一个缺点，就是政治体制无力实施全民医疗保险。保险应界定为一种公民权利，而不是依赖于就业。为什么家庭在遭受失业带来的毁灭性收入损失时还要失去本该享受的普遍权利呢？这种普遍权利能够确保获得医疗保健服务，预防疾病和死亡。俾斯麦早在 19 世纪 80 年代就解决了这个最大的经济政策问题，但即使到现在，将有效的医疗保健供给体系作为一项公民权利，依然远离美国的政治体制。

第 8 章 在职场和在家的工作环境

寻找工作、忍受较长的工作时间，以及保持一份稳定收入的不确定性，是许多工人，可能也是绝大多数工人的生活写照，不管他们在哪里工作，是在农场还是海上，是在工厂、森林还是矿山，都是如此。对许多工人来说，受伤的可能性始终存在，这种伤害或是直接的，也可能是致命的，或是与工作相关的慢性潜在肺病和其他疾病。那些工作最接近自然环境的工人——尤其是农民、农场主、渔民和伐木工人——也不得不与变幻无常的降雨、干旱、海洋变化、森林火灾和技术变化等因素做斗争，因为这些因素可能给他们造成季节性或者永久性的经济损失。

——哈维·格林（Harvey Green，2000）

引　言

生活水平的改善通常由人均消费水平随时间的增长来衡量。本书采用加里·贝克尔的时间分配理论拓宽了消费的概念，这一理论认为消费者福利是从市场上购买商品和服务与家庭提供时间的联合产品。该分析框架强调家庭生产等同于市场生产，并调整 GDP，使之包含家庭生产的产品，无论是 19 世纪 70 年代家庭缝制的女装，还是 20 世纪 50 年代家庭烘焙的蛋糕。[1] 近几十年来，研究者一直试图通过测算新产品出现时的消费者剩余，推进研究进程。[2] 如第 7 章所述，死亡率下降和预期寿命延长的价值是最大的收益。

本章将生活水平的概念拓展到包括家庭内外的工作环境。在 1870 年，80% 以上的劳动力从事危险、沉闷和令人不快的工作。由于农场主和农场工人都在户外工作，因此都受干旱、暴风雪、洪水和虫害的影响。蓝领工匠、技工和普通工人暴露在普遍有危险或有害健康的工作环境中，如钢铁厂的高温环境、容易受伤的铁路工种或是屠宰场污秽、恶臭的环境。从 1870 年到 1940 年及以后的变化逐渐降低了那些艰苦繁重的工作与不太繁重的工作之比，经济学家所说的"工作负效应"也显著下降。文员、销售人员、管理人员和专业人员等所占比例不断增加，其工作即便不是非常愉快，至少也比过去少耗费体力。与此同时，工作时间稳步下降，从 1900 年一周通常工作 60 小时减少到 1940 年以后一周通常工作 40 小时。

本章将首先描述美国人普通工作经历的变化。成年男性劳动参与率下降，同时女性劳动参与率提升。随着预期寿命的提高，越来越多的人活过 65 岁，退休的概念产生了。[3] 在 1870 年，对于能活过 65 岁的少数男性来说，65～75 岁年龄组的男性劳动参与率达到了惊人的 88%。随着预期寿命提高，65 岁以上人群的生活转变产生了新的重要意义。在 1870 年，65 岁以上的人口比例仅为 34%，到 1940 年已跃升至 56%，而到 2000 年这一比例达到了 77%。[4]

正如老年人口一样，变化同样发生在年轻人身上。在 1880 年，12 岁以后花费在全日制教育上的时间快速下降，很少有年轻人进入高中，在 14～15 岁的男孩中，劳动力的比例达到了惊人的 50%。但到 1940 年，随着受高中教育人口的比例不断增加，童工几乎消失了。与生活的其他方面一样，男性与女性的差异在 1940 年后大大缩小。14～15 岁的女孩不太可能像男孩一样参与市场上的工作，但高度参与家庭生产，作为母亲操持家务的帮手做很多艰苦的家务劳动。正如我们在第 3 章描述的，女装和童装大多是从商店买布料在家缝制的，女孩要全力投入，与母亲一起为全家人做衣服。[5]

工作环境随着时间推移不断改善，反映了两方面的内容：一是职业变化，远离了最令人不愉快和最危险的职业；二是同样重要的，主要职业的工作环境不断改善。到 20 世纪 40 年代，没有一个职业的转变比农业更彻底，19 世纪 70 年代原始的马拉犁在 1910 年后被燃气机，尤其是随处可见的拖拉机替代。在制造业中，随着落地式和手持式电动工具替代了靠橡胶和皮带低效传动的集中式蒸汽动力，工人变得更加独立。1870 年后，钢铁行业逐渐消除了炎热和危险的工作岗位。在 1900—1920 年进步时代期间，大型肉类加工企业和其他食品相关行业恶劣的工作环境得到了显著改善。1911 年纽约三角内衣工厂火灾发生后，工作环境骇人的血汗服装工厂成为公众舆论的焦点，当年的纽约内衣工厂和近年来揭露的孟加拉国服装厂差不多，生产环境差得要命。

1940 年之前，工作生涯始终存在的问题是不安全感，不仅包括周期性的失业风险，还包括任意解雇的风险。这种任意性体现在公司会任意解雇一个已丧失高强度劳动能力的工人，也体现在季节性的停产或者公司特定车间停产，遣散工人时不提供任何收入补偿。本章也认为，教育能发挥多种作用，包括消除童工现象，让青少年的生活变得更愉快，直接促进经济增长。本章会讨论地方政府、州政府和联邦政府增加支出提高教育程度的一些成就，至于各级政府在提高生产率和人民生活水平方面的其他贡献，我们将在下一章讨论。

女性的劳动参与率提高，青少年和老人的劳动参与率下降

成人劳动参与率的历史趋势是劳动经济学最常见的数据，很大程度上反映了历年的劳动力性质。如图 8.1 所示，成年女性（25 ~ 64 岁）劳动参与率发生了历史性的变化，从 1870 年的 12% 提高到 1940 年的 26%，又从 1950 年的 32% 提高到 2000 年的 72%。尽管人们的普遍印象是在 20 世纪 60 年代后期的妇女解放运动后，女性一次性地进入劳动力市场，但事实上更多是逐渐演变的。唯一的女性劳动参与率下降

的时期是1910—1920年。在1880—1940年，女性劳动参与率每10年平均增长2.2个百分点，而在1940—2010年，每10年增长6.5个百分点。[6]

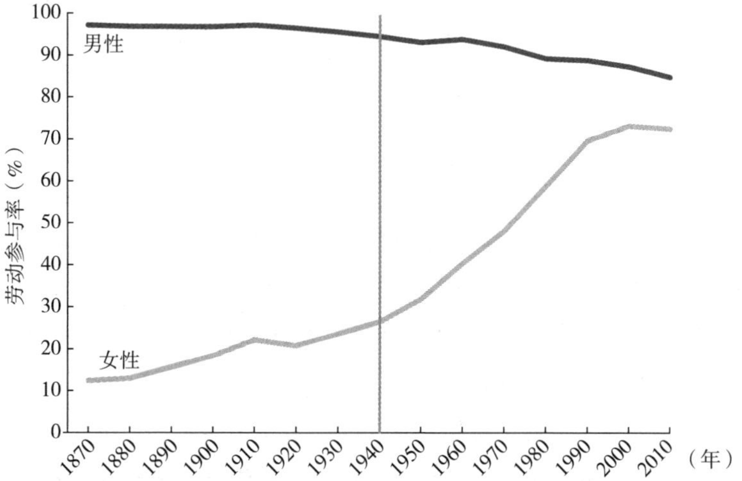

图8.1 1870—2010年按性别划分的25~64岁人群的劳动参与率

资料来源：HSUS序列Ba393-Ba400，Ba406-Ba413，Aa226-Aa237，Aa260-Aa271，以及2012 SAUS表7和表587。

从1890年至1980年，所有年龄组的女性劳动参与率都提高了，但25~34岁年龄组比45~54岁年龄组的女性劳动参与率提高的速度要慢一些。[7]节省时间的现代家用电器带来了更多的女性劳动力供给，同时文秘、销售、护士和教师等青睐女性的职业导致更多的女性劳动力需求，所有这些，都导致“二战”前女性劳动参与率逐渐上升，“二战”之后快速上升。

在本章涵盖的1870—1940年这段时间，25~64岁的男性劳动参与率稳定在95%以上，每10年仅下降0.4个百分点。在本书第二篇第15章我们会看到，壮年男性劳动参与率1970年后加速下滑。

青年人的劳动参与率反映了教育机会的扩大和对童工迫害的结束。图8.2显示了按性别划分的10~15岁和14~15岁年龄组的劳动参与率。1880年，10~15岁男孩加入劳动力大军的比重达到惊人的30%，

14 ~ 15 岁男孩加入劳动力大军的比重甚至高于 50%。这些比例反映了有偿雇用，排除了在农业家庭从事无偿劳动的青少年，因此，19 世纪后期青少年的实际劳动参与率肯定要高得多。1910 年至 1940 年，14 ~ 15 岁男性劳动参与率从 42% 下降至 10%，这与同期高中入学率提升最快恰好一致。[8]

图 8.2 显示，在每一个年龄组和每一个时间节点上，青少年女孩的劳动参与率比男孩少了一半。14 ~ 15 岁女孩的劳动参与率在 1910 年达到 20% 的峰值，随后到 1940 年已降低到 4%。虽然相比青少年男孩来说，女孩参与市场工作的重要性相对较小，但如果考虑到家务劳动，这种差距很可能会逆转。在 19 世纪末，用现代标准看，日常家务劳动非常艰苦，女孩在家务生产的每一方面都是母亲的助手，从打水洗衣做饭到做衣服，再到照顾更小的孩子，都是如此。

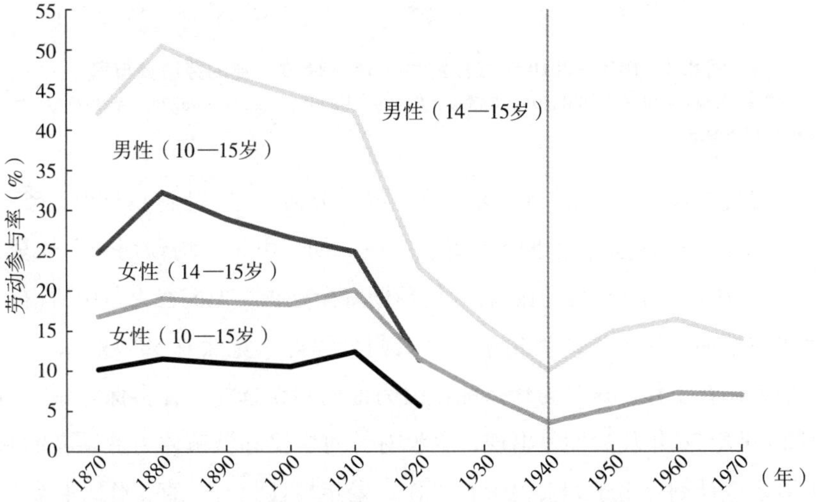

图 8.2　1870—1970 年按性别划分 10 ~ 15 岁人群的劳动参与率

资料来源：HSUS 序列 Ba356—Ba390。

图 8.3 涵盖了 16 ~ 24 岁年龄组的劳动参与率。当我们分析年龄较大和年龄较小的青少年劳动参与率时，同样会发现 1940 年之前存在较大的性别差异。1940 年之后，差距逐渐缩小，但趋于一致的情形绝大部分发生在 1960—1990 年。对年轻男性来说，劳动参与率从 1910 年的 87% 下

降到1970年的63%，随后在70年代出现了短期的逆转。年轻男性的劳动参与率下降很大程度上（如果不是全部的话）反映了"二战"前中学教育的普及和"二战"后上大学人口比例的增加。

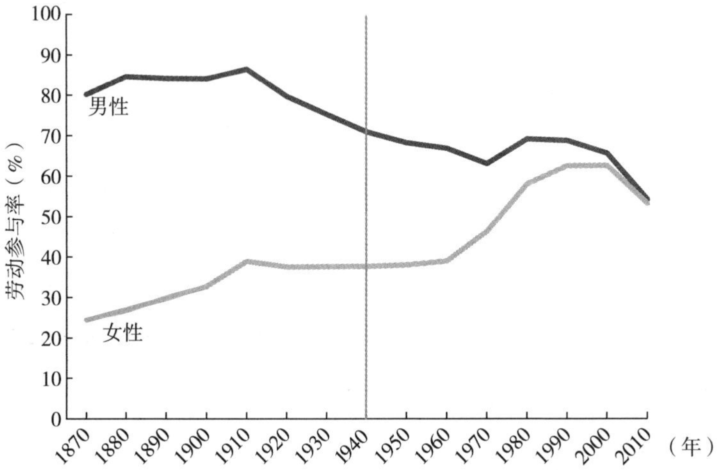

图8.3　1870—2010年按性别划分16～24岁人群的劳动参与率

资料来源：HSUS序列Ba391，Ba392，Ba404，Ba405，Aa223，Aa225，Aa257，Aa259，以及2012 SAUS表7和表587。

对男性来说，如图8.4所示，在年轻人劳动参与率下降的同时，65～74岁人群的劳动参与率下降得更快。在早期，由于人均预期寿命较短，65～74岁的人比较少，但随着人均预期寿命延长，他们在人口中所占比例也在增加。从今天的视角来看，人们会惊讶于竟然有88%的65～74岁的人还在工作。这是为什么呢？因为他们别无选择。社会保障制度直到20世纪30年代后期才出现，更没有针对农民和城镇体力劳动者的私人养老金计划。由于妇女很少有工作，老年男性只有一直工作，直到生病、丧失工作能力或者死亡为止，别无他途。一个直截了当的概括可能是"他们工作至倒下为止"。

1870年老年男性的劳动参与率为88%，这提出了一些有意思的问题。我们首先需要一些客观判断：1870年，只有25%的美国人居住在城镇。这么高的老年男性劳动参与率反映了19世纪70年代的农村生活——

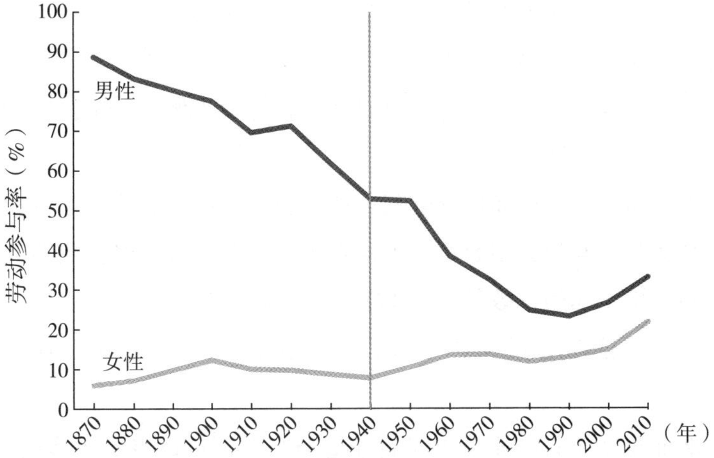

图 8.4　1870—2010 年按性别划分 65 ~ 74 岁人群的劳动参与率

资料来源：HSUS 序列 Ba401，Ba402，Ba414，Ba415，Aa238，Aa240，Aa272，Aa274，以及 BLS 表 3.3。

祖父在农场帮着做家务或者在家庭经营的杂货店帮忙。在城市里，老年男性可能不会在工作繁重的建筑工地或工厂工作，但可能是零售或服务场所的帮手，类似于今天在沃尔玛工作的老年“迎宾员”。65 ~ 74 岁老年男性的劳动参与率从 1870 年的 88% 下降到 1940 年的 53%，再下降到 1990 年的 24%。老年女性的劳动参与率却没有出现类似的下降，在 1870—1940 年基本上为 10% 或略低于 10%，1940—2010 年略高于 10%。无论怎样，很显然，在罗斯福新政建立社会保障制度很久之前，65 岁以上男性就开始有退休的了。

本节出现的三大主题是：（1）女性在劳动力市场的参与率逐渐与男性相当；（2）教育兴起和童工消失；（3）退休制度在 19 世纪后期仍未建立，但逐渐向现代社会转型，劳动合同和养老金计划使男性（现在也包括女性）从 60 岁开始就能享受闲暇生活。

工作：繁重、乏味、危险和不稳定

在过去 140 年间，工作的不愉快（经济学家称之为“负效用”）显著降低了。尽管家用电器带来的家庭生产改善长期以来一直是经济增长史研究的一个重要课题，但人们很少关注工作不愉快减少的问题。经济发展改变了职业分布，节省劳动力的电动和气动机械降低了特殊工作任务的难度，减少了工作中的不愉快。

产业的增长和衰退如何影响就业的产业结构呢？农业、矿业和制造业的工作条件比其他大多数产业更加艰苦，因此，从这些行业转到另一些行业将降低工作的负效用。在1940年之前，特别是在1930年之前的多年时间里，铁路雇员伤亡事故高发，铁路工作通常被认为是不愉快的。

从职业角度而非产业角度对就业进行分类，可以得到更多的信息。如表8.1所示，我们将1870年至2009年这一时期插入三个中间年份1910年、1940年和1970年。[9] 这种分解使我们能够对艰苦和重体力工作所占比例与那些不愉快程度较低的工作所占比例进行数值估计。职业排序是从最上面最不理想的工作开始排到下面最有成就感的工作。在第（1）行，农场主和农场工人从1870年到1970年持续下降，到2009年几乎消失。在1870—2009年，44.8%的劳动力从农业转移到其他行业。

蓝领就业包括工匠、技工、重体力劳动者，其中大部分在采矿业、制造业、建筑业、公用事业、交通运输和通信业工作。1870—1940年，这些职业所占比例从33.5%增加到39%，然后缓慢下降到1970年的35.8%，随后快速下降。在蓝领工人中，工匠的地位较为稳定，1870—2009年所占比重仅从11.4%下降到8.3%。技工中有许多是制造业的流水线工人，在1870—1940年所占比重从12.7%快速增长到18.2%，随后经历了长期下降至2009年的10.2%。蓝领就业结构的转变，一方面是由于技术变革，机器人取代流水线工人，另一方面是由于进口和离岸业务使得制造业就业的比重与战后初期的峰值相比有所降低。更引人注目的是，由于搬运和挖掘等体力劳动被机动车和日益先进的机器所取代，“重体力劳动者”这一职业类别几乎消失了。

表8.1　1870—2010年*按就业类别划分的劳动力的产业构成（%）

			1870	1910	1940	1970	2009
农场主和农场工人		(1)	45.9	30.7	17.4	3.1	1.1
蓝领	总计		33.5	38.2	39.0	35.8	19.9
	工匠	(2)	11.4	11.5	11.6	13.6	8.3
	技工	(3)	12.7	16.0	18.2	17.8	10.2
	重体力劳动者	(4)	9.4	10.7	9.3	4.4	1.4
白领	总计		12.6	19.6	28.3	37.7	41.4
	文职	(5)	1.1	5.4	10.4	17.9	12.1
	销售人员	(6)	2.3	4.5	6.3	7.2	11.6
	家政服务人员	(7)	7.8	5.5	4.5	1.5	0.6
	其他服务人员	(8)	1.4	4.2	7.2	11.0	17.1
管理人员/专业人员	总计		8.0	11.6	15.2	23.4	37.6
	经营业主	(9)	3.4	4.4	4.3	2.0	2.7
	管理人员	(10)	1.6	2.5	3.7	5.9	14.4
	专业人员	(11)	3.0	4.7	7.2	15.5	20.7
职业角度分类	不愉快	(12)	87.2	74.4	60.9	40.4	21.6
	愉快	(13)	12.8	25.6	39.1	59.6	78.4
其他分类	不愉快	(14)	63.1	46.9	31.2	9.0	3.1
	重复性	(15)	28.9	41.6	53.7	67.5	59.3
	非常规认知	(16)	8.0	11.6	15.2	23.4	37.6

资料来源：1870—1970年数据来自HSUS序列Ba1034 – Ba1046；2009年数据来自2011 SAUS表605的自雇者和表615的雇员。

虽然1870—1970年蓝领工人的比重没有降低，但农业劳动者几乎消失了，取而代之的是不断增加的白领和管理人员/专业人员。我们注意到，在表8.1中的白领工作类别中，家政服务人员的类别几乎消失了，从1870年的7.8%下降到2009年的0.6%。在管理人员/专业人员的类别中，经营业主的份额大幅下降，尤其是在1940—1970年，而管理人员/专业人员的比重却成倍增加。1970年后，管理人员/专业人员比重的绝对数增长最快，人们因此批评美国的商业公司已经变得过于臃肿和官僚

* 原书此处即为1870—2010年。——编者注

化。[10]专业人员比重的绝对数增长最快的时间发生在更早之前的1940—1970年，1970年后仍然以较低的速度保持增长。在一定程度上，专业人员份额的不断上升反映了教育和卫生部门就业的比例上升；而且，专业人员类别的增长也是大学毕业率不断提升的自然产物。

最简单地概括减轻工作负效应的这一转变，是直接加总计算从事相对不愉快工作的就业人员比重，无论他们是在户外工作，经受风吹雨打，包括提重或挖掘，还是在自动流水线做单调重复的动作。为此，我们将所有从事农业劳动、蓝领工作以及家政服务工作的人都视为从事“不愉快的”工作，将其他人视为从事“愉快的”工作。这种两分法经不起仔细推敲，例如，零售店的收银员可能与流水线工人一样从事重复单调的工作，但制造业或建筑业的一些技术人员可以创造出让其感到自豪的作品。

然而无论如何，自1870年以来，工作性质的转变是非常惊人的，因为那些不愉快的职业所占的比重从最初那些年的87.2%下降到2009年的21.6%。而且下降速度相对稳定，每10年约下降5个百分点，其中，1870—1910年的下降速度最慢，每10年约下降3.2个百分点，1940—1970年下降最快，每10年约下降6.8个百分点。

基于工作不愉快的两个维度，即一种是身体劳累和费力，一种是不挑战体力但重复和乏味，我们转向三分法，情形变得稍微复杂。首先我们划分出真正不愉快的工作类别，包括农业劳动者、蓝领工人和家政服务人员。中间一类是乏味和重复性工作，包括蓝领工匠、技工以及除家政服务人员外的其他服务人员。第三类被称为“非常规认知”类，包括管理人员/专业人员。

依据这种三分法，1870年后跨世纪的大转变主要是从真正不愉快的工作到重复性的职业，而向“非常规认知”类就业转变的空间很小。只有在1970年以后，由于非常规认知类工作取代了真正不愉快的工作和重复性工作，工作性质的转变才呈现明确的积极进展。不愉快的工作与非常规认知工作之比1870年为7.9，1940年为2.1，2010年*为0.1，这是美

---

* 原书此处即为2010年。——编者注

国过去 140 年经济增长的伟大成就之一。

无论是两分法还是三分法，上述职业分类都大大低估了工作环境的改善，因为他们假设一份既定职业的工作在 2009 年和 1870 年都是一样的，都充满繁重、艰苦、乏味和重复。只需要来对比一下：1870 年农民用马或牛拉犁，自己在后面扶犁，要遭受日晒雨淋和昆虫的侵袭；但在 2009 年，农民坐在带空调的巨型约翰迪尔拖拉机驾驶室里，通过 GPS（全球定位系统）定位，进行精准播种和确定间距。2009 年的农民在台式电脑屏幕或平板电脑上读取农业报告，了解农作物的价格。

这种变化的维度扩展到几乎所有职业。在本章后面对钢铁工人的案例分析中我们将看到，一些最不舒服和最艰苦的工作，特别是那些暴露在高温环境之下的工作，早在 1890 年就已经开始消失了。正如重体力劳动工作被逐步淘汰一样，重复性工作的工作环境也发生了改变，空调减少了重复性制造、文秘和销售工作的不适。"二战"之后，存储式打字机、大型计算机和个人电脑消除了文档的重复录入，银行对账单、电话账单和保险单也不用人工录入了。

每周工作：更少的小时和更少的天数

在 19 世纪后期，不管是不是重体力劳动，都会因为时间长而不可避免地出现疲劳。在我们的故事开始时的 1870 年，制造业每周工作时间下降到每天 10 小时，而 1830 年开展的一次人口普查显示，超过一半的受访机构认为每天工作 11 小时以上是常见的做法。马萨诸塞州的纺织工人每天连续工作 11.5 ~ 12 小时，直到 1874 年法律规定每天工作不应超过 10 小时。[11]在 19 世纪后期，一个工人通常每周工作 6 天，每天工作 10 小时。到 1920 年，工作时间减少到每周 6 天，每天 8 小时，再到 1940 年，每天工作同样的时间但每周工作 5 天。从 1940 年之前经历了剧变之后，标准的 40 小时全职工作周在战后保持了惊人的 70 年稳定状态。[12]

工作时间的快速减少使凯恩斯在 1931 年做了一个非常有名但事实证明非常错误的预测，即社会生产率会快速提高，使每个工人每周只需工作 15 小时：

> 在以后的许多年间，我们的劣根性仍然会根深蒂固，所以，任何人如果想要生活得舒心畅意，他就必须干一点工作。比起现在的富人来，到那个时候我们将为自己多做些事。如果有些什么细小的任务要担当，或者有些日常琐事要料理，我们将感到非常高兴。不过当工作量超过这一限度时，我们将努力减轻每个人的负担，对于到那时仍然必须完成的一些工作，我们将尽可能广泛地进行分配。3 小时一轮班或每周 15 小时的工作，也许会使上述问题在相当长一段时间内得以缓解。[13]

图 8.5 显示了测算工作时间的两种方式。深灰色线呈现私人非管理类生产工人的每周工作时间。[14]这些数据序列从 19 世纪 90 年代时约为每周 58.5 小时下降到 1950 年后的每周 41 小时左右。下降开始于 1900 年，在 20 世纪的第一个 10 年间加速下降，在 20 年代停止下降，然后在大萧条时期骤然下降。如果跳过大萧条和"二战"，我们会发现，每周工作时间在 1900—1923 年由 58.5 小时下降至 49.6 小时，在 1929—1950 年又从 48.7 小时下降到 41.1 小时。

图 8.5 中浅灰色线是整个工作时间与雇员总人数的比率。这条线的走势有很大的不同。每周工作时间缩短限于中高收入阶层的雇员，他们不在生产工人序列。更重要的是，浅灰色线包括了农业劳动者，深灰色线却不包括。由于 1899 年时约一半的就业是在农业部门，农业劳动时间是每周 45.5 小时，而制造业通常是 60 小时或以上，因此，1870—1940 年浅灰色线下降的幅度仅是深灰色线的一半。[15]

战后的两列数据趋势差异很大。生产工人数据序列反映了这样一个事实，即每周全职工作小时数在战后一直相对稳定，小波动主要是周期性的。但更广泛意义上的雇员人均工作小时显著减少，尤其是在 1950—1980 年。这主要反映了女性进入劳动力市场且倾向于从事兼职工作。更长的假期、更多的节日和更长时间的病假都推动工作时间与就业人数之比不断下降。[16]

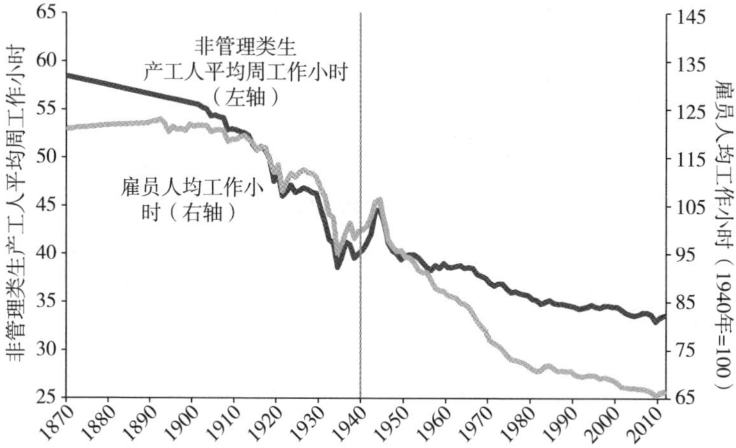

图 8.5　1870—2013 年非管理类生产工人的平均周工作小时及雇员人均工作小时

资料来源：平均周工作小时，1964—2013 年的数据来自圣路易斯联储经济数据（FRED AWHNONAG）序列数据；1947—1963 年的数据来自 Jacobs（2003）表 2.6 第一列并做了同口径调整；1900—1947 年的数据来自 HSUS 序列 Ba4575 并做了同口径调整；1900 年前的数据来自 Huberman（2004）第 977 页表 4。雇员人均工作小时，1870—1948 年的数据来自 Kendrick（1961）表 A-X 和表 A-VI 并做了同口径调整；1948—2013 年的数据来自美国劳工统计局的当期就业调查数据并做了同口径调整。

美国其他领域的许多进步，从电气化到机动车的出现，再到婴儿死亡现象的消失，都集中在 1900—1940 年这段很短的人类历史中，工作时间快速下降也是如此。克劳迪娅·戈尔丁将 1910—1920 年工作时间下降的部分原因归结于进步时代的立法，这些立法对妇女和儿童的工作时间做出了限制。1940 年以来的进步不仅使正常的全职工作时间很少得到减少，而且有些还产生了反效果，违背一些人的意愿，促使他们做兼职工作，因为雇主试图逃避养老金和医疗保险费用，而在很多情况下，雇主不需要给兼职雇员支付这些费用。在 2015 年 4 月，足足有 660 万人在从事兼职工作，因为他们找不到自己更愿意从事的全职工作。

多拉·科斯塔发现的新调查数据显示，按职业和性别划分的工作时间偏差很小（高收入群体除外），这一结果令人惊讶。她的大样本数据涵盖了 19 世纪后 20 年的好几个州，记录了男性平均每天工作 10.2 小时，女性工作9.5小时。工作通常是从早上7：00到下午5：30，包括半个小时的午餐时间。事实上所有受访者在周六都与工作日工作同样的时间。每周大约60小时的工作强度与图8.5所示的生产工人的时间序列数据相同。科斯塔使用的调查仅限于非农经济，因此不包括农业劳动者，而农业劳动者从全年来看周工作时间较短，因为他们在冬天没有什么事情可做。因此，科斯塔的数据为图8.5的深灰色线提供了另一个证据，与基于包括农业在内的整个经济的浅灰色线并不矛盾。

科斯塔的调查证据说明，在1890年，工资收入处于最低10分位的人平均每天工作11小时，而工资收入处于最高10分位的人平均每天工作9小时。林德夫妇在1925年对印第安纳州曼西市的调查，再一次证实了工人阶层和中上阶层在工作时间上的差别，他们发现普通工人阶层每天从早上7：00开始工作，而商人阶层通常从上午8：30开始工作。[17]

对减少工作时间这一运动的解释集中在企业和工人领袖广泛传播的理念，即减少工作时间会提高工作业绩和增加产出。较高的生产效率和较高的实际工资使逐渐减少工作时间成为可能，因为每周60小时到72小时的繁重工作使男性劳动群体筋疲力尽，只有很少时间或者几乎没有时间享受闲暇，更不用说帮助妻子干家务了。由于这些压力，周工作时间在19世纪后期的几十年和20世纪头20年内，出现了四次快速下降。出现这种现象的原因是复杂的，而且存在争议。有工会组织的一些行业率先起步，而联邦政府限制工作时间的第一部法律的出台，也使铁路雇员在1916年就获得了8小时工作制。许多州开始通过立法限制工作时间，这是进步时代的一个表现。政治家也推动了这一进程，包括1912年进步党纲领中提出的缩短工作时间的政策呼吁，以及伍德罗·威尔逊总统对8小时工作制的支持。[18]

美国农场主：遭受阴晴不定的天气、侵蚀的土壤和不可预知的农产品价格的影响

农业依靠土地的肥力、天气，以及借助动物和机械动力减轻人类上

千年来忍受的重体力劳动。我们在此关注肥沃的中西部和大平原地区，当时成百上千万人从东部或国外移民到这里。1862 年出台的《宅地法案》，为每一个想要获得并垦殖土地的人提供了 160 英亩的免费土地，这一定程度上推动了边疆向西扩展。1862—1913 年，联邦政府向定居者授予 250 万英亩宅基地权益，30 个州有 400 万定居者向联邦政府申请 2.7 亿英亩的土地权益，占美国当时面积的 10%。[19]联邦政府的这一鼓励政策使边疆向西推进到俄克拉何马州、堪萨斯州、内布拉斯加州和北达科他州。然而，最终只有约 40% 的土地权益变现。“干旱、虫灾、低（农产品）价格，以及与世隔绝，致使成千上万的农场被废弃”。[20]

从欧洲或者美国东北部地区来的移民对气温的变化毫无准备。来自堪萨斯州的早期回忆录记载，阴凉处的温度为 108 华氏度（约为 42 摄氏度）。“风是炎热和干燥的，草都要烤干了，见火就着……小花园……也枯萎了，许多妇女开始痛苦地抱怨孤独和没有树荫，中午的小木屋就像烤箱。”平原上的其他危害包括夏季和冬季的强风，冬季暴风雪来临时的严寒，原始小木屋里几乎无处藏身，另外还有虫灾，1874 年蝗虫入侵最为严重，蝗虫肆虐农作物，受害面积从达科他地区直到得克萨斯州。[21]

虽然土地过度扩张的最终结果直到 1934—1936 年沙尘暴灾害之前还没有完全显现出来，但水土流失的过程始于 19 世纪 70 年代。大平原的原有植被，包括野牛草，开始毁于 19 世纪 70 年代的野牛大屠杀以及随后的牛羊放牧，又进一步受到耕种小麦作物的破坏。到 20 世纪 30 年代，“几乎整个大平原地区都遭受中度至剧烈的面蚀和轻度至剧烈的风蚀……每平方英里千万吨的土壤被风和水卷走……仅密西西比河每分钟在墨西哥湾就沉淀 15 吨泥沙”。[22]

即使土地最初可能是免费的，但建设一个农场难免需要费用。中西部地区并非完全没有树木，在俄亥俄州、密歇根州、威斯康星州和明尼苏达州的森林里，必须砍伐林木。据估计，一个劳力再加上一群牛一个月才能砍伐一英亩。在没有树木的大草原上，必须除去草皮，由于“草根千年以来几乎坚不可摧地缠绕在一起”，所以除草是一项艰巨的任务。

建立一个农场的估计总费用依据农场的位置和规模而异，但一组估计表明，在年均工资约为400美元时，一个农场的年花费从40英亩农场的981美元，到160英亩农场的3013美元不等。结果，许多农民因为储蓄或贷款不足而无法拥有自己的农场，从而变成佃农。在1900年，佃农经营农场的比例从65岁人口的20%到25岁人口的60%不等。[23]

无论农场位于干燥的大平原还是更青翠的中西部地区，无论经营者是业主还是佃农，在某一季节内每天的日常农活变化都不大，但季节之间的变化较大。农场家庭在黎明时起床，父亲和男性孩子早餐前就去户外喂动物、挤牛奶、捡鸡蛋。虽然城市只有少数居民不幸从事街头清理动物粪便工作，但所有的农场男人，特别是青少年，都不得不每天或每周清扫马厩、猪圈和鸡舍的动物粪便。[24]

春种、夏忙、秋收都要靠手工劳动，农场里能帮忙的也就是几头牲畜。将饲料青草变成干草，与收获玉米或小麦一样，有很多工作要做。奶牛生小牛时需要格外关注，春季尤其如此，在春季还要给绵羊剪羊毛。在冬季，农民们“打连枷、剥玉米粒、做烤烟……他们修围墙、修家具、修挽具……搬家。在北部地区，农民在冬季切割冰块以供出售或夏天使用。”[25]

在19世纪后半叶机械化发挥作用之前，由于低生产率和收获时间有限，农民能耕种的土地也很有限。如果全部农作物必须在两周内收获，一个硬劳力收割一英亩土地需要整整两天时间，那么一个农场主的种植面积按雇用的工人算每人不能超过7～10英亩。因为农业劳动者非常难找，尤其是在收获季节，这就使农民家庭有明确的需求生养更多的孩子。另一个解决办法是多元化，种植在不同时期成熟的作物，将收获季节尽可能多延长几周，以及在机械设备发明后尽快采用。美国农业的机械化，虽然落后于制造业，但超过了欧洲。美国中西部的广袤土地能够让巧妙的发明者找到一些方法，在减轻人类劳动投入的同时，获得同样的农作物产出。[26]

上千年来，农业劳动都是重体力、长时间和依靠肌肉力量。在19世纪，农业逐渐发生了转变，主要动力从人力转向马和机械设备，后来内燃机最终替代了马匹。在 19 世纪 30 ~ 40 年代之前，很少有马匹从事农业生产。到 19 世纪，从金属犁开始的机械工具的发展使马成为重要的动力来源。几十年后，铸铁犁被能够减少拉犁所需动力的钢犁取代。[27]一个减少人力苦差事的简单发明是坐式犁，农民可以坐在上面而不是跟在后面，不久就发明了多铧犁，可以同时犁好几行地。[28]

一些发明家，包括胡塞（Obed Hussey）和麦考密克（Cyrus McCormick），对 1833—1834 年机械收割机的发明共同做出了贡献，它能比五名镰刀手收割更多的粮食。麦考密克的最初模型是一个能收割稻谷的原始装置，“有一个旋转的卷轴，把稻谷吸卷进去扫入一个平台，人一边跟着平台走一边把稻谷耙成堆。到 1880 年，这一机器能自动用麻绳绑好一捆捆的稻谷”。[29]所有这些收割机，虽然越来越复杂，都需要一两组或更多的马来拉，但不断的改进使它们变得更轻，马拉更省力。除了用马拉犁、收割机和其他移动的机器外，“马还通过类似于快走、踏步等为拖拉渡轮提供动力的方式，为打谷、玉米脱粒、磨面、打捆、打包以及扬场提供固定的动力。”[30]

马匹在 19 世纪中后期 2/3 的时间里用于农业，在同一时期，如第 5 章中所述，马匹越来越多地成为城乡交通运输的主要动力。农业的机械化滞后于制造业，部分原因在于蒸汽机太昂贵、太笨重，个人农场无力购买。因此，在农业生产和城乡交通运输中马匹比蒸汽机更占优势的原因是一样的，都是因为蒸汽机体积庞大和成本高昂（另外还给城市带来噪声扰民，机器震动破坏街道）。[31]需要设计一台自驱动的、能够在“柔软不平的地面运行而不下沉或翻倒的燃气机。换句话说，一台像马一样自驱动的燃气机”，这个问题一直没有解决，直到内燃机的出现。[32]

虽然干旱、高温和虫害仍是大平原上独有的问题，但即使在中西部距芝加哥不到 200 英里的最肥沃地区，农场主在 19 世纪 80 年代之前也要遭受这些问题的困扰。如果他们无法保护自己和牲畜免于暴风雪的危害，面临的后果就是债务不断增长。他们日益依赖国际商品市场，面对的价格“像天气一样不可预知”。良好天气和丰收将导致供给过剩和较低的农作物价格，而需求不断增长导致的价格上涨诱使农民继续往西发展，在不太肥沃的土地上种植更多的粮食，这又会使粮食价格下降。“这种情况是一种严重的慢性疾病：中西部地区的农民处在时好时坏的边缘。”[33]

在20世纪的电影和电视剧中，集中展现西部形象的是牛仔而不是自耕农。在冷藏列车发明之前，人们不得不把牛直接赶到那些作为消费目的地的城市。牛仔的主要工作是喂牛，在牧场上把牛养肥，聚拢牛群，再把牛赶到目的地。聚拢牛群是牛仔文化流行形象的中心，在铁丝网围栏发明之前，它取决于开放的牧场范围。铁丝网围栏让牧场主能够保护自己的牧场，不让别人的牛侵入。牛仔们没有自己的牛，他们是拥有牛群的牧场主的员工。牛仔的工作条件可以被形象地描述为：

> 当你彻底掌握了养牛业务之后，这包括学会不怕让泥土进到你的耳朵里，不怕骑马跳入冰冷湍急的溪流里，不怕让你的马全速奔跑，在漆黑的夜里设法让受惊的牛群停下脚步，根据受惊公牛的蹄声判断行进路线，这样你就能得到高工资，每个月可能从25美元到60美元不等。[34]

到1915年，关系农民家庭工作和生活的许多方面都发生了变化。拖拉机和小型联合收割机开始为买得起它们的农场主减轻种植和栽培任务。在1935年，6.1个人工小时就可以收割一英亩小麦，还不到1880年所需20个人工小时的1/3。[35]到1940年，通过观察一个在加利福尼亚州种植小麦的农场主就可以充分说明这一变化，“我们这里不再种植小麦，我们制造它……我们不是农夫，也不是农场主，我们生产一种产品来卖”。农业学校和种子公司的研究部门在开发杂交玉米种子方面取得了很大进展，这些种子能带来更大的收成，有更强的抗旱和抗虫能力。到1940年，全国杂交玉米的种植比例已经达到24%，艾奥瓦州达到77%。[36]

本节主要涉及美国中西部和大平原各州的农场，那儿的环境虽然不安全和不稳定，但要比原南部邦联各州强过好几个数量级，原南部邦联各州实行分成制，以前的奴隶变成了佃农。事实上，佃农在南部比在中西部地区更为常见。1880 年，在 8 个中西部的核心州，佃农经营的农场比例为 19.2%，相比之下，在深南部（Deep South）的 6 个州，这一比例高达 43.1%。到 1920 年，差距进一步拉大，分别为 28.9% 对 60.9%。[37]这些比例既包括白人也包括黑人，在南部，黑人佃农的比例约为 75%。[38]

分成制不同于标准租约的地方在于，地主拥有建筑物、工具，可能还有骡子等生产资料的所有权，雇用佃农和佃农全家做通常与棉花种植有关的所有农活。通过付出劳动，佃农会获得他所种作物的收入的一半。因为在工资支付之前农作物仍归地主所有，所以，这样的安排等同于使佃农成为一个工资劳动者。由于工资直到农作物收割后才能拿到，佃农不得不向地主借债购买食品和基本生活用品。又由于债务总额往往超过农作物的价值，佃农实际上变成契约仆人。[39]

19 世纪末和 20 世纪初的南方生活，特别是对黑人佃农来说，是与现代世界完全隔绝和缺乏联系的。许多农场家庭成员从未走出过他们的出生地。道路很差或几乎不存在，出行只有靠步行、骑马或马车。在东北部和中西部非常普遍的罢工在南部大中城市都不曾出现。绝大多数城镇只有一个十字路口。

疾病、高温和危险：美国的非农工作环境

在本书第一篇所述的 1870—1940 年，美国经历了历史上最迅速的转变，从以农村为主转变为以城市为主的国家。在城市地区（超过 2500 人的地方）生活的人口比例从 1870 年的 25% 增长到 1900 年的 39%，1940 年又增长到 57%。[40]美国城市人口从 1870 年的 980 万增长到 1940 年的 7430 万，增加了 6 倍多。城镇增长的人口不仅包括认为城市优于农村而选择了城市生活的国外移民，还包括从农场迁移到城市的移居者，他们或因为收成不好、气候恶劣、止赎（foreclosure）、破产而被赶出农场，或者认为城镇能有更高的工资、更好的闲暇活动和更少的隔离而主动离开农场。

采矿业紧随农业之后，工作环境也非常艰苦和危险。虽然没有受到变幻莫测的天气或成群昆虫的危害，但由于很大一部分矿工都在地下而不是

在露天矿坑工作，所以采掘业有其自身固有的危险。当木支架断裂以及经常出现的因为管理方要求多生产而粗心大意时，就可能发生塌方。空气总是潮湿的。爆炸是常见的威胁，因为开采过程中产生的灰尘可能被煤油灯点燃，20 世纪 30 年代之前煤油灯是用于照明的唯一形式。任何矿物的开采过程都可能引起肺部疾病，但煤炭开采带来的独特的尘肺病会使煤矿工人永久失去劳动能力。在冬季，矿工可能整整一个星期都看不到阳光，因为他们在日出之前就开始了 10 小时的轮班工作，轮班结束后太阳就下山了。

> 煤尘碎屑钻进皮肤，永久不能移除。矿工在巷道里工作时必须弯下腰来，最后佝偻得像个侏儒，工作极度劳累，浑身酸痛。[41]

紧随采矿业之后的糟糕工作环境是芝加哥等地的大屠宰场，我们在第 7 章中已经谈到厄普顿·辛克莱的小说《屠场》描述的情景与 1906 年《纯净食品和药品法案》之间的联系。从工人进入工厂的那一刻起，他们就要接受无法忍受的气味、景象以及包括动物尖叫声在内的噪声的联合打击。芝加哥的一些公司发明了流水线生产方法，甚至早于亨利·福特在汽车行业的应用。这份工作不仅令人厌恶，而且枯燥乏味，每个工人都站在同一位置，整天做着同样的“刮削、分切、掏内脏的动作”。更糟糕的是，每天的工作时间都在波动，不可预知。当屠宰工人早上离开家上班时，他们不知道是在中午还是在晚上 9 点回家。[42]

在钢铁行业，极长的工作时间和糟糕的工作环境使劳动者的不幸生活更加晦暗。在 19 世纪 80 年代，随着 12 小时工作制替代了 10 小时工作制，每两个周日工作一天成为常态，工作环境更加恶化。钢厂取代了铁匠铺，而工厂必须连续作业，企业对工人加紧了控制，坚持每天 12 小时两班制而不是 8 小时三班制。每周工作时间介于 72 小时至 89 小时之间，这种情况一直持续到 1923 年成功废除每天 12 小时工作制的改革运动。[43]美国劳工统计局在 1910 年开展的一项调查中发现，将近 3/4 的钢铁工人每天工作 12 小时，平均而言，钢铁行业劳动者每周工作 72.6 小时。[44]

企业之间的竞争是残酷的，钢材需求大幅波动迫使管理者必须无情地削减成本，否则企业就无法生存下去。当一吨钢的价格从 1880 年繁荣期的 85 美元降至 1885 年萧条期的 27 美元时，只有成本最低的企业才能存活下来。除了原材料以外，炼钢最重要的成本是劳动力成本，企业会不断努力减少劳动力需求，同时尽可能削减工资。人称“队长”的工头加快工作节奏。一位来美国访问的英国钢铁制造商离开美国后写道：

> 在这个国家，老板驱使雇员达到了不可思议的程度，他们从雇员身上压榨最大的工作量，而雇员似乎没有反抗的意愿或能力。[45]

另外两位英国游客，卡尔·马克思的女儿爱琳娜·马克思·艾威林和她的丈夫爱德华·艾威林在 1886 年访问美国。他们发现，美国雇主对工人的体能要求明显高于当时的英国。“美国劳工比英国更早地开始工作，工作更加勤奋，而且平均死亡年龄几乎比英国早 10 年。”他们发现，最温和的违规行为都要被罚款甚至被列入黑名单，受到恐吓，“许多工人告诉艾威林夫妇，他们害怕被人看到与他们夫妇交谈，怕因此失去工作”。许多员工被迫签署誓言，承诺在雇佣期间不属于也不会加入任何工人阶级组织。[46]

雇工不仅在压力难以承受的节奏中工作，而且工作环境是带有侮辱性的。没有储物柜存放外衣和外带午餐。洗手间和厕所较少且配备不足，经常没有肥皂和卫生纸。经理不肯在洗手间装灯泡，怕这样会鼓励员工在厕所里阅读，而不是回去工作。一些工厂配备了打扫厕所的服务员，但主要工作是记录工人在厕所花费的时间：如果在厕所待的时间过长，就会被扣减工资。因为没有可用的淋浴设施，满身污秽的钢厂工人在换班结束时，会把灰尘等脏东西都带到街上，一旦不小心碰到其他人，就会招致抱怨。[47]

在使用机械之前，男人们不得不用铁锤将烧红的铁块锻成想要的形状，工厂管理者形容，这是“一份非常艰苦和折磨人的工作，他们在高温潮湿的水蒸气中连续工作，这样的环境本身就使人衰弱”。用钢铁工人的话来说，也就是“提前在地狱旁边工作”。[48]随着机器取代了人力，不仅不需要那么多劳动者，也不需要那么多技工了，而在以前，培养一个金属成型技工需要多年经验积累。大钢厂用大量非熟练和半熟练工人的同质劳动力稳步取代了能工巧匠。

林德夫妇的研究记录了从自主手工艺到机器驱动的同质化工人劳动力的转变趋势：

> 发明和技术的飞速发展逐渐取代了工艺大师的肌肉和灵巧的手，不知疲倦的一组组钢铁侠一遍又一遍做着非常专业化的事情，而人类劳动者仅仅是“操作”或“照看”，使它们能按照叮当作响的有序而又重复的流程运行。[49]

图 8.6 展示了机械化在推动制造业生产率提高中的作用。如图所示，我们选取了 1869—1929 年的每工时马力和每工时产出的年均增长率。我们发现在 1869—1889 年，两个序列都是增长的，尽管在这一时间段两者之间并非完全相关，而在 1889—1914 年，每工时马力增长恰好两倍于每工时产出的增长。经过 1914—1919 年增长缓慢的短暂沉寂后，在 20 世纪 20 年代初期每工时马力和每工时产出都快速增加，20 年代末仍在快速增加，但速度有所减缓。

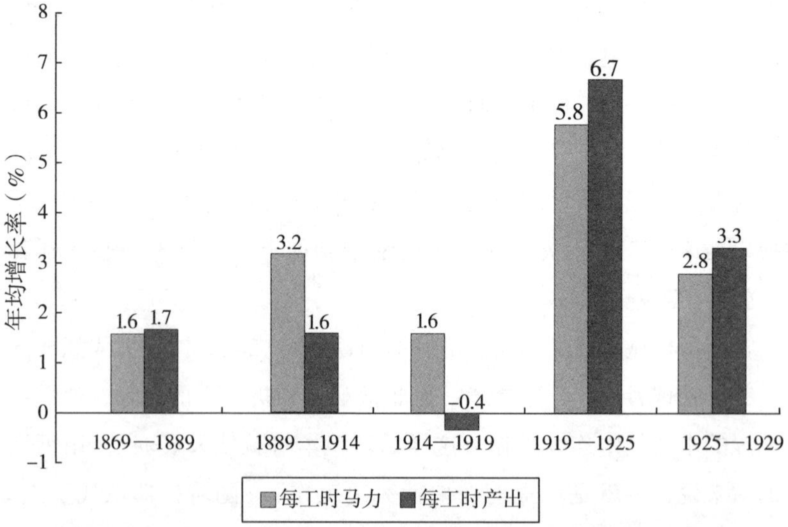

图 8.6　1869—1929 年制造业每工时马力和每工时产出的年均增长率

资料来源：Jerome（1934）表 15，Kendrick（1961）表 D-II。

在 20 世纪 20 年代，制造业生产率出现爆炸式增长，经济史学家早已注意到这一现象。保罗·戴维认为，1919 年之后制造业生产率快速提高有一半应归因为电动机容量的增长。戴维认为，导致制造业电气化长期滞后的原因之一是高电价，以及开发小型电机的时间太长，而小型电机能够提供足够的动力，替换以前将单个工作站与集中化的蒸汽动力源或水动力源相连接的转轴和皮带系统。戴维认为，向单一电机组转变的一个重要副产品就是工作环境的改善。

> 天窗的发明使车间可能变得更明亮、更清洁，原来头顶上的传输装置已被架高，以前布满大量灰尘和油脂的各式旋转皮带也被拆除，原先这些地方都不在安全检查的视野内，被皮带卷入的工人有致残或死亡的危险。[50]

工业伤亡者：死亡、伤害和频繁失业

19 世纪后期，煤矿死亡事故发生的概率是每天一到两次。“事故源于冒顶、拉煤车失控、透水和爆破故障。”[51] 1930 年，煤矿发生的每工时伤害几乎是制造业的 5 倍。[52]煤矿工人并非独一无二，对于所有蓝领工人来说，工作场所都有生命危险。就在 1907 年上半年，阿勒格尼县（包括匹兹堡）的工厂、矿山和铁路等工作场所，共有 526 个工人死于事故，另有 167 个工人丧失劳动能力。[53]在 1870—1900 年，匹兹堡每 10 万人的工业事故死亡人数从 123 人增至 214 人。[54]据林德夫妇在 1925 年对工人阶层家庭的调查，在 1923 年的事故中，1/5 的工人丧失劳动能力，从而失去收入，超过一半的工人损失了不到 8 天的收入，但 29% 的工人失去了三周或更长时间的收入。[55]工人死亡率是每 10 万人 50 人。最危险的行业是钢铁业：

> 金属熔液溅到工人身上。不稳定的铁坯堆得到处都是，热地面穿透木底鞋烧到了脚。模具和高炉发生爆炸。机器没有防护罩。站在热炉旁边一整天搅拌铁水，引导它通过轧辊，直接运走，把物料

倒入高炉，浇成钢模具，工人汗流浃背，尤其是在夏天，钢厂就像是地狱。[56]

那些选择逃离令人窒息的工厂和臭气熏天的屠宰场的人们，通常会选择从事建筑行业，尽管这份工作不稳定，且对劳动力的需求存在季节性变化。但建筑工人也会面临特有的一系列危险，他们可能会被脱落的沉重建筑材料砸倒和挤压致死或致残。在铁路站场上的户外劳动者会被行驶的列车撞死，这通常发生在夜间，语言不通的移民尤其容易受伤，因为他们不懂警示标识和信号。

对受伤工人或者死亡工人的家庭予以补偿的法律保障基本不存在。在 19 世纪晚期，法院的裁决假定那些在钢铁厂、煤矿、铁路或者洗涤业就业的人们已广泛了解并能够承担这些危害的风险。雇员之间的粗心大意导致受伤或者死亡不会被视为雇主的责任。管理人员通常将工伤事故归责为雇员的粗心大意和饮酒。

尽管在制衣厂工作可能被视为一份安全的职业，尤其是与在钢铁厂或者煤矿的工作劳累相比，但制衣厂的工作环境并不令人愉快。在纺织业占多数的女性移民不仅工资待遇低，工作时间长，工作环境也不安全。缝纫针可能刺穿手指，有时候会把手指切断。工人通常被锁在车间里。美国制造业历史上最著名的灾难或许是 1911 年 3 月发生的纽约三角内衣厂大火，火灾导致 148 名员工死亡，其中大部分死者是年轻女工。这座工厂的工作环境与 2012—2013 年发生火灾的孟加拉国的服装厂极其相似：

火焰在八楼蔓延，许多工人跳楼致死。紧闭的大门上趴着大量烧焦的尸体。根据新闻报道，雇主为了防盗，工厂大门当时是锁死的。[57]

那里虽然有防火通道，但是 700 名仓皇逃离的工人无法同时冲上防火通道逃生。衣服和头发着火的女工跳楼致死。这起悲剧事件引起全国关注，导致工作场所安全法规得到修订。[58]

19 世纪后期不仅工作极其艰难，男人要找到工作养家糊口也同样艰难。由于经济繁荣和萧条反反复复，他们不可能都找到想要的工作。1873—1878 年发生一次严重的经济萧条，1893—1897 年又发生一次，19 世纪 80 年代中期和 1907 年经济危机后出现了短期经济衰退。[59]从 1907 年经济大恐慌到 1909 年中，钢铁行业 4 万名高炉工人中足有一半失去工作。[60]1880 年是相对繁荣的一年，但匹兹堡工人阶层仍有 30% 的男性失业超过一个月。[61]

不确定性是普遍的，不仅是下一年度的财务状况，还有下周的收入。根据当时的报道，工人有时到了班上才发现工厂已经倒闭，或者自己已被解雇。公司没有任何义务预先通知合约终止或提供遣散费。裁员时间可能持续一天，也可能是一个星期，甚至几个月。总需求的不稳定首先对建筑和钢铁等传统周期性行业造成冲击，并很快扩展到服务业。当汽车销售量下降时，不仅汽车生产工人下岗，汽车经销公司的销售员也要走人。

在本书涵盖的 1870—1940 年的末期，失业对家庭收入的打击因联邦政府提供的失业补助得到部分缓解。1938 年颁布新政之前，对工人失业补助完全是州层面处理的。在 1910 年至 1920 年的 10 年间，48 个州（除了 4 个州外）都通过了工人失业补助立法。此前，如果有微薄的积蓄，失业家庭只有依靠这点积蓄度日，一些私人慈善机构也为这些家庭提供食物和住所，夏天的时候，在一些人口不多的城市，一些菜园也为这些家庭提供生活补给。中上阶层对失业工人阶层家庭因收入减少受到的打击基本不会同情（因为他们一般不会失业）。他们指责工人自找麻烦，把工人描绘成“愚蠢而危险的一帮酒鬼”。[62]

妇女外出工作：职业歧视、低工资和重复劳作

在“二战”之前，与未婚女性相比，已婚女性有偿工作现象要少得多。未婚女性主要从事“适合女性的工作”，包括家政服务人员、文员、教师和护士。也有女性在制造业工作，主要集中在纺织和服装业，大部

分职业女性是没有子女的年轻人或者是寡妇。[63]正如钢铁行业的机械化消除了熟练工人的成就感，迫使员工沦为同质化和高度组织化的劳动力一样，缝纫机的发明创造了典型的血汗工厂，一排排妇女坐在缝纫机前，在监工催促下以前所未有的节奏工作。在1870年缝纫机出现之前，严酷的状况表现为恶劣的工作环境和较低的报酬：

> 我从黎明工作到日落，没有停下来吃一口东西，一天只挣25美分。在失业那段时间，我一天只吃一片饼干，为了找到工作四处奔波。缝制一件衬衫8美分，我一天早出晚归可以缝制三件。[64]

虽然从19世纪末至20世纪初大多数女性没有工作，但如果认为在外工作比在家里工作更容易、更舒适，孤独感会更少，那么因此而外出就业的人就会感到极度失望。事实上，在大多数行业，女工的工作环境比男工的更糟糕。女工一般技术不太熟练，没有任何工会或其他支持团体，她们都挤在一些工资低、工作环境有点骇人听闻的行业。公司倾向于雇用女性，因为女性更善良，更关心家庭，几乎没有什么进步的想法，不太可能加入工会或采取其他抗议形式。最重要的是，制造业的机械化降低了工作的体力要求，雇主发现，女人可以与男人做同样的工作，而且愿意接受较低的工资。例如，机械化改变了鞋厂工作的性质，使女工比例从1870年的5%提高到1910年的近25%。[65]

许多女工也在做男蓝领的工作，这些工作更常规化，个人主动性要求更低。一个例子是此前独立的产婆不复存在，因为男性占主导地位的美国医学协会要求过去在家里分娩的妇女去医院分娩，实际上打破了产婆的饭碗。女性图书馆管理员、护士和教师都要接受男性主管的监督。但是女性的工作环境也有一定改善。在20世纪20年代，一些思想前卫的女性第一次开始试探性地从事管理工作和专业工作，从事的职业包括：

> 大学教授和校长、药剂师、摄影师、牙医、制造商和管理人员。一些不太富裕的本地白人女性成为秘书和文员，在这些扩大了的新劳动领域占据了一席之地。[66]

在1920—1940年，女性劳动参与率的提高部分来自农业产出份额稳步下降、服务业份额增加带来的对文秘人员需求的增加。还有一部分原因是初中入学率和毕业率的激增；高中毕业率也从1910年的9%上升到1940的52%。[67]第三个原因是家用电器的逐渐普及（如第4章所述），包括电熨斗、真空吸尘器、抽油烟机、冰箱和洗衣机。女性的工作从家庭服务和血汗服装工厂转移到文秘和销售工作，工作环境稳步改善，那些肮脏和艰苦的工作环境被更清洁和更舒适的现代办公环境和销售大厅取代，每周工作时间通常也减少了。

家庭妇女的命运：与世隔绝和所有家务活

生活在19世纪晚期的工人阶层的家庭主妇与那些受雇家政服务人员没什么区别。“结婚等于给一个女人判了在家做苦力的终身监禁。这是世界上最单调乏味的工作，女人无法逃避。”[68]一个19世纪90年代在北达科他农场长大的孩子在做了祖母后回忆起当时在农舍中的生活：

> （她）带着一丝怀旧之情回忆当时用洗衣盆、搓衣板洗衣服，用熨斗熨烫衣服，用铁锅和烧柴的灶做饭，种庄稼和保存食品，缝补衣服，清洗肮脏的煤油灯：“我讨厌再过这种生活。那时我们搞一次大扫除就要用整整一天时间。”[69]

在访谈期间，她推测大约在1923年，她们的农舍开始使用电灯，这是比较早的，因为大多数农民家庭都要等到20世纪三四十年代才进入现代电力世界。

除了铸铁炉子之类的重要发明和手动打蛋器之类的小发明外，100年前的1900年左右，烹饪过程大致相同。厨房是家庭生活的中心，通常也是唯一供热的房间。人们用手来和面，烘焙面包和蛋糕，没有美膳雅牌（Cuisinart）的厨具可用来切蔬菜，而且必须自己生火做饭。“在1900年，烹饪与其他家务活一样，妇女仍然是主要劳动力，她们的女儿则照着妈妈的样子学。”[70]

家庭主妇的单调工作周周相同。“只有遇到严重疾病或意外灾难才能打破这个正常程序：周一洗涤，周二熨烫，周三修补，周四缝纫，周五从事其他清洁工作，周六烘烤食物。”[71]每周的洗衣工作是最艰巨的任务。直到20世纪40年代之前，在大部分美国乡村，在洗衣服那天，妇女先打来足够的水，装满一个大锅，再用煤或木柴加热，然后用凹凸不平的搓衣板洗衣服，洗干净后，用双手拧干，再把衣服挂在晾衣绳上。“届时需要取水，还要砍柴加热，用手清洗每件衣服，然后用清水漂洗干净，最后再清理灰烬，这就难怪那些有条件的人家经常雇用洗衣妇了。”[72]随着收入的提高，一些人有财力把衣服送到商业性的洗衣店，因此洗衣店的收入在1919—1929年翻了一番。

在下水道出现之前，比洗衣服更令人不快的家务活是倾倒液体垃圾，包括“肮脏的洗碗水、烹调废油，当然还有夜壶里的排泄物”。洁净水源和户外未处理废弃物的消失不仅解除了妇女繁重的家务负担，也是导致婴儿死亡率在1890—1950年划时代降低的最重要因素。[73]然而在1940年，33%的家庭仍然使用木柴或煤炭做饭，20%的家庭没有电灯，30%的家庭没有自来水，40%的家庭没有室内厕所，44%的家庭没有室内淋浴设施或浴缸，58%的家庭缺乏集中供暖设施。[74]

自来水、下水道和家用电器的到来究竟为妇女减少了多少家务负担？根据林德夫妇在1925年对120户工人家庭进行的一次调查：2/3的受访者说，他们的妻子每天工作4～7小时。如果平均每天工作约6小时，每周7天全部工作，周工作时间约42小时，比当时男人每周的平均工作时间48～50小时略少一些。3/4的受访者称，他们母亲的工作时间更长，但调查结果没说长多少。[75]一个更重要的变化来自同一次调查中40个“商人家庭”主妇的回应，这些妇女中有1/3雇用了一位全职家庭仆人，但是她们的母亲在1890年有2/3雇用了一位全职家庭仆人。从雇用全职仆人变为每周请人上门一次，这主要是出于费用考虑，“今天这类劳动一天的开支等于母亲那个年代一周的开支”。[76]

雷米（Valerie Ramey）和弗朗西斯（Neville Francis）设计了一套更系统化的方法，将一周工作划分为不同类型。他们将男性和女性每周花费的总体时间按活动内容分为四部分：上班工作、家庭生产、闲暇时间和个人护理，后者包括睡觉、洗澡和吃饭。而闲暇的定义则取决于对特定活动的愉悦度进行评级的现代家计调查。令人惊讶的是，当按愉悦度分为 1 ~ 10 分时，工作的愉悦度为 7 分。我们注意到，工作的这种高愉悦度发生在 20 世纪 90 年代，而不是 19 世纪 90 年代，也就是说，经过一个世纪，工作的愉悦度提高了，不再那么令人不悦。

基于活动愉悦度评级的调查结果，休闲活动（即比上班工作更愉悦的活动）包括了运动、与孩子一起玩耍、泡酒吧、看电影、阅读、散步、外出就餐、休闲旅行、兴趣爱好、婴儿护理、锻炼和园艺。家庭生产类别的愉悦度低于上班工作，包括做饭、购物、儿童和老年护理、来回跑腿、家务、房屋维修、支付账单、清理庭院、打扫屋子、洗碗盘、洗衣服和看医生或者到汽车维修店。[77]

雷米和弗朗西斯根据四类基本活动，即上班工作、家庭生产、闲暇时间和个人护理，将整个 20 世纪的时间使用做了归类估计。他们的主要结论来自雷米单独写的一篇论文，文章指出，对于那些 25 ~ 54 岁的壮年人而言，家庭生产时间只有略微减少，从 1900 年的每周 26 小时减少到 2005 年的每周 24.3 小时，尽管出现了那么多从 1900 年的角度看令人惊奇的家用电器：当我们看到以下事实时，这个矛盾就解决了，那些壮年女性确实受益于家用电器：她们每周的家庭生产时间从 1900 年的 50.4 小时缩短到 2005 年的 30.1 小时，而同一年龄组男性的每周家庭生产时间从 3.7 小时增加到 17.3 小时。[78]雷米和弗朗西斯估计，18 ~ 64 岁女性的家庭生产时间在 1925 年是每周 43.8 小时，非常接近林德夫妇根据调查粗略估计的 42 小时。[79]

20 世纪的转型包括两种不同的趋势——女性家务负担减轻，男性工作时间减少，这样男性能更积极地参与家庭生产，包括照顾孩子、房屋维修和清理庭院等工作。男性活动增加部分反映了从农村住宅到城市郊区住宅的转变，因为在农村时户外维护算作工作时间，而现在住在郊区的爸爸们需要修剪草坪和修补房子。从市内公寓到郊区住宅的转变也提高了土地与家庭规模之间的比率，要求男性做更多维护工作。

雷米认为，家庭生产时间几乎没有改变，因为在这方面男性多花的时间接近于女性少花的时间，所以家庭生产人均小时和户均小时看上去差别不大。在此基础上，数据进一步说明，每个家庭（包括青少年、妇女、男人和65岁以上的老人）在家庭生产方面花费的时间从1900年的每周78小时减少到2005年的每周49小时。虽然在这段时期家庭的平均规模几乎也下降了相同的比例，从每户4.7人减少到2.6人，但任何试图得出结论说家庭生产人均小时数没有下降的人都忽略了家庭生产的基本规模经济。家庭主妇在给全家做早餐或晚餐时，是为两个还是四个孩子做饭没有什么差别。

有一个明显的悖论是家用电器的发展没有明显减少家庭生产时间，1925年林德夫妇的调查对此提供了一个解释。受访者认为，虽然家务体力活减少，但被生活水平的提高所抵消：

> 今天的人们更讲究饮食。在就餐时他们更关心怎样吃得更舒适，穿得更得体。从前我们的母亲不知道我们对许多事情的感受，但现在我们应该为孩子做这一切。[80]

乔尔·莫克尔把这个谜题——家用电器的发明和推广没有减少家庭生产时间——称为“科万问题”（Ruth Schwartz Cowan problem）。[81]莫克尔的分析与林德夫妇的调查在方向上是一致的，但走得更远，他把这个问题与19世纪晚期巴斯德的细菌致病论和提高卫生标准联系在一起，人们不仅要花更多时间打扫房间，而且也要花更多时间给孩子洗澡。当代人并不认为健康是不可避免的神的惩罚，而是个人责任问题。

进步确实提高了收入吗？

1900年左右，45%的蓝领工人是熟练工人，包括“铸模工、木匠、机械师、骡机纺纱工和煤矿矿工”，他们很难使其家庭生活水平脱离贫困。他们的餐桌上可能有充足的食物，[82]但他们的幸福总是面临风险，他们可能失业、生病或受伤。工人按小时挣工资，为了保住工作，他们必须非常努力地工作。在19世纪末的工业化美国，没有人会同情那些不幸的工人。他们被社会遗弃，工厂外有大量失业者在申请工作，经常是那些刚刚来自欧洲的移民。

比半熟练工人级别更高的工人属于工人阶层中的贵族，他们是不可替代的熟练工人，“包括许多轧钢工、机车工程师、制模师和吹玻璃工”。世纪之交的时候，那些收入最高的体力劳动者年收入可以达到800～1100美元。而在工人阶层中约有1/4的人生活在底层，处于“赤贫状态。许多人以捡垃圾、乞讨和行骗为生”。[83]

彼得·舍戈尔德对1906年匹兹堡的22个职业（主要分布在制造业和建筑业）进行了具体研究，结果发现，最高技能的工人（例如砖瓦匠）和技能不太高的工人（普通劳动者）之间的小时工资差异达到2∶1。他的研究结果进一步说明，笼统地认为19世纪初美国工人阶层都在为生计挣扎，这个看法过于简单了。

> 匹兹堡的体力劳动者生活在两个世界……金字塔顶端是那些高技能、高收入的工人，他们有能力购买自己的房子，在室内浴室洗澡。他们的家庭能够享受到“美国标准”……金字塔底部是城市庞大的劳动人口，他们挤进简陋的旧式公寓和迅速老化的木质住宅，使用室外公厕和水龙头，隔壁就是钢厂和熔炉的噪声、强光和恶劣的气味。他们的孩子在坑坑洼洼的街道和开放的下水道旁边玩打仗，他们的休闲就是睡觉。[84]

到1914年，制造业名义平均工资增长了30%，从每小时17美分增加到每小时22美分，即每天2.04美元。[85]我们不妨想象一下亨利·福特在1914年初宣布将高地公园工厂的基本工资提高到每天5美元产生的轰动效应。[86]当然，他不可告人的动机是为了降低劳动周转率，再加上一点点的利他主义。劳动周转率是一个普遍的地方性问题，部分原因是制造业工厂依赖那些尚未结婚的移民，这些人四处迁移，只为获得更好的工资和工作环境。举例来说，在宾夕法尼亚州西部的一个矿山负责人声称，他一年仅需要1000名工人，但前前后后共雇用了5000名工人。[87]制造业工厂的无技能工作仅需要受过很少培训或根本没有受过培训的工人，这使得移民工人一旦对工作不满意，就马上辞职，并搬到另一个城镇，换份工作。

福特把工资提高了一倍多，但这样的慷慨不是没有条件的，他把利他主义和父爱主义结合起来。他新成立的社会部雇用了200名代理，他们要访问13000名员工的家庭，建议他们如何形成适当的生活方式。因为福特要求员工已婚，调查员家访的目的不仅要观察清洁标准，也要确保员工已婚。在家访中，单身男性员工经常借用年轻未婚女性扮演妻子。父爱主义遍及生活的方方面面。福特有法务人员帮助员工购置房屋；一支由10名医生和100名护士组成的医疗队提供医疗服务，特别是为那些受伤工人；同时还为移民提供语言培训。

但是，对于移民工人的那些非美国习惯，工厂并不宽容，100人因请假庆祝东正教圣诞节而被解雇。改革家塔贝尔（Ida Tarbell）参观了社区，打算揭露压迫性的福特体制，但是他最后总结说，“不管你们叫它什么——慈善、父爱主义或者独裁统治，结果是你的所有付出都物有所值”。[88]

关于实际工资，图8.7提供了一个更全面的历史角度，它描述了非管理类生产工人每小时实际工资与实际GDP之间的关系，这两者都用指数来表达，1940年等于100。这幅图最引人注目的方面是，1940年之前实际工资增长速度超过时均产出（即劳动生产率），但后来增长速度很慢，尤其在1980年之后。1980年后的这种分化现象与大量文献研究是一致的：1980年之后不平等扩大，劳动者收入份额下降，很大一部分生产率收益流向收入分配的顶层1%。[89]

更令人困惑的是，1940年之前实际工资相对于生产率快速增长，特别是在1920—1940年实际工资激增，尽管大萧条年代劳动力需求下降。这期间的工资增长率如图8.8所示。结果相当引人注目。在1870年至1940年的70年间，与劳动生产率相比，实际工资增长率几乎高出1个百分点，年增长率分别为1.51%和2.48%。但1940年之后，这个关系倒了过来，生产率增长 2.25%，实际工资增长 1.56%，两者之间的差异达到 0.69 个百分点。

实际工资增长最快的阶段是 1910—1940 年，增长率为 3.08%。比 1870—1910 年高 1 个百分点。关于这一变化，一个合理的解释是早期无限制移民压低了实际工资，而"一战"终结了大规模移民，美国在 1921 年通过了反移民配额限制，且在 1924 年和 1929 年进一步收紧配额。罗斯福新政立法对建立工会的鼓励也同样重要。结果，在 1936—1940 年实际工资增长率迅速提高，达到 4.64%。

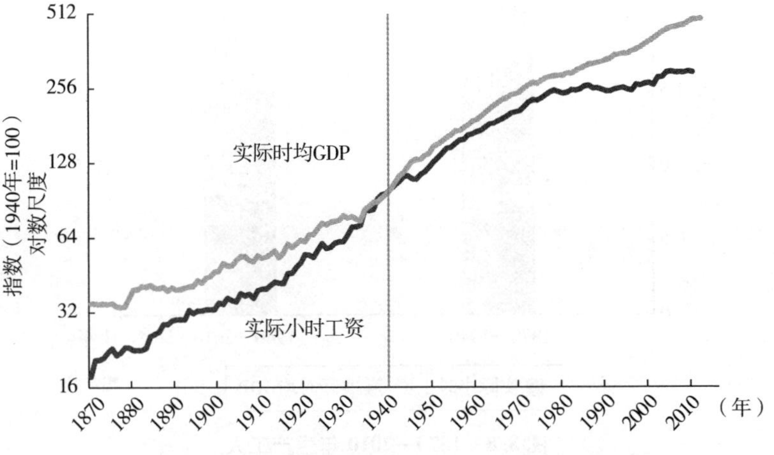

图 8.7　1870—2012 年生产工人实际小时工资和实际时均 GDP，收入分配底层的 90% 人群

资料来源：工资信息来自 MeasuringWorth 的生产工人薪酬；价格平减指数 1929—2010 年的数据来自 NIPA 表 1.1.9 个人消费支出平减指数（PCE）并做了同口径调整，1929 年前的数据来自 MeasuringWorth 的居民消费价格指数（CPI）并做了同口径调整；GDP 1869—1928 年的数据来自 Balke and Gordon（1989）表 10，1928 年后的数据来自 NIPA 表 1.1.6；总工时数信息来自 BLS 和 Kendrick（1961）附表 A-X。

1940 年之前，特别是 1920—1940 年实际工资的快速增长，部分可以归因于大规模移民的结束和鼓励建立工会的罗斯福新政立法，但是，技术变革才是推动实际工资提高的终极力量。这涉及许多方面——推、拉、装载和起重机器改变了就业结构，从普通体力劳动者转向从事重复性工作的专业操作人员，成为制定机器的布置方案、培训新员工和维护机器的主管、工程师及维修师。企业开始提高工资减少人员流动，因为，如果有经验的工人辞职，新来的人一开始肯定跟不上，装配线速度可能会马上减缓。这种工作性质的变化主要是由于汽车工业的崛起及其采用装配生产线这一生产方式。19 世纪 70 年代黑暗邪恶的钢铁厂和 20 世纪 20 年代福特与通用汽车装配线的平稳运行之间形成了鲜明对比。

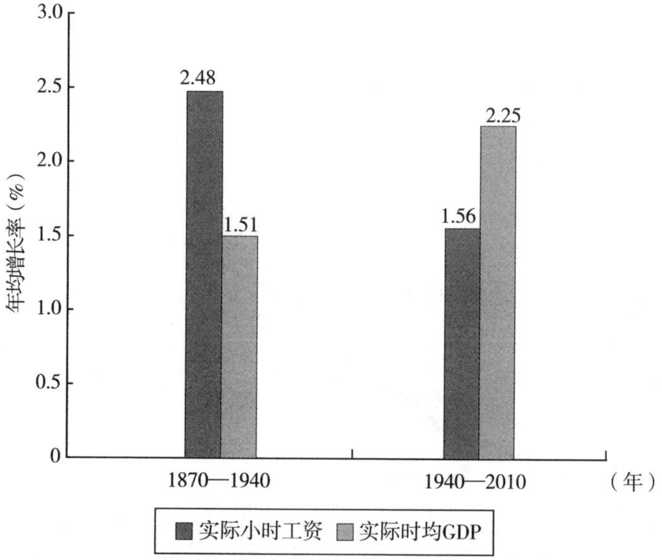

图 8.8　1870—2010 年生产工人
实际小时工资和实际时均 GDP 年均增长率

资料来源：工资信息来自 MeasuringWorth 的生产工人薪酬；价格平减指数 1929—2010 年的数据来自 NIPA 表 1.1.9 个人消费支出平减指数并做了同口径调整，1929 年前的数据来自 MeasuringWorth 的居民消费价格指数并做了同口径调整。

童工：教育的机会成本

正如图 8.2 所示，1920 年之前童工很常见，尤其是 14 ~ 15 岁的男孩，1870 年的劳动参与率达到 50%。农民让孩子五六岁就做简单的家务，比如捡鸡蛋。一些做餐厅等生意的人也让很小的孩子参与工作。“我大约五岁起就开始在餐厅洗盘子……我站在一个可口可乐箱子上洗盘子"，一位童工后来回忆道。纺织厂愿意雇用童工，因为他们能在机器之间狭窄的空间里穿梭。[90]一些家长需要额外收入来填补家庭预算窟窿，因此经常鼓励 10～15 岁的儿童谎报年龄找工作。

这些全职的小工人实行 8 小时到 12 小时轮班制。有一些公认的"男孩工作"。在煤矿，8 岁的男孩担任矿井风门"看门工"，他们不断打开和关闭风门，使运煤车顺利穿过地下通道。"碎煤男孩"从开采出来的煤炭中挑出并扔掉杂质。在制造业，男孩将冷却铁板切割成条状，开关炉门，以及为熟练的吹玻璃工人开关模具。男孩和成年女性一样，每小时工资通常是成年男性的一半，日工资为 0.75 美元至 1.25 美元。[91]

尽管到 1890 年北方大多数州有强制性的学校出勤和童工法律，但执行得并不彻底。南方各州故意不通过类似法案，以期与北方纺织工厂相比能占据竞争优势。但是在南北两方，纺织工人的孩子都是从学校一出来就马上进纺织厂工作。对于纺织工人家庭 14～15 岁年龄段的孩子，在美国东北部，76% 已经参加工作，在美国南部四个州，94% 的孩子已经挣钱补贴家用。[92]上一代的不平等又变成下一代的不平等，那些收入较高的父母尽可能延长孩子在学校的时间，而低收入家庭的孩子一旦结束强制性的学校教育，就立即成为劳动力。

与城市蓝领工人相比，农场家庭倾向于让他们的孩子多接受学校教育，因为农场青少年即使离开学校，也无法找到能贴补家用的工作。[93]与城市孩子相比，农场孩子有更多自由，小城镇上的男孩也有更多的闲暇时光，而且不用那么辛苦，正如汤姆·索亚和其他小城镇故事中的年轻主人公一样。辛克莱·刘易斯以怀旧的笔触写道，他自己"作为一个孩子，过得很快乐，在索克湖游泳和钓鱼，或坐在木筏上到充满危险的河流深处游弋……步行去仙女湖野餐……好时光，好地方，为未来生活做好准备"。[94]对于生活在小镇上的男孩来说，乡村就在不远处。"乡村道路引领着孩子捕鱼打猎，或者仅仅在树林里东奔西走，寻找刺激。乡村道路与赤脚男孩、狗和鱼竿是 20 世纪早期小城镇形象的重要组成部分。"[95]但是对那些童工，那些工业环境的受害者来说，生活就完全不一样了。

额外教育的机会成本是一个核心概念，可以解释不同地区和社会阶层的不同教育程度。城市制造业中心的机会成本最高，选择在制造业或血汗服装工厂工作就完全排除了接受进一步教育的机会。农村青少年的机会成本要低得多，因为只是指望他们在春耕和秋收时帮点忙，而且能按季节上学。[96]事实上，高中毕业率最高的地区是美国中西部，克劳迪娅·戈尔丁和劳伦斯·卡茨称之为“教育带”。1910 年，除了新英格兰地区外，高中毕业率最高的州是艾奥瓦州、印第安纳州和内布拉斯加州。中北部各州排名要高于大西洋沿岸中部的各州。1910 年，在纽约州和新泽西州的高中毕业率与最早加入联邦的那些州差不多。[97]

到 1870 年，北部和西部大多数孩子都识字，并完成了小学教育。但在 1876 年，在 4500 万总人口中，每年高中毕业生人数只有 2 万人。高中与小学的出勤率仅为 6%。1870 年，只有 1% 的适龄人口接受过高等教育。[98]1910—1940 年是中学教育扩张速度最快的时期，如图 8.9 所示。尽管 1910 年美国青少年中仅有 9% 拥有高中文凭，到 1940 年这一比例已经达到 51%，到 1970 年，达到了 76.9%。在 1910—1940 年，每 10 年毕业率上升 14 个百分点，在 1940—1970 年，每 10 年上升 8.7 个百分点，1970 年之后一点都没有上升。“二战”后中学出勤率和毕业率的激增使大学入学率迅速提高。

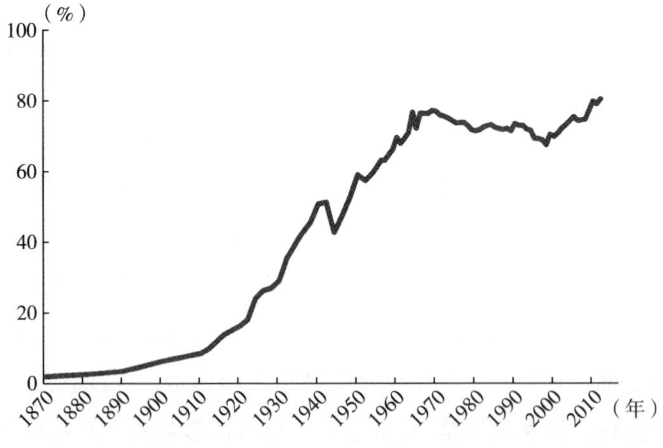

图 8.9　1870—2012 年 17 岁人群中公立和私立高中毕业生比例

资料来源：HSUS 序列 Bc264，NCES《教育统计摘要》(*Digest of Education Statistics*, 2013)，表 219.10（1985 年后）。

结　论

本书始终贯穿一个逻辑：在 1870—1940 年，世界从多个维度发生了革命。在每一章中我们都不断发现，在 1870 年至 1940 年间，日常生活的一些方面发生了不可逆转的改变，而且绝大多数发生在 1890—1930 年这一较短时期。此前各章显示了电气化、住宅网络化、汽车、通信、娱乐、婴儿死亡率与大多数传染病的根治是如何改变这个世界的。在很多维度，生活都出现了不可逆转的进步；到 1930 年，电、自来水、下水管道、电话、民用燃气或天然气几乎完全覆盖了美国城市地区，更不用说马车几乎全被汽车取代。

本章列举了 1890—1930 年取得的进步，增加了一些维度。这 40 年是人类历史上前所未有的进步时期，每周的工作时间减少了，危险艰苦的体力工作慢慢过渡到更开心、更舒适的工作；孩子们不再受到矿山和工厂的剥削，能够坐在安静的高中教室里学习；自来水、下水道和家用电器的首次出现把家庭妇女从繁重的家务劳动中解放出来。大萧条和“二战”打断了这些方面的进步，但在战后 25 年中，全部人口都享受到了这些福祉。

工作负效用（或“不愉悦”）出现了三个维度的下降。最明显的一个维度是，每周工作时间大幅下降，从 1890 年的大约每周 60 小时减少到 1940 年的每周 40 小时。在某些极端情况下，如 1890—1910 年的钢铁行业，每周工作时间达到甚至超过 72 小时。第二个维度是职业分布的转变，从艰苦恶劣危险的工作向愉悦一些的工作转变，包括生产线操作工和白领。第三个维度是最重要的方面，也是本章的中心，因为它描述了 1870—1900 年工作群体从繁重艰苦的工作环境向 1910 年之后工作环境持续改善的划时代转变。

工作环境的明显改善体现在 1870 年 46% 的劳动力作为农场主或农场工人从事农业劳动，还有 46% 从事蓝领或白领工作（其余 8% 包括非农经营业主、管理人员或专业人员）。大多数农业从业者都是经营业主，都拥有自己的土地和房屋，通常也有一些抵押贷款和债务。与城市工人相比，他们在独立性方面有很大优势。没有哪个老板能决定他们的工作时间或行为，抑或任意解雇他们。农民的“老板”不如说是天气、昆虫和农产品价格的结合体。变幻莫测的天气、不可预知的虫害，以及同样无法预知的农产品价格暴跌风险使每个农民不仅身心疲惫，而且面临经济风险。但是无论如何，中西部和大平原地区农民面临的风险怎么也不如南方黑人佃农受到的侮辱和经济剥削严重。

本章用19世纪晚期美国蓝领工人受到的内心痛苦和屈辱来取代“过去的工作很艰难”这类模糊的概念。煤矿的危险和屠宰场的恶劣环境堪比在安德鲁·卡内基这类雇主的强硬政策下工作的钢铁工人所处的悲惨环境，但是善意的现代人只记住卡内基向博物馆和公共图书馆的捐赠。每天12个小时轮班，没有储物柜，只有原始的卫生设施，闷热和危险的工作环境，凸显了强势雇主和弱势雇员之间的不平衡。经理人员可以找任何理由立即解雇工人，包括认为工人变老、身体变弱。工作时间每年不同，如果因为商业周期、维修重建或需求不旺而停产，工人就会被赶到大街上，不给任何补偿或失业保险金。

女性的生活充满了辛苦、无聊和乏味，无论在农场还是在城市，都是如此。一小部分女性进入劳动力市场，发现自己被锁定在适合女性的工作中，包括服装厂工人、文员、护士或者教师。女性工资通常是男性工资的一半。在女性劳动力市场上，大多数是未婚年轻女性，主要从事家政工作，这个行业占全部劳动力的8%。在电视剧《楼上楼下》和《唐顿庄园》描述的世界中，女性从事的许多工作虽然不像男性蓝领工人从事的工作那么危险，但同样受到固定的长时间工作和无情的工作纪律的约束，每天过着卑微的生活。

本章主要追溯了工作环境如何随时间推移，在多个维度发生改善。在20世纪20年代初期，农场工人比例下降，制造业工人工作时间减少，并且由于工人抗议和源源不断的移民潮被配额限制拦住，员工纪律变得不那么专制。1895年后，家庭主妇的繁重日常家务因一系列创新而得到改善，这包括自来水、下水道、铸铁炉子和邮购商品目录里的很多商品，尤其是 1920 年后主要电器等耐用消费品的普及，包括洗衣机和冰箱。

本章从更宽阔的视野讨论了美国人民的生活水平。家庭不仅关心他们要买多少东西，还要考虑将市场上采购的商品转换成自制食品是否容易。男性工人非常关注养家糊口的难度。工作时间逐渐缩短，专制纪律取消，雇主更加尊重员工。19 世纪 70—80 年代勤劳勇敢的农民、矿工、制造业工人的后代并没有意识到他们在 20 世纪 40 年代工作是多么幸运的一件事。在几千年的农业社会结束后，家庭内外的工作环境终于得到了改善。

在 1940 年之后，职业分布和特定职业的工作强度仍在持续变化。但到 1940 年，已完全实现工作时间从每周 60 小时向战后普遍实行的每周 40 小时的转变。在这个意义上，本章按时间描述的工人福利的改进还说明了 1870—1940 年另一个维度的独特成就。在人类历史上，无论是从前还是今后，没有任何其他时代能将这么多因素组合起来，推动生活水平如此迅速地提高，推动人类生存条件发生如此彻底的变化。

第 9 章
承担和降低风险：消费信贷、保险和政府

你的行动不要过于谨小慎微，人生就是一场实验，经历得越多就做得越好。

——拉尔夫·沃尔多·爱默生
(Ralph Waldo Emerson，1841)

引 言

家庭的福祉不仅取决于收入水平，也取决于收入的波动性。本章主要论述那些能使家庭生活水平随时间推移而熨平的制度，尤其是消费信贷和保险制度。消费信贷让人在购买房屋和其他耐用消费品时，能够延期支付，不必为支付全部购买价格而必须提前储蓄。保险则通过提供理赔以弥补失业期间的收入损失、火灾的毁灭性损失，以及负担家计的人丧生带来的损失，帮助减少收入波动性。

我们从消费信贷和抵押融资开始说起。消费信贷是 20 世纪 20 年代导致当时耐用消费品消费热潮的一项新发明吗？抵押融资有哪些基本变化，由此促进了美国 20 世纪 20 年代的建设热潮，形成大量的办公楼、住宅公寓和别墅？最古老的金融制度是海事保险和人寿保险，最早可以追溯到腓尼基人。保险在 1870 年到 1940 年是如何发展的？本章也会讲到政府的作用，主要是在减轻微观和宏观经济风险方面的作用，政府的作用从 19 世纪末自由放任制度转向了罗斯福新政的多维干预。

在 1870—1940 年，美国经济开始了向大众消费社会的长期转变。在 19 世纪后期，大部分美国人属于工人阶层，大多从欧洲直接移民过来，绝大部分家庭生活贫困，家庭收入的一半或一半以上用于购买食物。但到 1940 年，随着可支配收入大幅上升，人们已经可以购买 50 年前被认为不可企及的奢侈商品，而且到 1940 年，城市住宅几乎都实现了网络化，连通了电、燃气、电话、自来水和下水管道。家庭有充足的可支配收入购买家用电器，到 1929 年，家庭汽车的登记率达到了 93%，而在 1900 年这个数字还是 0。家庭如何购买“喧嚣的 20 年代”建造的大量房屋？他们有机会获得抵押融资和消费信贷吗？如果可以，这些消费金融元素是何时开始的？它们发展传播的过程又是怎样的？现代形式的分期付款可能在 20 世纪 20 年代得以扩展，但是对消费信贷的普遍依赖要追溯到 19 世纪初，形式上表现为乡村杂货店向农场客户提供信用，典当商向它们的城市客户提供类似的信用。

火灾保险和人寿保险是否一直都有？在汽车发明后的几十年里，汽车保险的性质是什么？本章的第一部分主要讲述消费金融、保险和降低风险。我们可以将风险和不确定性看作一种外部性，是工业化和城市化过程中产业资本家不需要支付的一种副产品。

即使在 19 世纪后期自由放任的环境中，政府也以多种方式干预经济发展。政府行为包括一系列立法、为修建铁路和建造家园拨备土地、食品药品监管、设立公立大学和农业研究站、专利制度、存款保险、社会保障和失业补偿，以政府项目的名义促进经济发展，降低风险，提高安全性和福祉。

农场和城市的借贷：消费信贷的早期形式

19 世纪后期，消费信贷在美国农村已非常普遍。农民从邻近的乡村商店购买鞋子、衣服、咖啡和酒之类的商品，这些商店准予赊账，到下一个收获季节才支付。对于住在北部和西部的农民来说，购买马匹、手推车、马具、家具和种子，通常一半价款用现金支付，另一半价款则等到下个收获季节后才支付。对信用的管理是非正式的，包括从邻近的杂货店赊购布料和针线，当然，店主只是在预期消费者能够支付价款时才会赊销。

赊购商品但不还款的概率非常低，因为这将导致失信，也会让欠账农民及其家庭在一个紧密联系、大家彼此熟悉的社区中，得不到邻居的信任和尊重。在19世纪初，“还债是一种美德，无力还债则罪不可恕”。[1]相对于很多欧洲国家来说，信用体系在美国得到更早和更自由的发展，部分原因是典型的美国农民（南方以外的）都拥有自己的土地，然而在欧洲，佃农更为常见，上层家庭通过世代相传拥有大庄园。在欧洲，贷款人面临的社会耻辱问题通常是宗教等意识形态问题，然而，在美国，借款人面临的耻辱则是被认为“身无分文”。[2]

流动商贩补充了乡村商店向偏远农场和小城镇等提供信用的作用。这些流动商贩的资金由批发商提供，批发商希望把自己的商品卖到美国农村的偏远地方，而这种背书性质的金融最早可以追溯到芝加哥或者纽约。

> 边疆地区贸易的杠杆率非常高。人人都在欠钱，一年之中的大部分时期，把商品全都卖出去的唯一办法是“及时”。边疆地区的利率如此之高是不难理解的。城市银行和批发商将资金借给小城镇的商人，然后这些商人把商品借给农村消费者……这是一个充满风险的世界，任何一个角落都潜伏着破产和止赎。[3]

因此，一个农场主如果能够支付在当地乡村商店购买的小物品，就能在他所处的农村社区里保住面子和维持自己的社会地位，但也可能因为灾难性事件面临破产或对整个农场的止赎，影响家人或朋友，比如说因为干旱歉收或者全国性的粮食价格下降，就像1920—1921年或者20世纪30年代大萧条时发生的那样。

北方的农场主或土地所有者不仅在杂货店赊购日常生活用品，也从当地的银行借款，用于购买土地和建造农舍。因为针对农场的借款一般不超过6~8年，“借款者在市场中通常会寻找新的抵押贷款，支付新贷款的手续费，应对不可预知的利率”。19世纪后期是一个通货紧缩的年代，农场价格和农场收入在缩水，债务的票面价值是固定的，并不随着全国性的通货紧缩而改变。由于没有中央银行和全国性的银行体系支持，农场主处于更加不利的地位，农场主或借款人离纽约越远，支付的利率越高。在北部，有效的真实利率是 10%。[4]

农场主除了购买土地，购买建造住宅的材料，以及在杂货店购买日常生活用品之外，也需要资金购买新发明的大型农业设备。1850 年时，农场主使用从圣经时代以来少有改变的设备，但是新的发明，比如麦考密克收割机能够提高生产率，如果农场主买得起这类机器的话。一个农场主总的年收入是 600 美元，相比而言，麦考密克收割机在 1850 年的价格是令人望而生畏的，要 100 ~ 150 美元。于是，麦考密克公司提供一台价值 125 美元的机器，但订金只要 35 元，尾款在收获后支付。这并不是分期付款，尾款需要一次性付清。[5]

对于南方的小佃农来说，债务是一个更加重要的问题，因为他们没有自己的土地、房屋或者牲畜，而是为业主或者地主工作。收获之后，作物价值的一部分会被支付给佃农，而这个部分的比重取决于地主提供给农户使用的其他投入品的多少。作物的收入款能够用来偿还上一年用掉的借款，通常不能还清全部债务。未偿债务会把佃农变成奴仆，如果佃农为躲避债务而试图逃到另一个地方，暴力就可能发生。对佃农收取的利率通常在 40% 到 60% 之间，债务的日积月累使借债者成为“债务包身工”（debt peonage），但“南部农村的人口高流动率显示出一定程度的自由，这与债务包身工广泛存在的说法有矛盾”。[6]

在南方各州，小农场主能够利用“作物留置权”制度，把未来收获的农作物作为贷款抵押，获得信贷。收获的农作物交给有抵押留置权的人，这个人将农作物卖掉，然后用收入偿还农场主的债务。因为南方的道路和铁路比较少，商人在农村的十字路口获得了当地的垄断地位并对此加以利用。十字路口的商人因此能够同时作为贷款人和农作物经纪人而获利。[7] 煤矿所有者和南部农村土地所有者的角色是相似的，工人在公司零售店赊欠的债务由公司从工资里扣除，煤矿工人因债务融资负担和在公司零售店里高价购买物品而穷困潦倒，难以移居他处。

城市典当行的历史可以追溯到中世纪和美国历史上的殖民时代，然而，随着密集的城市中心的发展，它在提供消费信贷中的作用到19世纪早期才日益凸显。典当行的服务依赖于城市就业的不可预测性，就像在第8章中看到的那样，城市就业不仅受宏观经济周期的影响，也受特定行业和特定工厂就业不稳定的影响，因此是不稳定的。在芝加哥堆场，一个员工周一下班回家后，并不知道他在周二将会工作4个、8个还是12个小时。

典当行“抵押和赎回的周期”有每周的和季节性的，每周的事件包括薪水和到期的租金支付，季节性的事件包括在春天抵押冬季的衣服，然后在秋天赎回。1935年，纽约市一家著名的典当行是这样记录的：一块金银手表、一件羊绒大衣、紧身胸衣和一副望远镜。[8] 在19世纪后期，由于典当行成为处理失窃物品的工具，监管措施不仅限制典当行的利率，而且要求所有物品和抵押者的身份都在警方登记。[9]

现代消费信贷最早起源于1845年，那时钢琴和风琴可以分期付款。收入的提高使中上收入阶层可以购买一些大件家具，比如说大的餐桌、餐具柜和沙发。典当行并不适合对这些大型物件提供贷款，因为它们作为抵押品并不方便运输。取而代之的是“动产贷款”（chattel lending）的发展，动产贷款抵押的并不是物品本身，而是物品的法律权利。这种新的贷款形式更需要信任。1850年，胜家缝纫机公司（Singer Sewing Machine Company）开始通过代理机构以分期付款的形式销售缝纫机。[10]到了19世纪70年代，一台胜家缝纫机能够以1美元的首付买到，每周只需支付50美分，分期付款的购买形式从高收入阶层延伸到工人阶层，也包括新移民。

在19世纪后期，“工资转让”（wage assignment）贷款也得到了发展，它类似于今天的“发薪日”贷款，以借款人未来工资的法律所有权作为抵押。这些贷款的管理需要新的信息收集方式，因为借款人可能对其工资的数额和工作的稳定性撒谎。贷款人更倾向于那些工作稳定的借款人，比如政府工作人员或文职工作人员，他们有时也会行贿以取得借款人的工资记录。在未能偿还的情况下，贷款人可以申请获得借款人工资的一部分，然而，在法律措施执行之前，贷款人往往只能逼迫借款人“基于对借债的社会羞耻感”来还款。[11]

动产贷款和工资转让贷款游走在法律的边缘，因为法律的执行并不严格。更有甚者，贷款人蔑视国家强制执行的贷款利率上限，利率要价很高的少数贷款人常被贴上“放高利贷者”的标签。

> 人们为什么要如此鲁莽地从这些人人皆知的像鲨鱼、水蛭一般冷酷的勒索者手中借款呢？答案很明显……大多数借款人被那些不足以靠自己的收入来应急的突发事件压得喘不过气来。[12]

通过高利贷和有时诉诸暴力的讨债方式，少数贷款人使借款人由合理的资金紧张陷入债务缠身而不能自拔，这些贷款人还“经常受到腐败的警察、法官、市政公务员和工资管理人员的庇护”。[13]因为这些信贷形式是地下经济的组成部分，所以没有关于其重要性和规模的记录。19世纪末期，工人阶层信贷的地下世界与两个世纪前差别很小，它被托尼（R. H. Tawney）描述为“间歇性的、不规律的、无组织的、人格化的，有时鬼鬼祟祟的邻里交换”。[14]

在1870—1940年的零售购物中，从现金到信贷的转变并不是直线形的，而是U形的。起初，信贷在美国农村占主导地位，在城市典当行中作用也很大。城市化带来了从信贷到现金的转变，在1910年到1912年，食品市场上日益增长的A&P连锁店取消了信贷，转向只用现金交易。由城市大型百货公司和邮购商品目录创造的零售革命的早期，大多数商人都要求现金支付。

百货商店相对小型商店来说，可以利用规模经济降低价格，但也拒绝打折，并且主要是现金交易。没有了讨价还价，每次购物都是直线交易，店员可以直接处理，不需要经理的参与。然而，百货商店之间的竞争，至少在大城市中心，逐渐促使从全现金政策转向记账账户，这种转变最初仅限于最富有的人士。直到1902年，梅西百货在纽约仍然维持全现金政策，然而，沃纳梅克在费城开始向部分大型物件（比如钢琴）提供无首付的分期付款。彭尼、西尔斯公司和沃德公司都在世纪之交与梅西百货一起实行全现金政策。[15]

大型邮购商品目录商的信贷政策都被记录在它们厚厚的商品目录册的介绍页上。尽管西尔斯公司在 19 世纪 90 年代后期才开始提供货到付款（C. O. D.，不同于下订单时就交付现金），但到了 1902 年，货到付款就被取消了，所有购物都必须预付现金。以 1902 年的支付技术，这意味着支付必须通过以下方式来提交："通过邮政汇票、银行汇票、汇票快递、现金或者购物券，我们不接受印花税票、外国购物券和到期购物券，因为这些对我们来说没有价值。"[16]

年度邮购商品目录的介绍在广告史上可能是最长的。1902 年西尔斯公司邮购商品目录的介绍将近 10000 字，字体很小，但也令人耳目一新。传递的信息是很明确的，即西尔斯公司的顾客之间是平等的、民主的。不论消费者购买多少商品，都没有折扣。这里不提供信贷，因为相对通常用现金支付的顾客来说，信贷文书和利息费用意味着商品成本更高。目录不是免费提供的，收费 50 美分，这是为了降低商品的成本。以下这些开头两页的摘录体现了这种民主平等的意味：

> 在同等质量下，我们给出的商品价格是其他商家没有也不可能提供的，为了维持无可比拟的低廉价格，我们不得不请求所有消费者依据订单全额支付现金……我们已经停止货到付款的做法……目的是继续维持更低的价格，给消费者提供更大的价值……任何使用货到付款提供商品的商家……都不可能像我们目录上标注的 10 万多种商品那样，给消费者提供相同的价值……花 50 美分得到我们的商品目录，这样就不需要任何广告花费，我们已经实现了大幅度的节约，这相应地降低了我们的销售价格。[17]

1890—1910 年转向现金支付和之后重新回到消费信贷的转变不应被夸大。在 1900 年到 1913 年移民高峰时期，纽约下东区有 5000 ~ 10000 名商贩走街串巷卖东西。商贩担任本地零售商和第 4 章讨论的密集居住在大贫民区的顾客之间的中间人。零售供应商给商贩提供信用，允许商贩向客户赊销。一份回忆录的作者记载了他的母亲在 1899 年如何从一个商贩那里无首付就购买了一块丝绸台布，然后每周支付 25 美分，分 10 次付清。[18]

当付款使用现金而不是信贷时，“现金”又是什么呢？上文提到的西尔斯接受的支付方式包括：邮政汇票、银行汇票、“现金”（比如纸币）以及某种购物券。没有提到的是个人支票，它不同于银行汇票，如果账户中没有足够的资金，会面临跳票风险。用个人支票和用纸币及硬币支付之间的差别，因交易类型和购买者社会阶层的不同而不同。中高收入阶层用支票购买除最小金额外的所有东西，用纸币和硬币支付小额交易，而工人阶层则用纸币和硬币支付所有交易。1910 年的一份报告显示，在前一年，零售银行的存款 75% 由支票组成，21% 是纸币，4% 是硬币。这些存款既包括同一时间作为零售交易发生的支付，也包括对以前交易的未偿信贷支付。[19]

当期购买延期支付成为购买耐用消费品的主流

早期的信贷形式，比如南方农业和杂货店的农村贷款，通常要求在收获季节一次性偿还本金。城市典当行提供货物质押贷款，在赎回时接受一次付清。在这些例子和其他例子中，贷款人一次性偿还贷款，在平均收入低的情况下，这是一笔令人望而生畏的金融债务。分期付款的发展，避免了为全额偿还未清偿贷款而储蓄的需要。取而代之的是，借款人被要求在一定时期内定期定额偿还分期贷款，利息已计入分期付款中。

分期付款往往被认为有力地推动了美国消费型社会的建立，尤其是 20 世纪 20 年代耐用消费品和房地产的繁荣。然而，正如我们看到的，家具、钢琴和缝纫机早在 1850 年就以分期支付的形式卖给高收入家庭，首付 1/3 的价款，剩余款项在接下来的两三年支付。尽管 19 世纪没有信贷记录，但分期信贷很少有拖欠，因为贷款人是高度歧视性的，仅将信贷发放给那些有稳定生活来源、稳定婚姻和工作不受经济周期与行业波动影响的中高收入家庭。[20]

20 世纪早期见证了消费信贷的快速转变。消费金融新世界的出现，使大多数工人阶层能够获得“持续的、有规律的、有组织的、一系列非人格化的，而且通常是可见的个人和机构之间的官僚式交易”。[21]到了20年代，“当期购买，延期支付”已变得司空见惯。消费信贷的新时代被它的拥趸称为“仅次于从手工业到机器生产的大变革”。[22]在1905年到1915年之间，之前只能用现金交易的百货商店开始对可以用来抵押的家具和其他大型家用设备提供分期付款购买方式，与邮购商品目录企业所做的一样。

尽管大多数大型百货商店的经营在1900年仍以仅接受现金为基础，但到了20年代，就全都转向了信贷账户。菲尔德百货在芝加哥的收款部门到1929年增至18万个账户，该账户数是1920年的两倍。大多数大型百货商店发现，信贷销售占其业务总量的比重从50%增至70%，1913年到1929年，受监管的小型贷款机构的数量增加了6倍。[23]

与19世纪末的高利贷和典当行相比，这些提供消费金融的非人格化大机构在收款时更激进，更不能容忍个人暂时的不幸。在20世纪20年代，对于拖欠或未能全额还款的消费者，消费金融公司通过克扣工资或诉诸法庭，采取报复行为。通常认为，尽管1929年底的股市崩溃是大萧条的一个重要原因，但随着1929—1930年收入和工作开始中断，家庭对消费信贷的过分依赖和逐渐增加的杠杆也加速了股市崩溃和通货紧缩。

在1900—1929年，没有什么发明像汽车那样传播迅速，在1900年路上还没有一辆汽车，到了1929年，美国家庭的汽车拥有率已达到93%。“分期付款对消费信贷的作用就像移动流水线对汽车工业那样。”[24]金融不可或缺的作用首先体现为解决季节性供需不均衡。流水线生产方式要求生产稳定，使成本最小化，但在生产敞篷车的早期，夏季购买要比冬季多很多。大型汽车生产商有足够的影响力迫使当地汽车经销商加大库存，这些经销商就需要一种融资方式，解决待售汽车的大规模库存问题。

经销商的借款需求促进了金融公司的发展，这些金融公司通常是独立的，有的也属于汽车生产商所有。玛莎·奥尔尼将这些金融公司的发展描述为“维持汽车生产商对经销商的影响力，同时解决批发库存资金不足问题”。[25]尽管汽车金融的分期付款计划可以追溯到1910年，但直到

1919 年通用汽车金融服务公司（GMAC）建立后，现代意义上的汽车金融才开始出现。尽管亨利·福特坚决反对分期付款购买方式，但到了 1919 年，2/3 的福特汽车销量还是基于分期付款，这并非由福特公司自己一家融资，而是由与福特经销商们合作的当地金融公司融资。[26]

到了 1924 年，3/4 的汽车是贷款购买的。在 20 世纪 20 年代汽车销售量爆炸式增长中，汽车生产商之间的竞争导致金融条件逐渐放松。支付方式由最开始的首付 50%，分 12 个月分期偿还，很快降到首付 1/3 或者更少，而且还款周期延至两年。[27]据奥尔尼计算，20 年代汽车贷款的实际年利率通常是 34%。[28]

逐渐增加的消费信贷账户能够解释 20 年代耐用品的销售热潮吗？奥尔尼的主要假设是：在家庭收入和相对价格不变的情况下，逐渐增加的消费信贷造成了对耐用品需求的增加。而且，她的回归分析发现，除了三种传统商品——瓷器、银器和家具——不受技术变革影响外，这种需求增加确实发生了。但是，奥尔尼的分析不太可信，因为她将关注点全部放在需求上，没有考虑供给的革命性变化。

新产品出现了此前不曾有过的降价销售，最具代表性的是电冰箱和洗衣机。汽车作为最重要的耐用消费品，在 1910 年到 1923 年间经历了大幅度的价格下降和品质上升。电和内燃机的发明使这一革命性变化成为可能，加上奥尔尼发现的传统商品（比如瓷器）没有变化，共同提高了如下可能性：20 年代耐用品消费热潮并不是因为消费信贷的易得性，而是因为新发明的产品大幅降价。所以，新产品的易得性促进了消费信贷的发展，与此同时，消费信贷的易得性便利了新产品的购买。

图 9.1 比较了非住宅消费信贷占名义 GDP 的比重和实际耐用消费品支出占实际 GDP 的比重。这幅图提出了一个问题：在 20 世纪 20 年代是否真的有耐用消费品的消费热潮。[29] 1900—1910 年，耐用消费品支出占 GDP 的比重由 5% 提高到 6%，在 1925—1929 年，这个比重经过连续五年的小幅上涨超过了 6%。这算不上什么需要解释的大事件，耐用消费品支出占比平稳增长，说明虽然耐用消费品支出快速增长，但

GDP 的其他组成部分的总额（非耐用消费品和服务、住宅投资、政府支出和净出口）也在相应地快速增长。

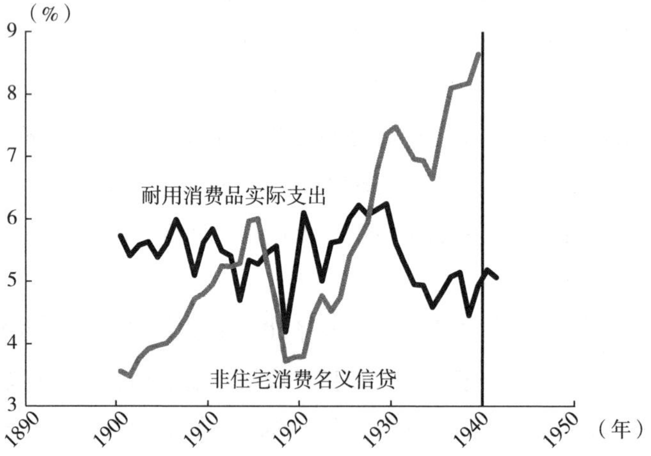

图 9.1　1900—1941 年非住宅消费信贷和耐用消费品支出占 GDP 的比重

资料来源：Olney（1991，表 4.1 和表 A.7）和 Gordon（2012a，表 A-1）。

不同于耐用消费品支出占实际 GDP 之比，图 9.1 中灰线显示的是未偿消费信贷余额占实际 GDP 的比重，1900 年到 1915—1916 年之间快速上升，1919—1920 年下降，然后在 1929—1930 年迅速上升，之后小幅下跌，直至 1934 年的又一次爆炸式上升使 1941 年的占比远高于 1929 年的占比。[30]消费信贷和耐用消费品支出之间的因果关系是值得怀疑的，1900—1936 年，消费信贷占比由 3.6% 上升到 8.6%，然而在同一时间段，耐用消费品支出占比实际上由 5.7% 下降至 5%，日益增长的信贷易得性与耐用消费品占总支出比重的上升和下降，看起来很大程度上没有关系。[31]

在 20 世纪 20 年代，耐用品市场转变成以信贷为基础的购买体系，在很多方面与“二战”后岁月具有可比性。到 1929 年，分期付款信贷融资占新车销售的 61%，占二手车销售的 65%。[32]汽车不是唯一使用分期付款信贷的产品。据估计，在 20 年代后期，消费信贷融资还被用于“80% ~90% 的家具、75% 的洗衣机、65% 的吸尘器、18% ~ 25% 的珠宝、75% 的收音机和 80% 的留声机”。[33]贷款购买奢侈品，比如汽车和电器，被认为是从 20 年代开始的，改变了人们原来以借钱购买为耻的社会氛围。这使工人阶层有能力购买上一代时几乎不存在的新产品。

> 信贷的到来被视为著名大熔炉里的最大催化剂……它为大市场奠定了基础，有利于大批量生产，从而大幅度降低了单位成本，19 世纪美国经济腾飞的活力正源于此。[34]

20 世纪 20 年代房地产繁荣及其根源：抵押融资变革

最早提供分期付款的是美国政府，1800 年的《哈里森法案》提出，把公共土地卖给农民，首付是 25%，在接下来的 4 年中分 3 次付清余款。[35]1800 年到 1820 年，西北地区总共有 19.4 万英亩土地是以这种方式卖掉的。[36]

美国的人口普查数据显示，在 19 世纪 90 年代早期，29% 的家庭有未偿抵押贷款。[37]比如，在波士顿地区，通常一个家庭被要求支付购买价款的一半，如果这所房子的总价是 3000 美元，那就是 1500 美元，另一半靠借款。然后第一笔抵押贷款以 5%~6% 的利率从储蓄银行以及抵押贷款经纪人那里获得，金额是总销售价款的 40%（1200 美元），第二笔 300 美元的抵押贷款从房地产中介机构那里获得。利息在接下来的 3~8 年每半年支付一次，本金在贷款期限结束时支付。

抵押贷款合同的细节在不同城市之间和城市内部都是不同的，一些贷款可以延长至 20 年。抵押贷款债务的最大持有人是个人、储蓄银行和建筑与贷款协会（building and loan associations）。后者率先实行摊销贷款（amortized loans），即每月的支付包括利息和本金的偿还，所以在贷款到期时没有一次性的还本付息。尽管还款时加上本金提高了每月还款金额，但是在很多情况下，这可以由延长还款期限来抵消。摊销贷款是一项有价值的创新，因为它同时降低了贷款人和借款人的风险。到 20 世纪 20 年代，摊销贷款已经成为标配。

在 19 世纪 90 年代，印第安纳州曼西市建造的房屋大部分用于出租，但是据林德夫妇估计，1923 年出租的比重已经下降到只有 10%。[38] 人们将这一变化归功于 1900 年后建筑与贷款协会的发展，它使很多工人阶层会员有可能考虑自己拥有住房。在 20 世纪 20 年代中期，75%~80% 的曼西市新家园是为房主自己建造的，有四个协会为他们提供抵押贷款，一位银行高管推测，那些购房者中 85% 的借款者是工人。

同一时期的金融创新是房地产抵押债券的发展，它极大地推动了 20 年代建造大型和小型公寓楼的不可持续的大繁荣。只需提供极少的首付款，建房者就能够在建造之前获得资金，用于整个建造工程。“尽管在战前只出售了价值 1.5 亿美元的债券，但到 20 世纪 30 年代早期，房地产债券总投资被认为接近 100 亿美元。”[39]

在 20 世纪 20 年代大规模建设热潮的 10 年，住房拥有率飙升，原因之一是信贷条件的普遍松动，很多家庭因此能够拿到第二笔和第三笔抵押贷款。未偿抵押贷款从 1919 年的 120 亿美元迅速增加到 1930 年的 430 亿美元（也就是说，从占名义 GDP 比重的 16% 提高到 41%）。图 9.2 显示了抵押贷款债务占 GDP 比重和图 9.1 已分析的非住宅消费信贷比重。左轴和右轴显示，在 20 世纪 20 年代，住房抵押贷款高出非住宅消费信贷 7 倍。图 9.2 的趋势线显示，从 1900 年到 1922 年，未偿抵押贷款价值大约占 GDP 的 20%。[40]

由于非抵押贷款融资的短期性质和 20 世纪 30 年代后期的经济复苏，1939 年非抵押消费信贷占 GDP 的比重比 1929 年高出很多。与此相反，尽管抵押贷款融资在 20 年代发展的时机是类似的，但是在 30 年代的表现完全不同。由于 1929—1932 年的经济崩溃，抵押贷款融资比率从 1929 年的 41% 飙升至 1932 年的 69%，随后由于 30 年代住宅建设很少，抵押贷款融资比率从 1932 年的 69% 下降到 1941 年的 27%。

图 9.3 提供了另外一个证实住房抵押贷款融资在 20 世纪 20 年代爆炸式增长的证据。住房抵押贷款债务占住房财富的比重，由 1916 年的 14.3% 增加到 1929 年的 27.2%。图 9.3 中，1916—1920 年的急剧下滑非常明显，这是战时和战后通胀导致的结果，1929—1932 年的大幅上升是 1929—1932 年“大收缩”（Great Contraction）时通货紧缩导致的结果。

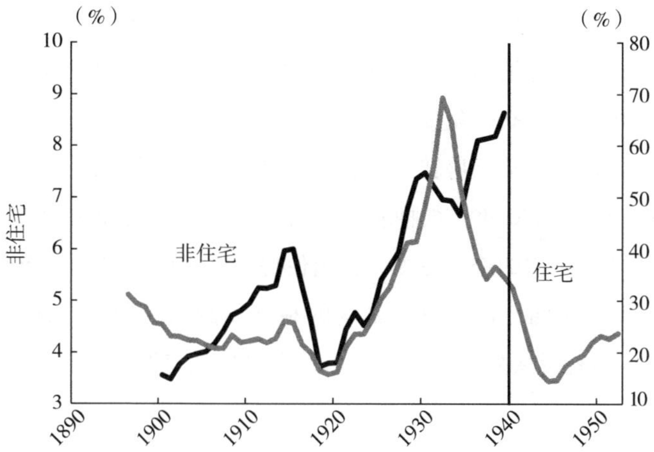

图 9.2　1896—1952 年非住宅消费信贷和住宅抵押贷款占 GDP 比重

资料来源：Olney（1991，表 4.1），Gordon（2012a，表 A-1），以及 HSUS 序列 Dc903。

1933 年后价格的上涨、在 30 年代以及“二战”期间几乎消失的住宅建设，都有助于解释 1932—1948 年住宅抵押贷款与住宅财富比率的下降。

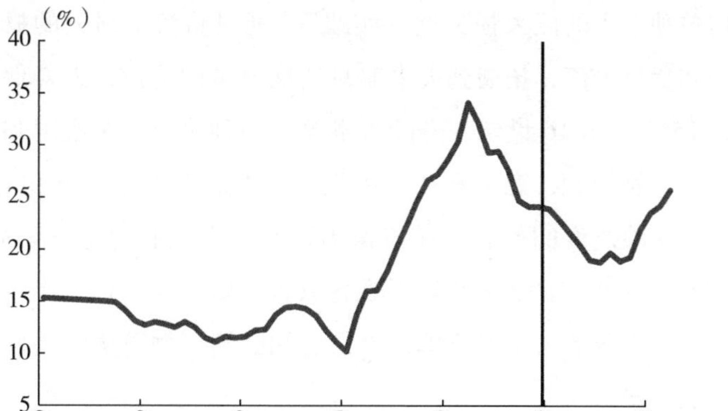

图 9.3　1890—1952 年非农住宅抵押贷款占非农住宅财富的比重

资料来源：Grebler、Blank and Winnick（1956，表 L-6，第 451 页）。

实际上，汽车比住宅更容易获得信贷，因为它的贷款抵押物是可移动的，这也有助于解释相对于其他国家，美国汽车销售增速如此之快的原因。当然，也有些截然相反的观点，认为汽车很难获得抵押贷款。林德夫妇指出，在 20 世纪 20 年代，曼西市 80% 的住宅是卖给房主的，很多新房主都是工人阶层，而伍德不认可这一点，他那未经检验的评论认为，处于收入分配低端 50% 的家庭不可能获得贷款，“低于这个标准，他们不能够也不可能获得贷款”。[41]

总的来说，促使从租房转到自有住房的最重要支撑是信贷制度的发展。从 1890 年到 1930 年，抵押贷款更容易获得，首付要求更低，第二笔和第三笔抵押贷款的选择更多，全国住房拥有率整体攀升至 50%。在 20 世纪 30 年代初期，抵押贷款融资的利好刺激因为银行倒闭而暂停，在 30 年代后期有所恢复，在“二战”后金融环境变得更便利。

人寿保险：最古老的金融制度

保险是能直接影响家庭成员福利的众多金融制度中最古老的形式。早在公元前 900 年，罗得岛的海洋法就规定，用社会成员的捐款来弥补船舶和货物在海上的损失，由此开启了“用所有社会成员的微小损失来防止任何单独个人的巨大损失这一实践”。[42]通过将海上损失的概念从直接的船舶和货物价值，拓展到失事船只所雇海员的价值，人寿保险得以发展。在 15 世纪至 16 世纪，寿险被嘲笑为一种赌博，在法国和意大利尤其如此。尽管如此，意大利还是率先开始发展保险业，16 世纪 50 年代诞生现代保险制度的伦敦“伦巴第街”是以意大利的伦巴第命名的。1583 年，第一份正式的人寿保险单在伦敦吉本斯签发，它“不仅是历史上有记录的最古老的人寿保险单，也是已知的第一例向法院提起和解诉讼的人寿保险案”。[43]

美国的第一份定期寿险是在 1759 年提供给费城长老会牧师的。[44]直到美国内战，人寿保险单都是规定保险金额、范围以及保费金额的简单文件，没有现金或者贷款价值，而且不像之后发展的那样，寿险并不是储蓄工具。在 19 世纪最后 30 年，寿险转化成其现代形式，有大量委托代理人积极销售带有现金或贷款价值的保单，可以灵活地改变保单的受益人。人寿保险基于如下理念：虽然死亡是确定的，但死亡日期是高度不确定的。对于规模足够大的群体来说，群体的死亡率在某一给定年份波动很小，除非是战争和流行病时期。在 20 世纪初期，根据监管部门的要求，人寿保险公司必须将一定比例的未偿保险（insurance outstanding）以资产形式持有，用于向保单受益人支付受益金。

到了 1900 年，为对冲工人阶层和中产阶层延迟储蓄的倾向，寿险被当作一种强制储蓄的方法。像消费信贷的分期付款计划一样，它是基于相对较小的定期付款，迫使家庭的户主为将来的不确定性预留储蓄，包括他们自己的死亡。1905 年的一篇论文写道：

> 它并不是通过一个人的手传递了什么，而是他持有了什么，这将给他一种能力。这种持有是困难的，任何有助于一个人持有其收入并把这些收入变成可获利资本的措施，都将为国家的繁荣做出贡献……迄今为止，没有什么制度设计能够像寿险那样，让如此大比例的人群可以轻松地储蓄，所以，在经济生活中寿险非常重要。[45]

从某种意义上说，寿险制度不仅提高了家庭储蓄率，也增加了国内投资，刺激了经济增长。同时，借助强制储蓄这种便利工具，寡妇和她的孩子也避免了对私人或公共慈善机构的过分依赖。

在上述论文于 1905 年发表时，人寿保险公司的资产增长了一倍以上，从 1875 年占 GDP 的 4.5%，到 1905 年的 10.4%，这个变化如图 9.4 所示。1914 年这一数值进一步增长到 14.5%，然后由于战时通胀导致保险公司的名义资产缩水而跌落到 8.4%，随后又因为在 20 世纪 20 年代未偿保险的增长速度远远超过名义 GDP 的增长速度，在 1929 年翻倍变为 16.9%。就像战争期间的通胀侵蚀了未偿保险占 GDP 的比重那样，大萧条时期的通货紧缩和经济滑坡使得这一比重在 1933 年飙升至 37%，随后由于经济复苏和“二战”期间名义 GDP 的快速增长，这一比重开始下降。[46]在 1880—1905 年这段很长的时间内，每年以 4% 的速度保持增长，1905—1929 年的年均增长率是 2%，1929—1941 年的年均增长率相当快，达到 3.5%。因此，19 世纪后期和 20 世纪 30 年代见证了未偿寿险以远超名义 GDP 的最快速度扩张。

寿险公司资产占 GDP 的比重变化既不能说明强制保险数量的变化，

图 9.4　1875—2010 年寿险公司资产占 GDP 的比重

资料来源：Gordon（2012a，表 A-1），ACLI 人寿保险概况（2013，图 2.1），以及 HSUS 序列 Cj741。

也不能说明保费和受益金的变化。1915 年，大约 25% 到 30% 的人口购买了人寿保险，这个比例相当于成年男子占总人口的比例。[47]因此寿险是比较普遍的，它不仅覆盖了中高收入阶层，也几乎覆盖了工人阶层。工人的人寿保险为其妻子和孩子提供了未来的受益金。1915 年，保费收入总额占 GDP 比重为 2.8%，其中 2.1% 返回给社会作为抚恤金，剩余部分用于弥补寿险公司的成本，盈余部分都被用作保险公司的投资。[48]截至 1926 年，仍在生效的保险金额达到了 790 亿美元，占 GDP 的 81%，是寿险公司资产 129 亿美元的 6 倍多。[49]

通过寿险实行强制储蓄使得提供保单贷款成为可能，1915 年，保单贷款占保险公司资产的 15%。考虑到就业在每年甚至每周都有不确定性，就像第 8 章讨论的那样，寿险贷款可以给户主提供现金来源，以帮助家庭度过失业期。另外，寿险贷款也可用作消费信贷的首付款，以及在到期日一次性偿还消费贷款。

在今天来看，寿险代理人的作用似乎是显而易见的。寿险总保费收入的 20% 左右是由代理人征集的，他们在每周的客户拜访中不仅要收取保费，还要支付股息和红利所得，准备死亡证明，甚至支付索赔。

> 代理人走进了工人阶层的日常生活。他们知晓所有家庭，了解他们的快乐和悲伤，知道他们的收入和支出，他们的娱乐，他们的工作——他们特有的人生。代理人通常是他们的顾问、知己和朋友，总是以代表身份出现；他就是数百万人眼中的他，因为对这些人来说，代理人就是公司。他们知道代理人的背后是公司，代理人可能会变，但是公司永远和他们在一起。[50]

降低投保人的死亡率是符合寿险公司利益的，因此在 20 世纪早期，大多数大型寿险公司会提供个人健康和卫生方面的信息。有些公司分发了几百万份小册子，内容涉及预防肺结核、儿童护理、牛奶纯度、污秽和其他潜在危害。一些公司甚至提供免费的医疗体检和护士探访，这种自私的父爱主义类似于福特汽车公司的社会部（详见第 8 章），社会部会定期探访员工，以确保他们已经结婚，品行端正。

除了上文讨论的商业寿险公司，同步发展的还有兄弟会组织提供的寿险制度。兄弟会保险制度在 1868 年首次推出，之后到 1915 年都在增长，它覆盖了 1/3 的强制寿险，其余 2/3 由商业保险公司提供。这种可供选择的保险制度基于组织的成员相对年轻和健康，成员受低于商业保险的价格吸引。但是，兄弟会的人寿保险计划没有预见到成员不可改变的老龄化，以至于积累的资金不足以支付死亡成员的索赔。在 1915 年的纽约州，兄弟会持有的保单资产只占其受益凭证（benefit certificates）的 2%，与此形成对比的是，同年商业保险公司的这一比例达到了 28%。由于资产持有量不足，兄弟会的很多保险计划失败了，其余的被迫提高其成员的缴费率。结果，在 1915—1925 年，兄弟会的保险份额由 33% 下降至 15%。[51]

火灾保险和汽车保险

即使在今天，在所有发达国家中，美国的火灾发生率和火灾死亡率仍然位居前列。1979—1992 年，美国火灾死亡率为每百万人口 26.4 人，相比而言瑞士是 5.2 人，荷兰是 6.4 人。[52]由于缺乏数据，我们无法比较不同国家在一个连续时间序列内的重大火灾发生率，但是历史记录显示，19 世纪时而发生的大型火灾摧毁了一些中心城市的大片区域，从人均来看，火灾在美国摧毁的城市数比欧洲更多。1849—1906 年，重大火灾摧毁了圣路易斯、芝加哥、巴尔的摩和旧金山的中心地区。自 1906 年以来，多次火灾摧毁了单体建筑和街区，但是没有哪一次城市火灾的破坏程度能和 1906 年旧金山的地震相比。[53]值得一提的是，1989 年旧金山湾区的洛马·普雷塔大地震破坏性很大，以致海湾大桥的一段被翻卷进了海里，但并未引起火灾。

火灾保险起源于 18 世纪早期的英国，企业家们成立公司，以确保财产拥有者可以防范 1666 年伦敦大火造成的那种灾难性的财富损失，大火导致 3/4 的城市建筑被毁。就像人寿保险那样，费城是第一批以成立"灭火公司"的形式发展火灾防护的美国城市之一，到 1752 年已成立了 7 家"灭火公司"。同年，美国第一家火灾保险公司在费城成立，叫作费城保险公司。经过 19 世纪逐渐发展之后，火灾保险发展成为现代的形式。就像人寿保险公司起到的教育作用和医疗服务作用一样，火灾保险公司对建筑师、建房者和防火部门都起到了辅助教育作用，帮助他们改进施工方法和其他方面的火灾防护。[54]

1871 年芝加哥大火和 1906 年旧金山地震和大火都是巨大的灾难，检验了火灾保险行业的资金和组织结构。在芝加哥大火中，49% 的被毁建筑都投保了，民众普遍担心的是保险公司可能无法兑现自己的承诺。的确，51% 的小型保险公司因无力支付索赔而倒闭。尽管如此，大多数索赔最终获得了赔付，以土地为抵押的贷款也使重建迅速启动。芝加哥位于水路的交汇点，也是全美领先的铁路枢纽，这确保了它未来的发展，所以重建资金不仅来自保险索赔，还来自全美和世界各地涌入的投资资金。[55]

发生在旧金山的地震和大火可以与发生在芝加哥的大火直接比较，因为价格水平在 1871—1906 年基本没变。[56]旧金山的总损失是芝加哥的

2.0～2.5 倍，受灾建筑物中投保的比例也相当，基本是一半。尽管灾难发生后，有些保险公司违约了，但超过 80% 的保险索赔被赔付了。[57]旧金山事件的幸运之处在于存放在公共档案馆（Hall of Public Records）的财产账户明细没有被毁坏，这为保险索赔和灾难导致的其他金融后果提供了解决依据。[58]

汽车保险起初类似于古代的海事保险，保护汽车（或船舶）上的人或货物不受损害，避免直接损失。汽车保险与海事保险最主要的不同是，汽车会彼此相撞，而船舶很少发生这种情况，所以必须认定汽车事故的过错方。在 20 世纪 20 年代，就像本书提到的很多其他议题一样，是强制汽车保险发展的关键时期。新发明的汽车的事故死亡人数是今天的 20 多倍，每 1 亿英里的汽车死亡人数从 1921 年的 24 人降到 2012 年的 1.1 人（见图 11.6）。

早先那些年，汽车行驶可谓无拘无束，政府设立停车标志和发展电子交通信号的步伐非常缓慢。在早期的几十年间，较高的事故发生率和死亡率受多种因素影响：最开始的开放式轻型汽车没有封闭的车厢，没有驾驶训练和驾驶执照，粗制滥造的两车道道路，没有车速限制和警察监控车速，没有交通信号灯，以及没有安全带或者任何其他安全设备。

尽管最早的汽车保险条例是在 1897 年签发的，但是直到 1925 年康涅狄格州率先立法，一些州也跟着立法要求强制购买汽车保险之后，汽车责任险和碰撞损失险的销售才开始飙升。另有一些州缓慢跟进，更有一些州直到 20 世纪 40 年代末和 50 年代初才实施强制保险立法。[59]最早的保单与今天类似，包括涉事汽车乘客的人身保护、任何一辆车的损害、医疗费的赔偿责任、对未投保司机的保护以及对碰撞及轻微事故的综合覆盖。到了 1935 年，全国伤亡和担保承保人局（National Bureau of Casualty and Surety underwriters）将这些要件集合成一份标准保单。[60]

当前，汽车保险最大的两个提供商是州立农业（State Farm）保险公司和好事达（Allstate）保险公司，前者成立于 1922 年，后者成立于 1931 年。不论在当时还是现在，两家公司的共同点是它们的业务都一直立足于早期人寿保险的商业模式，即独立的保险代理人销售保单、提供信息和负责理赔。不同点在于，州立农业保险公司是由伊利诺伊州的一位名叫乔治·米歇尔的农场主成立的，他看到大型保险公司对城市和农村投保人要求相同的费率，即使后者不太容易发生事故，对此他感到愤愤不平。他建立公司的初衷是给美国中西部农民提供更低的保险费率，这点可以从公司的名字中看出来。[61]州立农业保险公司从一开始就是投保人共享股份的互助公司。与之不同的是，好事达保险公司是由西尔斯公司的首席执行官在1931年建立的，作为西尔斯公司销售轮胎、电池和汽车配件的补充。西尔斯公司通过在自己的零售商店中锁定好事达保险公司的代理人，并以邮购商品目录的方式提供保险来降低成本。直到1995年，好事达保险公司才成为独立的股份制公司。

政府促进经济发展，降低一些但并非所有的系统性风险

在1870—1940年，美国人民的生活水平快速提高，这很大程度上是因为私人部门的发明和创新驱动的资本积累。尽管19世纪后期被普遍描述成一个自由放任的时代，但是，在州政府和地方政府的协助下，联邦政府在经济增长过程中提供了直接的支持，并对过度发展进行干预。在本节中，我们不仅要说明政府为降低生活风险而采取的措施，比如立法降低肉类和牛奶的污染，也要说明政府支持整个经济增长过程的政策。

政府干预经济发展有很多方式，就像我们在前几章中看到的那样，政府的干预行为包括《宅地法案》，赠予土地用于建造铁路，在1906年引入食品和药品监管并随后出台法案，1920—1933年实施禁酒令。其他政府干预行为包括成立赠地学院和农业研究站，建立专利制度，进步时代出台反垄断法。此外，还有一系列罗斯福新政立法，旨在达到两个目的：减少大萧条的严重影响和在“二战”后提供永久福利，包括存款保险、银行监管、社会保障和失业补偿。政府干预当然也有负面效应，包括20世纪20年代限制性的移民法和高关税。下文将讨论这些促进经济发展和降低风险的一系列政府干预措施和行动。

《宅地法案》一直饱受争议，将西部土地直接赠予任何一个申请土地的人，被视为是对自由市场的干扰。如果没有宅地的赠予权，缺乏监管的土地投机生意可能吸引相当数量的定居者，他们希望通过购买土地，再高价卖出，从中获利。相比政府赠予铁路部门的土地来说，通过《宅地法案》赠予的土地区域都离铁路更远，不太理想且价值更低。因为铁路部门的土地不适用《宅地法案》，所以根据《宅地法案》申请土地的人只能得到铁路部门土地边界之外的劣质土地。最好的土地都被铁路部门垄断，迫使许多农民签订租约，租用由铁路部门拥有的较为理想的土地。[62]

在 1850—1870 年的 20 年间，联邦政府将美国大陆面积的 7% 划归铁路部门，主要集中在南部和西部。用于开发西部广袤的土地和矿产资源的资本不是任何单独一家公司能够负担的。没有联邦政府的资助，土地和矿产资源就无法得到。美国人民渴望将遥远的加利福尼亚地区和太平洋沿岸西北部连成一体，而快速扩张的铁路将提高政府拥有的土地的价值。[63]政府将土地赠予铁路部门并不是无条件的；相反，土地是按照完成一定的新铁轨长度的比例来赠予的，在铁路部门履行交易合同规定的责任之前，政府不会将赠予土地的所有权移交给铁路部门。[64]

铁路土地赠予产生了一系列复杂的外部性，铁路的修建提高了行驶速度和市场进入的便利程度，农业移民和商业活动因此受益颇多。这些外部性包括来自加利福尼亚州的新鲜蔬菜和来自芝加哥屠宰场的新鲜肉类，被装进冷藏车送往东部地区，以及各种原材料通过芝加哥送到西部平原。正如威廉·克罗农记载的那样，芝加哥提供向西部扩张的原材料，同时企业家把树木通过密歇根湖从威斯康星州和密歇根州运往芝加哥，在芝加哥把树木锯成木材，然后运往西部大草原，用来建造房屋和谷仓。反过来，西部平原的牛群通过铁路运送到芝加哥屠宰场，接着通过冷藏车向美国东部供应牛肉。

1862 年的《莫里尔法案》是联邦政府制定的促进经济增长的最基本的法案之一。所谓的土地赠予制度是联邦政府和州政府合作拨付土地，建立农业研究站和州立大学与学院。《莫里尔法案》在每个州和地区都建立了赠地学院。由此产生的州立大学代表了由国家政策建立的国家教育体系。1890 年的第二部《莫里尔法案》产生了单独的全黑人学生入读的大学，其中大多数位于南方各州。不久之后，在一些世界领先的院校，如密歇根大学和加州大学带领下，羽翼渐丰的研究型大学在最初的本科院校周围，建立了很多研究生院和系。尽管大多数大学和学院的成立资金来自州政府，但联邦政府通过农业部为农业研究活动提供了大多数资金。[65]

1870—1940 年，美国农业的人均和亩均产出水平有了很大提高，主要得益于私人企业家如赛勒斯·麦考密克和约翰·迪尔等发明的农业机械。政府主要通过农业推广服务，提供单个农民不可能独自完成的研究，在发展现代农业方面起到了非常重要的作用。在这类服务的推动下，“土壤肥力保持、作物品种改良、植物病虫害控制、动物繁殖和饲养，还有农场产品市场营销和流通原则”等方面的基础研究得以开展。这类服务的范围不仅涵盖耕种，也包括家庭生产，同时还提供食品、烹饪、营养等方面的信息。其中的一个挑战是将这些研究信息传递到基层，在 1929 年就有 600 万个私人农场。为了达到这个目的，每个农业县都有国家资助的代理机构，向 56000 个农村社区示范改进后的耕作方法。[66]

赠地学院还必须把它们 1862 年的最初使命，即提供继续教育和技术转让，特别是农业教育和技术推广，与为农民子弟提供大学教育这一更广泛的目标结合起来。到 1980 年，赠地大学的学生人数占全美大学生人数的 18%，占博士毕业生人数的 66%。[67]这些学院和大学的农业导向一直备受批评，被认为没有为城市工人阶层提供机会：“没有劳动拓展服务，短期课程很少，没有示范项目，没有展览会，没有为劳动者提供任何与农业获得的服务相媲美的类似服务。”[68]

也许刺激经济增长的最主要的政府活动是专利局和专利审批程序。基于 1776 年之前一些殖民地复制英国模式，专利保护原则被写进了美国宪法。[69]到了 1870 年，修订的专利法要求发明者公开其发明的具体细节，这有助于传播科学技术知识，并鼓励下一波发明。专利局公平、公正、受人尊重、不收受贿赂、没有腐败，用适度的成本为发明家及其发明提供了强有力的保护。

从 1887 年《州际贸易法案》出台开始，联邦政府就从一个自由放任的体制过渡到部分规制的体制，它建立了州际贸易委员会，并授予其规制铁路运费的权力。到 1915 年，州际贸易委员会控制了铁路运输的方方面面，当时铁路面对来自汽车，后来是商务航空的竞争，正开始慢慢衰落。

进步时代的一些立法减少了私营经济中的商业行为引起的风险。病牛肉或变质牛肉，以及掺假牛奶和受污染牛奶，都被 1906 年的《纯净食品和药品法案》以及随后的立法解决了，就像我们在第 7 章讨论的那样。1906 年的法案是对厄普顿·辛克莱在其《屠场》一书中描述的芝加哥屠宰场恶劣条件的一次非常迅速的立法回应。辛克莱揭露的屠宰场的内部运作，与艾达·塔贝尔揭露的约翰·洛克菲勒的标准石油公司的垄断非常类似。[70]洛克菲勒被描述为“金钱崇拜的受害者”，为了出人头地不择手段，非常无耻。[71]1890 年的《谢尔曼反托拉斯法案》导致 21 年后最高法院决定拆分标准石油托拉斯。在 20 世纪初期，尽管有反垄断措施和减轻受污染食品造成疾病风险的措施，普通家庭生活仍然面临很多不确定性。

州政府和地方政府实施商业规制，强制推行度量衡。在 20 世纪 20 年代，赫伯特·胡佛从 1921 年到 1929 年任商务部部长，给商业制定了一系列标准，从坚果和螺丝钉到汽车轮胎和水暖配件。[72]零部件尺寸的标准化加上 1913 年由亨利·福特引进的流水线，是美国在 1940—1945 年大规模扩张武器制造并成为民主世界军火库的鲜为人知的原因。[73]

在今天看来，进步时代的绝大多数立法是无可争议的而且早就该推行。但 1919 年到 1933 年实施的《禁酒法案》让政府前所未有地控制了日常生活，引起人们的广泛抗议和反抗。可获得的最好估计显示，酒精支出占 GDP 的比重并没有下降，因为消费数量的下降会被非法交易引起的价格上涨所抵消。生产率并没有因员工的清醒而提高，因为他们会设法获得非法烈酒，有时会用家庭自酿酒来替代失去的啤酒和红酒。事实上，效率下降的另外一个原因是酒水生产的强制分权化。联邦酒税消失，取而代之的主要是对富人征收更高的所得税，这也是禁酒的又一个不良后果。[74]

1870—1940 年的岁月见证了州政府和地方政府在教育和基础设施方面的巨大投资。在这段时间，洁净自来水和下水管道通到大多数城市家庭，这些成绩的取得主要靠地方政府的资金支持，而不是靠私人企业，这在美国历史上可能是绝无仅有的一次。这段时间也见证了专业化的而不再是志愿性的警察和消防单位的发展。自 1870 年以来，州政府和地方政府通力合作资助教育经费扩张，1910 年到 1940 年完成了从小学教育到高中教育的普及。[75]事实上，所有对网络化住宅（第 4 章）之类的伟大发明的规制都是由州政府和地方政府而不是由联邦政府实施的。同样，汽车行驶证和司机驾驶证也是在州政府层面颁发的。

农民容易遭受干旱、冰冻、洪水和虫害。工人，就像在第 8 章中所见，不仅容易受宏观经济周期带来的失业影响，还受特定雇主每天和每周工作时间要求不确定的影响。工资收入者的收入按小时工资支付，当钢铁厂停产修理高炉时，或者因为一头牛冲撞屠宰场大门造成临时裂缝时，工人就会因为这段时间不工作而拿不到薪酬。当领班或者主管心血来潮，觉得工人不用心工作，或者因工人抱怨工作环境而决定惩罚工人时，工人就可能失业。农业领域的风险之一是因银行倒闭而失掉存款，银行倒闭潮在 1931—1933 年蔓延到了全国，当时全国的 2.5 万家银行中有 1 万家倒闭。

1870—1940 年，对普通美国人来说减少风险的最重要措施是 1933—1940 年罗斯福新政的实施。第一部有长期影响的立法是关于联邦存款保险公司的，它几乎完全消除了银行破产和储户因此失去毕生积蓄的可能性。[76]接下来 1935 年出台的《社会保障法案》，终于给美国的老年公民提供了稳定的退休收入。失业津贴开始是 1935 年《社会保障法案》的一部分，到了 1938 年，所有州都实行了失业津贴。然而，失业津贴也只能减少部分风险，因为失业津贴的保障水平不超过之前工资收入的 40%~50%，最开始只限于保障 6 周，后来延长到 26 周。

罗斯福新政增强了联邦政府在促进经济增长中的作用，这已被《宅地法案》和 1862 年的《莫里尔法案》所证明。新政的首要任务便是实现农村电气化，考虑到城乡间的巨大差距，1929 年城市家庭几乎实现了电气化，而农村仍很缺电。农村电气化管理局（REA）使很多美国人的生活水平有了实质性提高，即使在工作很难找到的困难年代也是如此。虽然农村电气化工作与东南各州和田纳西流域管理局（TVA）的发展相互关联，但农村电气化管理局是一个全国性组织，它把电输送到全国各地的农村地区。一位怀俄明州牧场的女士记录了通电那一天的场景：

> 这是我的纪念日，因为电通到了它从未来过的地方，电炉散发着热量，洗衣机在转动，电水泵将我从手动抽水中解放出来。旧的手动抽水泵埋在 6 英尺深的雪地下，让它永远待在那儿吧！再见了，小山上的旧厕所！农村电气化管理局来了，我的旧生活结束了，新生活就要开始了。[77]

为了提供工作岗位和减少失业，新政的其他计划也开始实施。公共事业振兴署（WPA）在 1938 年的顶峰时期创造了 300 万个工作岗位，相当于总劳动力的 7%。该署专门从事基础设施建设，主要是道路和房屋，因建造了美国现存的很多邮局而广为人知。[78]平民保育团（CCC）主要雇用年轻人从事体力活，每次限制在 33 万人以内，工作重点是植树，增加国家公园的便利设施，以及改善国有土地的基础设施。迈克尔·达比披露了 20 世纪 30 年代奇特的就业定义，它排除了为政府机构比如公共事业振兴署和平民保育团工作的就业数据。据达比估计，1941 年官方公布的全国失业率是 9.9%，如果将那些在公共事业振兴署和平民保育团工作的人算作就业而非失业的话，实际失业率低于 6.6%。[79]

总　结

1870—1940 年的 70 年见证了美国人民生活水平的变革。前面第一篇中的各章记载了食品、服装、住房、交通、信息、通信、娱乐、健康和工作环境的改善。从这些方面看，1940 年日常生活的品质与 1870 年完全不同，尤其是在美国农村。类似地，本章追溯了现代社会的消费信贷、保险的出现，以及创造了 1940 年制度的政府政策，相比 1870 年的美国，这些制度更接近于现在的制度。消费信贷允许分期付款购买，这使得在完全付清商品价款之前就可提前享用商品；保险保护家庭免受火灾带来的重大损失，以及一旦家庭主要劳动力因事故或疾病意外死亡时，可以给家庭提供收入保障。

从农村到城市生活的转变带来了信贷供给的变化。在 1870 年的美国农村，信贷一直主要由地方杂货店提供，并由小型地方银行为农场提供抵押贷款。随着城市的发展，有更多人依赖城镇的信贷，比如典当行。1900—1910 年信贷使用出现低潮，因为只接受现金支付的邮购商品目录越来越成为农村人口的服装和工具来源，同时，一手交钱一手交货的百货商场成为大中型城市的主导供应源。在整个 19 世纪后期，超过一半的家庭收入用于购买食品和服装，剩下的用于支付房租（对于农民来说是偿还贷款），所以基本没有剩余收入用于购买耐用消费品。

1910—1929 年的经济繁荣提高了人们的可支配收入。20 世纪 20 年代，消费信贷和抵押贷款蓬勃发展。分期付款可追溯到 19 世纪 50 年代中产阶层购买诸如缝纫机和钢琴等物品，后来，不论是在农村还是在城市，分期付款都很普遍，工人阶层和中产阶层同样热衷。从 1910 年到 1925 年，邮购商品目录商和百货商店从早期依赖现金购买转变到引进分期付款。消费信贷促进了 20 世纪 20 年代的繁荣，很多家庭购买了他们的第一辆汽车，这 10 年间，户均汽车拥有率从 1919 年的 29% 增长到 1929 年的 93%。早期大型家用电器（主要是冰箱和洗衣机）也得到消费信贷的支持。抵押贷款的充足供给促进了房地产业前所未有但也是不可持续的繁荣，因为它没有注意到 20 年代限制性的移民立法对未来人口增长下降的隐性影响。

人寿保险在 19 世纪末期转化为储蓄工具，每一份保单都具有现金和贷款价值。转眼到了 20 世纪初，人寿保险不仅在中产阶层，而且在工人阶层中也已非常普遍。人寿保险贷款因能成为购买汽车或者住宅的首付方式，而变得极受欢迎。人寿保险公司的财务受到规制，它们必须维持一定水平的资产充足性以应对常规的索赔要求。

正如私人人寿保险、火灾保险和汽车保险减少了日常生活的风险一样，私人部门不能或不愿意提供因而由政府提供的社会保险，也有类似作用。在罗斯福新政实施之前，最初与风险有关的主要政府行为是在 1906 年成立食品药品管理局，旨在减少牛奶、肉类和其他食品掺假或被污染的风险。直到 20 世纪 30 年代才出台了另一项更有意义的减少个人风险的举措，当时新政为了消除银行破产给个人储户带来的风险而设立了联邦存款保险公司。为了防止年老时身无分文的风险，颁布了《社会保障法案》；为了至少在一定时期内在一定程度上缓解失业风险，设立了政府管理的失业保险。

早在食品药品管理局成立和新政实施之前，联邦政府通过向铁路部门、拓荒者、州立学院和大学、州立农业研究站等免费赠予土地，促进了经济增长和发展。美国专利局通过有效管理，激发了人们的发明动力。1870—1940 年，自来水和下水道的建设提高了美国人的生活品质，建设资金主要来自州政府和地方政府。然而，1916—1940 年修建的高速公路网是由州政府和联邦政府共同出资的。尽管给美国城市供电的输电线路由私人企业出资，但延伸到美国农村，特别是南方农村的电网线路是由联邦政府通过农村电气化管理局出资的。最后，联邦政府也参与管制过度垄断，在 1887 年设立州际贸易委员会，在 1890 年颁布《谢尔曼反托拉斯法案》。政府的某一行为不论是减少了风险，还是促进了经济发展，都是对私人经济的强大补充，推动 1870—1940 年美国人民的生活水平实现了划时代的大幅提高。

间奏曲
世纪中叶从革命向演化的转变

1940 年标志着本书从第一篇翻到第二篇。与任何其他分界线一样，将 1940 年作为分界线的选择有点随意，因为它大概处于 1870 年和 2015 年的中间。正如书名《美国增长的起落》，本书的中心议题是，一个时代增速加快，接着下一个时代增速放缓。图 1.1 对此给出了直观解释，从中可以看出，人均产出从最初半个世纪（1870—1920 年）的增长，到随后半个世纪（1920—1970 年）的加速增长，以及在最后大约半个世纪（1970—2014 年）的缓慢增长。全要素生产率是测度创新的最佳指标，如图 1.2 所示，全要素生产率的增长模式与此相同，在 1920—1970 年呈加速之势，在 1970—2014 年出现减速，1970 年之后的增长率只不过是 1920—1970 年的 1/3。

因此，本书第一篇和第二篇的分水岭是 1940 年，它并不能代表快速增长与缓慢增长之间的界限。实际上，1940 年位于快速增长时期的中间。这一解释同工业革命的顺序有关。基于蒸汽机及其衍生物，具体包括铁路、汽轮以及从木材到钢铁的转变，1770—1820 年的发明导致第一次工业革命，对 19 世纪的增长具有非常重要的作用。第二次工业革命是 19 世纪末期各种发明——尤其是电和内燃机——的结果，它极大地影响了 1920—1970 年的人均产出与生产率。在 1940 年至 1970 年间，人均产出与时均产出持续快速增长，部分是由于第二次工业革命产生的三项最重要的衍生品——空调、州际公路和商用航空运输，与此同时电视彻底改变了个人娱乐世界。

第三次工业革命与信息和通信技术有关，自 1960 年开始，并持续至今。如同第二次工业革命一样，第三次工业革命也给人类活动带来了革命性的变化，但是其辐射范围相对较窄。实际上，第二次工业革命覆盖了人类需求的方方面面，包括食品、服装、住房、交通、娱乐、通信、信息、健康、医药以及工作环境等。相比较而言，第三次工业革命只是给娱乐、通信和信息等其中几类需求带来革命性的变化。第三次工业革命的影响范围较小，这个简单的事实足以解释为什么 1970 年之后人均产出和时均产出的增长开始减速。本书的第二篇将结合第三次工业革命给生活水平的某些维度带来的划时代变化，叙述 1940 年之后取得的进步，相较于第二次工业革命对人们生活水平的根本性改变，第三次工业革命对生活水平的其他许多维度产生的影响逐渐弱化。

产出测度没有包含 1870—1940 年的革命性变化

第一篇的各章按照时间顺序记录了 1870—1940 年现代化的来临。在这 70 年间，美国城市居民生活质量的改变速度比之前人类历史上相同长度的任意其他年代的改变速度都要快。在 1870—1900 年，很多发明喷薄而出，并得到应用和进一步开发，随后在 20 世纪中叶的数十年内得到普及。截至 1940 年，电与自来水在美国城市已经随处可见，在农场和小城镇要滞后一些，但是美国农民和城市居民从汽车带来的革命中获得的收益基本同步实现。变化出现在家庭生活的各个方面。其中最明显的是，1870 年美国城市彼此隔离的住宅单元到 1940 年已经变得“网络化”，住宅通过电、燃气、电话、自来水和下水管道同其他经济领域相连。尽管在 1940 年许多美国农民还在翘首以盼通上电和自来水，但在那时，由于收割机和农业拖拉机等发明的出现，农场生产率出现井喷式增长。在 1920—1950 年，收割机和农业拖拉机等发明已经普及。

在 1870—1940 年，除了美国南部农村地区，美国人民的日常生活发生了翻天覆地的变化。城市化带来根本性的变化。居住在超过 2500 人的城镇中的人口比例从 25% 提高至 57%。截至 1940 年，只有较少的美国人居住在隔离的农场里，远离城市文明、文化和信息。而且，只有较少的人容易受到严寒、酷热、洪涝、干旱和季节性虫害的侵扰。

民众生活水平的提升通过几个简单的例子就能体现。在1870年，人们还没有冰盒子。但是在1870—1920年，冰盒子已经成为主要的家用器具，用来保持食材的新鲜。不过人们需要定期更换冰块，才能保证冰盒子的效能。1910—1930年电冰箱的发展是同时提升消费者福利和生产率的一个经典创新案例。电冰箱的温度可以保持不变，消费者因此受益；由于不再需要许多人在北部州切割冰块并向南部州运输，整个社会的生产率得到了提升。截至1940年，几乎40%的美国家庭都拥有了电冰箱，且在"二战"之后不久，这一比例就上升到100%。[1]

人们的生活水平在这70年内提高了3倍。按2009年价格计算，实际人均GDP从1870年的2770美元增加至1940年的9590美元。[2]但是，实际GDP的测度忽略了1870—1940年生活水平的许多重要进步，也多多少少忽略了1940年之后的进步。相比于煤油和鲸脂油的不便、危险和昏暗，电灯带来了明亮与安全，而电灯正是没有被纳入实际GDP的众多进步之一。

实际GDP没有核算食品多样性增加带来的价值，在1870年之后，从玉米片到可口可乐等加工食品的发明，铁路冷藏货厢带来的新鲜肉食增加，都扩大了可选择的食品种类。实际GDP并没有核算现代城市百货公司这一发明带来的价值，从19世纪70年代和80年代开始，现代城市百货公司为城市消费者提供了大量商品，带来了诸多便利，实现了规模经济。实际GDP也没有核算上千页邮购商品目录这一发明带来的价值，在1900年，邮购商品目录使向美国农村人口提供的商品数量成倍增长，更不用提这些商品的价格明显低于从前。

在1900—1940年，汽车取代了马匹，但实际GDP并没有核算城市街道和乡村公路告别马粪和马尿带来的价值。实际GDP既没有核算汽车带来的速度提高与承载能力增强的价值，也没有核算汽车灵活性带来的产生"自助游"这一新行业的价值。

在1910—1923年，福特T型车经通胀调整的价格大致下降了80%，而在1935年前，汽车价格并没有纳入居民消费价格指数的统计范围，因此，实际 GDP 并没有考虑 1900—1935 年汽车价格的划时代下降以及质量的提升。

实际 GDP 没有核算电报的即时通信价值、电话的语音通信价值、通过留声机复制音乐的价值，以及全国无线广播网在 20 世纪 20 年代和 30 年代实现新闻或娱乐即时可得的价值。对于在屏幕上播放几组移动无声图像的 5 美分影院与 1939 年平均 23 美分便可观看让人眼花缭乱的彩色有声电影《乱世佳人》的多维度体验之间的质量差别，实际 GDP 也没有计算在内。[3]

实际 GDP 没有核算婴儿死亡率下降的价值，1890 年，新生儿的死亡率为 22%，而到 1950 年已经下降到 1%。据估计，这一变化创造的福利价值比所有其他来源增加的消费者福利总和还要高。实际 GDP 并没有考虑人们身体和心灵的变化。人们之前在钢铁行业工作，每周工作 72 小时，需要忍受炎热、汗水和各种危险，后来人们在装有空调的房间，担任职员或者从事专业工作，每周只需要工作 40 小时。

实际 GDP 没有核算洁净自来水增加了消费者剩余的价值，家里安装了水龙头，人们不必像以前那样，从附近的水井或小河往家里运水。实际 GDP 没有核算消灭室外厕所的价值，到 1940 年，处理人类排泄物的高效且无声的下水道在城市和乡镇已经得到普及，而过去的室外厕所需要人们动手费力清理。实际 GDP 没有核算在室内封闭浴室泡澡或淋浴的舒适性和私密性的价值，在 1870 年，普遍的做法是在厨房这个公共区域用大盆烧水洗澡。实际 GDP 没有考虑女性的解放，以前，妇女们按照惯例要每周一用搓衣板洗衣服，每周二晾晒衣服。自来水、洗衣机、电冰箱、汽车以及 19 世纪末 20 世纪初的所有其他发明都与 GDP 数据“有关”，但是这些发明在 GDP 统计中价值为零。

所有这些证据都表明，无论用什么方法测度，在本书第一篇涵盖的 1870—1940 年，实际 GDP 增长率显然被大大低估了。这就需要开展一个包含多个项目、有众多研究人员参加的重大研究计划，根据实际人均 GDP 的标准来源，尽可能准确地估算，这一时期增加的消费者福利究竟有多少被低估。迄今为止，有关研究都是针对单个产出类别。据估计，铁路相对于运河的价值能占到每年实际 GDP 的 3%，拖拉机的发明占每年实际 GDP 的 6%，1938 年电影的发明占每年实际 GDP 的 3%。尽管还没有对 1870—1940 年包括电和内燃机在内的众多其他发明的价值开展相关研究，但是不难想象，没有计入经济增长的价值应该等于 GDP 的 100%。实际上，据诺德豪斯估计，20 世纪前半叶人们预期寿命提高的价值，大约是按消费支出标准测度的 GDP 的两倍（详见第 7 章）。

1940—2014 年缓慢的演化式增长和信息通信技术革命

1940—1970 年见证了快速增长的延续，这一时期第二次工业革命的发明改变了家家户户的生活水平。第二篇各章描述的各个生活水平维度，有些在 1970 年后发展速度放缓，有些则不然。第 10 章展示了食品消费、服装消费和住宅设施在 1940—1970 年的过渡时期基本上没有发生变化，其中大部分现代住宅设施在 1940 年前都已经被发明出来，并进入几乎每家的厨房。尽管第 11 章承认 1940 年之后汽车变得更加安全、更加便利，但是 2014 年的典型款汽车与 1940 的典型款汽车之间的共同点要比 1940 年的汽车与 1870 年的马匹与马车的共同点更多，而且 1940 年之后出行速度加快更多应该归功于公路的改进，而非汽车速度的提高。第 11 章还记录了商业航空运输的发展，截至 1970 年，各大城市和小城镇之间已经借助喷气式飞机建立了全国性的航空运输网络。1970 年之后，航空出行的各个方面都增长缓慢：运输量增长更加缓慢，票价下降速度没有过去那么迅速，而且因为座位空间变小，航班经常因为安全检查而延误，所以航空出行舒适度也在下降。

卫生和医疗是第 14 章的主要内容。同样，卫生和医疗在 1940—1970 年增长迅速，但是 1970 年之后增长放缓。20 世纪下半叶预期寿命提高的速度仅仅是上半叶提高速度的一半。1940—1975 年出现了医疗超速发展，而在 1975—2014 年医疗进步很小。青霉素在“二战”之前就已发明，在“二战”期间和战后得到普遍应用，其他抗生素和用于预防小儿麻痹症的灭活脊髓灰质炎病毒疫苗（索尔克疫苗）与口服脊髓灰质炎病毒疫苗（萨宾疫苗）也加入了进步的行列。在 20 世纪 60 年代初，心血管疾病死亡率达到峰值，几乎与此同时，大众意识到吸烟的危害。作为癌症的主要治疗方法，放疗和化疗早在 70 年代就得到了广泛应用。1965 年，美国建立了 Medicare（联邦医疗保险）和 Medicaid（医疗补助），为老年人和穷人提供医疗保险服务。

我们在第 15 章将会看到，在 1970 年之后，工作环境和教育的进步同样放缓。高中毕业率从 1900 年的 10% 提高到 1970 年的将近 80%，童工消失了，但在 1970 年之后，高中毕业率基本没有进一步提升。由于实施《退伍军人权利法案》，并对州立学院和大学进行巨额补贴，1945—1975 年大学毕业率的增长速度要比 1975 年之后的增长速度更快。截至 1940 年，标准全职工人的每周工作时间已经从 60 小时降至 40 小时。20 世纪 30 年代和 40 年代的工会运动，不仅确定了 8 小时工作制，还确定了公司需要为超时工作支付加班费用。1970 年前获得的其他进步还包括 1964—1965 年确定的《公民权利法案》、女性解放运动，同时，1970 年也是成年女性大规模从家庭工作转向市场工作的开端。

因此，第 10 章、第 11 章、第 14 章和第 15 章的相关证据表明，生活水平的多个方面，包括食品、服装、住房、汽车和航空运输、医疗卫生、工作环境以及教育等，在 1970 年之后都发展缓慢。第 12 章揭示了娱乐和通信领域的快速增长，第 13 章则关注信息技术（IT）革命的实质。尽管在 20 世纪 50 年代，几乎每户家庭都购置了黑白电视机，到 20 世纪六七十年代彩色电视机也基本普及，但是，从今天的标准来看，节目选择仍然受到很大限制。从 80 年代有线电视和卫星电视开始，然后是盒式磁带录像机（VCR）与数字视频录像机（DVR）带来的时间位移（time shifting，简称“时移”）和电影租赁，最后是视频点播和视频流，节目选择随之大大拓宽。通信领域的变化呈更快的加速之势，在 1983 年美国电话电报公司在电话服务提供和硬件制造上的垄断地位被打破之后，尤其如此。正如第 13 章所记录的，80 年代在商业和研究领域占主导地位的大型计算机被个人计算机替代，个人计算机在90年代通过万维网的发展与通信相连接。在所有转变中，速度最快的是信息技术革命。1995年之后，这种连接因为加入了通信所以更名为信息通信技术（ICT）革命。信息通信技术的发展在2007年通过智能手机及其对社会交往的革命性影响而达到顶峰。

1970年之后增长减缓的维度

正如我们看到的，在1970年之后，虽然娱乐和信息通信技术等依然保持着一定速度或者以更快速度发展，但生活水平的其他维度的提升速度较为缓慢。在总体经济数据中，怎么会出现这种互相冲突的趋势呢？尽管GDP在测度方面有缺陷，忽略了1970年前后创新和科技变化方面的许多收益，但是由于没有更好的选择，我们还是用人均实际GDP增长率作为生活水平提升的基本测度指标，用时均实际GDP增长作为劳动生产率的基本测度指标。

根据定义，人均实际GDP增长可以分成两部分，即时均实际GDP增长加上人均工时增长。在人均工时下降比如人们享受更长假期时，人均产出的增长就慢于劳动生产率增长；在人均工时增加比如女性从家庭工作进入市场工作时，人均产出增长就快于劳动生产率增长。需要牢记的非常重要的一点是，GDP既可以作为人均产出的分子，也可以作为时均产出的分子，所以已经列举的GDP的所有测度误差同样适用于人均产出和时均产出。相较而言，人口总数和工作时间总数作为比率的分母，测度还是比较准确的。因此，GDP没有计入的生活水平方面的许多提升对人均产出增长要比对劳动生产率增长的影响更大。

从图E.1可以看出1953—2013年的趋势增长率，包括经济绩效的三个基本测度指标——人均实际GDP（人均产出）、劳动生产率和人均工时，该图经过调整过滤了商业周期的起伏。底部深灰线显示的是人均工时趋势，这是理解1953年之后60年的关键。人均工时在1953—1975年

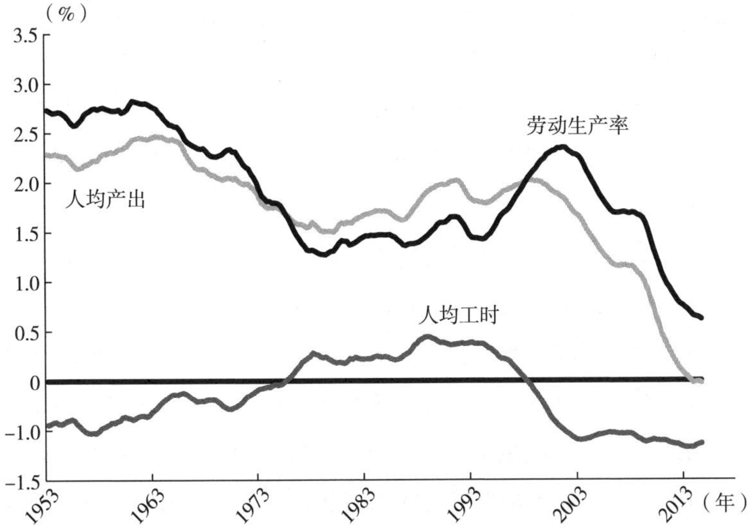

图 E.1　1953 年一季度到 2014 年四季度人均产出、人均工时和劳动生产率增长趋势

呈负增长，在 1975—1998 年呈正增长，并在 1998 年之后呈负增长。随着时间推移，人均工时总体呈下降趋势，这反映了工人普遍希望用部分新增收入换取更短的工作时间。减少周工时和每年的工作周，换言之，休假时间更长，就可以做到这一点。由于女性涌入劳动力市场，所有这种缩短工时的历史趋势在 1975—1998 年被打断了。许多女性原来的市场工作时间为零，现在工作大量时间，导致人均工时增加。1998 年之后，女性进入劳动力市场的浪潮开始消退，工作时间再次退回到长期下降的历史趋势中。2008 年之后，由于婴儿潮一代开始退休，工作时间下降进一步加剧。[4]

根据定义，人均实际 GDP 的增长等于劳动生产率增长加上人均工时增长。这就意味着代表人均产出增长的浅灰线是代表劳动生产率增长的黑线与代表人均工时增长的深灰线的总和。需要注意的是，如果像 1953—1975 年和 1998—2014 年那样，人均工时呈负增长，浅灰线的增长率就低于黑线的增长率；如果像 1975—1998 年那样，人均工时呈正增长，浅灰线的增长率就高于黑线的增长率。浅灰线表示的增长率是高还是低呢？通过观察1891—2007年这一较长时期，我们看到人均产出每年平均增长2.1%。任何产出量每年平均增长2.1%，每隔33年都会翻一番。因此，在一百多年的时间里，人均产出每隔一代人就会翻一番。在世纪的长河里，孩子们会期盼，不管在任何年龄，他们通常都会比其父母在相同年龄时要富裕一倍。

图E.1中浅灰线代表的是人均产出趋势增长。在1953—1968年，人均产出高于2.1%的历史趋势；在1968年之后，则低于2.1%的历史趋势。1999年之后，浅灰线呈稳定下降趋势，并在2013年和2014年达到零。在这些年间，劳动生产率按每年0.6%正增长，正好与人均工时的负增长相抵消，因此产生了人均产出零增长趋势。最重要的是，正是1999—2014年人均产出增长趋势的急剧下跌定义了本书的标题，即《美国增长的起落》。在2004—2014年的10年间，人均工时的负增长相对平稳，年增长率为-0.6%，因此美国增长的下跌同时伴随着人均产出和劳动生产率（时均产出）的下降。

增长的急剧下降，尤其是2010—2014年这5年的经济下滑，并未出现在政府的任何文件里，因为图E.1中描绘的增长率表示假设的经济增长或者“潜在”的经济增长，剔除了商业周期的影响，即假定失业率不变。当失业率下降的时候，实际增长率会比潜在增长率更高。由于经济从2007—2009年的不景气中复苏，所以失业率从2009年末的10%降低至2015年年中的5.3%，人均实际GDP年增长率达到1.6%。一旦失业率停止下降，并稳定保持在复苏之后4.5%~5.5%的典型范围内，人均产出潜在增长的最佳估值如图E.1中浅灰线2014年的数值所示。

人均产出增长令人失望的表现始于20世纪60年代中期。显然，浅灰线是黑线与深灰线之和，受到黑线表示的生产率稳步下滑的拖累。在1953—1964年，代表生产率增长的黑线的年平均值为2.72%，而在1977—1994年，年平均值稳步下降至1.44%。生产率增长下滑的近一半反映了第二次工业革命的伟大发明对生产率刺激的减弱。在1995—2004年的10年间，以信息通信技术为主导的第三次工业革命充分有效地将生产率增长趋势恢复至平均2.05%。但在2004年之后，与信息通信技术有关的创新对生产率增长的推动力逐渐消失。在2005—2014年的10年间，平均趋势生产率增长只有1.30%，到2014年底只有0.6%。

因此，伟大发明的收益递减导致图E.1中黑线代表的趋势生产率增长出现起伏。两次工业革命的最大不同点是，第二次工业革命要比第三次工业革命的影响更大、持续时间更长。这到底有多重要呢？2014年，美国人均实际GDP为50600美元。如果1970—2014年和1920—1970年的生产率按照同样的速度快速增长，那么2014年人均实际GDP将达到97300美元，几乎是当前人均实际GDP的两倍。对每位美国男性、女性和儿童而言，这46700美元的差异就是第二次工业革命与第三次工业革命力量对比的显著象征。

第二篇

1940—2015年
黄金时代和增速放缓的早期预警

第 10 章
快餐、合成纤维及错层式住宅：食品、服装及住宅的缓慢变化

说来矛盾，战后郊区住宅区发展失败的原因竟是它取得了商业上的巨大成功。郊区的发展曾经是城市规划引以为豪的重要组成部分，如今俨然成为销售独栋楼房的重要途径。开发商遗忘了 20 世纪 20 年代郊区的重要教训：居民区不仅要包含私人住宅，还要包括公共空间，唯此市民方可感到自己能融入一个更大的社区。

——罗伯津斯基（Rybczynski，1995，第 126 页）

引 言

本章标志着从第一篇（1870—1940 年）转向第二篇（1940 年以后）。第二篇各章论述生活水平各方面的顺序与第一篇相同。1870—1940 年生活的各个方面均发生了根本性和革命性的变化，与之形成鲜明对比的是，1940 年之后发展情况变得复杂，有的发展非常迅速，有的则非常缓慢。本章论述的主题是食品和服装、住宅和住宅设施。在 1940—1970 年，衣食方面均未发生根本性变化，而住宅和住宅设施无论是数量还是质量都发生了快速的变化，但此后发展趋缓。

我们在第 3 章发现，在 1870—1940 年生活水平的所有变化中，食品

和服装最不重要。卡路里计算表明，早在 1870 年美国大部分民众的饮食营养就很充足。国外观察人员惊叹于美国农民和城市工人阶层的肉类消费量。1870—1940 年的进步并不包括卡路里摄入量的显著增加，而是加工食品和冷藏列车的出现大大丰富了食品的种类，防控食品污染和掺假行为的立法也首次颁布。

第二种必需品即服装，在 1870—1940 年，无论是生产场所还是购买场所都发生了重大变化。在 1870 年，成年男性和男孩的服装与鞋子绝大部分从市场购买（主要在农村杂货店），而成年女性和女孩的服装则先从市场购买布料然后在家制作。在 1870—1940 年，进步体现在女性服装从自家制作过渡到市场购买，而不是服装质量和款式的革命性变化。换言之，更重要的是服装购买方式的变化。随着美国从农业社会转型为城市社会，农村杂货店被城市百货商场取代，沃德公司和西尔斯公司开创的邮购商品目录业务提供了更为周全的服装购买选择，服装种类远非农村杂货店或小镇商贩能及。

食品消费在 1940 年之后发展缓慢。那时食品污染相对较轻，城市食品零售都有装满肉食和方便食品的大型冷藏柜，并逐渐转向冷冻食品。服装在 1940 年之后几乎没有进步，唯一的例外就是出现了免熨烫的合成纤维。引人注目的是，1970 年之后服装已从国内生产完全转为进口，销售方式也转向沃尔玛之类的大卖场，这大大降低了服装的相对价格。

本章同时还涉及作为第 4 章主题的住宅及住宅设施。1870—1940 年住宅的变革并非体现在住宅面积和布局上，而是体现在住宅设施的网络化上。到 1940 年，至少在城市，居民住宅实现了网络化，连接上了电、燃气、电话、自来水和下水管道设施。1870—1940 年的住宅网络化完全有资格成为人类历史上提高生活水平最重要的推动力之一。

住宅及其设施在 1940 年之后发生了重大变化。战后初期兴建的房屋狭小局促。战后最初的郊区住宅开发始于莱维敦（Levittown），不过当时开发的住宅质量较之于 20 年代的平房明显要差得多。尽管战后头几年住房质量下降，但情况逐渐发生逆转。我们在本章将会看到，独栋住宅面积（以平方英尺为单位）持续不断地扩大。除了住宅面积，家用电器（空调除外）和其他设备也在不断增加，到 1970 年时已基本配备齐全，现在认为这些都是理应配备的。

本章不仅涉及住宅面积和住宅设施，还讨论了住宅建设的地点。由于政府鼓励性的政策导向，美国郊区的发展远离中心城市，比大多数发达国家都离得更远。公路建设不仅仅是为了连接城市，同时也便于市内通勤。与日本和西欧国家不同的是，美国政府并不扶植城市间客运铁路交通的发展，而是任其自生自灭。除了一些中心城市的密集居住区外，大多数家庭只好开着私家车购物、上下班和旅行。最近 10 年郊区化发生了逆转，越来越多的美国人，尤其是没有孩子的年轻人和空巢老人，再次对城市生活产生兴趣。

居家食品：1940 年已经步入现代

在 1940 年前的 20 年里，因为 1920—1933 年《禁酒法案》的实行和大萧条的影响，人们对食品和饮料的“正常”消费这种概念会感到匪夷所思。大萧条让很多人挨饿，营养严重不良。与 1870 年相比，1940 年的食品和食品营销在绝大多数方面都更接近 2015 年的情况。尽管此时美国民众的肉类消费量与 1870 年相差无几，但那时，人们对肉食通过冷藏车运输和冷藏陈列柜出售已经习以为常。形成鲜明对比的是，在 1870 年时冷藏技术还没有出现，许多牛只能赶到大城市待宰，经常变得干瘦。

1940 年肉类消费主要以猪肉为主，尤其对工人阶层来说，与 1870 年情况类似，但从表 3.2 可以看出，从 1870 年到 1940 年，肉类总消费量下降了足有 1/3。原因之一是移民的肉类消费量低，他们更偏爱多种原料的饭菜，如大炖菜、牛肉炖菜，由面、西红柿以及少量肉做成的意大利食品。移民不喜欢美国淡而无味的面包，更偏爱自己民族特有的烘烤食品，这些旧大陆的食品制作方法因此都流传下来。

美国民众生食和熟食的蔬菜不论在种类还是在质量上都落后于欧洲国家。在20世纪20年代，日常消费的蔬菜仅有土豆、卷心菜、莴苣、西红柿、洋葱、玉米、红薯以及菜豆。渐渐地，移民的饮食消费习惯传到当地，美国农民开始种植芦笋、菊苣、鳄梨、甜辣椒、菠菜。柑橘类水果的销售量在1920—1940年增加了两倍。[1]

自助超市的出现使食品零售在20世纪20年代至30年代发生了革命性变化。节省劳动力的自助服务这一理念源自克拉伦斯·桑德斯（Clarence Saunders），他创立了“滚地小猪”连锁店（Piggly-Wiggly chain），在1916年开设了第一个自助服务超市。向自助服务和大商场的转变主要集中在20世纪30年代，但因为在“二战”期间禁止新建而被迫中断。尽管“超市”一词直到1933年才开始使用，但在20世纪20年代末，自助市场的内部面积已达1万平方英尺，而A&P及其他公司的典型连锁店的面积才600平方英尺。[2]超市在20世纪30年代迅速流行起来，这既得益于20年代汽车的普及，也因为经济极度萧条的影响，大众更容易接受自助带来的低价位。购物车于1937年首次引入超市，此后超市的崛起导致A&P在1936—1941年关闭了其过半的商店。[3]

尽管受到经济萧条的影响，但20世纪30年代还是见证了超市的兴起和冷冻食品业的迅速发展。克拉伦斯·伯宰在1926年完善了冷冻技术，冷冻食品的销售始于1930年3月；然而最初的销售不甚理想，因为30年代的冰箱还没有单独的冷冻层。双层冰箱直到1939年才开始销售，但在此之前，很多家庭已经购买了单独的冰柜，所以到1937年时冷冻食品的销售已经非常可观。

美国人饮食的逐步改善以及购物的相对便利，因1942—1945年战时生产禁令和配额制的实行而中断。实行配额制的食品有糖、油、脂类、肉类、罐装水果与蔬菜。锡罐上的金属用于战时生产，咖啡实行配额是为海路运输保留空间。为生存计，人们只好转向没有实行配额的食品，如鸡蛋、奶制品、新鲜水果和蔬菜。[4]罗斯福总统在1942年4月宣布“经济动员”计划不久，就出现了以下情形：

美国所有的男人、女人，甚至孩子都领到一本纸质票证配给本，内含配给券，在购买特定物品时需要出示。很多人乐意放弃罐头食品，然后在“胜利菜园”开垦土地，种植新鲜蔬菜、水果，从而养成一种更为健康的饮食习惯。在美国最伟大的一代人中，留守家园的人做出的牺牲与其说是吃苦耐劳，毋宁说是一种爱国情怀的表现。[5]

家庭主妇不得不习惯“配给本食品”。红肉实行配给制而鱼肉和家禽并没有，由此开始推动了战后饮食转向家禽。人们不太愿意吃廉价肉食和肝脏等动物内脏，尽管这些食品所需的配额点数较少。虽然免不了有些屠户私下收受贿赂，肉类、咖啡黑市也时有出现，但配给制获得了很大成功。“自家腌制的蔬菜大受欢迎，约有 3/4 的家庭每年平均存放 165 罐腌菜。”[6]

战后食品的发展：龟速前行

图 10. 1 显示的是 1930—2013 年食品消费支出占消费总支出的比重。上面一条线是居家的食品消费，下面一条线是在外的食品消费。因为食品是必需品，所以我们认为食品消费支出占比会随着收入的增加而降低，在 1950—2000 年上面一条线与这一预测基本吻合。而 2000 年之后，消费支出占比陷入停滞，这也是影响经济增长的诸多因素之一，表明美国经济增长率在 2000 年之后开始下滑。

为什么 1929—1950 年的食品消费支出占总支出的比重没有下降？答案似乎显而易见。在大萧条期间，人们的生活水平因收入大幅缩水而骤降，因此食品支出占比一度上升并不奇怪，因为在非必需品和服务方面的花费减少了。在“二战”期间，几乎所有的耐用消费品都被禁止生产，意味着易损物品如食品以及非耐用品如服装的比重在增加。在 1945—1950 年战后头几年，因为耐用消费品匮乏，食品支出占比仍然很高。

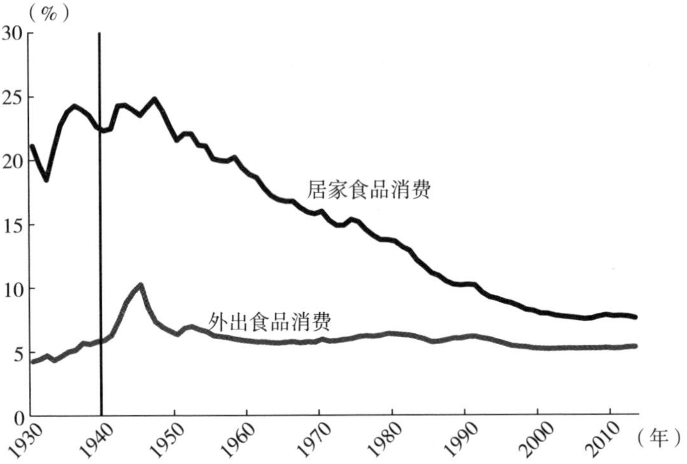

图 10.1　1930—2013 年居家食品消费和外出食品消费占个人总消费支出的比重

资料来源：NIPA，表 2.4.5。

尽管居家消费的食品是必需品，但外出消费的食品也谈不上是奢侈品，只不过多了一种选择。图 10.1 中下面一条线显示，外出消费的食品支出占总支出的比例基本不变（“二战”期间一度膨胀）。当我们用下面一条线除以上面一条线时，得到的是外出食品消费与居家食品消费之比。该比例稳步增加，从 1929 年的 20% 上升至 1950 年的 29%，再升至 1970 年的 37%，1990 年的 60%，2013 年时达到 70%。从居家消费到外出消费的这种转变在 1990 年之后明显放缓。

图 10.1 显示的是食品名义支出占总支出的比重，而图 10.2 显示的则是食品的相对价格。上面一条线表明居家食品消费的相对价格基本没有变化，下面一条线则显示外出食品消费的相对价格在稳步上升。这种稳步上升的相对价格，可以理解为服务业生产率增长相对缓慢的一个附带结果，因为饭店是把相对稳定的食品价格同逐渐上升的劳动力相对价格结合在一起计算的。即便是快餐店比传统餐馆效率高，也无法阻挡外出食品消费的相对价格逐渐攀升。

“二战”之后食品消费模式发生了什么变化呢？表 10.1 显示了 1940 年、1970 年和 2010 年这三年每类食品的消费量（按照人均年消费量计

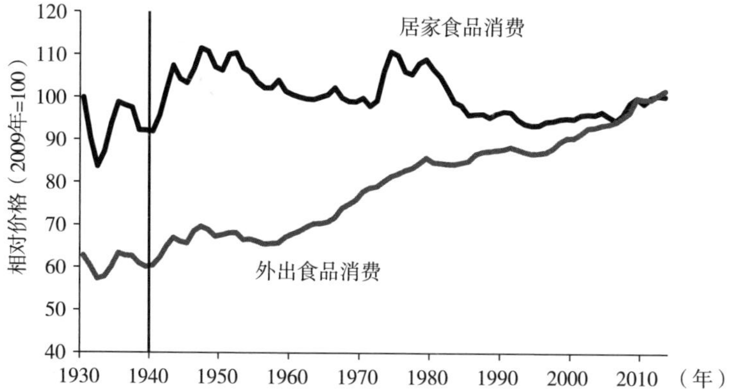

图 10.2　1930—2013 年居家食品消费和外出食品消费的相对价格

资料来源：NIPA 表 2.4.4。

算，以磅为单位）。肉类消费在 1900—1929 年急剧下滑之后，开始反弹，到 2010 年时，人均年均消费量回升至 1870 年的水平。但是，食品消费的构成发生了很大变化，尤其是从红肉消费长期转向家禽类消费；家禽类消费与红肉消费的比例在 1940 年时仅为 14%，但到 2010 年时已经达到 89%。导致这种口味变化的原因之一是健康考虑，红肉可能增加体内胆固醇含量，易诱发心脏病。同时家禽的大规模养殖降低了家禽相对于红肉的价格，从而进一步刺激了家禽消费。

表 10.1　1940—2010 年人均食品表观消费量　（单位：磅，鸡蛋除外）

	1940	1970	2010
肉类	152.2	203.4	219.4
牛肉和小牛肉	50.1	86.9	59.8
猪肉	68.3	55.4	47.2
羊肉和羔羊肉	5.9	2.9	0.9
鸡肉和火鸡	16.9	46.5	95.7
鱼类和贝类	11.0	11.7	15.8
油脂类[①]	50.1	55.7	83.9
起酥油	9.0	17.3	15.3
黄油	17.0	5.4	5.0

（续表）

	1940	1970	2010
人造黄油	2.4	10.8	3.5
猪油	14.4	4.5	1.5
其他脂肪和油类	7.3	17.7	58.5
水果类②	202.2	237.6	255.9
新鲜水果	168.6	100.9	128.8
柑橘类	56.7	28.8	21.4
罐装水果	19.1	26.2	15.0
果汁	7.2	96.7	97.7
果脯	6.0	10.0	9.4
冷冻水果	1.3	3.9	5.0
蔬菜类③	291.1	321.6	389.9
新鲜蔬菜	256.1	154.4	190.5
罐装蔬菜	34.4	93.0	99.4
冷冻蔬菜	0.6	43.7	71.5
其他		30.6	28.5
干果	8.4	6.2	7.0
牛奶总当量④	818.2	563.9	603.2
牛奶和奶油	305.7	273.8	206.0
奶酪	7.9	16.4	35.2
冷冻乳制品	11.7	25.8	23.7
鸡蛋（个）	309.2	302.2	242.8
糖和甜味剂	108.4	132.3	140.7
面粉和谷物产品	199	136.7	194.7
咖啡	13.0	10.4	7.0
总和	1349.7	1420.1	1563.5

注：①在2000年，生产植物油的公司数量在增加，这也是该数据激增的原因之一。

②“新鲜水果”一栏包括HSUS甜瓜类，1970年之前的数据无法和1970年之后的数据做比较，主要体现在果汁、果脯和冷冻水果方面。

③该项包括玉米和土豆。1970年的子类标准不一样，因此无法比较。

④该项包括黄油，列在油脂类下。

资料来源：美国农业部食品可得性数据系统（USDA ERS Food Availability System），HSUS（1960）G552-84，HSUS（1975）G881-915。

在油脂类食品中，变化最大的就是猪油几近消失，同时，最近几十年来，烹调油、色拉油，包括玉米油、橄榄油、芥花籽油等的消费持续增加。“二战”期间黄油短缺导致人造黄油销售额大幅上升，一直超过黄油的销售额。黄油与人造黄油的消费比率从 1940 年的 7.0 降至 1970 年的 0.5。[7]

尽管水果和蔬菜成为美国饮食的重要组成部分，但令人惊讶的是，与 1940 年相比，新鲜水果的消费在下降，如表 10.1 所示。人们从柑橘类水果转向加工类果汁，到 1970 年这种转变已基本完成。导致这种变化的原因之一是保存技术的改进，增强了果汁的保鲜效果。新鲜蔬菜的消费转变与水果的情况大不一样，前者在 1940—1970 年呈现下降，到 2010 年时稍有回升。多少令人意外的是，罐装蔬菜的消费仍然比冷冻蔬菜的消费占比高，部分原因是民众喜欢大量利用罐头西红柿制作各种口味的食品，包括自制面酱和比萨。

奶制品和鸡蛋的消费在 20 世纪中期达到高峰，与现在相比，那时人们更多的是在家里制作蛋糕、馅饼以及烘焙食品，而不是在商店里购买。尽管奶酪消费持续上升，但冷冻奶制品的消费在 1970 年之后趋于稳定。面粉和谷物产品在 1940—1970 年持续下降，但随后开始反弹，到 2010 年时达到 1940 年的消费水平，这反映了民众对早餐即食燕麦片的青睐。

食品的总消费从表 10.1 最后一栏可以看出，2010 年人均年均消费量为 1563 磅，约合每天 4.3 磅，1970 年时为每天 3.9 磅，1940 年时为每天 3.7 磅。食品消费量增加的一个副产品就是肥胖现象，本章后文将详细论述。就单一食品来说，有些食品的消费量起伏很大。如肉类，下降最大的是羔羊肉和小牛肉，而上升最快的是贝类、鸡肉和火鸡。水果类从罐装水果、新鲜的柑橘类水果转向苹果汁、鲜葡萄以及新鲜的非柑橘类水果。蔬菜类从过去的球芽甘蓝、红薯转向新鲜的菠菜、大蒜、西红柿。奶制品也从全脂牛奶转向各种各样的奶酪。[8]

“二战”后一些饮食趋势延续了早在 1900 年就开始形成的习惯。1870 年时的早餐口味较重，以火腿、玉米片粥为主，而到 20 世纪 20

年代，则转向以果汁、咖啡、即食燕麦片为主的清淡食品，另外加点面包片或者甜卷。燕麦片早餐的流行来自大品牌电视广告的持续宣传，其影响力一如20世纪30年代至40年代的收音机广告。随着分层式冰箱的大量生产，加上单体冷柜的大量销售，“二战”后冷冻食品的消费急剧增加。到20世纪50年代，“冷冻快餐”（TV dinners）以及冷冻蔬菜成为家庭主食。20世纪30年代塑料的出现使剩饭剩菜的储藏不再单靠先前的锡纸和蜡纸。冷冻餐食取代在家现做的新鲜食品引发了人们的抗议，这情有可原，因为这部分地说明了美国饮食质量的下降。

在战后初期，有人宣称冷冻食品终会取代新鲜食品，但这种想法太过乌托邦，多少有点类似电影《飞出个未来》中的主人公杰特森驾驶的垂直起降飞车，最终都化为泡影。1954年一位报刊编辑想象着未来冷冻食品将把妇女从厨房中解放出来，彻底消除家务纷扰，从而降低生活开支，为“美国家庭带来富裕”。这种因冷冻食品而引发的幸福感是冰箱和冷冻技术的不断发展所致。幸运的是，这种由冷冻食品一统天下的预言并未实现。如表10.1所示，冷冻水果占新鲜水果的比重很小，而冷冻蔬菜也从未达到罐装蔬菜的消费量，更不用说新鲜蔬菜了。

食品销售方式的演变：从A&P到全食超市和乔氏超市

食品销售最重要的变化就是转向现代化超市，这一转型是在20世纪30年代至60年代完成的。超市食品的销售迅速上升，占食品总销售额的比重从1946年的28%升至1954年的48%，到1963年已经达到69%。[9]顾客满意度和零售生产率的明显提高主要归功于两大创新：一是在一个零售店里所有食品应有尽有，顾客购物时不必从一个商户转向另外一个商户，比如从肉摊转向糕点摊，再转到蔬菜摊、奶酪摊。所有商品一次性即可购买齐全。二是食品的挑选过程与支付过程分离。直到20世纪30年代早期，顾客在综合市场购物时都需要在奶酪摊上支付奶酪钱，再到肉类摊上支付肉钱，而这往往要排很长的队伍。现代超市提供了统一的支付通道，所有商品无论在哪个柜台购买，都可一次付清。[10]到 1954 年超市平均面积已从 20 世纪 30 年代的 1 万平方英尺扩大至 1.8 万平方英尺。[11]

在 20 世纪 80 年代现代计算机技术和条形码扫描技术出现之前，收银员须把所有物品的标签价格输入电脑。他们需要知道并记住所有商品的价码，除非另有一名职员专门负责称重和计价。这种陈旧落后的操作方式在 80 年代被现代技术取代，在过去 30 年间基本保持不变。今天超市职员可以对所有贴条形码的物品进行扫描，包括熟食和肉类柜台的食品。

战后初期大型超市连锁店食品销售的同质性被后来的多样性选择替代。现在很多顾客购买食品可以选择到传统的超市，也可选择到全食超市（Whole Foods）、乔氏超市（Trader Joe's）、沃尔玛或者好市多（Costco）连锁店。今天我们对很多现象已经习以为常，如冬天有蓝莓，全年都有从价格较高到非常高的至少三种不同等级的鲑鱼，西班牙的沙丁鱼罐头，还有来自意大利摩德纳等地的多种苹果醋，等等。在 1980—2015 年的销售转型中，食品种类的增加实际上只是增加既有食品的多样性，而不像 1870—1930 年第一次加工食品发明浪潮那样引入全新的食品种类，如爆米花、瓶装可乐以及果冻等。

尽管 20 世纪 20 年代小型连锁店能够提供 300 ~ 600 种商品，但到 1950 年，超市提供的选择平均达到 2200 种，这个数字到 1985 年飙升至 17500 种。[12]“二战”之后食品的多样性增加了，但食品消费模式并没有发生根本性的变化。消费者福利并没有因几种不同风味的爆米花或肉丁这些微不足道的“品牌”翻版而提高。越来越多的事实表明，超市面积越来越大，以至大得离谱，而每平方英尺的销售额开始下降。多余的许多空间被分成几个部门，按照一定的顺序营建各种专柜，如肉类、鱼类、熟食类，甚至鲜花店、色拉吧，最终导致顾客不得不推着购物车在这些日益增加的专柜中转来转去。

超市的统治地位在 20 世纪 70 年代开始遇到挑战。超市连锁店经营转向减少门店，扩大单个门店的规模，降低超市布局密度，这就为7–11之类的连锁便利店销售某些标准食品、烟草、汽油等打开了方便之门。[13]很多顾客去便利店只买很少的几样东西，结账几乎不用排队。很快，一些大的药店连锁店，现在以沃尔格林连锁药店（Walgreens）和CVS连锁药店为主，开始建设较大的商店，店面规模仿照“二战”后初期的超市，并集药品、保健品以及冷藏食品于一身，这与7–11把牛奶和各种软饮料合在一起销售的做法相差无几。

“二战”后食品零售业最终出现了两种分化。一是便利店的出现，其规模比超市小、结账快、便捷。二是大型购物中心的产生，如沃尔玛、塔吉特（Target）、好市多等。这些购物中心不仅销售食品，还有服装、家用电器、药品等，几乎一应俱全。现在顾客几乎可以不用超市，利用便利店和大型连锁药店便可满足日常用品的需求，购买大件物品可以到大卖场。最先沦为大卖场商品多样化的牺牲品的，是那些低价位的百货公司，此外还有各种各样的小型连锁店，如伍尔沃斯（Woolworth’s）和本·富兰克林（Ben Franklin）。

有关沃尔玛发展的争论如同经济学课堂中分析自由贸易一样。进口使消费者受益，因为价格低廉，自由贸易使外贸公司老板和员工受益。深受其害的是那些无法与廉价进口商品竞争的国内企业，自然包括企业老板和他们的员工。沃尔玛的情况差不多，但也有所不同。当沃尔玛来到市区时，它的食品零售价格降低了25%，所有消费者都从中受益。[14]但同时也击垮了当地一些小型商店，许多人因此失业，他们不得不从个体业主改行到沃尔玛无工会的工作环境中从事最低收入的工作。国际自由贸易与沃尔玛并不完全相同。因为没有什么能与自由贸易带来的工作出口相提并论。事实上，在不断地疯狂追求低成本、低价位的过程中，沃尔玛不断进口廉价商品，很多人一直指责它对孟加拉国和其他国家服装厂恶劣的工作环境采取容忍态度。

然而沃尔玛低价格所带来的好处是不容忽视的。官方居民消费价格指数存在一个令人匪夷所思的缺陷，即它不认为沃尔玛的削价是一种价格下跌，因为居民消费价格指数只对同类商店中的同类产品进行比较。

居民消费价格指数这种长期存在的“销售渠道替代”偏差（outlet substitution bias）还意味着：低收入群体所经历的通胀率比高收入群体要低，因为后者购买的往往是稀缺产品和服务，它们的价格上升很快，如私立大学学费、纽约大都会歌剧院门票等。

20 世纪 90 年代之后出现的高端食品连锁店进一步冲击了超级市场，如乔氏超市和全食超市。这两家连锁店都避开了大品牌的包装食品，将自有品牌以相当特别的方式结合起来，如乔氏超市推出的预包装食品，全食超市提供的全方位柜台服务。传统超市受到上下两方面的挤压：下面是大卖场的低价位和乔氏超市简单的无附加服务模式，上面是全食超市的有机食品、高端服务柜台以及优质选择。在两面夹击之下，超市市场份额逐渐缩水，一些小的连锁店逐渐被挤垮。[15]

餐馆与快餐

在民众的心目中，战后食品消费仍然继续着外出消费的趋势，在家做饭日趋减少。从各种全方位服务的餐馆到休闲餐饮连锁店，如“苹果蜂”（Applebee's）、“红龙虾”（Red Lobster）、“橄榄园”（Olive Garden），还有大量快餐店，包括麦当劳、汉堡王、肯德基、牛排奶昔汉堡连锁店（Steak and Shake）、必胜客，不一而足。外出消费的不断增加是完全可以理解的，不仅因为越来越高的收入使消费者可以购买外面的食品，还因为 1965—1995 年女性劳动力参与率持续提高。

另外一个导致外出用餐增加的因素是三四十年前闻所未闻的技术革新。特许经营快餐店把军事化管理与前沿技术相结合，可以在两三分钟内为顾客包好食品而顾客无须下车。[16]塔可钟（Taco Bell）的工作人员头戴三个耳机，同时与顾客、食品和饮料工作人员联系。他们无须向厨房喊订单，而是直接输入配有 POS 的电脑服务系统里。这种操作方式在过去 20 年里几乎遍布各类餐馆。最能说明美国人对汽车依赖的是，美国快餐行业 70% 的收入是通过提供免下车服务赚取的，这简直可以和福特汽车流水线的效率相媲美。外出消费的食品之所以不断增加，一个重要原因就是快餐店表现出了可与制造业相媲美的高效率：

> 走进今天的塔可钟厨房，你会发现“美国已经丧失制造竞争力”的说法是完全站不住脚的。每一个塔可钟、麦当劳、温迪汉堡、汉堡王，都是一个小型工厂，经理监管着几十号人，设计轮班方案，记录库存，监督生产线，跟踪食品的生产和质量。一个门店每年的收益可达 100 万 ~300 万美元，均来自柜台前顾客全天候的购买消费……大品牌公司更是投资上亿美元，并倾注大量心血想方设法降低厨房烹饪时间和免下车服务顾客的排队时间。[17]

本书的一个突出主题是科技革新的步伐一直在趋缓，因为信息科技衍生的诸多创新早在几十年前就已出现。快餐行业体现得尤其明显，提供快速而准确的外卖所利用的服务系统早在 20 世纪 90 年代就已经成形，而不是最近 10 年。[18]

食品问题：收入不平等和肥胖症

美国的收入不平等在 19 世纪 90 年代到 20 世纪 20 年代达到高峰，到大萧条和“二战”期间大幅缩小，1945—1975 年这段时间被经济史学家克劳迪娅·戈尔丁和罗伯特·马戈称为“大压缩”（Great Compression）时代。此后几十年收入不平等又进一步加剧，并持续至今。造成中高收入阶层和较贫穷阶层之间差距的原因很多，也带来种种不良后果，第 18 章将集中论述。这里我们把注意力放到收入不平等、饮食和肥胖之间的关系上。

顶层收入人群和底层收入人群所消费的食品无论在质量上还是在数量上都存在天壤之别。最富有的美国人在人均消费 180 美元的高级餐厅里消费，还不包括红酒。他们从智利和新西兰购买反季节浆果，在全食超市购买 15 美元 1 磅的冰岛鲑鱼。虽然经过战后 60 年的发展，表 10.1 所显示的美国丰富的食品消费平均水平仍然是美国最低收入人群无法企及的。在 2014 年，许多家庭尤其是贫困家庭的孩子仍然食不果腹。17% 的美国人，相当于约 5000 万人，被美国农业部认为“食品得不到保障”。这种悲剧在南方诸州和大城市中心的女户主家庭中体现得尤为明显。[19]

肥胖症发病率增加这一新问题的出现使我们不得不对美国生活水平的提高另眼相看：总人口中有 1/3 的成年人和 1/5 的孩子超重。从 1870 年至 1970 年这一百年里，美国民众日常饮食的卡路里摄入量一直保持稳定，但在 1970 年之后增加了 20%，足以让一个成年男性每年增加 50 磅的体重。这种增加并非因糖类食品的消费引起，而是至少一半以上来自油脂类食品，其余的大部分又来自面粉和麦片。在外摄入的卡路里相当于 30 年前的 3 倍。许多外国人注意到美国快餐店提供的食品都是大份的，饮料从以前的 8 盎司增加到 16 盎司，甚至 32 盎司。一些州要求餐馆在菜单上列出食品的卡路里含量，美国人惊奇地发现一顿普通饭菜含有的卡路里竟然高达 1500 ~ 2000 大卡，相当于成年人一天应当摄入的卡路里量。[20]国际比较显示，在肥胖程度上美国是个离群值。在 2000 年时，美国肥胖率达到 27%，而在相比较的 23 个国家中没有一个国家超过 20%，一半的国家低于 10%，意大利为 8%，法国为 6%，日本仅为 2%。[21]

肥胖症是贫穷人群的一个特殊问题。美国农业部 2008 年的一项研究发现，领食品券的妇女和孩子更容易偏胖。看起来收入不平等与肥胖症有系统的关联。分析人士指出，水果、蔬菜、瘦肉和鱼类等健康食品的相对价格是最贫穷家庭无法承受的。有关“食品沙漠”方面的文章已经很多，意指城市贫民窟周围的超市食品种类匮乏，但研究发现，不论是在靠近食品琳琅满目的超市的地区，还是在食品沙漠，穷人都依靠糖类、脂类、加工食品等维持生活。[22]

大量经济文献研究了导致美国肥胖症日益增加的原因。一项研究认为，变化的 40% 归因于居家消费食品相对价格的下降。[23]但图 10.2 的数据显示，尽管食品的相对价格时起时落，居家消费食品的价格长期趋势却变化不大。以 2009 年相对价格为 100 进行计算的话，1930 年、1964

年和2009年食品的相对价格均为100。美国的肥胖症是稳步增加的，由此可见，并没有证据表明食品相对价格的变化是导致肥胖症的根源。快餐店和休闲餐饮店提供的油炸食品、快餐以及超大份的甜饮料也是导致肥胖的部分原因。如图10.2所示，外出消费的食品相对价格一直在稳步上升，因此肥胖症的上升应另有原因，而不是相对价格的变化。一些学者认为“较富裕的国家平均体重偏重”。[24]但这显然是错误的，因为瑞典、法国和日本肥胖症发病率就很低。

有关文献试图运用技术变化来解释美国的肥胖症现象（如孩子长时间玩游戏而不参与体育活动），它们忽视了这样一个事实：一些发达国家的人体型仍然比较瘦，互联网革命的这些普遍特征并没有在这些国家导致肥胖现象。韩国的青少年据说比美国青少年更痴迷于游戏。这让我们再次把关注的焦点回到美国和其他发达国家的差异上，如收入不平等程度和贫困儿童问题。贫困儿童一边看着电视，一遍吃着高热量和高胆固醇的廉价食品，而中上层家庭的孩子往往吃了羽衣甘蓝色拉以后，就去参加足球运动。肥胖症是一个社会问题，而不是技术现象。

本书的一个主题是科技创新的速度日渐趋缓。一个值得关注的新问题就是儿童肥胖问题，尤其是贫困儿童的肥胖症，因为这种疾病容易导致糖尿病和心脏病，所以可能造成长达一个世纪的人均寿命延长趋势出现逆转。尽管证据仍有争议，但“这些数据表明年轻一代有可能比他们的前辈更易遭受疾病的困扰，预期寿命也将缩短，现代历史上将首次出现寿命的逆转”。[25]我们将在第14章再回到这个问题，说明贫困人口预期寿命的延长将会终结。

第二种必需品的缓慢进步：服装

从1940年到2010年，无论男性、女性还是儿童的服装消费都发生了变化，但这种变化与本书提到的其他类别相比显得微不足道。本节首先考察服装支出的大幅下滑，进而考察服装购买的方式和地点，最后讨论服装风格和质量的一些较小变化。

服装消费支出占名义总消费支出的比重急剧下降，原因之一是服装的相对价格大幅下降。图 10.3 显示，服装消费支出占名义总消费支出的比重从 1940 年的 10.1% 降至 2013 年的 3.1%。其实在 1940 年服装消费支出比重就已经从 1900 年的 13.1% 开始下降。[26] 如果把 2009 年价格指数定为 100，那么服装的相对价格在 1940 年为 285，到 1946 年时升至最高 363，然后稳步下降至 2013 年的 99。换言之，1940—2012 年，总消费年通胀率为 3.6%，服装的年通胀率为 2.1%，其相对价格的年下降率为 1.5%。因此，较之于其他消费品和服务，服装的相对价格在很长一段时间里是不断下降的。

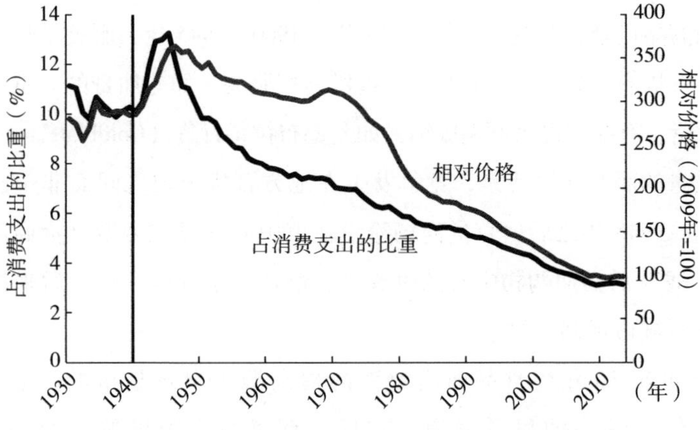

图 10.3　1930—2013 年服装消费支出与相对价格

资料来源：NIPA，表 2.4.4，表 2.4.5。

相对价格的不断下降能够完全归因于进口服装的影响吗？在过去的 30 年里，进口服装不断占据美国国内市场。1980 年以来的多年时间见证了进口几乎完全取代了国内服装行业。[27] 之所以进口，是因为它们非常便宜，故而服装的相对价格下降到原来的 1/4 不足为奇：1940—1980 年，年均下降 0.6%；1980—2013 年，年均下降速度达到 2.6%。[28]

进口服装降低了服装的相对价格，这反过来又刺激了消费者经通胀调整后的实际消费支出从其他消费转向服装消费。1940—1980 年，进口还未形成气候，人均服装实际消费支出年增长率为1.6%，比人均总消费支出2.4%的增长率低不少。与之形成对比的是，1980—2012年，人均服装实际消费支出的年增长率为2.7%，比人均总消费支出2.0%的增长率还高。这种增长体现在每人的服装种类选择上，不仅仅是因为相对价格的下降，更是因为品位和风格的变化。民众从先前花费高达150~200美元购买正式服装，转而到沃尔玛、塔吉特等购买15美元、25美元和35美元不等的廉价休闲服装，如短裤、运动裤、休闲上衣。

服装销售的转变没有食品那么复杂，原因之一是服装销售从来没有出现过像便利店出售主食那样的经历。如果我们把服装的销售分为两类，就能更好地理解市场营销的变化，一是亲自到实体店购买，二是通过纸版的邮购商品目录或者电子商务远程采购。1900—1945年，服装销售主要以市中心百货商场为主导，有些商场提供高档服装，如芝加哥的马歇尔·菲尔德百货，有些则提供低端服饰，如戈德布拉特百货（Goldblatt's）。同价位同质量的服装比比皆是，竞争发生在地方百货公司之间而非全国连锁店之间。1945年之后，百货商场纷纷在市中心开设主力型百货商店，成为“二战”后初期购物中心的旗舰店，最初位于郊区一环，后来扩展至外环甚至城市远郊。

20世纪30年代食品商店效率的提高源于自选超市的蓬勃发展，它们提供了统一的付款通道。相反，百货商店则仍然保留部门化。如果你购买咖啡壶，就到小家用电器部付款；如果你购买男士衬衫，则到男士衬衫柜台付款。这种分散化的付款系统在市区和郊区百货商店仍然通用。“二战”后服装零售最重要的发展，是沃尔玛及其竞争对手转向提供统一付款通道的自选超市系统，但这需要提供一大片未开发土地，把所有的零售业务放在一起，在邻近入口处设置数条付款通道。

除了人造纤维面料的发明，服装质量在1940—2013年的变化微不足道。绝大部分变化体现在品位而非质量上，如正式的浅顶软呢男帽的消失，女性裙摆的兴衰，休闲装如商务便装、运动服的流行。风格的变化、人造纤维面料的改进使人们渐渐远离了纯棉、羊毛和丝绸制品。在 2013 年的进口服装中，纯棉制品占 49.1%，涤纶和其他人造纤维面料占 48.8%，2.1% 为羊毛、丝绸和其他面料。[29]

品位的变化非常缓慢。女装从过去的连衣裙转向分开的上衣和下装，女性对裙摆开始反感，从裙子转向长裤和套装。同样，男性也很少穿正式套装，更倾向于非正式服装，如夹克、休闲裤。女帽也在逐渐消失，比男帽消失还早了一二十年。服装市场按照服饰风格和年龄组进行布局，但男士休闲服饰如卡其服和蓝色牛仔裤的流行给人一种千篇一律的感觉。带有纽扣的男士衬衫也被马球衫和高领衫替代。对于女性来说，休闲装的流行也模糊了女性日装和晚装之间的区别。随着越来越多的女性加入劳动力市场，她们更喜欢穿着白天能工作晚上能赴约的服装。到 20 世纪 70 年代中期，女性牛仔裤非常普遍，这种开始时曾经被认为有伤风化的服装如今已成为男女皆宜的便服。[30]

在过去的几十年里，向休闲装和运动装发展的趋势持续升温。在高级商店和专卖店中经常看到高档的男女紧身牛仔裤，也有在大卖场出售的同样结实耐穿的牛仔裤，价格极为便宜。[31]针织上衣、束腰外衣、裙子、长裤和毛衣/针织衫已经成为普通女性服装。传统鞋型包括牛津鞋、平底便鞋，穿得越来越少，取而代之的是船鞋和各种各样的运动鞋，如网球鞋、篮球鞋等。很多公司放宽了着装标准，在“休闲周五”这一天，上班族可以穿开领衬衫和卡其裤而不必西装革履。

这一节强调的是服装品位和风格非常缓慢的变化，以及 1980 年之后服装相对价格的迅速下降。大多数观察人士指出，这是全球化和自由贸易好处的最佳例证，但是伊丽莎白·克莱恩对这种说法附加了一些合理的限定条件。最明显的是制造业工人的失业，这是自由贸易进程不可避免的结果。1997—2007 年，共有 65 万个服装生产岗位消失，这 10 年也正是从中国进口最快的 10 年。只有工资差距而无生产率差距，转向从亚洲进口是必然的：

当大家漂洋过海来到东方时，我们也就打开了潘多拉盒子。之后的情形是，不在亚洲就不能制造服装。现在永远不可能关上盒子再回到从前了。潘多拉盒子打开了，木已成舟，一切都结束了。[32]

从莱维敦小镇到豪宅：战后住宅的变革

到 1940 年，美国住宅较之于 1870 年简陋孤立的住宅有了长足的进步。此时城市住宅已配备了五种基本设施：电、燃气、电话、自来水和下水管道。而在 1870 年时这些设施均不存在，高级住宅区也只有自来水和燃气。本章后面的部分将描述美国住宅从 1940—2015 年的发展变化。首先说明住宅及其设施的特点，然后考察家用电器和其他设施，最后论及美国城区的结构变化，尤其是郊区的蔓延和某些城市内棚户区的衰败。

第 4 章提供了 1940 年之前美国住宅具备“现代便利设施”的相关数据。表 10.2 将数据扩充至 1970—2010 年。美国 1940 年开展的首次住宅普查显示，几乎所有的城市住宅都配备了电、自来水和室内卫生间。然而这些现代设施在农村尤其是南方农村非常少见。随着城市人口比例从 1940 年的 56.5% 增至 1970 年的 73.4%，具备现代设施的住宅比例也大大提高。这些主要的现代设施也在那时基本覆盖到美国的农村地区。[33]

在表 10.2 中，2010 年那一栏出现了大量的空白，这是因为具备现代便利设施的住宅比例已经达到 100%，没有必要再做记录。到 1950 年电力甚至完全覆盖了美国的农村地区，到 1970 年，又配备了自来水、家用抽水马桶和家用浴室，集中供暖比例也达到 78%，到 2010 年达到 94%。没有达到百分之百是因为南方和西南有些地方不需要供暖。表 10.2 中最重要的变化，是 1970—2010 年空调的普及，中央空调和窗式空调普及率在 1970 年达到 37%，到 2010 年达到 89%。

表 10.2　1940—2010 年配备现代便利设施的住房比例　（单位：%）

		1940	1970	2010
（1）照明	电灯	79	100	100
（2）烹饪燃料	燃气或电	53	98	100
	木柴或煤炭	35	1	
	其他	12	1	
（3）供水	自来水	74	98	
（4）卫生间设施	家用抽水马桶	60	95	
	公共抽水马桶	5		
	其他	35	5	
（5）浴室	家用	56	95	
	无或公共	44	5	
（6）集中供暖	各种燃料	42	78	94
	独立火炉	58	22	6
	加热器或无			
（7）空调	中央空调		11	68
	独立空调		26	21
	无		63	11

资料来源：第（1）行中 1940—1970 年数据来自 Lebergott（1976，第 260 ~ 288 页），2010 年的值由 1970 年的值外推而来；第（2）行至第（6）行中 1940—1960 年数据来自 SAUS 1965，表 1102，第 759 页，表 1105；第（2）行和第（6）行中 1970—1980 年的数据以及第（7）行 1960—1980 年数据来自 SAUS 1985，表 1319—1320；第（3）行至第（5）行中 1970 年数据来自 SAUS 1972，表 1159，第 690 页；第（2）行、第（6）行和第（7）行 1980—2010 年数据来源与表 10.3 相同。

对于新建住宅，我们可以从数量和质量两个方面加以测度。住宅数量的测度标准，如图 10.4，是新建住宅数量（即住宅开工情况）除以家庭数量，以 1929 年指数 100 为基准。测度数据表明了 20 世纪 20 年代住宅的过度开发及其对 30 年代造成的严重后果。1923—1927 年这 5 年间的移动平均值最高达到 186%，1931—1935 年迅速降至 31%，降幅为 83%。这种移动平均值在 1950—1954 年达到“二战”后最高值 146%。2002—2006 年的房产泡沫仅将比例提高到 85%，2009—2013 年为 30%，甚至低于大萧条时期。整体来看，在过去的 40 年里，新建住宅数量与家庭数量之比大幅下滑，1947—1972 年该比例平均值是 135%，在 1978—2013 年降至 78%。

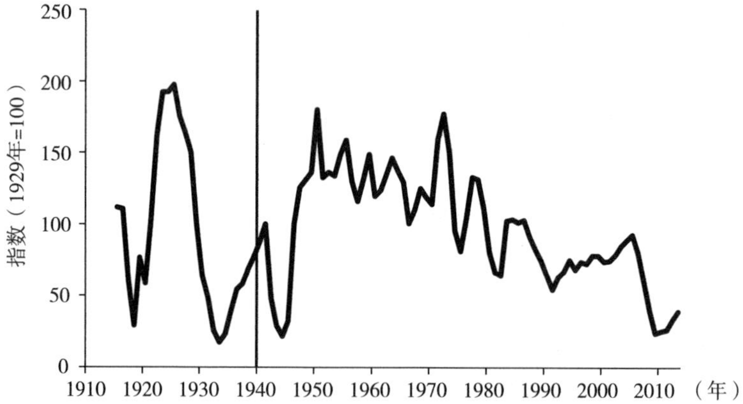

图 10.4　1915—2013 年住宅开工指数

资料来源：HSUS Hc510、Hc531 和美国人口普查局。

家庭新建住宅的长期下滑有多重原因，具体包括："二战"结束之后头 10 年的过度需求到 1970 年已经基本得到满足，住宅建设相对价格上升，人口增长率逐渐下降。一个更微妙的原因是住宅几乎是永久性存在的。[34]新住宅建设在远离市区的尚未开发的空地上，同时市区 100 年甚至 200 年以上的老住宅并没有被推倒。波士顿、纽约、费城以及芝加哥的中心城市和铁路郊区基本上在 1929 年已经建设完成，几乎所有 1929 年之前的住宅都完好无损。

如何解释年均住宅建设数量相对于住户数量长期下降这一现象呢？如果住宅永远存在，而人的生命是有限的，那么不断增长的住宅需求可以通过比人的平均寿命还长的住宅得以满足。那些去世于 2015 年平均寿命为 85 周岁的老人出生在 1930 年，因此现在新组建的家庭可以购买建于 1930 年前的住宅，不需新建那么多住宅。随着人口增长率不断下降，能够满足人们需求的老住宅比例便逐步上升。

质量的测度由图 10.5 的浅灰线表示，每年建设住宅的平均实际价值除以每年建设住宅的数量，以 2005 年指数等于 100 为基准。除了 20 世纪 80 年代的大幅上升之外，1950—2006 年住宅的平均实际价值稳步上升。我们把 2006 年之后的实际价值进一步上升视为典型的周期现象暂搁一边。在大萧条时期和 2007 年之后的金融危机时期，尽管住宅建设行业崩溃，小型新建住宅和公寓单元房深受其害，但面积大的住宅仍继续建设。2006—2009 年住宅价值指数飙升，非常类似于从住房建设高峰的 1925 年到处于低谷的 1933 年的住宅平均价值指数上升情形。[35]

从 1955 年至 2006 年，住宅的单位住宅实际价值增长了两倍，这可以用住宅面积增大——套内平方英尺数乘以经通胀调整的每平方英尺的实际价值增加——来解释。图 10.5 有助于我们理解大房子和每平方英尺更高的价值对住宅平均实际价值上升的相对贡献。深灰线表示经通胀调整的单位实际销售价格中位数。多少令人意外的是，代表销售价格中位数的深灰线与代表新建独栋住宅面积中位数的黑线紧密相随。这种紧密对应关系说明住宅销售价格上涨的主要原因在于独栋住宅面积的增加。“二战”后独栋住房面积中位数增加了一倍还多。

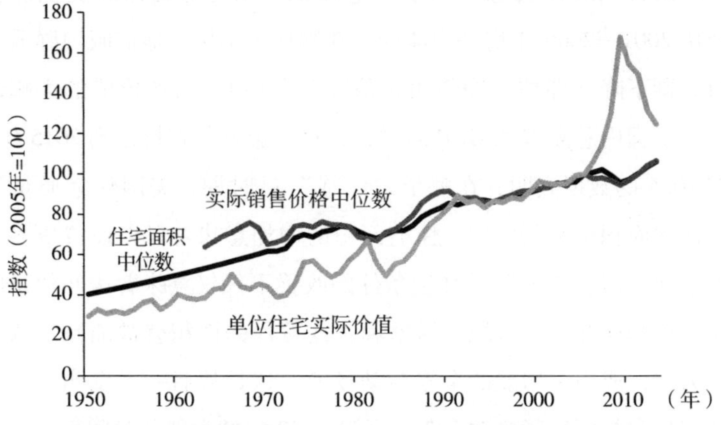

图 10.5 1950—2013 年住宅面积中位数（平方英尺）、实际销售价格中位数及单位住宅实际价值的指数

资料来源：美国人口普查局。

更令人迷惑的是，图 10.5 中代表单位住宅实际价值的浅灰线与代表实际销售价格中位数的深灰线趋势并不相同。这里的关键在于“中位数”（即在价值最高到价值最低的住宅中，价值处于中间的住宅）和

“平均数”的差别。飙升的单位住宅实际价值反映了先前大小不一的住宅转向了较大面积的住宅（占新建住宅的1/3），而有关面积中位数和销售价格中位数的数据并没有体现这种转变。与销售价格中位数相比，实际价值的增加看上去主要发生在80年代。在1990年之后的25年里，独栋住宅面积中位数继续增加，从1990年的1900平方英尺增至2013年的2364平方英尺。有一半的住宅面积超过中位数，最大的住宅被称为“豪宅”（McMansions），包括在老城区拆迁房原有位置上新建的住宅，也包括位于城市外围偏远的封闭式小区的住宅。1992—2013年，有四个以上卧室的新建住宅所占比例从29%增加至44%，有三个以上卫生间的住宅比例也从14%升至33%，而车库能容纳三辆车以上的住宅比例也从11%升至21%。[36]

“二战”后大部分时期的房价上涨和2001—2006年房产泡沫到2006年达到高峰时的破裂将美国民众分裂为不同的阶层（根据财富数量）。1960—2005年拥有住宅的民众获益良多，为他们申请房屋净值贷款提供了支持，而且如果他们愿意减小住宅面积，又可为退休后提供一些收入。经历2001—2006年房产泡沫的民众则痛苦不堪，他们眼睁睁看着住宅净值急剧下降（即住宅净值由正值变为负值）。房产价值的大幅缩水严重影响了国内总需求和GDP的增长，这种影响一直持续到2015年。

图10.5的数据表明，在整个“二战”后时期，美国住宅质量不断提高，住宅面积也不断增加。住宅面积的增加意味着可以设置更多的卧室和卫生间，但“二战”后住宅条件的改善不仅仅意味着房间数量的增加。从战后初期开始，传统起居室和正式餐厅的面积就被缩减，两者甚至合二为一，成为多功能的全家活动场所，这是战后一大发明。这一家庭活动室最初与厨房紧挨在一起，在过去30年的大部分时间里，又与厨房合并组成一个“大房间”，在“大房间”里做饭，吃饭，孩子们也在那儿玩耍，全家饭前饭后聚在那儿看电视，越来越大的电视成为家庭活动室的中心。具有讽刺意味的是，家庭活动室又返回1870年时的原始厨房状态：宽敞的厨房中间放着用于烧水做饭的开放式火炉，家人可以围着火炉吃饭、玩耍，甚至利用火炉烧好的热水在彼此面前洗澡。1956年

《日落》杂志曾如是评价："起居室与大厨房、娱乐室和其他房间连在一起，充满了浓郁的亲情。"[37]

家用电器：数量和质量

1940 年之后，在美国新建住宅面积不断增加的同时，住宅设施的数量也在不断增加，质量也在不断提高。进步集中在厨房，在 1870—1940 年发生转变的基础上进一步向前推进。省时省力的主要现代设施如冰箱和洗衣机在 20 世纪 20 年代就开始商业销售，但表 10.3 显示，到 1940 年时美国家庭冰箱的用户比例仅为 44%，而洗衣机的比例仅为 40%。

表 10.3　1940—2010 年 * 拥有特定家用电器的用户比例　（单位：%）

		1940	1970	2009
（1）机械式冰箱		44	100	97
（2）单独冰柜			31	30
（3）洗衣机	自动式和手拧式	40	92	82
（4）烘干机	热气式和电动式		45	79
（5）炉灶	包括烤箱和灶台		56	100
（6）微波炉				96
（7）洗碗机			27	63
（8）垃圾处理机			26	59

资料来源：1970 年数据来自 SAUS 1972，表 1162，第 691 页；2009 年数据来自美国能源部住宅能源消费调查，表 HC3.1、表 HC4.1、表 HC5.1、表 HC6.1 和表 HC7.1。

纽约曾在 1939—1940 年举办了意识非常超前的世博会，战后初期美国的厨房很快就达到了展览的水平：所有墙壁都安置了壁橱，家用电器有大冰箱或冰柜、燃气炉或电炉。在厨具日益增多的厨房里，还有最新研发的电动洗碗机、垃圾处理机。在独立洗衣间里，无论是在厨房还是在地下室，最初的拧干式洗衣机被旁边带有电动或燃气甩干机的白色陶

* 表 10.3 显示的是 1940 年、1970 年和 2009 年的数据，但原书此处为 1940—2010 年。——编者注

瓷全自动洗衣机替代。

1959 年，尼克松和苏共第一书记赫鲁晓夫参观了美国在莫斯科举办的一个展览，其中有一个标准农场住宅展台，里面的厨房设施一应俱全，旨在让苏联人知道普通美国人优越的居住条件。苏联记者对此大加嘲讽，认为展出是骗局。因为像这种“泰姬陵”式的住房只有百万富翁才享受得起。尼克松反驳道，普通美国人就可以购买得起，每月按揭只要支付 100 美元。仍居住在公寓的一些国家的人对美国普通中产阶层优越的住房条件羡慕不已，他们有容纳两辆车的车库，房子面积足够容下几乎所有的物品。[38]

表 10.3 记录了具备特定家用电器的住宅比例的增长情况。这些数据适用于所有的居民住宅，不论是 1830 年的住宅还是 1890 年和 1955 年的住宅。两种最重要的家用电器——冰箱和洗衣机最先普及，这并不令人意外。尤其是冰箱，早在 1960 年时用户比例就达到了 98%。洗衣机从来没有达到过如此高的比例，因为居住在公寓里的人们可以使用公用洗衣机，或使用外面的自助洗衣机。20 世纪 40 年代和 50 年代有关洗衣机的数据需施加一些限定条件，因为上述所指的一些洗衣机是拧干式的，还需要人力，不是带有机械式滚筒的全自动洗衣机。

洗衣机消除了如第 8 章描述过的用搓衣板洗衣的繁重劳动，而烘干机则省去了在外面晾衣绳上晾晒衣服这种乏味的劳动，何况风吹雨淋是常有之事；若在工业区，衣服上还可能落满油灰和污染物。烘干机较洗衣机的普及所需时间要长些，但很快便赶了上来。到 2010 年，约有 80% 的美国家庭拥有了自动洗衣机和烘干机，这两种家用电器自 20 世纪 50 年代以来就配套出售。

多少令人意外的是，配备炉灶（含烤箱和灶台）的家庭比例在 1952 年仅为 24%，到 1990 年升至 99%。1952 年的数据存在争议，因为 20 世纪 20 年代的厨房照片显示，炉灶在 20 年代的新建住宅中就已经普及。最受欢迎的电器是微波炉烤箱，在 1980 年用户比例仅为 8%，但到 2010 年已经达到 96%。嵌入式洗碗机和垃圾处理机在 2010 年达到 60%，考虑到自 1950 年以来住宅的大量建设，现在看这一比例似乎低了点。[39]

在战后厨房走向现代化的过程中，冰箱走在最前面，到 1960 年时就已经接近今天的质量和尺寸。在 1930—1950 年，冰箱平均尺寸增大了一倍。[40]1936 年开始发行的《消费者报告》（*Consumer Reports*）在 1938 年有关冰箱的第一次报告中指出，冰箱能够冷藏食品，而所耗费用是冰柜费用的 1/3。但是早期的冰箱质量很差："食品储存一段时间就会变干。制冷部件周围积累的冰层越来越厚，需要经常除冰。"[41]

自 1940 年之后，冰箱有了很大改善，最重要的一点就是能够将食品储存在特定的温度下。1949 年冰箱的标准温度为 43 华氏度（约为 6℃），到 1957 年时逐渐降至 37 华氏度（约为 2. 8℃）。到 1949 年时在测试的冰箱当中只有两款达到要求的 0 华氏度（约为 -17℃）。其他款式能达到 5 ~ 22 华氏度（约为 -15℃至 -5℃）。到 1964 年时所有测试款式的冰箱均能达到 0 ~ 5 华氏度（约为 -17℃至 -15℃）。

除了冷藏和冰冻能力更强之外，到 1970 年，冰箱与 1949 年相比已有很大改进。最重要的质量改进就是除霜功能。其他功能的增加还包括冰箱门的分层、可加热的黄油储存柜、蔬菜保鲜盒、肉柜以及可调节的储物架。据估计这些新增功能将 1970 年的冰箱价格提升了 10%，但这些价格提高被能效提高抵消了。从 1949 年至 1983 年，一台既定规格和质量的冰箱降低的耗电量相当于价格每年下降 1. 66%，34 年间下降了 76%。[42]官方消费价格指数忽视了这种变相的价格下降，这种统计方法并没有把提高电器能效给消费者带来的好处计算在内。利用同一价格指数，将美元支出换算为实际消费支出，这样计算的实际 GDP 就低估了因能效提高带来的质量改进。

"二战"后初期电器经常需要维修，随后对所有家用电器包括电视机而言，质量提高的一个共同表现是可靠性增强。《消费者报告》在 1949 年时抱怨说："战前冰箱质量很差，人们经常打电话报修，皮带脱落，管道不畅，膨胀阀和温控器也常常出现问题。而今年的冰箱似乎把前三种问题一次性解决了。"[43]到 1971 年时，有关冰箱的报告便充满了溢美之词，"不同款式的整体质量差异比以前缩小了。质量开始不断提高"。[44]此后《消费者报告》再无关于冰箱质量方面的报告，表明冰箱的总体质量已达到很高水平。

战前的洗衣机并非全自动，需要人力将衣服拧干。全自动洗衣机的销售量直到 1952 年方与拧干式洗衣机持平。正如战后冰箱增加了许多功能一样，洗衣机亦如此，如“即洗即穿”功能，多种水温和多种水位的选择。到 80 年代早期，所有洗衣机都具备了三个循环功能（集洗涤、漂洗和脱水于一体），两个独立的用于漂白和柔化的自动分液器，以及持续控制水位。正如冰箱尤其是冷冻室的容量越来越大，洗衣机的容量也从 1960 年的 10 磅增加到 1981 年的 18 磅。

正如冰箱在 1945 年之后用了 20 年才能够按照理想的温度储存食物一样，洗衣机也在以前款式的基础上不断改进。1950 年的洗衣机被认为“不可接受”，因为“它老是不断地缠结衣服”。到 1960 年时，大部分洗衣机仍然不能“消除大量的沙子，或者把残留的沙子又遗留到下一轮待洗的衣服当中”。[45]渐渐地，沙子和棉絮的问题得到了解决。到 1982 年时“所有洗衣机都能够消除散落在衣服中的棉絮”。[46]整体来看，1945—1980 年洗衣机质量的提高没有冰箱那么明显，主要是因为冰箱除霜能力的大幅提高和变得更加节能，而这些改进都与洗衣机无关。

台下式洗碗机质量的改进与冰箱和洗衣机差不多。洗碗机是在 50 年代早期引进的，与烘干机和空调同时。质量改进主要体现为内部容量的加大。正如洗衣机的容量从 10 磅增加到 18 磅一样，洗碗机也从 1952 年的 6 套餐具增加到 1980 年的 11 套，碗碟也洗得越来越干净。与洗衣机的功能越来越灵活一样，洗碗机也引入了多种可选的循环功能和水温。[47]

烘干机的出现相对较晚，发明于 1930 年，“二战”后才开始销售。烘干机并没有经历过绞拧式洗衣机到全自动洗衣机那样的技术改进，只是从头到尾利用热能把衣服烘干。最早的烘干机需用火柴点燃煤气，到 20 世纪 50 年代早期时自动点火已经非常普遍。至于洗衣机，主要的进步就是多档热度和时间控制。到 70 年代，烘干机又添加了自动传感器。

烘干机散发热量，就像冰箱制冷一样，因此我们自然会认为烘干机也经历了能效提高过程。这些节能改进在 1974 年能源价格冲击之前相对较小，此后进展迅速。能源消耗在 1954—1983 年减少了一半，因为在烘干机的整个寿命周期中能源消耗的价值是价格的两倍，因此节能增加的消费者福利相当于一台烘干机的购买价，甚至超过冰箱带来的福利。

在提高质量方面，能源效率对空调的重要性甚至超过了冰箱和烘干机。最早的中央空调于 1923 年出现在洛杉矶的葛罗曼大都会剧院（Grauman's Metropolitan Theater），到 30 年代中期，美国国会大厦、白宫、美国最高法院、一些百货大楼和零售市场、办公大楼都安装了空调。但直到"二战"后空调才进入美国的家庭生活。1951 年，空调才第一次登上西尔斯公司的邮购商品目录；空调的销量从 1946 年的 4.8 万台上升至 1957 年的 200 万台。[48]

《消费者报告》从一开始就对空调特别感兴趣，1986 年的一份回顾性总结中充满了溢美之词：

> 没有空调，就不可能有拉斯维加斯和迈阿密，也不可能有休斯敦和洛杉矶，至少成不了我们看到的现代大都市，无法打造阳光地带（Sunbelt），使之成为美国发展最快的地域。没有空调，甚至可能就不会有喷气式飞机旅行、载人宇宙飞船、潜艇甚至计算机。[49]

我们将在第 15 章回到这个话题，从两个方面看空调如何促进生产率的提高：一是人们在凉爽的环境中工作效率比汗流浃背时要高得多；二是空调的出现使北方制造业有可能大规模南迁，新的南方绿地单层建筑因此能够加速替代北方老工业城市中老旧而又低效的多层厂房。下一节我们将会看到，北方工业城市因为制造业工作大量流失而凋零，"二战"后早期大量人口也随同迁移至南方。

空调功能起初比较单一，就是制冷并使空气循环，质量方面的改进较少，不像冰箱那样涉及很多方面。与能效无关的质量改进只涉及三个方面。第一个方面是机身重量减轻，从 1957 年的 180 磅降至 1970 年的 75 磅。重量减轻无形中取消了安装成本，因为购买者可自行安装。第二个方面是从过去 230 伏的高强电压降至 115 伏，这个转变到 1957 年已经完成。第三个方面是在 1953 年测试的空调中，超过一半的产品没有恒温器，且只有一个风扇。《消费者报告》在 1953 年评价说所有的空调“噪声都很大”，但是到1965年就认为“所有高质量的空调都非常安静”。[50]

1953—1983年，普通窗式空调的能源需求下降了2/3，换算为年增长率的话，相当于每台空调的价格及运行成本在1953—1983年的年均降幅为2.6%。换言之，窗式空调的质量在过去30年里每年提高2.6%，相当于在过去30年里质量提高了一倍。[51]

先将视听设备以及与电脑有关的设备暂放一边，留到第12章和第13章分别论述。1950年之后唯一增加的家用电器是于1965年引进的微波炉，到1980年前后开始大量销售。其质量的改进与洗衣机、烘干机和洗碗机基本相同。早期的模型是机械控制，一个计时器表盘，单一电源设置。后来有了很大改进，包括温度传感器、不同的电源设置和触控面板。

早期的微波炉尺寸偏大，价格较高。一台微波炉的体积足有一立方英尺，但就大多数情况而言，半立方英尺就足够了。新款微波炉小巧玲珑，占用空间也小。最初的微波炉除了开关没有其他控制键，1958年的售价为495美元。而到1986年，配置多功能控制键的小巧微波炉均价为191美元。经质量调整后微波炉的价格年均降幅为6.7%，是电脑出现之前价格下降最快的家用电器。质量提高还体现在安全性能上。早期的微波炉有辐射泄漏，但到1985年时《消费者报告》发现，“现在大部分微波炉辐射泄漏都非常少”。[52]

对家用电器质量的评估主要基于笔者本人在20世纪80年代的一份详细研究，成果于1990年发表。80年代中期之后家电质量改进方面的数据缺失，但也不需要，笔者调查研究的基本资料主要来自1938—1986年的《消费者报告》产品评估。这些资料清晰地表明，一些家电产品的质量在1960年之后就没有大的改进，而有些家电则在1970年之后没有什么变化。尽管有些高耗能家用电器在80年代中期之后仍然继续提高能源效率，如冰箱、烘干机、空调等，但质量的其他方面在1970年之后已达到较高水平。尽管近几十年来洗衣机、烘干机等电器的机械控制换成了电子控制，但产品质量本身并没有相应提高，维修成本反而增加了。

本章考察的电器进一步论证了本书的主题，即在很多方面，20 世纪 70 年代之前进步迅速，此后步伐大大放慢。

郊区化与蔓延式发展

1939 年纽约世博会上预演的高速公路和批量建造的独栋住宅在 1939 年和 1940 年看上去都是一个遥远的梦。但在开始阶段受到“二战”时强制储蓄推动的消费高潮中，这个遥远的梦很快变成现实。战争结束时住宅供应不足的现象非常突出。

> 人们和亲朋好友甚至陌生人蜗居在一起。退伍老兵住在由鸡舍改成的临时住宅，甚至露营车里。从前线返回的一批批老兵，战时民众积攒的大量存款，年轻人结婚组成新的家庭，都增加了对住宅的期盼。[53]

一些城市具有良好的铁路系统，如波士顿、纽约、费城和芝加哥。从 19 世纪中期以来，火车站周边区域就不断有移民安家落户，但很多城市的郊区等到汽车普及之后才发展起来。20 世纪 30 年代住宅需求低迷，“二战”时又禁止建房，1945 年之后人口规模日益增加，突破城市中心城区的界限，流向城外。在四五十年代，郊区开始兴建独栋住宅，到七八十年代扩展到外郊区，到 90 年代之后蔓延至远郊区。“婴儿潮”的出现使家庭规模增大，中产阶层因此迁离城市中心，造成一些城市在中心城区实行居民分区居住，将非裔美国人隔离在所谓的城市贫民窟里。

城市和郊区的划分可能有点夸张。一些描绘二者的形容词也夸大了它们的差距。用来修饰城市的负面形容词有危险、污染、没有生气，正面形容词有多样性、密集和活力；修饰郊区的负面形容词有同质性、蔓延和无聊，正面形容词有安全、健康和绿色。[54]事实上，城市的许多区域和郊区有很多相似之处，如主要建于 20 世纪 20 年代的芝加哥平房带。在纽约市内，位于皇后区和斯塔滕岛的大部分居民住宅都有前后院。许多美国城市通过合并郊区甚至整个县区得以发展，绝大部分城市如休斯敦、菲尼克斯、洛杉矶在很大程度上就具有郊区性质。1940 年前的郊区住宅建立在紧靠街道的小块土地上，由此形成的社区非常紧凑，人们可以散步到公园或者商店。一些配有服务设施的街巷将街区分成多个区域，为汽车的停放留出了很多地方，车库可以安置在住宅的后面，面对巷子而不是靠近街道。[55]

战争结束时，可以明显感受到数以百万计的美国民众追寻郊区梦的激情：

> 这是非常令人震撼的画面。士兵从战场上归来，渴望过上安稳的日子。他们想成家，想购买新房和新车。他们渴望的东西是战前不可能实现的，因为美国当时正遭受大萧条。战后他们终于迎来了渴盼已久的生活，至少要好于 20 世纪 30 年代。新的消费品广告无论宣传什么，他们都乐于接受，热情采购。经过数年的高工资、高储蓄而无从消费，他们买得起这些新产品。[56]

“二战”之后，开发商以最低造价为主要目标，大规模建设郊区。长岛上最初兴建的莱维敦住宅区最终能容纳 8 万人，而四居室的科德角式住宅在 1949 年的市场价只要 7990 美元。《退伍军人权利法案》的出台意味着很多老兵购房无须首付，月供通常比租一套小公寓还便宜。莱维敦住宅的套内面积往往只有 750 平方英尺，是过去 20 年里所建中等独栋住宅面积的 1/3。的确，这些住宅比起第 4 章描述的市区平房要小得多。

战后住宅建设以单块土地为基础，前面有大块草坪，也因此浪费了很多土地。建筑之美常因前面双车库的存在而被掩盖。没有中心广场，学校和购物中心零星分散，每个购物中心都被大型停车场包围，这些地方只有开车方能过去。尽管如此，父母还是非常珍惜新郊区的这种私人空间和户外广阔的空地，在很多情况下，他们另外还要搭建房屋以扩大室内面积。

起初由于缺乏规划，大部分土地开发商并未考虑商业用地。住在郊区的居民须乘车到最近的有零售商业的城镇或驾车去市中心购物。最后，从20世纪50年代中期开始，郊区购物中心和大商场开始大规模建设。新的区域购物中心之所以需要建设，显然是因为郊区居民日益增多，附近又没有可供购物的便利店。开发这些购物中心还受到郊区居民较高收入的推动。举例来说，《财富》杂志在1953年的统计显示，当时郊区居民的数量为3000万，占美国总人口的19%，而收入占个人总收入的29%。[57]郊区大型购物商场成为“二战”后新的城市中心。

最初的购物中心是露天的，如芝加哥附近的老果园（Old Orchard），曼哈顿华盛顿桥对面新泽西州帕拉莫斯的花园广场（Garden State Plaza），不同于20世纪50年代中期市区的一些封闭式购物中心。百货旗舰店既可以从停车场进入，也可从购物中心内部进入，不过大部分小零售店直接面对购物中心而非停车场。开发商掌控着购物中心的一切，包括标识牌、灯光、长椅以及旨在营造温馨购物环境的盆景。集中管理和规划与无秩序的住宅建设形成鲜明的对比。购物广场与传统“低效率和视觉混乱”的市区购物中心相比，其优势是不言而喻的：

> 停车位非常充足，保安值守也使购物环境很安全，送货通道和装货场地的设置避开了运货卡车对购物者的干扰，步行街和空调商店使购物一年四季都很舒适，优美的背景音乐取代了过去街道的喧嚣。[58]

郊区的蔓延和区域购物中心并非使每个人都从中受益。城市外围的居民开始不断地涌入这种有管理的购物广场里购物，不再乘坐公交车或有轨电车前往市中心购物。因为中产阶层顾客转向别处，市区购物中心的顾客就只能是那些没有汽车只能靠公共交通工具的民众。于是市区的一些购物中心逐渐关闭，在那些公共交通网络不甚发达的城市尤其如此。“为了打造理想的市区，购物中心……不仅要竭力消除城市的诸多不便和低效率，还要筛掉在那里居住的处于社会底层的民众。”[59]

艺术家和知识分子从一开始就蔑视郊区的发展。他们对20世纪五六十年代电视情景剧中出现的被称为“无脑乌托邦”的郊区甚为反感。郊区的这种负面形象很大程度上反映了阶层差异——离开城市来到郊区的民众都是原来的工人阶层，包括工厂工人、零售店雇员和教师，他们正处于迈向美国中产阶层的过程之中。到 70 年代，郊区开始受到批评，民众认为郊区建筑千篇一律，毫无特色可言，郊区居民只在乎财物的积累，懒得参加城市的文化活动。[60]

城市密度可以按照都市区每平方英里的人口数量来计算。从亚拉巴马州伯明翰每平方英里 1414 人到纽约大都市区（从东部长岛绵延至新泽西的普林斯顿）每平方英里 5319 人，不同城市之间人口密度相差很大。令人惊讶的是，洛杉矶尽管因蔓延式发展而闻名，但也是美国人口密度最大的都市区之一，每平方英里人口多达 6999 人。[61]形成鲜明对比的是，曼哈顿人口密度为每平方英里 83286 人，巴黎为 63298 人。[62]对 1940—2000 年的人口研究表明，都市人口密度持续下降。所有原因指向一个源头——新合并的城区人口密度往往低于老城区，老城市如休斯敦和杰克逊维尔合并土地的速度比合并人口的速度还快。[63]

战后美国都市区的发展与其他发达国家不太相同，尤其不同于西欧和日本。最为明显的差别就是人口增长。美国人口在 1950—2015 年增长了一倍多，而英国的人口增长了 15%，意大利增长了 17%，德国增长了 18%。第二个原因是缺乏如英国绿带实行的分区制和土地利用规划，这种分区制和规划限制了一些欧洲大城市的发展空间，许多欧洲大城市还设立了利于到市中心购物的步行街等。事实上，如果说美国有什么土地利用规划的话，那也都是推动都市区蔓延式发展的，如许多地方规定郊区土地的开发不得低于 1 ~ 2 公顷。

第三个原因是美国的汽车普及率远高于其他发达国家。1929 年美国的汽车占世界汽车登记数量的 90%，美国是第一个选择了远离市区生活的国家，之所以选择低密度解决方案，是因为他们容易获得汽车交通。不过，与汽车的易得性相比，更多的是第四个原因，即美国各级政府大力资助城市高速公路建设，却任由公共交通和铁路客运萎缩。反过来，郊区蔓延式发展造成的人口低密度，也使依靠公共交通服务郊区在经济上不可行。然而还有一个方面的公共政策也起到非常重要的作用，这也是郊区人口密度低的第五个原因，那就是美国政府对抵押贷款的利息实行个人所得税抵扣政策，这种政策是许多国家没有的。这种税收抵扣使住宅越大越贵减税幅度就越大，因此被称为“豪宅补贴”。这一减税政策加上分区法律的实施，被公认为是美国住宅面积比日本和欧洲大得多的主要原因。[64]

与欧洲相比，美国郊区的蔓延有一些生产率方面的优势，这也有助于说明为什么欧洲主要国家的生产率从来没有超过美国，并从 1995 年开始就一直落后。关于欧洲生产率的详尽研究主要集中在零售和批发行业。[65]在美国，高效的大卖场就建在郊区州际公路岔口，通过实现规模经济，以及把卡车运输和顾客通道分开，提高了生产率。人们驱车经过米兰市中心或者罗马，就可以看到各种小商店，并会惊奇地发现几个人抬着一张床垫从一家商店走出来，送到一辆运输卡车上，而客户可能就居住在附近的一栋四层公寓里。欧洲土地利用规制限制了郊区蔓延，保护了城市中心的步行街区，但也付出了沉重的代价，那就是大大降低了规模经济和人均产出。

美国还有一个欧洲几乎不存在的问题，即“工业锈带”城市的衰落，底特律最为典型。大量人口从北方工业城市迁移到郊区和温润的南方，数量之多令人震惊。从 1950 年至 2010 年，芝加哥的人口下降了 25.5%，费城下降 26.3%，克利夫兰下降 56.1%，底特律下降 61.4%，圣路易斯下降 62.7%。尽管芝加哥和费城市区非常繁荣，但是克利夫兰、底特律和圣路易斯的市中心部分地区犹如鬼城。随着人口的大量流失，不可避免地出现了大量被遗弃的空房子，有的被迫拆除。芝加哥的一位英国领事 2012 年曾告诉笔者，他任职 3 个月以来最惊讶的是“中西部城市的彻底衰退和凋零”。[66]有关城市人口密度下降的文献似乎一直没有注意到东北部和中西部地区工业城市的人口骤减。[67]

中心城市的凋零涉及很多原因，种族歧视起了主导作用。在 20 世纪 40 年代至 50 年代，大量南方黑人佃农一批一批迁往北部城市，尤其是芝加哥和底特律，因为在“二战”期间劳动力市场紧张，这些地方存在大量就业机会。福特汽车公司在政府资助下建设了庞大的柳溪工厂（Willow Run Plant），每小时就生产一架 B-24 重型轰炸机，因此急需大量工人，而不论他们的技能水平如何。福特公司派出大量管理人员前往以农业为主的密西西比河流域和亚拉巴马巡回动员，吸引美国黑人抓住机会，参与实现自己的美国梦。这种迁移在战后仍然持续，因为战后中西部工业城市的许多工厂民用需求旺盛，急需大量员工。在40年代末，每周多达2000名移居者来到位于芝加哥的伊利诺伊中心车站。

他们也的确找到了工作，至少在1941—1972年美国制造业的黄金时期找到了工作。但是，他们也面临住房问题。黑人移居者拥挤在为较少数居民（有时也包括中等收入阶层）建造的类似旧式公寓的房子里，他们渴望购买自己的住房。但是，当时的美国政府遏制这一愿望，阻力首先来自联邦住房管理局，它在但凡认为“不稳定”的区域都划出“红线”。在这些地区与黑人毗邻的白人拒绝和黑人住在种族混合的社区，因此一旦一些黑人家庭搬进来，白人就搬迁至郊区居住，然后这些区域就被视为“不稳定”区域。结果，在50年代的芝加哥，购买住房的大部分黑人家庭都无法获得传统意义上的抵押贷款，而只能依靠合同贷款，接受较高的售房价格，按还款合同支付高额利息，这样他们就无法积累房屋净值。城市黑人贫民窟随之形成，蔓延至芝加哥、底特律及其他中西部和东北部城市。具有讽刺意味的是，正是在几年之后的1964年，同一届联邦政府通过了影响广泛的《公民权利法案》，也同时成为强化隔离政策和加剧城市贫穷的重要因素之一。[68]

60年代之后，中心城市的制造业某种程度上由于全球化的影响走向衰退。进口产品开始取代原先一直由中心城市制造业工厂生产的产品，美国的跨国公司也将部分甚至所有业务转移到别的国家。与此同时，北方制造业也从老城市拥挤且效率低下的多层工厂搬到城市郊区和南部一些州的“绿地”。随着20世纪50年代至60年代创造了中心城市繁荣且有工会组织的蓝领工作大量消失，上述双重影响进一步加剧了不平等现象。由于政府的借贷政策和当地银行实行的“红线”歧视，郊区的种族隔离甚至比市区更加严重。[69]

在最为悲惨的城市，如底特律、纽瓦克和圣路易斯等，随着工作和人口的消失，许多房主离开住房，一些被拆掉，另外一些则被放火焚烧。“人们经常把美国的中心城市与战后德国的德累斯顿相比较，对于一个能把人类送到月球的富裕国家的城市中心居然会发生这种事情而感慨不已。”[70]

随着美国郊区发展的逐渐成熟，问题也日益突出，首先是政治的分化。尽管一些城市，如休斯敦、杰克逊维尔、佛罗里达，兼并了大部分郊区，并由政府统一管理，但大部分中心城市的范围是划定的，郊区则由数十乃至上百个当地政府或县级单一机构管理。长岛拿骚县的亨普斯特德区（Hempstead）一份普通的财产税单显示，有 15 家这类机构都会从一份财产的财产税中分享收入。[71]事实上，在伊利诺伊州一共有 7000 家独立的政府管理机构。[72]这种政治实体的多样性，缺乏多伦多这类大区域的大都市政府，使居住在郊区的富有白人房主利用政治分化和分区法律逃避税收负担，而这些税收可用于社会福利、学校、安全以及为滞留在中心城市的穷人提供消防保障。

1970 年之后大量问题的积累不仅仅是因为政治分化和社会排斥。在长岛，从铁路交通过渡到对汽车的高度依赖切断了和区域机构的联系，重创了当地城镇的商人，在亨普斯特德区，“乡村成为空壳，随着商业和文化功能的分崩离析，区域协调的核心因素已不复存在”。[73]

住宅相对价格的不断上涨带来了一系列新挑战。在 1967 年，一所新建住宅的价格中位数是家庭收入中位数的 2. 9 倍，但到 2011 年时已增至 4. 5 倍。[74]这种增长既反映了住宅建设相对价格的提高，理想地段土地价格的上扬，也反映了收入中位数的停滞，这种停滞一定程度上是 70 年代以后收入不平等加剧造成的。尽管工厂、办公楼和购物中心的分散大大缓解了去往市区的巨大时间压力，这在以前是不可能的事情，但早期来郊区居住的移居者后代逐渐发现，他们在就业率高的中心区域已经买不起房，没有父辈那样幸运。

结论：进步的范围在缩小

正如本章开头所言，自 1940 年尤其是 1970 之后，经济发展的广泛性和革命性远不如本书第一篇描述的1870—1940年。从本章分析的三种必需品——食品、服装和住宅——的演进即可看出，这一命题是不言自明的。

食品和服装在1870—1940年发生的变化比1940年之后的任何变化都重要得多。食品消费和销售在1870年之后的几十年里发生了重大变化，如加工食品的出现，牛奶和肉类的卫生和安全得到保障，食品的市场销售也从过去的乡村和城市商贩转向连锁店和超市。相比而言，1940年之后发生的变化较小。除了罐装食品和包装食品，现在又出现了冷冻食品。随着家庭收入的不断增加，食品消费占家庭收入的比重直线下降，从1870年的45%降至2012年的13%，而外出消费（如快餐店和休闲餐馆）在2012年所占比例则要高得多。

1940年之前食品消费的增长绝对为正值，但此后并非如此。在过去一个世纪里食品消费中卡路里摄入量一直很稳定，而1970年之后卡路里摄入量增加了20%。结果可想而知——美国人从过去的健康精瘦一跃成为发达国家中的最肥胖者。可悲的是，肥胖症的高发率与贫富差距紧密相连，也表明美国消除贫困的努力宣告失败。城市贫民窟、食品沙漠和其他形式的贫困导致贫穷人群过度依赖垃圾食品。国家综合医疗卫生系统的缺失造成贫穷人群过分依赖急诊室进行紧急治疗，如果有适合所有收入水平的预防检查机制，这些原本是可以避免的。

第二种必需品是服装。该领域最重要的变化就是将女性从自制服装的负担中解放出来，这个过程到1940年完成。“二战”后服装变化主要是风格转变，无论是在家还是在职场，都更加注重休闲和廉价。零售选择多种多样，沃尔玛和塔吉特等零售商场的出现让顾客有更多机会选择最廉价的服装，而廉价进口商品进驻大卖场又进一步大幅降低了服装的相对价格。连锁大卖场的崛起也带来了负面影响，如城市中心百货大楼的消失，而进口服装的蜂拥而至几乎吞噬了美国的纺织业和服装加工业。

除了食品和服装，本章还从多个维度分析了住宅的变化。在美国大萧条和“二战”期间，住宅建设非常之少。数百万民众在战争期间积累了大量存款，工资也远远高于战前，1945 年之后，为了满足民众的需求，住宅建设开始大规模兴起。住房供给压力增大的另一个原因是“婴儿潮”的出现，使人口急剧膨胀，仅在 50 年代就增加了 20%。城市人满为患，而郊区土地价格又极为便宜，因此，美国城市发展之路与西欧不同，美国更为分散，城市的人口密度要低得多，这在发达国家城市发展史上都是没有先例的。导致郊区蔓延的一个重要因素是人口膨胀，1950—2010 年增加了一倍多，而其他发达国家如德国、意大利和英国的人口增长均低于 20%。

郊区发展始于小块土地上的小型住宅建设，但所有的郊区住宅都有院落，可以呼吸到户外的新鲜空气，逃离中心城区的拥挤。“二战”后郊区缺乏统一的规划，没有公共空间，也没有公共交通服务。新的住宅建设逐渐变成在更大的地块上建筑更大的住宅，这种典型的美国住房面积的扩大一直持续到 2012 年，平均新建独栋住宅面积为 40 年代住宅面积的 3 倍。由于美国半数的住宅（截至 2015 年）都是 1977 年后建造的，所以这些面积更大的住宅装备了全套现代家电和中央空调。战后初期装配窗式空调带有革命性的特征，随着建设年复一年地推进，窗式空调变得越来越不必要。新建住宅的装备远超 20 世纪 50 年代的家用电器，增加了新的特色，包括嵌入式微波炉、台下式厨房照明、空调房间里的吊式电风扇以及户外热水浴缸和燃气烧烤架。

虽然住宅面积一直在稳步增加，但主要家用电器装备的轨迹是不稳定的，质量的提高也是如此。本章所划分的前后两个阶段差别巨大。1975 年前家用电器的添置非常迅速，普及率和当下无异，但微波炉和空调除外。《消费者报告》对家用电器的多次评估结果相差无几。在 40 年代末，家电的质量和性能都很糟糕，但随后质量迅速提高。到 1970 年时《消费者报告》认为所有主要家电的质量瑕疵几乎消失，没有必要再做质量方面的报告。的确，此后《消费者报告》几乎再也没有就大型家电发表评估报告。

除食品、服装和住宅设施的发展在 1975 年之后几乎陷入停顿之外，我们还应看到，一些负面影响部分抵消了住宅面积不断增大带来的便利。其中，城市人口的低密度，公路系统的高补贴，公共交通的匮乏，都是一些固有的缺陷。结果，交通堵塞成为常态，更不用说远距离通勤带来的高能耗。伴随着收入不平等的持续加剧，社会不平等也日益扩大，因为高收入人群居住在大房子里，越来越远离被困于城市贫民窟和食品沙漠里的贫穷人群。

除了影响生活水平的绝大多数方面之外，住宅区位的经济意义及生活质量的区位特色与当地政治也紧密联系在一起。美国的治理不是强中央政府模式，不是由中央集中收税，然后根据项目的轻重缓急和市民的需求进行合理分配。相反，美国一直分割成多个地方治理单元，大部分最富有的居民也因此可以不把资金转移到更贫穷的地区。这一点对地方学校产生了重要影响，因为学校主要靠地方财产税维持运转。财政不平等进一步加剧了教育投入的不平等，居住在富裕地区和贫穷地区的学生在受教育水平上的差距也因此进一步加大。长此以往，地方学校的财政不平等将导致下一代的收入不平等，或许这才是美国“二战”后郊区化最有害的一面。

第 11 章
从雪佛兰车里或高空飞机上看美国

和你的雪佛兰一起走遍美国，美国正在召唤你；开着雪佛兰走遍美国，你会发现她魅力无穷。

——《雪佛兰黛娜·萧尔秀》主题歌（1952）

距离的魔咒终于从人类身上解除。

——T. A. 赫彭海默（T. A. Heppenheimer，1995）

引　言

内燃机和电力是人类历史上最伟大的两项发明，可以共享金牌。非常巧合的是，它们都是在 1879 年秋发明出来的，相差不到 10 周。到 1940 年，轿车、卡车、公交车、早期的商业飞机都安装了内燃机，从而大大提高了运输的速度、舒适性、安全性和便捷性。甚至在 20 世纪 30 年代，拖拉机就配备了内燃机，开启了农业生产率的革命。到 1929 年，美国的汽车数量与美国家庭数量之比达到 90%，同年数据显示美国汽车产量占全世界产量的 80%，而登记量则占到 90%。

1945 年之后美国从大萧条和“二战”中恢复，汽车引领全国走向摩登时代。亨利·福特为汽车的批量生产、普通家庭买得起汽车做出开创性努力，几乎所有家庭都购买了私家车，由此诞生了名为“自助游”的新产品，创造了大量商机，超市、汽车旅馆、汽车影院和餐馆以及其他商业活动随即大量涌现。而每家两辆车的现象也部分说明了郊区公共交通的匮乏，购买第二辆车成为必然。

促进“二战”后经济繁荣的另一重要因素是庞大的州际公路系统建设，主要集中在1958年至1972年。新建多车道公路系统大大提高了卡车司机的效率，缩短了个人的行驶时间，同时还提高了安全性。州际公路系统和日益增长的各种家用电器在1945年至1972年共同快速提高了美国人民的生活水平。但此后无论是住宅设施还是陆路旅行的发展势头都趋于放缓。

航空出行里程增加了300倍，人均旅客里程从1940年的9英里，增加到2013年的2660英里。正如到1940年汽车已具备了良好的性能，如舒适性和高速度，航空出行在1940年也取得了突飞猛进的发展。在本章我们将会看到，1940年时从纽约飞往芝加哥的航班所需时间并不比2014年多。两者的差别在于，前者的时间主要花费在空中飞行而非地面上。到70年代中期，航空出行的时速和舒适性已达极致，无论是短途还是长途旅行都从活塞式飞机转变为喷气式飞机。这种过渡同时伴随着质量的大幅改进，如噪声大大降低，飞行更加平稳。因此，无论是航空旅行还是消费者福利的其他许多方面，1970年都是一个分水岭，即从快速发展过渡到缓慢发展。

但1970年之后的问题不仅仅是进步速度放缓，交通的有些方面甚至出现了倒退现象。美国汽车三巨头（通用、福特、克莱斯勒）在“二战”很长一段时间里独霸汽车生产和销售，此后它们的霸主地位逐渐丧失。通用汽车公司传奇式的兴衰，再加上款式陈旧、安全问题和外来竞争压力，终于在2009年走向破产而由政府出手援助。汽车还引发了环境问题，因为它们排放的气体，如一氧化碳、一氧化氮、碳氢化合物及其他一些化学污染物达到了危害的程度。尽管汽车曾一度净化了城市环境，如在20世纪初减少了城市街道的马粪和马尿，却严重影响了空气质量，到20世纪中期，美国的城市上空弥漫着棕色雾霾。政府为此采取了严厉的监管措施，要求汽车安装防污染设施，同时还强制汽车提高安全性能和燃油效率。因此，在过去40年里，提高汽车质量成为重中之重。自50年代以来，无论是轿车还是轻型卡车，行驶速度几乎没有变化，因为无论在当时还是现在，行驶速度都要受到限速和交通拥堵而不是发动机的限制。

本章一半的篇幅用于论述汽车的发展、个人出行文化以及州际公路系统的普及。因为第 5 章（即关于 1940 年之前交通发展的那一章）并没有提及航空出行，所以本章后半部分追溯了从 1926 年开始美国航空出行的早期情况，重点介绍 1926—1936 年航空出行取得的惊人进步，“二战”之后航空出行的阔步发展自不待言。本章并没有论及城际客运铁路系统的衰落乃至几近消亡，它的消亡是不可避免的，因为美国东北走廊之外的人口密度过低，再者就是政府将大量补贴用于州际公路系统和空中交通管制网络。

战后出行的演变

目前，美国民众出行主要靠汽车、地方公共交通或者航空。我们在这里没有详细讨论 1940 年后城市交通的发展，因为每个城市发展状况各异。在“二战”后初期，全国各地的公共汽车几乎完全取代了有轨电车。有些地方尤其是亚特兰大、华盛顿、旧金山大大受益于全新的重型快速轨道交通系统，而有些城市则出现了轻型轨道交通，如达拉斯和丹佛，这些城市先前并没有任何固定轨道的城市交通。

表 11. 1 展示了家庭汽车拥有量的历史。卡车必须包括在内，因为越来越多的消费者在 1970 年之后从购买轿车转向皮卡。最令人惊讶的是，正如第 5 章所述，每百户家庭汽车拥有量在 1900 年还是零，而到了 1929 年时已经达到 89 辆。表 11. 1 追踪了 1910—2010 年每隔 20 年每百户家庭汽车拥有量的增长情况。从 1910 年的约 2 辆激增至 1930 年的约 89 辆，此后温和上升至 1950 年的 113 辆，到 1970 年跃升至 171 辆。因此可以看出，20 世纪 50 年代至 60 年代成为每户家庭普遍拥有两辆车的时代。此后家庭汽车拥有量缓慢增长，1990 年每百户家庭拥有量达到约 202 辆，2010 年达到约 207 辆。因此美国向汽车社会的大转型到 1970 年时已经基本完成，这是将 70 年代初作为快速增长和缓慢增长分界线的又一例证。

表 11.1　1910—2010 年每百户家庭的汽车拥有量　　（单位：辆）

	1910	1930	1950	1970	1990	2010
轿车拥有量	2.3	76.8	92.6	140.8	143.2	112.1
卡车拥有量	0.1	12.2	19.7	29.6	58.4	94.5
汽车总拥有量	2.3	89.2	112.9	171.0	202.3	207.3

资料来源：1995 年之后汽车拥有量数据来自 SAUS，表 1119；1995 年之前汽车拥有量数据来自 HSUS 序列 Df 339-342。

基于 1 ~ 10000 的对数比例（以英里为单位），图 11.1 标出了人均汽车运距以及火车和飞机的人均运距。大多数的车辆出行是通勤或者购物，因此图中的三条线有其可比性。人均汽车运距稳步增加，但在汽车出行成为一种必需时，增速开始趋缓，汽车出行无论是两地之间客运、货运这一基本功能还是相对价格，在 1950 年之后几乎没有什么变化。

通过比较可以看出，在最初的几十年里，人均汽车运距从 1900 年的 1.3 英里飙升至 1919 年的 422 英里和 1929 年的 1623 英里。1919—1929 年的年均增长率为 13.5%。尽管受到大萧条的影响，在 20 世纪 30 年代人均汽车运距仍在继续增长，直到"二战"时因为汽油实行配给制才开始急剧下降。"二战"之后又迅速回升，尽管增幅一直在降低。1929—1950 年增速为 6.2%，1950—1980 年增速又提高至 8%，此后开始回落，1980—2012 年增速仅为 1%。事实上，2012 年的人均汽车运距比 2004 年减少了 6.4 个百分点。

图 11.1 中还显示了人均航空旅客人均营收运距（RPMs）也呈下降趋势。任何产业都会在一项重大发明出现后经历一个迅速增加阶段，而当产品发展到成熟阶段时，对它的需求就逐渐趋于稳定，这是自然而然的事情。航空旅客人均营收运距的增长率在 1940—2000 年达到 32%，在 1960—1980 年为 16.5%，交通量在 20 世纪 50 年代增长了两倍，到 20 世纪 60 年代又增长了两倍，到 70 年代增长了一倍，80 年代接近一倍，此后增速趋缓。航空旅客营收运距 2000 年之后停止增长，在 2000—2013 年*，增长率仅为 0.6%。

* 图 11.1 显示了 2000—2012 年的数据，但原书此处为 2000—2013 年。——编者注

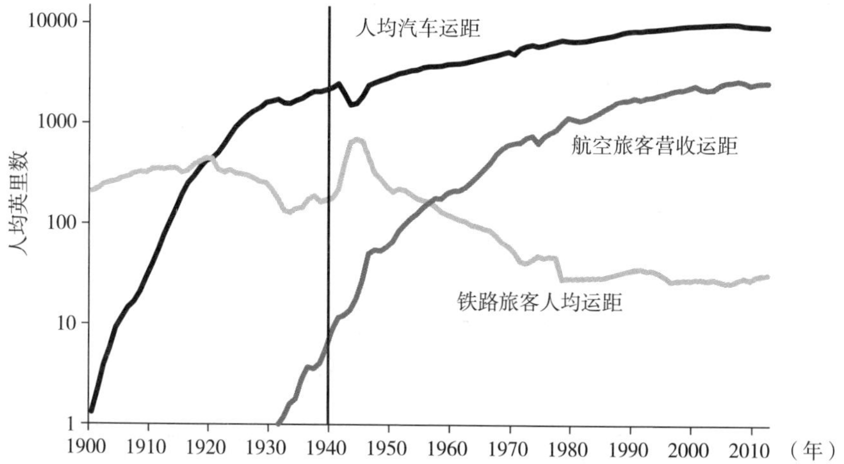

图 11.1　1900—2012 年人均汽车运距、铁路旅客人均运距以及航空旅客营收运距

资料来源：美国联邦公路总署，表 VM-201；HSUS 序列 Df413-415、Df903、Df950 和 Aa7；美国高速交通管理局，《交通安全知识》第 1 章表 2；SAUS 2014，表 1120；A4A，美国航空年度业绩表；HSUS 序列 Df1126-1138；1948 年之后的航空旅客人均营收运距来自 A4A，美国航空年度业绩表；1948 年之前航空旅客人均营收运距来自 HSUS 序列 Df1126-1138；国家运输统计表 1-40。1980—1990 年的铁路数据为内插值。

抛开“二战”时期，铁路旅客人均运距到 1919 年达到最高峰，为 448 英里，此后逐渐下降，因为汽车出行逐渐替代了火车。到 1929 年降至 256 英里，在大萧条时期陷入瘫痪，战争期间又重新达到高峰，到 1950 年降至 225 英里，在 1950—1959 年又下降一半，1959—1970 年再次下降一半，到 2012 年铁路旅客人均运距仅为 32 英里。事实上，早在 1956 年航空客运就超过了铁路客运。

功率强大的汽车：质量和便利性进一步提高

战后初期，汽车销售量的增加促成了美国经济发展的双向良性循环。汽车产业迎来商业周期的辉煌时期，1929 年卡车和轿车的销售总量达到 530 万辆，到 1941 年降至 470 万辆，到 1950 年又增至 790 万辆，1955 年为 910 万辆。1941—1955 年，汽车生产总量增长了近一倍，这种生产能力的增加证实了“二战”期间联邦政府大力投资、扩大生产能力的成效（第6章已经讨论过）。[1]汽车生产和销售的激增刺激了生产率的快速提高和GDP的快速增长，而个人收入的增加使工人家庭购买一辆乃至两辆汽车成为可能，因此又进一步刺激了汽车的生产和销售，形成一个完整的生产、销售、再生产的良性循环。

到20世纪50年代，汽车款式的多样化创造了一系列的品牌和款式。“凯迪拉克”“林肯”“克莱斯勒皇冠”代表着有遗产继承的皇室贵族和企业高管，而四孔的“别克路霸”象征着副总裁身份，三孔的“别克世纪”属于那些蒸蒸日上的企业中层、本地零售企业主或餐馆老板。再次之就是奥兹莫比尔、爱迪克以及无处不在的雪佛兰。雪佛兰在美国的年销售量最大，新加入工会的新兴工人阶层对这款汽车情有独钟，他们正成长为殷实的中产阶层，买得起郊区住房，一辆甚至两辆汽车。

“二战”后汽车质量改进与第10章专门介绍的家用电器的发展情况不一样，分析方法也因此不同。对家用电器的研究发现，质量改进尤其是能效改进被政府的价格指数忽略了，因此来自家用电器质量改进的消费者福利收益也未计入GDP。被忽略的收益与计算在GDP内的收益之比就冰箱而言为1:1，空调为2:1，电视（在第12章将会看到）为10:1，甚至更高。但官方对汽车价格指数的编制采取了另外一种方法，因为汽车被当作一种特例。负责编制消费价格指数的官员每年都从底特律直接获取质量改进的估计价值，包括每一个单项，如安全带的安装成本，更重、更耐撞击的保险杠的安装成本。

因为更多的精力用来测度汽车的质量改进，所以，汽车价格的上涨比总体通胀率的增长缓慢得多也就不足为奇了。图11.2显示了1960年以来，新型汽车相比于所有消费食品和服务的价格平减指数。从1960—2014年*这半个多世纪里，汽车相对价格下降了一半多，但其下降速度很不规律，1960—1974年下降较快，年均下降2.4%，而在1974—1990年下降较慢，年均下降0.9%，1990—2000年年均仅下降0.4%，而2008—2013年几乎

* 图11.2显示了1960—2013年的数据，但原书此处为1960—2014年。——编者注

没有下降。另一方面，所有消费食品和服务的价格平减指数在 1950—2013 年增加了 7.6 倍，而汽车的价格平减指数只增加了 4.1 倍。

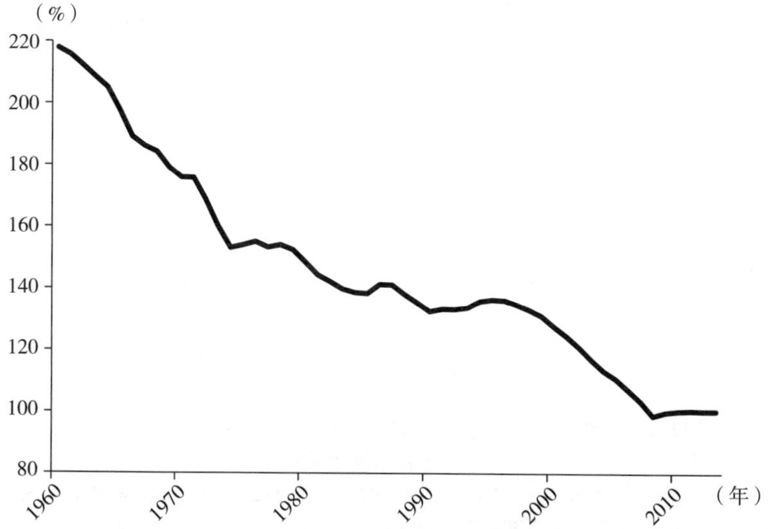

图 11.2　1960—2013 年新型汽车的相对价格平减指数

资料来源：详见 NIPA 表 2.4.4，序列 DNDCRG 和 DNFCRG。

一辆新型汽车（含皮卡）的平均价格从 1950 年的 2300 美元增至 2012 年的 24100 美元。如果汽车的消费价格指数仅增加了 4 倍，那么这 10 倍的价格增长又如何解释呢？根据定义，答案一定是汽车的总体质量大大提高。从图 11.3 中的灰线可以看出，用对数形式计算，在 1950—2012 年已售汽车的现值美元平均值增长了 10 倍。当名义销售价格（现价美元）换算成 2009 年的不变价格时，黑线显示了经通胀调整后的汽车平均销售价格。因此黑线代表的是隐性的汽车质量。[2]还可以这样认为，即黑线代表的是实际质量的提高程度。质量提高的幅度看起来相对稳定，在 1950—1970 年为 2.3%，1970—1990 年为 2.5%，1990—2014 年*为 3.2%。

到 1940 年，美国的汽车功率已经非常强大，普通型雪佛兰就达到了 85 马力，而更为出色的通用汽车品牌如奥兹莫比尔或凯迪拉克则介于 110～125 马力。如此强大的马力足以驱动一辆大型汽车以每小时 100 英

* 图 11.2 显示的是截至 2013 年的数据，但原书此处为 1990—2014 年。——编者注

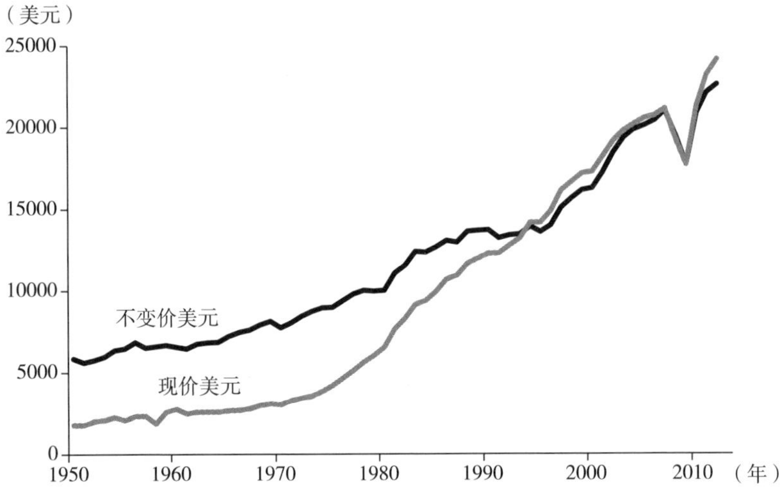

图 11.3　1950—2012 年汽车平均销售价格（基于 2009 年现价美元和不变价美元）

资料来源：1996 年前数据来自 HSUS 表 Df 347-352；1996 年后数据来自 SAUS（2014）表 1082。1950—1962 年偶数年的数据为内插值。

里的速度行驶，远远超过美国任何公路的时速限制。到 1940 年通用高端汽车又配备了自动变速器，这种改进大受欢迎，在 1953 年销售的汽车中有一半安装了自动变速器，在 1970 年安装比例超过 90%。

战后初期原先作为配件的设备如自动变速器逐渐成为必备设施。自动变速器是第一个也是最重要的普通型汽车“马力”增长器（如笔者的父母 20 世纪 50 年代购买的汽车，里面只有座椅，手动挡位，还有一个加热器，此外再无他物）。[3]最初车内连收音机也没有，直到 60 年代初大部分汽车才开始安装收音机。或许更重要的是空调的安装，到 1970 年达到 50%，1983 年达到 84%。助力转向的配备到 1965 年达到 50%，助力制动到 1970 年也基本达到这一比例。自动窗是后来的事情，到 1983 年安装率才达到 38%。[4]

汽车易得性的历史是本书描述的最令人惊讶的事实之一。亨利·福特 1923 年版的 T 型车售价仅为 265 美元，只占当年家庭现价消费支出的 11%。而笔者父母在 1950 年购买的普利茅斯车价格为 1520 美元，占家庭消费支出的 33%。2012 年同口径计算普通汽车的价格估算为 24000 美元，占家庭消费支出的 21%。尽管自 1923 年以来美国人民的生活水平得到全方位的提高，但是根据当时的收入，普通家庭购买 T 型车的支付能力比目前购买普通车的支付能力要高出一倍，这不能不令人惊讶。难怪著名汽车记者保罗·英格拉西亚这样写道："历史学家一致认为 T 型车是美国历史上最重要的车。"[5]

这一事实表面看似很矛盾，但只要看到根据现在的标准，T 型车的质量非常低劣，就比较容易理解了。首先大部分 T 型车是人工启动的，只有一种颜色（黑色），车身轻飘，发动机也只有 25 马力。当然这比马车要高级多了，而且非常便宜。福特在 1913—1923 年开创的大规模生产方式极大地推动了 1920—1970 年的生产率提高，对于"二战"胜利和战后繁荣也具有非常重要的作用。[6]

汽车价格指数的增速之所以比总体消费支出缓慢得多，一个重要的原因是消费价格指数编制过程中把政府强制性的要求均视为汽车质量的改进。不仅把制造商耗资给每辆车安装的安全带和气囊看作质量的提高，甚至把早在 1957 年政府就强制要求增加的防污染设施也计算在内。对防污染设施的处理较有争议，因为它并没有为车主提高汽车质量，而且降低了每加仑汽油的行驶里程，从这一意义上说，防污染设施甚至降低了汽车的价值。但从另一方面来看，防污染设施带来的好处具有正外部性，它有利于整个社会而不仅仅是车主。

1967—1985 年，消费价格指数计算法得出的结果是，汽车质量提高了 56%，其中 12% 来自安全设备，25% 来自防污染设施，剩余的 12% 来自其他方面的革新，如自动换挡和某些汽车添加的助力转向。[7]相比之下，同一时期隐性质量指数也提高了 66%。因此我们可以断定，这一时期消费价格指数对质量改进的测度几乎有一半是环保规制的结果，车主并没有直接受益。毫无疑问，1970 年最终通过的《清洁空气法案》大大改善了空气质量，如大幅减少了洛杉矶盆地的雾霾。但是，究竟把环境污染的降低归功于汽车质量提高还是政府对基础设施的总体支出，官方统计人员举棋不定。

汽车的燃油经济性、安全性和可靠性

燃油经济性方面取得的任何进展都必定会大大提高汽车质量，其重要性甚至超过了空调，因为汽车寿命周期内消耗的燃油成本与汽车本身的价格相当。仅仅头四年的燃油消耗就达到汽车价格的40%甚至更高，[8]从图11.4可以看出，客运汽车（包括轿车和轻型卡车）的平均燃油经济性从1950年的每加仑15英里提高到23.5英里，增长了56%。平均燃油经济性在1950—1970年开始下滑，原因是车身尺寸的增大，功率强大的V-8发动机的安装以及车内空调的普及。这种因车身尺寸和款型不同而导致的燃油经济性变化并不能说明燃油经济性技术的革新。

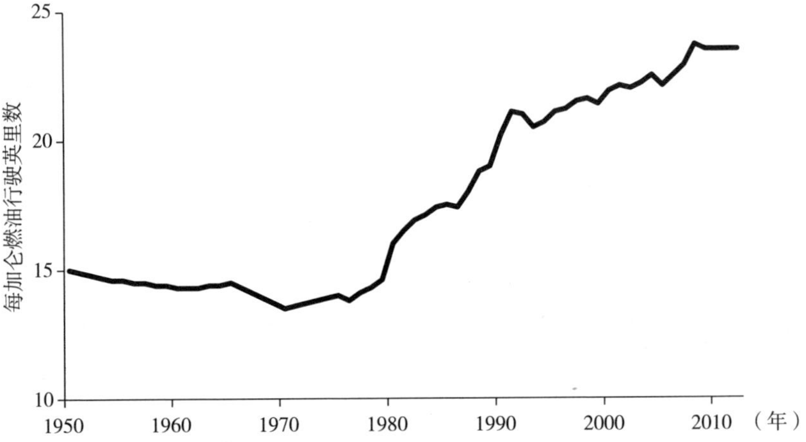

图11.4　1950—2012年每加仑燃油载客汽车行驶英里数

资料来源：美国能源部，《2011年度能源报告》（*Annual Energy Review*），表2.8。

图11.4的数据显示，1967—1984年的平均燃油经济性提高了23%。但这大大低估了燃油经济性技术的改进。关键问题在于，汽车的任何变化都有可能提高或降低燃油经济性而未必会引起基本燃油效率的变化。如20世纪70年代中期之后，民众转而购买小型汽车自然就提高了燃油经济性，而空调的安装反而损害了燃油经济性。[9]粗略估计表明，1984年的汽车改进降低了价格并使普通汽车的质量提高了18%，[10]从而推动了1984—2012年燃油经济性的提高，如图11.4所示，从每加仑17.5英里增至23.5英里。[11]这不仅导致价格下降还使普通汽车的质量提高了12%，进而使1967—2012年质量提高累计达到35%。[12]载客汽车的隐性质量提高在1950—2012年增加了3.7倍（排除燃油经济性的影响），如果算上

提高燃油效率增加的价值，质量累计提高 5.6 倍。[13]

这种质量提高相对于 1940 年之前的汽车发展有何不同呢？1940 年之前，汽车也实现了飞跃，即从 1906 年 6 马力的奥兹莫比尔过渡到 30 年代末功率强大、外观大气的汽车。第 5 章表 5.2 中的数据显示，原始质量指数在 1906—1940 年上升了 2.5 倍，如果乘以战后质量 5.6 倍的上升，我们可以得出如下结论：今天的普通汽车是 1906 年汽车质量的 14 倍。图 11.5 显示了汽车质量的提高（但没有考虑燃油经济性提高的价值）。如果考虑燃油经济性提高带来的价值，并换算成今天的价格，可以更清楚地看到汽车质量的进一步提高，从 2012 年 23000 美元的价值，增至现在的 34000 美元。即便在近年来，轻型汽车仍不断增添新功能，如防抱死制动系统、防侧撞安全气囊、无钥匙启动、倒车影像、卫星无线电等。

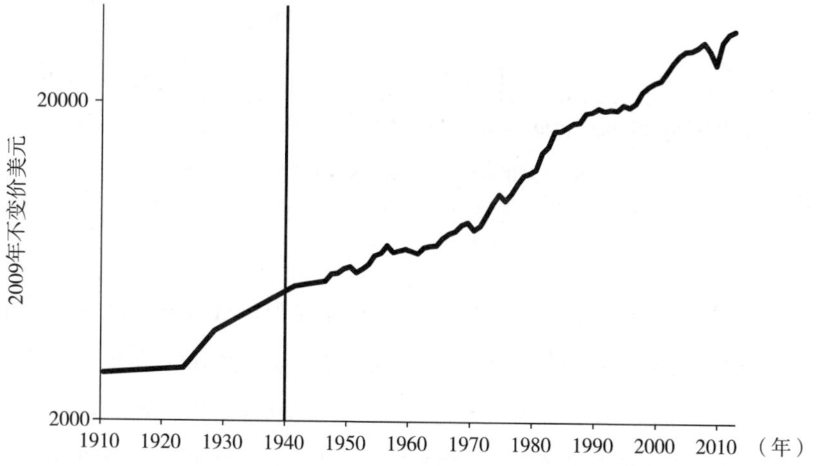

图 11.5　1910—2012 年载客汽车的隐性质量

资料来源：表 5.2 质量指数，NIPA 表 2.4.3、表 2.4.5 和表 5.5.5。

汽车质量提高的另一个维度是，自从汽车行业诞生以来，汽车每英里死亡率急剧下降。如图 11.6 显示，每 1 亿车英里死亡人数从 1909 年的最高值 45 人稳步降至 2012 年的 1.1 人，年死亡率降幅为 3.6%，或每 10 年降低 36%。死亡率的下降部分归因于汽车的结构改进和更高的可靠性。但更大的功劳不是归于汽车制造商，而是政府对公路系统的基础设施投资，这在 1958—1972 年达到顶峰，州际公路系统由此形成。在此之前，在双向公路上驾车本身就是一件非常危险的事情，因为超越缓慢行驶的卡车或拖拉机有可能导致剐蹭，而且经常因为与迎面驶来的汽车相撞而导致死亡。州际公路消除了直面相撞的隐患。但死亡率下降最快并非始于州际公路建设。死亡率下降最快的时期发生在1909—1926年，下降到原来的1/3（即平均每年下降6.2%），时值汽车质量提高和公路系统第一轮升级。

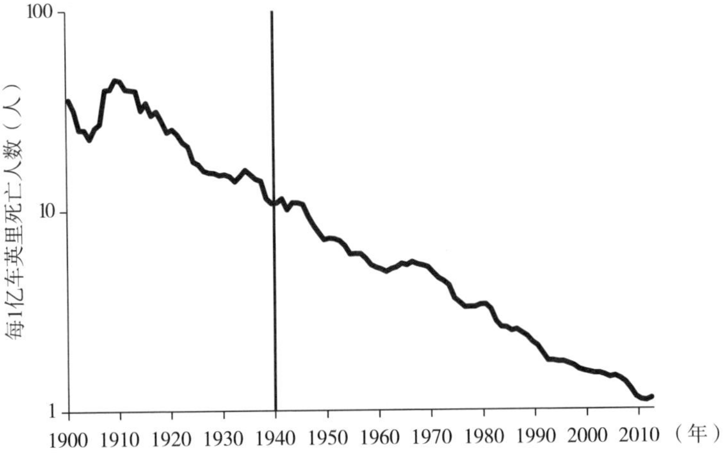

图11.6　1900—2012年每1亿车英里死亡人数

资料来源：1986年之前数据来自HSUS序列Df415，1986年之后数据来自美国高速公路安全管理局（NHTSA）交通安全知识2012，第1章表2。

汽车质量提高的另一个方面，是日常保养和运行维修的频率。一个重要改进是日常保养的频率。战后初期，汽车每行驶1000英里就必须换一次机油。[14]如果一辆车每年行驶里程数达到12000英里，意味着每月就得换一次机油。现在的汽车每7500英里才需更换一次机油，这自然归功于“发动机材料的改进、更加严格的公差要求和燃油质量的提升”。[15]

汽车可靠性问题意义重大，经济学家乔治·阿克洛夫之所以能获得诺贝尔经济学奖，主要原因就是他在杂志上写了一篇关于“柠檬”市场的文章，“柠檬”这个词在当时系指二手汽车的潜在购买者无法看见的质量问题和可靠性问题。[16]在20世纪五六十年代，汽车经常出现的问题包括漏油、耗油过大导致冒黑烟、发动机过热、早期车内空调经常出现的压缩机故障。

美国汽车的维修频率记录在“年度汽车问题”里，由《消费者报告》

每年 4 月出版。[17]尽管这些评估数据便于对既定年份内的汽车进行比较，但并不能说明“平均”状况，即战后汽车的维修频率是降低了还是提高了。1984 年《消费者报告》指出，一辆开了五年的车，其平均年度维修成本按现价美元计算为 360 美元，与国民收入账户记录的平均每辆车每年保养和维修名义支出 276 美元相差不是太大。[18]不幸的是，在近几十年里，《消费者报告》并未记录类似数据。然而，国民收入账户却提供了经通胀调整后的实际保养和维修支出。图 11.7 标出了汽车每行驶 1000 英里的实际保养和维修支出（2009 年价格），从中可以看出呈下降趋势。第一个五年（1950—1955 年）和最后一个五年（2009—2013 年）相比，下降了 15%，第一个二十年（1950—1970 年）和最后一个二十年（1993—2013 年）相比，仅下降了 5%。如果累计计算汽车寿命周期内的保养和维修成本，进一步的证据表明汽车质量在稳步提高，这些变化还是非常可观的。

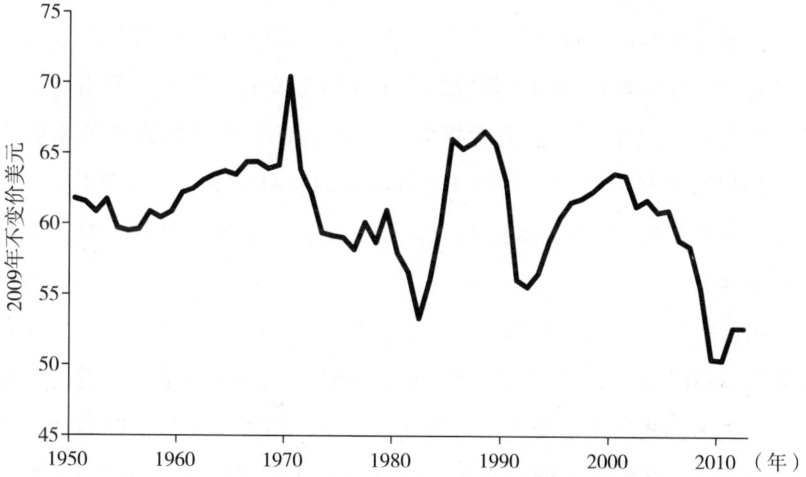

图 11.7 1950—2013 年每 1000 英里汽车的保养和维修支出

资料来源：NIPA 表 2.4.3。

战后美国汽车市场最重要的一个变化是进口车的蜂拥而入，在新车销售中，进口车比例从 1963 年的 4% 升至 1987 年的历史最高点 42%。20 世纪 70 年代中期到 80 年代进口车激增，主要诱因在于 1974—1975 年和 1979—1981 年的两次“石油价格冲击”。短短一段时间，石油价格从

3 美元一桶涨到 30 多美元一桶。而汽油价格也从每加仑 0.25 美元涨到 1.25 美元以上。[19]从 60 年代雪佛兰“考维尔”（Corvair）失败以来，美国汽车制造商一直没有生产出畅销的小型节能汽车，因此汽车市场就为进口车的涌入打开了方便之门，从 60 年代就有了进口车如大众“甲壳虫”。而小型节能的日系车，如丰田、本田、达特桑（今天的尼桑）等如潮水般涌入美国汽车市场。

日系车不仅车型小，能耗低，而且质量远比底特律生产的车要高。《消费者报告》中的维修频率记录是基于数以万计受访者的调查问卷得出的，我们从这些调查问卷可以发现，日系车的质量要比美国车高出一个档次。评价最高的汽车（即质量远高于普通车）和评价最低的汽车（即质量远低于普通车）之间的差距非常大。质量最高的汽车维修率还不到 2%，而质量最差的汽车维修率高达 15% 以上。1984 年的报告包括 198 种不同品牌的汽车，其中 147 种为美国国产车，51 种为进口车。在 147 种国产车中，63 种标有黑点（意指质量远低于普通车），只有一种标有红点（意指质量远高于普通车）。在 51 款进口车中，36 款车标有红点，只有两款例外，均为大众汽车。《消费者报告》显示，日系车的维修率低于国产车。[20]2014 年的评估表明，国内和国外品牌的差距在缩小（后者也主要在美国本土生产），但也有少数例外，红点代表的是进口品牌，黑点代表国产品牌。

本节的数据表明，人均汽车运距在逐渐增加，从 1950 年的 9450 英里升至 2000 年的 12500 英里，到 2012 年降至 12000 英里。最近的下降反映出生活方式发生了变化，需要加以分析，但并不一定意味着生活水平的降低。一些家庭可能因为燃油价格飙升而做出牺牲，但还有一些家庭属于自行选择。处于 16 ~ 24 岁年龄段的人群拥有驾照的比例从 1983 年的 82% 降至 2010 年的 67%。[21]最新情况是，年轻人面临越来越多的诱惑，他们晚婚晚育，居住地邻近市中心，和有文化修养的同龄人在一个社区。他们经常外出就餐享受文化生活，就近就业，因为有些城市的就业机会越来越集中在市区，如波士顿、纽约、芝加哥和旧金山。特别需要指出的是，2012 年人均汽车行驶里程数并不比 1997 年高。

州际公路系统带来速度与安全

1953 年 1 月 20 日，新当选总统艾森豪威尔宣誓就职时，美国正处于关键历史时刻。1947 年之后的 10 年间，美国人购买了 3000 万辆新车。[22]这些新车车主非常渴望提高公路和高速公路的质量。艾森豪威尔对这种情况了然于胸，可谓了解交通状况的理想总统。早在 1919 年从军时，他就参加了美国部队的远征，驱车从华盛顿到旧金山，历时 62 天。担任“二战”期间欧洲盟军最高统帅的经历，让他知道完善的公路系统是何等重要。在检查了战后德国残留的基础设施之后，艾森豪威尔惊奇地发现，盟军在德国公路上推进竟如此之快。他永远不会忘记公路行驶给他的种种经历，无论在国内还是国外。

然而，早在艾森豪威尔政府上台之前，联邦政府就意识到必须大力投资建设全国公路系统，以取代 1916 年和 1921 年的最初立法，当时立法建设数量有限的公路系统，到 30 年代末已经基本完成。1944 年，国会通过了《联邦资助公路法案》，该法案规定要在新的全国州际公路网中增加 4 万英里。尽管杜鲁门做了很大努力，但是法案的执行由于“马歇尔计划”、《退伍军人权利法案》和朝鲜战争的财政需求而搁浅。关于建设高速公路系统的全面规划和管理物流的全面规划以及资金约束问题则留给了艾森豪威尔总统。到 50 年代中期，政府官员就为规模庞大的超过 4 万英里的公路系统制定了详尽的宏伟蓝图。

宾夕法尼亚州收费高速公路（Turnpike）成为美国公路的典范。诞生于罗斯福新政时期公共建筑工程计划的宾夕法尼亚州收费高速公路于 1940 年 8 月完工，总长达 160 英里，跨越从州府哈里斯堡到匹兹堡之间崎岖不平的绵长地带。这条高速公路最初的使用者惊奇地发现，相比于以前的公路，现在高速公路的建设成就有了大幅度提升。先前的公路是双向车道，车速慢，且经常撞车，导致车毁人亡，此外还有很多交通信号，车速因此难以提高。新修的高速公路横穿大山，行程时间大大缩短。尽管美国人对宾夕法尼亚州收费高速公路引以为豪，但他们大都没有意识到，早在1933年末希特勒就开始建设覆盖整个德国的高速公路系统，到1939年“二战”爆发时就基本完工。全面建设州际公路不是对宾夕法尼亚州收费高速公路而是对德国高速公路网的一种迟到的效仿，空间跨度则比德国要大出20倍。[23]

艾森豪威尔1956年签署了《联邦资助公路法案》，旨在建设造价约为250亿美元、总长达4.1万英里的州际公路系统，计划到1969年完工。[24]该法案将成本分为两部分，联邦政府承担90%，另外10%由州政府承担，同时设立公路信托基金以收取汽油消费税。[25]自立法之日起，州际公路系统的财政来源就有了保障。将汽油消费税用于资助公路系统建设，就有效地把成本转嫁到经常出行的车主那里。图11.8显示的是联邦政府的公路支出与潜在GDP之比。在1955—1970年州际公路建设的高峰时期，这一比率明显呈上升趋势，该比率在1970年之后下降至峰值的一半左右。但即便在州际公路建设的高峰时期，公路支出与GDP之比仍然无法与20世纪20年代和30年代的情形相比。

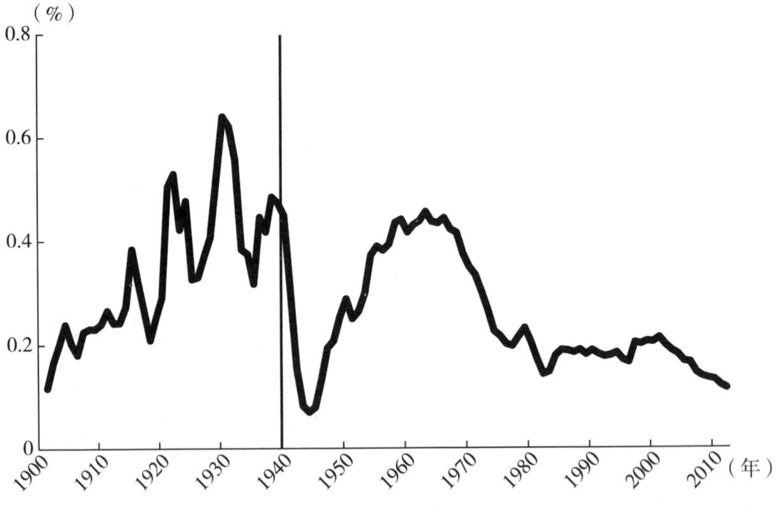

图11.8　1900—2012年政府的公路系统支出与潜在GDP之比

资料来源：BEA FA表7.5A、表7.5B、表7.6A和表7.6B，Berry，Kendrick数据（1870—1929年）以及BEA数据（1912—2013年），1995年之前数据来自HSUS序列Df 339-342，1995年之后数据来自SAUS（2014）表1117，1995—2000年以及2012年的汽车登记量为内插值。

第一批公路一经落成，就对国内诸多产业产生了重要影响。调查研究发现，20 世纪 50 年代至 70 年代的州际公路系统大大提高了生产率。在考察的 35 个行业中，有 32 个行业的成本因为便捷廉价的交通运输而大幅降低。[26]另外一项研究发现，州际公路投资使美国的生产率在 50 年代提高了 31%，60 年代提高了 25%，但是到 80 年代时作用下降，仅提高 7%。[27]尽管增幅之大令人难以置信，但是 70 年代至 80 年代整体经济的生产率增长放缓与本书的主题是一致的，即 1970 年之后基础设施和交通技术对经济增长的贡献大幅下降。

横贯东西海岸和纵贯南北的公路并不是一下子就开通的。长距离四车道公路系统虽然到 1972 年已基本完成，但仍有一些路段未竣工，因此州际公路的无停顿行驶（“无交通信号灯”）这一光荣时刻的到来又被推迟了若干年。1974 年内布拉斯加州率先完成了 I－80 号州际公路建设。1979 年，首条连接加拿大和墨西哥的I－5号公路竣工，途径西雅图、波特兰、加利福尼亚中部的峡谷，一路直达与墨西哥接壤的圣迭戈。第一条横贯大陆的 I－80 号州际公路直到 1986 年才竣工，它始于曼哈顿的华盛顿桥，终于西部旧金山的奥克兰海湾大桥。而南部横贯东西海岸的 I－10 号州际公路竣工于 1990 年，它始于佛罗里达州的杰克逊维尔，终于加利福尼亚州的圣莫妮卡。起初规划的州际公路系统蓝图最后一环直到 1992 年才圆满完成。[28]

州际公路加速了人口流动。调查研究发现，最先竣工的州际公路区域人口增长较快。先前缺乏公共交通系统的县区人口结构发生了有史以来最大的变化。[29]城郊居民此时正在调整适应优裕的新家庭生活方式，也开始设法打发自己前所未有的闲暇时间，这个话题在第 5 章偶有涉及，就是汽车带来了副产品，一种被称为“自助游”的新活动。

新公路网为观光旅游和度假提供了机遇。但是“二战”后的旅游因为没有地方提供食宿而受到影响。在 50 年代，全国范围内的州际公路岔口和出口出现了大量不同层次的连锁宾馆。以“最好的惊奇就是没有惊奇”为标语而闻名的“假日酒店”无处不在，很快成为汽车旅馆的领头羊。假日连锁酒店从 1956 年最初的 20 家增加到 1963 年的 500 多家。[30]出行和旅游业的发展受到州际公路的直接影响，同时公路系统也增加了就业机会，不仅体现在建设方面，还体现在旅馆和餐饮上。

> 20世纪50年代汽车文化的流行导致公路社区蔓延式发展，这种情况与20年代类似，但规模要大得多。美国人把越来越多的时间花在他们的汽车里，商家开始注意到这一现象。美国的50年代被称为“免下车”时代。免下车影院、免下车餐厅、免下车银行、免下车教堂……甚至还出现了免下车葬礼。美国人似乎永远不愿意离开他们的爱车。[31]

我们在叙述汽车出行时突出强调了交通事故死亡率的降低和在减少污染方面所取得的巨大成就。由于立法和规制政策的出台，汽车被要求安装安全设施和防污染设施。同时，大都市地区的城市之间、城区与郊区之间的州际公路上行驶的汽车越来越多，而且都有分流式的进入限制，这也提高了安全性。但是，我们也看到，公路建设支出与GDP之比在1972年之后呈下降趋势。由于汽车流量超过了公路系统的承载能力，很多大都市交通堵塞也变得越来越严重，尤其是在上下班高峰期间。

航空出行：从双翼飞机到波音777-330

在1940年，也就是本书第一篇和第二篇的时间分界点，航空出行刚刚起步，人均旅客运距与1904年汽车旅客人均运距持平。然而在1926—1936年，航空出行经历了有史以来最大规模的发展，1936年之后的任何发展都难以望其项背，直至1958年喷气式飞机的引进。在接下来的60年里，航空旅行的速度和舒适度都没有大幅提高。飞机的变化局限于驾驶舱换成了精密高端的电子控制，燃油经济性如汽车行业一样取得了飞跃式发展，最长飞行距离略有增加而无须中途加油，此外有一些航班还提供娱乐设施。

自从1958年开启喷气机时代以来，最大的变化发生在地面，如航线选择，预订机票，既定航线上有多少航班可供选择，一次飞行需要几次周转等。质量提高并非都是正面的。今天的座位空间比1958年时要局促得多，而且今天乘客从到达航站楼到关闭舱门起飞所需要的时间比当时要长得多。

1940 年之前的航空发展可以通过三件事予以概括：1926 年美国实现了首次商业飞行，1935 年实现了长距离的跨洋飞行，1936 年美国引入第一架现代大型客机。这些事件结合在一起，表明航空技术进步的步伐属于历史上最快之一，其他有 50 年代初电视机的引入和 90 年代末的互联网。1926 年最初的飞行距离只有 411 英里，而 9 年之后开通的定期航空服务线路就达到 2398 英里。[32]

第一次航空飞行发生在 1926 年 4 月，由现在三大航空公司之一的联合航空公司的前身瓦尼航空开通。具有讽刺意味的是，沃尔特·瓦尼（Walter Varney）在 1934 年还成立了大陆航空公司，后来在 2010 年与联合航空公司合并。因此，两家航空公司的创始人可以追溯到同一人。在那个时代，航空的主要任务是运输邮件，而瓦尼航空获得了有史以来美国邮政局审批的第一份商业航空邮件线路合同，第一次飞行便取得成功，尽管没有承载一个客人。第一次飞行的飞机非常小，只能容下一个飞行员和邮件，飞行穿越两个重要的铁路枢纽华盛顿州的帕斯科市和内华达州的埃尔科市，[33]两地相距 411 英里。这架燕式双翼飞机的机身尺寸，与今天航空培训学校使用的塞斯纳（Cessna）单引擎螺旋桨飞机相近。

时间是 1926 年 4 月 6 日早晨 5：30，地点在帕斯科，记者、摄影师、邮政官员和 2500 名观众前来观看，飞行员列昂·卡德伯克（Leon Cuddeback）为具有划时代意义的飞行做好了准备。

> 当 6 匹马拉着马车来到机场时，观众席上响起了一片欢呼声。随车人员从马车上取下了 6 袋邮件，共计 9285 件，重 200 磅。邮件装上飞机，飞行员开始手工启动发动机，但发动机怎么也启动不了。卡德伯克非常着急，因为 6 点出发的时间到了，又过了。最终，经过 20 分钟的拨弄，发动机终于启动，在一片轰鸣声中，飞机飞向了埃尔科。[34]

当时的记载非常详细，如寄给罗斯（Charles J. Rose）先生的一封信还有飞行员的签字，现在由美国联合航空公司档案馆珍藏。

现在让我们跨越五年，关注1931年11月19日发生的一次事件，事件的主角是查尔斯·林德伯格（Charles Lindbergh）。此人四年前因单人驾机首次跨越大西洋而一举成名。当日，林德伯格正和俄罗斯移民西科斯基（Sikorsky）坐在机场贵宾室里，后者因1939年发明直升机而名扬天下。两人正在菜单背面为一架新式飞机设计草图，后来命名为西科斯基S-42。正是这架飞机四年之后进行了从旧金山到火奴鲁鲁的不停顿飞行，距离长达2400英里。[35]该架飞机此后又飞向了时为美国殖民地的菲律宾首都马尼拉。[36]

需求催生发明，飞机设计师们当时居然能够弄清楚如何达到这种航程要求，而当时引入的DC-3飞机只能承载21位客人，飞行距离仅相当于从纽约到芝加哥。DC-3飞机在1935年的成就比飞机工程师设计的飞行能力相同的客机早了18年。因此毫不奇怪，这项壮举鼓舞了当时正饱受大萧条之苦、失业率高达20%的美国。

> 第一次试飞定于1935年11月22日。当时有上万名旧金山民众到现场观看，哥伦比亚广播公司和美国全国广播公司也做了全国的播报工作。短波无线电将起航仪式传送到亚洲、欧洲和南美洲。菲律宾总统通过转播连线发表了讲话。罗斯福总统发来贺信说："虽然没在试飞现场，我对此奇迹仍感到激动不已。"乐队响起，烟花升空，特里普（Trippe，泛美航空公司的创始人）走向话筒。他简单地说道："飞行员，你已经获准起飞，那就抛开一切，按照指示飞向马尼拉吧。"[37]

考虑到1926年飞机只能飞行411英里，运载200磅邮件，而9年之后就能够飞行2450英里，这种技术飞跃可谓人类发明史上最激动人心的技术进步创举之一。早期的飞机从水上而非陆地起飞，因此又被称为飞船，意味着1936年的S-42飞机从旧金山到马尼拉途经火奴鲁鲁、中途岛、威克岛和关岛的飞行路线省去了机场建设的成本。[38]

尽管第一次飞越太平洋的技术令人赞叹，但是它对美国的生活水平没有产生什么影响，因为每周只能飞行一至两次且只能承载 21 位乘客。更重要的是国内航空客运的发展，技术进步如此之快，以至于当时最先进的 1929 年版 9 座福特三引擎飞机与 1933 年双引擎、承载 14 位乘客的波音 474 相比，也显得黯然失色。波音是当时最先进的飞机，能够从纽约飞到芝加哥，历时 5.5 小时，中途在克利夫兰停留 15 分钟加油。[39]

但是这种成就很快被道格拉斯 DC－3 超越，其速度和飞行距离都对航空工业产生了革命性影响。该飞机由唐纳德·道格拉斯和总裁 C. R. 史密斯共同研发，第一次飞行于 1936 年 6 月 26 日从纽瓦克到芝加哥和从芝加哥到纽瓦克同时进行。DC－3 飞机能承载 21 位硬座旅客或 14 位卧铺旅客，从而使航空出行大众化。自西向东横跨大陆的航班仅需 15 个小时，中途加油三次。举例来说，一位乘客在下班之后从洛杉矶出发，第二天中午能够及时到达纽约不耽误吃午饭。卧铺的往返机票价格为 285 美元，相当于今天的 3940 美元，这与现在从纽约到洛杉矶 3600 美元可以平躺的商务舱机票价格相差无几。[40]

DC－3 代表的先进技术，在 1937 年的美国航空公司时刻表上有着最生动的描述：

> 所有航班都是由 21 座旗舰俱乐部飞机（Flagship Club Planes）承担，这是美国最大、最奢华、最安静的交通运输机。飞行全程空调开放，一路清凉。舒适的躺椅让你备感轻松。旅途在不知不觉中结束。你可以看看书，聊会天，抽支烟或打个盹，然后吃一顿免费餐饭。你到达目的地与离家时的感觉是一样的，都是干干净净、清清爽爽。

另外，该时刻表还提供了一些令人惊讶的信息，即往返机票的价格为 1182 美元（根据 1937—2014 年的通胀进行调整），低于最快火车 1185 美元的票价，2014 年 9 月互联网搜索数据明确显示相同座位的价格为 1179 美元！

我们可以把 1936 年的航空出行与 2014 年做进一步比较。时刻表提到的抽烟现象在商用飞机上是不禁止的，直至 1998 年才禁止吸烟。时间的节省似乎是现代飞机的一大主要优势，其实不然。从纽约到芝加哥的航班在 1936 年历时 3 小时 55 分钟，今天只需 2 小时 35 分钟，但这只是空中飞行时间。在 1936 年，如果不携带需要检查的行李，乘客提前 10 分钟到达即可，机场大门就挨着登机口。到达芝加哥时，出门 5 分钟就有出租车。乘客可以乘坐机场接送旅客的十二缸凯迪拉克豪华车从机场到达市区，价格相当于今天的 10. 50 美元。[41]

相反，今天从纽约到芝加哥的行程完全不同。对于没有行李的乘客来说，最快的出行方式就是乘坐出租车。尽管在电子柜台办理登机手续速度很快，但安检往往要排很长的队。考虑到安检排队时间不确定，走到出发登机口一般也需要 20 分钟，乘坐中午飞往芝加哥航班的旅客一般都要在 11 点前到达。到达芝加哥后，从机舱走到机场大门往往需要 10 分钟。而从大门走到出租车需要 5 ~ 10 分钟。乘客 11 点到达机场，最终下午 2：50（美国东部时间）坐上芝加哥的出租车。整个过程花费了 3 小时 50 分钟，比 1936 年正好减少了 20 分钟。

DC－3 民用客机在 1936—1941 年生产，每架飞机的价格按照 2014 年价格计算是 110 万美元，与目前最小的 36 座涡轮螺旋桨飞机 1500 万美元的价格相比要低得多，每个座位的价格分别为 52000 美元和 416000 美元。DC－3 年产 100 架，年生产速度在航空工业发展史上排在第二位，只是被后来从 1969 年生产至今的波音 737 超越（年产 157 架）。但任何机型的生产速度都无法与战时的生产速度相比。战争大后方在 1942—1945 年创造的奇迹第 16 章中有详细记载，“二战”期间生产方面的壮举能够和 DC－3 生产相媲美的寥寥无几，DC－3 后来被重新命名为 C－47“空中列车”，用于军事。在“二战”时期 C－47 的总产量达到 10000 架，每年达 2900 架。

DC－3 到 1945 年总共生产了 10600 架，至今依然存在，这并不令人惊讶。在 20 世纪 50 年代处处可见它们的踪影，它们在较小城市之间的短程航线中占主导地位。没有人知道现今还有多少架 DC－3 在服役，但估计至少有数百架，甚至上千架。这种飞机在非洲很受欢迎，因为它们可以在尘土飞扬的跑道上着陆。在波多黎各的圣胡安市（San Juan），每天都有十余架 DC－3 飞机等候在机场，因为在加勒比海的诸多岛屿中用这种飞机运输货物最方便快捷。

曾经完成从芝加哥到纽约之间首飞的“旗舰底特律”飞机，属于旗舰底特律基金会，常在全国巡回参加空中表演。DC－3 飞机每架售价只有 10 万美元，因为便宜，所以无处不在。首飞之后的 80 年里仍然大受欢迎，说明 DC－3 是航空史上设计最佳的飞机。它的坚固耐用堪称神奇，飞行员之间常流行一句话“能够取代 DC－3 的只有另外一架 DC－3”，这便是最好的口碑。

自 DC－3 首飞之后的 80 年里，比较而言该机型进步非常缓慢，这里扼要概括一下即可。战时研发的四引擎 DC－6 在 1946 年开始运营，能够从火奴鲁鲁直飞旧金山，也就是 11 年前的 1935 年水上飞机飞行的那条路线。载客量也从最初的 21 人增至 54 人，从洛杉矶到芝加哥的飞行时间也从原来的 11.5 小时减至 7.8 小时。DC－6 以及此后的各种机型都添加了 DC－3 缺失的密封系统，提高了出行的舒适性。

1935 年，从夏威夷到内陆的直飞就已经实现，到 1948 年，泛美航空和联合航空每天在该航线上飞行达四次之多，但从洛杉矶到纽约航行距离相同的直飞却是 7 年之后的事情，这令人难以理解。[42] DC－7 最终在 1953 年做到了这一点，跨越美国全境仅需 7.8 小时，比 1936 年版的 DC－3 节省了一半时间。波音 707 喷气式飞机在 1958 年下半年进行了首飞，因为降低了活塞式发动机烦人的震动而大大提高了空中旅行质量。其速度比活塞式飞机要快很多，但还没有达到翻倍的程度，从旧金山到纽约的飞行时间为 4.8 小时。不过喷气式飞机的速度提升并非是永久性的。今天从洛杉矶到纽约的飞行时间是 5.6 小时而非 4.8 小时。

技术变化通常根据年均百分比的变化来计算，而百分比变化最大的要数最长跨州航线的航行时间。以洛杉矶到纽约的航线为例，在 1934—1936 年，从波音 B247 到 DC－3，飞行时间年均降幅为 8.7%，从 1936 年的 DC－3 再到 1946 年的 DC－6，飞行时间年均降幅为 7.3%，再到 1958 年的波音 707，年均降幅 4.0%。自波音 707 引进之后的 60 年里，飞行时间下降率为负值，年均下降率为 －0.2%。过去 60 年间速度之所以下降，是因为燃油价格上涨导致有意降低飞行速度，同时，机场跑道拥挤也大幅延长了从抵达机场到起飞之间的时间。

尽管波音707作为长途飞机在1958年就引进了（其竞争对手DC－8喷气式飞机是在1959年引进的），但是直到60年代末，美国所有飞机才全部换成喷气式飞机。到1969年，飞行时速与波音707相同的737机型填补了地方航线的空白（如旧金山到弗雷斯诺或者亚特兰大到萨凡纳）。但是自1970年以来，航空出行质量再也没有提高过，相反却明显恶化。今天乘客像被驱赶的牛群一样排队接受安检，座位比60年代还要拥挤。即便是横贯大陆的航班，吃一盒冷食也得另外付费，而在10年前，乘客不仅可以免费吃顿热饭，还可以选择开胃菜。

我们说自1936年以来航空出行就没什么进步，这种令人惊讶的描述其实忽视了两个至关重要的因素。第一个是本节所讲的安全性的提高，通常以死亡率的下降来衡量。第二个是下一节要讲的航空出行实际价格的下降，飞机在30年代曾是好莱坞明星的交通专利，而到60年代则演变为普通大众的交通工具，同时，1960—1972年也是航空出行发展最快的时期。

飞机安全质量惊人的提高足以与50年代初电视机质量提高和90年代末互联网发展相媲美。图11.9记录了飞机安全性的稳步提高，从1950年每1000亿人英里死亡人数580人降到1990年的10人，安全性平均每年提高10.1%。而在1994—2006年，安全性提高幅度年均达到23.2%，与这一革命性变化相比，1950—1990年的安全性稳步提高虽然令人印象深刻，但也是犹如蜗牛爬行。不过此后再也没有什么进展。在2006—2014年这8年时间里，只在2009年出现过一次意外事故，49人罹难。除此之外，这8年中再也没有其他意外发生。从危险的出行方式转变到十分安全的出行方式，只花费了近50年的时间。

过去曾出现过很多空难，唯独这8年没有，如何解释这种巨大差别呢？答案可以从造成几次重大空难的根源入手。最为出名的是发生在1956年6月30日的飞机相撞，环球航空公司超级星座与美国联合航空的DC－7在大峡谷上空相撞，导致128人遇难。原因是一位空中交通管

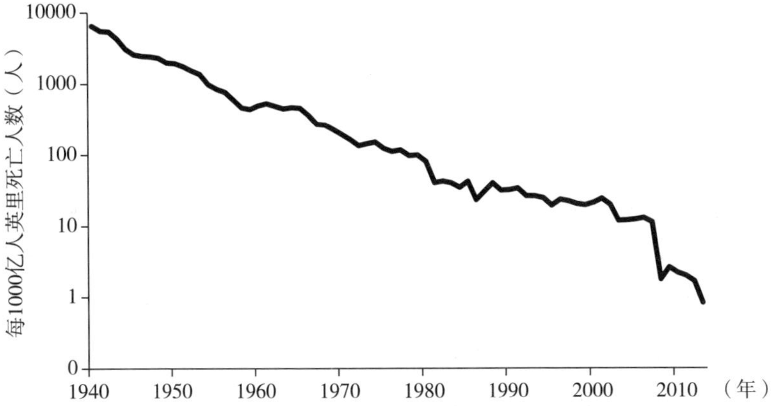

图 11.9　1940—2013 年美国商业航空每 1000 亿人英里死亡人数（基于每 7 年移动平均值）

资料来源：1997 年之前数据来自 HSUS Df1120、Df1133、Df1231、Df1236；1997 年之后数据来自麻省理工学院航空公司数据项目营收客运里程数（MIT Airline Data Project RPM）和美国国家运输安全委员会（NTSB）2013 年航空公司初步统计表 3。

制人员没有及时通知两架飞机的飞行员他们正迎头相撞。经过广泛的调查研究之后，美国于 1958 年成立了联邦航空管理局（FAA）。

很快，空中交通管制不到位的问题得到解决，不再成为空难的根源，但是一些制造和维修方面的误差仍然是致命的。1979 年 5 月 25 日，承载 271 名乘客和机组人员的美国航空公司的 DC－10 飞机在奥哈尔（O'Hare）机场起飞之后突然坠向地面。原因很快查明，是左侧引擎脱离机身，起飞之后，翻转到机翼的顶端，破坏了左翼。最终的调查结果是维修程序出了问题。2001 年 11 月 12 日又发生了和上次极为相似的空难，一架美国航空公司的空中客车 A300 从纽约肯尼迪机场起飞之后突然坠落到纽约市贝尔港的皇后区。原因被确定为飞行员操作失误，他鲁莽地使用舵手导致机尾断裂，在飞机坠落之前，两个引擎就飞离了机翼。

导致这三次空难的根源各不相同，空中交通管制不力、维修漏洞、飞行员的操作失误，似乎给航空公司和飞机制造商很多教训。借用拉尔夫·纳德（Ralph Nader）一本名著的书名，航空出行起初“无论何种速度都是不安全的”，而现在航空出行比过马路还要安全。

机票价格与航空业解除规制时的最初承诺

在战后美国航空工业发展史上，一个主题非常鲜明而突出，那就是航空出行从过去危险且昂贵的出行方式很快转变为非常安全又廉价的出行方式。正如本章开头所言，航空出行“距离的魔咒终于从人类身上解除”。在20世纪50年代，去往欧洲的旅客依然主要借助船运，但喷气式飞机出现几年之内就使定期跨洋客轮几乎消失。到60年代末大多数的远洋定期客轮都被取消或改成邮轮。

不过奇怪的是，航空出行实际价格下降最快的时期发生在喷气式飞机出现之前。如图11.10所示，与其他货物或服务相比较，航空出行价格下降最快的时期是在1940—1960年，从1960—1980年下降速度趋缓，从1980—2014年*相对价格几乎没有什么变化。营运里程增长率的变化反映了相对价格的变化率，因为低价格能够刺激对任何货物或服务的需求。

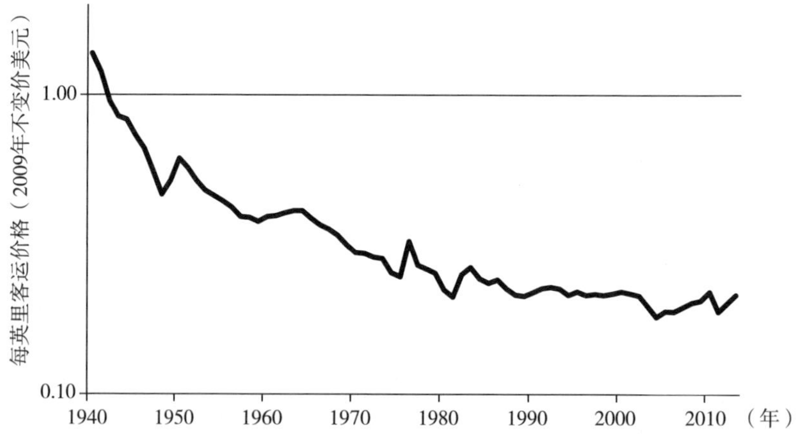

图11.10 1940—2013年经通胀调整后的每英里客运价格

资料来源：1995年之前数据来自HSUS表Df1177—1228，1980—1995年进行了同口径调整；1995年之后数据来自SAUS表1094并进行了同口径调整，1995—2000年为内插值。1948年之后的航空营收客运里程数据来自A4A美国航空年度业绩表；1948年之前的航空营收客运里程数据来自HSUS序列Df1126—1138。

* 图11.10显示的是截至2013年的数据，但原书此处为1980—2014年。——编者注

将 1940—1950 年这最初的 10 年与 1980—2013 年的平均值加以比较，从表 11.2 中我们就可以看出，价格和数量的测度呈反向分布。到目前为止，相对价格下降最快（年均下降 8.1%）且运距变化最快（20.5%）的时期，发生在 1940—1950 年这 10 年间。自 1980 年以来的 30 多年里，变化速度明显趋缓，相对价格几乎没有发生什么变化，而客运里程数每年增长 2.9%。

表 11.2　1940—2013 年美国国内航空出行年变化率　（单位：%）

	(1) 相对价格	(2) 运距
1940—1950	-8.1	20.5
1950—1960	-4.5	12.1
1960—1980	-2.8	9.3
1980—2013	-0.1	2.9

资料来源：（1）1995 之前数据来自 HSUS 表 Df1177-1228，1980—1995 年进行了同口径调整；1995 之后数据来自 SAUS 表 1094 并进行了同口径调整，1995—2000 年为内插值。1948 年之后的航空旅客营收运距数据来自 A4A 美国航空年度业绩表；1948 年之前的航空旅客营收运距数据来自 HSUS 序列 Df1126—1138。

（2）1948 年之后的航空旅客营收运距数据来自 A4A 美国航空年度业绩表；1948 年之前的航空旅客营收运距数据来自 HSUS 序列 Df1126—1138。

1960—1980 年的年均 9.3% 的增长率使运距在 1960—1984 年足足增加了 8 倍。在这期间，飞行里程每 10 年就增加 1000 亿英里。1960 年之后航空出行从过去的奢侈品演变成普通出行方式，普通大众每年都要乘坐一两次航班，有的则乘坐多次。航空出行使在校大学生能够到欧洲度假，也可以定期回家度假或者和家人团聚。

对于许多员工来说，航空出行成为工作所需。在极端情况下，多数企业管理顾问周一早上离开家，乘机去拜访客户，周四晚上飞回，唯有周五在办公室。从事科研与写作的大学教授每年都会受邀多次参加本领域的各种会议，他们要在其他学校各种研讨会和重要会议上提交论文并加以讨论。

如果 60 年代以来航空出行的速度和舒适度没有什么变化，那么哪方面发生了变化呢？喷气式飞机时代最为重要的历史事件是航空业解除规制，经过数十年的争论，终于在1978年实现。在1978年之前，航空公司无权决定飞行路线，也无权决定机票价格。以芝加哥为例，只有美国联合航空公司（以下简称美联航）和西北航空公司才能将乘客从芝加哥运往西雅图，只有美国航空和美国环球航空才能将乘客从芝加哥运往太阳城。美国约有30%的航空出行需要乘客转机，而大部分转机又要求改换航空公司。如果乘客从雪城（Syracuse）到芝加哥就只能选择美国航空公司，若继续前往西雅图则需要转机，这意味着要走很长的路程，比如说，从美国航空公司的K9登机口走到美联航的E10登机口。

而且，所有航班都要求实行统一机票价格，只是根据距离而有所不同。线路和价格由民用航空委员会（CAB）控制。要求解除规制的压力来自联邦政府本身。民用航空委员会授权管理州际航空路线，无权控制州内航空线路。几十年来，加利福尼亚州范围内的航空出行都是不受规制的，不受民用航空委员会的制约。到60年代初太平洋西南航空公司（PSA）成为国内最繁忙的航空线路上的主要承运商，这些线路连接旧金山湾区三大机场和洛杉矶盆地四大机场。在1972年，太平洋西南航空公司每天在加利福尼亚州南北直飞162次，座位累计达22000个。太平洋西南航空公司是解除空中交通管制的试点，解除规制的支持者的主要论据源自一位名叫西奥多·基勒（Theodore Keeler）的经济学家关于太平洋西南航空公司的一篇学术论文。[43]

在解除规制的最初几年里，航空业务发生了急剧变化，线路结构随即发生改变。现在美国航空可以飞往西雅图，联合航空可以飞往菲尼克斯。需要变换航空公司的换乘或转运几年之内就基本消失了。航空出行可以飞往任何地方，为美国民众带来福祉，但同时也让一些航空公司备感苦恼，它们曾以为过去的线路垄断是天经地义的。很快航空公司管理层就领悟到能飞往任何地方意味着航空公司必须掌控本地城市，于是出现了大航空公司合并小航空公司，这种激进变化在1986—1990年已经完成。环球航空公司兼并了奥索卡航空公司从而控制了圣路易斯；西北航空兼并了中北航空（North Central），从而占领了明尼阿波利斯和底特律。甚至解除规制的试点太平洋西南航空公司也没有存活至 80 年代，被全美航空（Airways）兼并，而后者本身即阿勒格尼（Allegheny）和皮埃蒙特（Piedmont）两家航空公司合并的产物。

产业组织经济学家在解除规制的 10 年里不断撰文评估解除规制的效果。批评者认为一些直飞航班被迫中断，很多旅客被迫在由一家航空公司控制的航运中心转机。然而进一步的研究发现，增加的直飞航班多于舍弃的航班数量。尽管大家期盼解除规制之后机票价格会下降，但从图 11.10 可以看出，在 1978 年解除规制法案通过后的几十年里，实际机票价格基本没有什么变化。不过机票的种类倒是增加了不少，因为航空公司可以根据不同座位制定不同价格，从而使收入最大化。航空公司对提前几个星期乃至几个月订票的个人实行降价的优惠政策，对因公出差的人士则相应地提高价格，他们经常当天或提前一天订票。因此，负责庞杂航空票价系统（又称“收益管理”）的管理人员不断想出各种招数，向商务出行人士收取更高费用，例如要求购买最低价机票的人在目的地度过周六夜晚。

然而，就在 1981 年 5 月 1 日周五这一天，机票价格本身的意义发生了变化，美国航空公司首先推出了震惊航空业的常旅客福利计划，即 AAdvantage 精英会员计划。现在机票的购买与常旅客卡号绑定，飞行里程越长赠送的里程就越多。彼此竞争的航空公司感到了威胁并绞尽脑汁想出各种办法，如美联航也在 5 月 4 日周一宣布了它的政策。在早期，这些优惠活动按照今天的标准来看是相当慷慨的。笔者本人和妻子在 1986 年从芝加哥飞往伦敦，用一张经济舱票价和 5 万英里里程换取了环球航空公司的头等舱往返机票。[44]

随着 1984 年美国航空公司 AAdvantage 精英会员计划的推出，航空公司之间的竞争达到白热化。优惠活动非常诱人，除了增加里程之外，精英会员还可以在 24 小时之内有座位剩余的情况下，升级至头等舱的任何位置，从芝加哥飞往纽约升舱只需 40 美元。今天所有航空公司都提供四五种不同层次的会员身份，一些会员飞行里程达到 100 万英里甚至 200 万英里。自 80 年代中期以来，所有航空公司与银行均有合作，这样信用卡就可以和旅客的会员卡绑定在一起。举例来说，笔者只要在美联航用大通银行卡刷卡消费 1 美元，就可自动获赠 3 英里；花 1 美元用于燃气或者杂物，就赠送 2 英里；其他消费则赠送 1 英里。[45]

常旅客计划推出的种种价格和福利优惠活动之于消费者福利的重要性显而易见，机票价格本身已不能准确地测度航空出行的真正成本。对长途出行的旅客来讲好处更加明显，如乘坐横跨东西海岸里程达 2500 英里的航班，五次往返就可以免费乘坐一次。这意味着价格下降了 18%，不过免费乘坐要受一定的条件限制，如载客量，出行旺季也时常不能兑现。

消费者航空出行质量的下降

航空市场创新给消费者带来的福利却戛然而止，原因是 1981 年推出常旅客计划的美国航空公司在 2008 年宣布收取行李费，最初为 15 美元，现在涨至 25 美元，第二件行李收取 35 美元。如果一个人在 2014 年选择航空出行度假的话，往返机票为 400 美元，一件行李的费用为 25 美元，折返还需 25 美元。这样机票的价格就从 400 美元上升到 450 美元，但价格上涨比这还要高，因为航空公司不再提供免费餐饮。在 2001 年 9 月 11 日发生世贸中心大楼被撞的灾难之前，经济舱一直都提供热的免费餐饮，现在乘客必须自己掏钱就餐。如果一个家庭在 3 个小时以上的飞行过程中需要就餐的话，就须支付 8 美元购买火腿和奶酪三明治或鸡肉卷。[46]往返机票的价格从 2008 年前的 400 美元上升至现在的 466 美元。

航空公司也会对条件较好的座位收取更高费用，美联航公司对前后间距为 34 英寸的座位多收取 59 美元，而经济舱的座位间距为 31 英寸。但在 1977 年之前，34 英寸的间距在所有航班上都是标准间距。[47]乘坐机票价格为 200 美元的航班现在还需要再缴纳 59 美元才能坐上和 1977 年同样的座位，这并不是说 2014 年的机票价格直接提高了 59 美元，没有那么高。我们以 15 美元而非 59 美元作为提高的座位价格，那么往返机票的价格就从 466 美元升至 496 美元。与以前的 400 美元票价相比，496

美元意味着在 2008—2014 年票价年均涨幅为 24%，这一事实却没有被相关数据统计在内。

体现航空出行质量下降的最后一个维度，是每年因机场安检浪费的多达 2 亿小时宝贵的乘客时间（大约 6 亿乘客乘以人均 20 分钟的安检时间），相当于每年浪费价值 80 亿美元的时间。全世界范围内的航空安检其实是对"9·11"事件的过度反应。对于"9·11"事件，美国航空安检发现只有一个漏洞，那就是驾驶舱门过于单薄。几天之内驾驶舱就被换上了特别坚固的安全门，任何人都无法闯入。尽管安全问题一周内就得到解决，但 14 年来不必要的安保措施还是每年浪费旅客价值几十亿美元的时间。2001 年的安保系统要求旅客快速走过 X 射线，查看是否携带枪支和金属凶器，这已足矣。

不平等的加剧（第 18 章中将专门论述）还体现在乘坐经济舱的国内出行与高质量的国际航班存在着巨大差距，无论是从旧金山飞往中国香港，还是从西雅图飞往阿姆斯特丹。正如《经济学人》在 2014 年 9 月 20 日所说的那样：

> 如今那些经济舱座位上的旅客连打开托马斯·皮凯蒂的《21 世纪资本论》的空间都没有了，该书因感叹新时代的不平等而成为国际畅销书。航空公司把越来越多的旅客塞进经济舱，旅客虽然抱怨，但也自认这是廉价机票换来的公平交易。但是机舱前排的座位设置得和前几年的头等舱一样豪华。[48]

在经济舱航空出行的不舒适中，也有一个例外，就是机上娱乐选择的普及。国际航班做得最到位，大部分经济舱旅客可以看电影、听音乐、玩游戏等，尽管屏幕是头等舱屏幕的一半甚至更小。国内航班也有大量的娱乐可供选择，如捷蓝航空公司的电视直播节目，而有的航班如西南航空公司的航班则完全没有娱乐节目。到 2014 年，几乎所有国内航班安装了无线网（WiFi），但使用率低于 10% 的数据表明旅客对无线网服务并不领情，至少在收费的情况下是如此。

结　论

1940年以来交通出行取得了长足进步，但是对进步步伐的评价可谓喜忧参半。直到1970年，户均汽车数量都在迅速增加，1970—1990年增速趋缓，1990年之后不再增加。人均汽车运距在2000—2014年也一直在下降，部分反映了拥有驾照的人数比重在下降。但是自从1970年以来汽车质量一直在稳步提高，相应地，汽车事故死亡率也在稳步下降。

1906—1940年汽车质量至少提高了2.5倍（参见表5.2），但是官方价格与GDP统计数据均未显示出来，因为直到1935年汽车才被引入消费价格指数。本章记录了“二战”后汽车质量的不断改进。“二战”后的汽车并没有比1940年的款式变得更大或功率更强，但是也增加了一些便利设施，如空调、自动换挡以及其他方面的装置，包括安全装置、防污染处理设施等。汽车的燃油经济性也提高了。不过，用来计算GDP的价格指数在战后比在战前考虑得更全面，体现了汽车质量提高所蕴含的价值，可以说1940年之前GDP对汽车质量改进所蕴含价值的低估程度比1940年之后要严重得多。

汽车事故死亡率也因人们的持续努力而不断下降。尽管这种成就一定程度上源自政府实行了强制措施，如要求配备安全带和气囊，但更重要的是，作为州际公路系统的一部分，在1958—1972年修建的高速公路提高了出行的安全性。1972年之前整个经济的劳动生产率提高比1972年之后明显要快，其中至少部分原因在于，公路网的形成使卡车司机提高了行车速度。卡车司机效率的提高意味着所有行业的交通运输成本降低了。

在最初10年里，商业航空交通发展的速度如此之快，以至于没有几个行业的技术进步能够与之媲美。远程水上飞机和中程飞机DC－3取得的成就使航空出行成为可能，但是“二战”前相对高昂的价格使航空出行只能局限于电影明星和其他富裕阶层。航空出行的大众化经历了两个阶段，第一个阶段是1953年后出现的大型活塞式飞机，使全国不停顿飞行成为可能；第二个阶段是很快出现的喷气式飞机。在波音 707 以及道格拉斯 DC－8 首次横跨大陆和跨洋飞行之后不到 10 年的时间里，整个航空工业均换为喷气式飞机，包括短程喷气式飞机波音 737 和往返于小型城市之间的道格拉斯 DC－9。

70 年代初是航空出行从快速发展步入缓慢发展的转折点，转变之快甚于汽车出行。1970—2000 年与 1945—1970 年相比，可以看出前一时期航空出行的相对价格下降更慢，旅客人均运距增长也放缓。因为座位空间的缩小和安检时间的增加，自 70 年代初以来航空出行质量一直在下降。而 1980 年以来，相对价格的缓慢下降高估了价格下降，因为一些问题被忽视，如取消了免费餐饮，收取了行李费等其他费用，常旅客机票奖励只是在一定程度上抵消了这些问题。

1978 年美国解除了航空规制，同时承诺降低价格。但是我们看到，与 1980 年之前价格的迅速下降相比，航空出行的相对价格并没有下降。这表明，驱动相对价格变化的最重要因素不是规制程度，而是功能更强大、速度更快的飞机的出现，正如州际公路系统提高了卡车司机的效率一样，这种飞机提高了航空公司工作人员特别是飞行员的效率。在解除规制之后出现了一波又一波航空公司合并，美国国内航空业也整合为四大航空公司，还有一些小型航空公司处在边缘挣扎，地位无足轻重，它们彼此竞争，想尽一切方法实现收入最大化，而且往往以附加费的形式向乘客收取费用以增加收入，而乘客原以为票价即整个出行过程的全部费用。

第 12 章
娱乐与通信：从“米尔顿大叔”到苹果智能手机

公众把家里的电视看作20世纪的电子怪物，它能把你送到球赛现场，能带你去华盛顿，甚至带你到内华达州原子弹爆炸的现场——现在依然如此。观众乐意把电视看作了解世界的窗口，也是实时报道者。电视的神奇之处在于足不出户便知天下事。

——美国全国广播公司电视编导，加里·辛普森（Gary Simpson，1955）[1]

引　言

1870—1940 年是美国大众传媒发展的黄金时期，在此期间，通信技术创新的蓬勃发展使美国民众获益良多，此后，美国民众的娱乐方式及信息获取渠道都发生了急剧变化。与过去 70 年通信技术多样化不同，1940 年之后，信息与娱乐世界由电视独领风骚。尽管电视机的起源可以追溯到 1940 年之前，但商业电视在“二战”之后才开始。然而，电视一问世就以磅礴之势迅速改变了美国民众的生活方式，家成了娱乐中心。电视吸引了大众的眼球，在主要网络中占据优势，在民众心里一直享有很高人气。电视机迅速走进千家万户，为他们打开了一扇通往世界的窗户，这在以前曾是遥不可及的梦想。

电视并非横空出世，它之所以能迎合大众，主要是由于无线电开创的广播结构和实践已经落伍。的确，最早的许多电视明星大都来自无线电世界，电视的资金很多也来自无线电世界。尽管有人曾预言“无线电寿终正寝”，但那只不过是夸大其词而已。虽然无线电广播很快失去了以前可以主导全国观众的地位，却顽强地生存了下来，节目制作更加地方化和个性化，弥补了电视的不足。虽说一家人围坐在一起听广播共享娱乐的日子一去不复返，但收音机演变为可信赖的个人伴侣，无论是在上下班途中，还是驱车购物途中，都是如此。

电影业也受到电视的极大冲击。“二战”之后，影院的每周上座率大幅下滑，因为大多数人选择在家里看电视，既方便又舒适。唯一的投资就是购置电视的费用，因为电视节目是免费的，也省去了往日的电影票钱和交通费。此时的电影明星在电视明星面前显得黯然失色，后者如露西尔·鲍尔（Lucille Ball），俨然成为家庭一员，再如《德士古明星剧场》的喜剧演员米尔顿·伯利（Milton Berle），被民众亲切地称为“米尔顿大叔”。

不过，和无线电广播一样，看似“过时”的电影同样表现出顽强的适应能力。尽管每周的上座率从 60% 下降到 20%，却从未降至零点（参见图 6.5）。在 20 世纪 80 年代有线电视出现之后，这种新媒体更加依赖电影来丰富节目的娱乐性。正如盒式磁带录像机以及 DVD（数字通用光盘）后来出乎意料地成为电影界的福音一样，电视也成为好莱坞的摇钱树，并未动摇电影在大众文化中的重要地位。电影还从单一的收看场所电影院转变为通过多种途径获取，其中包括电视以及后来的个人电脑和智能手机。

与此同时，民众观看电视的感官享受也日益提高。虽然屏幕加大，清晰度提高，但电视机价格反而下降了。到 20 世纪 70 年代中期，大多数美国家庭都用彩色电视观看自己喜欢的节目。有线电视的发明与发展为观众提供了更多的选择机会，画面也更稳定、清晰。后来，先是盒式磁带录像机的出现，接着又有了数字视频录像机的发明，人们可以借助“时移”功能，根据自己的日程观看喜欢的节目。

听音乐的方式也在革新，尽管比电视来得慢一些。1940 年以后的很长一段时间里，留声机仍然占据音乐界的主导地位，尽管录音技术的创新可以提供更高质量的听觉体验。乙烯基唱片因为播放时间更长、立体音响效果也更好，取代了黑胶唱片和自动换片器。而盒式磁带以及后来的 CD（光盘）唱片在录音质量上有了很大改善，收听也更加方便。很快 CD 消除了很多录音瑕疵，同时延长了播放时间。到 20 世纪末，四五十年代风行一时的留声机几乎完全被 CD 技术取代，尽管两者的唱片外形很相似。

人际交流方式也发生了明显变化，首先是长途话费大幅下降。20 世纪 80 年代出现的手机带来了全新的元素，其性价比完全超越了家庭固定电话，近年来成为个人通信的主流。同时，手机已成为一种新的多媒体工具，智能手机可以让用户随时随地上网、收发信息和邮件、收听音乐、观赏电影等。

即时性成为这个时期新闻传播的主要特点，一如人际交流更加即时。现场实时报道始于“二战”期间的无线电广播，后为电视采纳，在 1940 年就成为一种比较新颖的传播方式。播报的即时性导致传统报业走向长期的缓慢衰落，而 CNN（有线电视新闻网）的有线电视新闻以及直接来自互联网的新闻进一步加剧了这种下降趋势。与此同时，电视新闻也大大改进了 20 世纪三四十年代每周播放一次新闻短片的原始做法。

自 1940 年以来，通信及娱乐行业持续不断的革新与前两章叙述的内容形成鲜明对比。食品和服装（如第 10 章讨论的）无论是质量还是数量的提高都可以忽略不计，20 世纪 70 年代之后，住宅设施及家用电器质量的改进明显放缓。与此类似，在第 11 章中我们看到，1970 年是国家公路系统发展和商业航空旅行质量提升的分水岭。不过，在本章讨论的内容中，这种 1970 年后的放缓现象并没有出现；相反，智能手机以及社交媒体在过去 10 年里一直加速前进而不是放缓。

电视机的早年岁月

尽管电视直到 20 世纪 50 年代才迎来它的黄金时代，然而电视技术的突破却远早于此。19 世纪 70 年代，威廉·克鲁克斯爵士（William

Crooks）及其他研究人员研发出阴极射线管，这是传输电视图像的基础，但是电视实验者直到 19 世纪末才予以重视。以前，电视实验者尝试利用机械装置解决图像的传输问题，但是在 1897 年，卡尔·费迪南德·布劳恩（Karl Ferdinand Braun）研制出了阴极射线示波管（CRT），从而把电子信号变成可目测的图像。10 年后，圣彼得堡大学的罗辛（Boris Rosing）进一步完善了该技术，他把改进的布劳恩阴极管与光电管连接起来从而获得微弱的图像。

在接下来的几十年里，其他科学家继续改进布劳恩和罗辛的发明，但是最大的贡献来自 20 世纪 20 年代和 30 年代的两位巨子。一位是弗拉基米尔·兹沃里金（Vladimir Zworykin），他是俄国移民，当时正服务于美国的一些大公司，研发摄像管，以解决电视图像传播的关键一环。[2]另外一位是来自爱达荷州里格比市的年轻人费罗·法恩斯沃斯（Philo T. Farnsworth），他特立独行，在旧金山成立了自己的实验室。

兹沃里金起初服务于西屋电器公司，在那里他研发出了光电摄像管，这大大增强了电子照相机的感光性能，提高了图像的清晰度。1928 年，他展示了这种新型装置可以传输光电电视信号，立刻引起了人们的关注，尤其是引起了时任美国无线电公司副董事长兼总经理大卫·沙诺夫（David Sarnoff）的注意，他为兹沃里金提供了额外的资金支持。当美国无线电公司在 1930 年接管通用电气以及西屋电器的无线电业务时，大卫·沙诺夫更是鼎力支持对电视的研究。

与此同时，法恩斯沃斯尽管没有得到西屋电器、美国无线电公司等大公司的大力资助，但一直致力于开发自己的电视技术。虽然没有像兹沃里金那样受过专业技术教育，但法恩斯沃斯 15 岁时就非常痴迷于电视这一想法，并在爱达荷州老家研究光电和二极晶体管。1926—1938 年，法恩斯沃斯做出的巨大贡献就是和美国无线电公司一道推动了电视的商业化，但他仅耗资 100 万美元，而美国无线电公司耗资 900 万美元。[3]

对于法恩斯沃斯的独创性研究，当时各大公司并非没有关注。然而，当法恩斯沃斯在 1930 年申请电视专利时，美国无线电公司被打了个措手不及，并马上对他提起专利抵触（patent interference）诉讼。不过，法庭最终还是站在了法恩斯沃斯的一边。同年8月，这位24岁的小伙子便拿到了电视专利。这当然并不是他们之间的最后冲突。这位特立独行的发明家在随后一系列专利诉讼案中，大部分都取得了胜利。[4]法恩斯沃斯和兹沃里金两人的发明创造将电视标准提高到一个新水平，从而开启了电视的商业化时代。沙诺夫当机立断，决定把自己的名字和他新成立的美国全国广播公司与即将到来的这一新媒介联结在一起。1939年4月，在纽约皇后区法拉盛举行的世博会上，面对美国全国广播公司的记者和镜头，沙诺夫宣布：

> 怀着一颗至诚之心，此时此刻我郑重宣布，在这个国家诞生了一项新的艺术，它意义重大，必将影响整个社会。这项艺术，就像一把火炬，给这个世界带来了希望的曙光。我等务必充分利用它为人类谋福祉。[5]

此时的电视广播仍处于起步阶段。然而，在1941年7月1日，美国联邦通信委员会（FCC）终于审核通过了电视的商业标准，于是哥伦比亚广播公司和纽约的美国全国广播公司便成立了最初的两家商业电视广播台WCBW和WNBT。尽管当时电视依然稀缺，播放也仅限于纽约和其他几个大都市及其周边地区，但其黄金时段的播出成本仅为无线电广播的1/10，现代意义上的电视正式走向历史舞台。然而5个月之后的珍珠港事件，以及美国随后加入“二战”，中断了电视的进一步发展，让无线电广播又延续了五年的辉煌期。[6]

第二次世界大战以及旧媒体的“最后欢呼”

1942年5月，为了将所有资源用于战争，战时生产委员会禁止电视台扩建。美国全国广播公司和哥伦比亚广播公司也随即停止了电视广播，一直中断到1944年夏天。同时，战时的无线电广播达到了魅力巅峰。它给渴望前线消息的民众送去了哪怕是零星的最新战报。当罗斯福在1941年12月8日发表“它将永远成为国耻日”的著名演讲时，听众超过 6200 万人，接近美国人口的一半。除了继续占有优势地位，无线电广播实际上还在战争动员方面以各种方式发挥着重要作用。在前线，对讲机成为新型而实用的军事联络手段。

在后方，无线电广播在凝聚爱国主义、激发公民战争责任感方面发挥了非常重要的作用，主要围绕战争动员，包括呼吁市民购买国债。最突出的一次发生在 1944 年 2 月 1 日。此外，无线电广播还将战争主题融入节目或另设新栏目，以此激发民众的爱国热忱。通过这些活动，无线电广播增强了民众对战时“配给制”政策的认同，也增强了他们对国家抗战的认同。在许多节目中，如《这就是战争》，“编导的目的就是让它们同时起到激励、震撼、通告这三重作用”。[7]与此同时，无线电新闻广播也发生了质的变化，并一直影响着无线电和后来电视的广播方式。其中之一就是现场实时报道，而先前的新闻播报均来自播音室的滞后消息，突然之间，美国民众能够直接接收到战地消息了。

无线电实时播报战争的进展细节，让人如临其境。这比任何报纸都更为直接而真实。的确，“新闻记者莫罗对纳粹轰炸伦敦以及伦敦人民不屈不挠抗争的报道，大大改变了美国人了解战时情况的方式。无线电广播穿越时空的报道是印刷制品不可比拟的”。[8]然而无线电报道战事的这种辉煌并未持续多久。尽管战时并未扩建电视台，但这位后起之秀并不甘于静静等候。电视技术研究和创新一路高歌，兹沃里金研发出了超正析像管，提高了感光性，美国无线电公司和哥伦比亚广播公司也进行了彩色图像的实验。[9]

电影产业，一如无线电广播，在战时也得到蓬勃发展。在那些岁月里，美国民众 23% 的娱乐支出用于看电影。1946 年夏天，《综艺》杂志刊登了一篇关于“电影历史上最肥的六个月”的文章，在这六个月里，票房收入高达 17 亿美元，每周观影人数多达 9000 万人次，超过总人口的 60%。[10]多数情况下，他们看的都是双片（看一部送一部），中间播放新闻短片，主要内容是再现无线电广播早已播报的画面，如纳粹军队的正步方队，美国坦克在激昂的音乐和解说词的伴奏下英勇前进。

1945年9月2日，日本在密苏里战舰上签署了无条件投降书，战争宣告结束，美国经济开始从战时经济迅速转向和平经济。虽然无线电广播也从中受益，但在和平时期，人们更加期待的是配给制的结束和电视的出现。经过数年的发展，电视机开始了批量生产和广泛销售，到1950年开始遍及全国。“二战”结束标志着电视黄金时代的到来。

电视的黄金时代

战争结束时，电视机用户只有寥寥几万，而且主要集中在纽约地区。到1950年时，仅9%的美国家庭拥有电视，5年之后便激增至64.5%。这种每年增加13%的速率是任何其他家用电器无法比拟的。甚至比2003年后出现的智能手机和2010年的平板电脑增长还快。到1955年，电视机信号至少覆盖97%的美国家庭。到20世纪60年代初期，电视机用户比例高达90%以上。

电视的普及几乎在一夜之间完成。从图12.1可以看出，1948年美国联邦通信委员会暂停电视台扩建的决议曾经影响了电视节目的收视，尤其是小城市。截至1952年，仅有108个电视台，其中就有16个坐落在纽约、芝加哥、洛杉矶等大城市。[11]

在发展早期，电视机在美国家庭还很稀少，看电视具有很强的交际功能。曾有一段时间，只有在公共场所才能看到电视，酒馆往往成为所在社区邻居聚集看电视的地方。如果街坊邻居有电视的话，他们就非常受欢迎，常常举行电视派对。孩子们也跑到邻居家里连续看上几个小时，甚至可能央求父母买一台，只不过父母对孩子看电视要盯紧一点。[12]

事实上，这也成为购买电视机的主要驱动力之一。根据1949年针对纽约市区电视机用户的调查，18%的用户购买电视是因为孩子想要一台，还有15%的用户表示是因为朋友家有，就萌生了购买的念头。约有1/3的用户表示主要是为了观看体育赛事，这也是购买电视机最普遍的动机。[13]在商业电视的形成期，电视节目几乎都是地方性的。与无线电广播网的全国性覆盖不同，早期的电视更具地方性。但凡能看上电视的人

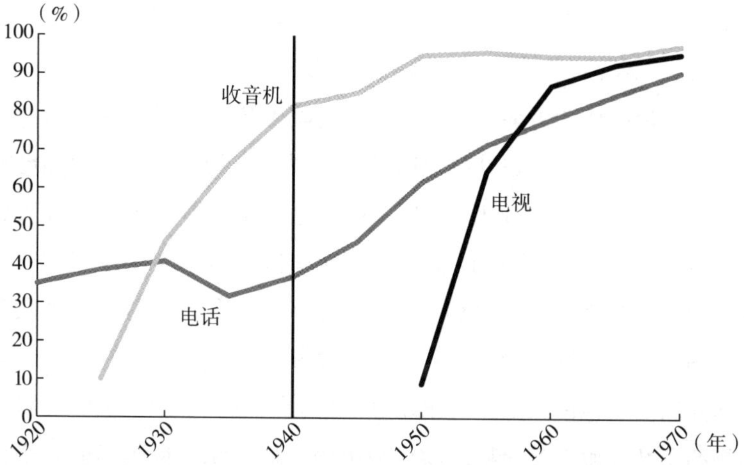

图 12.1　1920—1970 年电话、收音机、电视机用户比例的变化情况

资料来源：SAUS 1999 序列 1440，美国人口普查局。

都熟悉当地的播音员和气象播报员。

电视网络早在 1946 年就出现了。当第一根电视同轴电缆把纽约、费城和华盛顿连接起来时，三地的观众便可观看乔·刘易斯和比利·科恩的重量级拳王争霸赛。五年之后，美国电话电报公司成立了覆盖全国的同轴电缆系统，将 95% 的电视用户连接起来，全国性的电视网随之诞生。在接下来的 30 年里，电视网在电视商业中发挥了无与伦比的影响力，从 1982 年起，广播电视网的附属电视台比例才下降到不足电视台总数的 80%。[14]

美国划分成四个时区给当时的电视网管理人员带来了麻烦，纽约晚上 8 点播放的节目同步传送到加利福尼亚州下午 5 点播出是行不通的。解决的方法之一就是利用同轴电缆将每一个电视网播放的节目传至坐落在洛杉矶的控制中心，电影摄像机重新拍摄录制，三小时之后再传送出去。在太平洋时区成长起来的民众不会忘记当时电视节目画面的模糊，相比之下，地方台的电视画面自然清晰得多。直到 1957 年磁带录像机的引进才解决了这一难题，使西部地区的民众和东部的兄弟姐妹能够欣赏到同样画质的电视节目。[15]

全国性电视网通过新的“世界之窗”将民众连接起来。具有讽刺意味的是，电视媒体本来是让家庭成为娱乐中心的，却演变成一种共同的集体经历。“集体经历常见的方式就是在各家客厅里看电视。”[16]然后第二天上班最有趣的话题可能就是讨论前一天晚上热播剧《我爱露西》中的一个片段。无线电广播在其辉煌时期也曾风靡全国。不过电视和电视人物的魅力更大。1953 年 1 月 19 日，在哥伦比亚广播公司电视台播放的《我爱露西》中，主人公露西生宝宝的时间恰好与扮演者生宝宝的时间不谋而合，收视率高达 68.8%。[17] 两年之后，约有一半的美国民众观看了演员玛丽·马丁饰演的《彼得·潘》电视剧。[18]

同样高居收视前列的还有米尔顿·伯利主演的《德士古明星剧场》。米尔顿的奇装异服以及滑稽表演成为美国人周二晚上夜生活的一个重要部分。根据一份调查显示，底特律水库水位急剧下降就是因为观众在欣赏完他表演的节目后同时洗澡的缘故。红极一时的喜剧演员米尔顿曾多次在节目中随口说“听你米尔顿大叔说”，于是他就赢得了“全民大叔”的称号。[19]

电视能有今天，很大程度上得益于无线电广播，此外还有互助基金（co-opting funds）的支持、广播结构的调整以及旧媒体培养的明星等。民众偏好的程度可以从收听和收视时间上看出来。1948—1955 年，收音机每日平均收听时间从 4.4 小时降至 2.4 小时，有电视的家庭甚至只有 1.9 小时，而收看电视的时间平均每天为 4.9 小时。[20]电视在闲暇时间中的重要性持续增加，到 2005 年，电视用户平均每天收看时间高达 8 小时，如图 12.2 所示。[21]电视也影响了人们的社交活动安排。1965 年，电视用户比没有电视的人群减少了户外社交活动，减少了睡眠时间，懒得打扫卫生、搞园艺、洗衣服等。到 2005 年，收看电视作为第一位的活动几乎占去了一半的空闲时间，如果把收看电视作为第二位和第三位的活动也计算在内，也就是说，如果算上做一件乃至几件主要事情的同时也收看电视的时间，那么，收看电视占用的空闲时间甚至超过一半。

电视的影响不仅限于时间利用的改变。作为通向世界的私人窗口，电视从一开始就具有社会平等器的作用，一如以前的无线电广播。尽管屏幕小、价格高，但到了 20 世纪 60 年代，每个家庭实际上都有一台电

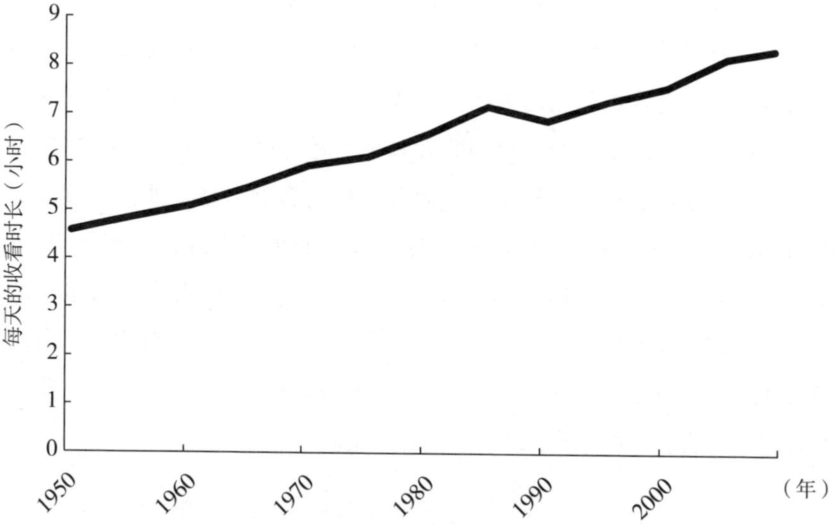

图 12.2　1950—2009 年居民电视收看时长

资料来源：TV Basics（2012），第 6 页。

视机。大家可以在家里观看同样的节目，而不必遭受可能遇到的冷眼。正如一名非裔南方黑人所说：

> 电视使我们可以理直气壮地欣赏节目。以前观看节目时，我们总是被隔离，坐最差的位子。有了电视，我们便可以和任何人平起平坐。没有电视的时代，无线电广播多少让我们有了平等的感觉。但凡要求隔离才能观看的节目或赛事，我们绝不会看。[22]

电视对大众舆论的影响力自然更不消说。最有说服力的莫过于尼克松和肯尼迪在 1960 年总统大选中的首场辩论。[23]在那场辩论中，尼克松拒绝化妆而显得面容憔悴，且情绪激动。而肯尼迪充分利用了电视图像的优势，他看起来精神饱满，风度翩翩。据哥伦比亚广播公司的编导回忆：“看看肯尼迪那种古铜色的美……再看看尼克松，面如死灰。”收音机听众对于谁会胜出尚有分歧，而电视观众则一致认为肯尼迪胜券在握。人们常常认为，肯尼迪最终赢得选举与第一场电视辩论中对观众的影响有很大关系。[24]此外，在民权运动中，电视也发挥了重要作用。1965

年 3 月 7 日，一群和平示威者从亚拉巴马州的塞尔玛市向州首府蒙哥马利进军，反对种族隔离，抗议者在行进途中遭到塞尔玛市警长和一队州警的攻击。恶意攻击的画面被拍摄下来并向全国播放，引发了反对暴力执法的浪潮，这次事件最终以约翰逊总统签署《投票权法案》而告终。[25]

电视在政治、社会乃至文化方面所发挥的影响力是其他任何领域的创新都无法相提并论的。它被赞誉为“最棒的传媒方式，实现了 19 世纪以来人们一直痴迷的时空跨越梦想”。[26]因此，也难怪有人预言电视的崛起意味着平面媒体、无线电广播和电影将寿终正寝。然而这些所谓的旧媒体非但没有消失，还一直在发展中。正如 1897 年马克 · 吐温从伦敦发来电报所言：“说我死了，真是危言耸听。”[27]

电视时代的旧媒介

战后，电影上座率急剧下滑。1946 年每周有 60% 的美国民众去电影院，到了 50 年代中期，上座率则徘徊在 25% 左右，并一直持续至今(参见图 6. 5)。不难看出，这是电视的兴起所致。

电影院比以往任何时候都更加空荡。多年来，电影业煞费苦心，想尽各种奇招吸引观众。技术是最主要的手段之一，包括 3D 电影、宽银幕立体电影。彩色电影日趋流行（当时尚未出现彩色电视），其比例从 1947 年的 12% 上升到 1954 年的 58%，不过，所有这些方法均未能奏效。[28]与此同时，汽车影院也随之而来，这与其说是对电视发起的挑战，不如说是汽车文化的繁荣所致。虽然汽车影院形成了巨大的文化价值，具有怀旧的气息，但仍难以阻止观众从影院渐渐流失，20 世纪 90 年代中期的超级豪华影院也是回天乏术。

然而电影毕竟活了下来，90 年代影院的扩建热潮表明其顽强的生命力。虽然还不足以和电视抗衡，但那种超大屏幕的视觉享受是起居室里的小电视机无法比拟的。[29]这种顽强的生命力尤其表现在电影制作的数量上。30 年代，美国每年放送 500 部电影，到 50 年代时下降至 369 部，1954 年是 232 部。[30]到 60 年代至 70 年代趋于稳定，维持在 200 部左右。[31]

然而消失的电影大部分为 B 类和 C 类电影，取而代之的是商业巨片。[32]《教父》之类的电影杰作仍有望激发数以万计的人模仿出演主人公的马龙·白兰度这位好莱坞巨星；《星球大战》的横空出世，成为文化偶像和票房成功的典范，按照经通胀调整后的国内票房收入计算，直到今天仍然仅仅落后于《乱世佳人》。[33]

1956 年哥伦比亚广播公司播放了《绿野仙踪》，这是在顶级电视网络上播放的第一部好莱坞大片。几年之后，这部电影成为电视网络的年度事件，比在剧院里演出的时间更长，更加巩固了其经典地位。[34]到 1975 年，电影占据一半以上的黄金时段节目，在非附属电视台中占据了 80%。正如一位作家所说：“越来越多的人观看好莱坞电影，但大部分不必为此埋单。”不过播放电影的电视网须缴纳一定的租金，例如 1974 年，美国全国广播公司电视台就曾缴纳 1000 万美元连播两晚的《教父》。这种付出也得到了回报，因为美国全国广播公司的收视率当晚高居榜首。借助电视，电影仍然发挥着巨大的文化和经济影响力。[35]

无线电广播并未因电视而消失，以地方特色为主题的广播随之登场，虽然增长缓慢但多年来比较稳定。许多电台充分利用流行歌曲排行榜前 40 名这种方式，不断重复播放那些最流行的歌曲。20 世纪 60 年代，电台越来越专业化，一些电台甚至采用全新闻模式，另外一些则集新闻、脱口秀、体育等于一身。还有一些变成专门的音乐台，专门播放“经典老歌”“地下摇滚”等。[36]

收音机表现出很强的适应能力，在很多方面弥补了电视的不足。不仅仅体现在节目上，收听方式也发生了根本变化。电视机取代收音机作为家庭娱乐的中心地位，收音机便向个性化方向发展。当笔者还是年轻的大学生时，曾有一台小型 AM（调幅）收音机，夜晚无所事事时，便搜寻无信号干扰的频道，聆听那来自远方的故事。[37]晶体管的出现大大降低了收音机的成本，并且让人们能够在行走各地时携带袖珍收音机，很快收音机的数量远超家庭数量。[38]1940—1970 年，汽车收音机比例从 30% 跃升至 95%，从中可见一斑。[39]总之：

> 收音机并未故去，甚至不曾病倒。它只是需要心理分析……大众并非因为电视而不再喜欢收音机。他们只是想换个收听方式，于是收音机来到沙滩，走进公园，来到阳台，进入轿车……收音机已成为个人伴侣，而不再是家庭娱乐的中心。于是个人与收音机之间便建立了一种亲密关系，犹如随身携带的一包香烟。[40]

生动的颜色：电视质量的不断升级

虽然20世纪50年代是电视的黄金时代，但仍缺少高质量的图像，观众的选择机会也少。在接下来的40年里，电视经历了四次革新，改变了观众的视听方式。第一次革新是电视机质量的改进，其改进速率之快是个人电脑诞生之前任何其他消费品无法企及的。第二次是彩色电视机的出现，此时清晰图像技术已经成熟，人们可以看到更真实、更生动的画面。第三次是有线电视，它为观众提供了大量可供选择的收视频道。第四次是盒式磁带录像机的问世，它的出现彻底改变了人们的视听方式，观众可以根据自己的日程欣赏节目，此后又被更高级的数字视频录像机取代。图12.3反映了这种变化。

在第10章中我们讨论了冰箱、洗衣机、烘干机以及空调在“二战”后30年里的质量改进。它们有三个共同特点：第一，质量改进主要集中在战后初期，到20世纪70年代基本完成。第二，最大的改进从定量上看来自能源效率的提高。第三，从1947—1983年，这些改进的累积影响是巨大的。质量改进包含的价值——未被计算到GDP数据中的消费者剩余——相当于冰箱和烘干机成本的100%，空调成本的200%。

不过，与原来未测度的电视机质量改进相比，这些家用电器质量改进的价值相形见绌。纵观电视机的发展史可以发现，屏幕越来越大，画质越来越高，而价格却越来越低。1950年笔者的父母花350美元买了一台美国无线电公司的9英寸黑白电视机，形同南瓜；另外还得签订每年50美元的服务合同。而到2014年8月，一位顾客只需花418美元便可买

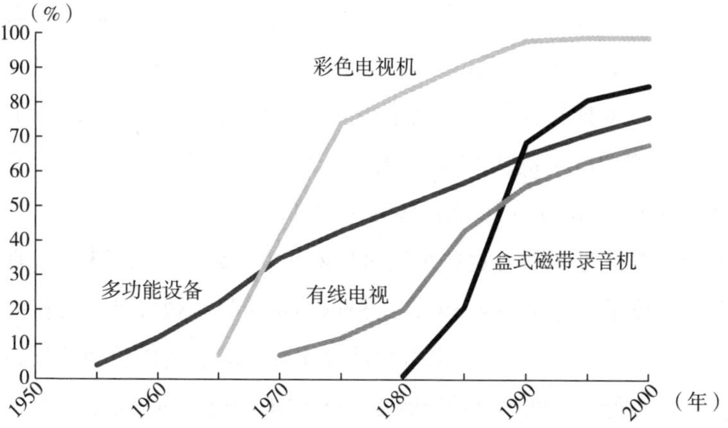

图 12.3 1955—2000 年多功能设备、彩色电视机、盒式磁带录像机和有线电视的用户比例

资料来源：多功能设备和盒式磁带录像机的用户数据来自“TV Basics”，2012，第 2 页；彩色电视机和有线电视的用户数据来自“Television Facts and Statistics—1939 to 2000”（2001）。

到 40 英寸高清液晶电视，并附立体环绕式音响，还配有互联网接口，能够播放视频流。[41]

质量改进不仅体现在画面清晰度的提高和屏幕的加大上，其他方面的改进还有机身重量大大减轻，现在可以轻而易举地从一个房间搬到另一个房间。自从 20 世纪 60 年代完成从真空管到固态电子技术的过渡之后，维修成本也从 20 世纪 40 年代的 50 美元降低到几乎可以忽略不计。固态电子技术同时大大提高了能源效率。此外还有一些早期的改进，如“遥控器、石英音叉、立体音响、视频音频多孔插头以及能处理 82 VHF-UHF（甚高频和超高频）频道的调谐器等”，[42]现如今这些改进早已被人们忘记，而视为理所当然。

笔者对 1952—1983 年电视机质量改进的研究是基于《消费者报告》的产品评估，以及其他可靠信息来源，如麻省理工学院的外部评估。早些时候，维修费用是购买电视机成本的一个重要组成部分，比电费高得多。从 1950—1986 年，黑白电视机的维修率降低到原来的 1/30，从 1964—1986 年，彩色电视机的维修率则降低到原来的 1/10。《消费者报告》关于维修率的报告是电视机质量变化最可靠的信息来源，因为它是根据数以万计的读者填报问卷调查的方式得出来的。在 1950 年，购买电视机还得签订每年 50 美元的服务费合同，而到了 60 年代，维修成本几乎消失，生产商能够提供一年甚至更长的免费服务。同样，能源消耗也大大降低，黑白电视机从 1948 年的 250 瓦降到 1981 年的 60 瓦，彩色电视机也从 1964 年的 350 瓦降至 1981 年的 110 瓦。

综合质量改进的所有这些维度可以看出，1952 年至 1983 年，真实价格的降低幅度平均每年为 4.3%，而根据消费价格指数统计，价格降低幅度为 1.0%。因为要用消费价格指数计算实际 GDP，所以，消费价格指数中的实际价格低估，就会自动导致在实际 GDP 中电视份额增长出现同等规模的低估。[43]这 3.3% 的差距在长达 31 年的时间里可以累加至 278%，这意味着电视机进步中未测度的消费者剩余在 1983 年接近 3 台电视机的支出。

这种调整毫无疑问还存在一种低估，也就是说没有考虑画质的改进。在 1950 年《消费者报告》的质量评估中，14 台电视中就有 5 台被标为画质差或令人难以接受。到 1967 年情况出现了逆转，“知名品牌电视机的画面更清晰、更明亮，前所未见”。[44]1984 年一位作者谈及最新款式的电视机时说道：“首先你注意到的是，画面更清晰、更明亮，对比度更高……画面比过去更清晰的原因是许多质量更好的电视机采用了所谓的梳状滤波器，它能够区分黑白信号与彩色信号。”[45]

家用电器（白色家电）在 1972 年之后便没有较大的质量改进，而电视机则不同，其质量至今都在迅速提高。从 2000—2014 年更加明显，出现了平板电视机和高清电视机。1950 年的普通电视机为 10 英寸，到 1983 年为 19 英寸，到 2014 年增至 40 英寸，屏幕尺寸一再翻倍，2014 年的电视机屏幕其实已远远超出 40 英寸，只需花 1000 美元便可买到 60 英寸的高清彩色电视机，屏幕面积是 40 英寸电视机的两倍多，1984 年电视机的 10 倍，1950 年电视机的 36 倍。[46]

1983—2014 年，电视质量不断改进，尺寸不断加大，而价格却大幅下降。据《消费者报告》，1983 年 15 种不同品牌的 19 英寸电视机平均价格为 700 美元。[47]到 1992 年降至 327 美元，到 1999 年降至 161 美元，年均降幅为 9%。27 英寸彩色电视机的价格降幅也基本如此，1992 年平均价格为 657 美元，1999 年降至 423 美元，到 2004 年降至 321 美元，年均降幅为 6.0%。随着时间的推移，《消费者报告》记载的电视尺寸持续加大。32 英寸彩色电视机从 1997 年的 773 美元降至 2004 年的 559 美元，年均降幅为 4.6%，随着高清等离子和液晶电视机的引入，价格下降进一步加剧。举例来说，32 英寸液晶彩色电视机从 2005 年的 2916 美元降至 2014 年的 382 美元，年均降幅高达 22.5%。超大型的等离子和高清电视机在截至 2014 年的 10 年里价格下降更猛烈。[48]

前面我们已经注意到，消费价格指数大大低估了 1952—1983 年电视机的价格降幅，消费价格指数年均降幅与上述可选的价格指数相差 3.3%。这种低估持续到 1983—1999 年，当时消费价格指数下降比 19 英寸和 27 英寸电视机的平均价格下降要低 4%（消费价格指数年均下降 3.8%，《消费者报告》统计的电视机平均价格下降为 7.8%）。这种年均 4% 的价格下降从 1983 年一直持续到 1999 年，长达 16 年，总计又有 89% 的消费者剩余未算进去，再加上 1952—1983 年累加的低估 278%，1952—1999 年的低估总计约达 525%（$2.78 \times 1.89 \approx 5.25$）。

然而从 1998 年开始，消费价格指数采用了新的计算方法，引入了电视机的“享乐价格指数”，这种方法不仅能够记录一些方面的质量变化，如尺寸大小和清晰度，还能够记录其他方面的改进，如能否联网等。由于计算方法的改变，消费价格指数与《消费者报告》中有关高清电视机的平均价格在 2004—2014 年的 10 年间相差无几。在此期间，消费价格指数记录电视机价格的降幅每年为 20.4%。高清电视机这个重要案例反映了贯穿全书的一个主题：新产品带来的消费者剩余被低估的程度在近些年要比“二战”后初期小一些，自然更不用提 1870—1940 年这一时期了。

所有这些估计都不包括从黑白电视机到彩色电视机这一转变的价值，这才是娱乐史上最重要的事件之一。自 20 世纪 70 年代中期以来，彩色电视机几乎成为美国人的精神主食，与此同时，画面清晰度不断提高，分辨率的提高甚至更快，到 2012 年 5 月，70% 以上的美国居民拥有高清电视机，而在 2007 年却不到 15%。[49]今天美国民众可以在明亮而宽大的平板屏幕上观看盛大的“玫瑰花车大游行”，这在60年前彩色电视机刚兴起时简直就是梦想。

有线电视的出现再次改变了电视观众的收视，这最初是为了改善偏远地区居民的电视接收信号而设的。一些男人找到了一种简单易行的解决方法，将清晰的画面传送到处于孤立小城镇的自己家中。他们树起了天线塔，这样路标就不会遮挡信号，然后再把电缆接到电视机上。不久他们就把有线服务送到家乡和周边城镇，每月收费2～3美元。[50]有线电视一直维持着地方性，且规模较小，直到20世纪60年代才出现转机。当时的观众有观赏体育赛事的需求，于是就讨论能否把它变成全国性的娱乐纳入计划。即便如此，有线电视还是遇到了麻烦。起初，美国联邦通信委员会非常担心有线电视提供商是否会播放隐私，因此对有线电视的发展进行高度规制。

然而到了80年代，有线电视迎来了辉煌，有线电视供应商联合起来克服了初始投资和安装成本问题。[51]从1980—1990年，有线电视家庭的比例增加了两倍多，从20%上升至56%。[52]与早期有线电视不同，此时的有线电视带来的好处多种多样。观众的选择远远超过三大广播电视网和地方电视台频道的总和。民众可以收看音乐专台，如果愿意多付费的话，还可以从HBO电视网上全天24小时观看无广告干扰的电影。

有线电视频道的多样化结束了广播电视网一统天下的局面。广播电视网附属电视台的比例也从1947年以来在1982年首次降到不足80%。仅仅在五年之后又降至60.7%。[53]而且，从1986—1999年，观众数量下降一半，降到不足30%。[54]从整体来看，尽管广播电视网的观众数量仍然多于一些较小的新设地方电视台，不过大家共同观看《我爱露西》或《德士古明星剧场》之类的单一电视节目的经历已经一去不复返。然而，有线电视也失去了满足消费需求的魅力。尽管卫星电视的挑战不断增加，在美国联邦通信委员会决定解除价格规制之后，有线电视商仍然提高其收费标准，相当于1998—2003年通胀率的3倍。而且有线电视一直受到观众满意度的最差评。[55]随着卫星电视持续占据电视市场，随着数字娱乐开始站稳脚跟，有线电视用户已经下降，从2000年时还约占家庭总数的 2/3，到 2010 年已不足 52%。[56]

电视的另外一个重大发展是盒式磁带录像机的出现。它在 20 世纪 70 年代进入美国市场，通过录像机，观众可以录制并随时观看自己最喜欢的节目。有了“时移”键，观众第一次可以实现自主决定而非电视台控制何时看电视，很快美国绝大多数家庭都购置了盒式磁带录像机。1980 年盒式磁带录像机用户比例尚不足 1%，到 1990 年时已经达到 39.6%，到 1995 年更是高达 81%。[57]事实上，盒式磁带录像机如此受欢迎，以至于其交易额到 1983 年时超过了洗衣机。

盒式磁带录像机的这种增长部分是因为其价格急剧下降，1978 年还在 1200 美元，到 1987 年已不到 250 美元。这种年均 17% 的降幅是当时任何家用电器无法比拟的，尽管只维持了 9 年。而且这种降幅大大低估了价格下降的真实幅度，因为质量提高最快的时期发生在最初几年里。最初的录像机采用机电开关而非电子控制，且经常需要维修，因为控制键经常卡住。最早的模式也没有编程功能，甚至没有遥控器。[58]到 1982 年出现了“超豪华”盒式磁带录像机，起初很贵，但价格很快跌落，其功能更先进、更齐全，如红外线遥控，长达 14 天的编程能力，并配有多个磁头。[59]因为一直到 1987 年盒式磁带录像机才被计入消费价格指数，所以价格下降和质量提高带来的消费者剩余增加在 GDP 统计中被完全忽视了。

盒式磁带录像机受欢迎的另外一个原因是，除了“时移”功能之外，它还有预先录制功能。观众不但可以掌控电视收看时间，还可以在家里欣赏电视节目没有安排的好莱坞大片。因为购买这种预先录制的磁带最多花费 80 美元，租借便成了观看这些录像的主要方式，直到 DVD 以及后来的数字视频录像机先后出现才取代了盒式磁带录像机，下文将会讨论这个问题。[60]

音乐革命

在“二战”后的前 30 年里，留声机仍然是音乐霸主。在战时及战后的一段岁月里，除现场演出外，78 转唱片仍是最好的音乐欣赏方式。不过这种唱片存在许多问题，如声音质量差，播放时间短，须不断换唱片，即便是听一首经典老歌也是如此。战争激发的“声音革命”使这些问题得以解决。1948 年，哥伦比亚唱片公司引进了 $33\frac{1}{3}$ 转唱片，又称密纹唱片，播放时间较长。长时间播放这种创意并非新鲜事物。早在 1926 年，爱迪生就发明了一种唱片，能播放 40 分钟，尽管音质不太稳定，而且质量也不过关。而新的 $33\frac{1}{3}$ 转唱片与以往唱片不同，主要体现在乙烯基的使用上。不同于 78 转唱片混合黑胶以及其他填充物，乙烯基韧性好，不易折断。这种革新大大延长了唱片的平均寿命，让生产商能够把唱片的纹理做得更加细密。这既提高了音效，增加了转数，也因此延长了播放时间。

歌曲专辑也随之诞生。现在美国民众可以坐听一张单面长达半个小时且音质极佳的唱片。美国无线电公司在哥伦比亚唱片公司发行密纹唱片数月之后，又发行了 45 转唱片。尽管使用了乙烯基密纹技术，但是 45 转的音质要比 78 转唱片高，不过播放时间不长。[61] $33\frac{1}{3}$ 转属于唱片专辑，而 45 转则是单曲唱片，45 转唱片由于物美价廉而颇受青少年的青睐，也成为摇滚乐的传播媒介。

> 曾经有一段时间，45 转唱片是青少年的最爱。它费用低廉、携带方便。对两三代美国人来说，一叠 45 转单曲，令人回想起周六夜晚的疯狂，在地下娱乐室那闪烁的蓝色灯光刺激下，人们摇头晃脑，双手冒汗，心跳加速……不过 45 转唱片同时也告诉我们，没有什么是永恒的，它将转瞬即逝的青春浪漫幻化成 3 分钟的狂欢碎片。[62]

在过去，一位艺人录制唱片是为了出名，而 45 转唱片便是通往名声的捷径，它成就了很多明星，也影响了很多后起之秀。[63]

磁带录音机是“二战”时录音的又一发明，过了很久才发挥其影响力。尽管音效不佳，但它录音时间长，容易编辑，而不必像留声机唱片那样需要一次性录完一首歌。艺人可以通过双声道调节和加强音效，删掉不理想的部分。[64]但在 20 世纪 50 年代磁带录音机的用户很少，主要限于一些艺人如查克·贝里使用，或保存爵士乐俱乐部的比波普（bebop）爵士乐。盒式录音机在 60 年代的引入标志着录音机进入大众视野。盒式录音机使用方便、小巧玲珑、便于携带，录音带单面就可以播放 45 分钟。在接下来的几十年里，其音质不断提高，播放时间也不断延长。

盒式录音机的出现引发了音乐界的民主革命。无法借助录音棚录音的民众现在可以自行录制并能商业发行，这个时候也正赶上 20 世纪 80 年代末“说唱”音乐的兴起。消费者可能同时又是生产者，因为独立录音更加切实可行，音乐更加多样化。除了提供更多样化和参与式的音乐选择，盒式磁带也更便于人们收听自己钟爱的歌曲。一个人可以在开车上班的途中听自己喜欢的唱片专辑，这种选择即便改进过的最新留声机也无法给予。[65]便携式“随身听”的出现（即 iPod 的前身）更是让人们随心所欲。一位“随身听”迷曾说：“这真是彻底的解放……只需按一下按钮，你就可以随着音乐驰骋到任何一个地方。”[66]

不过，CD 成为人们的最爱，它同时克服了唱片和磁带的缺陷。利用激光而非密纹，CD 比它们的播放时间都长，一张 CD 即可播放 75 分钟，使用者可以随意更改曲目的顺序。最为重要的是，CD 提高了乙烯基唱片的音质，而磁带虽然容易获得也便于携带，却无法提高唱片音质。

1978—1988 年，乙烯基唱片的销售量下降了 80%，这是由于磁带而非 CD 的缘故，因为后者直到 1982 年才开始引进。到 1988 年，CD 的销售量超过乙烯基唱片，[67]到 1991 年又赶超盒式磁带。CD 销量在 2002 年达到最高峰，占据销售额的 95%。由于 iPod 以及数字音乐下载的出现，CD 销售量迅速下滑，稍后再讨论这一点。[68]

从“二战”直到 20 世纪末，美国人收听音乐的方式发生了重大变化。尽管战后 30 年里留声机独领风骚，但由于出现了乙烯基密纹录音技术，更主要的是由于其流动性，先是磁带，随后是 CD 相继统领了世纪末的最后 20 年。然而，在生活领域，移动性这一特征并非音乐最重要的属性。

你能听到我吗？通信的发展与移动化

在 1940 年，只有 40% 的美国家庭拥有电话，[69]且价格比较昂贵，尤其是长途电话。这类电话需要一个甚至好几个接线员利用手动交换机才能接通。随着电话用户的增多，连接次数也成倍增长。这种指数般的增长意味着需要更多接线员和交换机，除非流程得到简化。第一部长途自动交换机设立在费城（1943 年），需要一个接线员即可。不过他（或她）仍需要拨通 19 位号码。真正的突破是在 1951 年由美国电话电报公司完成的。该公司引进了直接拨号的方式，这个新系统不需要接线员，只需拨 10 位号码即可。前三位是区号，中间号为 0 或 1，大都市的区号均由小号组成，如纽约为 212，华盛顿 202，洛杉矶 213，芝加哥 312。

该系统的第一个长途电话是由新泽西州恩格尔伍德市市长唐宁（Leslie Downing）和加利福尼亚州阿拉米达市市长奥斯本（Frank Osborne）在 1951 年 11 月 10 日完成的，接通仅需 18 秒。而 30 年前，第一个从纽约到加利福尼亚州的跨州电话拨通足足花了 23 分钟，用了 5 个接线员。现在电话的时空限制正在逐渐消失。[70]在 20 世纪末，60% 的电话用户有 80% 的通话是通过直接拨号完成的。然而还有一个交换容量的问题没有解决，长途电话不稳定，很多长途电话打不出去。在大城市，交换机负担过重，而在农村成本又太高，且效率低下。解决的方法就是实现所有电话的自动拨号。[71]

随着晶体管的发明，自动化终于在 1948 年取得了突破，这也是计算机发展的重要一环。由布拉顿（Walter Brattain）、巴丁（John Bardeen）以及贝尔实验室人员发明的晶体管加速了电子设计和线路的改进。这一发明很快使专家们调转研究方向，竭力把电子技术应用到远程通信交换系统上。1960 年，最早的电子交换系统在伊利诺伊州的莫里斯市投入商业运营。[72]到 20 世纪 70 年代，美国电话电报公司推出的“讯务服务位置系统”成为电话行业自动化的国家标准。该系统几乎与贝尔系统的本地交换机和长途交换机完全兼容，从而废除了接线员的繁重工作，如收取电话费用。同时，几乎所有用户都可以通过直接远程拨号连接另一个用户。[73]

自动化增强了即时性，提高了方便程度，减少了对接线员的需求，从而降低了通话成本。1939 年从纽约到旧金山 3 分钟的电话就要花费 75 美元，到 1981 年仅需 3 美元。在同一时期，纽约与伦敦之间的通话费（3 分钟）也从 240 美元降到 6 美元。[74]在这一时期，由于电话费用的降低以及随之而来用户的增长，人均每天打长途电话的次数超过 11 次。[75]到 1990 年时电话用户比例已高达 93%，而 50 年前仅为 40%。[76]

正当固定电话几乎在每一个美国家庭站稳脚跟时，移动电话开始登场。移动电话已经使用一段时间了，但必须在信号发射台覆盖区域内才能使用。在 70 年代，一个由接收和发射塔网络组成的蜂窝系统，或“蜂窝站”开始建立。在蜂窝电话移动时，信号便转移到最近的蜂窝站。[77]在早期，蜂窝电话以汽车电话为主，这很大程度上是因为当时的手提电话过于笨重，携带不方便，如 1984 年引进的摩托罗拉 8000，就常被比喻为大砖头。到 1988 年仅有 5% 的手机用户，而且主要用于商务，通话者的通话时间短并直接切入主题。电影《华尔街》（1987）就把手机描述成身份和地位的象征。[78]

直到 90 年代末，手机才开始影响普通大众的生活，在 1990 年，手机用户仅为 500 万，相当于 2% 的人口，到了 2000 年时，手机用户就达到 1. 1 亿，占总人口的 39%。在此期间，信号塔数量大幅增加，每月的平均花费降低了一半。2000 年之后，手机取代座机成为标准的通信方式。2001 年，座机话费占总话费支出的 75%，到 2009 年时降至 37. 3%。2010 年，每户平均拥有 2. 6 部手机。[79]到 2013 年，美国 91% 的成年人拥有手机，如图 12. 4。[80]越来越多的美国人取消了座机服务，转而全部靠手机通信。

手机闯入美国人的生活，极大地影响了他们的社会行为和文化活

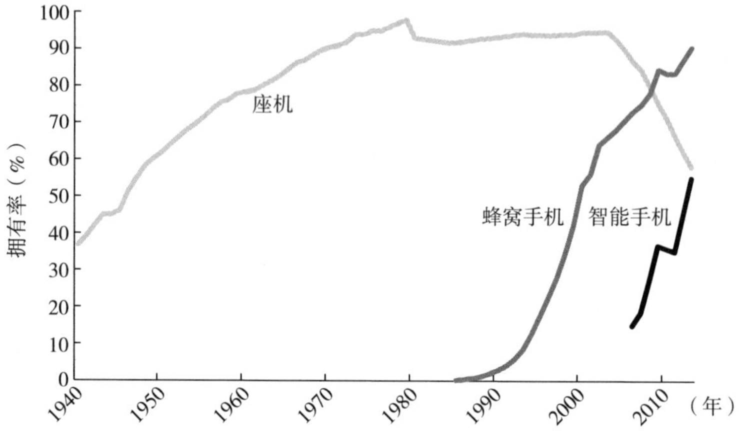

图 12.4　1940—2013 年电话用户比例变化情况

资料来源：2002 年后的座机用户数据来自 Blumberg and Luke（2013）；1940—2001 年的座机用户数据来自 SAUS（2012）的“No HS-42：Selected Communications Media：1920 to 2001”，以及美国人口普查局；1985—2000 年的蜂窝手机用户数据来自美国交通部。

动。“你在哪里”第一次可以用于捉迷藏之外的场合，因为一个电话号码不再局限于一个地方。父母只需拨几位号码便可听到孩子们的声音，这让他们感到安心，尽管父母的声音如影随形让很多大学生感到生活质量下降。手机对社交生活的影响最大。

> 当我购买第一部手机的时候，不是追求时髦，也不是痴迷什么新技术，因为它是一种必需品：如果我想和他人交往，就必须有一部手机。我的朋友早已放弃了传统的社交方式，包括事先安排，敲定见面地点和时间等细节。相反，计划安排如果模糊不清，最后一分钟确定即可，可以随时短信和电话联系。我想买手机是因为我不想落伍。[81]

当然，手机也有其弊端，如手机通话影响了他人的私人空间。随着智能手机的出现（将在后文讨论），我们经常看到这种现象：餐馆用餐者围坐在桌子边，每个人都盯着自己的小屏幕，忙着收发短信。人们每隔几分钟就看一次手机，强迫性地不断浏览社交网络上的各种最新消息。然而手机确实给人们带来了实惠，如自由自在的感觉、安全意识的提高、通话的即时性。

新　闻

“即时性”开始成为美国人的新闻消费观。早期的电视新闻一直处于摸索之中。电视新闻节目经常是片段性的，常常晚于事件发生好几天甚至数周，并且从电影新闻中摘取画面，因为当时电视摄像的室外效果不是很理想。随着时间的推移，电视新闻逐步增多，能够自己制作更多的影像素材。[82]随着电视新闻质量的提高，电影新闻片随之失宠，到 60 年代中期几近消亡。

另一方面，电视新闻质量不断改进，可信度也更高，这是新闻片所缺乏的。这种对电视新闻的认可首先是因为有一位大家备感亲切的主持人，在解说的同时还配有流动的新闻画面作为补充，而不仅仅是为了吸引眼球。事实上，电视网络主持人的这种亲切感使电视新闻受欢迎程度超过了新闻片，也超过了印刷媒介，成为新闻的主要来源。例如，主持人沃尔特·克朗凯特（Walter Cronkite）那“典雅的外表，不容置疑的公平态度，严肃中不乏灵动，深受观众喜爱。在他担任哥伦比亚广播公司《晚间新闻》主持人时，甚至有人建议提名他为副总统候选人”。[83]

当然电视新闻绝非仅仅为了呈现一张亲切可信的脸庞。如无线电广播一样，即时性成为电视新闻的一大特点，并借助画面激发观众强烈的情感。除了日常重要新闻之外，电视新闻还推出了更有深度的记者调查。随着哥伦比亚广播公司《60 分钟》节目的推出，新闻纪录片在 1968 年达到高潮，在 47 年之后的今天，收视率仍高居前十位。[84]有线电视台在 1980 年把 CNN（美国有线电视新闻网）打造成全天 24 小时播放的新闻频道。[85]到 20 世纪 90 年代，频道如此之多，以至于观众可以随意收看来自左派（MSNBC，微软全国广播公司）、中间派（CNN）和右派（FOX，福克斯广播公司）的政治谈话。在最大的都市区，甚至还出现了全天 24 小时播报的地方有线频道，如纽约的 NY-1，芝加哥的

CLTV。[86]

毫不奇怪，报纸在战后达到辉煌顶点之后，发行量开始持续缓慢走低，从 1949 年每家 1.4 份降至 1980 年的 0.8 份，再降至 2010 年的不足 0.4 份（参见图 12.5）。[87]报纸发行量骤减的同时，质量却有了改进。电台和电视台能够进行及时报道，报纸实际上是线下一系列最新进展的简报，及时性与电台和电视台难以匹敌。报纸一直提供一些基本的新闻事件，不加分析也不加评论，对这些事件往往采取一种"事不关己，高高挂起"的态度，它们唯一的动机就是报道最新的独家新闻。[88]

而电视新闻的出现使报纸失去了报道重大新闻的机会。为了竞争，报业不遗余力地提供电视无法报道的更综合的新闻或者提供一些花边消息。这时不再是交由读者解读，而是加入了评论，如《美国新闻周刊》和《时代周刊》就把杂乱的新闻事件整合为有条理、便于理解的概要，这种做法也刺激了其他报刊竞相模仿。而且，电视台把体育节目做得有声有色，以至于到 80 年代许多新闻报纸拿出 20% 的篇幅用于体育专栏。[89]虽然报纸对发行量下降无力回天，却开拓了电视无法触及的利基空间。

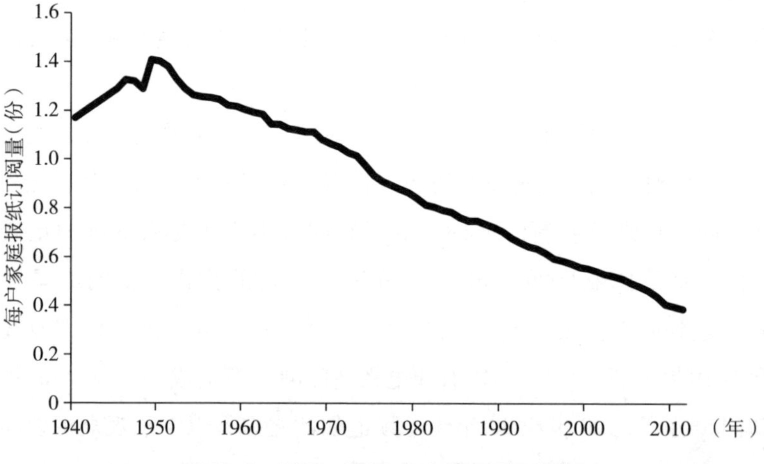

图 12.5　1940—2011 年家庭报纸订阅量

资料来源：美国报业协会（Newspaper Association of America，2012）。

到 20 世纪 90 年代末，电视和报纸都面临一个新挑战，那就是互联网发布的新闻。谷歌搜索引擎可以让人查找到几乎任何新闻细节，如股市报价、赛事成绩等。哪怕是简短的无线电报道，只要一搜谷歌，更多的细节就会出来。2003—2012 年，网络的广告收入增长了 3 倍，而总体的广告收入却减少了一半。因为报纸失去市场的速度太快，以至于网络新闻的广告收入难以弥补报纸失去的广告收入。[90]

尽管电视是人们获取新闻的主要途径，2014 年的一次调查发现，超过 87% 的民众表示自己仍然通过电视了解过去一周的新闻，但 69% 的人也同时利用笔记本电脑和计算机了解新闻。大多数智能手机和平板电脑用户利用手上的工具了解新闻。同时，收音机也为 65% 的美国人提供新闻，而报纸拥有 61% 的成人用户。[91]电视新闻的即时性，让观众能够感同身受，而互联网更是具体到每时每刻，更方便，个性化也更强。微博、聊天室愈发使人们偏离传统媒体。然而每种新闻途径都有自身的缺陷。因为视觉冲击力强的事件，如生动的画面、鲜活的人物形象等，往往会掩盖有实质内容的事件，如劳动力市场的萧条、华盛顿政治混乱。[92]研究发现，阅读网络新闻时，人的阅读速度迟缓，也很难记住，这就提出了一个问题，即目前转向数字化新闻到底有多大益处？[93]

数字媒体：娱乐的个性化和碎片化

本章所探讨的主题与其他各章中涉及生活水平的影响因素有所不同的是，娱乐和通信的进步速度一直没有放缓。20 世纪 90 年代开启了数字化时代，过去的 15 年里转变加速。从音乐到电影，再到电视，娱乐迅速数字化，在很多方面改变了自身的社会意义。90 年代末 MP3（一种音频压缩格式）播放器是音乐迈向数字化的第一步。高度压缩的文件可以下载到计算机上，然后播放音乐。“文档共享”可以从 CD 中“截取”音乐存成 MP3，然后把音乐文档免费发给其他人。音乐收听更加方便，因为可以把大量的音乐存储在很小的便携装置中。

iPod 是在 2001 年引入的，它不同于 MP3 播放器，而是更先进，有点按式圆盘界面，而且与 iTunes 兼容。iTunes 是一款数字媒体播放应用程序，它将数字音乐市场与个人音乐库整合在一起，更便于操作。个人可以从这一袖珍设置中的千百首歌曲里任意挑选，而且可以破天荒地几乎自主控制聆听体验。iPod 取代了 CD，因为使用者可以将 CD 中的曲目免费上传到 iTunes。突然之间，现在可以听到成百上千的音乐专辑，也可按照歌手或音乐种类进行挑选，而这是 CD 无法做到的。MP3 音乐以及各种专辑也可以从 iTunes 音乐商店以合理价格购买到。

尽管 iPod 是音乐数字化的最重要推手，并保持了一定的优势，但其他的创新型音乐来源也纷至沓来。Pandora 和 Spotify 网站把播放列表（radio format）推向互联网，走向个性化。根据个人爱好对音乐进行分流，如流媒体音乐平台 Spotify 允许用户无限次访问 3000 万首歌曲，包月仅需 10 美元，如果愿意收听广告的话，甚至可以免费。[94]这些音乐传送方式的革新，不仅增强了音乐的便携能力和音乐获取与欣赏的便利程度，而且使音乐欣赏高度个性化。但凡能上网的地方，人们均可以听到自己喜欢的音乐，或听到从未听过的海量歌曲。

数字化视听娱乐的发展也经历了若干阶段。20 世纪 90 年代末和 21 世纪初，盒式磁带录像机失去了昔日的风采，主要是遇到了两位“死敌”。一是 DVD，它于 1995 年引入美国，到 2006 年时 DVD 用户（81.2%）超过录像机用户（79.2%）。[95]DVD 更加轻盈便捷，清晰度更高，功能也大大增强，如菜单选择、跳跃式播放等。到 2011 年近 87% 的用户拥有 DVD，整个转变如表 12.1 所示。

第二就是数字视频录像机的出现，在时移方面向盒式磁带录像机发起了挑战。尽管盒式磁带录像机改变了人们收看电视的方式，但数字视频录像机的主要贡献就是使时移更容易操作，只要远处一按按钮即可完成。不像过去需要几十盘甚至上百盘录像带，现在一张光盘即可录制几乎所有内容。截至 2013 年 10 月，数字视频录像机用户虽然不足一半，[96]但每天花在“时移电视”上的时间却足有 30 分钟。[97]

表 12.1　2011 年各种媒体的用户比例

	用户比例（%）	
	1970	2011
手机	0	87.3
DVD 播放器	0	86.7
家庭互联网	0	77.1
个人电脑	0	80.9
卫星接收器	0	26.3
视频游戏系统	0	35
盒式磁带录像机	0	69.6
MP3 播放器	0	45.3
高清电视	0	69.8
数字视频录像机	0	41.3
电视	95.3	98.9

资料来源：“TV Basics”（2012）。

另外一项革新便是网络视频流的出现。从 YouTube 提供的视频共享到网飞公司（Netflix）提供的大量影视节目，视频选项数量出现了大爆炸，人们完全控制了何时、何地观看以及观看什么。2007 年视频流服务刚刚起步，到 2014 年用户已达到 300 万。网飞公司是视听行业的引领者，并在互联网上找到了新家。[98]在开创视频流之前，网飞公司从事 DVD 邮递租赁生意，几年之内把零售出租巨头百视达挤垮。

像电视机的到来一样，娱乐的数字化并未挤垮传统的视听媒介。相反，正如电影在 20 世纪下半叶适应环境变化一样，电视、电影在数字时代也在适应变动的环境。DVD 起初被电影界视为威胁，却成为好莱坞的摇钱树，促使好莱坞扩大电影的产量和种类，并以 DVD 的方式大量出售影片。[99]像网飞这样的网站同样可以做到这一点。

数字化也影响了阅读模式。2013 年，尽管还有 70% 的成年人喜欢纸质阅读，但喜欢电子阅读的读者群比例也从两年前的 17% 上升至 28%。电子阅读器如 Kindle 开启了数字书籍时代，平板电脑因为适合阅读也受到人们的追捧。[100]智能手机（从黑莓到苹果）使娱乐的流动性成为可能，正如早期的蜂窝手机使通信变得可移动一样。到 2014 年 1 月，约 58% 的美国成年人拥有智能手机，[101] 考虑到第一代智能手机（黑莓）在 2003 年才进入美国市场，这种发展速度是惊人的。人们可以在超市一边排队，一边利用智能手机听音乐、发信息、观看比赛或浏览新闻。

> 我们手持第一代或第二代手机是因为外出时通信很有必要，甚至是必需的。这些新东西可能会被认为只是电话的升级版。但我想，这是一种全新的个性化设备。它不单单是电话，它还是电脑，其独特性不同于任何其他技术，在现代世界历史上发挥了极其重要的作用。[102]

的确，对有些人来说，智能手机的附属功能取代了其常规功能。截至 2013 年 5 月，63% 的成人用户中，34% 用来上网，81% 用于收发信息。大约一半也可能一大半的手机用户用手机收发邮件、听音乐、下载软件、使用 GPS（全球定位系统）。[103] 智能手机独有的一大主要功能是软件应用程序即 App。成立于 2008 年的苹果应用商店（Apple iPhone App Store），从起初提供 500 种软件迅速发展到超过 70 万种。从游戏软件到社交网络门户，甚至新闻出版，可谓应有尽有，App 软件下载次数高达 300 亿次。[104] 智能手机及 Twitter（推特）软件是其成功的关键，因为在 6000 万的活跃用户中，78% 的手机用户使用该软件开展社交活动。[105]

结　论

1940—2014 年，在美国生活水平的所有组成部分中，娱乐和通信质量的提高最快，影响最为深远。而自 20 世纪 70 年代以后，食品业、服装业、家用电器、航空出行等发展速度逐渐放缓。这些技术在 1940 年还是遥不可及的梦想，现在却成为美国家庭不可或缺的组成部分。电视是在 1939 年世界博览会上由大卫·沙诺夫引入的，现在已经走进千家万户，每天有 88% 的成年人在看电视。事实上，大多数家庭拥有一台或多台电视机，电视可以把他们带到世界的任何一个地方，观看渴望已久的体育赛事，可以通过视频流或邮递电影租赁业务观看没有商业广告的电影。

随着一系列大大小小的创新，人们享受着电视带来的种种好处。其中之一就是电视机质量的不断提高。20 世纪 50 年代购买 9 英寸黑白电视机需要 400 美元，还要经常维修，同样的价格现在能买到 40 英寸的液晶电视，并配有环绕式立体音响。战后的大多数时间里，电视机质量的巨大改进相对其价格而言，被消费价格指数这一官方价格指数低估了。从 1952—1999 年，实际 GDP 计入的每 1 美元电视机支出，都有 5 美元的质量改进未被计算在内。1999 年以来，改进后的消费价格指数统计方法改变了这种低估消费者福利的现象。在 2004—2014 年这 10 年里，消费价格指数准确地统计出电视机价格下降到原来的 1/10，年均下降 20% 以上。这为本书的一个主题提供了例证，即目前对新产品和改进产品带来的消费者剩余的低估程度，比“二战”后初期尤其是战前，已经大大降低。

1970 年彩色电视机的出现使画面更真实，也更有动感。有线电视丰富了观众的收视选择，它提供了大量的地方色彩浓厚的频道，弥补了大众化广播电视网的不足。70 年代末出现的盒式磁带录像机以及此后的数字视频录像机改变了人们的收看方式，观众可以通过时移控制，根据自己的日程安排进行调节。他们可随时观看自己喜欢的一部戏剧、棒球比赛或其他娱乐节目，这种选择和控制是史无前例的。

音乐欣赏也经历了几个发展阶段。尽管留声机从 20 世纪 40 年代开始独领风骚 30 年，但是 70 年代开始，一些新的技术使音乐变成可移动的。从晶体管收音机到随身听，再到 iPod，音乐装置更加便携，同时其存储能力越来越强，播放时间也越来越长。在通信方面，长途电话价格大幅下降，以至于今天的用户会理所当然地认为所有国内长途电话，哪怕是跨越 3000 英里，其价格也不会变化。手机更是助长了这种趋势，不受距离的限制，不受地点的约束，随时随地即时通话被认为是自然而然的事情，而 70 年前两个地点之间的通话虽然只有几分钟，其费用往往超过一个小时的工资。在过去的 20 年里，整个娱乐和通信领域的数字化给人们带来了更多的便利，也更富于个性化。

第 13 章
计算机和互联网：从大型计算机到脸书

如果汽车发展的速度可以和电脑一样，那今天一辆劳斯莱斯也就值 100 美元，1 加仑汽油可以跑 100 万英里，还会每年爆炸一次，夺走车内所有人的生命。

——罗伯特·科林利（Robert X. Cringely），《信息世界》（*InfoWorld*）

引　言

自 1960 年以来，计算机的性价比呈持续的指数化增长，这种增长速度让历史上的一切技术都相形见绌。计算机和 20 世纪 90 年代中期以来的互联网所创造的奇迹让很多分析家误以为当前整体经济的进步速度达到了人类历史的顶峰，在未来甚至会变得更快。这种技术变革加速论的基本缺陷在于，即便计算机对经济增长的贡献是不断增加的，但绝大多数经济活动的创新并没有加快，甚至许多方面正在放慢步伐，计算机占 GDP 份额太小，无法弥补其他方面的放缓。

ICT 是信息和通信技术的标准缩写。在 2014 年，包括互联网和电话的连接费用在内，企业与家庭在信息和通信技术硬件及软件方面的总支出加起来只占经济总量的 7%。即便信息和通信技术设备的性价比每年增长 20%，如果假设其余 93% 的经济总量增速为零，那么每年的整体经济增长也只有 1.4%。

本章论及的计算机技术在过去半个世纪里的神奇发展甚至比第 12 章中讨论的娱乐和通信发展更令人印象深刻。这也与第 10 章讨论的食品、服装、住宅、家用电器以及第 11 章讨论的地面和空中运输创新步伐正在减缓形成反差。

本章从大型计算机说起。这种计算机使许多烦琐的日常商业操作早在 1960 年就计算机化了。20 世纪 60 年代，大型计算机打印出第一张银行对账单、第一张电话账单、第一张保险单；20 世纪 60 年代到 70 年代，航空公司订座系统逐渐自动化。为诉讼案件或者书稿一遍遍打字的现象也因为内存打印机的出现而消失。电子让现代复印机成为可能，也让施乐公司成为 60 年代最火的公司之一。在 80 年代初个人计算机出现的同时，ATM（自动取款机）和零售条码扫描仪这两种基础性的创新也出现了。

20 世纪 80 年代初，一些提高个人生产率的软件用于个人计算机，包括自动换行字（词）处理技术、电子表格计算和游戏。学者、作家以及其他涉及写作和手稿准备的人都涌向了个人计算机。远早于互联网的出现，商业企业内部的计算机就已经靠“T-1 线”连接并以宽带速度运行。所以早在 80 年代，在企业内部，在纽约的办公室里就可以向在旧金山或伦敦的办公室发送消息或交易文件。

互联网的崛起对个人而言彻底改变了个人计算机的角色，让个人计算机可以与外面的世界交流，正如在过去 10 年的大部分时间里商业企业已经实现了内部的联网交流通信。80 年代初，专家学者开始发送电子邮件；1994 年，电子商务和网络搜索也随着美国网景公司网页浏览器的出现而诞生。伴随互联网为大众提供的信息、通信、娱乐如此快速易得，一个对专业人士和普通市民双方而言的新时代开始了。就像电力和自来水连接起美国家庭（见第 4 章）一样，互联网则将美国人连接在一起。搜索引擎让人们可以找到最便宜的机票，获知萨凡纳下周六的天气。如同 70 年代初便宜的电话呼叫淘汰了写信，电子邮件也开始撼动电话呼叫作为一种通信方式原有的核心地位。新闻也很少从扔到门廊下的报纸或者晚间电视新闻节目中得到，而是更多地来自传统新闻媒体的网络版以及称作“博客”的新信息形式。

互联网和计算机的崛起也为电子商务打开了市场。像沃尔玛这样的大型超市变成了巨大的数据消费者，它们可以根据历史趋势预测销售情况，也可以削减其竞争对手的价格。成立于1994年的亚马逊公司在过去20年间逐渐发展成电子商务巨头，将很多独立书店推向破产，并最终击垮了传统的实体企业巨头博德斯公司（Borders）。消费者在很多方面都受益于电子商务，例如他们可以在网站上找到即便是最小餐厅的菜单，可以订机票、订宾馆、订餐位而不用打电话在线等候。

本章的结论来自对互联网为人熟知的优点与其代价的比较，其中一些代价还不易察觉。互联网的接入还存在差距，更重要的是，网络文化会加剧少数民族和贫困人群受教育程度的不足。互联网也带来了一系列20年前不存在的担忧，包括黑客行为、身份盗窃、个人隐私、网络欺凌以及（在一些观察者看来）注意力和读写能力的下降，尤其是美国十几岁的男孩。另一系列问题则与现代科技中的投资收益有关。中小学在信息通信技术上大量投资，而学生的测试成绩并没有明显提高。大学花巨资打造需要技术支持人员无微不至照料的智能教室，却对教育成果没有明显的益处。除了教室，家庭也正在越来越多地从人际交流转向电子通信，而小孩子也逐渐使用电子设备。对成年人来说，与智能手机、电子邮件、社交媒体的持续联系意味着多重任务处理和超级链接水平的提高，这两者都可能阻碍生产率，甚至会带来危险，比如开车的时候发短信。

科技革命与摩尔定律之殇

在20世纪70年代早期，被称为“超级计算机之父”的西摩·克雷将目光转向计算机行业。克雷-1系统是一台超级计算机，它每秒可进行1.6亿次浮点运算，创造了计算机运算速度的世界纪录，它还有一个800万字节的主存储器。这台计算机所需的电线约为4英尺长，只要一个小房间就能装下。在 1976 年，洛斯阿拉莫斯国家实验室以 880 万美元买下了克雷-1 系统，经通胀调整后的现价为 3690 万美元。[1]

克雷-1 和今天最普通的笔记本电脑形成了鲜明对比，向我们展现了计算机令人难以置信的快速发展。在 2014 年 8 月中旬，沃尔玛网站上对一款联想牌笔记本电脑的报价是 449 美元。这台电脑有 60 亿字节的内存，即克雷-1 内存的 750 倍，每秒的运算次数 1000 倍于克雷-1。除了运算速度和内存之外，平常的笔记本电脑与 1976 年世界上运行最快的计算机相比还有其他许多优点，包括可以观看视频，接入互联网，以及通过一个嵌入笔记本电脑的系统就能与横跨半个世界的人交流，而无须工业级冷却系统。

不考虑增强的连接性，单是运算能力的增强就展现出联想笔记本电脑对克雷-1 的性价比以每年 44% 的惊人速率上升。尽管运用了计算机享乐价格指数（hedonic price index），但这一增长在美国国民收入核算中还是被大大低估了，因为对计算机价格的研究忽视了直接比较大型计算机和个人计算机价格的必要性，后文的讨论表明有一个例外。克雷计算机所包含的运算能力的价格从 1976 年的 880 万美元跌落至 2014 年的 0. 6 美元，几乎可以忽略不计。

高技术产业的快速增长是独一无二的，这体现在 1960 年以来其产品的性价比上。对计算机行业技术进步独特性的经典描述是摩尔定律给出的，由英特尔（Intel）公司的创始人之一戈登 · 摩尔在半个世纪以前提出。他的长期预测是芯片的密度每两年就能提高一倍。“每 24 个月一片芯片中包含的晶体管数量就几乎增加一倍。”[2] 这可以转换为每年 34. 7% 的增长率，几乎和我们计算的从克雷超级计算机到联想笔记本电脑的过渡一样快。[3] 摩尔定律是一种误称，其实它是一种推测，而半导体生产商随后都将它当作产业标准。

图 13. 1 总结了摩尔定律的演化，从 1971 年拥有 3500 个晶体管的英特尔 4004 到 2014 年拥有 43. 1 亿个晶体管的英特尔 15-Core Xeon Ivy Bridge。[4] 图 13. 1 显示了晶体管数量与摩尔定律趋势线是多么契合。然而，基于运行速度和内存评估计算机性能的发展，从根本上低估了其性

能相对于价格的提升，对于 1982 年以来更先进的内存读取方式（闪存和软盘）、更先进的输入输出连接器（USB 端口而不是串行口和并行口）、更短的开机时间、更好的音频/视频功能，以及在可携带性上的巨大进步和在重量上的减轻，这样的评估都不会看到。在 1982 年，最早的个人计算机显示器只有单调的绿色和黑色，而不是全彩色的；DOS 界面则要求键入各类命令，而不是滚动鼠标，或者最近常用的触屏。

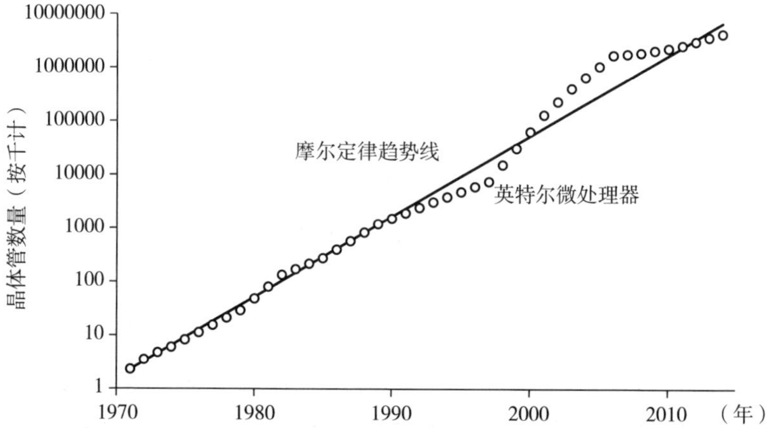

图 13.1　1971—2014 年摩尔定律和英特尔微处理器的晶体管数量

资料来源：Intel "Microprocessors Quick Reference Guide" 1971-2008 (http://www.intel.com/pressroom/kits/quickreffam.htm), "Intel Previews Intel Xeon® 'Nehalem-EX' Processor" 2010 (http://www.intel.com/pressroom/archive/releases/2009/20090526comp.htm), "Westmere-EX: Intel's Flagship Benchmarked" 2011 (http://www.anandtech.com/show/4285/westmereex-intels-flagship-benchmarked), "Product Brief: Intel® Itanium® Processor 9500 Series" 2012 (http://download.intel.com/newsroom/archive/Intel-Itanium-processor-9500_ProductBrief.pdf), "Intels hares details of 15-core Xeon chip, Ivytown" 2014 (http://www.pcworld.com/article/2096320/intels-15core-xeon-server-chip-has-431-billion-transistors.html)。

威廉·诺德豪斯研究了过去两百年间计算机计算能力的发展历史，对摩尔定律和计算速度提高及成本上升加以比较，做出了两点重要评论：

> 第一，计算速度的快速提高和成本的快速下降明显早于摩尔的预测（于 1965 年）。从 1945 年到 1980 年，计算成本以每年 37% 的速度下降，1980 年以后每年下降 64%。第二，计算能力的增长实际上比摩尔定律的预测更快，因为计算机性能不等价于芯片密度。

从 1982 年到 2001 年，以计算能力衡量的性能增速比摩尔定律预测的每年快 30%。[5]

据诺德豪斯估计，在 1980 年后经计算机性能调整后的价格每年下降 64%，这与事实是冲突的，实际情况是 1957—1984 年大型计算机价格每年下降大概 20%，1984 年后个人计算机价格每年下降 20%~30%。引起这种偏差的部分原因是诺德豪斯量化了在大型计算机向个人计算机过渡中急剧下降的性价比，就像我们所做的克雷大型计算机和联想笔记本电脑的比较。从克雷计算机到联想笔记本电脑每年减价 41%，诺德豪斯估计减价 64%，无论这种差异的原因是什么，毋庸置疑的是，计算机的价格比发明史上任何一种产品的价格下降得都要快。

然而图 13. 1 也含有令人吃惊的证据，摩尔定律最终经历了一个低于其历史增长率 34. 7% 的大幅下降。如果我们仔细看点和直线之间的关系，就会注意到在 20 世纪 90 年代末到 21 世纪初，点在直线之上，但从那之后就下降至摩尔定律趋势线之下。我们可以计算出自 1970 年起摩尔定律趋势线平均每年增长 34. 7%。在 1997—2006 年这段时间里，其增速提升至每年 60. 1%，然后在 2006—2014 年这段时间里降至 11. 5%。

摩尔定律趋势线中的急剧加速然后减速在图 13. 2 中一目了然。在图 13. 1 中，点的增长率可被计算并描绘成一条以五年移动平均为中心的曲线。摩尔定律趋势线水平地处在传统摩尔定律年增长率 34. 7% 上。实际结果在上下侧都有明显差异。在 1997—2006 年这段活跃时期，翻番的时间间隔减至 14 个月，而不是两年。但从 2006 年起，翻番所需时间拉长至三倍，从传统的两年变为六年。

为什么图 13. 2 中的增长率在 90 年代末期急升却在 2006 年后骤降呢？在电子邮件通信中，著名经济学家哈尔·范里安（Hal Varian），现任谷歌公司首席经济学家，解释台式计算机和笔记本电脑的技术变革之所以停滞，“是因为人们无须在他们的台式计算机上有一块超高速的芯片”，研究转向尝试改进大型计算机的数据中心以及便携式设备的电池寿命。“最重要的问题是这种减速是需求侧还是供给侧的现象。我认为

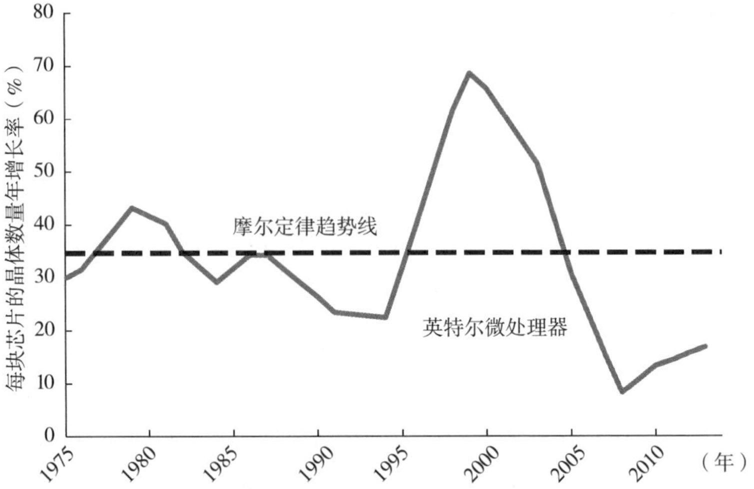

图 13.2　1975—2014 年芯片晶体管数量的非常规增长背离了摩尔定律

资料来源：同图 13.1。

是需求侧的”。他继而引用了 2002 年的一篇预测性文章，题目是“摩尔定律的生与死”。[6]

本章其余部分将研究计算机性能的这种井喷，至少是在 2006 年之前发生的那一部分，如何转化为人均和时均实际 GDP 增长，如何提供未包含在实际 GDP 中的消费者剩余。直到第 17 章我们才研究过去 10 年这种令人注目的减速有何含义，它对未来生产率增长有何影响，并研究摩尔定律的作用弱化以及关于收益递减已经开始的其他证据。

图 13.3 绘制了三种不同形式的信息和通信技术支出在 GDP 中的占比。占比最大的是企业的信息和通信技术投资。小一点的类别是两类消费者支出：一是在视觉、听觉、照片、信息加工处理设备方面的支出；二是互联网和电信服务中的消费者服务部分，每月的固定电话费支出和智能手机话费。信息和通信技术的企业投资显示出两段快速增长的时期——从 1975—1984 年，然后在一个短暂的空隙后，从 1991—2000 年。紧随这两段快速增长时期的是 1985—1995 年的缓慢增长以及 2000—2005 年的负增长。图 13.3 中顶部的线是企业和消费者支出的汇总，这一汇总后的支出像企业的支出一样，在 2000 年达到顶峰，然后下降。

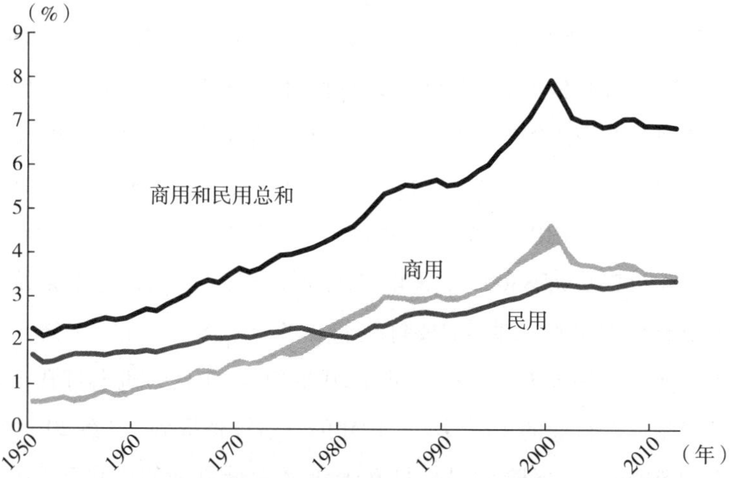

图 13.3　1950—2013 年商用计算机软硬件以及民用视频、音频、计算机设备和通信服务占名义 GDP 的比重

资料来源：美国经济分析局（NIPA 表 1.1.5、表 2.4.5、表 5.5.5、表 5.5.6）。

越大越好：大型计算机和早期网络

1946 年 2 月 15 日，《纽约时报》发表了一篇题为“电子计算机闪电般给出答案，可加速工程发展”的文章。在宾夕法尼亚大学战争部的科学家披露了一个“二战”时的顶级机密，“一台神奇的应用电子速度的机器……解决了迄今为止太困难太麻烦的数学问题”。[7] ENIAC，即电子数字积分计算机，计算数学问题比以往快 1000 倍。它没有单一的可移动机械零件，却重 30 短吨 * 、占地 1800 平方英尺、消耗 175 千瓦的能量，并有好几英里长的电线。这台庞然大物的体积太令人印象深刻，有人开玩笑说当打开 ENIAC 时，费城的灯光都会黯淡下去。[8]

“二战”之后，航空客运以两位数激增，但机票预订完全靠手工。早

* “吨”作为重量单位在不同的度量制中有不同的解释。标吨是吨标准，就是 1000 千克，除此之外还有长吨和短吨（两者都是英美单位制中的重量单位）。1 长吨 = 1.016 吨，1 短吨 = 0.907 吨。——编者注

在1946年，美国航空公司就开始与Teleregister合作开发“Reservisor”，可以用不到20个代理人每天额外处理200名乘客的订票需求。到1956年，一个更大更快的版本可以每天处理2000份订单并将回复时间减至半秒钟，但这种处理并不是完全电子化的，每一份订单都需要打孔卡。美国航空公司在1964年一举超越其他航空公司，开发出一个全电子化系统，并全面运行。这个名为SABRE的系统支持两台IBM7090计算机上的1000多个终端，每天可以处理83000次来电。[9] 与Reservisor不同，这个系统继承了它的所有预定功能，却不需要打孔卡。

寿险业需要处理大量数据，早在20世纪30年代，机电打孔卡制表设备已经是这个行业的主要设施。IBM的一份评估提到，“在20世纪40年代末和50年代，保险公司是打孔卡机最大最复杂的用户”。[10] 在“二战”中，很多保险精算师和其他雇员都为军方工作，参与资料统计、密码破译、投弹瞄准器、运筹学等有关工程。[11] 这是在第16章强调的战时科技溢出，战后经济提高生产率的案例之一。1954—1955年，大型寿险公司争相购买首次投入商业使用的计算机UNIVAC-1。进步十分缓慢，因为最初的计算机除了能处理从打孔卡上读取、在打孔卡打印机上打印的数据以外，能做的很少。

银行业的电子革命经历了三个阶段，包括应用大型计算机，信用卡业务的发展和早期的ATM。早在1934年，IBM就推出了IBM 801银行验证机，可以列出并分离支票，对支票进行签注，并记录总额。这代表了支票清算历史上的里程碑。到了20世纪60年代，典型的银行系统就由可以从打孔卡或者磁性字符阅读器接收数据的IBM 1401型计算机组成。1961年8月，位于西雅图的太平洋国民银行安装了最早一批以IBM 1401型计算机为基础的银行业务系统，将支票账户更新速度从每分钟3张支票提升到每分钟75张。[12]

信用卡创造了一种全新的付款方式。据说1949年，金融家弗兰克·麦克纳马拉正在纽约的梅杰小屋烤肉店（Major's Cabin Grill）招待客户。当账单送达时，这一传统的纽约商业午餐却尴尬地暂停了，因为麦克纳马拉发现自己的钱包在另一件外衣口袋里。他不得不给妻子打电话让她把钱包送来结账。经历了这次稍显尴尬的事情之后，麦克纳马拉开始与律师拉尔夫·施耐德、作为朋友的零售店巨头阿尔弗雷德·布鲁明戴尔合作开发出一种多用途的信用卡。一年后，他们建立了第一家信用卡公司，即就餐者俱乐部，覆盖了 27 家餐厅。[13]然而，1958 年发行的美洲银行卡迅速成为最流行的信用卡，并于 1976 年改名为维萨（VISA）。截至 2012 年，维萨网覆盖 200 个国家和地区、15000 家金融机构、200 万台 ATM、数以百万计的商品销售点，发行 20 亿张卡，每年有 680 亿次交易。[14]

尽管有了 IBM 处理系统带给银行的好处以及信用卡带来的支付便利，顾客还是只能在特定的银行营业时间存取款。现代网络式自动提款机是由前 IBM 工程师唐纳德·韦特泽尔构思出来的。要想说服银行接受 ATM，韦特泽尔必须克服两个主要阻碍——成本和接受程度。维特泽尔描述道：

> 当时人们的心态是想被记住，“我们想面对面地与人交易。人们不会走到一台机器面前并使用它。事实上我们也不希望他们这样做，我们想让他们来到银行，与我们交谈，因为这样我们就能多卖给他们一些东西”。[15]

ATM 固有的好处是以顾客为本：减少了交易时间，提供了 7 天 24 小时都可以使用的便利。终于，ATM 从银行宣传的新奇事物发展成为顾客认为理所应当的一种服务。

大型计算机经常占用装着空调的一整间房间，甚至一整栋独立的建筑，在体积大小上与微型条形码形成鲜明对比。经过了好几十年的反复试验，1974 年 6 月 26 日，沙龙·巴肯（Sharon Buchan）用激光扫描仪扫描了价值 67 美分的 10 支装黄箭口香糖，这是第一次扫描商品并通过通用商品代码出售。尽管这项技术在 70 年代中期就可供应用了，但条形码的采用相当缓慢。在 1977 年，美国大约 200 家商店有扫描设备。接纳条形码的过程涉及新产品普遍经历的先有鸡还是先有蛋的常见难题。一是注册通用商品条形码的商品很少，另一个障碍是对一个拥有 10 条付款通道的零售店来说扫描系统成本高达13.3万美元。在1976年，某一期《商业周刊》的大标题冷酷地描述“失败的超市扫描仪”。然而，到1980年，条形码扫描仪质量有了改进，价格也以指数下降，估计90%的商品都注册了UPC（商品统一代码）。

计算机革命：从工厂到家庭

复印的普及与大型计算机变得可行同时发生，施乐914型复印机于1959年公之于众。这个650磅的庞然大物可以每月复印惊人的10万份，只需要一个木匠将它拆箱取出，一个专门的员工进行操作。它自带的20安培电路以及一个警示器能确保不会过热，因为这种机器一个不好的倾向就是太热了会着火。这种复印机使施乐公司一跃成为20世纪六七十年代最红火的公司之一，914型复印机在流水线上生产了17年之久，被《财富》杂志称为“以投资利润率衡量，美国市场上销售过的最成功的产品”。

在20世纪60年代，要完成乘除法的基本任务，除了运用大型计算机外只有两种方法，要么粗略些用计算尺，要么精确些用马钱特计算器，它会发出几秒“咔嗒咔嗒”的声音，然后显示出精确值。至今我们都感慨，经济研究方面鸿篇巨制的产生也需要机械计算（如约翰·肯德里克1961年关于产出与生产率数据的权威著作，现在仍是了解1929年前经济供给侧状况的主要来源）。1970年，当一个收入微薄的人都可以买得起电子计算器时，世界即刻改变了。不仅是马钱特计算器还有计算尺都被迅速淘汰了。

打字机这种设备如今或许能在博物馆或者一位怀旧作家的家中找到，但在20世纪70年代，它仍是商业贸易的通用工具。电子打字机于20世纪60年代开始添加内存功能，这显著改变了写作过程，写作者不必再单调乏味地重新输入手稿。虽然“文字处理软件”这一术语通常和现代软件如Microsoft Word相联系，但最初的概念是指一台可以记录、编辑、按撤销键的设备。1964年，第一款文字处理软件——IBM磁带调谐旋钮打字机（IBM MT/ST）被引进。这意味着可以在一卷磁带上打字记录文本，并且个人可以自动复制之前的文档。

在很短的一段时间里，从大型计算机和内存打印机过渡到个人计算机是由小型文字处理计算机搭桥衔接的。王安计算机公司就是以生产文字处理机而闻名的。1200 文字处理机将一台王安牌小型计算机与 IBM Selectric 打字机相连接，可以实现文本的存储并提供许多可用于编辑文本的特点，包括插入文本、删除文本以及跳过字符和字行。1976 年推出的王安办公室信息系统（Office Information System）十分有特色，它有一个显示器并且是台价格负担得起的办公设备，很快就被法律事务所、教育服务及其他行业采用。

个人计算机革命的催化剂是由微仪系统家用电子公司（Micro Instrumentation and Telemetry Systems，简称 MITS）推出的 Altair 计算机。除了发烧友或收藏家，这个系统对任何人而言都不是那么激动人心，因为它的特点是没有键盘，没有显示器，仅有的输出就是闪光灯。Altair 最重要的部分就是 MITS 雇用了两个学生，为 Altair 改编 BASIC 编程语言。一个是保罗 · 艾伦，他刚从华盛顿州立大学辍学；另一个是比尔 · 盖茨，他拿到 Altair 的钱就从哈佛退学了。1975 年 4 月，他们一起创建了微软公司。而在一个月前，电脑界的另一位传奇人物，史蒂夫 · 沃兹尼亚克加入了家酿计算机俱乐部（Homebrew Computer Club），并立即受到眼前所见的启发。他开始致力于开发自己的个人计算机——苹果计算机或者苹果一代，并请他的朋友史蒂夫 · 乔布斯帮助销售。这台计算机较 Altair 有更大的内存和更便宜的微处理器，并可以接通任意一台电视当作显示器。乔布斯和沃兹尼亚克不久就开始忙于开发苹果二代，包括一个键盘、一台彩色显示器以及外设的盒式磁带（很快就被软盘取代）。

正是 IBM 在 1981 年推出的第一台个人计算机彻底改变了市场并很快淘汰了王安小型计算机和内存打字机。在计算机硬件中使用其他公司的产品（英特尔 8088 芯片）以及结合微软而不是 IBM 制作的操作系统，打破了 IBM 两个长期存在的传统。另一个对 IBM 传统的突破是 IBM 不再保守设计的秘密，而是将设计任务书公之于众，这样一来独立的软件开发商就可以设计运行程序。IBM 最初预期在五年内销售 25 万台，实际上在不到四年的时间里，销售量就达到了 100 万台。[16]

最早的个人计算机释放了软件的狂热发展，每个新的版本都淘汰掉之前的版本。Lotus1-2-3 是 20 世纪 80 年代最重要的试算表软件，而 WordPerfect 则是那个时候最重要的文字处理软件。WordPerfect 新版本推出的速度太快了，在 1992 年，进入个人计算机纪元仅仅 10 年时间，它就达到了版本 6. 0。个人计算机很快出现在身处商业世界中的几乎每个人的办公桌上，而且家用计算机的数量也在增加，尤其是作家、学者、设计师和众多其他专业人士。[17]在 20 世纪 90 年代开始之时，世界上的硬件和软件已由互联网连接起来。通过电子邮件进行即时通信最先出现，仅仅过了几年，第一款广泛使用的网页浏览器就将世界收入每一台台式机和笔记本电脑中。

从互联网革命到社会革命

互联网的出现与计算机的诞生相似。和 ENIAC 计算机系统很相似，互联网的起源也与美国军方有关。尽管全球互联网的想法和概念贯穿了整个 20 世纪 50 年代，但直到 1969 年，五角大楼的高等研究项目署（Advanced Research Projects Agency）才成立了由 24 名工程师和科学家组成的 ARPANET 研发团队。ARPANET 旨在连接远距离的计算机，多人因此可以在一台主机上共享时光。同年晚些时候，ARPANET 首次促成了洛杉矶加州大学（UCLA）与斯坦福大学研究机构之间的计算机互联。到 1971 年已有超过 20 个链接站点或节点。[18]当在线服务诸如 Prodigy、CompuServe、美国在线（American Online）在 80 年代出现时，用户用电话连入一个分配电子信息的中心系统，由于信息共享少、并发用户数量受限以及无法处理大流量，这些系统只能看成是当今万维网发育不全的先驱。

早在网页浏览器出现之前，电子邮件不仅被用于办公，也被个人使用，个人用电话拨号线路找到美国在线这样的服务供应商接入互联网。公司雇员可以经常通过雇主名下的电子邮件账户接入互联网，就像我的许多学术界同人和我在 80 年代末开始做的一样。在初期，电子邮件有着非凡的力量，因为它把即时通信和包括文档及其他信息作为附件的能力结合在一起。

1991 年 12 月，美国第一台服务器被安装在斯坦福大学的线性加速器系统上，万维网也可以访问了。第一款浏览器也在同一时间发行。1993 年 9 月，国家超级计算应用中心推出 Mosaic 浏览器，很快在其他网页浏览器中称霸，并立刻被称为互联网的"杀手应用程序"。[19]然而，如果有哪一年能被选定为互联网革命的开端，那就是 1995 年。Windows 95 的引入是一场轰动，1995 年 8 月 24 日，出售它的商店还没开门，急切的买家就已经排起了长队，等待了几小时。[20]这个版本的 Windows 代表了互联网历史上的一个转型时刻，起源于 Mosaic 的微软网页浏览器可以捆绑应用于 Windows 95。一位激动的评论员写道："互联网很慢、肤浅、混乱、怪僻、满怀敌意而且浪费大把时间。但你还是必须要尝试一下。"[21]

图 13. 4 用美国人口普查局的数据显示了美国家庭对个人计算机和互联网的接受程度。最初个人计算机的普及率显著慢于互联网，用了 13 年才达到 30%，与推出 Mosaic 后仅仅用了 7 年互联网普及率就达到 30% 形成鲜明对比。按历史标准，个人计算机和互联网的普及都比电视慢了几分，从 1950 年到 1955 年，电视只用了 5 年时间就将家庭拥有率从 5% 提升至 65%。

从今天的角度来看，1995 年的互联网十分受限制，除了电子邮件外确实几无用处。在早期的网页浏览器里，你可以看到巴黎或伦敦的照片，却不能预订宾馆或者制订旅行计划。你只可以听到歌曲或看到电影片段，而不是完整的一首歌曲（或一部电影）。从办公室接入互联网是通过相对快一些的 T-1 线路，但从家里或者酒店房间接入互联网只能通过拨号服务，慢得出奇。图 13. 5 显示了家庭拨号连接和宽带连接的百分比，可以看出宽带连接在 2005 年已经超过拨号连接，如今拨号连接几乎消失了。

现在我们很平常地就能在网上预订机票和宾馆，通过浏览猫途鹰

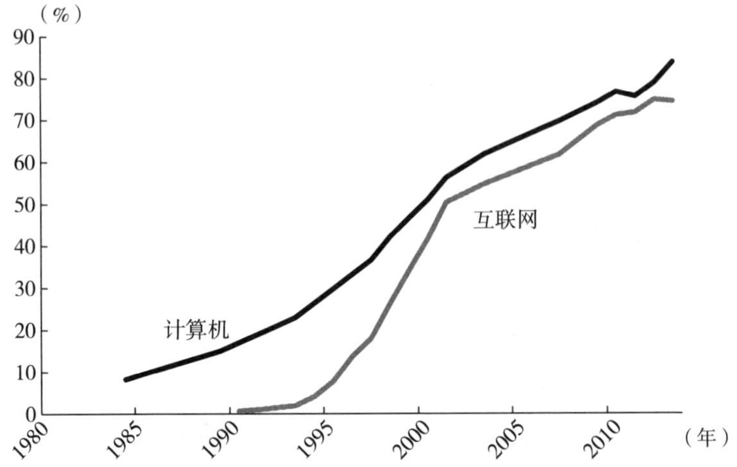

图 13.4　1984—2013 年计算机和互联网的用户比例

资料来源：US Census Bureau, "Computer and Internet Access in the United States" (2012 and 2013)。

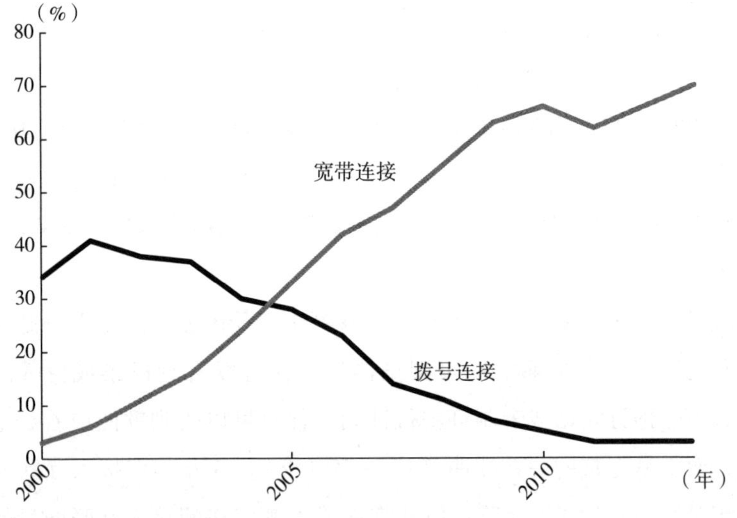

图 13.5　2000—2013 年宽带连接与拨号连接的用户比例

资料来源：Pew Research Center, "Home Internet Access" (2013)。

(Trip Advisor) 以及其他旅游网站上的评论选择餐厅。Trivago 提供"立刻比较 217 个预订网站的宾馆价格"的服务。Pandora 和 Spotify 的服务让我们不仅可以听音乐，还可以找到相似类型和风格的歌曲。网飞提供流媒体电影的建议；亚马逊细查我们的购买记录，除了一开始准备买的书以外，试着让我们再多买 10 本。维基百科（Wikipedia）是现代大型百科全书，如果打印出版需要 2052 卷才能装下 460 万篇英文文章，还需要两倍那么多才能容纳全部 270 种可用语言的文章。[22]我们不再需要台式计算机或者笔记本电脑才能与世界接触，一部可放进口袋的智能手机也可以做到，而且还有触屏和数不清的应用程序等额外便利。大学生可以通过 Facebook（脸书）与高中同学保持联系。Twitter（推特）上的一个主题标签就可以引发一场变革。政府不再能审查公民获得的思想，尽管有些政府还在尝试这么做。

尽管电子邮件对许多依赖交换文件、网络链接的工作人员来说是不可或缺的，但在交流方面，它已经逐渐被社交媒体和社交网络取代。前者为人们创造了社会互动，人们可以通过虚拟社区和社交网络分享或交换信息和思想。社交网络涉及的面则要窄一些，是为共享兴趣、活动或背景的人建立关系的平台。比如，YouTube 主要是一个以观影为初衷的社交媒体网站。LinkedIn（领英）主要是社交网络服务或在线社交，其初衷是帮助相关业务或学术领域的人相互联系。LinkedIn 已成为商业名片的全球性网络，也是人们找工作、更换工作的主要方式，尤其是对事业刚起步的年轻人而言。Facebook、Google + 和 Twitter 都结合这两个方面来创造多平台的网站。

根据定义，几乎任何社交媒体网站的吸引力都取决于其用户的多寡。如果与你交往的人中 90% 都说英语，只有 10% 说法语，那么很可能你会为了掌握娴熟的英语，而比法语下更大的功夫。因此一个社交媒体的力量是由平台的人气决定的。2005 年，只有 8% 的成年人说他们用过社交媒体。一款叫作 Myspace（聚友网）的服务是当时最主要的社交网络，那时马克 · 扎克伯格在哈佛大学宿舍里创建的 Facebook 还只有一岁。8 年后的 2013 年，已有 72% 的成人使用社交媒体。社交媒体在青少年中的普及率接近 90% 。许多业务交往依然主要利用电子邮件，但社交网络主导了人际互动。

电子商务：亚马逊的变革

零售行业的电子商务变革既为消费者创造了无数好处，也令一些传统类型的零售商十分痛苦乃至破产，对这类零售商来说，购物的本质是可以轻易地从广泛的可能选项中挑选。亚马逊成立于1994年，最初销售书籍。尽管过了5年的时间它才占领了书商的统治地位，但这种概念立即拥有了吸引力。

在1994年，传统图书零售由两类书商组成：拥有数百家分店的大型全国连锁书店，例如巴诺书店（Barnes and Noble）、博德斯书店（Borders）和沃尔登书店（Waldenbooks）；与大型连锁书店互补的是小型专业书店。小型书店让顾客可以在逛书店的时候全身心投入到一些专业书籍，比如烹饪书、悬疑小说，甚至漫画书。因为只有一些大城市才能支撑起这些专业书店，所以顾客经常需要长途跋涉才能找到它们。但对大多数人来说它们都不是必须光顾的，因为一家大型连锁店就在不远的地方。亚马逊在1994年涉足这个领域，这种变革的好处很快显现出来。不久，通过作者、书名、学科类别查找书籍也成为可能。很快，软件变得更精致，每一个用户都有一个账户，可以将购买历史提供给亚马逊。如果一个顾客之前对某一特定类型的悬疑小说情有独钟，那么之后亚马逊的搜索流中就会出现8~10本这类悬疑小说的封面，上面还有个标题“您可能还喜欢……”。很快，任何一类图书的可获得性都那么吸引人，以至于直到最后大部分购书的消费者都不再去实体书店了。到了2003年，我家附近的一家名叫远大前程的文化类专业商店，也永远关闭了。2011年，大型全国连锁书店博德斯宣布破产并关闭了其全部连锁店，就像沃尔登书店几年前做的那样。如果只卖图书，亚马逊同样可以永远改变零售业，但是其创始人杰夫·贝佐斯想得更远。他马上意识到自己可以卖任何东西。如今，亚马逊销售2.32亿种产品，仅在美国就拥有2.44亿用户，他们都在过去12个月内在亚马逊购买过东西。

亚马逊并没有失去顾客忠诚度，它发现了如何通过提供独特的好处建立紧密的客户关系。2005 年开设的亚马逊超级会员（Amazon Prime）每年收费 99 美元，却提供了无法抗拒的诱惑，即消除邮购服务的唯一缺点——运费。成为亚马逊超级会员的顾客有权享受无限制免运费并且保证下单两天内到货。现在亚马逊超级会员有 2000 万人，他们每年的开销是其他亚马逊顾客的两倍。

亚马逊的变革给数以百万计顾客带来诸多选择、便利以及免运费服务，但它的崛起除了致使博德斯和专业书店破产以外，还引发了一些问题。在亚马逊历史的大部分时间内，它都没有缴过销售税，这意味着州和地方政府被剥夺了数以十亿计的销售税收。它还减少了对实体零售商店各类商品的需求，从长期影响看，将使零售购物中心供给过剩，从而会削弱经济。在未来，对建造购物中心的建筑工人、收银员、超市送货员、零售商店经理来说，工作职位会更少。我们将在第 17 章探究本书的主旋律时再回归这个主题，即日益壮大的一系列力量让美国经济增长慢得像爬行。

结　论

计算机革命的成就从第一台大型商用计算机，即 1954 年推出的 Univac 1，拓展到 2014 年 9 月发布的 iPhone 6（苹果手机）。计算技术的快速发展不仅将新想法汇聚在了一起，而且最终彻底改变了人们交流和获取信息的方式。英特尔公司的共同创始人戈登·摩尔给出了科学史上最准确的预测之一，他在 1965 年推测计算机芯片处理能力每两年就能翻一番。在 20 世纪 90 年代末这种步伐加速到每 16 个月翻一番，但从 2006 年起就放慢了脚步，4 ~6 年才翻一番。摩尔定律失效是因为没有必要再投入工程费用继续开发芯片：现有的芯片足够强大，可以运行台式计算机和笔记本电脑的所有必需功能。

计算机革命从 20 世纪六七十年代的大型计算机开始，当时它们太大了以至于经常要占据一整间屋子并且需要一套单独定制的空调设备。早期的计算机可以自动打印电话账单，在电话开始向电子化转变的时候取代了电话接线员；使ATM代替大部分银行职员的工作成为可能；通过消除单调乏味的手动预订和记录预约的任务，让航空公司可以处理交通高峰。

计算机不一定非要体积大才能带来不同。1970年，手持式电子计算器的发明一夜之间淘汰了机械计算器和计算尺。1981年，大型计算机开始瘦身，从一台可以填满房间的大机器缩小到一个带显示器的小箱子，可以装在办公室或家庭任意一张书桌上。很快，打字机也被淘汰了，因为文档不再需要重新输入就能一遍遍地更改。多亏了电子表单的魔力，任何计算都可以通过单一的公式应用于成百上千的数字从而得出结果。尽管个人计算机最初被认为是主要对计算机爱好者、统计学家、作家、研究人员有用的专业工具，但20世纪90年代初网页浏览器的发明将个人计算机的吸引力扩大到全人类。

互联网为人们获取信息、与他人交流带来了全新手段，使人们无须去商店就能购物。信息变成免费的，印刷的百科全书被淘汰，在搜索框内敲击几下键盘就能立刻得到任何信息。例如，本章在之前的小节中有一个令人印象深刻的统计数值，即亚马逊销售2.32亿种商品。我是怎么知道的呢？我只需在谷歌搜索框内键入“亚马逊销售多少种商品”，然后不到一秒钟答案就出现在我的电脑屏幕上了。通信也被彻底改变了。很久以前，电话呼叫就已淘汰了私人信件，之后电子邮件又淘汰了许多类型的电话呼叫。如今，通信又有了包括Facebook、Twitter、Skype在内的新选择，可以让远在阿富汗的士兵每天与身处内华达的父母视频聊天。

尽管计算机和互联网的好处是绝对积极的，但人们也开始担心这种变革的副作用。第一个问题是不平等的恶化。对家境贫寒的学生来说，在家中无法使用计算机或互联网会极大地阻碍他们在学校取得成功，因为和他们竞争的大部分学生家里有计算机，而且家长会告诉他们如何使用。对互联网的无知，无法掌握这种新的学习和信息获取工具，可能会成为一个终生的障碍。

另一个不太受人关注的问题就是我们可能创建了太多数据。曾获得诺贝尔经济学奖的芝加哥大学经济学家罗纳德·科斯在很久以前曾提醒过，“只要你拷打数据的时间足够长，它什么都供认不讳”。互联网上的信息丰富多样，除了所有有价值的资源以外，也存在有缺陷的资源。对小学到大学各个年级的学生来说，互联网让网络欺凌成为可能。互联网让无论好的想法还是坏的想法都可以在瞬间周游世界，互联网不仅可以创造出像“阿拉伯之春”这样的革命，也可以创造出幻灭和误导他人的信息。

这个时刻保持着连接的互联网新世界也带来了其他问题。青少年，尤其是男孩，在网上可以找到太多让他们分散注意力的东西，以至于他们在学校越来越难以全神贯注。比如任何人都可以在 YouTube 上观看视频，查看朋友的 Facebook 页面或者与朋友玩电脑游戏，而不是写作业。心理学家担心，过早地接触互联网会改变人际互动，教育人员也开始担心技术的采用对考试成绩和课堂参与并没有产生显著的积极影响。

计算机革命给至少 80% 的人带来了新的便利、连通与合作。今天，一个有智能手机的农民相较于 20 年前的大学教授，可以更好更快地获得各种各样的信息。与计算机和互联网革命同等重要的是，将计算机和互联网革命带来的好处与 1870—1970 年的成就加以比较，第 17 章将介绍这一富有启发性的比较分析。

第 14 章
抗生素、CT 扫描以及医药卫生的变革

医院，现代科学光彩熠熠的殿堂，拥有最先进的专业服务，紧挨着它的却是医疗荒芜之地，那里没有日常所需的医生，甚至连最基本的公共医疗服务和预防性治疗都非常匮乏。早在 60 年代，许多有识之士就意识到，美国的医疗过剩与匮乏并存。“二战”之后，医学被冠以进步的代名词，但对许多人来说，它正在加剧美国生活中的不平等和不合理。

——保罗·斯塔尔（Paul Starr，1982）

引 言

第 7 章考察了 1870—1940 年公共卫生和医学取得的飞速发展，在此期间，环境、社会及医疗服务方面的进步共同延长了美国民众的预期寿命，提高了他们的生活质量。其中最大的受益者莫过于儿童，因为预期寿命的延长绝大部分都可以归结为婴儿死亡率的大大降低。1940 年以后，医疗性质和医疗方法也发生着深刻的变化。最重要的是，美国人的预期寿命增长速度趋缓，降至前 70 年的一半。美国人预期寿命的增长与以前相比具有不同的特征，主要表现就是从婴儿死亡率的降低转向老年人死亡率的降低。

这种医疗特征的变化，即从诊治急性传染病转向管理慢性疾病，是本章的重要主题之一。到 20 世纪 50 年代时，急性传染病基本上被消灭。

慢性疾病如心脏病、癌症则成为美国人健康的主要威胁。不同于以往的传染性疾病，这些慢性疾病需要长期的管理和护理，改善是缓慢的、零敲碎打式的，这与早期的迅速进步形成了对比。

与此同时，公共卫生领域越来越走向专业化医疗。尽管在 1940 年以前的 70 年里，环境因素和社会行为被认为是公共卫生的两大最有力的保障，在之后 70 年里则主要依靠医疗保健，依靠纯医疗器械和人员日益专业化的医院。结果却是康复效果进展缓慢，医疗费用还越来越高。同时，卫生系统中的不平等格局也一直存在。逐渐地，美国成为医疗服务效率最低的发达国家，通过各国人均医疗费用与预期寿命的比较，就可以看出这一点。[1]这种进步的趋缓进一步印证了本书第二篇的主题，这在第 10 章、第 11 章已有所涉及，即从 1870 年到 1940 年取得了飞速发展之后，如第一篇所述，预期寿命的增长趋缓，尤其是 1970 年之后。

本章将这些主题与美国公共卫生和医疗保健的具体发展情况相结合。我们先从整体上梳理自 1940 年以来预期寿命与死亡率的变化情况。然后详述 1940 年之后的 10 年里的发展情况，从抗生素到小儿麻痹症疫苗等，这一时期的重要发明接连不断，创新步伐非常迅速。我们的讨论随后转向分析愈发重要的慢性疾病，尤为突出的是心脏病和癌症，今天采取的最有效的治疗方法在 20 世纪 70 年代后期已经形成。之后，叙述公共卫生知识和社会行为如何对公共卫生进步发挥持续的影响力。

接下来，我们仔细研究了美国医疗保障系统的日趋专业化问题，探讨医生角色的变化以及高昂的医疗器械如何渗透到现代医院的医疗程序之中。本章最后考察美国的医疗融资体系，这一体系有着美国特有的缺陷，尤其重要的是因为美国没有把医疗服务全覆盖作为一项公民权利，所以剥夺了数以百万计患者的医疗权利，很多疾病得不到及时治疗而导致死亡率高于正常情形，这与其他国家形成了鲜明对比。尽管医疗服务仍在进步，但比 1940 年之后的头 10 年要缓慢得多，从新药的开发速度和成本到治疗癌症和老年痴呆症的前景，诸多问题都构成了医疗服务继续进步的主要障碍。

预期寿命和死亡率的变化

继 1950 年前预期寿命快速增加之后，美国民众的预期寿命持续增加，尽管增速有所放缓。到 1950 年，美国人的出生时平均预期寿命比 1880 年增加了 25 年。到 2008 年，出生时平均预期寿命较之 1950 年又增加了 9 年。即使在战后时期，预期寿命增加已经开始明显减缓。1975 年的新生儿比 35 年前的新生儿可以多活 8 年；33 年之后较之 1975 年预期寿命仅增加了 5 年。[2]总之，“二战”之前的寿命增加要高于“二战”之后。这种趋势可以从死亡率上看出。在 20 世纪的头 40 年里，每 10 万人死亡率降低了 37.2%，而在后 60 年里，仅降低了 19.4%。[3]

预期寿命增加不仅趋缓，而且发生了根本性变化。1950 年以前的 70 年里，预期寿命增加主要是因为婴儿死亡率大幅下降，然而在 1950—2008 年，出生时预期寿命仅仅增加了 13%，而 60 岁美国老年人预期寿命增加了 33% 以上。[4]老年人预期寿命增加的这种转变并不奇怪，因为婴儿死亡率曾经几乎为零，而且人们活得越来越长，慢性疾病成为 20 世纪下半叶死亡的主导因素。的确，“到 1945 年，超过 2/3 的死亡是由心脏病、癌症和中风等慢性病引起的，而在 25 年前，2/3 的死亡主要是传染病所致”。[5]因此，正是对慢性疾病的重视才是 20 世纪下半叶预期寿命增加的主要原因。

最大的杀手是心脏病。与大多数疾病不同，1900—1940 年因心血管疾病导致的死亡率上升，直到 60 年代中期才逐渐趋缓（如图 14.1 所示）。在 1900 年的每 10 万人接近 1720 例死亡病例中，就有 345.2 人死于心脏病，即占 20%。1940 年的每 10 万人 1080 例死亡病例中，死于心脏病的人数就达 485.7 人，几乎占死亡人数的 45%。在最高峰时期的 1963 年，因心脏病死亡的比例超过了 55%，[6]但随后开展了各种降低心脏病死亡率的运动，如加强预防，提高治疗效果，包括控制高血压、改善急诊室、设立单独冠心病隔离房等。尽管如此，心脏病在美国仍然是死亡的主要元凶，在 2010 年的死亡人数中占到 24.2%。[7]

1963—2010 年，死于心脏病的比例下降，不过这是癌症死亡率稳步上升的间接结果，心脏病患者虽经治疗活得更久，但更容易感染其他疾病，尤其是癌症。1900 年死于癌症的平均每 10 万人中只有 64 人，到 1940 年时则上升至 120. 3 人，2000 年升至 200. 5 人。[8]到 2010 年，死于癌症的人占总死亡人数的 23. 3%，接近心脏病的死亡率。[9]而且，抗击癌症比抗击其他任何疾病都更加困难。“尽管在过去 30 年里加大了相关研究和治疗的力度，也投入了大量资金，但是年均死亡率仍然上升了 73%，是美国人口增长率的 1. 5 倍还多。”[10]

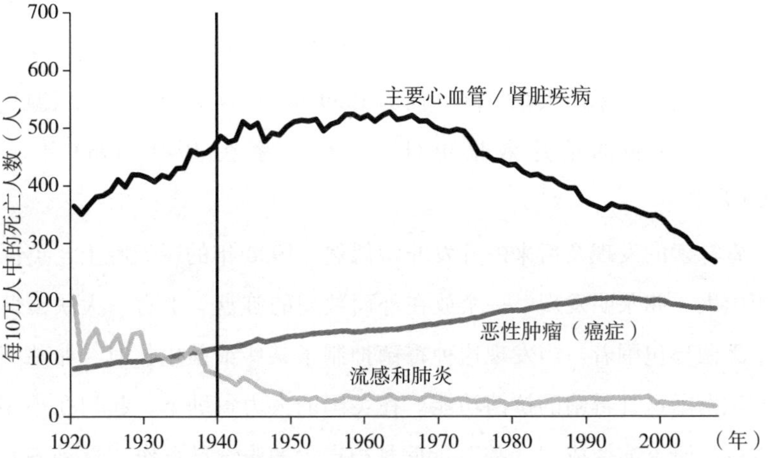

图 14. 1　1920—2007 年导致高死亡率的几大重要因素

资料来源：SAUS（2006，2012），“Historical Statistics，” NO. HS-13。

总的来看，在 2010 年，心脏病和癌症导致的死亡人数占总死亡人数的 47. 5%。位居第三位的是慢性呼吸疾病（如肺气肿和慢性支气管炎），死亡率为每 10 万人 45 人。其次是脑血管疾病（仅次于安全事故）和老年痴呆症（阿尔茨海默氏病），死亡率分别为每 10 万人 41. 9 人和 27 人。[11]美国神经学学会的一份研究指出，老年痴呆症比我们想象的还要严重，“在美国，可能接近死于心脏病或癌症的比例”。[12]即使根据疾控中心最慎重的估计，老年痴呆症的死亡率在 1999—2011 年也增加了 70% 以上。[13]

来自“二战”的康复进展：战后初期的医疗创新

到“二战”结束时，人类历史上一项最重要的医学创新已经准备大量生产并赢得了美誉，这就是被称为神奇之药的青霉素。作为第一种抗生素，青霉素具有多种治疗功能，“从肺炎、风湿热到梅毒，这些疾病以前让人们感到恐惧，因为它们常常是致命的”。[14]的确，感染梅毒的概率从1938年的每10万人372例下降至1950年的154.2例，再到1960年的68例，这也证实了抗生素在病菌传播前就将其消灭的能力。[15]肺炎这个曾经的“头号杀手”，现在可以轻松根除了，而且到1954年1~4岁儿童肺炎的死亡率已大幅下降，仅为1939年的1/4。青霉素对风湿热和风湿性心脏病的治疗效果更佳，其死亡率在1940—1960年下降了90%。[16]

青霉素的发现及后来的开发非常偶然。1928年的一天晚上，英国人亚历山大·弗莱明发现，一个放在外面数周的脏盘子上有一大块霉菌被一个无菌环包围着。当发现这种霉菌抑制了某些细菌生长时，弗莱明开始尝试揭示这种霉菌的抗菌功能。在美国的大力资助下，起初在小实验室进行的研究演变成“二战”期间规模庞大的跨学科合作。[17]这种齐心协力标志着大规模医药研发的诞生，在以后的几十年里规模越来越大，复杂程度越来越高。

随着战争接近尾声，1945年夏天，美国各大药店开始销售青霉素，并很快遍及全世界。此时，该药已经变得非常经济实惠，每剂的价格只有6.5美分。因其成本低、性能高，青霉素很快得到广泛应用。“在1948年到1956年间，美国青霉素市场销售增加了7倍，超过45万千克，平均每人3克。”即便战后其他抗生素相继研发出来并进入市场，作为开创性药物，青霉素依然保持其万能灵药的神圣地位，以至于“患者声称：‘一个人如果没有使用青霉素，就不能让他死去’”。[18]下面是对青霉素较为冷静的评价：

> 青霉素对公共卫生的积极影响是维持、延续了战前死亡率和发病率的下降，但它治疗许多可怕疾病所取得的神奇效果也改变了战后人们的思维方式。与战前民众自立、自律以及对健康充满敬畏的氛围形成对比的是，现在人们对感染疾病不以为然，认为这是一个技术问题，通过服用药物即可解决，当然，人们也会为没有保持健康而感到内疚。[19]

继青霉素之后，一系列抗生素相继研发出来。事实上，从 1940—1960 年，美国食品药品管理局批准的抗生素比此后 51 年里的核准量还高出 50%，如图 14.2 所示。[20]不仅青霉素，战后研发的其他抗生素也很便宜，因为它们之间相互竞争，展开了降价大战。[21]链霉素和其他抗生素配合使用被认为可以根治肺结核这种顽症，至少在美国是如此。[22]肺结核发病率在 1900—1940 年降低了 80%，在 1944—1960 年又降低了 2/3。到 2001 年时，每 10 万美国人中肺结核患者已不足 6 人。[23]

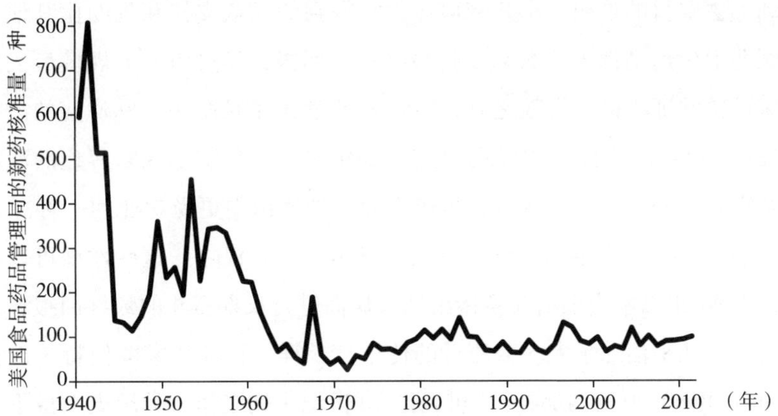

图 14.2 1940—2011 年核准的新药上市申请

资料来源：USFDA（2013），“Summary of NDA Approvals & Receipts，1938 to the present”，最近更新时间为 2015 年 1 月 18 日，信息来源于 http：/www. fda. gov/AboutFDA/WhatWeDo/History/ProductRegulation/SummaryofNDAApprovalsReceipts19。

其他方面的医疗进步也得益于战时研究，包括用改进的复苏治疗来预防和治疗休克，以及更安全、更有效的换血技术。[24]斯蒂芬·胡达克医生（Dr. Stephen S. Hudack）经过大约 8 年时间的人造关节试验之后，于 1947 年完成第一例关节置换手术。2010 年，在美国有超过 100 万例关节置换手术，它的作用可以通过质量调整寿命年来衡量，这一指标是把借助医疗手段增加的寿命乘以增加寿命的质量系数而计算出来的（它介于 0 ~1 之间，1 代表完全健康，0 代表死亡）。[25]一份研究发现，髋关节置换手术在继续存活 5 年的情况下，其增加的质量调整寿命年为 0. 8 年。[26]

战后早期的另一项重要发明是小儿麻痹症疫苗。小儿麻痹症虽然并不致命，死亡率也较低，但是这种疾病由于富兰克林·罗斯福的呼吁而受到格外重视，更重要的是，“民众对此非常担心，因为它能导致儿童残疾”。这充分表明许多致命性的疾病，尤其关系到儿童安危的疾病，在 20 世纪上半叶基本得到根除的情况下，40 年代至 50 年代出现的小儿麻痹症是人们忧虑的主要来源。

由美国畸形儿基金会（March of Dimes）开展的每年一度的医药捐款运动，主要目的是根治小儿麻痹症，它得到的民众支持和赞助比其他任何医药卫生运动都多。[27]公众支持最终有了回报，经过历史上规模最大的临床试验并证明极为有效之后，1955 年研发出了预防小儿麻痹症的沙克活疫苗，40 万美国儿童接种了疫苗。5 年之后，预防小儿麻痹症的沙宾疫苗得到了外科医生的认可，很快成为两种疫苗中更受欢迎的一种。[28]到 60 年代后期，小儿麻痹症病毒在美国基本上得到根除。[29]这些发展可以看作是 1890 年以来为根治儿童传染性疾病而进行长期奋斗的最终回报，就像抗生素几乎消除了大多数流行的传染病一样。正如作家罗伯特·巴德（Robert Bud）所写的那样：“可以把 20 世纪中期看作人类历史上最重要的一项社会变革的结束——作为社会生活一个重要因素之一的传染性疾病几乎完全根除。”[30]

焦点的转移：与慢性疾病斗争

随着传染性疾病退居次要位置，社会关注的焦点也转向了慢性疾病，尤其是心血管疾病和癌症。心血管疾病学作为针对心脏病的一个医学分支，成立于 20 世纪 40 年代末期。医学专家首次深度探讨了引发心脏病的风险因素，评估了地理位置、胆固醇、高血压、抽烟、饮食习惯等因素对心脏病的影响。对心脏病的高度关注快速提升了人们对它的认识，并开展多种活动抗击心脏病。[31]

到 60 年代中期，也是心血管疾病死亡率达到最高峰的时期，今天流行的治疗方法和预防措施也已出现。在这 10 年的中间阶段，德贝基（De Bakey）委员会的一系列报告指出："高血压的相关研究终于研制出了降低血压的药物。动脉硬化的'外科手术也取得了令人满意的效果'，人工动脉也研制成功。此外还有心脏起搏器已成功地移植到 5000 位成人体内。抗凝药物也开始使用。"[32]

第一例心脏移植始于 60 年代后期，但由于存活率很低，起初的几十年里心脏移植手术一直很少。直到 80 年代，心脏移植才变得更加有效，一年和五年的存活率分别为 85% 和 75%。[33]尽管如此，与 60 年代初已经可行的心血管疾病治疗方法相比，心脏移植案例很少而且作用较小。而心脏起搏器的植入在 2009 年达到 188700 例，远远高于心脏移植。[34]许多治疗方法的综合使用也大大降低了心血管疾病的发病率，因为从 70 年代以来，包括他汀类药物的广泛使用降低了胆固醇，此外还增加了冠状动脉介入治疗，如心导管术和冠状动脉旁路移植术。

除了药物和新的医疗技术外，公众对风险因素和预防措施的进一步了解和大量的信息宣传，也使抗击心血管疾病有了很大进展。根据 1994 年的一份研究，自 1975 年以来导致心血管疾病死亡率下降的因素中，约 40% 应归功于治疗，51% 归功于预防。[35]吸烟率的下降只是通过增加知识改善健康结果的诸多方法之一。中风这一主要的脑血管疾病，与心血管的发病率情况几乎完全一致，在 60 年代早期达到死亡率高峰之后，就逐渐开始下降。[36]

然而，近年来，在抗击心脏病方面取得巨大成功之后，进步速度开始趋缓。自 70 年代以来，冠心病的死亡率从 70 年代后期的 4% 仅降至最近几年的 2.5%。在年龄介于 35 岁到 54 岁之间的男性中，这种降低更能说明问题，在21世纪前10年里年均降速仅为0.5%，而在80年代却为6.2%。这些近期的趋势令人担忧，人们担心进步可能已经停止或走向反面。尽管美国很少在卫生方面引领世界，卫生官员长期以来却以心血管发病率下降最快而感到骄傲，但这些早期的逆转信号威胁到这种自信。“美国或许不再是心血管疾病的征服者而是使之复活的典型。”[37]

进步速度放缓的原因之一是肥胖的发病率一直在上升，这在第10章已经论述。跨国比较显示，美国在肥胖症方面是一个离群值。2000年，美国的肥胖病比例高达27%，而其他23个国家均未超过20%。有半数国家低于10%，意大利8%，法国6%，日本仅2%。[38]

与心血管疾病不同，癌症在20世纪不断上升，2000年的死亡率是1900年的3倍，如图14.1所示。治疗癌症的大部分重要方法在70年代就已经出现。“二战”之前，治疗癌症的主要方法是外科手术和放射治疗。如果能完全锁定肿瘤并将其根除，手术就会很成功。放射疗法可以追溯到1896年X射线的发明，它旨在抑制没有切除或无法切除的小肿瘤的成长。[39]而化疗治疗癌症是在“二战”时出现的。实验显示，芥子气能导致病人骨髓和淋巴结萎缩，表明它能抑制白血病中的细胞分裂以及淋巴癌。根据这一发现，在20世纪40年代早期，美国的医生就利用氮芥子气对癌细胞进行试验，并取得了一定的成功。[40]1948年，西德尼·法伯（Sidney Farber），人称“化疗之父”，第一次在一名急性白血病儿童患者身上进行了试验，并取得了成功。[41]到60年代，化疗可以长期缓解病痛，甚至在一些情况下，可以治愈急性白血病以及霍奇金淋巴瘤，到70年代时，化疗已广泛用于各种癌症的治疗，今天依然如此。

更先进的癌症检测技术在70年代也有了突破。CT（计算机断层扫描）的3D成像比X射线更准确，也更清晰，在70年代崭露头角并在80年代广为应用，基本上消除了侵入式试探性手术。[42]乳腺癌成像技术也在1973年引进用来探测乳腺癌。[43]尽管这些革新对预防和治疗很有帮助，但也备受批评，认为造成极大的浪费。因为CT检查要花费数千美元，在2009年7500万次的CT检查中，有5%~30%的检查被认为是不必要的。此外，对CT检查引发癌症的关注已成为一大争议话题，有些人估计在2007年的CT

检查中可能导致未来产生 29000 例癌症患者。[44]

即便在现有的癌症治疗方法中，70 年代之后的创新也非常稀少。以化疗为例，“近年来，在临床试验中其治疗效果也出现了停滞。在一些情况下，早期化疗暴露的局限今天依然存在”。[45]虽然美国早在 1971 年就通过了《国家癌症法案》并向癌症发起了战斗，美国人活得更长久了，但 2004 年的癌症死亡率仍然不低于 1970 年。癌症死亡率的上升原因之一可能与心血管疾病的成功治疗有一定关系，数以万计本可能死于冠心病的患者如今死于癌症。2004 年，利夫（Clifton Leaf）和伯克（Doris Burke）如此评论癌症治疗进展缓慢：“33 年前，有 50% 以上的癌症患者经过治疗仍可活五年甚至更长，今天这个比例仅上升到 63% 。”尽管从 1971—2004 年间，美国斥 2000 亿美元（经通胀调整后的数字）巨资用于抗击癌症，但收效不大。根据利夫和伯克两位分析师的看法，这种失败与现行研发体制的缺陷有很大关系，只有发表涉及细节的文章方能得到资助，缺乏对整体情况的认识。引用一位前列腺癌症幸存者的说法：“这很像一出希腊悲剧。每个人把自己的角色发挥得淋漓尽致，每个人都做他生命中正确的事情，但整体上不起作用。”[46]

对 70 年代后期医学发展的总结不能不提及流行疾病——艾滋病（HIV/AIDS）。虽然科学家仍然在讨论这种疾病的起源，但可以肯定，HIV，即人类免疫缺陷病毒，在 20 世纪末传到北美洲。HIV 作为一种反转录病毒，主要通过性爱或皮下注射传播。如果不及时治疗，HIV 将转化为艾滋病或后天免疫缺乏，造成人体免疫系统严重受损。艾滋病患者如果得不到救治，只能活 3 年左右，如果发病，则只能活 12 个月。[47]

当艾滋病于 1981 年首次受到美国医学界关注的时候，显得神秘可怕，无人知晓它是如何传播的，为什么主要集中在一些人群中，如何治疗等等。即便在发现 HIV 的感染途径之后，感染上它也相当于判了死刑，一个漫长的注定死亡的过程。AZT（齐多夫定，一种抗艾滋病药物）在 1987 年被美国食品药品管理局批准成为首例抗 HIV 药物，这种药物虽然能起一定作用，如减缓病毒的扩散，但也伴有很多副作用。据报道，到 1995 年，美国有 50 多万艾滋病患者，有 30 万人死于艾滋病，成为25～44岁年龄段群体的主要杀手。[48]

现代医学的另一重要革命是ART疗法，即抗反转录病毒疗法（俗称鸡尾酒疗法）的发展。ART是几种药物的混合体，共同发挥作用抑制病毒的复制。尽管ART疗法不能治愈艾滋病，但可以使HIV病毒处于休眠状态，使之不能扩散。在过去20年里ART不断升级，HIV也从死亡之神转变为可治疗的慢性疾病，同时药物的副作用也大大降低了。这些进展改善了120万HIV携带者的生活质量。[49]事实上，正因为有了ART疗法，HIV携带者才可以拥有“常人的寿命周期，没有感染与HIV有关的疾病”，这在20年前是不可想象的。[50]

公众健康意识的转变

抽烟观念的改变是“二战”后公共健康意识最重要的进步。20世纪初香烟的消费量还较小，但此后的60年里迅速膨胀，到50年代抽烟现象几乎无处不在。香烟消费在1963年达到最高峰，人均香烟年消费量超过4300根，如图14.3所示，这正是心血管疾病死亡率最高的一年。直到1977年人均香烟消费量维持在4000根以上，此后逐渐下降，到2011年时下降至1230根，这主要归功于“抽烟有害健康”的大力宣传。

尽管如此，烟草的使用据估算每年增加约2000亿美元的医疗保健开支和生产率降低方面的成本。[51]吸烟率的降低速度非常缓慢，尽管吸烟率在1965年之后的25年里降低了17个百分点（从42.4%到25.5%），但在接下来的19年里，仅降低了5个百分点，下降至20.6%，如图14.3所示。这是因为美国最贫穷阶层很难根除抽烟恶习。最近一份研究发现，尽管自1997年以来成人吸烟率下降了27%，但穷人阶层仅下降了15%，这充分说明了为什么美国低收入阶层预期寿命的增加更缓慢。[52]

“二战”时期以及此后的几十年里，医学界又见证了改善心理健康的新发现。在战时，超过85万美国士兵患上了“精神疾病”，而军队中的精神疾病医疗人员也增加了近百倍。此后，心理健康变得越来越重要，也受到普遍的认可。正如保罗·斯塔尔（普林斯顿大学人类学教

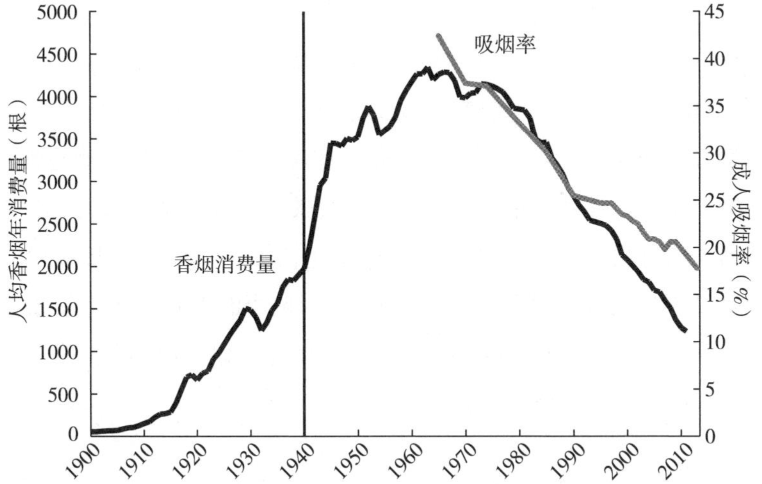

图 14.3　1900—2013 年人均香烟年消费量以及成人吸烟率

资料来源：美国肺病协会（American Lung Association，2011），“Trends in Tobacco Use”，表 2.4；CDC（2014），“Current Cigarette Smoking Among Adults – United States，2005 – 2013”；CDC（2012），“Consumption of Cigarretes and Combustible Tobacco – United States，2000 – 2011”。

授）所描述的那样：“心理学以前主要针对的是精神病患者，‘二战’前在美国长期处于边缘地位。现在成为美国医学界和社会中的‘主流’，地位大大提高，前来应诊者也与日俱增。心理学以前主要关注的领域是心理疾病，现在转向心理健康。”[53]不过精神病的影响很难量化，随着心理健康不再被认为是一种社会羞耻，很多患者开始寻求帮助。即便在今天，严重的心理疾病导致的收入损失每年都超过 1900 亿美元。[54]

公共意识提高的另一个维度还涉及公共卫生与空气污染之间的关系。60 年代，空气污染问题已经十分突出。美国许多大城市尤其是洛杉矶，曾笼罩在浓厚的烟雾之中，有位居民称之为“橙色幕布”。尽管公共健康与污染之间的关系尚不明确，但毫无疑问吸入有毒气体会影响肺部健康。认识到环境污染问题关系国计民生之后，美国政府于 1963 年通过了《清洁空气法案》（Clean Air Act），这是第一部控制空气污染而非仅仅研究污染的法案。七年之后，法案经过了大量修正，制定了一系列具体的空气质量最低标准。此后，又出台了许多地方性和国家性的法案，进一步确立了空气质量标准和排放限量，结果，洛杉矶这个烟雾污染的典型代表，今天空气中的臭氧含量比70年代中期降低了60%。[55]

根据最近一项研究，烟雾减少对预期寿命产生了积极影响，从1980年到2000年这20年里，全美大部分地区人口的预期寿命增加了2.7年，其中烟雾下降因素贡献约15%。[56]其他一些国家的研究同样表明空气污染的下降与质量调整寿命年的增加有很大关联。[57]空气质量的改善不仅延长了寿命，而且提高了生活质量，减少了生活在浓重烟雾中民众的“干咳”和“咔咔的咳嗽声”。[58]尽管环境改善对健康的影响效果没有20世纪初铺设下水道、消灭暴露的垃圾污水那么明显，但也说明非医药方面的改变同样能大大改善公共健康。

意外事故与暴力

健康问题不仅仅与疾病有关。目前，意外事故已经成为美国的第五大杀手，2011年夺去了12.6万人的性命，每10万人就有40.6人死于意外事故。如图14.4所示，从1900年到1940年这一时期，意外事故死亡率比较稳定，介于70人到90人之间，1990年降至35人，然而2011年又回升到41人。1940年前意外事故死亡率居高不下是因为机动车交通事故高发。图14.4下面的曲线显示，非机动车事故死亡率从1906年的每10万人94人下降至1940年的46人，到1980年进一步降至18人，到2011年又回升到30人。我们在第15章将讨论非机动车事故增加的来源；在第11章我们看到，机动车事故死亡率不断下降是各方面努力的结果，如公路改善、新汽车安全装置的完善，包括安全带、气囊，此外还有保险杠保护的改进。

暴力导致的死亡率占意外事故死亡的1/8，这也是观察美国生活水平变化的一个重要视角。谋杀案在整个20世纪出现了回升的现象，高峰时期平均每10万人就有8~10人死于谋杀案，第一次高峰是在1920—1936年，第二次发生在1970—1996年。70年代至80年代谋杀案上升的同时，其他一些不那么严重的犯罪也在增加，这无疑改变了民众对周围世界的看法。史蒂芬·平克如此描述这种情形：

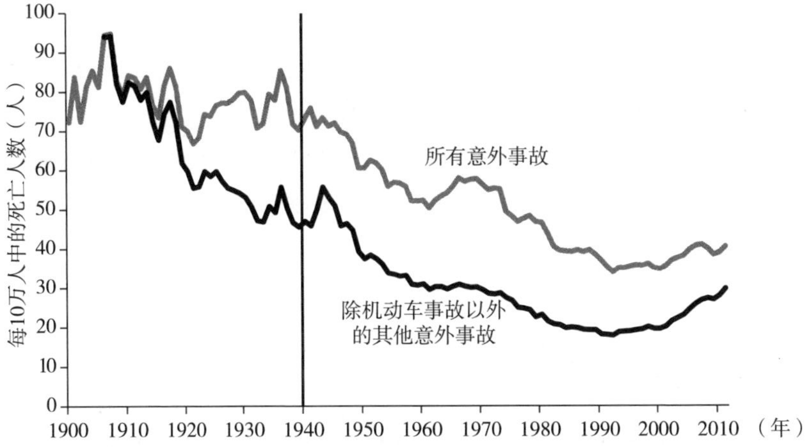

图 14.4　1900—2011 年每 10 万人意外事故死亡人数

资料来源：截至 1998 年意外事故死亡率来自 HSUS 表 Ab945；1999—2011 年数据来自 CDC（2011），“Deaths：Final Data for 2011”；机动车意外事故死亡率数据来自 SAUS（2012），“Historical Statistics”，No. HS-13。

> 60 年代到 80 年代暴力肆虐，重塑了美国的文化、政治生态和日常生活。抢劫玩笑成为喜剧演员的素材，一提到中央公园就能博得大家的一片笑声，因为那里暗指的是死亡陷阱。纽约市民将自己关在公寓里，牢牢地用门闩和暗锁把门锁好，其中还包括流行的“警锁”，一头锚在地板上、一头顶着门的铁棒。波士顿商业区的某处曾被称为“格斗区”，因为那里经常发生抢劫和伤人事件。[59]

谋杀率以及有关犯罪的其他重要指标直到 90 年代都没有下降。但 70 年代又出现了另外一种暴力——侵犯女性。随着文化规范的转变，部分归因于 70 年代的女权主义运动，尤其是 1975 年苏珊·布朗米勒（Susan Brownmiller）的畅销书《违背我们的意愿》（*Against Our Will*），到 70 年代末强奸率下降。这种情况在 90 年代进一步好转，到 2009 年，强奸率仅为 1973 年的 1/5。与此同时，针对女性的其他暴力如家暴也开始下降。[60]

到 90 年代，不仅与性别相关的暴力犯罪在下降，其他方面也有普遍改善。在 20 世纪的最后 10 年里，从抢劫到谋杀，所有类型的犯罪率都大大降低。1999 年谋杀率每 10 万人中 10.5 例，到2000 年降至 5.5 例，此后几乎没有什么变化。[61]有关犯罪率的骤减有不同说法，正如史蒂芬・平克所说，美国的执法水平和市民的文明程度都得到了改善。另外一个争议颇大的说法，就是 1973 年的“罗伊诉韦德案”（Roe vs. Wade）起到了很大的促进作用，因为此案将堕胎合法化，这大大降低了违愿降生的婴儿及流浪儿童的数量。[62]

医学界的变化

随着公众的健康知识发生变化，医学界也发生了一些迅速变化。医生争取医疗职业自主权的努力在 20 世纪 20 年代终于成功。医院和培训机构的大规模建设，如第 7 章所讨论的那样，均由医疗专业人员发起。医学界的影响力还包括成功抵制医疗保险的国有化，许多国家当时已经实现了国有化，医学界的这一努力对美国医保系统产生了深远影响。这些努力有助于保证“医保系统中的组织、法律、融资能够反映医学界的轻重缓急，从而为每个病人提供最好的临床服务，提高医疗职业的名声和收入，保护医生的自主权”。[63]

在 20 年代时，尽管医生在大部分医疗领域取得了自主权，但在美国的“狂野西部”，药品仍然是一个未受规制的领域，医生对药品控制有限。这种情况直到 1938 年才发生变化，当时，美国食品药品管理局出台了药品规制立法，包括对一些药品进行分类，要求这些药品须持有医生开具的处方才可购买。“二战”之后这些管理措施开始发挥巨大作用，很多药品需要医生开具处方。从 1940 年到 1965 年，处方药的销售额占药品销售的比重从 12% 上升到 40% 。这种对处方的掌控赋予医生对绝大多数医疗领域有更多的权力。“二战”之后成立的大型药店开始把宣传重点从顾客转向医疗专业人士。到 1961 年，前 22 家美国最大药品公司约 60% 的广告支出花在了医生身上。[64]

与此同时，医疗职业走向了专门化。1940 年专科医生占执业医生总数不足 1/4。专科医生的收入比全科医生高出许多倍。因此，新一代医生的奋斗目标就是成为专科医生。从 1940—1966 年被认定的专科医生比例从 24% 上升到 69%。[65]专科医生的高收入，再加上对医院和医务人员极为有利的第三方保险，尤其在 Medicare 和 Medicaid 实施之后，吸引更多的美国人从事医疗职业。事实上，从 60 年代开始，医生的比例从 50 年代的每万人 13 名医生上升至 2009 年的 31 名（如图 7.5 所示）。[66]

50 年代以后，医疗职业至高无上的自主权开始受到质疑。随着医院规模的扩大，组织结构越来越复杂，行政管理逐渐落到职业管理人员手里。[67]病人也开始挑战医生的自主权。在 60 年代，“医生的权威几乎无可置疑”，外科专业甚至被誉为“能力的宗教”。[68]到 70 年代初，病人要求对自己的治疗有更多发言权。“最好只有医生知道”的传统在 1972 年被打破，当时华盛顿联邦上诉法院第一次确立了“知情同意”的法律诉求。“根据新规定，只要病人是一个‘有理智的人’，医生就必须告知他想要知道的一切，然后再决定采用何种治疗方案。”迫于医保对象的不断施压，美国医院协会于 1973 年通过了《患者权利法案》。[69]根据保罗·斯塔尔的描述，“没有什么比女权运动更能体现对专业霸权的不信任。作为病人，作为护士，作为医疗保健中的其他角色，她们被大男子主义的医生剥夺了参与医疗决策的所有权利，医生拒绝与她们分享信息，对她们反映的情况也不认真对待”。[70]

对医疗界丧失信任的另外一个原因涉及专业化。过去美国民众与医疗界接触主要通过初级护理医师（即全科医生，他们与民众形成了长期关系，在患者病情严重时就交给专科医生）。20 世纪下半叶，许多病人越来越倾向于从一个专科医生跳到另一个专科医生，很少注意协调，从而造成重复检查和过度花费。美国现在的全科医生比例不足 30%，而其他大部分发达国家至少在 50% 以上，因而很多人认为，这种初级护理的缺失是“一种无声的危机，它破坏了美国的医疗保健系统”。[71]

电子设备、技术和最新的医疗创新

电子技术主要应用于新的扫描方法。自 70 年代以来，CT 检查更为清晰、准确，缺陷是成本太高，每扫描一次就要花费几千美元，同时让人担心过度辐射会导致癌症。[72]CT 很快得到没有辐射的核磁共振（MRI）技术的支持。核磁共振于 1977 年引进，为取代 CT 提供了另一种选择，但在身体各部位的成像上两者各有优缺点。[73]自 90 年代以来，核磁共振和 CT 的使用年均增加 8%，显示出它们的诊断潜力，但成本仍然高昂，每年用于医学成像的花费超过 1000 亿美元，这其中包括 PET（正电子发射型计算机断层显像）扫描、超声检查以及核医学检查。[74]

除了成像技术的改进，过去 40 年里最重大的发现尚未得到充分认识。其中之一就是人类基因工程，它通过分析复杂的 DNA（脱氧核糖核酸）序列，试图找出不同疾病与具体基因序列之间的关系。基因医学的前景在于有可能及早地甚至在出生时就诊断出疾病或风险因素，同时可以更准确地针对特定的基因序列研发药物，最终能够针对每个患者的特定基因结构进行药物治疗。

虽然潜力巨大，但“对于绝大多数医学领域而言，对基因组学的吸收非常缓慢”。尽管从 1995 年就开始了基因工程，但一直未形成一个恰当的“证据框架，可以用来说服美国食品药品管理局批准基因测试，说服保险公司纳入保险范围，说服医生加以使用”。甚至基因技术的提倡者也承认，“在简单的临床试验和预防性措施失败之后，基因医学是否有利于健康仍有待观察”。[75]尽管如此，分子诊断还是得到了迅速发展。据估计，它将很快占所有诊断检查成本的 1/3。

另外一种前景看好但并未发挥主流作用的疗法是干细胞疗法。作为一种康复疗法，干细胞移植为当今慢性退行疾病患者带来了一线希望。然而，尽管 80 年代以来干细胞疗法就用于骨髓移植，[76]实际应用并未走得更远。非常流行的说法是“干细胞研究”而非“干细胞疗法”，这也证明了该疗法实际应用很有限。2008 年，根据谷歌 Ngram Viewer 软件的统计，在超过 500 万本的书中，第一种称谓出现的次数是第二种称谓的 11 倍。[77]持怀疑态度的投资商非常犹豫，不敢将资金投入进一步的研究和开发。杰弗里·奥布赖恩曾写道：“耗费时间长，规制障碍多，研发成本大，再加上民众的抵制情绪和政治阻力，都让投资商望而却步。华尔街对这种奇怪的梦想没有兴趣提供融资。”[78]总之，干细胞疗法的实现只能寄希望于相对遥远的未来。

今天，虽然人类有奇思妙想和聪明才智——如上述的基因医学和干细胞疗法——但将它们转化为实际临床应用的非常少。之所以出现这种偏差，是由于研发新技术的成本不断攀升。从图 14.2 可以看出，自 20 世纪 60 年代以来，新药批准就陷入停顿。医疗行业创新的一个基本测度标准就是使用新分子实体（NMEs），包括先前未曾使用的化学功能组（chemical functional groups），为相关药品建立基本的化学基础。自 50 年代以来，根据伯纳德·穆诺斯的看法，尽管研发投资越来越高，新分子实体的成本在过去 60 年里每年平均上涨 13.4%，但公司生产新分子实体的速度还是比较平稳的。[79]即便是全球最大的药品公司辉瑞医药公司，2007 年仅在新药研发上就投资了 70 亿美元，但在 21 世纪头 10 年中几乎没有多少新药研制出来，所谓研发的新药也多是旧药的衍生品。其他企业一直从旧药中开发新药，花费的研发成本比旧药的研发成本增加了 20 多倍，却没有取得可测度的成果。[80]正如维克托·富克斯和艾伦·嘉伯所总结的那样，“我们花尽最后一美元，但边际改进收效甚微”。[81]

根据简·维吉（Jan Vijg）的看法，造成投资成本上升、收益递减的原因有二：一是苛刻的规制标准，二是研究与临床应用之间关系的扭曲。今天，在规避风险的现行规制机制下，上万次试验中但凡有一些副作用就可摧毁一种有前途的治疗方法。“哪怕是最低程度的意外伤亡都不能容忍，而在试验效力强的新疗法时，这种意外是不可避免的，所以现有做法实际上遏制了在该领域进行任何严肃的创新。”维吉认为，如果在 40 年代这种规制机制就存在的话，肾透析、抗生素等就不可能开花结果。

与此同时，临床与研究变得越来越脱节。临床医生过去治疗病人时常常大胆尝试一些未知的方法和技术，肾透析的发展就是其中之一，而医学研究领域，如同其他医疗领域一样，也走向了趋于专业化的道路。前面已经指出，现在的癌症研究动机只是为知识而增加专业知识，“不幸的是，揭示分子路径的目的不是用于临床，而是用于得到科学界的认可，发表论文，得以升职。具有讽刺意味的是，在核心期刊发表的论文中，如果只是提供一种治疗癌症的方法，就不如提供一个有趣的理论机制更受重视”。即使研究到了临床试验阶段，病人也不愿意参加试验性的治疗，“与过去不同的是，现在似乎任何疾病都有现成疗法。因此，民众更愿意采用已证明切实可行的旧疗法，非常不愿意尝试新疗法。只有病危之人才会尝试新疗法并从中受益”。[82]

尽管存在这些难以克服的障碍，过去几十年里医学界也止步不前——从方法老套的癌症治疗到几近停滞的新药审批，但医学乐观者仍继续赞誉新的发明创新，如诊断机器人[83]和器官的3D打印。即便诊断机器人和3D打印能够有助于外科手术，但相较于20世纪40年代到70年代所取得的成就，如抗生素的发明、心血管疾病疗法、癌症医治等，仍然显得微不足道。此外，在下一节中我们将会看到，美国的医疗系统问题不在于现代先进技术的缺乏，恰恰相反，至少在某种程度上讲，是过度使用。

医院：科学与浪费的殿堂

到20世纪40年代，医院已不再是死亡之地，而成为挽救生命的地方，并在“二战”之后经历了快速发展。1946年《希尔—伯顿法案》(Hill-Burton Act）的通过加速了医院大规模建设的进程，在过去20年里该法案资助了4678个医院项目。该法案就医院的设施制定了最低标准，如每1000人须有4.5张床位，为人口稀少的偏远农村地区提供了便利，尤其是医疗服务匮乏的南方。这种设施和服务的增加反映在医院接收的病人数量上，1946年之后的6年里医院收治的病人增加了26%；为住院病人提供服务被认为是“绝对的社会善举”，这种情况一直持续到80年代。此后医院管理出现了重大调整，情况发生了逆转。[84]

各种大大小小的医院，不断得到各方资金的支持，由于第三方医院保险的存在，医疗费用基本上不再是一个制约因素，无论是医护人员还是高科技器械设备都大大增加。早在60年代，几乎所有小医院不论有多小，都有X射线诊断、临床试验室、术后康复病房。此种医疗服务和设备的激增也是在Medicare和Medicaid实施以后才出现的，到1969年超过一半以上的非营利医院都设立了重症监护病房，而1961年时仅有1/7。与此同时，外科手术比例从60年代到80年代一直在增加。正如蓝十字与蓝盾协会（Blue Cross and Blue Shield Association）主席所说，到80年代，美国医院已经成为“技术大商场”。[85]

医院成为富丽堂皇的殿堂，拥有经专业训练的大量医务人员和复杂的医疗设备，能够救死扶伤，延长人的寿命。不过，这些医疗设施是需要付出成本的。作为医疗通胀主要驱动力之一的医院诊疗价格，在50年代上涨了一倍。[86]到60年代，医疗费用增长率是其他行业的两倍。[87]如果治疗既有效率又见成效的话，这种高成本尚可接受，但两方面均未做到。因为医院重点在于创建专业分科，并引进大量高端、昂贵的医疗器械，以获得高收入，而有关民众教育和预防措施方面的投入非常之少，原本这样做可以大大降低成本、提高治疗效果。

“医疗设备竞赛”常常被用来描述美国医院的演变过程。没有全面的监管机构阻止医院集团的这种过度扩张行为，它们建设最先进的医院，装备最新的高科技成像设备，不甘落后于竞争性医疗链上的其他医院，这种医院资源的重复配置往往发生在最富庶的郊区，那里的居民拥有健全的医疗保险，可以支付各种医疗费用。[88]过度购买高科技成像设备使治疗成本日趋升高。举例来说，1978年美国印第安纳州平均每10万人就有一台CT扫描仪，在加拿大每100万人一台，英国每200万人一台，但美国的治疗效果并没有明显的优势。另外，协作的缺失、医疗设备的过剩和人浮于事使情况变得更加糟糕：

> 在一个城市的几个街区附近新开两家医院，两家都处于闲置状态；另外一座城市中的六家医院，拥有治疗心脏疾病的各种设施和医务人员，而病人的数量不足以让任何部门忙碌起来，除了产科和儿科外，其他科室的床位通常都在闲置。慢性病患者懒散地躺在每天花费60美元的床位上，因为养老院没有足够的床位。

过多的急诊室、闲置的设施和医疗服务，都是为了装点门面而非实际需要。[89]

总之，医院提供了名目繁多的服务，但并非都是最需要的，且成本高昂。整个医疗成本既缺乏协调，服务又不均等。正如保罗·斯塔尔在本章引语中描写的那样，这些代表医疗进步的“殿堂”，“紧挨着医疗荒芜之地，那里没有日常所需的医生，甚至连最基本的公共医疗服务和预防性治疗都非常匮乏”。[90]的确，随着富人和中产阶层在“二战”后搬到郊区，许多医院逐利而去，从而划定了种族和社会的歧视性红线，这种趋势至今仍未得到纠正。

芝加哥大学医疗中心最能说明这种极端的不平等。该医院位于芝加哥南部，那里枪支暴力频发，却在 1988 年关闭了创伤科，表面上是降低成本，这样一来离得最近的创伤科也在 10 英里之外。尽管民众发起了抗议，而且研究也发现交通时间会影响患者救活概率，但都无济于事，此后创伤科在该地区再也没有重新开放。2010 年，一位名叫特纳（Damian Turner）的 18 岁小伙子在距离芝加哥大学医疗中心附近几个街区的地方遭到枪击，却不得不用救护车送到 8 英里之外的一家医院，最终由于时间耽搁很快因伤死去。[91]

在 70 年代和 80 年代后期，医院的性质愈发走向利润导向。尽管大家认为营利性私立医院比非营利性医院效率要高，但一份 1981 年的研究发现，日常成本也高出 23%。“它们继续购买这些社区早已存在的设备，因为这类费用可以通过保险系统报销。尽管它们可以有效地把报销率做到最大化，但这种做法无益于病人，也无益于社会。”[92]

在最近几年里，健康维护组织（HMOs）和其他保健管理组织在降低成本方面取得了一定成功。初级护理医生更加普遍，重点不再是专业化和昂贵的技术治疗。这一重点转变的背后，需要病人进行权衡，有时不去现有的医疗体系接受治疗。尽管如此，许多现代医院，很大程度上“不是健康中心，而更像是器械治疗中心”。[93]

评估寿命增加的价值

因为过去 60 年里预期寿命增加绝大部分不是来自婴儿死亡率的降低，而是来自老年人寿命增加，所以先前少见的慢性退行疾病正困扰着日益壮大的老年群体。预期寿命增加速度放缓，同时新增寿命年内生活质量也在下降。在 20 世纪上半叶，如果一个患有流感或是百日咳的孩子得到治愈，就有望过上正常健康的生活，而今天一个 70 岁的老人治愈了心脏病还需要经常性的检查和护理，并极有可能感染上老年痴呆症等退行性疾病。在 1999 年之后的 12 年里，死于老年痴呆症的人数，从每 10 万人中 16 人增加到 27 人。[94]至少有一种估计认为，这些数据其实大大低估了退行性疾病的危害，老年痴呆症真正的死亡人数是每 10 万人中 160 人，可能成为美国第三大杀手。在整个人口当中，老年痴呆症所占的比例甚至更大。[95]

患上退行性疾病的风险应该与提高生活质量的各种要素对比来看。从髋关节置换到空气质量改善，都促进了质量调整寿命年的增加。许多老年人虽未患上老年痴呆症或帕金森等其他疾病，但是还会在其新增寿命年里进出医院，在那里接受“高科技、高消费的医疗干预”，而不是“低科技却很有人情味的治疗”，如护士的探视、护理等，同时还要承受住房、交通、购物和社会服务等带来的种种不便。“如果 65 岁左右的老人有权选择支出方式的话，许多人有可能选择与现在不同的方式。他们可能会选择更高质量的生活，哪怕缩短一点平均预期寿命。”[96]

毫无疑问，医疗技术会不断进步，大量进步带来的收益也远远超过其成本。大卫 · 卡特勒和马克 · 麦克莱纳（Mark McClennan）验证了五种医疗程序创新，证明它们带来了很大实效，而成本很低甚至几乎为零。举例来说，从 1984 年到 1998 年因心脏病存活率提高而延长一年预期寿命体现的价值为 7 万美元，而医疗技术改进成本仅为 1 万美元。从 1950 年到 1990 年，对低出生体重儿的治疗，其收益和成本比为 6 : 1。对抑郁症更好的治疗以及更有效的白内障手术带来的收益继续增加，而成本并未增加。在他们验证的五种医疗手段中，只有乳腺癌除外，其成本超过收益。[97]

有关预期寿命的基本数据显示，医疗创新在降低不平等方面取得了重大进展，但是在其他方面，医疗创新的效果变得更难以捉摸。今天，非裔美国人出生时预期寿命比白人短 3.5 年，在 1970 年这种差距是 7.6 年，而 1900 年的差距几乎是 1970 年的两倍。[98]尽管如此，经济社会方面的弱势群体在医疗卫生方面仍然遭受着不公平待遇。到 2011 年，黑人婴儿的死亡率是白人婴儿的两倍。[99]

心血管疾病是美国人的头号杀手，“社会各阶层在心脏病死亡率方面的差距会进一步加大，因为社会上层的心脏病发病率下降更为明显”。[100]毫无疑问，这与穷人较为缓慢地消除风险因素如抽烟、肥胖等有一定关系。以癌症为例，从 2001 年到 2007 年，对白人来说，5 年的存活率为 68.6%，而黑人只有 59.4%。[101]医疗效果不平等不仅与种族有关，还与教育有关。正如萨布里纳·塔尔尼斯（Sabrina Tavernise）在 2013 年撰文指出的那样：

> 去年的一份研究发现，在 1990 年至 2008 年间，没有高中文凭的白人女性预期寿命缩短了 5 年，类似情况也发生在俄罗斯人身上，当时苏联刚解体，俄罗斯经济处于混乱状态。同年，威斯康星大学的研究人员发现，自 90 年代初以来，美国超过 40% 的县区里女性死亡率一直在上升。[102]

预期寿命增加还有一个不太为人所知的原因，就是空调降低了高温导致的死亡率，它对不同收入群体有不同影响。研究气温与死亡之间的关系有两个重要发现。首先，平均气温超过 80 华氏度（约为 27℃）导致的死亡率自 1960 年以来下降了近 70%。第二，与高温有关的死亡率下降与空调普及有关。低收入人群在其住所内安装空调最晚，死亡率下降的这一原因可以进一步解释预期寿命增加，只不过穷人和富人增加的预期寿命在这方面的差距比较小而已。[103]

生活水平提高远远超出预期寿命增加

本章主要讲述医疗保健体系在增加预期寿命和降低死亡率方面取得的成就。另外，大量创新未必增加寿命，但提高了生活质量。我们已经考察了“二战”后初期髋关节置换和膝盖的置换，它们大大增加了质量调整寿命年。随着技术和材料的改进，置换手术不断进步。在 2014 年，就进行了 719000 例膝盖置换手术，332000 例髋关节置换手术。[104]

避孕药是 20 世纪“继青霉素之后最重要的发明”。数千年来，夫妇进行各种节育方式，但方法都很笨拙，减少了自发性，却常常不可靠。50 年代避孕药的研究进展非常迅速，它始于墨西哥城的一种山药，墨西哥妇女长期食用来避孕。这种药丸的研发得到了玛格丽特·桑格（Margaret Sanger）的支持，玛格丽特·桑格就是后来被称为“计划生育组织”的领导人，还得到科学家格雷戈里·平卡斯（Gregory Pincus）的支持，很快取得了重大突破。50 年代中期，在波多黎各开展了大量临床试验，1960 年这种药丸获得了美国食品药品管理局的批准。该药立即取得了巨大成功，到 1965 年，650 万妇女在使用避孕药。多年之后，避孕药由于产生副作用而受到非议，如今人们又研制出了副作用小、剂量低的避孕药。[105]

1965 年，美国最高法院裁定已婚夫妇有权控制生育，依据的理由是个人隐私受宪法保护，尽管在 26 个州中，数以百万计的未婚女性仍被剥夺使用避孕药的权利。直到 1972 年最高法院以法律形式规定所有公民都可以控制生育，与婚否无关。避孕药是结束 1947—1964 年婴儿潮的一个重要因素，也使妇女能够控制生孩子的数量和时间，以便进入劳动力市场。妇女劳动参与率增长最快的年份是 1965—1985 年，即 60 年代初期避孕药广泛使用后不久。

避孕药不仅可以控制生育孩子的数量和时间间隔，还可以增加性爱的自发性，以前在做爱之前须将子宫帽植入女性体内，或男性带上避孕套。后来，另一项重要的创新是一种治疗勃起功能障碍的药物的发明。美国辉瑞制药公司两名科研人员在 1989 年合成了一种治疗性功能障碍的名为

“西地那非”的药物，在90年代末，该公司将商标定为“伟哥”并开始销售。很快，这种药又有了新的竞争对手，如希爱力（Cialis）。随着人们衰老，性功能障碍问题出现，人们可能停止做爱，在某种程度上，这些药物使性爱成为可能，可以说，它有助于提高用质量调整寿命年加以测度的生活质量。

牙科学在本章中并未提及，因为它对预期寿命没有太多贡献，但应该指出的是，它的进步同样提高了生活质量。有关在水中添加氟化物的研究始于20世纪30年代，其目的是确定氟化物与水的最佳比例，能够预防蛀牙又不伤及牙齿。在1945年1月，密歇根州大急流城成为第一个对水进行氟化的城市。一年之后，笔者居住地伊利诺伊州埃文斯顿市成为试验基地，其目的是验证饮用氟化水是否可以减少蛀牙。在1951年，氟化水成为美国公共卫生署的正式政策，到1960年，氟化水得到普遍推广。美国目前约有64%的人口喝上了氟化水，在全球比例最高，另外，牙膏加氟也进一步减少了蛀牙。在爱尔兰共和国和北爱尔兰的一次对照试验中（前者饮用氟化水，后者没有）发现，氟化水能减少56%的蛀牙发病率。[106]

支付医疗保健费用

到2010年，美国尽管有16%的民众没有医疗保险[107]——大多数发达国家已是全民保险——但美国个人医疗费用比任何一个国家都高，而健康结果却没有相应的优势。图14.5是七国集团成员国的预期寿命与人均医疗卫生支出的对照图。按照从左到右预期寿命依次递减的顺序排列。尽管美国的人均医疗卫生支出是意大利和英国的两倍多，预期寿命却少四年。或许美国和加拿大之间的比较最能说明问题，因为这两个国家在很多方面有很高的相似性。美国人均医疗卫生支出比加拿大高55%，预期寿命却短2.5年。美国医保系统中究竟是哪些因素导致其如此昂贵而低效呢？

亚历克西斯·波曾（Alexis Pozen）和大卫·卡特勒研究了美国与加

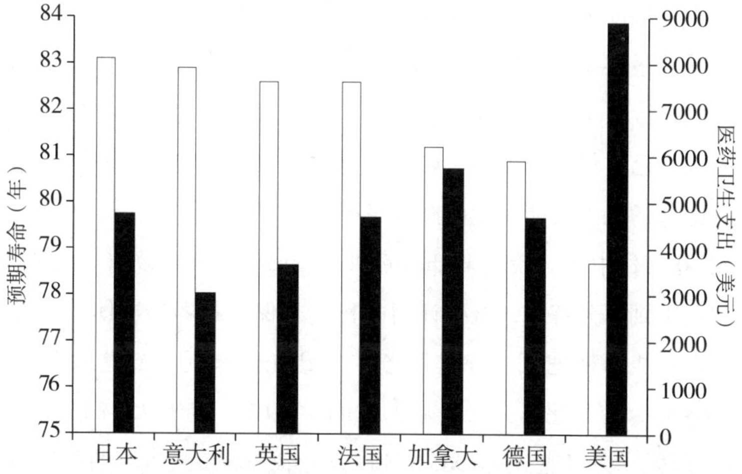

图 14.5　2012 年七国集团成员国人均医疗卫生支出与预期寿命

资料来源：世界银行（2014），《世界发展指数》，表 2.15 和表 2.21。

拿大之间的医疗卫生差距问题。他们认为医疗卫生总费用差距的 2/3 可以归因于医生和医院，并把美国昂贵的医疗费用划分为三类。他们认为，其中 39% 是由于过高的行政开支，31% 是由于执业医师的高收入，14% 来自附加的医疗程序（如额外检查），剩余的 16% 无法确定具体原因。他们对这些数据慎重地加以限定。例如，美国医生的高收入可能反映了技能职业的较高收入，也许唯此才能吸引更多的青年人加入医疗行业。在美国，从个人角度看，附加的医疗程序可能过多，也可能是有效的，但它们不足以抵消美国人与加拿大人 2.5 年的预期寿命差距。最能体现浪费的莫过于行政开支，这主要是因为医疗保险系统的复杂性，医生办公室和医院日常管理需要大量非医护人员处理与保险有关的行政工作。

美国医疗体制固有的低效率和高成本可以追溯到 20 世纪 30 年代，当时针对医院诊疗建立了蓝十字，针对医师报酬建立了蓝盾。以前医生看病主要按服务项目收费，费用由患者支付。而蓝十字引入了现代保险理念，个人将保险费放入一个公共资金库，然后由第三方支付医疗开支。到 1940 年，仅有 120 万人拥有私人医疗保险。但到“二战”期间，由于工资冻结，许多公司以提供与就业挂钩的医疗保健福利吸引员工。

此后，不仅形成了由第三方保险计划支付医疗开支的做法，而且就业是获得医保的最重要的标准。[108]这种就业与医保的结合使整个体制变成一种累退性的，收入不稳定的人群、打零工人员或小公司无力提供保险，迫使很多人自己支付医疗费用。如果患有重大疾病而费用又非常高昂，那些没有医保的工人可能因此而倾家荡产。

到60年代中期，随着Medicare和Medicaid等联邦政府计划的实行，这个问题得到部分解决，这些计划的目标是保护最弱势群体，如老人和穷人。它们成功地把医疗保健服务扩大到先前享受不到这种服务的人群。1964年，穷人比非穷人看病的时间少20%，到1975年情况发生了完全的反转。[109]类似地，从1965年到1985年，65岁或以上的住院病人也从16%增加到30%。[110]不过，尽管这些计划扩大了医保范围，也推动了第三方保险系统的膨胀，但它有过分开支的激励。事实上，从1950年到1980年间，医保支出占国民生产总值（GNP）的比例翻了一倍还多，从4.5%上升到9.4%，这主要是由于第三方保险系统扭曲的激励机制所致。[111]

> 医疗保险消除了个人支付医院巨额账单的忧虑，同时也消除了对医院账单的费用约束。医院可以把新增成本推向保险人，而保险人则以小幅增加医疗保险费的方式把成本转嫁到成百上千万投保人身上，无论是病人还是健康者。第三方支付系统释放了对医疗服务的需求。这种需求往往是由服务提供者如医生和医院催生的。医疗开支和报销机制相互推动，呈螺旋式上升。[112]

在六七十年代，至少可以说医院还比较注重病人的需求，尽管有时做得过分，或方法不太恰当。到了80年代，由于“公然逐利的思潮”流行，情况发生了变化。在此之前，医院的开支是直接报销的。但是Medicare试图将报销规范化，对467种诊断相关组（DRGs）详尽地规定了报销比例。而医院利用这一时机采取固定报销比例，并通过压低治疗成本，往往是降低医疗质量，增加盈利：

> 毫不奇怪，这种做法很快招致患者及其支持者的抱怨，他们批评医院让纳入 Medicare 的重病患者提前出院，并部分隐瞒了患者出院和出院后护理的知情权，有些医院还拒收多病缠身的患者……既然医院能够任意操纵医疗服务的实际费用与每一诊断相关组报销之间的差额，医院系统就会鼓励医生尽力提供最少的服务，理由是提高财务效率。[113]

这种转变并非几例医疗不轨行为所致。如图 14.6 所示，自 1980 年以来，医院接收病人的数量特别是住院时间迅速减少。所有病人住院时间从 1980 年平均 7.3 天降至 2000 年的 4.9 天。体现在老年人身上更加明显，住院时间从 1970 年的 12.6 天减少到 2000 年的 6 天。[114]根据一份研究，在 1998 年髋骨骨折的病人住院仅 12.7 天就被迫出院，而在 1981 年住院时间为 20 天。“尽管手术技术的提高以及康复医院的增加可以提供部分解释，但是该研究的作者发现……患者出院时情况比先前更加糟糕。”[115]

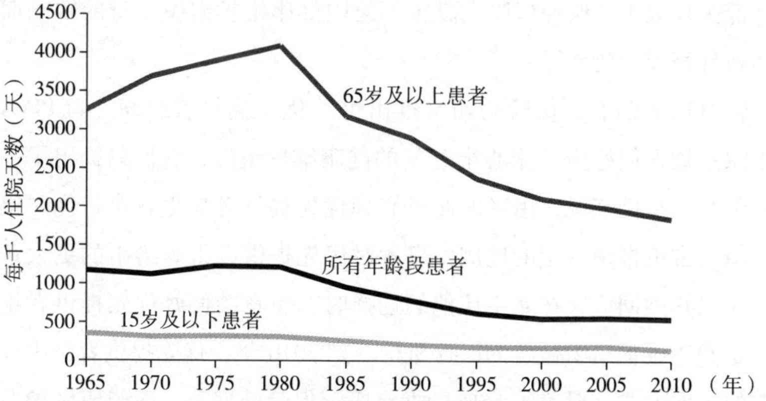

图 14.6　短期住院病人住院天数

资料来源：US Department of Health and Humman Servic（1989），“Trends in Hospital Utilization：United States，1956 – 1986”，CDC 表 2；CDC（2006，2010），“National Hospital Discharge Survey ”；HSUS 表 Aa204-217。

70 年代早期就出现了管理式医保组织。作为小儿神经科医师和医院管理者，保罗·埃尔伍德（Paul Elwood）非常欣赏凯撒医疗集团（Kaiser

Permanente）和梅奥诊所集团（Mayo）的模式，它们用固定收费取代了按项目收费，医生的薪水也是固定的，从而消除了医生提供过度检查与服务的激励。埃尔伍德认为，这些机构最重要的一点就是维持病人的健康，因此提议成立“健康维护组织”（HMOs）。[116]经过不懈的游说，他终于促成了1973年通过《健康维护组织法案》，不过有所改动。尼克松政府的立法认可了“健康维护组织”的理念，同时拓展了埃尔伍德心中理想的凯撒医疗集团和梅奥诊所集团的集体行医模式。从80年代到90年代，健康维护组织越来越受欢迎，雇主也乐于接受新的医疗保险融资原则，因为它承诺降低费用。但这种组织的发展主要由营利性的商业保险公司推动，这些商业保险公司占有了健康维护组织2/3的业务。[117]

这种对“集体行医”的偏离其实是一种质的变化。在凯撒医疗集团和梅奥诊所集团以及类似的组织里，由医师小组选择治疗方法，而这些新的营利性管理或医疗“设定了自己的标准，并要求外面的医生遵守，医生在决定转院、检查和手术时须事先得到批准”。[118]此外，影响医疗质量的还有财务激励机制，医生的收入不是基于治疗结果而是看如何有效地降低医疗成本。医疗保险文献中不乏因健康维护组织本身的缺陷而造成伤残甚至死亡的例子。

针对这些限制，保险公司又推出了“优先提供者组织”（PPOs），该组织常被人们称为“半心半意”的健康维护组织，它们只提出了一些准入限制。举例来说，患者即便没有到优先提供者那里就医，优先提供者组织通常也报销一定的比例，患者对优先提供者组织给出的更大选择自由予以热烈回应，在雇主让他们选择时，患者会偏好优先提供者组织而不是健康维护组织覆盖的医疗机构。到2010年，优先提供者组织成为主要的医保方式，覆盖了56%的拥有医疗保险的雇员，而健康维护组织仅有19%，其他组合方案占据21%，而传统的按项目收费模式仅占1%。这表明按项目收费几乎被全面摒弃，而在1988年时它的占比高达73%。[119]

关于管理式医疗（manaqed care），包括健康维护组织、优先提供者组织以及其他相似类型的医保计划，最重要的问题是担心医疗保健的费用和质量。在 90 年代中期，大家都很乐观地认为转折点到了，从医疗保健支出占 GDP 比例的时间轨迹就可以看出，如图 14.7 所示。从 60 年代到 70 年代医疗保健支出比例缓慢上升，而到了 80 年代末期和 90 年代初期则迅速上升，是总体通胀的 4 倍。随后趋于稳定，在 1993 年至 2000 年间，仅从 13.5% 上升到 13.8%，2000 年的支出比 1993 年的预测值低了 3000 亿美元。[120]然而好景不长，2000—2009 年，医疗支出又开始上涨，到 2010 年占 GDP 的比例又上升至 17.7%。

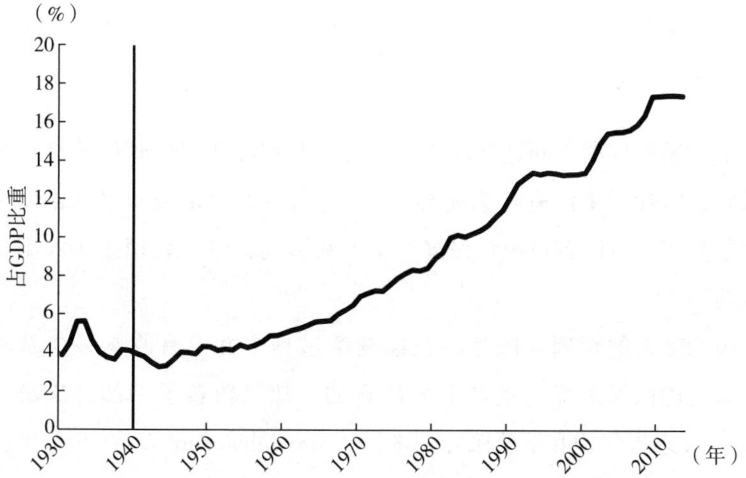

图 14.7　1930—2013 年医疗卫生支出占 GDP 比重

资料来源：1960 年之前数据来自 HSUS Ab952，1960 年之后数据来自 CMS“国民卫生支出账户”（National Health Expenditure Account），1948 年之前所缺数据为外推值。

乔纳森·科恩（Jonathan Cohn）把这种费用回升归因于如下事实：管理式医疗组织在不影响治疗效果的前提下，已经最大限度地降低了所有费用。威廉·施瓦茨（William Schwartz）认为，降低费用取得的初步成绩不能持久另有原因，因为很多医保组织为了竞争，人为降低保险费，这种做法显然不能长久。[121]医疗支出回升的一个更突出的原因是支出份额从限制性强的健康维护组织迅速转向限制较弱的优先提供者组织，因为后者占投保人比例从 1999 年的 38% 升至 2010 年的 56%。无论如何，医疗支出占 GDP 比例不断攀升表明，最初通过管理式医疗控制费用的做法不可持续。

健康维护组织（某种程度上还有优先提供者组织）施加的种种限制以及这些限制产生的后果，似乎都证实了健康维护组织降低了医疗保健的质量。然而奇怪的是，并没有确凿证据证明质量出现了下降。戴维·德兰诺夫（David Dranove）在2000年的研究综述中总结道：

> 总体而言，有关证据表明，健康维护组织在质量的某些维度表现好，在另一些维度则差些，在很多维度持平……不一致的实证证据表明，对健康维护组织的许多抱怨并不符合实际情况。医生抱怨得最厉害，他们显然不愿为节省3000亿美元而降低医疗质量。或许受医生的影响，病人也开始抱怨。[122]

卡特勒和怀斯赞同这种说法，认为“文献综述表明管理式医疗和传统保险的医疗结果没有什么差异”，他们同意德兰诺夫的观点，即尽管节约了费用，也没有对医疗保健产生不利影响，但“管理式医疗不是很受欢迎”。[123]

极为复杂的管理式医疗在长期变革过程中并没有改变一个基本事实，即美国医保系统是世界上最昂贵的，却只覆盖了一部分人群。在2010年《患者保护和平价医疗法案》（Affordable Care Act，又称奥巴马医改法案）通过之前，尚有16%的美国人没有医保，比1987年的12%还高。[124]与流行说法完全不同的是，享受不到医保的人不是失业人员，也不是穷人，而是贫穷的劳动工人。由于职业医保逐渐减少，21世纪初80%没有医保的人来自工人阶层。他们既没有穷到要享受Medicaid的程度，又不能获得一份有医疗保险的工作。[125]这些人员包括入保前就有各种疾病的人，他们需要也愿意支付医疗保险费，但因为收入境况差而被保险机构拒之门外。

现在评价奥巴马医改对医疗保健支出占GDP的比重或者对医疗保健效能的总体影响还为时尚早。这项计划有三个基本特征：第一，该系统旨在扩大医保范围，尤其是那些没有纳入雇主出资的医保、收入又高出Medicaid资格要求的人员。第二，法律明确规定，不准保险公司拒绝那些加入医保前就有病的投保人的投保要求。第三，法律规定为支付医疗保险提供大量补助。

2014 年，最受欢迎的“银卡计划”的平均成本在补助前是 4100 美元，每人每年预付额 6000 美元，四口之家支付 12000 美元。两个重要因素降低了这些高昂费用。第一是“银卡计划”平均每年补助 3300 美元，从而使保险费降至每年 828 美元，每月只合 69 美元。事实上，在 2015 年奥巴马医改后，85% 加入医保的人都可以享受到这种补贴。第二，尽管自付额较高，但大量预防性的筛查检测是免费的，如测量血压、免疫针、乳腺癌检查、结肠镜检查，此外还有年度体检。如确实需要进一步的检查，则需要个人承担，费用直至达到自付额的上限。[126]

奥巴马医改的弊端在于其复杂性。2015 年 2 月访问奥巴马医改网站 healthcare. gov 可以发现，针对笔者所在的伊利诺伊州就多达 142 种方案，而每种方案都提供了不同的保险菜单、自付额和门诊费。比复杂性更严重的，是医疗服务提供商网络受到限制及其明显的不稳定性。许多投保人接到通知，他们的长期保单不符合现在的医保法案要求，需要购买新的保单，但经常找不到涵盖以前家庭医生的保险方案。于是就滋生了大量的传言：病人可能需要到很远的医保网络内的医院就医，到附近的医保网外的医院就医费用极高。医生出入于医保网已成常态，如果某医生退出医保指定医院，他提供的服务就得不到该医保单位的报销。医保网的不稳定导致“指定医生”的做法过时，也很难得到最新的确切信息。保险公司代表被问及某医生是否在其保险方案中时，回答经常是不知道，因为医生随时进入或退出医保网，就好比一个 NBA（美国职业篮球联赛）篮球运动员经常转会一样。其他抱怨还包括报销的药品单子经常更新，有时在报销之内，有时需要自付高额门诊费，有时不在报销之内。[127]

奥巴马医改的复杂性和限制性与 Medicare 的简洁性和单一付费者体系形成了鲜明对比，医院和医生从单一付费者体系分别得到报销和薪水。2010 年，为竭力获取医改方案的通过，奥巴马政府并没有试图将该计划建立在单一付费者体系的模式上，担心会遭到保险公司游说团体的强烈反对，甚至也没给公众提供选择的机会。虽然现在评价“奥巴马医改”对卫生健康指标（如预期寿命）的影响还为时尚早，不过令人鼓舞的是，医疗保健支出占 GDP 比例长期增长的现象停顿了，如图 14.7 所示，至少在 2010—2013 年是如此，这甚至早于 2014 年奥巴马医改的正式启动。

结　论

1940 年以后美国医保系统在疾病治疗方法、医疗组织和支付方式上发生了重大变化。1940 之后最重要的创新发生在 1940 年到 20 世纪 70 年代末这一时期。的确，40 年代和 50 年代初社会革命达到高潮，影响人们日常生活的各种传染性疾病基本得到根除。[128]巴斯德的细菌致病论和废水垃圾处理改进带来了飞跃式进步，随后在“二战”期间及战后青霉素和其他抗生素的发明给许多传染性疾病致命一击。心血管疾病和癌症的治疗方式大部分也是在 70 年代形成的。以心脏疾病为例，到 60 年代初就有了各种预防性和缓解性的治疗方法，此后，心脏疾病的发病率开始缓慢但稳定地下降。对癌症的战斗没有如此成功，自 70 年代普遍使用现代成像技术、化疗和免疫治疗等疗法以来，鲜有重大突破。

这种进步的取得可以部分归因于公众对卫生健康问题的了解和认识。吸烟和其他风险因素的下降都推动心脏病发病率的下降，对大气和水污染治理的日益重视也对预期寿命和质量调整寿命年的增加产生了积极影响。与此同时，意外事故死亡率保持稳定下降，美国的暴力事件一直保持循环态势，最高峰发生在 90 年代初期，此后有明显改善。

1970 年后，美国医疗界逐步走上了以科技含量高、价格昂贵的器械治疗为特色的专业化道路，医院成为“技术大商场”和冷漠的“器械治疗中心”。医疗保健支出占 GDP 比例自 60 年代初以来不断攀升，本来一些简单的预防性措施就可以限制费用上升，带来公共健康改善，却没有得到医院和医生的重视。与此同时，有实效的医疗创新越来越少，面对烦琐的规制和成本飞涨，新药的开发速度非常缓慢。

医疗保健支出占 GDP 比例之所以越来越高，主要是因为医保系统不计成本地过度提供大量高科技服务造成的。这种按服务项目收费的制度反映了美国医疗行业希望贯彻市场自由和不受政府干预的理念，抵制其他发达国家全民医保的做法，这些国家认为享有医保是一种公民权利，而不应该只是职业保险。1980 年之后美国医疗体系逐渐转向管理式医疗，到 2010 年时基本取代了按服务项目收费的制度，但并未结束对职业保险的依赖。医疗保健支出占 GDP 比例在 1930—1960 年仅为 4%，到 2013 年升至 18%，然而仍有 1/6 的民众享受不到医保，预期寿命也比其他全民医保的发达国家短 2 ~4 年。

对管理式医疗的研究评估表明，相比于传统的按服务项目收费，虽然管理式医疗将医疗服务提供商划分为医保网内和网外，但医疗质量并未下降。奥巴马医改加剧了医疗服务提供商网络受限制的问题，因为该方案十分复杂，提供了成百上千个不同的医保计划，每一个医保计划都只覆盖极为有限的医疗服务提供商网络，从而导致相对较高的转诊率。不过，奥巴马医改至少有助于弥补医疗保险缺口，因为医改方案根据收入的多少提供浮动补贴，而且入保前就患有疾病的民众也可享受医保，并要求所有医疗服务提供商提供免费的预防性筛查。

与此同时，相较于 1940 年到 70 年代末医疗技术突飞猛进的发展，现代技术革新产生的回报令人失望。有关基因组和干细胞的研究成果，虽然起初前景看好，但至今尚未研发出疗效好的新药，也没有提出更好的治疗方法。最新的突破主要在疾病防控而非治疗，而且很多方法的获得需要高昂的费用。[129]基于疾病治疗方法的改进虽然增加了民众的预期寿命，但也使越来越多的美国人进入阿尔茨海默症和其他形式痴呆症的年龄范围。尽管医疗研究和治疗的高额投入无疑会使美国人的预期寿命继续缓慢增加，但无法改变的事实是，与其他发达国家相比，美国迄今为止医保系统费用最高而预期寿命却最短。

第 15 章
在家和在职场的工作、青年和退休

20 世纪中期大规模地实施了每小时 20 美元工资制度，大量高中及以下学历的美国人得以上升为中产阶层。这个制度以前是成功的，但是现在越来越行不通了。

——路易斯·尤奇特（Louis Uchitelle，2008）

引　言

到 1940 年，在职场和在家的工作环境得到了极大改善，与 19 世纪后期不同，工作不再是艰辛和危险的苦差事了。大批人士已经离开了农场，前往城市。大大小小的机器大部分由电力驱动，替代了大多数危险的工厂工作，比如 1890 年的钢铁工人。需求大量增长的职业是文秘和营销，这些职业尽管有些沉闷和单调乏味，却比农场和工厂的工作更加安全和舒适。到 1940 年，工作时间由每周 60 小时减少到 40 小时，这在 2015 年仍是标准工作时间。

妇女在家的工作环境也得到了极大改善。到 1940 年，大多数城市家庭用燃油或燃气集中采暖，因此没必要运输木柴或者煤炭。因为有了洁净的自来水，所以家庭主妇也不需要为了洗衣、做饭和洗澡去拉水。1940 年时，大约 40% 的家庭拥有电冰箱，44% 的家庭拥有某种型号的洗衣机。从这些方面和其他维度来看，相比 1940 年以来的岁月，1870—1940 年的工作环境改善幅度更大一些。

在 1947—1964 年婴儿潮时期，妇女忙于养育孩子，很少有人认为参加市场工作是可行的选择。从 20 世纪 60 年代后期起，女性劳动参与率开始缓慢攀升，在 1999 年达到峰值。经济学文献中一直有争论，即 1945—1965 年家用电器的普及是否影响生育率和劳动参与率。在婴儿潮中生育率的短暂上升被视为育儿观念的变化，是人们对大萧条和"二战"的痛苦经历做出的反应。妇女并不是在 20 世纪 50 年代厨房普遍安装家用电器之时，而是在家用电器普及 10～20 年之后，才涌入劳动力市场的。

战后时期既带来了进步，也带来了新问题，制造业劳动人口比例在 1953 年达到了 30% 的顶峰，之后开始缓慢下降，在 1980 年之后下降得很快，主要是因为机器替代了人工，以及进口制造业产品激增，美国制造业的工作岗位减少。到了 2015 年，制造业劳动人数占比下降到 10%，比较稳定且收入较高的工会成员工作减少，逐渐侵蚀了人们从 50 年代中期就已形成的愿景——即使一个高中及以下学历的蓝领工人，在郊区也有住房，至少有一两辆车。

从工作环境改善中获益的不仅是成年男性和女性，也包括年轻人，特别是青少年，因为高中教育的普及消灭了童工。高中教育完成率从 1900 年的 10% 稳步增长到 1970 年的 75%，之后进展不大。而以前很多来自少数族裔和贫困家庭的学生，不能完成高中教育，因此一生注定从事单调的体力工作，拿的工资仅比最低工资高一点。

在"二战"后初期，美国完成大学学业的年轻人比例在全球遥遥领先，这主要归功于《退伍军人权利法案》，它给数以百万计的"二战"退伍军人提供全额大学费用。但是在过去 20 年，美国大学教育完成率的国际排名从第 1 名掉到了第 15 名开外。尽管过去 10 年间拿到四年大学学位的比例不断攀升，增长了 1/3，但在近些年，仍有多达 40% 的大学毕业生找不到需要大学教育程度的工作。即使扣除通胀因素，大学学费从 20 世纪 50 年代以来也涨了 10 倍。[1]过高的费用推动大学学费快速上涨，尽管助学金和奖学金能减轻负担，尤其是在某些十分挑剔的学校，但是学生的债务负担仍然不断累积，现在总额已经高达 1.2 万亿美元。

正如伴随着童工消失和高中教育的近乎普及，青年人的生活质量发生了转变一样，1940 年以来，老年人的生活也有了革命性改变。在 20 年代之前，并没有退休的概念，工人们要“工作至倒下为止”，也就说，他们将要工作到身体条件不允许为止，在这之后，他们要依靠他们的孩子或者教会慈善机构和其他类型的私人福利计划。养老革命的第一步是在 1935 年颁布了《社会保障法案》，提供全国性的养老金制度。所有工人在工作期间都缴纳保险费，作为回报，他们有权得到社会保障养老金作为老年生活的保障。

尽管社会保障金相对较少，但私营部门的大企业和有工会组织的公共部门通过待遇确定型养老金计划作为补充。当工人开始领取养老金时，就能安享退休生活。退休的概念很快演变为休闲时间，并催生了建设浪潮，高尔夫球场、退休公寓、亚利桑那州太阳城之类的退休城市纷至沓来，大量人口从东北和北部中心地区流向从加利福尼亚到佛罗里达的阳光地带。因为预期寿命增加，而社会保障规定的退休年龄直到最近都一直不变，处在退休阶段的时间一直在稳步增加，所以，未来社会保障制度的融资问题仍将是一个定期出现的烫手山芋。

从农村和工厂到办公室小隔间：更高薪酬和更安全的工作环境

农业和蓝领劳工相当繁重的劳作让位于体力上更轻松的工作，比如会计、行政、工程、管理和销售。从 1900 年到 1940 年，技术创新使工人的劳动生产率提高，能从蓝领工作无障碍地转向白领工作，特别是，除两个衰退年份外，在整个 1950 年到 1970 年的 20 年间，失业率都维持在 5. 5% 及以下。[2]

农业就业人数占比下降是必然的，但下降速度并不稳定。从 1900 年到 1940 年的 40 年间，农业就业人数占比从 40% 下降到 20%。图 15. 1 显示了 1940 年之后农业就业人数占比变化，到 1953 年，农业就业人数占比减半，从 20% 下降到 10%，截至 1967 年，再次减半，从 10% 下降到 5%，2000—2013 年 * 维持在 2% 的较低水平。农场引进的先进机器代

---

* 图 15. 1 显示了截至 2012 年的数据，但原书此处为 2000—2013 年。——编者注

替了人工体力劳动，农场劳动力变得冗余，但这些人被迅速吸纳为城市蓝领或者白领，至少在“二战”后时代的前半期是如此。

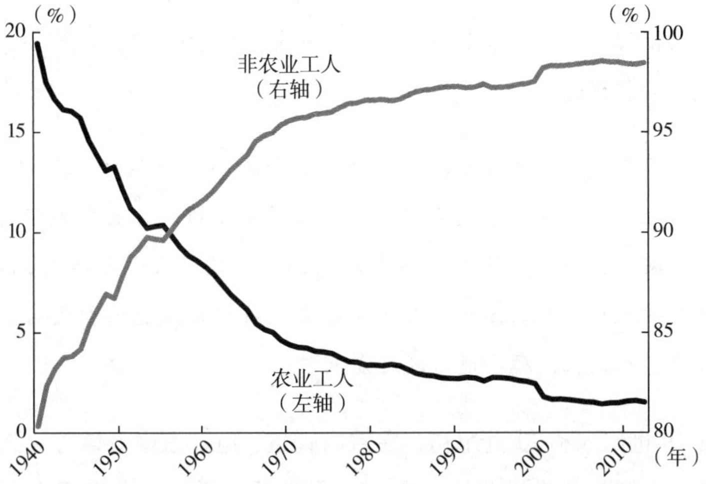

图 15.1　1940—2012 年农业与非农业雇用劳动力的百分比

资料来源：表 B-35，Department of Labor（Bureau of Labor Statistics），1940—1947 年的数据进行了同口径调整。

从事农业和蓝领工作的人转为白领之后，他们的年薪和社会地位有了很大提升。在 20 世纪下半叶，中产阶层之所以出现历史性增长，他们的生活水平之所以出现历史性提高，一个重要原因就是收入水平的提升。随着美国制造业衰落和服务业兴起，很多美国人的工作变得更加安全，因为他们离开了需要体力劳动的危险行业，进入了体力需求很小的开放式办公隔间。白领数量增加提高了工作场所的安全性，同时，制造业和采矿业的安全性也得到了很大提高。在采矿业，每 10 万矿工的年死亡率从 1911—1915 年的 329 人，减少到 1996—1997 年的 25 人。[3] 采矿业和制造业伤亡人数下降减轻了成千上万家庭收入降低和残疾的痛苦。

空调的发明不仅推动了退休人员飞往阳光明媚的南部，还提供了一个舒适的工作环境，有助于提高文秘和白领的工作效率。据估算，在 20 世纪 50 年代，政府打字员的工作效率因空调提高了 25%，在 1957 年的调查中，90% 的美国公司认为空调是提高劳动生产率的首要因素。空调结束了人们在闷热环境中工作的历史，整体健康状况可从低死亡率中窥见一斑。由于安装中央空调或房间空调的家庭比例不断增加，在1950年还是0，1993年达到68%，2013年接近90%，人们在热浪中生病和死亡的概率大幅降低。[4]一旦家中装了空调，家务劳动就变得更有效率，闲暇时间也变得更加舒适。

> 季节性周期由天气决定，受高温和高湿度的影响，工人的生产率随之下降，在最热的天气，员工会提前下班，企业会关门。商店和剧院也会关门，里面热得令人窒息，无法让大量人群感到舒适。夏天的城市空空荡荡……房屋和办公室被设计成能够加大自然通风效果，人们在门廊和通道度过夏天。[5]

在19世纪末和20世纪初，在室内管道、电、家庭电话等一系列发明之外，空调是技术进步影响美国人民生活水平的一个标志。到1970年，大多数室内工作都受益于空调，仅这一项发明就可以解释为什么劳动生产率和全要素生产率的增长率在1970年之前比之后高出那么多。

20世纪50年代到60年代实际工资前所未有地增长，使有高中学历户主的家庭能够搬到快速扩张的郊区。

> 不断扩大的中产阶层包括两种不同类型的工人：白领和蓝领。当时，由于蓝领工人的工会能够为他们争取工资，所以蓝领男性（性别特征不可避免）能够与白领男性做邻居，就算不能和医生做邻居，也能和会计、教师、中层经理做邻居。这种大致的经济平等是头等重要的政治事实。它意味着，在打破美国战前社会缓慢变化的过程中，战后的美国没有工人阶层和工人阶层政治，相反，有的是中产阶层政治，中产阶层不断扩大，他们有更大的理想和自我认同，事实上，更多人期望被视为中产阶层，尽管实际上他们并没有达到其心目中的理想状态。美国的社会主义就像1906年德国政治经济学家桑巴特所写的那样，建立在“烤牛肉和苹果派”上，这是对美国富裕的一个隐喻。“二战”之后美国中产阶层不断扩大，他们

> 拥有财富和资产阶级的世界观，在政治上保持中庸，几乎没有什么能证明桑巴特的观点是错误的。[6]

从 20 世纪 40 年代到 70 年代，蓝领和白领在志向和成功上的明显重叠，象征着一个稳定而又多元化的中产阶层体验到了平等。克劳迪娅·戈尔丁和罗伯特·马戈把 1945 年到 1975 年美国社会经济阶层的“大压缩”写进了编年史，他们断言：“如果 80 年代产生了铁锈地带，那么 40 年代肯定创造了钢铁地带。”[7]这一点加上受教育工人供给的持续增加，使得这 30 年间的工资结构变化很小。一系列这样幸运的现象使 19 世纪末和 20 世纪初的工资差距进一步缩小。

就像大压缩恰逢经济扩张的黄金年代一样，1975 年之后收入不平等加剧也发生在经济增长较慢的环境中，工资中位数在过去三四十年间几乎没有真正的增长。在大压缩年代，工作的多样性、稳定的收入、优质的教育都是自我提高的方式。但最近，收入分配下半端的人群已经开始流出中产阶层。

> 如果一个人的邻居（或其他相关者）的平均收入会间接影响一个人的社会、经济和健康结果，那么收入隔离将导致高收入家庭和低收入家庭更多的结果不平等，这会超过收入本身带来的不平等。因此，在一个高度隔离的地区，高收入家庭对低收入家庭的优势不仅在于其各自家庭收入不同，还在于其各自邻居的收入也存在差距。[8]

当社会顶层家庭拥有越来越多的社会财富时，邻居的平均收入水平和个人社会地位之间的关联将会被夸大。在 1970—1998 年，收入分配顶层 0.01% 人口的平均收入从整个社会平均收入水平的 50 倍跳升到 250 倍。[9]顶层收入家庭和平均收入家庭的巨大差距将社会大压缩变成了社会“大分化”，我们将在第 18 章分析收入不平等扩大的原因和后果。

女性革命：从铆钉工到婴儿潮的家庭主妇，再到专业白领

“二战”后劳动力市场最重要的变化是女性劳动力的崛起，在“二

战”期间，520 万妇女涌入劳动力市场，获得了第一次参加工作的体验。“铆钉工萝西”成为战争期间美国女性爱国主义和参与服务的象征，当时经济正努力克服成年男性劳动力严重不足的问题。部分由于女性出来挣钱，更因为工人得到前所未有的工资收入，加之定量配给和禁止生产导致有钱也买不到东西，所以战争使美国有了大量储蓄。个人储蓄占家庭可支配收入的比例在 1943 年达到峰值，之后在 1944 年再次达到峰值 27%，远高于和平时期一般年份的 5%～10%。

1945 年战争结束，数以百万计的退伍军人急切地涌入城市劳动力市场，重新开始正常的平民生活，在此期间养一群孩子是一种社会风气。美国家庭随时准备购买工厂快速军转民后生产的任何东西。在 20 世纪 20 年代发明出来、30 年代得以完善的能够节约人工的设备很快投向市场。到了 1960 年，原来的美国厨房已变得现代化了，2000 万新建住宅单元都有了现代化的厨房。由于家庭主妇在家务琐事上可以花更少的时间，所以也就有了更多时间照顾小孩，生育率从 1945 年的 2.4% 上升到 1947 年的 3.3%，接着缓慢上升到 1956 年的 3.8%，之后在 1970 年下降到 2.4%。[10]

高生育率使妇女忙于养育孩子和照顾家庭，据估计，“60% 的妇女花费在家务活上的时间平均为每周 56 小时，家务活包括膳食准备与清理、服装护理、房屋清理与修缮、缝补、购物、照顾小孩、管理家庭”。[11]这些家庭主妇比她们的丈夫工作时间还要长，工作的天数也更多，她们的丈夫一般每周工作 38～40 小时。孩子数量越多，家庭主妇负担越重。瓦莱丽·雷米对家庭工作时间的研究表明：“如果家中最小的孩子小于 1 岁，家庭主妇每周用在家务活上的时间就要多 17 个小时，每多一个 6 岁或 6 岁以上的孩子，每周要多 2 个小时。如果最小的孩子在 1 岁到 5 岁之间，家庭主妇每周用在家务活上的时间几乎要多出 7 个小时。”[12]

文化期望降低了男性和女性的结婚年龄，1940 年男女结婚平均年龄是男性 24.3 岁，女性 21.5 岁，到 1970 年，男性降低到 22.6 岁，女性降低到 20.4 岁。[13]在 1960 年，60% 进入大学的女性在完成大学学业之前会辍学结婚。[14]这种常见的做法体现了当时的流行文化，它认为美国妇女应当为了稳定而承担家庭责任。举个例子，一篇来自《十七岁》杂志的文章指出："成为一个女人就是你的事业，你不能逃避。家里没有办公室、实验室，没有提供如此多创造性途径或者行政机会的舞台，家就是一个日常不显眼的地方。"[15]

孩子将女性困在家中，但是那些没有孩子的妇女或者子女已成年的妇女，仍然面临着巨大的性别歧视，这不仅体现在找工作上，也体现在为从事某项职业比如医学和法律而需要的学术阶梯上。这里没有比桑德拉·戴·奥康纳更好的例子了，她最后成了最高法院的大法官，当初她从斯坦福大学法学院毕业后，去 40 家律师事务所面试都被拒绝了，最后她只获得一份法律秘书的工作。[16]

> 女性去找原本男性从事的工作可能会受到很大打击，1961 年，一位医学院院长说："对，我们有一个名额，的确太少，所以我们会尽量排斥女性，我们不希望她们出现在这里，她们也不希望自己出现在这里，不管她们承认与否。"1960 年，美国的医生中女性只占 6%，律师中只占 3%，工程师中占比低于 1%。尽管联邦政府一半以上的雇员是女性，但女性在公务员收入最高的四个级别中的占比只有 1.4%。[17]

从 60 年代中期开始，婴儿潮结束导致女性劳动参与率增长的时间拉长了，如图 15.2 所示。尽管存在婴儿潮，"黄金年龄"（25 ~ 54 岁）的女性劳动参与率还是从 1948 年的 34.9% 上升到 1964 年的 44.5%，之后开始了最快的增长，1985 年达到 69.6%，然后在 1999 年达到峰值 76.8%，之后是小幅缓慢下降，2014 年为 73.9%。

图 15.2 也展示了男性和女性劳动参与率的对比，在 1948 年到 1964 年的平稳发展后，黄金年龄男性的劳动参与率开始缓慢下降，从 1964 年的 96.8% 下降到 1984 年的 93.9%，之后到 1999 年下降到 91.7%，2014 年下降到 88.2%。到 1999 年，男性与女性的劳动参与率差距迅速缩小，后来保持相对稳定，1999 年的差距是 14.9 个百分点，2014 年的差距基本上

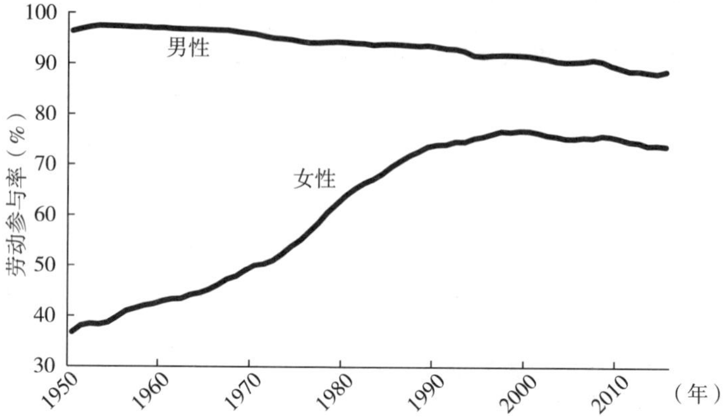

图 15.2　1950—2015 年 25 ~ 54 岁男性和女性的劳动参与率

资料来源：Bureau of Labor Statistics，LNS 11300061 和 LNS 11300062。

是 14.3 个百分点。我们将在第 18 章分析为什么在 1999 年之后，黄金年龄男性和女性的劳动参与率会下降，这种阻力减少了每个人的工作时间，从而造成人均实际 GDP 增长低于时均实际 GDP 增长。

就像女性劳动参与率在 70 年代到 80 年代的增长一样，女性受教育程度也在提高。受教育程度提高加上性别歧视减少，女性发现自己有了走向职场白领的发展机会。克劳迪娅·戈尔丁称之为“静悄悄的革命”，她描述 1970 年之后：“有了更准确的预期，她们能够通过正规教育投资进行更好的准备，能够设想拥有更好前途的岗位。也就是说，她们有了职业生涯规划，而不仅仅有了就业岗位。”[18]女性开始作为专业的职业人士被接受，这种进程远远超出了传统的粉领职业。1960 年，白人男性在医生、律师和经理中的占比分别为 94%、96% 和 86%，而到了 2008 年，这三个数值分别变为 63%、61% 和 57%。[19]在 90 年代初，雪莉·比格利（花旗银行副总裁）将这一新环境描述为：

> 当我正好是青春年华时，女性参加工作的人数开始有了巨大变化，我所在的法学院的班级里有 40% 的学生是女性，这在我上大学之前是完全不可想象的。1990 年的人口普查显示，在马里兰州，女性“专业职员”人数第一次比男性多，按照美国人口普查局定义，

这个职业类别包括医生、律师、科学家、护士和图书管理员等一切专业工作类别。[20]

到了 1970 年，文化规范已经改变，足以让社会接受有孩子在家的女性进入劳动力市场。最小的孩子在 6 ~ 17 岁之间的女性的劳动参与率从 1975 年的 54.9% 提高到 1985 年的 69.9%，之后在 1995 年提高到 76.4%。相似的增长情况也可以在最小的孩子年龄低于 6 岁的女性中见到。在有些情况下，非常成功的女性在外打拼事业，她们的丈夫则在家中照顾小孩。

目前《财富》500 强的首席执行官中有 18 位女性，其中 7 位，包括施乐公司的厄休拉·伯恩斯、百事公司的卢英德、维朋（Wellpoint）公司的安吉拉·布拉莉，都有或者是一定程度上有一个照顾家庭的丈夫。在一些规模小一点的公司，其女性首席执行官和一些女性高管也有类似情形。还有一些女性，比如 IBM 的新首席执行官吉妮·罗曼提（中文名罗睿兰），有一位放弃自己事业专心辅佐强势妻子的丈夫。[21]

尽管性别差异并没有消失，但是从 1970 年开始，工资平等取得了实质性进展。就像图 15.3 所示，女性年工资中位数与男性年工资中位数之比从 1975 年的 58.8% 上升到 1990 年的 71.6%，之后在 2010 年达到了 77.4%，同时每周收入之比达到了 81%。年收入不太有利的比例反映出妇女的年工作周数比男性少。

近年来，在女性取得更快进步的同时，男性进步相对缓慢。除了美国最大的三个城市外，30 岁或以下的女性平均而言比其男性同行收入高。[22]另外，在经济衰退时，男性失业人数 3 倍于女性。[23]这主要是因为蓝领工作中男性居多，而白领工作中女性居多；男性在制造业和建筑业分别占 87% 和 71%。[24]在专业工作上女性占比不断上升，加上男性占多数的很多行业都处在衰退期，意味着很多女性在工作稳定性和前途方面已经能够超越男性。

然而事实却是，在 2010 年，女性年收入中位数仍然只有男性年收入中位数的 77%，而在过去 30 年，女性大学完成率均超过了男性。正如戈

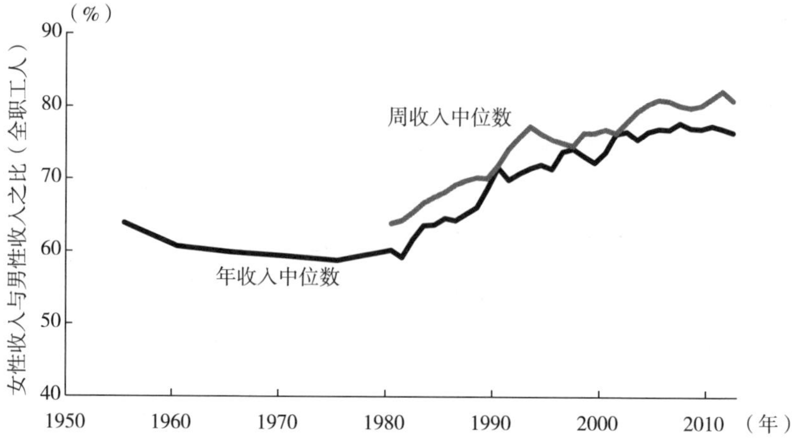

图 15.3　1955—2012 年性别工资比和实际收入：年收入中位数和周收入中位数

资料来源：年度数据中 1955 年的数据来自 Francine D. Blau and Marianne A. Ferber, *The Economics of Women, Men and Work*, 第二版（Englewood Cliffs, NJ: Prentice-Hall, 1992）；美国人口普查局, *Income, Poverty, and Health Insurance Coverage in the United States: 2010*, 表 A-5。周数据中 1970 年和 1975 年数据来自 Blau and Ferber（1992）；1980—2011 年每周和每小时的收入数据来自当前的人口调查；2013 年周数据来自美国劳工统计局, *Median Usual Weekly Earnings of Full-Time Wage and Salary Workers by Selected Characteristics, Annual Averages*。

尔丁（2014）指出的那样，性别工资差距的一部分可以用一些可识别的特征来解释，这些特征"随着时间推移而减少，因为男性和女性人力资本的投资在趋同，教育年限的差异……在收窄。结果就是，差距的残差部分相对于已解释部分会增加"。[25]在解释残差部分时，戈尔丁区分了与性别相关的工资差异的两种来源：职业之间的差异和职业内部的差异。尽管女性的职业选择越来越专业化，但是女性和男性的职业构成仍然有很大不同，特别是技能型粉领职业和技能型蓝领职业有很大不同。例如，几乎所有助产士都是女性，而几乎所有水泥承包商均为男性。戈尔丁的结论是，这些职业选择只能大约解释性别工资差距残差的 1/3，剩下的 2/3 由职业内部的差异解释。

戈尔丁对职业内部工资差距的解释重点关注年龄结构，她发现，"相对于男性来说，女性年龄增加时工资会减少"。换句话说，具有正斜率的男性工资的年龄结构曲线比女性工资的年龄结构曲线更陡峭。比如一个出生在 1963 年的女性，在 25 ~ 30 岁之间，与男性的收入差距是 10%，到了 45～50 岁，收入差距扩大至 35%，这种与年龄相关的性别工资差距因职业不同而有很大差异。在企业高管和律师中表现得尤为明显，投入了大量时间，报酬增长却不成比例，因为女性在小孩出生期间需要时间灵活，所以付出很大代价。这些职业的关键因素是员工完成任务的可替代性低，需要专人一直负责。戈尔丁将它们描述为：

> 并不是所有职位都可能改变，总会有全天候的岗位、全职的雇员和经理需要随叫随到，包括很多首席执行官、出庭辩护律师、并购银行家、外科医生，还有美国国务卿。[26]

另一个极端是，在有些职业中，一个员工可以轻松地替代另一个员工。比如，药剂师的薪资与工作时间几乎成正比，从事兼职工作几乎不会有什么成本。其他一些工作时间灵活而又没有什么损失或损失很小的职业包括医生、牙医、验光师和兽医。长期的趋势是，大型连锁药店和医疗集团将会取代小业主药店和个人医生诊所，这些大集团使得个人不再是那么不可或缺，而是更容易被其同事替代。

大学的限制：大学教育的增长，收益和费用上升

美国民众的职业转变，从农业和蓝领体力劳动转向白领、管理岗位和专业工作，都要求受过更高教育，也只有供应更多大学生才有可能。图 15.4 显示两组在不同年龄完成大学教育的人，一组是在 25～29 岁之间完成大学教育，另一组是在 25 岁以上完成大学教育，后者的比例更高，说明他们在 30 岁或者 30 岁以后才完成大学教育，其中的很多人都是第二次世界大战、朝鲜战争、越南战争的退伍军人。那些在 25～29 岁之间完成大学教育的人更能反映一般人的大学完成率，1940 年的大学完成率是 5%，1966 年是 10%，1990 年是 20%，2013 年是 32%。

随着大学教育程度的全面提升，女性入学率提高了，男性入学率降低了。如图 15.5 所示，“二战”期间由于男性缺乏，男性和女性的入学

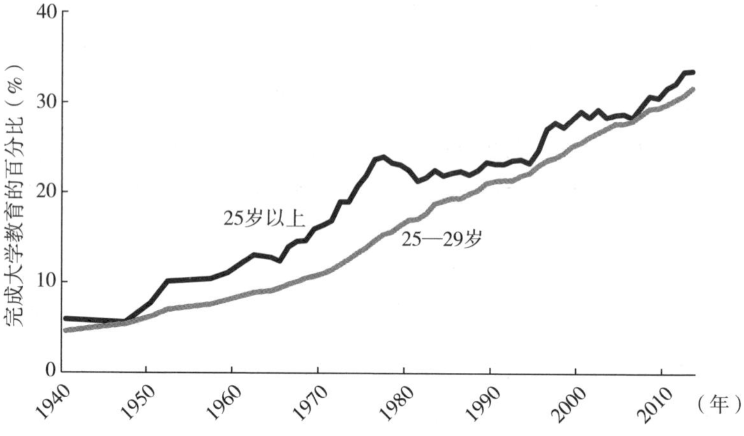

图 15.4　1940—2012 年 25 岁以上和 25 ~ 29 岁人口完成大学教育的百分比

资料来源：1947 年和 1952 年到 2002 年 3 月的数据来自当前人口调查，2003 年到 2013 年数据来自对当前人口调查的年度社会和经济补充数据（一般人口，不包括现役军人）；1950 年和 1940 年人口普查（常住人口）。

率有了明显的倾斜，接着在 1949 年到 1950 年，男性入学率高达 72%，这是受《退伍军人权利法案》影响而达到的峰值年份。50 年代中后期朝鲜战争后男性入学率有小幅上升，随后男性入学率稳步下降，直到 1978 年下降到低于 50%。在 2013 年*，即图 15.5 显示的最新年份，女性和男性入学率之比是 58∶42。表 15.1 显示，年龄在 25 ~ 64 岁之间的女性一直在稳步上升，1970 年有 78% 获得高中及以下文凭，在 2010 年，67% 的人都获得高中以上文凭。从 1970 年到 2010 年，这个年龄段的女性大学就读率每 10 年提高 6 个百分点。

美国中学后的教育问题不仅表现为男性大学入学率下降。首要问题是大学实际费用的提高，以及 2008—2009 年金融危机之后，四年制大学毕业生就业机会减少。学生助学贷款在 2014 年就超过了 1 万亿美元，金额超过了未偿信用卡贷款或汽车贷款。[27]不论学生是否获得需要大学文凭的工作，贷款都必须偿还。很多背负贷款的大学生从学校毕业后只能干一些体

* 图 15.5 显示了截至 2012 年的数据，但原书此处为 2013 年。——编者注

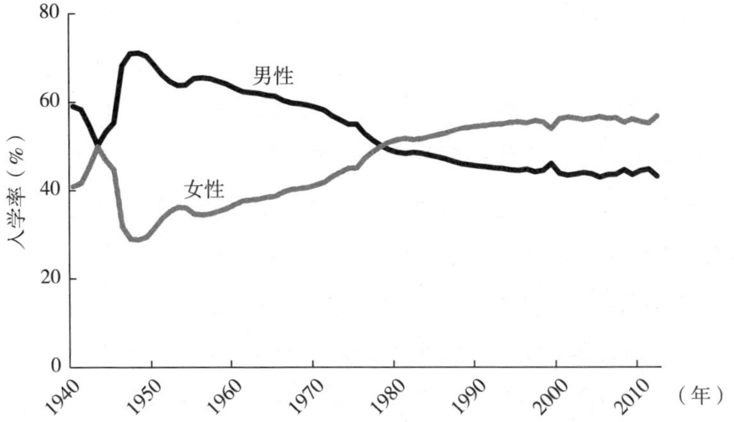

图 15.5　1940—2012 年不同性别高等教育入学率

资料来源：1995 年之前的数据来自 HSUS 表 Bc523-526，1995 年之后的数据来自 SAUS 表 240。1940 年、1942 年、1944 年、1958 年、1960 年和 1962 年为内插值。

力活，包括开出租车或在星巴克做咖啡师。也有很多学生被迫回家和父母一起生活，延迟建立家庭、结婚和要小孩的正常时间。

表 15.1　1970—2010 年女性劳动力的受教育程度（25 ~ 64 岁女性民用劳动力的分布，%）

年份	高中文凭以下	高中毕业但未上大学	考入大学但无学位或无相关学位	大学毕业
1970	33.5	44.3	10.9	11.2
1980	18.4	45.4	17.4	18.7
1990	11.3	42.4	21.9	24.5
2000	8.5	31.6	29.8	30.1
2010	6.8	26.4	30.3	34.4

注：因为四舍五入，百分比的总和可能不等于 100%。1970 年、1980 年和 1990 年的数据用的是当年 3 月份的数据，受教育程度依据的是完成教育的年数（分别是少于 4 年高中，完成 4 年高中但是没上大学，上了大学但是只学习 1 ~ 3 年，大学 4 年及以上）。2000 年和 2010 年的数据是年度平均数据，依据获得的最高文凭。

资料来源："Educational attainment of women in the labor force，1970 – 2010，" *Bureau of Labor Statistics*（December，2011）。

相隔 25 岁的各同年龄组群受教育程度提高的速率递减能最好地衡量美国受教育程度的停滞。真正的进步来自 1925—1950 年出生的人，其中

1925 年出生的人现年 90 岁，上学的平均年限是 10.9 年，在 1950 年婴儿潮中出生的人现年 65 岁，上学的平均年限是 13.2 年，那些在 1975 年出生的人现年 40 岁，上学的平均年限增加很慢，只有 13.9 年，[28]从 1970 年开始，受教育程度的缓慢提升是生产率增长缓慢的基本原因之一。

尽管一些大学毕业生无法找到需要大学文凭的工作，但是这些大学生仍然比那些非大学毕业的学生在劳动力市场有更好的结果。图 15.6 显示，1992 年以来，四年制大学毕业生的失业率几乎只是高中生的一半，相对于四年制大学毕业生，那些考上大学但没有获得四年制大学文凭的学生的失业率与高中毕业生的失业率更接近。由此看来，大学教育对每个人来说都是一笔不错的投资，但是，只看四年制大学毕业生的平均结果，则掩盖了不同职业、不同专业的巨大差异。同样需要大学学历，工程学专业的大学毕业生肯定比英语、艺术史和音乐专业的毕业生有更低的失业率。

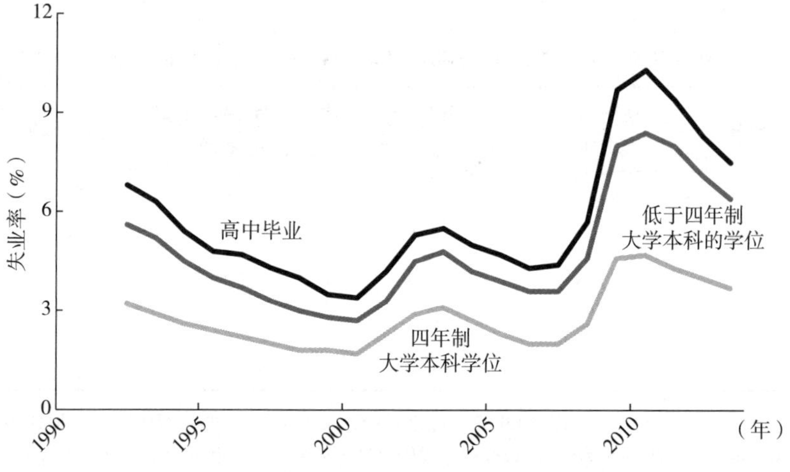

图 15.6　1992—2013 年失业率与受教育程度

资料来源：Bureau of Labor Statitics，“Labor Force Statistics Current Population Survey”，序列 IDs LNU040227662、LNU04027689 和 LNU04027660。

正如大学生平均而言失业率较低一样，如图 15.7 所示，他们的实际年收入中位数也更高。按照连续的教育阶梯，教育程度越高，平均收入就越高。在 2002 年，高中辍学者每年收入 23000 美元，高

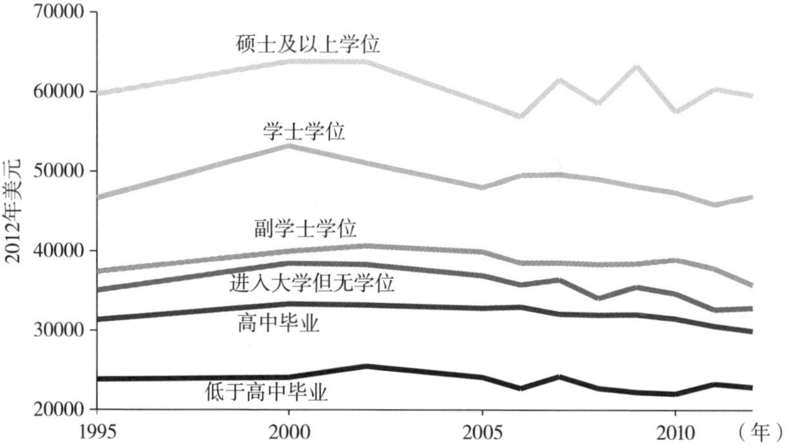

图 15.7　1995—2012 年 25～34 岁全职工人的年收入中位数与受教育程度

资料来源：502.30，US Department of Commerce，Census Bureau、人口普查局，“Current Population Survey”，1996 年 3 月到 2013 年 3 月。1995 年、2000 年、2002 年、2005—2012 年数据为内插值。

中毕业生每年收入 30000 美元，有四年大学学士学位或硕士以上学位的毕业生每年收入 47000 美元，有硕士学位的毕业生每年收入 60000 美元。图 15.7 所显示的工资都经过通胀调整，所以在过去 17 年，对于所有组别的毕业生来说，他们的实际工资都没有提升，而且对低于学士学位的人群来说，实际工资还下降了。

养老天堂：老年人的退休和生活方式

图 15.8 显示的是退休人口占总人口的比例，表明从 1940 年的 7.1% 稳步增长到 1980 年的 11.3%，之后在 2010 年达到 13.1%。这个百分比不仅反映了预期寿命增加和各个年代出生的人数，也显示了移民变化情况。1995—2005 年的停滞呼应了大萧条时期和“二战”时期人口出生率走低，在婴儿潮中出生的人的退休情况从 2008 年开始表现出来。

在 20 世纪 20 年代，也就是在 1935 年《社会保障法案》通过之前，私人养老金计划只给相当少的一部分人提供福利，1921 年的税制改革激励很多私人公司为雇员提供免税的退休金和补偿计划。[29] 到 1930 年，已

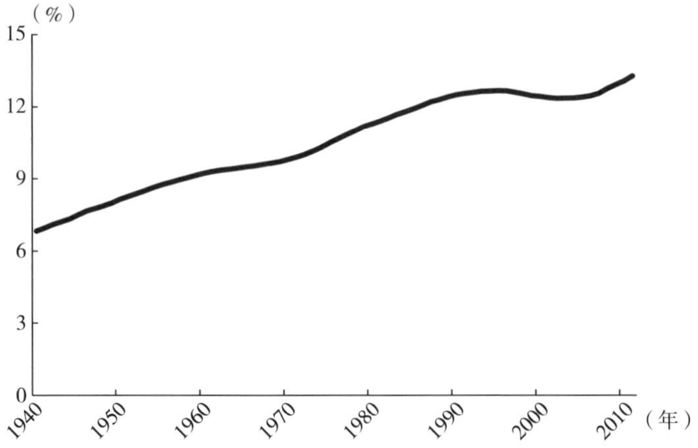

图 15.8　1940—2011 年退休人口占总人口的比例

资料来源：US Department of Commerce（Census Bureau），表 B-34。

有 1/10 的劳动力从私人养老金计划中获益，[30]但是大萧条很大程度上破坏了这个安全网，使得大龄工人在失业的同时又失去了收入：

> 随着 1929 年大萧条的开始，企业很难获得满足运营费用的资金，包括用于支付养老金。由于利润骤减，雇主被迫大幅削减成本，包括养老金福利。结果，越来越多的企业开始要求员工为自己的养老金计划缴费。一些公司实际上废除了它们的养老金计划，一些公司减少了养老金支付。一旦养老金计划被终止，一些退休员工就不能指望再获得养老金。在 30 年代，新设立的全部由雇主缴费的养老金计划数量非常少。[31]

随着 1935 年社会保障制度的推出，罗斯福新政立法迫使私人养老金计划进行改革。新制度确保“工人年老时将不再面临贫困，他们由资本主义的福利支持，至少对普通工人来说，不再因为缺乏合适的养老金，妨碍公司退休政策的全面实施”。[32]为此推出了一种新型的三方储蓄计划：政府保障最低线，公司养老金和个人储蓄也为退休积累资金。社会保障制度对企业私人养老金计划的重生起到了重要作用，私人养老金覆盖率从 1940 年在劳动力中占比 7% 提高到 1960 年的 28%。[33]

社会保障制度是一场革命，它可以为全国的老年人提供资金，使其在退休后能够维持体面的生活。尽管公司待遇确定型养老金和缴费确定型 401(k) 退休投资计划在过去几年发挥了作用，但社会保障仍然是减少贫困的核心力量，老年贫困率从 1959 年的 35% 下降到 2003 年的 10%。[34]65 岁及以上或者出生在 40 年代后期和 50 年代的人在大萧条和“二战”中度过了他们风华正茂的人生时光，所以他们习惯于应对恶劣的经济现实。“二战”之后，这一代人能够从社会保障制度中获得稳定的财务支持，其中越来越多的人也能够得到私人养老金计划的支持。50 年代退休一代的生活方式越来越趋同，不平等也在不断缓解，就像下一代工人能够享受工资和福利的稳定增长一样。

养老金的黄金时期是 20 世纪 70 年代，对社会保障和私人养老金计划无力支付的担忧还属于杞人忧天，私人部门的养老金参与率在 1970 年飙升至 45%，1970 年私人养老金计划占美国总金融资产的 7%，而在 1950 年，这个值还只有 2%。[35]当《雇员退休收入保障法案》（ERISA，这部法案于 1974 年被国会通过）推出的时候有了一个突破。法案强迫企业提供足够的养老金计划和规定养老金在一定的最低工作年限后“可领取”，即有保障。另外，《雇员退休收入保障法案》还成立了养老金给付担保公司，确保基础养老金的发放，它们在 2010 年通过 4140 个养老金计划给 130 万工人提供了养老金。[36]

退休人员预期寿命增加和收入提高产生了一个针对老年人的新兴行业。1960 年，德尔韦伯（Del Webb）开发公司推出了它的首个有总体规划、有年龄限制的活动自理型社区，这就是有 26000 个住宅单元的太阳城，坐落在亚利桑那州的马里科帕郡。到 2013 年，这些有年龄限制的社区增加到 771 个，很多都提供网球场、壁球场、高尔夫球场、室内外游泳池、健身中心等设施。[37]这些针对退休者的社区普遍提供舒适的环境，维持退休前的生活水平，对很多退休者来说，这些阳光地带休闲社区的生活水平已经超过了他们退休之前在破旧和拥挤的寒带地区的生活水平。[38]

从 1950 年开始，退休就被形容为“一段享受生活并获得全新体验的时光，是对毕生劳动的奖励。是大众旅游，是高尔夫等低冲击运动，是电影、电视等大众娱乐，以及为老年人提供的低价观赏性体育”。[39]退休的典型时间表是将更多时间花在个人的日常活动上，这与工作时的状态完全不同。比如，平均来说，每个人每天花在电视上的时间是2.75小时，而退休人员每天花在电视上的时间是4.2小时，退休人员也比普通人员在放松、思考和阅读上花费更多时间，每天最少多出0.3～1.3小时。[40]

40年代退休的人和60年代退休的人形成了鲜明对比。40年代退休的人被称为“退伍军人一代”，他们当中大部分人曾在工厂、矿山和农田中辛苦劳作，退休后就不再做任何工作。60年代退休的人被称为现代婴儿潮一代，他们目前正在进入退休年龄，伴随着美国职业的白领革命以及预期寿命延长，这一代很多人选择全职工作到65岁以上。

老龄人口的持续增长引起了对退休后的财政可持续性的担忧，美国人发现他们能够活得更久，也能够活得更富足，因此退休后花费更多、时间更长。由于需要更多的财政资源，企业逐渐用缴费确定型养老金计划替代待遇确定型养老金计划就引发了争议，因为缴费确定型养老金计划将金融市场波动的风险强加给了退休者。尽管Medicare对大病和住院费用提供支付，但Medicare的大多数辅助计划都涉及较高的门诊费，如果医疗保健的相对价格不断提高，高门诊费将会加重老年人的预算负担。

Medicare作为“伟大社会”的社会福利计划的一部分自1965年颁布以来，就向退休人员提供医疗费用，促成了70年代的退休黄金时代。Medicare的弊端在80年代开始显现，之后越加暴露，主要在于它依赖纳税人的资金去支付大多数人（尽管不是所有人）的医疗账单。人口老龄化将加大Medicare在可预见未来的费用，据估算，从2012年到2037年，Medicare的受益人（参加该计划的人）将增加36%，也就是1800万人，Medicare的费用将由占GDP的3%上升到5%。[41]

> 每天大约有1万名婴儿潮一代的人退休，开始接受Medicare和社会保障福利金。在1960年，每五个工作的人支持一个退休者的福

利支付，到 2030 年，每两个工作的人就要支持一个退休者的福利支付。那些对长期预算预测不屑一顾的人应该重读上述最后一段。7700 万婴儿潮一代的人退休进入社会保障和 Medicare 体系并不是理论上的预测。人口即命运。[42]

由于财政资金被主要放在了社会保障、医疗保险和其他传统养老金计划上，所以 2007—2009 年的大衰退和随后的经济复苏放缓大大降低了私人储蓄。由于雇主从待遇确定型养老金计划转向缴费确定型 401(K) 养老金计划，雇员现在为度过低收入期和失业期而从养老金中提取资金的额度有了限制。截至 2008 年 9 月，60% 的美国工人持有大约 3 万亿美元的401(K)计划相关资产，[43]待遇确定型养老金计划的持有人比例从 1983 年的 30% 下降到 2013 年的 15%，大约 33% 的 65 岁及以上退休人员只能依靠社会保障生活。[44]随着标准普尔 500 指数从 2007 年 10 月的平均 1568 点高位跌到 2009 年 3 月的 680 点低位，很多 401(K) 计划的持有人采取的行动与股票市场投资的标准建议相背而行：他们将股票换成现金，造成"高位买入和低位卖出"。

根据 70 年代以来建立的现代退休标准，"如果一个不论何种收入水平的家庭，发现退休后资源不足，导致退休后的生活标准明显降低，那就说明退休计划明显不当"。[45]近期的一些数据表明，49% 的中产阶层将在退休后过得贫困或接近贫困，由此可见退休后的舒适生活面临严重的威胁。[46]对很多工人来说，储蓄不够将迫使他们在达到理想退休年龄之后仍然工作。[47]尽管有关年龄歧视的法律禁止公司歧视年老员工，但是很多 50 岁或以上的工人发现，如果他们不幸被解雇或者雇主破产的话，就很难找到原来从事的同类型工作。

而且，有关年龄歧视的法律也很难被执行。在一份调查中，4000 份简历被发送到公司，简历是完全相同的，年龄在 35 岁到 62 岁之间。结果发现，年龄低于 50 岁的人比年龄高于 50 岁的人得到面试的机会多 40%。[48]雇主声称老员工不能完成给定任务，因为工作需要体力支持，而老员工的身体状况不允许。

但老年人不是也带来很多问题吗？文学作品中满是老年人难以管理的例子，从莎士比亚的李尔王到狄更斯的杰里米·弗林特温奇。不过，今天的老年人比过去的老年人好得多，如果米克·贾格尔和凯斯·理查兹能活到60年代末，他们的同代人至少有一张桌子和一台电脑。随着年龄增长，肌肉的确会变弱，但是工作很少需要四肢发达：美国46%的工作几乎对体力没有什么要求。[49]

结　论

不论是在家还是在职场，工作环境都有了很大改善，但1940年之后的70年比之前的70年改善要慢一些。1940—1970年延续20世纪之交的变化趋势，工作变得更加安全，对体力的要求更少。工人不再需要在农场、矿山或者工厂中辛苦劳作，以致常常达到他们的体力极限。早在1940年，工人平均每周的工作时间已经接近40小时，而在1900年，每周工作时间接近60小时。40年代到70年代见证了向白领工作的转变，工作变得更加安全，更有前途。工作场所安全性的提高部分是由蓝领工作的转变带来的，这也使工人的工作年限得到延长，长期挣钱的能力得到增强。从40年代到70年代，家庭主妇在家工作的环境也有了飞速改善，从手工洗衣、拉煤运水等费体力的传统苦差事转向70年代家用电器基本实现全覆盖。

尽管1940—1970年在职场和在家的工作环境比之后改善得更快，但女性在工作和社会中的角色改变并非如此。在60年代中期之后，直到生育率从婴儿潮那段时期降下来，妇女才有时间从家庭走向职场。战后早些年间，大学里主要是男性，但是到了70年代后期，女性已经占到大学毕业生的一半，到2013年，女性占大学生的比例达到58%。随着女性越来越多地获得大学文凭，她们能够在高端的专业领域占据一席之地，特别是在医学领域，也包括法律和商业领域。

受教育程度提高就像在职场和在家的工作环境改善一样，在1970年之前发展得更快。在“二战”之前童工就消失了，因为完成高中教育的人数比例达到了 50%，在 1970 年达到 75%。大学教育程度在战后提升得很快，主要是因为《退伍军人权利法案》能让上大学免费。拥有高中文凭和大学文凭人数的增加，推动美国从“二战”前的工人阶层社会转变为之后的中产阶层社会。随着受教育程度提高、人力资本逐渐提升，更多的工人能够向经营业主和经理等更专业化、更理想的工作转变。

30 年代实施了《社会保障法案》，战后普遍推广待遇确定型养老金计划，很多工会集体谈判也将这种养老金计划作为谈判协议的一部分，结果，老年人的收入保障迅速提高。工人在 62 岁就退休，退休之后会过休闲的生活，经常迁移到阳光地带的乡村俱乐部和高尔夫社区。随着预期寿命延长，退休后生活时间可以延长到 20 年及以上，这引起了人们关注养老金制度的财务可持续性。的确，在 80 年代以后，一些企业逐渐停止了待遇确定型养老金计划，取而代之的缴费确定型 401(K) 养老金计划，会让不坚定的退休者免受不当投资的诱惑，也会使暂时失业和配偶失业的工人提前支取养老金。

本章中讨论的两个主题是经济增长的重要来源，但它们正处于弱化过程之中。这个巨大的转变包括女性从家庭走向职场，加上对黑人歧视的减少，带来了更好的人才配置和人力资本投资。有研究表明，这种转变能够解释 1960—1990 年美国经济增长的 15% 或者 20%，但是这种转变正在变得不那么重要，女性劳动参与率从 2000 年开始下降，[50] 白人和黑人的工资差距从 1990 年起基本稳定。另一个导致经济放缓的原因是受教育程度提高的速度放缓。完成高中教育的人数比例在 1970 年就达到稳定，完成四年制大学教育的人数比例尽管在缓慢增长，但近年来很大比例的大学生在毕业后找不到需要大学文凭的工作。大学学费快速上涨，加上近些年大学生高额负债增加，很可能导致大学受教育程度不再提高，甚至会下降。

间奏曲

理解增长的趋缓

在结束第 15 章后本书就从第二篇过渡到第三篇。到目前为止，我们已经在第 10 章至第 15 章详细考察了 1940—2014 年参差不齐的发展情况。从增长历程的不同维度来看，1940 年以来的几十年并没有发生 1870—1940 年那样的革命性变化。相反，1970 年成为增长较快和较慢的分界点。1870—1970 年这一百年值得高度赞扬，第 1 章曾称之为“特殊世纪”。第二次工业革命的发明在 1870—1920 年就聚集了动能，从而使 1920—1970 年成为美国历史上生产率提高最快的时期，较之 1870 年，人类生活的绝大多数维度都发生了翻天覆地的变化。第三次工业革命尽管在其影响力范围内是革命性的，如在娱乐业、通信和信息技术方面，但对生活水平的影响并不如先前的电力、内燃机、自来水、预期寿命延长以及“特殊世纪”的其他伟大发明，更不用提工作环境改善了，在第三次工业革命之前，工作时间就从每周 60 小时降至 40 小时。

根据定义，人均产出增长等于劳动生产率增长加上人均工时增长。从 60 年代末开始，劳动生产率增长明显趋缓，而人均产出增长在 2000 年之前并没有出现类似的降低，因为人均工时增加使人均产出增长率超过了劳动生产率的增长率。当时，恰逢大量女性从家庭走向劳动力市场，这就意味着这些转型的女性总体上增加了劳动力市场上全部人口的平均劳动时间。自 2000 年以来，人均产出增长及其两大构成要素——劳动生产率增长和人均工时增加——经过商业周期调整之后急剧下降。因为基本数据明确无误地表明经济增长在持续不断地放缓，所以本书的书名《美国增长的起落》就是直言不讳地陈述事实。我们将在本书的第三篇探讨缘何在1920—1970年经济增长如此迅猛，在1970年以后增长一直在放缓。

1970年以后参差不齐的增长记录

经济各部门的总体数据显示，生产率增长自1970年之后明显下降，而在1996—2004年出现了短暂复苏。大部分分析人士认为，这一复苏归因于网络、搜索引擎、电子商务以及对信息和通信技术的高额投资。在过去10年里，生产率增长一直比1970—1996年还要低。总体经济数据显示，生产率增长在1970年之后经历了低迷、复苏、进一步下降三个过程，这种描述其实掩盖了不同经济部门的表现存在重大差异。

在第二篇考察的各经济部门中，我们知道娱乐、通信（第12章）和数字设备（第13章）引领时尚潮流，1970年之后增长更迅速。在1950—1970年，广播电视频道的选择仅限于三大广播电视网和公共电视台，除了电视机变为彩色和屏幕加大之外，几乎没有什么变化。1970年之后创新加速，有线电视和卫星电视的出现大大丰富了观众的收视选择，“时移”因为盒式磁带录像机和数字视频录像机的出现而成为可能。在磁带出租之后，又出现了电影视频流媒体。通信变革在1983年贝尔电话公司的垄断被打破之后才出现。之后的一系列创新研发出体积越来越小、性能越来越强的移动电话，随着2003年黑莓手机和2007年iPhone的引入，智能手机将移动电话和电脑功能合二为一。与直到今天仍持续稳步发展的娱乐业和通信业相比，数字革命的发展更呈现间歇性特点。以个人电脑、互联网和搜索引擎为基础的第三次工业革命在1996—2004年对劳动生产率的影响达到高峰，而其驱动力——制约电脑芯片晶体管密度增加的摩尔定律——在2005年之后开始出现减速迹象。

与娱乐、信息和通信技术的迅猛发展形成鲜明对比的是，食品和服装方面的创新对民众生活水平的影响较小。在1940年之前的70年里，食品经历了重大变化，如加工食品的发明，污染和掺假行为的消除，冷冻技术带来的诸多益处，以及食品销售从乡村商店转向20世纪30年代就开始流行的现代超市。如第 10 章所述，食品的易得性和营销自 1940 年之后继续取得进步，但增速趋缓。功能更强大的冰箱使 1916 年就出现的冷冻食品受到更广泛的青睐，食品种类因此更为丰富，包括有机食品和反季节食品的出现。财富不断增加使民众从居家饮食转向外出消费，食品的消费选择更趋多样化，如各种快餐店、送货上门的比萨、各种高低档餐馆。同样，1940 年之后的服装发展与之前没有可比性，因为 1940 年之前女性就可以从市场上购买衣服而不用在家手工制作。战后的服装变化主要是风格的转换，变得更加休闲，从国产转向进口，进口服装物美价廉，衣柜里面的服装也越积越多。

革命性变化之后是渐进式进步，这一主题同样适用于美国家庭住宅的发展。到 1940 年，美国的住宅已从 1870 年的孤立隔绝几乎完全过渡到网络化，通过电、燃气、电话、自来水、污水处理管道等，与外部世界完全连接在一起。肩扛手提搬运东西（挑水、担柴和拉煤）的时代结束了，美国的城市在 1940 年就基本上实现了这一点，这是人类生存条件最重要的进步，亘古未有。1940 年之后的任何变化都无法与家庭住宅的网络化革命相提并论，除了这些便利设施在 1940—1970 年的几十年间逐渐普及到小城镇和农场，这种转变也部分归功于大量人口从农村流入城市。1940—1970 年，不论农村还是城市都有了现代燃气和各种电器，从而结束了家庭主妇的繁重劳动，现代意义上的厨房由此诞生，1970 年的厨房与今天的厨房相差无几，只是后来又添加一些装饰性物品和微波炉（1970 年以后才发明出来）。在整个战后时期，有两个方面的发展持续不断，1970 年之后也没有趋缓的迹象，而且有证据表明对生活水平的影响持续增强，这就是住宅面积的不断加大和空调的逐渐普及。先是 50 年代初期房间空调的安装，再后来是中央空调，截至 2010 年，已有 2/3 的美国家庭安装了中央空调。

第 11 章（即关于交通的那一章）的内容显示，1970 年之后汽车出行没有大的改进，1970 年州际公路系统已经基本完成，替代了过去老化而危险的道路。1970 年以来汽车事故大幅减少，主要归功于政府强制性安全措施的实行和公路质量的改善。尽管 1970 年之后汽车在既定速度下的载人载物能力并没有提高多少，但乘车出行质量稳步改善，这与配备安全设施和休闲舒适设施，如自动变速器和车内空调是分不开的，此外燃油经济性的提高也功不可没。

航空出行自 1970 年之后也无大的改进，在这一年喷气式引擎飞机完全取代了活塞式引擎飞机。从绝大多数维度看，尤其是座位的舒适性、餐饮服务以及航空的安全性和飞行满意度，航空出行质量在 1970 年之后开始下降。尽管美国政府在 1978 年承诺解除规制，但 1980—2000 年每英里航空出行相对价格的降幅比 1950—1980 年要小得多，2000 年之后下降得更缓慢。正如汽车交通事故死亡率自 1970 年之后一直在下降一样，航空交通事故死亡率也经历了类似变化，由于飞机和发动机设计得更优秀、空中交通管控改善以及维修程序变革，2006 年之后航空事故死亡率几乎降为零。

医疗卫生的发展可以划分为三个阶段。到 1950 年，美国取得了基本上征服婴儿死亡率的巨大成就，急性传染病也已得到控制。因此，20 世纪上半叶预期寿命的增幅是下半叶的两倍。1940 年之后转向第二个阶段，如第 14 章所述，抗生素，特别是青霉素被发明出来，治疗心脏病和癌症的方法也不断取得进步。目前的绝大多数心脏病治疗方法早在 60 年代时就已经开发出来，而心血管疾病的发病率在 1963 年达到峰值之后也开始下降。今天治疗癌症使用的放疗和化疗方法在 1970 年就基本形成。1970 年之后是第三个阶段，预期寿命继续稳步增加，这主要是由于吸烟率的下降和外科手术水平的进步，从而提高了术后存活率，不过增速明显比 1950 年要缓慢得多。老年人受益良多，他们可以接受髋骨和膝盖置换手术，行动更为方便和灵活。

工作环境的改善自 1940 年之后开始减慢，对于成年男性工人来说，1940 年之后发生的一切都无法与 1940 年之前劳动强度的降低相提并论，如工作时间缩短，机器性能提高，从农村走向城市。对于家庭妇女来说，1940 年之后发生的一切都无法与消除繁重的家务劳动相提并论，如挑水、担柴和拉煤，因为住宅网络化，有了电、燃气、电话、自来水、下水道，像挑水、担柴和拉煤这样的苦差事都逐渐消失。对于年轻男性来说，1940 年之后发生的一切都无法与消灭童工和普及高中教育相提并论。对于老年人来说，1940 年之后发生的一切变革的重要性都无法与 1935 年确立的社会保障制度相提并论，尽管 1965 年建立的 Medicare 制度庶几近之。“二战”后令不同年龄群体共同受益的重要变革，包括 1964—1965 年《公民权利法案》和《选举权法案》的通过，主张南方实行种族隔离和奴役制度的《吉姆·克劳法案》被废除，其中最重要的是女性解放，她们从 60 年代中期开始大批涌入劳动力市场。到 1980 年，女性成为大学生的主力军，并开始进入专业职业领域，尤其是医疗行业、律师行业和商业领域。

产出的测度误差自 1970 年后逐渐减小

本书的一个中心主题在第一篇和第一篇向第二篇过渡的间奏曲中已总结过，即实际 GDP 的官方统计并没有包括 1870 年之后发生的革命性变化的许多方面。因为实际 GDP 既可以通过人均产出计算，也可以通过时均产出计算，所以实际 GDP 测度容易低估进步程度，这就表明，这些关键比率的增速一直被系统性地低估。前一间奏曲提供了 1870—1940 年具有革命性变化的很多例子，它们对生活水平的影响被实际 GDP 数据所忽视，因为实际 GDP 没有考虑这些新产品与服务创造的价值（即消费者剩余）。

被实际 GDP 忽视的最重要的改进包括：电灯的亮度、方便性和安全性；食品种类多样性的增加和因冰箱发明导致食品污染风险的降低；城市街道上马粪和马尿的消失；汽车对马车的替代；汽车和商业航空速度与运载能力提高带来的人类活动范围变化；电话和电报出现使即时通信成为可能蕴含的价值；留声机、收音机和电影的发明带来的娱乐价值。很多人认为有些发明更有价值，如消除担水之苦的自来水的安装；从户外厕所转向室内厕所与浴室；从雇用童工到普及高中教育；最重要的进步或许是婴儿死亡率降低，从 1890 年的 22% 下降至 1950 年的 1%。

这些给所有居民无论贫穷富裕都带来巨大价值的革新，到 1940 年在城市已经基本实现，到1970年又基本普及到农场和小城镇。那么，实际GDP的低估在第二篇涵盖的1940—2015年体现在哪些方面呢？在被实际GDP增长排除在外的许多革新中，最重要的是空调普及带来的舒适性、生产率和空间布局的变化。价格指数完全忽视了电视机质量的飞跃式进步和丰富的节目种类蕴含的价值。医疗实践和科学知识的进步尤其是抽烟有害健康的宣传，不断提高人们的预期寿命，这也没有被纳入实际GDP的统计之中。机动车辆和航空出行死亡率在1940年后持续降低。社会变革，如《公民权利法案》的通过，妇女进入劳动力市场转变为职业女性，与自来水和家用电器将家庭妇女从繁重的家务劳动中解放出来所创造的价值完全不一样，也没有被测度。

但在另外一些方面，实际GDP的低估程度在1970年之后比1970年之前减少了很多。汽车质量不断提高和住房面积不断增大这两方面的进步被较为准确地计算到实际GDP之中。1986年之后，用于计算实际GDP的价格指数反映了大型计算机和个人电脑性价比的绝大部分（即使不是全部）提高。最重要的是，1970年之后，实际GDP低估现象之所以减少，一个非常基本的原因是这一时期的革新远不如1970年前的“特殊世纪”富有革命性。很多人抱怨实际GDP及生产率方面的数据并没有将智能手机的种种功能计算在内，应该说这些抱怨是有道理的，但是他们忘记了，自从有文字记载的经济发展史以来，实际GDP的统计就一直在忽视创新变革所创造的价值，而创新性的变革要比多功能智能手机重要得多。

经济增速快慢的根源

1920—1970年劳动生产率和全要素生产率的增长缘何如此迅速，1970年之后缘何增速趋缓呢？未来的增长能否像技术乐观派所预测的那样从过去10年的低迷中走出来，抑或未来的增长如过去10年那样令人失望？问题源源不断，每一个问题都关系重大。第三篇有关章节提出了一系列建议和推测，旨在引起人们的关注并推动进一步的探讨。

第16章考察了过去的发展情况而非展望未来，该章深入研究了劳动力投入、资本投入与全要素生产率的基本数据，描绘出一幅生动鲜活的经济进步画面。全要素生产率的增长在1920—1970年不仅比之前也比此后要迅速得多，而且在这50年里，在20年代至30年代加速增长，到40年代时达到增速高峰，此后在50年代、60年代和70年代及之后增长呈对称式下滑。1929—1950年，全要素生产率出现了一次飞跃，即便在劳动力和资本投入增长减速的情况下，实际GDP也增加了一倍多。我们的研究重点集中在大萧条和“二战”发生的时间进程和影响程度上。这两次重大事件激发了许多发明，尤其是电动机和生产流水线的出现，为第二次工业革命的到来打下了基础，对生产率提高产生了极为重要的影响。

第17章从关注1970年之前增长为何如此迅速转到为何此后增长趋缓这个问题上。基本答案在于两次工业革命之间存在本质区别。在1870—1970年这一特殊世纪发生的第二次工业革命中，大量发明彻底改变了人们的日常生活，但到1970年，第二次工业革命的影响已基本结束。与第二次工业革命不同，第三次数字工业革命对生产率的影响并没有那么强烈，发明创新的主要影响集中在1996—2004年，时间较短，当时互联网、浏览器、搜索引擎以及电子商务的发明引起了商业实践和流程的重大变革，从而促进了生产率的短暂提高。第17章的要点表明，20世纪90年代后期的增长是暂时性的而非永久性的。2004—2014年这最近10年是美国历史上生产率增长最慢的10年。这种对生产率数据做出的论断，可以从下面几个行业的发展得到证实，如办公室、零售店、医院、学校、大学乃至金融部门，这些行业的发展延续着以前的老路子，缺乏革新。[1]总之，由网络革命引发的种种变革波及面非常之广，但到2005年已经基本完成。主要例外就是智能手机的发明和普及，不过到目前为止，智能手机还没有像互联网革命那样对生产率增长起到明显的促进作用。

第17章的结论部分认为，未来20年的革新对生产率增长的影响将会和上个10年情况类似，即比1995—2004年复苏时期要缓慢，但也绝非微不足道。相比而言，第18章的基调更为悲观，因为有很多巨大的阻力共同抑制着美国普通民众生活水平的进一步改善。在诸多阻力中，不平等加剧首当其冲。在70年代后期，美国经济发生了根本性变化，占美国人口1%的顶层收入群体在整个国民收入中的比重近几十年来持续不断地提高。顶层群体的收入快速增长根源在于“明星效应”，如娱乐界明星和体育明星；赢者通吃综合征（winner-take-all syndrome）导致高端专业人士收入大增，企业高管与普通职工的收入比率急剧上升；中产阶层和底层阶层收入不断降低，原因包括工会的作用持续萎缩，最低工资不断缩水等；自动化和全球化导致待遇较高的白领和蓝领工作越来越少。收入不平等持续加剧意味着不论整体上人均收入增速如何，可以确定的是，99%的底层群体的收入增长率将大大降低。

第18章中也探讨了其他阻力。教育程度不断提高对生产率所起到的历史性作用自1970年之后开始缩小，当时高中毕业率从75%上升至80%。尽管四年制大学毕业率持续缓慢增长，但越来越多的大学生很难找到要求大学学历的工作。虽说平均来看大学学历意味着较高的收入和较低的失业率，但是大学生负债率也在增加，况且并非每个大学生都处于平均水平。如果大学生所学专业就业前景不太乐观或者需要读四年以上，将来就更会遇到一些麻烦，如学历回报可能无法弥补助学贷款。综合来看，这些因素共同构成了教育阻力，即教育程度提高并不能像以前那样快速推动生产率提高。

任何阻碍未来生产率提高的因素都会对人均产出增长产生类似影响。因为在人均工时不变的前提下，这两者的增速是相同的。在20世纪60年代中期到90年代末，随着女性不断进入劳动力市场，人均工时在增加，但从2000年之后出现了降低的迹象。随着人均工时的减少（这里称之为人口阻力），人均产出增长低于生产率增长。处于壮年阶段的男性和女性（25~54岁）的劳动参与率从2000年就开始下降，2008年之后，由于婴儿潮时期出生的人开始退休，总体劳动参与率开始下滑。这种阻力在未来20年内仍会阻碍人均产出增长。最后财政阻力也迫在眉睫，因为如果现在的税收政策和权利型福利（entitlement）在未来20年内维持不变，联邦政府债务占 GDP 的比例将会扩大。政府势必会采取减少福利、增加税收的政策，个人可支配收入的未来增长将因此降低。除了这些阻力之外，还出现了一些不利的社会现象，尤其是结婚率下降，由此引发了这样一种预测，即越来越多的孩子将在单亲家庭里成长，高中生可能中途退学，参与犯罪活动。

第 18 章的结论部分认为，不平等、教育、人口结构和财政这四种阻力将共同发挥作用，意味着未来 99% 的底层收入群体可支配收入的增长将难以为继，其增幅也将大大低于总体经济的劳动生产率提高。因为这些制约经济增长的因素根深蒂固，有的甚至可以追溯到几十年前，所以要设计出加快增长的解决方案将非常困难，也必将充满争议。本书最后附有简短的“附录”，为未来勾勒出一些很可能行之有效的政策方向。

第三篇

增长加速和放缓的根源

第 16 章
20 世纪 20 年代至 50 年代的大跨越：哪些奇迹缔造了它

一切皆有可能。我发现任何人都无法对这个世上的一切了如指掌，能够肯定地说出什么是可能的、什么是不可能的。

——亨利·福特（Henry Ford）

引 言

美国劳动生产率水平在20 世纪中期几十年间的大跨越是人类经济史上最伟大的成就之一。[1]如果经济持续保持 1870—1928 年的年均增长率，那么 1950 年的时均产出将比 1928 年提高 52%。而现实是，1928—1950 年增长了 99%，相较于 1928 年之前的 60 年推动增长的一切，包括“喧嚣的 20 年代”本身，这一经济增长的加速也是相当引人瞩目的。

20 世纪如此之多的进步都发生在 1928 年到 1950 年间，乍看起来，很是令人意外。到 1928 年，19 世纪末的伟大发明已进入大多数城市家庭。电力给城市和村镇带来了光明，几乎所有城市住宅不仅通上了电，还连通了煤气、电话、自来水和下水道。汽车比电力的影响更广泛，改变的不只是城市，还有乡村。到 1926 年，艾奥瓦州 93% 以上的农民家庭拥有一辆汽车，从 1900 年的零开始，全国家庭机动车拥有率在 1929 年达到 90%。[2]

大跨越之谜的部分原因是数据和历史没有为我们提供 1928 年至 1950 年间经济进步的连续记录。相反，因为大萧条 10 年之后紧接着“二战”时期的生产奇迹，正常的经济运行反而变得模糊了。宏观经济“熄灯”就像是一块黑幕，使我们无法确定大萧条和战争年代宏观经济正常运行的任何方面。从 1929 年到 1933 年，产出、工作时间和就业崩溃了。大量机器闲置，许多建筑空置，这样我们难以知道那些年技术进步和创新的速度。而且这种扭曲一直持续，贯穿 1933—1937 年的部分复苏期，1938 年的严重衰退期，进而是 1938—1945 年经济产出的持续爆炸式增长，这是由于当时受到庞大战争支出的影响，经济复苏了，1944 年战争支出相当于 1939 年整个经济规模的 80%，实际 GDP 几乎是 1939 年的两倍。[3]随后，令许多经济学家惊讶的是，1945—1947 年的战时支出刺激政策迅速消失之后，经济并没有崩溃。一些神秘手段使得“民主国家兵工厂”（Arsenal of Democracy）的生产成果在战后转化成丰富多彩的房屋、汽车和电器。

本章的任务就是要解释美国经济史上的这个根本性迷思：是什么让 20 世纪五六十年代的经济如此显著地超过了以 1928 年之前的 60 年为基础的预估趋势？[4]本章认真分析了“跨越”这个词。它将实质内容和推断结合起来，不仅关注创新的速度，也关注如果没有那些永久改变了经济生产能力的“点火器”，将会发生什么。[5]虽然本书研究生活水平的长期趋势，而不是经济周期波动，但通过研究周期和趋势的相互作用，也说明了一些令人困扰的问题。大萧条是否永久延缓了美国的增长？如果没有“二战”是否会发生战后那样的繁荣？1928—1950 年，劳动投入、资金投入和生产率转化是如何发生的？

本章首先量化了跨越。第一步要问的是“跨越发生在哪里？”根据定义，人均产出等于劳动生产率（时均产出）乘以人均工时。我们分别定义这三种要素的跨越，这些跨越是基于每种要素在 1870—1928 年记录的相同增速而得到的 1928 年后的趋势线。我们发现，到 1950 年，生产率增长远远高于先前趋势，而实际人均 GDP 略高于先前趋势，这就意味着人均工时低于其历史趋势。

对相关解释的研究从基本经济学理论开始。实际工资的增长趋于提高生产率，因为公司会用资本替代劳动。新政通过立法，使成立工会更加容易。除了推高实际工资之外，工会也在很大程度上实现了每天工作 8 小时的百年目标。这样一来，人均工时在战后初期比 20 世纪 20 年代明显减少。

度量创新和技术变革速度的传统指标是全要素生产率——产出除以劳动和资本投入的加权平均。[6]劳动投入的度量不仅要考虑既定工作年份劳动时间的变化，还要考虑劳动力的平均受教育程度。我们对资本投入的度量是针对本书新设计出来的，并根据 20 世纪 30 年代至 40 年代投资行为某些不同寻常的方面进行了调整；这些调整的细节在数据附录中给出。

本章最新颖的观点是，“二战”本身也许是促成大跨越最重要的因素。我们将从经济的需求和供给两方面探究战争的有利方面。战争创造了家庭储蓄，1945 年后，这部分储蓄花费在战争期间没有出现的消费品上，这是“被抑制的需求”的经典案例。我们可以做出一个强有力的判断：尽管“二战”给美军带来了灾难性的伤亡（虽然与其他参战方更巨大的伤亡人数相比，美军伤亡人数已经少得多），但也造就了使美国经济摆脱 30 年代后期长期停滞的经济奇迹。事实上，这一章会从各个能想象到的维度，说明“二战”本身“拯救经济”这一判断是令人信服的。这些维度包括教育和《退伍军人权利法案》，由赤字融资创造的大量家庭储蓄使新的中产阶层有能力购买第二次工业革命带来的耐用消费品。

供给侧的效应更加微妙和有意义，其中包括国家资本存量的巨大扩张，政府出资建设新的工厂和设备，随后交由私人公司运营，生产飞机、船舶和兵器。政府资本的扩张在 20 世纪 30 年代就开始了，不仅包括战争期间生产军需品的工厂，还包括 30 年代至 40 年代基础设施投资的激增，国家高速公路网连绵不断，金门大桥、旧金山海湾大桥、田纳西流域管理局以及博尔德（也就是后来的胡佛）水坝等重大项目接连竣工。另一个提高生产率的渠道是“干中学”。1942—1945 年战争的供给约束迫使每个企业使用新技术提高产量，突破有限的资本和劳动力资源的约束。

随后对大跨越的解释转向那些直到 1929 年仍没有被充分利用的 20

年代的创新，以及30年代至40年代的新发明。根据某些度量标准，从相对于经济规模的发明数量和授予专利的数量来看，30年代是最有生产力的10年。本书前几章概述了30年代的技术进步，包括电器的质量和传播，汽车质量的改进，商业航空运输的到来，面向每一个农场和村庄的网络电台节目的普及，电影质量累计提升和观众的累计增长，第一例磺胺类药物的发明带来的健康不断改善。20世纪30年代至40年代其他领域的发明在本书前面的各章没有明确提及，特别是化学品、塑料、石油勘探和生产等领域。

这一跨越有多大？ 产出、生产率和工作时间

在本书中，我们将“生活水平”等同于实际人均GDP，同时我们也承认实际人均GDP增长大大低估了实际生活水平即家庭福利的提高。这种低估的原因在于度量新发明的价值面临困难，这些都被排除在实际GDP的历史度量之外。本节在使用官方实际GDP数据的同时，也承认由于新发明的好处无法度量，增长率的低估程度无法确定。[7]

大跨越的幅度首先如图16.1所示。对数尺度的向上倾斜的直线代表1870—1928年人均产出和时均产出的增长趋势，均以每年1.9%的速度增长。但1928年之后的实际人均产出和时均产出的走势并不像趋势线那样表现。图16.1的主要特点一目了然。第一，1928年前实际值对趋势线的偏差较小。但从大萧条时期开始，两条实际值的线不仅迅速偏离趋势线，而且相互之间也迅速偏离。人均产出，如灰色线所示，在1929年到1933年剧烈下滑，但在“二战”期间飙升。接着在战后，人均产出高出趋势值（1947—1964年）10%～20%，随后又高出趋势值（1965—2014年）20%～35%。时均产出在1929—1933年的大收缩期间几乎没有下降，并在1935年回到了趋势值。到1941年，时均产出高于趋势值11%，到1957年高出趋势值32%，1972年高出趋势值44%。1928年后生产率增长奇迹也许是20世纪美国经济史的核心谜题。

图16.2有助于我们更好地理解为什么1928年后人均产出和时均产

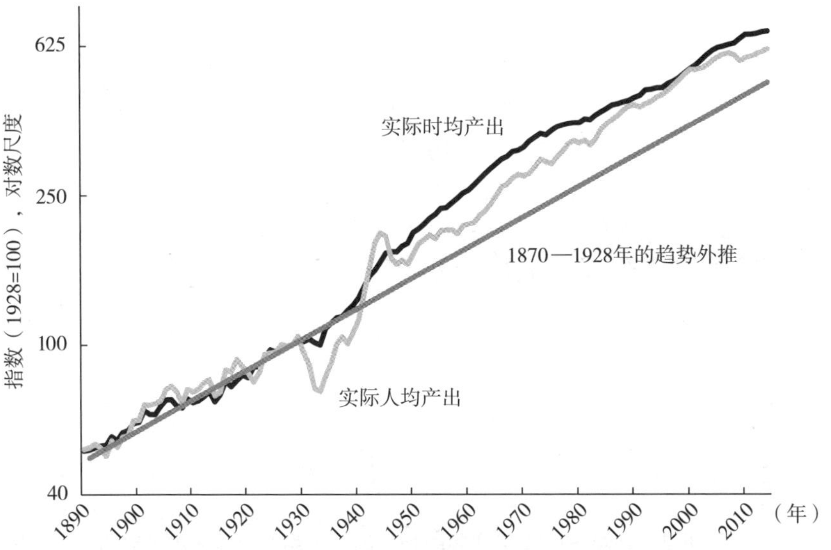

图 16.1 1890—2014 年实际时均产出和人均产出与 1870—1928 年趋势外推的对比

资料来源：参见第 16 章的数据附录。

出的时间路径如此偏离，它显示了对时均产出和人均产出趋势值的百分比偏差，并添加了第三条线，即人均工时对 1870—1928 年历史增长路径的偏差。我们从图中可以明显看到几个鲜明的时间段。1929—1941 年的大萧条展示了人均产出和人均工时同时出现剧烈下降与回升，根据定义，这意味着 30 年代时均产出周期变化很小。所有曲线在“二战”期间的 1944 年达到巨大峰值，这表明 1933—1944 年人均产出的高涨几乎可以均分为时均产出和人均工时的大幅上升。

本章要解决的谜题的核心在战后很快便发生了。人均产出从 1949 年的高出趋势值 39% 下降到 1950 年的 14%。人均工时下降得甚至更多，同一时间段从 18% 下降到负 13%。令人大吃一惊的是，劳动生产率却由于战争永久性地提高了。表 16.1 显示了某些年份三个数据序列相对于其 1870—1928 年某些趋势值的对数比率。成为基准年的年份包括：1928 年、1941 年（“二战”前的最后一年）、1944 年（战时生产高峰年）、1950 年、1957 年，最后还有一个关键年份 1972 年，当时劳动生产率对趋势值的比率达到战后高峰。

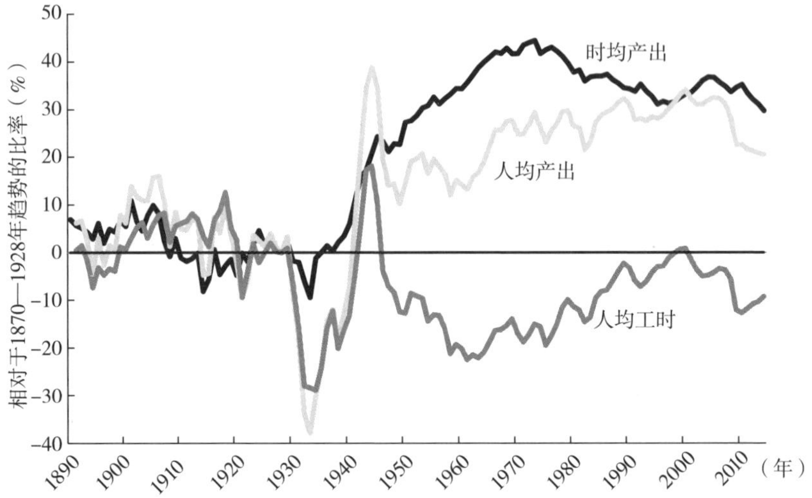

图 16.2　1890—2014 年实际时均产出、人均产出和人均工时与 1870—1928 年趋势外推的对数比率

表 16.1 中所讲述的故事给出了本章将要解决的一些问题。首先，相对于 1870—1928 年的趋势值，表中显示的每一年里时均产出都稳步提高。为什么会出现这种生产率的急速提高？人均工时对趋势值的偏离是比较容易理解的，其中的原因包括 1935—1950 年在工会争取下实现了 8 小时工作制，以及 20 世纪 50 年代婴儿潮增加了孩子的数量，妈妈们需要留在家中照顾家庭，从而减少了总人口的工作时间。因为人均工时相对于趋势值的下降幅度小于生产率的上升幅度，所以，战后经济的人均产出水平明显处在 1870—1928 年的趋势值之上。

表 16.1　相对于 1870—1928 年趋势外推的百分比对数偏差，样本年份

	1928	1941	1944	1950	1957	1972
时均产出	0	11.0	20.7	27.3	32.3	44.0
人均产出	0	6.4	38.8	14.6	16.3	26.8
人均工时	0	−4.6	18.1	−12.8	−15.9	−17.2
实际工资[a]	0	13.7	19.5	26.2	38.5	56.2

注：实际工资趋势指 1891—1928 年。

资料来源：形成图 16.2 和图 16.3 的基础数据。

什么造成了高工资？ 罗斯福新政和工会的作用

为了解释劳动生产率的急速提高，从基本经济理论开始是最好的起点。在完全竞争市场中，劳动的边际产出等于实际工资，经济学家已经证明，在特定条件下劳动的边际产出等于总收入中的劳动份额乘以时均产出。[8]如果收入中的劳动份额保持不变，那么实际工资的增长率应等于劳动的平均产出增长率，劳动生产率也是如此。实际工资的增长会直接或间接地引发 20 世纪 20 年代至 50 年代劳动生产率的急速提高吗？

图 16.3 复制了图 16.2 的黑线，这条黑线显示了时均产出偏离 1870—1928 年趋势线的比率。与此相对比的是经通胀调整后的实际工资最佳度量指标对趋势线的偏离。[9,10]在 20 世纪 30 年代末期，实际工资的增长速度比 1928 年之前的趋势值快得多，劳动生产率也是如此。如图 16.3 和表 16.1 第四行所示，1941 年实际工资已经高出趋势值近 14%，略微超过劳动生产率比趋势值高出 11% 的幅度。实际工资上涨可能部分反映了罗斯福新政立法的影响，特别是 1933—1935 年的《国家产业复兴法案》和 1935 年的《国家劳资关系法案》（即《瓦格纳法案》）。因为在 20 世纪 30 年代末期只有少数几个行业有工会，主要是汽车和其他耐用品生产行业，这些行业工会在推动实际工资上涨方面的影响可能溢出到其他无工会的行业。1950 年实际工资相对于趋势值的比率与实际生产率相对于趋势值的比率保持大致相同的水平，随后在 1950 年到 2007 年间，则高于实际生产率相对于趋势值的比率。[11]

1950—1973 年，实际工资高于趋势值的幅度大于实际生产率高于趋势值的幅度，这一事实意味着劳动收入占总收入的份额在这一时期是增加的。逆向变化发生在 1973 年至 2014 年间。20 世纪 50 年代至 60 年代劳动收入占总收入的份额大幅上升，是克劳迪娅 · 戈尔丁和罗伯特 · 马戈研究的收入分配“大压缩”现象的一部分，20 世纪 70 年代中期以后劳动收入占总收入的份额逐步下降，与过去 30 年日益严重的不平等是一

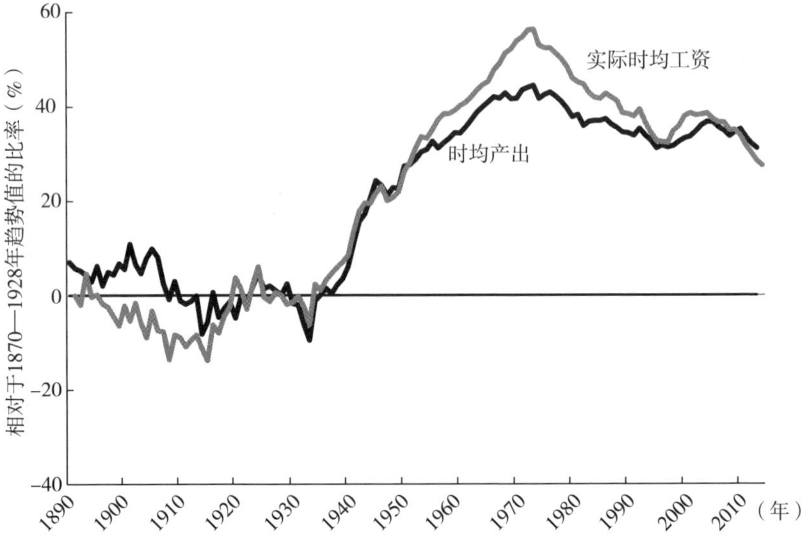

图 16.3　1890—2014 年时均产出和实际时均工资与 1870—1928 年趋势外推的对数比率

致的。第 18 章中我们将再研究不平等现象。

实际工资和劳动生产率高于 1928 年之前的趋势值，部分是因为在 30 年代工会不停地努力提高工资和缩短工时。8 小时工作制是 1935 年《国家劳资关系法案》的条款，它制定了关于成立工会和工会加入自由选举行为的新规则。三年后的 1938 年，新政的《公平劳动标准法案》生效，该法案规定，每周工作 40 小时和超过 40 小时要强制性支付 1. 5 倍工资的现代制度体系开始运行。

8 小时工作制的转变对提高生产率肯定有直接影响。爱德华 · 丹尼森（Edward Denison）一直呼吁重视缩短工时，减少工人疲劳，从而提高工人工作效率。另外，很多机构进行重组，以减少工作时间，并在 8 小时里完成以前 10 小时完成的工作量。不过，提高生产率的主要刺激肯定来自更高的计时工资，特别是在 30 年代末期，推动了公司节约使用劳动力。这有助于我们理解“二战”期间生产率的迅速提高。

劳动力质量的作用：受教育程度急剧提高

生产率增长源泉的研究被称为“增长核算”，在 20 世纪 50 年代由罗伯特·索洛首创，爱德华·丹尼森、兹维·格瑞里奇斯（Zvi Griliches）和戴尔·乔根森（Dale Jorgenson）在 60 年代做出了更多有价值的贡献。[12] 这种方法将劳动生产率的增长细分为四类：

1. 劳动力质量的提高，通常由受教育程度的变化表示；
2. 资本数量相对于劳动力数量的增长；
3. 资本质量的提高；
4. 余值，也被称为“全要素生产率”或“残差”，甚或称为“度量我们无知的指标”。虽然常作为创新和技术进步的度量，但余值不仅涵盖了重大创新，还融合了增量式修补（incremental tinkering）以及其他任何能够提高效率的因素，包括从低生产率的农业工作转移到高生产率的城市工作。

劳动力质量往往由受教育程度衡量，“二战”前后美国青年的受教育程度显著上升。从 1900 年到 1970 年，美国青少年的高中毕业率从 6% 上升到 80%，这是推动生产率提升的重大转变。到 1940 年，美国一半的青少年已经完成了高中学业，剩下的相当一部分在辍学之前曾经上过高中。这就为 1941—1945 年的“民主国家兵工厂”克服生产挑战创建了一支更为强大的劳动力队伍。接受过高中教育的工人能够更好地操作更新且更复杂的机器，无论是在流水线还是在办公室。

四年制大学毕业率提高最快的时期是在 1940—1950 年的 10 年间。这很大程度上归功于《退伍军人权利法案》，该法案于 1944 年通过，规定由联邦政府为每一个“二战”老兵上大学提供资助。由于 1610 万人，或者说是 1940 年人口的 12% 曾经参战，因此该法案的影响非常大，并在 1946—1949 年为全国高校带来大量入学人口。《退伍军人权利法案》也为那些想要完成高中学业的老兵提供资助，为购买住房者提供低息贷款，为退伍第一年提供失业救济。

受教育程度提高还表现在其他方面。美国工人只有小学学历的比例从 1915 年的 75% 降至 1960 年的 30%，到 2005 年只有 3%。[13] 在 1915—2005 年的同一时间段里，接受过四年制大学教育、研究生教育以及学习了大学课程（没有毕业）的比例从 4% 提高到 48%。

因为 1928 年前后受教育程度稳步上升，所以这无助于解释本章的核心难题，即为什么劳动生产率在 1928—1972 年比在 1928 年之前增长快那么多？受教育程度尽管是经济增长不可否认的积极因素，但不能作为 20 世纪 20 年代至 50 年代产生大跨越的因素。对于确切原因，我们必须看其他方面。

资本和全要素生产率：20 世纪中叶生产率的爆发

标准生产理论将产出与劳动力和资本的数量及质量联系起来。上一节考察了受教育程度提高后劳动力质量变化的作用。20 世纪 20 年代至 50 年代劳动生产率跃升的另一个原因可能是资本数量和质量的变化。当 20 世纪 60 年代初的经济学家惊叹于 1961 年约翰·肯德里克关于经济增长核算数据的开创性贡献时，一个惊人的变化跃然纸上。产出与资本投入比率（资本平均生产率）在 20 世纪 20 年代至 50 年代几乎翻了一番。

这种翻番如图 16.4 所示，该图显示了 1920—1972 年 GDP 与资本投入的比例。灰线使用了最新数据来源，显示了实际 GDP 与资本之比，其中资本与肯德里克使用的资本概念相同。[14] 1923—1929 年，这一比率在非常接近 1928 年的 100% 左右徘徊，在大萧条时期最糟糕的几年里下降到 78%，随后恢复到 1935 年的 95% 和 1941 年的 144%，并且在 1944 年达到峰值 220%。正当许多经济学家预测经济将重新回到 30 年代的可怕情形时，战后却迎来了一个大惊喜。1950 年，产出资本比率下降到 176%，相比于 1928 年这是一个巨大变化，1950—1972 年的平均产出资本比率为 185%。

数据附录总结的后续研究确定了三组测算问题，它们都有助于说明 20 世纪 20 年代到 50 年代产出资本比的急剧上升。由于误测造成 50 年代

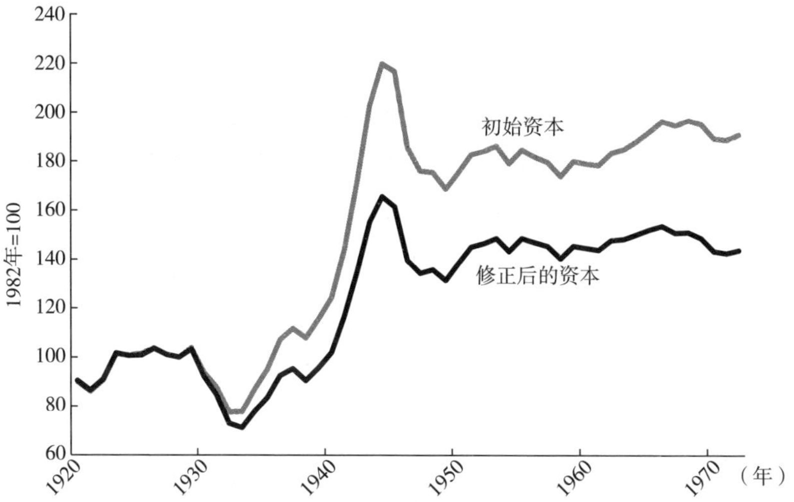

图 16.4　1920—1972 年 GDP 与初始资本和修正后的资本投入比

的资本相对于 20 年代被低估，因此，运用新调整的资本投入数据加以替代就会增大 50 年代的资本，结果就是产出资本比降低，如图 16.4 黑线所示。依据官方数据，1950 年的产出资本比为 176%，相比之下，根据修正后的数据则要低得多，为 141%。因此，1935 年后产出资本比率的急剧上升，大概有一半可归因于数据附录中探讨的测算问题。

虽然如图 16.4 中黑线显示，修正后的产出资本比率在 1972 年仍是 1928 年的 147%，但到 2013 年这一比例逐渐降至 108%。简单地说，产出的增长速度在 1928—1972 年要比资本投入快得多，而在 1972—2013 年则要慢得多。1928—1972 年产出资本比率的年化增长率是每年 0.9%，在 1972—2013 年下降到每年负 0.8%。这段历史提出了本章后面需要深入思考的一些深层次问题。是什么因素导致了修正后的产出资本比率从 1928 年的 100% 增加到 1950—1972 年的平均 150%？许多问题有待我们的关注，包括大萧条和战争对生产实践和产业效率的影响，20 世纪 20 年代到 50 年代及以后创新的基本速度。

现在，我们拥有确定全要素生产率增长所需要的所有要素，全要素生产率是可得到的度量创新和技术变革的最好指标。[15]全要素生产率的公式是固定的，等于产出除以劳动力和资本投入的加权平均值，其中劳动投入的标准权重为0.7，资本的标准权重为0.3。[16]劳动投入等于总的工作时间乘以受教育程度的指标。[17]资本投入采用数据附录中经调整后的资本概念。图16.5显示的是据此得出的全要素生产率的增长率结果，从中可以看到全要素生产率在1890—1900年的最初10年到2000—2014年延长了的10年之间，每10年的年均增长率。横轴标出每个10年的最后一年，因此，图中最高的柱形标识为“1950”代表着1940—1950年这10年间全要素生产率的年均增长率。

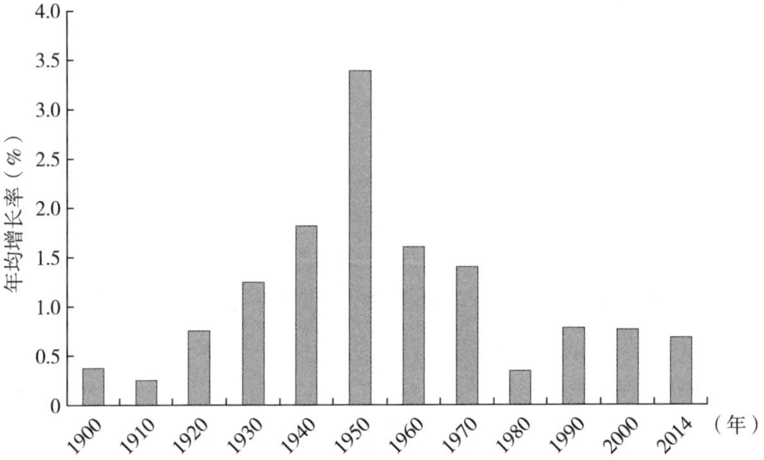

图16.5 1900—2014年全要素生产率每10年的年均增长率

注：显示的年份表示之前10年的年均增长率。标示有2014年的柱形表示2001—2014年的年均增长率。

全要素生产率增长的这段历史表现为上下交替、阶梯高矮不等的“楼梯形”。1940—1950年这10年的不同寻常跃然纸上。此图证实了亚历克斯·菲尔德所强调的20世纪30年代是比20年代更有效率的10年，但20年代的全要素生产率增长相较于1890—1920年开始加速。质疑来自摩西·阿布拉莫维茨和保罗·戴维（关于“二战”）的判断，他们认为，“战争……对民间投资实施限制，造成私人资本积累严重下降，并阻碍了正常的生产率增长”。[18]“二战”期间劳动生产率和全要素生产率大幅提升，并且国防生产的停止并没有阻止战时生产率的提高，而且延续至战后。

图 16. 5 展示的全要素生产率增长史给本章其余部分提出了一系列难题。是什么样的创新过程，使全要素生产率增长从 20 世纪 20 年代到 30 年代再到 40 年代稳步加快，但此后又放慢了？是什么样的增长过程使得即便在 1945 年、1946 年停止了战时生产，全要素生产率水平仍然保持高位？20 世纪 30 年代后期和 40 年代生产率的爆发受益于 20 年代和 30 年代的发明创造，这些发明创造有多大程度的滞后效应？在下一节，我们首先分析始于 30 年代至 40 年代的经济动荡的影响，随后转向分析 20 世纪上半叶各种发明出现的时间及其效应。

从大萧条和“二战”造成的动荡中寻找各种解释

1928—1950 年产出资本比和全要素生产率的划时代跃升的原因是什么？这些原因在多大程度上与大萧条和“二战”造成的动荡有关？第一个问题是实际工资迅速增长和每周工作小时数减少的相互作用，这两者都使劳动力雇佣变得更昂贵。第二个问题是补充性的，在 20 世纪 30 年代令人绝望的 10 年中，削减成本的压力迫使企业使用较少员工，而在“二战”期间面临的首要压力是产出最大化，两者都要求组合更高的机器速度和更大的工作努力，从而提高劳动生产率。第三个问题是 30 年代政府基础设施建设的作用，如果没有大萧条是否还会发生。

实际工资上涨。在本章前面的部分，我们已经追溯了 20 世纪 30 年代生产工人实际工资的高涨，并在很大程度上将其归因于罗斯福新政的亲劳工立法。实际工资上涨会导致资本替代劳动力的倾向吗？尽管在 30 年代和“二战”期间资本支出是受压抑的，但这主要是对建筑物而言（占 1928 年资本存量的 77%）。30 年代设备投资强劲反弹。设备投资与设备资本价值的比率在 1928 年为 13. 6%，但在 1936 年上升到 14. 4%，1937 年 16. 1%，1940 年 15. 8%，1941 年 17. 1%。设备投资表现活跃，这其中的部分设备投资代表了从劳动到资本的替代，这就提高了劳动生产率。此外，30 年代末的新资本投资也反映了持续创新。30 年代后期生产的铁路机车、卡车、拖拉机以及工业设备，其质量大大高出 20 年代的类似产品。

“二战”时期的高压经济。产出、工作小时数和生产率的各项指标在1942—1945年都猛增。这并不奇怪，因为整个经济转换为最大化生产的体制，如果能找到足够工人三班倒，每一台机器和每一栋建筑每天都会24小时使用。如图16.2所示，1945年后，劳动生产率没有表现出哪怕暂时的一丁点儿下降。虽然婴儿潮时期以铆钉女工萝西为代表的妇女从工厂工人转变为母亲，人均工时急速下降，但劳动生产率继续上升，远高于1870—1928年的趋势。[19]

早在1941年，经济就处于制造业生产能力不足的紧张状态。钢铁行业生产能力利用率在1941年达到97%，“二战”期间的任何一年都和这一年一样高。早在1940年春天机床就供不应求，等到了1941年春天，一个领先的机床供应商老板会对着积压的订单摇摇头说“需求是无限的”。[20]虽然最有名的“干中学”例子是亨利·凯泽（Henry Kaiser）在加利福尼亚州里士满市和俄勒冈州波特兰市建造的两个造船厂，它们建成一艘标准自由轮所需的天数大幅减少，但是战时生产最大化的压力肯定推动了生产技术的永久性进步，而在和平时期这是不会发生的。1942年凯泽造船厂开始计划生产时，需要整整8个月才能完成一艘自由轮，但到次年，竣工时间已缩短到几个星期。在这两个船厂之间的一场独特比赛中，从预制件到船坞组装，整条船实际上只需要4天时间。这种出色的生产成就部分归功于超过250名员工的来信，信中建议的方式使生产更为高效。[21]

造船厂的例子可以推广到整个制造业。近期对“民主国家兵工厂”的研究不仅关注凯泽船厂，还关注生产B-24轰炸机的亨利·福特的庞大工厂。从1941年3月开始，福特工厂用不到一年的时间就建造完毕，并在1942年5月生产出第一架飞机。该厂原本设计以每小时一架这种令人难以置信的速度生产轰炸机，它一直在为达到这一速度而不懈努力。作为干中学的一个经典案例，该厂生产速度逐渐提高，1943年2月达到每月75架，1943年11月每月150架，1944年8月达到每月432架的高峰。[22]

凯泽和福特的例子只是在整个战争期间以不断降低成本、提高效率的形式连续干中学的最著名案例。

> 庞蒂亚克已将其复杂的欧瑞康高射炮的生产成本降低了 23%。克莱斯勒道奇分部……工程师在制造“短波雷达系统”时绞尽脑汁地降低成本，使之比 8 个月前降低了 57%。该公司的回转罗盘……仅消耗最初费用的 55%。

在整个战争期间，爱国主义和目标意识将工人和管理层捆绑在一起，而且工人比以前更渴望提高效率（通常采用让自己的生活更简单的方法）。“二战”后生产率之所以仍然保持高水平，最明显的原因是尽管军事紧急状态结束了，但“技术变化不会倒退”。人们不会忘记。一旦取得进步，无论在什么情况下，它都是永久性的。

20 世纪 30 年代末期生产率的出色表现表明，如果说“二战”后由于国防开支枯竭而使总需求迅速下降，不利后果也只是影响就业而不是生产率。然而需求并没有枯竭；相反，军事需求几乎立即转向居民采购。在 1946—1947 年，需求的闸门已经打开，制造商迅速转产，开足马力，紧张地满足冰箱、炉灶、洗衣机、烘干机和洗碗机的需求，更不用说汽车和电视机了。在努力完成看似无限的订单时，他们采取了在“二战”高压经济中学到的高效生产的一切方法。[23]

“二战”期间几乎每一个生产消费品的公司（除基本的食品和服装外）都必须生产别的东西，每个生产商在这一过程中都学得更加高效。在战争期间，珠宝商制作炮弹引信，割草机生产商制造榴霰弹，盖戳机生产商制造炸弹装置，男鞋制造商制作头盔内衬，真空吸尘器制造商制作防毒面具部件，手推车制造商转而生产机枪的弹药车。[24]战后制造业的每一个部分都曾经深度参与了制造军事装备或零部件，战时学习所得在战后就转变成永久的效率提高。

虽然战时生产需求对提高资金利用和效率水平产生了永久性的影响，但推动生产流程顺畅运行、提高生产效率的较早尝试可以追溯到 20 世纪 20 年代。当时就开始尝试有意识地从管理的角度努力提高生产设施使用率，节省生产过程中的产成品库存。这可能有助于解释30年代的一个悖论：尽管资本和劳动力的整体利用率下降了，但劳动生产率和全要素生产率出现了增长。虽然总需求很低，但新的方法使提高产出资本比和全要素生产率成为可能，这也有助于解释为什么大萧条中劳动时间投入的减少超过了劳动生产率的降低。其中部分原因是零售业的结构转向大企业，如马歇尔百货公司、梅西百货和西尔斯公司，这要求供应商的货物流不能中断。[25]

关于“二战”是否提高了消费者福利，学界还存在争议。尽管大多数耐用消费品禁止生产，但人均实际消费（2009年美元）在1944年仍然与1941年大致相当。[26]罗伯特·希格斯认为，官方数据高估了个人实际消费支出，因为真正的消费价格增长在战时价格管制下被大大低估了。[27]如果现值消费的数据是正确的，那么实际消费价格任何一次不可测算的提高，都会造成实际消费支出不可测算但同比例降低。不可测算的提价来源包括贿赂、黑市以及商品和服务质量不可测算的下降，包括排队等候和配给造成的消费选择扭曲，迁移导致的拥挤，租金管制造成租赁房屋保有量下降进而导致房屋短缺加剧。

对这一批评有三个回应，范围从狭窄到宽泛。从窄处来说，1200万人，或者说1940年人口的9%转入军队，意味着减少了9%的平民分享可用的个人消费支出。由于测算的实际消费量在1944年与1941年相当，这意味着平民的人均实际消费增长了9%。这里可能存在测算误差，但误差只有大于9%，我们才能得出结论说平民的人均实际消费支出有所下降。所有用于军队这1200万人的食品、服装和住房（无论是在军营、营地或在船上）都由政府提供，并计入战时政府支出而非个人消费支出。

更广泛、更重要的一点是，战时的繁荣尽管也存在不便之处，但它标志着在大萧条的10年煎熬和看起来永无休止的失业之后，也就是在哈佛大学阿尔文·汉森（Alvin Hanson）的著名短语“长期停滞”之后，整个国家的前景和预期发生了翻天覆地的变化。大萧条对整个国家的幸福感有剧烈的负面影响。在20世纪30年代的大多数时间里，相当一部分人的食物、服装和住房都很差。这种极端贫困被战时经济消除了。最不富有的人口和其他人口之间的经济差距缩小显著提升了个人的幸福感。因此，“二战”时物质消费水平停滞不前对大部分人来说可能没有那么重要。即使1944年总消费量与1941年相比并不高，但1941年看起来也像是天堂了，因为这一年总的实际消费水平比1930—1939年的年均消费支出提高了28%。事实上，尽管对“二战”期间的消费者福利持消极评价，但希格斯也同意如下更广泛的观点：

> 战争经济……几乎打破了每个人在看似没有尽头的大萧条期间所持有的悲观预期。30年代漫长的10年里，特别是后5年，很多人开始相信经济机器无可挽回地停止了运转。军工生产的狂热活动……驱散了绝望。人们开始思考：如果我们能生产所有这些飞机、轮船和炸弹，也就可以生产数量惊人的汽车和冰箱。[28]

第三点甚至更重要的一点是，本章不是探讨“二战”期间生产和消费了多少，而是研究与1928年之前的增长趋势相比，50年代的经济如何以及为什么能够实现劳动生产率和全要素生产率的大跨越。正如本节所探讨的，战争本身可能直接促成了战后的成果，也可能扭曲经济进步的时间过程，掩盖创新和1941年之前多年就已取得的其他进步所产生的影响。

战时设施。虽然在1930—1945年民间资本投入停滞，但在这整整15年的时间里，由政府资助的资金投入数量迅猛增加。特别重要的是，政府出资建设了一些生产军事装备和军需品的新工厂，但交由私人公司经营。这些政府所有的工厂支付的工资、薪金和赚取的利润都被算作私人部门国民收入的一部分。生产率和全要素生产率增长的研究历来都将私人部门实际增加值和私人部门的投入相比较，不算“二战”中政府出资建造的全国建筑物和生产设备存量的增加。[29]对“二战”使用的资本最明显的数据遗漏来自一个令人吃惊的事实：1940年至1945年美国机床数量翻了一番，而所有这些新机床几乎都是由政府而不是私人公司购买的。[30]政府资助的设施不是都在制造业。1942—1944年，在海上运输受到德国潜艇攻击的威胁时，为了在战时条件下安全运输石油，作为紧急措施，美国政府资助修建了“大口径”和“次大口径”石油管道，从得克萨斯州到新泽西州超过1300英里。这两条管道成为战后全国基础设施的一部分，直到今天还在使用。

政府拥有的一些工厂规模巨大，前所未有。前面我们提到，政府资助的福特公司设在密歇根州的柳溪工厂通过干中学，在1944年顶峰时期每小时生产一架轰炸机，被称为“世界上最伟大的车间”。该厂一共雇用了5万名工人。[31]在工作间里将数百万零件和紧固件用长达半英里以上的生产线连接起来，这一壮举是大规模生产史上前所未有的。需求是发明之母，福特柳溪工厂与凯泽造船厂也许是“二战”创造了长期增长的最有说服力的例子。其中，政府保障固定加价（即固定利润），实际工资从一开始就比任何已知的工作高，在这种由政府融资的体制下，公司、生产设备和工人可以成功地结合在一起。在本章开头的引言里，亨利·福特也许给出了最好的阐述——在1942—1945年，这位美国的生产天才以汽车产业为引领，将想象力发挥到无以复加的地步。但在想象得以实现、战时目标得以完成之后，从中得到的东西并没有在经济中消失。

长期解释：城市化、封闭经济和资本质量的提升

城市化和农业的衰落。现在我们转向一些对大跨越的补充解释，这些解释不依赖于和大萧条及“二战”相关的特定事件。在试图解释1929年后全要素生产率快速增长的过程中，我们先从城市化入手，城市化使工人从生产率较低的农业工作转移到效率更高的城市工作，推动了整个经济中全要素生产率的增长。1920—1960年的城市化进程比之前或之后更快吗？在1890—1920年生产率增长缓慢的时期，城市化率从35.1%增长到50.8%。从1920年到1960年，城市化率从50.8%上升到69.7%，增长速度每10年大约相同。因此，城市化本身并不能解释1928年后劳动生产率和全要素生产率增长的加速。

移民和进口。从1870年至1913年，大约3000万移民抵达美国海岸；

他们涌入中心城市，但同时也进入了中西部和平原地区各州。他们在相同的时间间隔里使美国人口以每年 2.1% 的速度快速增长，而且新移民创造了等量的需求和供给，因为他们的到来并没有引起大规模的失业——事实上 1913 年的失业率只有 4.3%。[32]所有这些新人口都需要有房子能居住、有工厂能工作，而工厂要安装机械设备，所以新移民促进了资本投入的迅速增加。

这种情形与 1921 年和 1924 年严格的移民法案颁布后移民大量减少形成了鲜明对比。[33]美国的年移民率从 1909—1913 年的平均每年 1.0% 下降到 1925—1929 年的平均每年 0.25%，人口增长率从 1870—1913 年的 2.1% 下降到 1926—1945 年的 0.9%。[34]反移民法案一直被视为大萧条的一个原因，这是因为 20 年代住宅和非住宅建筑的过度建设都是基于人口持续快速增长的预期，然而这并没有发生。[35]

移民法和严厉的高关税制度（1922 年《福特尼—迈坎伯关税法案》和 1930 年《斯穆特—霍利关税法案》）将美国在 1930—1960 年的 30 年间变成一个相对封闭的经济体。在 30 年代，由于缺乏近期移民的工作竞争，工会更加容易组织起来并推动工资上涨。高关税壁垒使美国制造业在总部位于美国的工厂中引进所有可用的创新，没有出现过去几十年中普遍存在的外包现象。缺少移民和进口的竞争提高了底层工人的工资，促成了 20 世纪 40 年代、50 年代和 60 年代收入分配不同寻常的“大压缩”。[36]因此，严格限制移民的立法和高关税造成的美国经济封闭可能间接促成了 20 世纪 30 年代的实际工资上涨、国内经济对创新投资的重现，以及 20 世纪 20 年代至 50 年代不平等的普遍缩小。

20 世纪 20 年代至 30 年代的创新能解释大跨越吗？

本书第一篇分析伟大发明时，区分了初始发明和初始发明带来的延续性发明，19 世纪后期两项最重要的发明是电和内燃机，这些经常被描述为通用技术（General Purpose Technology），它们可以带来许多延续性发明。[37]

电力作为通用技术带来的延续性发明是生产率的基本驱动力，例如电梯；电动手和机床；有轨电车、高架火车和地铁；许多家用电器，从电熨斗和吸尘器到冰箱、洗衣机、烘干机、洗碗机和其他许多家电；最后是空调，空调在20世纪20年代进入电影院，30年代进入写字楼，并在50年代至60年代进入美国家庭。内燃机作为通用技术也带来了一系列类似的延续性发明：如汽车、卡车、公共汽车和出租车；超级市场；郊区和个人旅行的方方面面，包括汽车旅馆、路边餐馆和航空旅行。

虽然我们并不需要在电力和内燃机之间选择其中之一作为有史以来最重要的通用技术，但一位作家在1932年提供了一个有说服力的案例，说明在所有时代最重要的发明是将机械能转化为电能，然后可以通过电线长距离输送，再转换成任何需要的能源形式。这段话还描绘了现代世界有多少东西在作者写作的1932年已经发明了，非常有趣。

> 没有了它，不仅有轨电车要回到用马拉，而且汽车和飞机都将停运。如果没有电磁火花设备，汽油发动机将如何运转？电灯当然会消失不见，随之而去的是大城市黄昏后安全性的最大保证。电话和电报都将闲置不用，日报因此只能关注本地消息……无线电报、电话和广播会全部消失。发电厂将不得不与每一个工厂单独连接起来，因为电力的远距离传输将停止。河流只能给坐落在岸边的工厂提供电力……医院行医将不再有X射线设备，家庭将没有电力用于照明设备。船舶在海上遇险，无法再发出SOS求救信号，并且不能再使用陀螺罗盘、无线电导航或火灾的信号设备，这样沉船就会像以前一样经常发生，却无法抢救或提供帮助。[38]

那些试图用发明来解释大跨越的人经常引用艾尔弗雷德·克莱因克内希特（Alfred Kleinknecht，1987年）的大作，他按照每10年计算了发明，并宣称拥有重要发明最多的10年是20世纪30年代。事实上，如果我们将20世纪20年代、30年代和40年代都包括在内，就会看到，这30年贡献了克莱因克内希特列出的1850—1970年这120年间最重要的39项发明中的26项。我对发明史的解读提出了相反的结论——30年代的突出表现是延续性发明，而不是基础性的通用技术的发明。例如，30

年代是军用和商用活塞式动力飞机完善的 10 年，但这不是新的通用技术。它代表了 1879 年内燃机的发明与怀特兄弟 1903 年使第一次飞行成为可能的空气动力学设计的结合。同样，20 世纪 20 年代至 30 年代电视的发明结合了 1879 年发明的无线电传输和 1907 年李·德福雷斯特发明的使商业电台成为现实的真空管。

亚历克索普洛斯和科恩（Alexopoulos and Cohen，2010）对创新史的研究做出了一个重要贡献，虽然他们的研究仅限于 1909 年至 1949 年。他们批评了利用专利数据度量创新速度的做法，原因有二：一是基础发明的时间可能比商业可行版本的引入早几十年，二是专利没有提供未来商业可行性的任何信息。[39]相反，他们将国会图书馆目录中有关技术的手册和其他书籍进行了穷尽搜索，并比较了关于某一项创新的第一本书（或第一批书）出现的日期和初始商业化的日期。他们的数据支持了菲尔德强调 30 年代尤其是在 1934 年之后出版的技术书籍比他们考察的 40 年间任何其他时间段的数量都多。1911—1934 年平均数量为 500 ~ 600 本，1941 年单调飙升到 930 本，1942—1949 年平均约为 750 本。[40]

值得考虑的一种通用技术是 1913 年 12 月 1 日亨利·福特引进的汽车制造流水线。[41]流水线是从许多之前的研究者的想法发展而来的，可以追溯到理查德·盖瑞特 1853 年的英国蒸汽机厂。流水线带来了一场制造业革命，推动了全要素生产率从 20 世纪 20 年代起的加速增长（如图 16.5 所示），值得与电动机获得同样的赞誉。摩西·阿布拉莫维茨和保罗·戴维将大规模生产技术的快速扩散归因于福特将其详细的操作方法“有意开放的政策”，这些方法“促进了这些新技术在整个美国制造业的快速推广”。[42]有趣的是，保罗·戴维强调的电动机在制造业的姗姗来迟与流水线技术的迅速普及形成鲜明对比。

流水线与电动工具一起，彻底改变了制造业。1913 年之前，货物由各个工作平台的工匠制造，这些平台依赖蒸汽机和皮革或橡胶带提供动力。整个产品由一两个员工来制造。而在 10 年之后，按照福特流水线原则组织生产，每个工人都控制了电动机床及手持式电动工具。流水线的另一个优势是它节约了资金，特别是“地面空间、仓库的库存，以及缩短加工时间”。[43]

电力和流水线很可能不仅能解释全要素生产率在20世纪20年代的激升，也可以解释在30年代至40年代的激升。有两种类型的证据表明，设备资本变得更加强大和更加电气化。第一类是原动机（prime mover）的马力，我们可以得到不同类型生产资本特定年份的数据；第二类是以千瓦时计算的发电量。分析者在解释美国制造业生产率高于其他国家时，长期以来一直强调马力和电力使用的作用。[44]表16.2第一行显示了特定年份私人设备资本的不变美元价值，由数据附录得到。[45]

表16.2　1899—1950年样本年份的原动力马力和净发电量（千瓦时），1929年=100

	1899	1909	1919	1929	1940	1950
（1）可变折旧的私人设备资本（按1950年美元计算）	34	57	82	100	120	164
马力						
（2）汽车	0	1	16	100	176	309
（3）工厂	49	84	101	100	110	170
（4）农场	13	34	76	100	156	231
（5）中心电站	5	13	33	100	134	220
（6）汽车、工厂、农场的均值	20	40	64	100	147	237
（7）马力与设备资本的比率	61	70	79	100	123	145
	1902	**1912**	**1920**	**1929**	**1941**	**1950**
（8）可变折旧的私人设备	39	63	84	100	123	164
千瓦时						
（9）工业部门	14	54	70	100	177	242
（10）电力公用事业	3	13	43	100	178	357
（11）总计	5	21	48	100	178	333
（12）与设备资本的比率	13	34	58	100	145	203

资料来源：HSUS Colonial Times to 1957，序列S2、S6、S11、S13、S19和S33；可变折旧的私人设备资本数据来自图16.4的基础数据。

总马力作为四大类设备的指数（1929年=100）给出，这四大类设备是汽车、工厂、农场和中心电站。在绝对量上，安装在全国车队上的马力超过所有其他类型的设备资本，但不幸的是，马力数据既没有区分用于个人旅行和商务旅行的汽车，也没有区分卡车和公共汽车。汽车马力的里程碑包括 1910 年超过役畜和 1915 年超过火车。工厂马力增长要慢得多，1940 年和 1950 年的指数与私人设备的马力指数数据非常相近。工厂马力数据令人费解的方面是 20 世纪 20 年代没有增长。1929 年后农场和中心电站中的马力比私人设备增长更迅速。

总马力的任何指数都被汽车的马力所淹没，因此我们采取汽车、工厂和农场马力指数的简单算术平均，同时略去电力公用事业的发电量，因为它是中间产品，而不是私人投资。马力与设备资本的比率，如表 16. 2 第 7 行所示，1899—1919 年每 10 年温和上涨 13%，然后到 20 年代加速到每 10 年 24%，30 年代为 21%，40 年代为 17%。

不同于马力的序列数据，它在 1899 年开始安装蒸汽动力时就有坚实的基础，发电量的序列数据于 1882 年从零开始，因此预计它在初始年份将增长最快。然而，令人印象深刻的增长出现在 20 世纪 30 年代至 40 年代。特别值得注意的是工业部门的发电量数据，它在 1929 年到 1941 年间增长了 57%，快于 20 年代的 36% 和 40 年代的 31%。如果用发电量与私人设备资本的比率来表示，工业发电量的增长率在 20 年代增长了 18%，30 年代增长了 36%，而 40 年代只增长了 3%。发电量与私人设备资本的比率在 20 年代增长了 54%，30 年代增长了 37%，40 年代增长了 34%，其中大部分发电量来自电力公用事业公司。

总体而言，在 20 世纪 30 年代和 40 年代，汽车的马力和发电量的增长速度远远快于设备资本的增加。尽管私人设备存量在 1929 年到 1950 年上涨了 50%（以对数形式），但汽车马力增长了 2 倍，总发电量增长了 2. 3 倍。卡车登记量在 1929—1941 年增加了 45%，公共汽车增长了 2 倍以上。所有这些新增加的卡车和公共汽车在 1941 年比 1929 年动力大得多。虽然我们没有卡车和公共汽车各自的马力数据，但从第 5 章的表 5. 2 中可以知道，一台受欢迎的经典低价汽车的马力从福特 T 型车（该车型在 1913—1925 年占主导）的 20 马力增长到福特 A 型车（该车型于 1928 年引入）的 40 马力，再到 1940 年雪佛兰的 85 马力。卡车和公共汽车的马力肯定也按类似的比率增加。[46]

菲尔德（Alex Field）认为，推动20世纪30年代生产率激升的最重要的产业是制造业和交通运输/配送行业。至此，本章已经指出，在交通运输/配送行业生产率增长有两个不同的来源：政府对高速公路的高额投资，以及与1929年相比全国的卡车运输车队在1941年有多得多的马力。由工业企业带来的1929年之后电力生产的迅速增长提供了确凿的证据证明，30年代机械工业用电量迅速增长，这就与菲尔德的判断产生了矛盾，因为菲尔德认为30年代是“电气化转型”的“尾端”。[47]30年代的高用电量反映了电力设备不仅应用在制造业，也应用在批发和零售业的冷藏柜上，并且广泛使用在经济的其他部门，最早的例子包括有空调的电影院和办公楼。[48]

20世纪30年代至40年代电力生产的大发展由于规模经济成为可能，较大的发电锅炉降低了发电的单位成本。在整个30年代和40年代，规模的日益扩大与更高的温度和压力是结合在一起的，因为技术发展使得密封锅炉更加可靠。[49]在电力利用的例子中，更高的热效率和生产率的演变不是一个突破性发明的例子，而是“增量式修补”，也就是不停地努力改进现有技术。全新的发明以及增量式修补都是全要素生产率增长的基本来源，尽管有关数据让我们无法区分两者。

除了电力和内燃机对提高生产率发挥了作用外，还有哪些创新推动了三四十年代生产率的增长？从1910年左右开始，一直延续到20年代至30年代，配送系统发生了革命，掀起了连锁店和自助商店运动。20年代食品连锁店的数量翻了两番，极大地推动了生产率提高。但连锁店最初以老式的“柜台和货架”形式运作，顾客在每个商品部前排队，店员既要从货架选取商品，又要收款。直到连锁店发展了自助服务，顾客可以走动挑选，运营一个店所需的员工数量下降了一半以上，实实在在的生产率提高就发生了，这大部分发生在1930年之后。

与运输和配送行业的进步同样重要的是，1929年后石油及相关化工行业的创新和发现爆发了。美国石油工业史上具有划时代意义的一刻发生在1930年10月，得克萨斯州东部油田被发现，那里有“美国本土最大和最丰富的石油储量”。[50]化工行业，在 19 世纪晚期由德国企业主导，1930—1950 年在美国起飞。许多类型的塑料在 1930 年之前被发明出来，其中包括赛璐珞（1863 年）、聚氯乙烯（1872 年）、玻璃纸（1908 年）、胶木（1909 年）和乙烯基（1927 年）。但是，塑料的发明时间表凸显了 20 世纪 30 年代可能是化工产业史上创新成果最丰富的时期，这一时期有聚偏二氯乙烯（1933 年）、低密度聚乙烯（1935 年）、丙烯酸乙酯（1936 年）、聚氨酯（1937 年）、聚苯乙烯（1938 年）、特氟纶（1938 年）和尼龙（1939 年）以及氯丁橡胶（1939 年）。从塑料发明史来看，5 项发明产生在 1839—1894 年，4 项发明产生在 1894—1927 年，7 项产生在 1933—1939 年这一短暂的时期。[51]菲尔德列举了 20 世纪 30 年代化工行业发展过程中出现的大量实用的副产品，包括使铁路枕木寿命翻番的涂料，还有快速干燥的油漆，能减少喷涂一辆车所需要的时间，从几周缩减到几小时，同时还引进了不锈钢和铬。塑料常常能够节约燃料、制造成本和资本成本。[52]

汽车的生产率不仅取决于发动机的动力，这一性能在 1920—1940 年迅速提高，也取决于轮胎的质量。由于橡胶技术的进步，用更大、更耐用的轮胎装备卡车和拖拉机成为可能。事实上，在 20 世纪 30 年代初期，拖拉机的动力变得足够强，轮胎变得足够大，从而使农业生产率革命成为可能。菲尔德推测了关于更大的引擎和更好的轮胎所起到的作用，它们连同第一个（州际公路之前）全国公路系统，使卡车从 30 年代起能够承运全国货物，与铁路竞争。[53]

一个极其平淡但很重要的改进发生在 20 世纪 20 年代，代表了生产率提高的潜在来源。“美国制造体系”一直以标准化和有能力生产相同的产品组件而著称。在第 2 章中，我们记录了欧洲观察家对 1851 年水晶宫美国成就展的惊叹：“美国机器做的几乎所有事情都是这个世界热切希望机器做的。”[54]但零部件的标准化在 1851 年还未实现。用于同一目的的产品种类繁多；据称在 1917 年，美国出售的用来砍树的单刃伐木斧有 994840 种。“在这个大范围内有 34 款，4 个等级，35 个品牌，还有 11 种涉及光洁度，19 种涉及尺寸。”

美国工业效率最重要的改进之一，就是赫伯特·胡佛总统建立了美国国家标准局。其目的是建立规格统一的零部件体系，下至螺钉和螺栓，致力于“简单做法、消除浪费、节约材料，工人培训最少化，减少并节约物资采购和不便利的库存，消除混乱，进而提高生产速度”。[55]标准化的一个典范是“二战”期间生产的数百万个万向接头，这种接头可以将主动轴的匀速转动变换成从动轴的高速转动。零部件标准化能够让本迪克斯公司（Bendix）设计这些接头，并由23家没有过往经验的公司来制造。正是由于20世纪20年代这些平凡的组件，如螺母、螺栓和螺钉以及驱动器实现了标准化生产，工业效率才实现了巨大的提高。[56]

结论：什么引发了大跨越？

现代经济史上最根本的问题是，为什么人均实际产出在经历了从罗马时代到1750年的两千多年增长停滞之后，经济增长能够结束休眠状态，开始苏醒？[57]与我们这个时代更加相关的是第二个最重要的问题，为什么从20世纪60年代至70年代初增长开始放缓，不仅美国和日本如此，很多西欧国家也如此？尽管由于战争破坏和两次世界大战之间的经济混乱，日本和欧洲经济增长的时间不同，但经济放缓是实实在在的；确实，在过去的20年中，欧盟的劳动生产率增速只及美国的一半。第三个问题是本章的焦点，为什么在20世纪中叶美国经济增长如此迅速，尤其在1928年到1950年之间？

本章的主题是重点介绍美国经济增长的时间过程，这个问题既简单又令人费解。为什么自1890年起美国劳动生产率和全要素生产率增长的10年节点图看起来像在一座山上的长途跋涉，逐渐上升到20世纪40年代的10年，从那时起又逐渐下降？第二个问题和第三个问题是交织在一起的，因为1972年后的增长放缓之所以被视为令人失望，正是由于1928年至1972年的增长速度如此之快、前所未有。

第二个问题和第三个问题的答案对本书至关重要。本章力求量化，然后再确定20世纪20年代末到50年代初劳动生产率和全要素生产率增长大跨越的原因，从而解释在 1930—1940 年和 1940—1950 年这两个 10 年里全要素生产率增长为何超过了美国历史上的任何其他时期。这两个 10 年间正常的经济活动受到大萧条和“二战”的影响而中断了，它们有什么特别之处？

这里可能有许多解释，而且不可能将定量的重要性排在最前面。然而，在整个这一章中，我们已经能够排除一些可能的原因。教育是被排除在外的，因为受教育程度的长期提高在 1910—1928 年到 1950—1972 年之间与 1928—1950 年之间同样重要。同样，美国人口从农村农场和小城镇迁移到超过 2500 人的城市一直在持续进行，如果说有什么区别的话，那就是 1928—1950 年的速度比 1870—1928 年的速度稍慢。

本章最新颖的方面是提出大萧条和“二战”直接促成了大跨越。如果没有大萧条，可能就没有新政，也就没有《国家产业复兴法案》和《瓦格纳法案》，从而无法推动工会化，直接间接地推动工资急剧增长，缩减周平均工作小时数。反过来，20 世纪 30 年代末期，美国参加“二战”之前，更高的实际工资和更短的工作时间都有助于迅速提高生产率。实际工资的跃升导致资本对劳动的替代，这在私人设备投资数据中已经得到证实，数据表明 1937—1941 年设备投资与资本的比率明显高于 20 年代末期。

大萧条另一个更微妙的影响可能是促使企业重组，产量和利润的大幅下滑导致成本削减，最明显的就是裁员。然而，产出并没有在 30 年代降为零，而且同样的产出用更少的雇员生产反映出能带来高效率的新思想和新技术，其中不少是从 20 年代延伸而来的。汽车马力在 30 年代大大增加的数据表明，电动机床和手持电动工具的动力和效率在 30 年代可能也同样经历了显著提高。[58]事实上，我们在表 16.2 中给出的证据表明，1929—1950 年单位成本不变的资本设备的马力以及单位资本耗电量，都实现了持续增长。

对于“二战”高压经济期间出现的提高生产率的干中学现象，人们基本上是肯定的。经济学家长期以来一直在研究速度和效率随着时间推移而稳步提高，就像建造自由轮那样。“二战”期间劳动生产率激升最显著的方面是它似乎是长期的；尽管1945—1947年的战时国防开支迅速减少，在战后几年，劳动生产率并没有下降。战时需求成为发明之母，这些大大小小的创新，在战后也没有被遗忘。

除了现有工厂和设备效率的提高，联邦政府资助了制造业的一个全新部门，配备了新工厂和新购置的生产设备。战后高水平的生产率部分原因可能是1940—1945年美国机床的数量翻了一番。[59]美国联邦政府采购的由私人部门生产的设备数量猛增。从1940年到1945年，联邦政府采购的生产设备大致相当于战前1941年私人部门已有设备总额的50%。[60]而且由于所有采购发生在1941年至1945年，这笔资本比1941年私人拥有的存量资本更现代化且生产率更高。

在大萧条之后紧接着“二战”到来的一系列解释之外，我们需要考虑创新本身的速度。或许大跨越最重要的来源是机器质量的提高，每美元设备资本的马力和用电量的大幅增加说明了这一点。相较于1902—1929年添加到生产过程中的每100单位电量，1929—1950年又增加了230单位。保罗·戴维正确强调了1882年第一座电站建立到20世纪20年代早期制造业生产力革命之间的长期延迟。但是，将20年代作为突破性的10年就忽略了电力在制造业和经济其他部分的全面扩张发生在1929年到1950年之间。

大萧条的创伤并没有让美国的发明机器减速。如果有的话，创新的速度也在30年代后半期回升了。这清晰地体现在亚历克索普洛斯和科恩收集的有关技术书籍出版的数据中。20世纪30年代或者1920—1950年这一更长时期在美国发明创新史中的主导地位，得到克莱因克内希特关于每10年发明量数据的支撑。前面各章已经提供了无线电和电影质量迅速提高、汽车质量大幅提升的证据。到1940年，汽车制造商实现了自己的梦想，生产的汽车可以开到高速公路允许的最高速度；与这个技术奇迹相匹配的公路一直等到1958—1972年州际高速公路系统的建设才大规模实现。

本书对石油和塑料的关注很少，因为这些都是中间产品。不过，从得克萨斯州东部油田的发现到如今司空见惯的各色塑料，30年代的技术进步使这 10 年熠熠生辉。1941 年在生产转移到战时用途之前，将塑料应用于各种耐用生产品（producer durable）和耐用消费品是当时的尖端。在体现“二战”期间美国国内艰苦生活的最受欢迎的照片中，可以看到女士们在自己的腿上画上条纹，以取代那些当时已经买不到的人造丝袜和尼龙丝袜。

两个最重要的结论来自本研究中关于经济增长的重大迷思之一。首先，“二战”将美国经济从长期停滞中拯救出来，如果没有战争，1939 年后的经济增长肯定是惨淡的。其次，19 世纪末期的伟大发明要比过去多得多，特别是电力和内燃机，不断推动生产方式推陈出新，这不仅发生在 20 世纪 20 年代，还包括 30 年代和 40 年代。亚历克斯·菲尔德用他振聋发聩的论断振兴了美国经济史，他声称 30 年代是“最进步的 10 年”。对于我们来说，确定 1941—1950 年劳动生产率和全要素生产率的增长甚至更快，无损于菲尔德论断的惊人想象力以及他所收集的丰富论据。[61]

第 17 章
创新：未来能够媲美过去的伟大发明吗？

我们最初希望获得飞行汽车，得到的却是 140 个字符。

——彼得 · 蒂尔（Peter Thiel）

引　言

从 1870 年到 1940 年，美国生活水平得到划时代的提高，代表了第二次工业革命的成就，这一直延续到 1970 年。这一前所未有的发明浪潮带来的很多好处表现在可以测算的 GDP 上，继而表现在人均产出、时均产出和全要素生产率上。正如我们看到的，在 1920 年到 1970 年的半个世纪里，美国的经济增长比之前或之后都更迅速。除了对可测算的增长记录做出的贡献外，这些发明在无数方面以许多方式惠及家庭，但这些好处并没有进入 GDP 指标，包括与油灯相比电灯更便利、更安全和更明亮，使用洁净的自来水使很多家庭免除搬运水的辛苦，婴儿死亡率降低使这些发明彰显了人类生命本身的价值，以及其他许多方面。

自 1970 年以来，测算到的生产率增长速度更慢，这一事实提供的重要证据表明，与计算机和数字化相关的第三次工业革命不像第二次工业革命那么重要。不仅 1970 年以来测算到的增长记录比以前更慢了，而且正如我们前面提到的，第三次工业革命带来的无法测算的生活质量提高，也不如前一轮工业革命带来的变化那么深刻，那么明显。虽然自

1970 年以来出现了持续创新，但是其范围已经比以前要窄，主要集中在娱乐、信息和通信技术，而生活水平的几个维度，包括食品、服装、家电、住房、交通、卫生和工作环境都比 1970 年以前提升得更慢。

本章将进一步探究近期创新的性质，并将它们与那些常常被视为未来几十年最有可能提高美国人生活水平的技术变革加以比较，从而分析未知的未来。创新正在迅速向前迈进，股市几乎每周都能通过首次公开募股（IPO），给那些新成立的公司 10 亿美元甚至更多的价值回报。对创新活动已经疾风劲雨般地发生这一判断是毫无争议的，特别是在数字技术，包括机器人和人工智能领域。不过，依据劳动生产率和全要素生产率的增长速度，本章区分了创新的速度和创新的影响。

本章首先从历史视角回顾自 1870 年以来的发明的源泉，强调这是一段呈 U 形的历史，其中个人发明家主导了 19 世纪晚期，而在随后 20 世纪的大部分时间里，重大发明多发生在大公司的实验室。1975 年后，随着比尔·盖茨、史蒂夫·乔布斯和马克·扎克伯格这些个人创建了现代电子化时代，个人企业家重返历史舞台。

在这样的历史背景下，我们从量化分析的角度进一步考察关于进步的历史。1970 年后我们都没有看到全要素生产率的均匀缓慢提升。相反，第三次工业革命期间的发明对全要素生产率的影响都集中在 1994—2004 年的 10 年间。我们描述了办公室、零售业以及银行和金融部门的商业实践的变化，发现目前的生产方式在 2004 年已经基本上实现。顺着对 1994—2004 年与近期无数的量化比较来看，我们发现经济增长明显放缓，由此可以进一步推断，20 世纪 90 年代末的创新浪潮可能是独一无二的，在可以预见的 25 年里很难被复制。

然后，本章展望未来，并提供大量历史案例，以此说明对未来技术发展的预测最终证明是相对准确的。我们重点关注机器人和人工智能的发展，评估“技术乐观主义者”做出的预测，他们预测美国经济已经到了以未来大规模的就业破坏（job destruction）换取生产率新高峰的边缘，这是因为机器人替代了大部分工作，因为高度复杂的计算机算法消除了从法律搜索到个人财务分析的大量分析性工作。本章最后对未来给出了另外一种结论，即机器人和人工智能对工作岗位的破坏性影响是一个缓慢发生的过程，正如过去几十年所表现出来的那样。电脑使用带来的工作类型和工作种类的构成是缓慢变化的，而非迅速变化的，这样经济将能保持相对充分就业。劳动生产率和全要素生产率在未来 25 年的进步速度将类似于 2004—2015 年的缓慢速度，而不是 1994—2004 年的较快速度，与很久以前的 1920—1970 年的速度相比，更是要慢得多。

贯穿历史的创新：最终的风险承担者

19 世纪末带来伟大发明的企业家不只包括托马斯·爱迪生和莱特兄弟在内的美国人，也包括卡尔·本茨这样的外国人，是他们创造了第二次工业革命的绝大部分成就，这些成就使美国人的生活水平在 1870 年之后的一个世纪里得到了前所未有的提高。个人发明家不只提供了新产品，例如从电灯到汽车，从加工的玉米片到收音机；也带来了新的服务，如百货公司、邮购商品目录零售业以及高速公路旁边的汽车旅馆。虽然本书的覆盖面从 1870 年开始，但我们不应该忽视之前发明家的作用。1870 年前做出著名发明的美国人有塞缪尔·莫尔斯，他于 1844 年发明了电报；赛勒斯·麦考密克，他于 1834 年发明了收割机。在他们之前出现了很多优秀的英国发明家，包括托马斯·纽科门和詹姆斯·瓦特（蒸汽机发明者）以及乔治·斯蒂芬森（铁路发明者之一）。

长期经济增长的大部分研究试图按照投入要素的不同来分解增长的源泉，特别是工人工作小时数和每个工人每小时的物质资本量，以及扣除劳动和资本之后的“余值”。罗伯特·索洛在 20 世纪 50 年代开创性的研究中最早定义了余值，通常我们把这一余值称为“索洛余值”或更正式的名字“全要素生产率”。虽然全要素生产率增长主要反映了创新和技术变革的作用，但其实也反映了创新之外其他类型的经济变革，比如大量劳动力从农村低生产率的工作转移到城市高生产率的工作。索洛发现，令他自己和其他人惊讶的是，1910—1950 年美国工人的人均产出只有 13% 的增长来自人均资本增加；这个著名的结果看起来是“资本主义剔除了资本”。

全要素生产率增长与创新的联系通常忽略了创新是每个工人每小时产出增长的最终来源，而不仅仅是除去资本投资后的剩余。资本投资本身的增强和减弱不仅取决于商业周期，还取决于投资于新发明或产品改进带来的潜在利润。没有创新，就没有人均资本积累。正如埃弗塞·多马在 1961 年写的一句名言，没有技术变革，资本积累就相当于“在现有的木犁上堆放木犁”。[1]

技术变革直接提高产出，并诱导资本积累，以生产新发明应用所需的机器设备和建筑物。此外，创新是资本质量改善的来源，例如，从旋转拨号电话过渡到 iPhone，或从马钱特计算器到运行 Excel 的个人计算机。将资本投入予以加总的传统测算方法对易耗资本如计算机赋予比耐用资本品如建筑物更高的权重，实际上使资本投入指标掩盖了创新对推动投资从建筑物转向计算机的贡献。[2]

技术变革使教育和资源再配置成为创新以外的其他增长来源。然而，这两者也依赖于创新提供的必要回报，使投资留在学校，或从农场转移到城市。这就是为什么从罗马时代到 1750 年之间，经济几乎没有增长，农民生活大致保持不变。农民没有激励接受良好的教育，因为在 1750 年左右开始的创新浪潮之前，除了知道如何用犁耕种之外，多获取知识并没有什么回报。同样，1750 年之前没有创新，劳动力从农场到城市的再配置也没有发生。这需要那些始于 18 世纪后期的创新，那些创造了伟大的城市工业的创新，由此能够提供更高的工资激励，诱使数百万农民放下犁耙，迁移到城市。[3]

因此，增长的每一种来源都可以还原为创新和技术变革的作用。那些开发特定产品和产业的先锋被熊彼特称为“创新者”，他们是一些“敢于冒险、乐于投机、不安于现状、富有想象力，更重要的是热衷于利用新发明的人”。[4]这些创新者，特别是独立创业或小规模合伙企业中的创新者，是最终的风险承担者。他们的发明可能让他们创办大公司，也可能被更高效和性能更好的其他发明替代。或者，他们可能有一个前景看好的创意，但是无法找到资金来开发创意。个人层面的发明“绝不是机械的、自动的和可预测的，机会起着巨大的作用”。[5]

对于风险和机会在发明过程中的作用，很少有人描述得如基利弗（D. H. Killeffer）1948 年所写的那样发人深省：

> 发明从来都不是完美地出现，随时备用。发明的概念从来都不是处女地，而是必须多次重复耕耘。很少有人知道真正的父亲是谁。孕育的周期很长，伴随着许多假性阵痛和奇怪的早产……创意之子很少能够存活下来，只有那些经过许多次外科手术和大量整形手术后的孩子才能存活下来。[6]

威廉·鲍莫尔提出了相关的警告。企业家对经济增长的促进作用远远超过“创新”这个短短的单词所传递的字面含义。

内战后美国创新创业的爆发见图 17.1，它显示了 1790—2012 年 * 专利相对于总人口的比率。1860—1880 年专利的跳跃式增长与第二次工业革命伟大发明出现的时期是相吻合的，包括电灯（1879 年）和电站（1882 年）、电话（1876 年）以及内燃机（1879 年）。在 1870 年至 1940 年间，人均专利量基本保持在稳定的较高水平上。随后的 1985 年出现微降，紧接着发生了爆炸式增长，尤其是在 1995 年之后。在图 17.1 中，连续几个时间段内的平均比率为：1790—1830 年 ** 为 18 项，1830—1870 年为 89 项，1870—1940 年为 344 项，1940—1985 年为 275 项，1985—2012 为 485 项。

19 世纪最后 30 年是美国个人企业家、发明家的辉煌岁月。霍雷肖·阿尔杰般的幻想通过贝尔、爱迪生这些发明家有形的发明如魔法般变成了现实，他们的名字广为人知，他们的最新发明被公开和热议。成为个人企业家、成为“白手起家”的人是年轻人的激情梦想，即使很少有人能够踏上爱迪生开创的社会流动性的台阶。尽管如此，这个时代的许多制造业企业都是由最初的普通劳动者创立的。创办自己的企业，成为一名企业家，是成功的标志；一直只做一个纯粹的员工，“就是放弃

* 图 17.1 显示了自 1800 年的数据，但原文此处为 1790—2012 年。——编者注

** 图 17.1 显示了自 1800 年的数据，但原文此处为 1790—1830 年。——编者注

追求自立的生活方式，本身就是道德沦丧的一个标志”。[7]

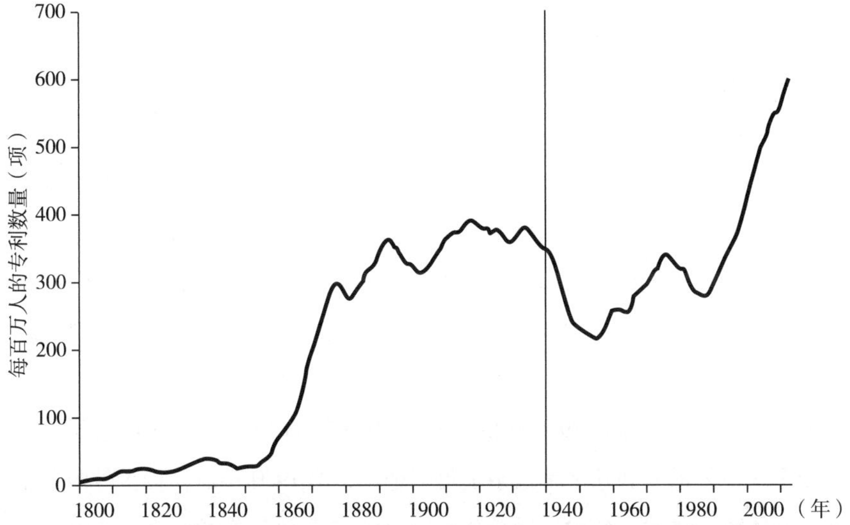

图 17.1　1800—2012 年美国每百万人口的专利数量（10 年移动平均）

资料来源：www. uspto. gov/web/offices/ac/ido/oeip/taf/h_couints. pdf，column labeled “Utility Patents（Inventions）”。

对创业史的 U 形解释从个人创业者的核心角色开始，他们都是由个人独立研究或由类似于爱迪生的小型实验室进行研究。[8]直到 20 世纪 20 年代，创业者个人的作用到了 U 形底部，因为创新主要是以大企业实验室的员工为主实现的。1940—1941 年，强大的雪佛兰和别克汽车所实现的大部分早期汽车的发展都是在通用汽车公司的实验室完成的。同样，很多电子计算机的发展都是在 IBM、贝尔实验室和其他大公司的实验室进行的。晶体管作为现代电子和数字创新的基石，是由威廉·肖克利在贝尔实验室领导的研究小组于 1947 年后期实现的。[9]1950—1980 年，IBM 的研发部门在大型计算机时代的大多数技术进步中都取得了率先突破。家用电器的改进发生在大企业，如通用电气、通用汽车、惠而浦等，而美国无线电公司，则引领了电视的早期发展。

但是，随着从大型计算机到个人计算机过渡的开创性发展，以及个人企业家开创出互联网之后，这一过程开始爬到 U 形的右侧。这一转变的关键点是 IBM 的决策，IBM 于 1981 年率先开发出广受欢迎的个人计算机，它分包的内容不仅包括操作系统软件的概念，还包括该软件的所有权，IBM 将这两部分内容分包给了两个年轻的创业者：保罗·艾伦和哈佛大学辍学生比尔·盖茨，他们在 1975 年创办了微软。第三次工业革命在过去 50 年间由计算机、数字化和通信领域的发明构成，由个人创业者创办的小企业主导，他们创办的组织很快成为非常大的公司。艾伦和盖茨之后是苹果的史蒂夫·乔布斯，亚马逊的杰夫·贝佐斯，谷歌的谢尔盖·布林和拉里·佩奇，Facebook 的马克·扎克伯格，以及其他许多人。

现在进入创业 U 形左侧是有据可查的。全美授予个人专利（区别于商业公司）的比例从 1880 年的 95% 下降到 1920 年的 73%，再到 1940 年的 42%，然后逐步下降到 1970 年的 21%，2000 年的 15%。1950 年之前，除授予个人以外的专利几乎都授予了美国企业，但 1950 年后，授予外国企业的比例猛增，到 2000 年没有授予个人的 85% 的专利在美国企业和外国企业之间平分秋色：44% 授予美国企业，41% 授予外国企业。尼古拉斯把独立发明比例的下降归因于“复杂的资本密集型部门如化工和电力”的增长。[10]

个人作用下降不只是因为更复杂的产品要求更高的资本金，还因为那些开发了最成功产品的人组成了大型商业公司，其中包括贝尔、爱迪生和福特等。爱迪生早期的灯泡专利在 19 世纪 90 年代中期到期，为此建立了通用电气实验室，以开发出更好的细灯丝。同一时期贝尔最初的电话发明已经发展成为巨头企业——美国电话电报公司，它也建立了自己的实验室（最终成为著名的贝尔实验室）；到 1915 年，它已经开发出扩音器，使全国范围内的长途电话变得可行。[11]接二连三的发明都归属公司，而不是归属个人。此外，收益递减的自然过程发生在各个行业。20 世纪初三个新兴产业即汽车、飞机和无线电的专利数量显示出专利活动的最初爆炸式增长，紧接着维持在一个稳定的较高水平，而在 1925 年之后，汽车行业专利的绝对数量开始下降。[12]理查德·尼尔森认为这种模式广泛存在：

> 基础发明突破之后，实际采用新发明的速度会先上升，然后下降。在新发明由更新的发明替代时，它的使用将会下降或完全废弃。[13]

美国个人发明家的兴起部分是由于专利制度的民主性质。从一开始，美国的专利制度就有意识地设计得与欧洲不同，“几乎所有的改变都可以看作技术发明延伸的有效产权，这在传统的知识产权制度下根本不会发生”。[14]任何专利发明的详细说明都被要求立即公开，并且专利费只设定为英国专利费的 5%。[15]发明家需要了解近期的发明，这可能对他们自己的最新发明是一种互补或是一个关键因素，在这样的环境中，专利解决了知识产权的剽窃问题。在美国，通过许可的形式实现专利技术的交易比欧洲更广泛，因此，“没有资本的技术创造者去创业，并直接利用自己的才智成果，成为主要的受益者”。[16]

专利的低成本促成了美国发明的独特之处，许多发明家只有小学或中学教育程度。专利制度让他们能够开发自己的创意，而不需要在取得专利上进行大量投资；一旦授予专利，即使个人收入很低的发明家也能够吸引投资资金，还可以出售专利许可。美国专利制度是革命性的，体现在“它把有效产权延伸到各种各样的人群。此外，最显著的特点还在于，出于公共利益的考虑，专利权应像其他财产权一样明确界定，并以低交易成本很好地执行”。[17]

美国专利制度的民主性质可以解释为什么 19 世纪末期有那么多伟大发明发生在美国而不是欧洲。第 6 章讨论了一个著名案例，1876 年 2 月 14 日，以利沙 · 格雷和亚历山大 · 格雷厄姆 · 贝尔都到专利局注册他们相互竞争的电话技术。贝尔早到几个小时，变得富有和出名，格雷却被遗忘了。而在几年前，安东尼奥 · 穆齐（Antonio Meucci）已经开发了自己的电话版本，却承担不起意大利的专利申请费用。

与个人创新的 U 形演变看上去相矛盾的是 1980 年后个人专利份额没能扭转颓势。这一比例自 1880 年的 95% 缓慢下降至 15%。究其原因，是因为过去 30 年个人企业的创建远远快于 19 世纪末。虽然可以说比尔 · 盖茨为 IBM 的个人计算机发明了操作系统，但实际上盖茨的几乎所有专利都是他在 1975 年（在 IBM 授权微软为最早的 IBM 个人计算机设计和销售软件之前 6 年）成立微软公司后获得的。这同样适用于其他人，如开发谷歌搜索软件和 Facebook 社交网络的个人。尽管这股创新浪潮是由专利局授予企业而非个人，但相较于20世纪早期的贝尔实验室和其他大型企业研究机构，它更直接地是由个人发明家和企业家实现的。

历史记录：全要素生产率的增长

图1.2和图16.5显示，1920—1970年，全要素生产率的增长速度远远超过1920年以前或1970年以后。现在我们进一步仔细观察1970年以来全要素生产率的增长情况。图17.2的柱状图显示了1890—1920年、1920—1970年和1970年以来的三个子时期全要素生产率的增长率。第一个区间为1970—1994年，这一阶段全要素生产率的增长率每年只有0.57%，与1970年之前50年中的增长率1.89%相比，不到1/3。1994—2014年这两个最近的10年单独列出，其中1994—2004年的全要素生产率增长明显快于1970年后的另两个时段。用黑色柱体表示的1920—1970年和1994—2004年这两个时期，全要素生产率增长相对较快。灰色柱体用来对比显示全要素生产率增长每年低于0.6%的所有其他时段。

图17.2的黑色和灰色柱体之间的对比支持了我们的解释，即全要素生产率水平的巨大提升主要是在1920年到1970年之间实现的，是19世纪后期第二次工业革命很多伟大发明得到实施和推广的结果。1994—2004年全要素生产率增长的短暂复苏反映了与计算机和数字化相关的第三次工业革命的贡献。根据两次工业革命对全要素生产率增长的贡献来判断，它们是相当不同的：第二次工业革命创造的全要素生产率增长浪潮持续了半个世纪，而第三次工业革命带来的1994—2004年全要素生产率增长的复苏时间较短、幅度较小。

1920—1970年在使现代社会成为可能的过程中具有压倒性优势，这一点是显而易见的。虽然第二次工业革命的伟大发明主要发生在1870年和1900年之间，但是起初的效果很小。保罗·戴维（Paul David）给出了一个令人信服的案例：1882年爱迪生发明第一个电站后，大概又用了近40年的时间，到20世纪20年代才发展出所需的机器和方法，最终建

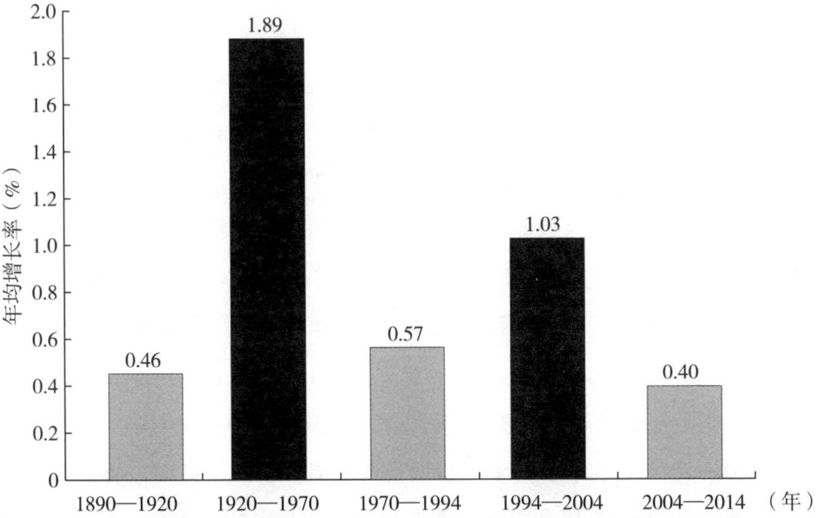

图 17.2　1890—2014 年全要素生产率的年均增长率

资料来源：同图 16.5。

立了电气化工厂。同样，在 1879 年卡尔·本茨发明了第一台可靠的内燃机后，又用了 20 年时间，发明家才试验了制动器、传动器，以及将发动机的动力传递到车轴和车轮所需的其他辅助设备。尽管第一辆汽车出现在 1897 年，但直到 1913 年亨利·福特引入移动装配生产线，降低了价格，才使汽车有可能被广泛接受。

为什么 1920 年以后全要素生产率的增长如此迅速，为什么第二次工业革命的影响如此深刻？“喧嚣的 20 年代”的传奇故事之后出现了大萧条和第二次世界大战的混乱，掩盖了创新和应用的快速发展，这一发展始于 20 世纪 20 年代，在 30 年代和 40 年代起飞（包括形象的和字面的意思），第 16 章已经讲述了这个故事。数字革命，即第三次工业革命对全要素生产率的主要作用也发生在很长的时滞之后。即使 60 年代出现的大型计算机改变了很多商业行为，并且到 80 年代个人计算机很大程度上已取代了打字机和计算器，第三次工业革命对全要素生产率的主要影响仍然有很长时滞，直到 1994—2004 年的 10 年中才得以实现，这一时期互联网、网页浏览器、搜索引擎和电子商务的出现使商业实践的各个方面都发生了普遍的变化。

人均产出增长是衡量生活水平提高速度的最佳指标，除非人均工时增加，否则人均产出的增速不会超过时均产出的增速。然而，婴儿潮一代的退休正在发生，我们将在第 18 章看到，这已引起人均工时的下降，并且很可能在接下来的 25 年里继续这一趋势。因此，未来人均产出增长将低于时均产出增长，从而使劳动生产率增长及其终极源泉，也即以全要素生产率衡量的创新速度，成为讨论未来美国福利增长时的中心议题。相应的，图 17. 2 中展示的相关时期的全要素生产率增长提出了关系到本章其他部分的三个重要问题：首先，为什么第三次工业革命对全要素生产率的主要影响如此短暂，持续时间仅限于 1994—2004 年？其次，为什么 2004—2014 年的全要素生产率增长这么慢？再次，近期全要素生产率的缓慢增长对未来 25 年全要素生产率和劳动生产率的演变有何影响？

第三次工业革命迄今为止取得的成就

第三次工业革命包含信息和通信技术的数字化时代，从 20 世纪 50 年代末第一台大型计算机的出现开始，一直持续到今天和以后。正如我们所看到的，它对全要素生产率增长的主要影响仅限于 1994—2004 年这 10 年。推动这一影响的，是电脑处理器和内存的价格以前所未有且不可复制的速度下降，以及 GDP 中用于信息和通信技术投资的份额前所未有地激增。

2004 年之后全要素生产率增长表现平平，说明 20 世纪 90 年代后期的复苏是暂时性的。更令人费解的是在 1970 年到 1994 年间并没有推动全要素生产率增长的力量。大型计算机带来了 60 年代的银行对账单和电话费账单，以及 70 年代的电子机票预订系统。个人计算机、自动取款机和条形码扫描仪都是 80 年代带来生产率增长的创新。对于这些创新没能大幅提高生产率的现象，罗伯特 · 索洛打趣说，“我们随处可见计算机时代，但就是在生产率的统计数据中看不到。”[18]在此期间，全要素生产率的缓慢增长表明，第一轮计算机应用的好处就是部分掩盖了生产率增长原本可能更严重的放缓。

第三次工业革命的成就可以分为两大类：通信和信息技术。在通信领域，进步始于 1983 年贝尔电话公司的垄断解体为不重叠的区域垄断。一系列合并之后，固定电话服务主要由新的美国电话电报公司和威瑞森电信（Verizon）提供，很快就有各大有线电视公司加入，如康卡斯特（Comcast）和时代华纳，它们将提供固定电话服务作为其有线电视和上网套餐的一部分。

通信领域的重大进展是移动电话的出现，实现了从 20 世纪 80 年代笨重的砖块型手机迅速过渡到 90 年代后期轻便的小型手机，可以用来打电话、收发短信、收发电子邮件和摄影。以 iPhone 出现为标志的最后一次通信革命发生在 2007 年，很快被安装谷歌安卓（Android）操作系统的手机模仿，这些手机主要由外资企业如韩国的三星制造。截至 2015 年，在美国有 1.83 亿智能手机用户，也就是大概每 100 人中有 60 人拥有智能手机。[19]尽管固定电话在大多数大城市地区以一两个供应商为主，但由于智能手机的兴起，固定电话正在变得越来越无关紧要；现有六家公司激烈竞争，以吸引智能手机用户。

通信和信息技术的“信息（I）”和“技术（T）”始于 20 世纪 60 年代的大型计算机，它消除了以前准备电话费账单、银行对账单和保单所需的枯燥的日常文书工作。如果没有大型计算机跟踪数十亿美元的交易，就不可能有信用卡。渐渐地，内存式电动打字机和之后出现的个人计算机消除了从简报到法律文书的重复性再输入工作。20 世纪 80 年代，另外三项独立的电子发明推出，日常生活的便利程度全面升级。第一项是 ATM，它使个人不必与银行柜员打交道。在零售业，两种设备大大提高了结账过程的效率和速度：条形码扫描仪和授权设备，授权设备能够读取信用卡并在几秒钟内拒绝或批准交易。

20 世纪 90 年代末，当全要素生产率增长终于复苏时，出现了计算机和通信的联姻。突然间在 1993 年和 1998 年之间的短短 5 年里，独立的计算机能够通过互联网连接到外部世界，而到了 20 世纪 90 年代末，网页浏览器、网上冲浪和电子邮件已经变得十分普遍。互联网服务市场爆炸式发展，到2004年，大多数当今的互联网巨头已经成立。在每一个部门，纸张和打字机被平板显示器取代，在这些显示器上运行着功能强大的软件。教授们不再需要订阅或储存学术期刊。相反，他们可以访问JSTOR（一个数字化的期刊网），它有8000家订阅机构，并提供2000多种期刊的全文阅读。[20]

虽然第三次工业革命是革命性的，但与改变了一切的第二次工业革命相比，它的影响只在人们活动的有限范围内被感受到。有些个人消费支出类别几乎感受不到信息和通信技术革命的影响，包括购买在家消费的食品和外出就餐、服装和鞋子、汽车和让汽车移动的燃油、家具、家居用品和电器。2014年，全部消费支出的2/3用于服务，包括房租、医疗保健、教育和个人护理。理发和美容店引入了皮肤晒黑和美甲，但信息和通信技术革命对此几乎没有任何影响。对于修脚的客户来说，不管是在读一本杂志（如10年前会出现的），还是在Kindle上读一本书，抑或利用智能手机上网，修脚就是修脚而已。

这让我们又回到了索洛的妙语——“我们随处可见计算机时代，但就是在生产率的统计数据中看不到”。索洛的计算机悖论的最终答案是计算机并非无处不在。我们不吃计算机也不穿它们，也不开着去上班或者用来剪头发。我们仍然生活在像20世纪50年代那样摆着家电的住宅里，仍然驾驶着与20世纪50年代具有相同功能的汽车，尽管更便利，更安全。

图17.2中全要素生产率增长不平衡的含义是什么？2004—2014年0.40%的增长率可以被认为是与未来增长最相关的依据吗？还是说我们对未来的预测应该部分或主要基于1994—2004年全要素生产率1.03%的平均增长率？除了1994—2004年全要素生产率增长暂时的复苏之外，有几个原因使我们应该把这些年看作特殊情况，与未来几十年不相关。

第三次工业革命基本结束了吗？

哪些因素导致20世纪90年代末的全要素生产率增长复苏如此短暂，

那么快就销声匿迹？大部分经济领域已经从互联网和网络革命中获益，而且在这一经济活动领域，过去 10 年的生产方式变化不大。在整个经济中，到 2004 年纸质业务流程已经被数字化取代，到处都是平板显示器。电子商务和搜索引擎推动的日常生活革命业已很好地实现——亚马逊的历史可以追溯到 1994 年，谷歌可以追溯到 1998 年，维基百科和 iTunes 可以追溯到 2001 年。成立于 2004 年的 Facebook，现在也是 10 年以上了。未来创新会强大和广泛到可以复制 1994—2004 年生产率增长的短暂复苏吗？[21] 数据显示 2004—2014 年的全要素生产率增长不到 1994—2004 年的一半，这表明最近 10 年商业实践的变化明显慢于之前的 10 年。

商业实践的缓慢转型。集中在 1970—2000 年的数字革命彻底改变了办公室的功能。1970 年，电子计算器刚刚出现，但电脑终端仍未出现。办公室工作需要无数职员操作电动打字机的键盘，电动打字机无法从世界其他国家下载内容、不能存储，从案情摘要到学术研究论文都需要不断地重新输入。从 1970 年开始到 2000 年，每个办公室都配备了连接网络的个人计算机，不仅可以执行文字处理任务，还能以惊人的速度进行任何类型的计算以及下载各种各样的内容。到 2005 年，平板显示器已经完成了向现代办公的过渡，宽带服务在家庭里已经取代拨号服务。但是，随后的进展放缓了。在世界各地，办公室工作使用的设备和办公室雇员的生产率都与 10 年前非常类似。[22] 同时，企业生产率继续得益于个人工作舒适度的持久提升，在 1930 年到 1970 年间每个工作场所安装空调后，舒适的工作环境就已形成。

20 世纪 80 年代和 90 年代取得巨大转变的一部分是目录革命。甚至在 20 世纪 90 年代网络未普及之前，图书馆已经从成箱的纸质卡片目录转换到电子目录，不仅作为搜索工具，还用于库存管理，效率成倍提升，能够显示无论是否在架的图书和期刊的每一个搜索结果。在同一时期，汽车零部件经销商实现了从庞大的装订目录转换到电子目录，装订目录需要每天插入更换页。五金商店、书店、园林苗圃，事实上，任何出售很多类产品的零售商店都通过专有的计算机网络转换到电子目录，这甚至发生在网站允许消费者直接获得每个商家的目录之前。最重要的一点是，从纸质目录到电子目录的这一转变发生在15～25年前，是生产率水平跳跃式增长的一次性来源，由此导致生产率的增长率出现暂时提高。

过去10年的商业行为，虽然在办公室内相对不变，但在办公室外稳步改进，因为智能手机和平板电脑已经成为标准的商业设备，稳定改善了商业行为。电视服务维修人员不必带着纸质工单和剪贴板，而只需要一部多功能的智能手机。产品规格和通信代码都能在手机上查询，客户通过在手机屏幕上签名就可以完成交易。在办公室外纸张也几乎被取代了。航空公司已经为飞行员配备了包含所有信息的智能平板电脑，这些信息原本是由大型纸质手册记载的。伊利诺伊州爱克斯龙（Exelon）公司的6座核电站维护人员最近就用iPad替换了原来的三孔活页夹。转换到平板电脑不只节约了纸张的费用，而且节省了复印和归档备案的费用，从而提高了生产率。“从电子邮件到下载，人机互动意味着维护人员可以使用平板电脑更快速地得到答案。”[23]

当今时代一大奇怪的问题是，为什么在智能手机和平板电脑几近普及的同时，整个经济的生产率却一直增长缓慢，特别是2009年以来。答案之一是，智能手机在办公室主要用于个人活动。上班族的90%左右，无论是使用办公室的个人电脑还是使用自己的智能手机，都会在工作日访问娱乐网站。还有几乎相同比例的人承认他们在工作时间发送个人电子邮件，并且一半以上的人承认在工作时间进行个人购物。“跟踪软件显示，70%的员工访问了零售网站。”[24]

零售业的停滞。自20世纪八九十年代大卖场的发展、结账通道使用条形码扫描仪之后，零售行业的变化已经很少。付款方式已逐步从现金和支票变为信用卡和借记卡。在20世纪70年代和80年代信用卡使用的早期，结账职员只能拨打语音电话要求授权，后来出现了能够拨打授权电话号码的终端，现在授权只要几秒钟就可以实现。大卖场带来了许多其他方面的生产率革命。沃尔玛和其他零售商改造了供应链、批发分销、库存管理、定价和产品选择，但是从传统小规模零售转变带来的生产率提高已经基本结束。零售生产率革命在第三次工业革命的许多成就中名列前茅，这一革命已经基本完成，在未来几十年很难被超越。

常常被遗忘的是，我们早已进入计算机时代，家得宝公司的许多零售店和当地超市有自助结账通道，客户可以通过独立终端扫描他们的杂货或漆罐。但是，除了小订单，这样做需要更长时间，客户仍然主动选择排队获得人工服务，而不是选择无须等待的自助结账通道。电子设备最明显的用途已经渗透到商业之中。机场行李分拣带是机械化的，正如航班确认的部分过程一样。但在每条航线登机口至少有一位服务人员处理座位问题和接待待机乘客。

大卖场和仓储式会员商场对零售生产率增长的主要影响大部分在 10 年之前就发生了，而过去 10 年则见证了电子商务的持续快速增长，这实际上比砖头水泥打造的实体零售商店的劳动生产率更高。虽然 2000—2014 年电子商务名义年销售额增长了 11 倍，但 2014 年电子商务占所有零售销售的份额仍然只有 6.4%，这个比例太低，电子商务对整个零售行业生产率的增长很难产生重大影响，对整个经济的影响就更小了（见 Hortaçsu and Syverson，2015，第 7 页）。

金融业和银行业的活动。信息和通信技术革命在许多方面改变了金融业和银行业，从不起眼的街角 ATM 到交易所的快速交易。ATM 和 10 亿股交易量都是 20 世纪 80 年代和 90 年代的创造。纽约证券交易所日均股票交易量从 1960 年的仅仅 350 万股增加到 2005 年的 17 亿股，然后 2015 年初下降到 12 亿股左右。图 17.3 显示的是五年股票交易量的年均增长率，第一个柱体是 1960—1965 年，最后一个柱体显示的是 2010—2015 年。[25]除了股票价格的跌宕起伏，在十多年的时间里没有任何大的改变。虽然有 ATM，并且许多客户在线管理自己的银行账户而不是通过访问银行分支机构，但是全国仍然保留着拥有 97000 家分支机构的银行体系，其中有许多分支机构大部分时间是空闲的，银行柜员的从业人数也仅从 1985 年的 484000 人下降到最近的 361000 人。[26]詹姆斯·贝森解释说，银行分支机构之所以一直存在，部分是由于 ATM 的出现减少了每个分行所需的员工数量，从 1988 年的大约 20 个减少到 2004 年的 13 个多一点，这就意味着银行开设分支机构的成本更低，使得在 1988—2004 年大银行开设分支机构的数目同比增加了43%。这也提供了一个案例，说明机器人（这里指ATM）破坏就业的效应往往被夸大了。贝森也指出，记账软件的发明并没有阻止1999—2009年会计职员数量的大幅增长，尽管其他证据表明，企业财务软件不断减少了企业财务部门的就业。[27]

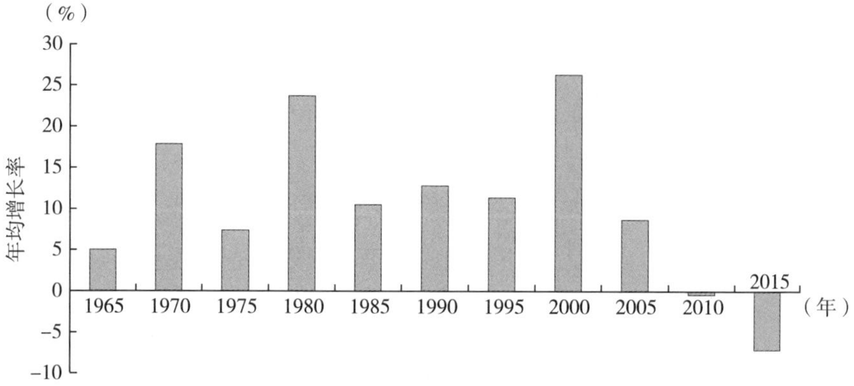

图17.3　1960—2015年纽约证券交易所日交易量的年均增长

注：每列反映了每年的第一个全周交易平均量的年化增长率。

资料来源：https：//www.nyse.com/data/transactions-statistics-data-library。

家庭和消费电子产品。上文讨论的每个部门（办公、零售、金融、银行）都在20世纪80年代和90年代发生了根本性和革命性的变化。只是在过去10年，计算机硬件、软件和业务方法僵化为一套缓慢变化的惯例。与工作程序10年左右稳定不变不同的是，家庭生活不仅10年稳定不变，而且近半个世纪来都没有什么变化。到20世纪50年代，所有主要家电（洗衣机、烘干机、冰箱、炉灶、洗碗机和垃圾处理器）都已发明出来，并在70年代初进入了大多数美国家庭。除微波炉外，最重要的变化是由空调提供的舒适感；到2010年，美国近70%的住宅配备了中央空调。

除了空调，自1965年以来半个世纪的家庭主要变化发生在娱乐、通信和信息设备上。1965—1972年电视实现了向彩色的转变，然后在70年代和80年代有线电视的出现使节目种类进一步增加，最终由于高清信号和接收设备的出现，图像质量得到很大改善。百视达和网飞的出现使人们有可能租借无限多种有运动画面的DVD，这就使节目种类大大增加。在过去 10 年，家庭可以通过高速宽带接入网络获取娱乐内容和信息，智能手机使网络变得便携。但今天，智能手机和平板电脑的潜在市场已经饱和，消费类电子产品的进一步发展变得更难实现。消费类电子产品的技术变化放缓在 2014 年消费电子展会（CES）上显露无遗：

> 但在某些方面，这个展览与以前的展览已经相去甚远。多年来，它一直是能发现一些真正创新的地方。1970 年盒式磁带录像机在消费电子展会上推出。1981 年光盘播放器在那里首次演示。1998 年高清电视机推出，2001 年微软 Xbox 推出。相比而言，今年的产品似乎没有给人留下深刻印象。一个小网站的编辑说："雇用了所有这些工程师，拥有所有这些工厂和销售人员的这个行业，需要你扔掉旧东西，买新东西，即使那些新东西只是稍微进行了升级。"[28]

企业活力下降。最近的研究使用了"活力"一词来形容创造性破坏的过程，其中新设企业和年轻企业是生产率提高的源泉，它们引进了最佳技术和方法，将资源从旧的低生产率企业转移出来。如图 17.4 所示，年轻企业（五年或以下）占所有企业的比例从 1978 年* 的 14.6% 下降到 2011 年的 8.3%，即使企业退出（歇业）的比例在 8%～10% 的范围内大致保持不变。需要注意的是，在 2008—2009 年金融危机之前，年轻企业的比例已经大幅下降。[29]换一种方式衡量，不满 5 年的公司的就业人数占总就业人数的比重下降了近一半，从 1982 年的 19.2% 下降到 2011 年的 10.7%，这种下降在整个零售和服务行业无处不在，而高科技行业在 2000 年之后经历了新设企业和快速成长的年轻企业大幅下降。[30]在活力下降的另一种测算中，30 岁以下拥有私人公司股份的人口比例从 1989 年的 10.6% 下降到 2014 年的 3.6%。[31]

劳动力市场活力的相关研究指向了"流动性"下降，因为 1990 年以后工作再配置率下降超过 1/4，2000 年后工人再配置率下降超过 1/4。工作和工人的缓慢再配置意味着新就业机会减少，长期失业后很难获得再就业。"对雇员来说，这阻碍了他们改变雇主的能力，难以沿工作阶梯向上

---

* 图 17.4 显示了自 1980 年以来的相关数据，但原书此处为 1978 年。——编者注

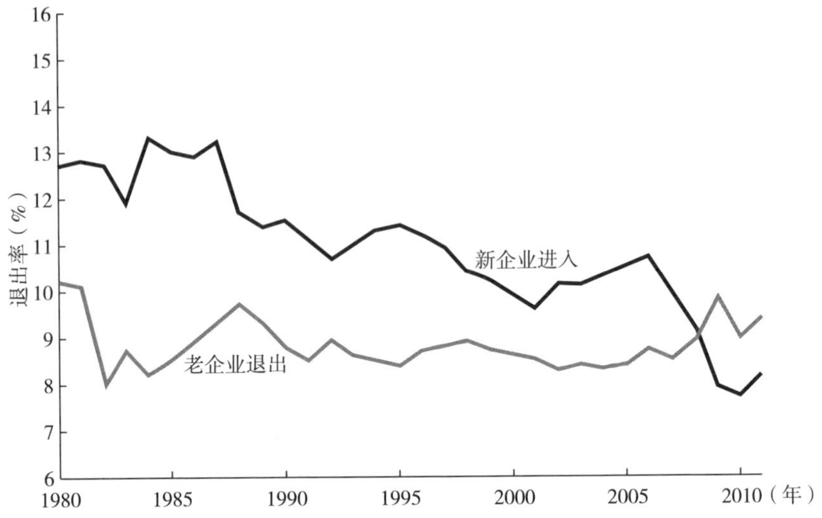

图 17.4　1980—2011 年新企业进入和老企业退出率

资料来源：Hathaway and Litan（2014）。

移动，改变职业，满足职位约束……工作的流动性有利于工资增长和职业发展。”[32]这条主线的现有研究发现“美国社会活力”出现多维度的下降，从新设企业、工作岗位创造、工作岗位消失和国内迁移的减缓中能看出这一点。[33]

经济增长放缓的客观指标

到目前为止，本节提供了经济进步放缓的两种度量——股票市场交易量增长的结束和由新设企业进入率衡量的企业活力的急剧下降。这些指标与 2004—2014 年相较于之前 1994—2004 年全要素生产率增长的急剧下降是一致的。我们现在来看其他客观测量指标，从中可以看到，在经历了 1994—2004 年生产率和创新的突飞猛进之后，经济已经放缓，在某些情况下，甚至是缓慢爬行。

制造能力。美联储按月度报告工业生产和工业能力指数、两者的比值，以及产能利用率。图 17.5 显示的是 1980 年以来制造能力的年增长率。1994—2004 年的独特性是显而易见的，因为 1972—1994 年，制造能力的 5 年平均增长率在 2%～3% 之间，20 世纪 90 年代末飙升至近 7%，而后又出现回落，到 2012 年出现负增长。众所周知，信息和通信技术投资在 20 世纪 90 年代末暂时推高了制造能力的增长率。马丁·贝利和巴里·博斯沃思强调，如果信息和通信技术生产被剥离出制造业数据，1987—2011 年制造业全要素生产率的增长每年仅有不起眼的 0.3%。[34]达龙·阿西莫格鲁及其合作者还发现，一旦信息和通信技术产业被排除在外，信息和通信技术对生产率的影响就消失了。他们的结论是，相比其他行业来说，"信息和通信技术密集型"行业，即电脑设备支出占总资本设备支出的比例相对较高的行业，并没有出现劳动生产率增长更快的趋势。[35]

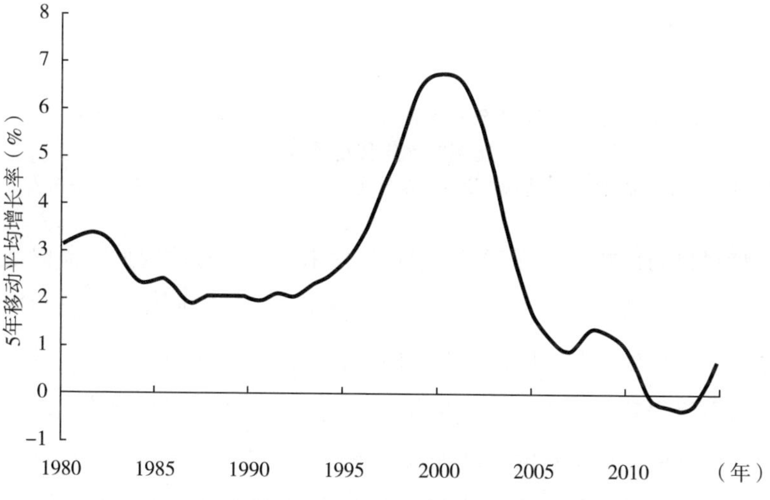

图 17.5　1980—2014 年按季度统计的制造能力 5 年移动平均增长率

资料来源：www.federalreserve.gov/datadownload/default.htm，G.17。

净投资。20 世纪 90 年代末生产率复苏不可能很快被复制的第二个原因是净投资变化。如图 17.6 所示，相对于 1950—2007 年的平均值 3.2%，从 20 世纪 60 年代开始，净投资占资本存量的比例（显示为一条五年移动平均线）一直呈下降趋势。事实上，在整个 1986—2013 年，这一比例超过 3.2% 平均值的仅有 4 年，即 1999—2002 年，这几年正好处于生产率增长复苏的区间内。2013 年的移动平均值为 1.0%，不到 1994

年值的一半，也不到1950—2007年平均水平3.2%的1/3。因此，在过去10年间，我们已经错过了重启90年代末生产率复苏所需的投资。

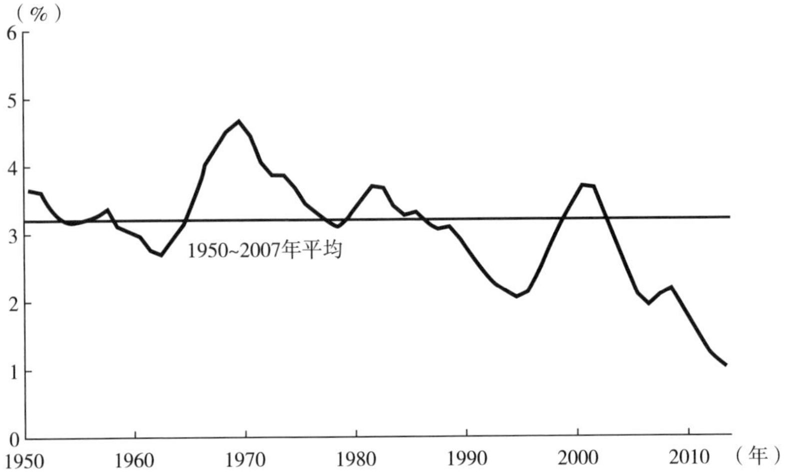

图17.6　1950—2013年私人商业投资净值占私人商业资本存量比例的5年移动平均

资料来源：美国经济分析局固定资产账户（BEAFAA），表4.1、表4.4和表4.7。

计算机的性能。支持20世纪90年代末有其独特性的另一证据是计算机性能的提高速度。1996—2000年见证了有记录日期以来信息和通信技术设备根据性能调整后价格下降的最快速度。信息和通信技术设备平减指数下降得越快，计算机的价格相对于它的性能下降得越快，或者说计算机的性能相对于它的价格提升得越快。如图17.7a所示，信息和通信技术设备平减指数下降的速度在1999年达到顶峰，为负14%，但此后稳步减弱，在2010—2014年几乎没有下降，连负1%都不到。信息和通信技术设备改善的速度放缓反映了信息和通信技术作为劳动生产率增长的因素，其贡献急剧下降。吉尔伯特·塞特及其合作者对信息和通信技术贡献的最新估计认为，这个值从1995—2004年的每年0.52个百分点下降到2004—2013年的每年0.19个百分点。[36]

摩尔定律。我们在第13章了解到，20世纪90年代末，不仅是计算机价格迅速下降的一个时期，也是计算机芯片技术进步迅速变化的一个

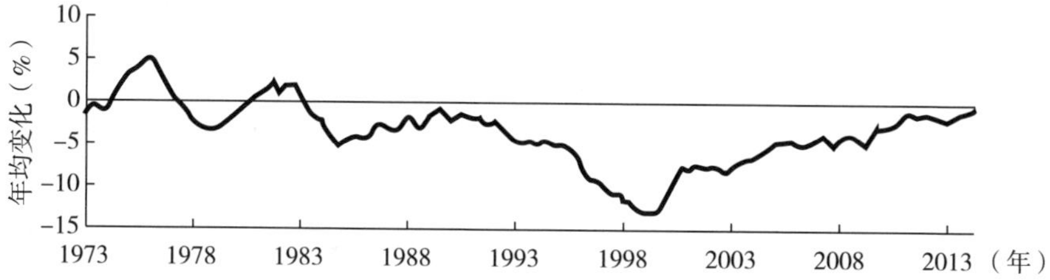

图 17.7a　1973—2014 年信息和通信技术价格指数的年均变化

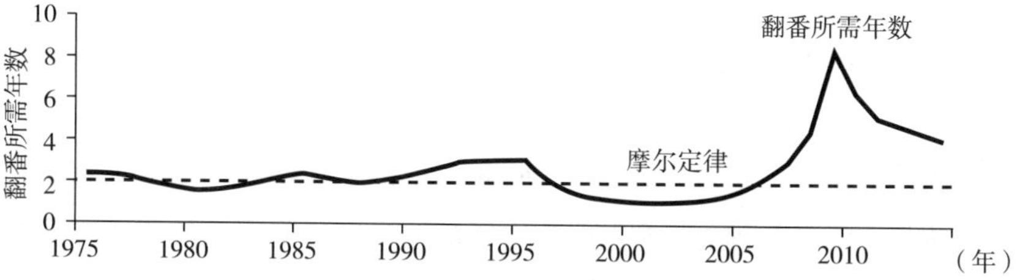

图 17.7b　1973—2014 年芯片上晶体管数量翻番所需年数

资料来源：（a）NIPA 表 5.3.4，（b）同图 13.1。

时期。摩尔定律最初形成于 1965 年，它预测计算机芯片上晶体管的数量将每两年翻一番。图 17.7b 中底部的水平虚线垂直距离为两年的间隔，代表摩尔定律的预测时间。黑线绘制的是实际倍增时间，1975—1990 年，它以不可思议的准确性，几乎精确地遵循了两年的预测值。然后在 1992—1996 年倍增时间攀升至三年，随后 1999—2003 年间急跌至不足 18 个月。事实上，图 17.7b 所示的芯片技术加速进步是图 17.7a 显示的计算机设备价格与性能比迅速下降的根本原因。倍增时间在 2000 年达到了 14 个月的低谷值，与计算机平减指数降幅的峰值大致相同。但自 2006 年以来，摩尔定律已经脱轨：2009 年倍增时间飙升至 8 年，然后 2014 年逐渐下降到 4 年。

肯尼斯·福拉姆考察了过去 10 年计算机芯片和计算机本身性能的较慢改进。他的数据表明，“时钟速度”，即计算机性能的一种度量尺度，2003 年以来一直处于没有任何变化的平台上，尽管计算机芯片上附着的晶体管数量持续增加。他总结道：

> 本文研究和回顾的大量经验证据表明，自2003年以来，总的来说，在半导体制造业特别是微处理器制造业普遍存在价格下降速度和技术创新速度同时显著回落……半导体制造业创新速度的拉低，导致显著且普遍感觉到的经济下行。本着同样的因果关系，相对于更快的持续创新步伐有可能产生的效应，信息技术硬件价格下跌的放缓将降低整个经济的生产率增长。[37]

20世纪90年代末，出现了四个独特的因素——制造能力的急剧扩张，净投资比例的提高，计算机价格下降速度处于低谷与信息和通信技术资本对劳动生产率增长贡献下降有关，以及摩尔定律的时间变化。所有这些造就了如下情况：20世纪90年代末的互联网时代非常独特，它把推动劳动生产率和全要素生产率增长的因素联系起来，使这两者的增速远超1970—1994年和2004—2014年的相应增速。在最近的数据中，没有迹象表明像互联网时代这样的事情会重现，2011—2012年制造能力的增长转负，2009—2013年净投资率降至勉强达到战后平均水平的1/3。

未来的创新可以预测吗？

下一个25年商店里会有什么东西呢？技术变革会加快吗，会推动全要素生产率的增速远远高于过去40年的增速吗？全要素生产率在2004—2014年这10年中的缓慢增长是否表明，之前10年，即1994—2004年的互联网革命是自成一格且不可能复制的成就？预测未来之前，我们需要问的是这种预测的尝试是否可行。

经济史学家，包括我的同事乔尔·莫克尔通常都认为，人的大脑是无法预测未来的创新的。他毫无保留地指出："历史总是对未来的一个坏指引，经济史学家应该避免做出预测。"[38]他认为，工具对结果来说是必需的。例如，如果约瑟夫·李斯特没有在19世纪20年代发明消色差透镜显微镜，巴斯德就不可能发现他的细菌理论。莫克尔对未来技术进步的乐观情绪部分建立在近期出现的琳琅满目的新工具上，它们能带来进一步的研究进展，如“DNA 测序仪和细胞分析”，“高性能计算机”，以及“天文、纳米化学和基因工程”。他认为，促进科技进步的核心工具之一是“令人眼花缭乱的快速搜索工具”，它们让所有的人类知识能够即时可用。

莫克尔关于未来进步的例子并不是集中关注数字化，而是包括防治传染病，减少化肥过度使用造成的环境污染所需的技术，他还发人深省地质问“新技术能阻止全球变暖吗？”应该注意的是，对抗污染和全球变暖的创新是对抗“坏的”，而不是制造“好的”。过去两个世纪的创新为消费者带来了一系列奇迹般的新商品和新服务，与这种提高生活水平的方式不同，遏制污染和全球变暖的创新是为了设法防止生活水平的下滑。

莫克尔和其他历史学家嘲笑预测未来的任何尝试；任何悲观看待未来的行为都被谴责为缺乏想象力，并且注定要重复过去悲观主义者的错误。但是他们共同的假设，即未来的创新不可预测，是错误的。有历史先例表明可以提前 50 年或 100 年做出准确的预测。在回顾分析其中一些案例之后，我们再回到今天，预测下一个 25 年。

对未来科技的早期预测见诸儒勒·凡尔纳 1863 年的手稿《二十世纪的巴黎》，其中凡尔纳对一个世纪后 1960 年的巴黎做出了大胆预测。[39]在那么早的年代，在爱迪生、本茨之前，凡尔纳就已经设想了 20 世纪的基础。他预测了高架桥上行驶的快速公交汽车，使用燃气发动机的电动机车，通过地下电线连接的路灯。事实上，第二次工业革命的大部分都不是惊喜。从 1875 年展望未来，发明家紧张地忙碌着，力图实现从电报转向电话，努力尝试将电池电力转入电灯，设法利用石油的力量创造重量轻但动力强的内燃机。整个 1875 年弥漫着“我们快实现了”的预测。相对轻便的内燃机发明出来之后，飞行这个自伊卡洛斯起人类就有的梦想，遂成为一个时间和实验的问题。[40]1870—1940 年一些人类进步最重要的来源都不是新发明的。自来水在罗马时代就实现了，但需要政治意愿和财政投资将其送到每一个城市居住区。下水管道作为一个单独的系统并不是新发明，但在 1870—1930 年的实际应用就需要资源、奉献精神和将公共资金用于基础设施投资的承诺。

1900 年 12 月，一份出版物——《妇女家庭杂志》（*Ladies Home Journal*）给出了一组大胆预测，让人感到匪夷所思。一些预测错得离谱，如棒球大小的草莓，但这并不重要。不过，在这篇一页来长的三栏文章中，也有足够准确的预测，表明未来很多是可知的。[41]一些更有趣的预测如下：

- 冷热空气将从龙头里放出来，以调节空气的温度，就像我们现在打开冷热水龙头调节洗浴的温度一样。
- 煮好的饭可以从很像今天的面包店那样的机构购买。
- 液态空气冰箱将使大量食物保鲜更长时间。
- 照片将可以从任何距离上电传。如果百年后中国有一场战争，该事件的照片一小时后将在报纸上公布。
- 汽车会比今天的马匹更便宜。农民将拥有自己的自动干草货车和自动卡车货车……汽车将代替现在的每辆马车。
- 所有类型的人和物将在摄像机镜头下通过电路的两端与屏幕连接，跨越千里……屏幕上远在千里之外的演员或歌手嘴唇动起来时，我们就能听到他们说话或唱歌。

凡尔纳 1863 年与《妇女家庭杂志》1900 年对未来技术进步的畅想是真正的奇思妙想。少了几分挑战性的是 1939—1940 年纽约世界博览会对未来的预测。那时，第二次工业革命在美国城市几乎已经完成，所以毫不奇怪，博览会的展品可以相当准确地预测第二次工业革命中那些发明的进一步改善，如高速公路。博览会上展示了未来的家庭和企业会安装空调，这并不是什么才智的延伸，因为电影院在 1922 年就开始安装空调了，并且到 30 年代后期剧院和新的办公大楼里空调几乎无处不在。博览会上还展示了电视，人们可以很容易预测未来 20 年电视也会遵循使收音机商业化的美国模式，由若干个横跨大陆的大型网络提供娱乐节目。尽管商业航空在 1939 年才起步，但仍然很容易根据 1920—1940 年的飞机大小和速度的快速发展做出预测，许多更大型的飞机将能飞更长距离，而且在 1958 年推出具有划时代意义的波音 707 飞机前，确实在仅仅几年的时间里，DC-6 和 DC-7 就实现了飞越美国大陆和全球。

1939—1940 年世界博览会未展望到第三次工业革命带来的计算机革命。但诺伯特·维纳（Norbert Wiener），一个富有远见的人，在 1949 年的一篇最终被《纽约时报》拒绝了的文章里，对未来第三次工业革命的很多预测是正确的。他在 1949 年是这样预测的：

> 这些新机器能力巨大，将会颠覆现有工业的基础，并降低工厂普通员工的经济价值，以至于有一天完全不值得花钱雇用工人……如果我们沿着让机器能够学习，并能够根据经验修改行为方式的方向发展，我们必须面对一个事实，那就是，我们每多给机器一点独立性，对我们自身的愿望可能就多一份挑战。瓶中的恶魔不会心甘情愿地回到瓶子里，我们也没有任何理由期待他们对我们怀有善意。[42]

正如一些发明突如其来，如电子和数字革命，还有另外一些预期的发明从未实现。20 世纪 40 年代末，迪克·特雷西（Dick Tracy）在卡通连环画里画的手腕无线电在 70 年后由 Apple Watch 实现了。杰森一家的垂直通勤汽车/飞机从来没有实现，而事实上燃料成本高企造成了许多本地的直升机短途航空企业倒闭。[43]正如彼得·蒂尔打趣说，“我们最初希望获得飞行汽车，得到的却是 140 个字符。”

现在可预测的发明

尽管自 2004 年以来的 10 年数据记录下了全要素生产率的缓慢增长，评论者对技术的未来却怀着无比兴奋的心情。努里埃尔·鲁比尼写道：“我们对技术的作用有新认识。创新者和科技 CEO 们看起来似乎被积极乐观冲昏了头。”[44]著名的技术乐观派埃里克·布莱恩约弗森和安德鲁·麦卡菲断言，“我们正处在一个拐点”，过去缓慢的技术变革和未来快速变化之间的拐点。[45]他们认为，机器人深蓝在国际象棋比赛中的胜利和机器人沃森在电视游戏节目中的胜利显示了破坏性预兆，表明计算机在人类工作的每一个方面都超越人类的时代就要到来。他们提醒我们，摩尔定律预测，计算机芯片的性能呈无穷指数增长，但他们忽略了2005年后芯片已经比摩尔定律预测的速度落后了。相对于性能而言，信息和通信技术设备的价格在20世纪90年代后期下降最为迅速，而在过去几年几乎没有任何下降。计算机性能的指数增长将继续，但比过去速度更慢而不是更快（见图17.7）。

这一章的主题是，第三次数字化工业革命带来的生产率增长的主要收益集中在1994—2004年。自2004年以来，创新的速度一直较慢，当然它尚未为零。通过智能手机和平板电脑，网络实现了新的便携性，在不断改变着商业行为和消费者福利。当我们探究未来几十年可能的创新时，我们不是要怀疑创新仍将继续涌现，而是要以过去20年全要素生产率增长先是较快（1994—2004年）然后较慢（2004—2014年）为背景，对这些创新做出评估。下一波创新将会以革命性方式改变商业模式吗？就像20世纪90年代末互联网革命那样，还是会像最近10年那样，生产率以进化般的速度提高？

布莱恩约弗森和麦卡菲等人广泛预测的未来发展可分为四大类：医疗、小型机器人和3D打印、大数据，以及无人驾驶汽车。“大数据”的热衷者有时将这类进步标注为“人工智能”。每一类未来创新的潜力都值得研究。看它能否反过来带动全要素生产率增长，将之提升到20世纪90年代末的水平。

医疗和医药进展。20世纪预期寿命增加最重要的来源发生在上半叶，当时的预期寿命增加速度比下半叶快了两倍。就在这个时期，婴儿死亡率降低了、预期寿命增加了，这受益于细菌致病论的出现，白喉抗毒素的开发，牛奶和肉类制品污染的消灭，以及通过城镇卫生基础设施的完善征服了空气和水对疾病的传播。[46]许多当今的现代医学基本工具在1940—1980年就已研发出来，包括抗生素、脊髓灰质炎疫苗、冠心病治疗方法、治疗癌症的放疗与化疗工具，所有这些都有助于生产率的增长。

自1980年以来，医疗技术并没有停止进步，但是以缓慢和可测量的速度前进，而且预期寿命继续以稳定的速度提高（如图 7.2 所示），与心脏病相关的死亡率稳步下降。预期寿命可能继续以类似过去几十年的速度提高。但也有新的问题出现。正如著名的遗传学家简·维吉所述，身体疾病和失调的治疗进展比精神疾病的治疗进展快得多，这引起人们的普遍担忧，在未来照顾患有老年痴呆症的美国老年人的负担会越来越沉重。

医药研究已经遇到了成本迅速增加和效益不断下降的瓶颈，维吉的记录显示，过去 10 年每两年核准的主要药品在不断下降。治疗疑难癌症的药品正以巨大的成本进行研发，这些药品费用昂贵，没有任何医疗保险制度可以负担得起。维吉严厉批评了美国现行的药物检测制度，认为是在限制冒险探索，是美国经济过度管制的一个例子。[47]其结果是，在未来几十年里，医疗和医药的进步无疑会继续，但老年痴呆症护理负担的加重将导致医护成本的增加。

小型机器人和 3D 打印。1961 年工业机器人由通用汽车公司引入。到 20 世纪 90 年代中期，机器人已经在焊接汽车零部件，并取代了在汽车喷漆间的伤肺环境中工作的工人。[48]但直到最近，机器人还是又大又昂贵，需要被“放在笼子里，防止它们撞到人”。计算机组件成本的持续降低使得更小、能力更强的机器人变得可行。吉尔·普拉特（Gill Pratt）列举了 8 个以稳定的指数级速度发展的“技术驱动力”。其中，与发展更强大的机器人相关的是计算机性能的成倍增长，机电设计工具的改进，以及电能存储的改进。其他驱动力包括数字设备更广泛的能力，其中包括本地无线通信、互联网的性能和规模，以及数据存储的指数级扩大。[49]

这些不断增强的技术能力产生影响的例子有：适合小企业使用的廉价机器人已经被开发出来，电视节目“60 分钟”在 2012 年制作的一段特别报道中，展示了价值 25000 美元的机器人巴克斯特（Baxter），引起了公众的注意。巴克斯特的吸引力在于成本非常低，并且可以重新编程，每天做不同的任务。其他的小机器人是可以移动的，能够在工厂地面上移动。通常情况下，机器人与人类一起工作，而不是取代人类。[50]这些小机器人理论上与引进机械，如英国工业革命时引入纺织机和纺锭没有什么不同。大多数工作场所引进技术是为了用机器替代工人。这已经持续了两个世纪，但为什么仍有这么多工作？为什么在2015年中期美国失业率只接近5%，而不是20%或者50%？

戴维·奥托提出了这个问题，并给予了回答：机器，包括未来的机器人，不仅替代劳动力，也补充劳动力：

> 绝大多数工作流程都依赖于多方面的投入，如劳动力和资本、脑力和体力、创造力和机械重复、技术水平和直觉判断、努力和灵感、遵守规则和灵活变通。通常情况下，每种投入的作用都不可或缺，即某种投入的改善并不会降低其他因素的重要性。[51]

正如巴克斯特与工人合作，其他机器人也不只是取代工人，还使留下的工人更有价值，并且创造新的工作，包括那些正在制造机器人和为机器人编程的工作。

亚马逊仓库每天都在发生的协同工作方式可以说明机器人和工人之间的互补性，而亚马逊仓库的协同工作方式被认为是机器人技术的前沿案例。与替代所有工人相去甚远，在这些仓库里机器人Kiva实际上不触及任何货物，而是仅限于起重那些放置货物的货架，以及将货架移动到打包人员那里，打包人员将货物移下货架，手工打包。[52]区分货架货物的不同形状、大小和质地需要触觉技能，这种技能超出了当前机器人技术的能力。其他互补性的例子包括ATM，正如前文已经指出的，ATM的出现是伴随着银行分行的增加，而不是减少，零售店使用的条形码扫描仪也和收银员一起工作，而没有替代这些雇员，而且迄今为止自助结账通道几乎没有什么吸引力。

计算机速度和内存的指数级增长显然遥遥领先于机器人复制人类行为的能力。虽然谷歌正在开展形如野生动物的机器人实验，这些机器人能以很快的速度运行，但到目前为止，只是简单站立起来对机器人来说难度就很大。在三年一次的机器人比赛的最近一场总决赛中，研究团队开发出最新机器人，“看到机器人会以各种方法跌倒。他们有时脸冲地，有时仰倒背着地。他们像幼儿一样翻倒，像廉价西装一样折倒，他们倒下就像成吨的砖。”[53]

丹妮拉·鲁斯（Daniela Rus），麻省理工学院计算机科学和人工智能实验室主任，总结说明了机器人发展迄今为止的一些局限性。机器人的推理是有限的，“机器人推理的范围完全包含在程序中……人类看来理所当然的任务，例如，回答问题‘我有没有来过这里？’对机器人来说是非常困难的。”此外，如果一个机器人遇到没有专门编程处理的情况，它就会“进入错误状态并停止运行”。[54]当然，多功能的机器人将被开发，但在制造业和批发部门之外，在服务业、交通运输或建筑行业中机器人成为取代人类工作的显著要素之前，将是一个长期和渐进的过程。而且正是在这些部门，生产率增长缓慢是一个问题。例如，以叠衣服为例，对人类来说，无论其教育水平如何，这都是一个简单和常规的任务：

> 当面对一堆形状不规则、织物类型和重量不同的衣服时，没有机器可以赶得上一个人的灵巧性和解决问题的能力。拿起花边睡衣与解开一条与其他衣服打结的皱牛仔裤之间的不同之处在于计算，它需要巨大的计算能力和柔软的触感。[55]

3D 打印是技术乐观主义者描述的又一场革命。它最重要的优势是有可能加快新产品的设计过程。新的原型可以在数天甚至几小时内被设计出来，而不需要几个月的时间，并且能以相对较低的成本来创造，对于试图吸引创业融资的企业家来说，这就降低了进入的一个主要障碍。新的设计模型可以在世界各地的多个地点同时产生。3D 打印也擅长一次性定制操作，如在牙医办公室就能生产出一个牙冠而不必制造模具，减少了步骤。因此，它可以通过减少某些低效率，降低创业门槛，促进生产率的增长，但这些都不可能产生波及整个经济的巨大影响。预计 3D 打印不会对大规模生产有太多影响，因此也不会对美国大多数消费品如何制造产生太大的影响。

大数据和人工智能。乐观主义者关注的核心不是物理机器人或 3D

打印，而是电脑日益成熟和像人一样的能力，这通常被称为“人工智能”。布莱恩约弗森和麦卡菲提供了许多案例说明计算机正在变得足够聪明，取代人类工作的比例越来越大。“他们不确定自动化技术是否已接近临界点，届时机器最终掌握了那些原本使工人不可替代的特质。”[56]

到目前为止，似乎绝大多数的大数据正被大公司出于营销目的而进行分析。《经济学人》杂志最近报道说，企业用于营销目的的信息技术支出是其他目的信息技术支出增长速度的3倍，并呈逐年上升趋势。营销奇才利用大数据找出他们的客户购买什么，为什么他们的采购从一类转到另一类，为什么他们从一个商家转到另一个商家。有了足够的大数据，公司A也许能够制定一项战略，窃取公司B的市场份额，而B必将用更多大数据进行反击。目前一个很好的例子涉及大型传统航空公司，它们有数据丰富的常旅客计划。这些航空公司的分析师都在不断通过大数据搜索，试图了解为什么它们在特定城市或特定游客中会失去市场份额。

每家航空公司都有“收入管理”部门，决定在某一天某一航班多少席位应该卖得便宜、中等和昂贵。大量数据被分析，计算机被用来研究历史记录，监测每一天的订票模式、节假日和周末因素，最后公布分配方案。但在一个中等规模的航空公司——捷蓝航空，25名员工被要求监测计算机，还必须不断地重写计算机程序。捷蓝收入管理部主任介绍，自从接管这份工作之后，最大的惊奇是“员工为何那么快就需要重写程序”。[57]利用人工智能的另一个例子是在服装零售业，“例如，在梅西百货，算法技术正用于保障网上和店内体验，让购物者在网上能挑选衣服，在店内试穿，在线购买，可以退货。算法……让公司定位到向在商店购物的特定消费者提供优惠。”[58]

大数据使市场营销成为一种人工智能形式。计算机在多个领域发挥作用，包括医疗诊断、犯罪预防和贷款审批。在某些情况下，人的分析被替代了，但更普遍的是计算机让人的分析更快，而且更精确。新软件使消费信贷人员“前所未有地了解借款人，更准确地预测他们是否会还贷”。[59]先锋（Vanguard）和嘉信理财（Charles Schwab）这两家公司已开始提供“机器人顾问”，一种通过软件提供自动投资管理的在线服务，与高价的人力财务顾问竞争。他们利用计算机算法选择与客户的理想配置相一致的资产，而成本仅为传统人力顾问费的一小部分。迄今为止，机器人顾问主要吸引的是尚未积累太多财富的年轻人；人工智能的这种应用尚未对高净值个人的咨询服务产生多大影响。最近估计的结果是，由机器人顾问管理的总资产仍不到 200 亿美元，而传统的人力顾问管理了 17 万亿美元。[60]

人工智能的另一个用途到现在已经有将近 20 年时间：用现代搜索工具以炫目的速度在现有信息中找到有价值的信息。法律机构的需求有所下降，部分是因为电脑化的搜索工具发现和搜索先例的能力。“计算机正在阅读数百万份文件，并且根据关联性归类，不会疲劳，不会分心……由于这种分析范围的扩大，计算机能够更好地建议律师是否起诉或和解或上法庭，从而越来越接近律师业务的核心。”[61]

这些先进搜索技术和人工智能的案例正在发生，但它们也不是什么新鲜事。电子数据的数量已成倍上升了几十年，但除了 1994—2004 年的生产率暂时复苏，并没有推动全要素生产率增长走出 1970 年后的低迷。近年来生产率增长大幅放缓，与智能手机和 iPad 的引入是重叠的，它们消耗了大量数据。令人失望的是，创新的这些来源既不足以解释生产率增长的统计数据，也无力提振美国经济的时均产出。如图 17. 2 所示，全要素生产率增长对 2007 年推出的智能手机或 2010 年推出的智能平板电脑没有任何反应。[62]

无人驾驶汽车。这一类未来发展之所以被放到最后，是因为相较于汽车本身的发明或者安全性能的提高——自 1950 年以来车辆行驶每英里的死亡人数减少了 10 倍，这一进步带来的好处很小。最重要的区别是轿车和卡车之间的区别。人们乘坐轿车从 A 点到 B 点，主要是满足基本生活需要，例如通勤或购物。因此，人们必须待在无人驾驶汽车内从 A 点向 B 点行驶，才能到达目的地。乘坐无人驾驶汽车通勤所能增加的消费者剩余是相对较小的。与现在只能听的大量选择包括蓝牙电话、广播新闻或网络音乐等众多选择不同的是，无人驾驶汽车的司机能看电脑屏幕或智能手机，能读书或者浏览电子邮件。据预测，使用无人驾驶汽车可以减少交通事故的发生，推动已经减少的汽车事故和死亡人数进一步下降。无人驾驶汽车技术还有利于实现从几乎人人保有汽车转向城市可能还有郊区的汽车普遍共享，减少汽油消耗、空气污染以及专门的停车场，所有这一切对生产率增长即使没有什么作用，至少对生活质量有积极的作用。

这就产生了无人驾驶卡车带来的未来潜在生产率优势。这可能是一个有助于提高生产率的创新，尽管卡车司机仅在美国就业里占一小部分。但是，从一个地方开车到目的地只是许多卡车司机要做的事的一半。那些运送可口可乐和面包的卡车并不只是站在卸货区后面，等着商店雇员卸载卡车。司机需要负责放置成箱的可口可乐或成堆的面包并卸载到推车上，并将它们手工搬运到商店的货架上。在计算机革命的后期，一个引人注目的事实是，当前各类产品的罐、瓶、管子在零售货架上的几乎所有摆放都是靠人工而不是机器人。除非工作重新组织，由目的地工人从无人驾驶卡车上装卸和放置货物，否则无人驾驶卡车就不会节省劳动力。

技术乐观主义者对无人驾驶汽车的热情留下了许多悬而未决的问题。正如戴维·奥托指出的，谷歌实验车并“没有在路上开”，而是将传感器得到的数据与“人工精心绘制的地图”加以比较才开动的。真实环境与预处理地图的任何偏离，例如道路绕行或穿过原以为有信号灯但实际上由交管员控制的十字路口，都需要暂停使用驱动软件，瞬间恢复人工驾驶。[63]目前，无人驾驶汽车试验正在多条高速公路上进行，但迄今为止，测试车型都无法判断何时可以安全通过一条两车道的道路，也不能摸黑在蜿蜒曲折的农村道路上行驶。计算机专家鲁斯说过：

> 到目前为止，无人驾驶的性能水平只在低速、低复杂度环境中才有可能。机器人车辆还不能处理好“野外”驾驶的所有复杂情形，例如恶劣天气和复杂的交通状况。这些问题正是目前研究的重点。[64]

无人驾驶汽车和卡车的未来也提出了法律责任的问题，对这些问题的研究现在刚刚开始。尽管如此，谷歌和特斯拉都已经宣布了自己的计划，要在不久的将来引入无人驾驶汽车某些方面的技术，首先是与巡航控制这一旧技术相差不大的公路自动驾驶仪。电子设备的完善依然需要几年的时间，正如由语音启动的计算机控制技术的缺陷所表明的：

> 由语音启动的命令系统及其软件往往严重过时或不可靠，导致客户的大量投诉，并质疑它们是否真的安全……语音控制可能非常不靠谱，让它们勉强运行可能导致驾驶员忽略交通隐患……《消费者报告》杂志发现，信息娱乐系统——音乐播放器、导航以及与智能手机连接的免提系统问题，现在已经成为第一位的投诉理由。[65]

结　论

本章标题提出了一个问题："未来能够媲美过去的伟大发明吗?""媲美"的标准就是度量创新和技术变革影响的标准经济指标——全要素生产率的增长率。全要素生产率增长相对较快时，可以认为创新影响较强；全要素生产率增长较慢时，可以认为创新影响较弱。这一跨时期的比较使我们能够区分创新的速度和创新对全要素生产率的影响。我们比较了当前高度活跃的创新节奏（几乎每周都有新的高科技公司首次公开募股数十亿美元）及其明显疲软的影响，过去 10 年的数据表明，全要素生产率增长缓慢，据此可以判断创新的影响明显变弱。

本书解释了 19 世纪后期以来全要素生产率增长的起落，这是连续不断的工业革命的结果。就全要素生产率的表现而言，最显著的事实是，自 1890 年以来的快速增长并没有均匀地分布在过去 120 年内，而是集中在 20 世纪中叶，1920—1970 年全要素生产率的年均增长率为 1.89%。相比之下，在 1970—2014 年，增长率只有 0.64%，只及 1920—1970 年增长率的 1/3。

本章认为，1920—1970 年全要素生产率的迅猛增长反映了第二次工业革命时期那些伟大发明的重要性。我们的解释是，第三次数字化工业革命，虽然完全改变了美国人获取信息和进行交流的方式，但是不像第二次工业革命那样遍及整个人类生活，第二次工业革命创造的划时代变革涉及食品、服装、住宅及住宅设施、交通运输、信息、通信、娱乐、疾病的治疗和婴儿死亡率的下降，以及工作和居家环境的改善。1920—1970 年全要素生产率的快速增长因第二次工业革命的以下三个成就而达到高峰，它们在 40 年前甚至更多年前就实现了现在的形式，在那之后只有轻微的变化：依托州际公路系统的公路自由行，喷气式商用飞机旅行，以及空调的普及。

第三次工业革命影响的焦点主要在 1994—2004 年这 10 年，其间全要素生产率的年均增速为 1.03%，虽然略高于 1920—1970 年增速的一半，但明显高于 1970—1994 年的 0.57% 和 2004—2014 年的 0.40%。我们的解释是，在商业实践中发生了一次性革命，正好与 20 世纪 90 年代中期网页浏览器引入实现了个人计算机和通信之间的结合相一致。办公室从使用纸张和文件柜转向使用平板显示器和云存储。纸质图书馆的卡片目录和清单转向可搜索的视频屏幕。全要素生产率的增长有所反弹，但到了 2004 年，基于互联网的经济转型所需的主要因素已经出现，全要素生产率达到了更高水平，但全要素生产率的增长明显减缓。

没有人能预见未来，但我们可以提出一个问题：未来更可能类似于 1994—2004 年的互联网 10 年，还是类似于 2004—2014 年这最近 10 年。本章汇集的两类证据表明，1994—2004 年的全要素生产率较快增长是暂时的，因而不太可能重演。描述性评估表明，在 1994—2004 年完成了向现代方式过渡之后，商业实践的变化速度，无论是在办公室、零售商店还是金融市场，明显放缓。六类客观指标都显示，经济活动在 20 世纪 90 年代后期达到高峰，之后是急剧放缓、停滞，甚至在最近 10 年下降。这些指标包括纽约证券交易所日交易量、创设新企业的速度、制造能力的扩张、净投资率、计算机设备性能相对于价格的提高速度，以及计算机芯片密度的提高速度。

本章呼吁关注一个明显的冲突：一方面是技术乐观主义者对人工智

能模仿并超越人类活动的新能力提升兴奋不已；一方面是过去 10 年全要素生产率的缓慢增长。对此的一个解释是，电脑替代人工已经持续了 50 多年，机器普遍替代人工已经持续了两个多世纪。一些职业如财务顾问、信用分析师、保险代理人和其他职业都处在被替代的过程中，过去 20 年因互联网而失业的人包括旅行代办员、百科全书推销员、博德斯公司和百视达公司的员工。然而，以前的这些失业并没有阻止美国失业率在 2015 年下降至接近 5% 的水平，因为新的就业机会被创造出来，替代了失去的就业岗位。

大部分人在日常生活中会遇到许多不同类型的员工，我们可以玩一个名为“找机器人”的游戏。除了 ATM，我偶尔遇到的其他机器人是机场的自助值机柜台，这项创新在 2001—2005 年推出，已经减少了机场的值机服务人员，就像早期的航空公司网站大量替代旅行代办员和航空公司的电话代理一样。不过，航空公司运营所需的其他员工仍然存在，包括行李搬运工、行李管理员、空乘、飞行员、空中交通管制员和登机口检票员。货物仍然由商店雇员摆放在超市货架上，啤酒、面包和软饮料仍由货车司机运输。零售市场的结账仍由雇员人工操作，而不是机器人完成，自助结账通道少之又少。理发、按摩和美甲服务仍然是完全人工的，就像餐厅需要自己的厨师和服务员一样。酒店仍然需要前台工作人员提供客房服务，而不是由机器人提供。向破坏就业的机器人和人工智能的转变远不是一夜之间发生的，而是如冰川移动一样发生。

创新的危言耸听者写出了以“机器人和算法正如何接管”为题的文章，并预测产出将越来越多地由机器人和计算机算法生产。[66]对于未来几十年的预测，有两种相互对立的观点。技术乐观主义者预测在就业机会遭受破坏的同时，生产率快速增长，与此对应的是持续的大规模失业时代。相反的观点则从最近 10 年推断并预测“情况差不多一样”，认为就业会增长而不是收缩，劳动生产率的增速与我们在 2004—2014 年观察到的一样低。这些相左的意见旗鼓相当，使传统的形容词“乐观”和“悲观”失去了意义。技术乐观主义者关注机器替代人类，因而对未来生产率的增长持乐观态度，但悲观地预测未来的就业破坏和大规模失业。这里所支持的技术悲观主义观点则认识到机器人和人工智能进步的许多维度，同时强调它对宏观经济的缓慢影响，强调许多经济部门中工人和机器之间的互动变化缓慢，至少在过去 10 年是这样。正如技术乐观主义者对就业增长是悲观的，技术悲观主义者对就业增长是乐观的，认为就业增长将继续下去，新就业机会的创造与技术对原来就业的破坏一样迅速。

在这些明显相对的观点之间我们如何选择？数字不会说谎。与技术乐观主义者大规模失业的观点相去甚远的是，美国的失业率已经从 2009 年 10 月的 10.0% 迅速下降到 2015 年 6 月的 5.3%，很可能在 2016 年下降到低于 5.0%。与机器和软件爆炸式替代人力非常不同的是，劳动生产率一直处于低迷状态，截至 2015 年第二季度结束的五年年均只上升 0.5%，与 1994—2004 年互联网时代实现年均 2.3% 的增速形成鲜明对比。[67] 如今，美国经济已经达到了相对充分就业的状态，很难得出结论说机器人和人工智能正在创造出新的长期失业者。

计算机时代产生的问题不是大规模失业，而是良好的、稳定的中层就业岗位的逐渐消失，但这不仅仅是因为机器人和计算机算法，还因为全球化和业务外包给其他国家，以及就业增长主要集中在工资相对较低的常规体力工作。本书所考察的经济增长逐步减缓与过去 10 年令人失望的生产率增长是一致的，同时还伴随着过去 30 年不平等的稳步加剧。在下一章中，我们从生产率增长上下起伏的技术根源转向一些不利于增长的阻力，正是这些阻力的干扰，大多数美国人才无法享受与整个经济时均产出增长相当的真实收入增长。这些阻力包括日益严重的不平等、教育停滞、劳动参与率下降，以及人口老龄化的财政需求，它们阻碍了生产率收益的平等分配。

第 18 章
不平等及其他阻力：美国长期经济增长缓慢前行

美国家庭正在变化，而且这种变化将导致不平等在下一代扩大。几乎可以肯定的是，有史以来第一次，美国的孩子们不会像其父母一样受到那么良好的教育，身体那么健康，或那么富有。

——朱恩·卡蓬和内奥米·卡恩（June Carbone and Naomi Cahn，2014）

引　言

在第 17 章中，衡量创新和技术变化的影响，就是看它们如何影响全要素生产率，全要素生产率是总体经济的一个平均数，等于表示经济总量的实际 GDP 除以资本与劳动投入的加权平均。谁也无法保证每一个社会成员都能平等共享经济进步的好处。本章将更加细致地分析收入分配的顶层与中层、底层之间非常不同的结果。去掉顶层人群的收入，余下 99% 人群所分配到的全部收入的增长率将低于全国总体收入的增长率。

正如第 17 章指出的，1970 年是分水岭，是全要素生产率快速增长与缓慢增长之间的分界点，1970 年之前的平等增长和 1970 年之后的不平等增长之间有一个平行且独立的转换。运用其他方法来衡量，包括对收入分配底层 90% 人群的实际工资和实际应纳税收入取中位数，上述结果并没有任何改变。用其他方法衡量不包括顶层1%人群的收入增长，得到的结果尽管不是零，而是正数，但增长率远低于包括了顶层1%人群的平均收入增长率。

过去40年中逐渐加重的不平等现象，只是美国人民生活水平增长放缓的强大阻力之一。本章关注的其他阻力包括教育、人口状况和政府债务，同时还简短分析了全球化、全球变暖、环境污染等阻力。本章的总体结论是，这些阻力的综合影响严重拖累了未来收入增长，其程度远远超出第17章明确提到的1970年后创新减缓的影响。

本章首先从多个方面描述了100年前自第一次所得税征收记录以来美国的收入分配历史。顶层尤其是顶层1%人群的收入迅速上升可以由一系列推动最高收入上升的因素来解释，包括超级明星经济学、经理人薪酬激励的改变，以及房地产和股票市场的资本收益。收入分配底层90%人群的收入停滞则取决于一系列不同的原因，包括自动化带来的中等收入岗位减少、工会力量的削弱、最低工资购买力的下降、进口对制造业收缩的影响以及高技能和低技能移民的作用。

教育阻力非常重要，这既在于教育本身，也在于教育成为加重不平等的一个来源。自《退伍军人权利法案》颁布、政府资助“二战”老兵接受大学教育开始，在整个战后岁月里，美国青年人的大学毕业率领先于世界各国。但在过去20年里，美国一直蹒跚前行，美国的大学毕业率排名已经下降到第十位或以下。而且进入大学的美国青年们，无论最终是否完成学业，都面临沉重的综合债务负担，未偿债务已经超出1万亿美元。美国中学的教育问题也愈加严重，在针对15岁孩子的国际阅读、数学和科学测试排名中已进入中等偏下的位置。问题最严重的是正常入园（幼儿园）的5岁儿童在阅读和词汇技能方面的高度不平等，中产阶层孩子的口语词汇量达到贫困单亲家庭孩子的3倍。

第三个阻力是“人口状况”，是指总人口中的若干人口组或人口子组状况，并非总状况。美国人口统计学最重要的事件是1946年至1964年间出生率的膨胀，也就是所谓的“婴儿潮”。因为目前社会保障制度允许在三个年龄退休，分别为62岁、66岁或70岁，所以婴儿潮退休的影响相对分散，始于 2008 年，将延伸到 2034 年。[1]其他人口问题还包括工作模式的转变，因为 55 岁及以上人群选择继续工作的比例有所增加，而同时 55 岁以下所有年龄段和性别群体的劳动参与率已经下降。综合来看，婴儿潮一代的退休和较低年龄段劳动参与率下降带来的影响是减少了人均工时，这意味着以人均产出定义的生活水平的提高率一定低于以时均产出定义的劳动生产率的增长率。

政府债务是第四个阻力，因为政府债务占 GDP 的比例预计在未来将稳步增长。日益增长的退休人员对在职纳税人的比例将很快需要补救措施，借以改变现行社会保障体系的税率和/或改变养老金计算方式；目前预计社会保障信托基金将在 2034 年之前降至一定水平以下，并将入不敷出，而医疗保险信托基金将在 2030 年达到耗竭水平。在某一时点上，必须采取结构性改革措施，提高税收收入，减少财政支出，严格控制持续的财政赤字。理论上讲，任何税率增加和/或转移支付减少一定会导致个人可支配收入增长低于税前收入增长。

日益加剧的不平等、步履蹒跚的教育体系、人口阻力以及可能性极大的财政转向，这四大阻力的综合影响意味着未来实际可支配收入中位数的增长速度比过去要缓慢得多。如果再考虑到 1970 年以来创新对生产率的较弱影响，经济增长将几乎没有任何空间。考虑到所有这些阻力，实际人均可支配收入中位数的未来增长很难是正的，并将远远低于 19 世纪以来几代美国人可支配收入中位数的增长率。

不平等、教育、人口和政府债务这四大阻力的共同影响大致可以量化。但更难以评估的是美国社会的崩溃迹象。无论是以单亲家庭抚养的孩子比例，还是以低收入家庭学龄前儿童词汇缺陷的百分比，或者以白人和黑人年轻人在监狱服刑时间的百分比来衡量，21 世纪初美国社会衰败的迹象比比皆是。本章将研究这些问题，并在所附后记中提出一系列政策变革的方向。

第一大阻力：不平等加剧的维度

在本书中，“进步”都是由人均或时均实际 GDP 的提高速度来度量的。如果生活水平改善的速率使高收入群体比中等收入或低收入群体受益更多，那么，只讲这种平均数或均值就可能令人误解。当收入分配、财富分配或任何其他什么分配变得偏向于那些顶层群体时，数据序列的中位数就会比平均数增长得慢一些。这是过去40年里在美国真实发生的事情。在这一节中，我们研究三个不同的数据源，第一个基于税收记录，第二个基于美国人口普查局数据，第三个是考虑到税收和转移支付对低收入家庭税后收入再分配的影响，将税收和人口普查数据结合起来。

托马斯·皮凯蒂和伊曼纽尔·塞斯开创性地运用所得税数据研究顶层收入较之于顶层以下收入的演变。他们的数据追溯至1917年，即美国在1914年设立所得税短短几年后的数据。他们讨论了中低收入纳税群体的比例随年份更替和时代更迭而变化的问题，并提出了目前广为接受的解决方法，也就是运用国民收入账户的标准宏观经济数据估计总收入，然后基于纳税记录减去顶层收入，以获得低于顶层收入的那部分收入。[2]

图18.1总结了皮凯蒂和塞斯关于1917—2013年近一个世纪的核心研究结论。显示的增长率在时间段上分为以1948年和1972年为间隔点的三个时间段，在收入获得者（income earners）上分为三组，即底层90%、顶层10%及覆盖全部收入获得者的平均收入。白色柱体显示底层90%群体税前收入（包括资本收益）的增长率，黑色柱体为顶层10%群体税前收入的增长率，灰色柱体为平均收入的增长率。三个时代中每一个都展示了迥异的结果。

1917—1948年，收入基本上趋于更加平等。底层90%收入群体的实际收入每年增长1.43%，是顶层10%收入群体增长率0.58%的两倍多，平均增长率为1.11%。这得益于大萧条、“二战”以及20世纪30年代至40年代的最低工资、立法鼓励工会和《退伍军人权利法案》等众多收入平等化计划，其中《退伍军人权利法案》让数以百万计的退伍军人进入大学，由工人阶层晋升为中产阶层。

1948—1972年的显著事实是底层90%、顶层10%和平均收入的增长率大致相同，而且每个组的实际收入增长都十分迅速。1948—1972年的实际收入平均增长率为2.58%，是1917—1948年平均增长率1.11%

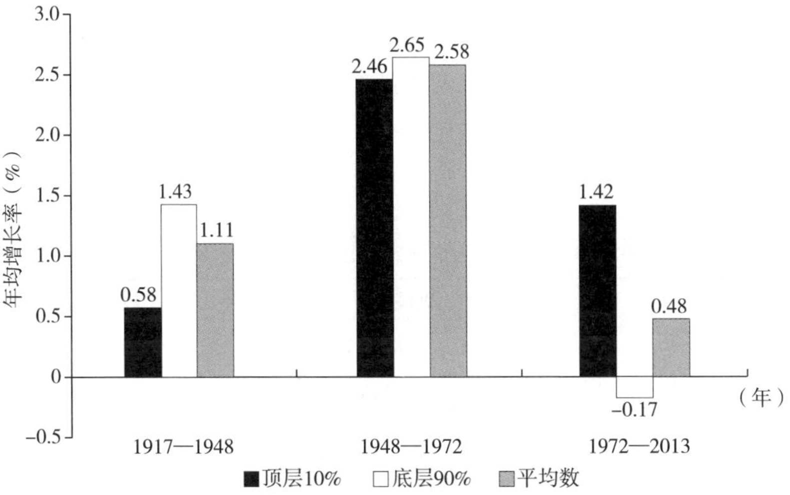

图 18.1　1917—2013 年样本区间实际收入增长率

资料来源：根据 Facundo Alvaredo、Anthony B. Atkinson、Thomas Piketty and Emmanuel Saez 的世界顶层收入数据库计算，http：//topincomes. g-mond. parisschoolofeconomics. eu/，2015 年 6 月 25 日。平均收入指每一百分位数平均收入，包括资本收益。

的两倍以上，1972—2013 年平均增长率 0. 48% 的 5 倍以上。1948 年之后的 25 年是数以百万计高中毕业生的黄金时代，没有接受大学教育就可以在有工会的行业稳定工作，收入足以住上城市郊区有后院的房子，供一两辆车，过上大多数其他国家中等收入群体梦寐以求的生活。

但在 20 世纪 70 年代初之后，一切都发生了变化。收入分配底层 90% 与顶层 10% 群体之间的实际收入增长率形成巨大差距。2013 年，底层 90% 的平均实际收入竟然比 1972 年还低。事实上，底层 90% 群体的实际收入峰值是 2000 年的 37053 美元，勉强高于 1972 年的 35411 美元，及至 2013 年这一平均数比 2000 年下降了 15%，降至 31652 美元。同时，顶层 10% 群体的平均实际收入从 1972 年的 161000 美元增至 2007 年的 324000 美元，之后又下降至 2013 年的 273000 美元。

与收入不平等有关的第二个数据来源是人口普查局，它提供了 1975 年以来实际家庭收入平均数和中位数的数据。表 18.1 比较了来自人口普查局的 1975—2013 年收入增长率数据以及以 1995 年为界的两个子时段的收入增长率数据，并将皮凯蒂—塞斯自 1975 年以来的数据也置于同一张表中予以比较。如表 18.1 上部所示，来自人口普查局的 1975—1995 年实际收入平均数的增长率大大超过中位数的增长率，达 0.61 个百分点，1995—2013 年超出 0.33 个百分点，两个时期合计的 1975—2013 年超出 0.47 个百分点。

表 18.1　1975—2013 年的实际收入增长率，以不同方式度量

	1975—2013	1975—1995	1995—2013
家庭收入平均数	0.77	1.15	0.35
家庭收入中位数	0.29	0.54	0.02
平均数减去中位数	0.47	0.61	0.33
	1975—2013	**1975—1995**	**1995—2013**
顶层 10%	1.60	1.84	1.34
底层 90%	-0.09	-0.01	-0.18
平均	0.60	0.68	0.52
平均减去底层 90%	0.70	0.70	0.69

资料来源：家庭收入中位数和平均数来自 U. S. Census Bureau，*Income and Poverty in the United States*：*2013*，表 A-1。百分位收入来自图 18.1 的数据。

表 18.1 下半部分展示了 1975 年以后皮凯蒂—塞斯数据中的增长率。各行分别显示顶层 10% 群体、底层 90% 群体和总体平均的每个应税单位的实际收入增长率，以及总体平均的收入增长率和底层 90% 的收入增长率之间的差异。全部三个时期所示的差异是 0.70 个百分点。有趣的是将人口普查局的平均收入增长与皮凯蒂和塞斯的平均收入增长进行比较；我们可以预期后者增长更快，因为这一概念包括资本收益，但在人口普查局的收入数据中资本收益被排除在外。尽管存在这种理论差异，在 1975—2013 年整个时期内，人口普查局的平均收入增长率年均 0.77%，还是比皮凯蒂和塞斯的平均收入增长率年均 0.60% 略高一点。

最近有人在批评皮凯蒂—塞斯的数据以及人口普查局的数据时指出，它们只反映了来自市场的收入而忽视了税收和转移支付的影响。[3]毫不奇怪，根据税收和转移支付调整后，包含了顶层收入组的平均收入与排除了顶层收入组的平均收入之间的增长率差异变小了。高收入个体所支付的税率大大高于大多数纳税人所支付的税率，实际上，在收入分配下半部分的大多数家庭很少或根本没有缴纳联邦所得税。社会保障、Medicare 和雇主支付的医疗保险费是转移支付，有利于收入分配中层的群体，而食品券、所得税抵免和 Medicaid 转移支付主要针对收入分配底层家庭。

国会预算办公室会定期公布经税收和转移支付调整后的最全面的分析。税前市场收入概念比皮凯蒂—塞斯数据和人口普查局的数据更全面，而且比其他可选收入项上升更快。[4]如表 18.2 中第（1）列所示，国会预算办公室公布的平均税前市场收入在 1979—2011 年每年增长 1.16%，从一个稍长时期来看，大体上高于皮凯蒂—塞斯和人口普查局给出的 0.70% 和 0.77% 的平均增长率。考虑到税收和转移支付后，平均收入每年增长 1.48%。不出所料，税收和转移支付对 1 ~ 20 百分位的最低收入组影响最大，该组从税前和转移支付前 0.46% 的年收入增长率提升至税后和转移支付后 1.23% 的年增长率。顶层 1% 收入组也从税收和转移支付的调整中受益，虽然没有这么高，但税后和转移支付后的收入年增长率为 4.05%，比没调整时的年增长率 3.82% 要高。[5]

表 18.2 1979—2011 年各收入分配组两种概念收入的年增长率（%）

收入群体	市场收入	税后和转移支付后收入
	（1）	（2）
顶层 1%	3.82	4.05
81 ~ 99 百分位	1.39	1.60
20 ~ 80 百分位	0.46	1.05
1 ~ 20 百分位	0.46	1.23
所有百分位平均	1.16	1.48
1 ~ 99 百分位平均	0.87	1.28
所有百分位平均与 1 ~ 99 百分位平均之差	0.29	0.20
所有百分位平均与中位数之差	0.70	0.43

资料来源：CBO，*The Distribution of Household Income and Federal Tax*，2011。

在考虑美国未来增长时，我们不仅关心人均收入的增长，还关心美国家庭的人均收入中位数增长。图 18. 2 展示了皮凯蒂—塞斯数据中的全体平均收入和底层 90% 群体收入之间的年增长率差异，以及人口普查局数据和国会预算办公室数据中税收和转移支付调整前后的收入平均数和中位数增长的差异。因为国会预算办公室数据优于其他数据源，并且福利取决于税后和转移支付后收入，所以我们认为图 18. 2 右侧数据最重要。[6]它还说明，根据 1979—2011 年国会预算办公室调整后的数据，收入平均数和中位数的增长差距为每年 0. 43% 。

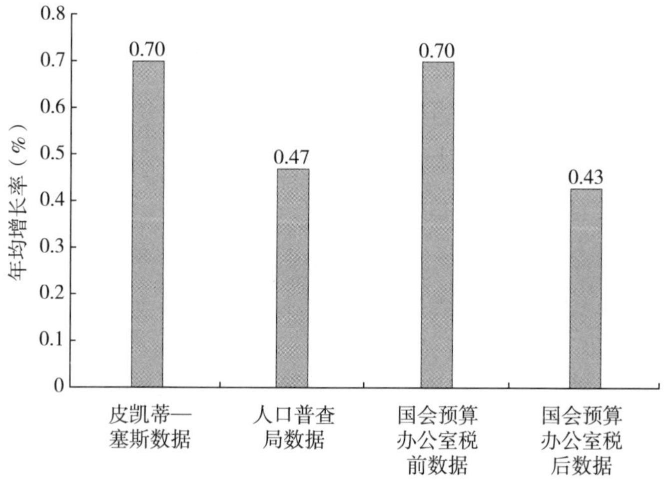

图 18. 2　底层 90% 群体收入和平均收入的增长率差异（皮凯蒂—塞斯数据）以及收入中位数和平均数的增长率差异（人口普查局和国会预算办公室数据）

资料来源：表 18. 1 和表 18. 2。1979—2011 年数据来自国会预算办公室，1975—2013 年数据来自其他数据库。

在未来几十年中，如果收入不平等像过去 30 年一样持续加剧，那么收入中位数相对于收入平均数的增长将会放缓多少？要知道过去发生了什么，最好的指标来自经税收和转移支付调整后的国会预算办公室数据。如果未来收入中位数增长相对于收入平均数增长的缺口继续保持在 0. 4% ，就意味着如果未来人均收入的年均增长率为 1% ，收入中位数的年均增长率就是 0. 6% 。

底层 90% 群体的工资下行压力

哪些因素影响了第 90 百分位之下的收入分配的演变？20 世纪 70 年代中期标志着一个转折点的到来，从一个收入分配中层和底层的工资稳步上升的时代转向一个新时代，也就是过去 40 年底层人群工资增长很少而顶层人群收入迅速增长。在过去 30 年里，美国工资的巨大停滞导致许多观察者认为美国经济基本上走向衰落。那么，是什么导致了 40 年前的逆转？

1929—1945 年，顶层收入增长比底层和中层慢一些，形成了向更平等转变的趋势，这被克劳迪娅·戈尔丁和罗伯特·马戈称为“大压缩”。“二战”至 1975 年，收入顶层和底层的增长率大致相同，因此大压缩历时约 30 年。戈尔丁和马戈强调，支撑大压缩的因素有三个，即工会力量上升、贸易下降和移民减少。[7]这三个因素可以追溯到 20 世纪 30 年代，令人信服地解释了在 1945—1975 年不平等为什么处于较低水平，而且三个因素的反向变化成为 1975 年之后不平等加剧的重要原因之一。在这一小节中，我们研究这种反向变化，即工会力量下降、进口上升和移民增加，同时研究其他两个通常被认为加剧了不平等的因素，即自动化和最低实际工资下降。随后，我们转过来分析教育对不平等加剧的作用，因为大学毕业生的工资增长与高中毕业生和辍学生的工资停滞形成鲜明对比。

加入工会的美国员工比例迅速下降，从 1973 年的 27% 下降到 1986 年的 19%，然后再慢慢滑落至 2011 年的 13%。[8]工会参与率的下降导致工资减少，特别是工资中位数。[9]在工会参与率下降的同时，市场力量在增强，尤其是制造业工作岗位缩减，消费需求由商品转向服务，还有许多雇主采取强势的反工会立场。由于越来越多的企业，特别是制造业企业和建筑业企业从临时的职业介绍机构雇用工人，发放相对较低的工资，提供很低的额外福利，所以工资停滞甚至下降之势加速。企业不仅受益于较低的劳动力成本，而且受益于弹性增加，可以根据需求调整工人的工作时间。

美国 GDP 中的进口份额从 1970 年的 5.4% 增加到 2014 年的 16.5%。进口货物中包含的劳动力是对国内劳动力的替代。因此，GDP 中进口份额增加导致非技能工人和中等技能工人相对工资出现下降。在一份特别引人注目的分析中，戴维·奥托及其合著者的计算指出，1990—2007 年从中国的进口量约占制造业就业下降量的 1/4，这既降低了工资，又降低了劳动参与率，还增加了公共财政的转移支付。[10]进口货物的侵袭并不限于最终产品，因为企业和国家越来越专注于不同的生产阶段。例如，2001—2014 年汽车零部件进口从 630 亿美元增加到 1380 亿美元，增加一倍多，致使美国许多零部件制造商关闭国内工厂，而且在某些情况下，零部件“离岸”到国外生产，尤其是墨西哥。[11]综上所述，进口渗透率和外包增长代表了全球化对国内就业和工资水平的综合影响。在上述汽车零部件行业的案例中，全球化的影响还包括工资中位数从 2003 年的每小时 18.35 美元下降至 2013 年的 15.83 美元。[12]

1995—2005 年的 10 年间，移民占美国总劳动力增长的一半以上。[13]作为一个补充指标，可以看到劳动力中外国出生的工人比例由 1970 年的 5.3% 稳步上升至 2005 年的 14.7%。[14]经济研究显示，移民造成国内工人的工资小幅下降，但对缺乏高中教育的国内工人影响最大。许多低技能移民找到并不匹配的工作，或进入已经由国外出生的工人构成的职业，例如餐厅服务和导游服务，因此他们的主要影响是降低了国外出生的工人的工资而不是国内出生的工人的工资。以往的文献指出，在高中辍学者中，1980 年以前国内和国外出生的工人几乎有相同的工资，但 2004 年以来国外出生的工人的工资降低了 15% ~ 20%。[15]

即使工会没有变弱，进口和移民没有增加，底层 90% 群体的工资下行压力也可能出现。自动化的稳步推进、机器替代人工，将促使底层 90% 群体的相对收入下降。薪水相对较高的制造业工作岗位已经被侵蚀，因为美国制造业就业份额从 1953 年的 30% 降至目前的不到 10%。自动化影响与“技能偏向的技术进步”叠加，致使软件驱动的计算机替代了日常工作，而这些工作的损失不只发生在制造工厂的装配线上，还发生在打字员、簿记员、文员、接待员等日常办公职业中。自动化并没有造成悲观主义者曾经担心的大规模持久失业，在 2007 年底结束的经济周期扩张期，美国经济的失业率也能控制在 5% 以内，并且在 2015 年失业率再次下降至近 5%。

尽管就业岗位没有大规模消失，但就业构成发生了变化，在职业分布的顶层和底层创造出更多工作机会，中层则出现空心化。这种转变被称为“极化假说”，在最近几年已被劳动经济学家广泛证明。[16]管理人员和专业人士所从事的上层工作，通常被称为“非常规”职业。由流水线生产工人、簿记员、接待员和职员所从事的中层工作被称为“常规”职业，而底层工作被称为“体力活”。中等技能型常规工作岗位消失造成的一个后果是，中等技能工人被迫参与竞争低技能体力劳动职业，从而形成了体力劳动工人供大于求。其结果是高中毕业生和高中辍学生等低技能工人的工资下降，如图 18.3 所示。一旦就业构成中相对高薪的制造业工作岗位转向大范围的典型低工资岗位，诸如零售、食品、清洁服务、草地清理工作，总体工资水平也就随之降低。

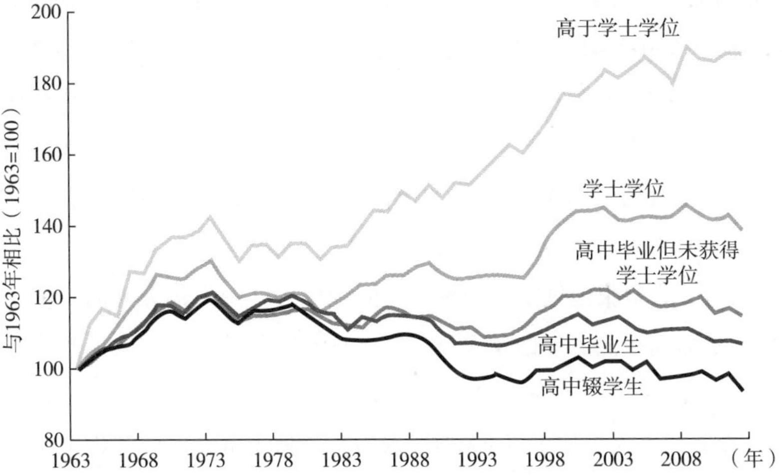

图 18.3　1963—2012 年按受教育程度划分的实际每周收入

资料来源：Autor（2014b），图 6。

在工会弱化、进口增加、移民流入和自动化之外，造成收入分配底层 90% 群体内部不平等加剧的第五个事实是最低工资的下降。以“2011

年不变价美元”计算，最低工资从1979年的8.38美元降至1989年的5.87美元。2006年达到4.68美元的低点，之后在2009年提升至7.25美元。一些人认为，实际最低工资的下降很大程度上归因于用第10百分位收入与第90百分位收入之比表示的不平等加剧。[17]

自20世纪70年代末以来，第90百分位以下群体的相对收入已经下降。对于这种状况，合理的解释似乎是，至少部分原因在于工会的谈判能力和密度下降、进口和移民的重要性日益增加、自动化的进展，以及实际最低工资下降。弗兰克·列维和彼得·特明（Frank Levy and Peter Termin）提出了补充解释，更着重于从他们所谓的20世纪40年代末“底特律共识”到20世纪80年代里根倡导的“华盛顿共识”在政治理念上的转变。对于我们前面的总结，列维和特明补充的主要观点是，高累进税，即20世纪四五十年代对顶层收入群体征收90%的边际税率，发出了一个信号，就是高收入是不可接受的。[18]从里根政府减税开始，对大压缩的政策支持开始弱化，而首席执行官薪酬从1973年工人平均薪酬的20倍大幅上升至2013年的257倍，此时上市公司首席执行官的平均薪酬达到1050万美元。[19]退休储蓄的差距甚至更大，首席执行官离职后通常可获得数百万美元的退休金计划。一个显著的例子是，在黑客获取大量信用卡数据事件后，塔吉特公司（Target）首席执行官于2014年5月易人，他收到了4700万美元的退休金计划，这是塔吉特公司401(k)计划中工人平均退休金计划的约1000倍。[20]

最近，大量报道展示了快餐工人的困境，其中大部分人的工资仅比最低工资略高一点。根据收入分配划分的美国底层20%工人的收入低于每小时9.89美元，经通胀因子调整后的工资在2006—2012年下降了5%，而普通工人平均工资下降了3.4%。压低工资在许多零售企业是一个明确的企业战略。[21]据《华尔街日报》报道：

> 在过去10年中，经济变化既导致全国高薪职位的数量下降，如制造业的职位，又导致低薪工作的增加，如酒店和食品服务业……越来越多的职位不是由年轻人和没有经验的群体任职，而是由老年

人和更多找不到其他工作的技能工人担任。[22]

卡特彼勒公司已成为不平等加剧的典型。它平息了罢工，以实施双层工资制度——新员工支付现有工人一半的工资，尽管两组人是同一工会的成员。相比之下，2011—2013 年卡特彼勒公司首席执行官的薪酬增长了 80%，他引述的口号是“我们永远赚不够钱……我们永远无法获取足够的利润”。[23]大众汽车等外国公司继续在实施非工会工作权利法的州开设工厂。与工会势力强大的北方各州相比，这些外国迁移来的工厂工资更低，从而有助于阻止美国整个制造业就业进一步下滑的趋势。但在通用汽车和克莱斯勒破产之前，要想阻止制造业就业几十年来的长期下降似乎必须将工人的工资削减至原先由工会争取到的工资的一半左右。在 2009—2013 年的复苏中，制造业只恢复了 2001 年以来失去的 600 万个工作岗位中的 60 万个岗位，其中大部分岗位的获得是因为雇用工人所需的工资率大大低于近期如 2001 年制造业的正常工资率。[24]

顶层不平等加剧

表 18. 2 关注 1975 年以来平均实际收入增长率与中位数收入（即第 50 百分位）增长率之间的差距。不平等加剧大部分来源于增长偏向于顶层 10%。即使在顶层 1% 群体内，更顶层的 0. 1% 和 0. 01% 群体的收入增长速度也要快得多。确定顶层收入增长的来源是有益的，我们把顶层分为三个群体，即体育界和娱乐界明星、其他高收入和高技能工人，以及有争议的其他类别，如公司首席执行官和其他公司高层管理人员。

舍温 · 罗森最先发明了超级明星经济学这一概念，解释了因供求特殊性形成的收入极端地偏向超级巨星所主导的职业。[25]从需求层面看，观众想看的是最优秀的天才而不是次优的，因为有能力在大型娱乐场所演出爆满和卖畅销唱片的顶级巨星收入比次优明星高一个数量级，所以收入呈现高度的不平等。从供给层面来看，表演者演出的努力是相同的，无论是 10 个还是 1 万个观众观看演出都是如此。超级明星溢价反映了特定类型技能偏向的技术进步。罗森认为，回溯到留声机时代的一系列创新使更多观众可以听到特定的演出，因而使明星收入呈多倍数增长。自罗森 1981 年的文章发表以来，明星收入大幅上升，这反映了技术的进一步发展，包括有线电视、可出租的录像带和 DVD、基于互联网的电影流媒体、YouTube 视频及音乐下载。

第二个高收入群体也反映了市场即供给和需求的作用。重要行业，特别是顶尖的律师和投资银行家，所赚的收入取决于他们公司所提供服务的市场需求，无论是芝加哥的盛德奥斯丁（Sidley Austin）这类巨无霸律师事务所，还是高盛这样的投资银行。这些市场驱动的职业，与明星的产品不同，并不会因电子媒体而放大。他们仍然需要与客户会面，并出席与对手的法律诉讼。这第二个群体除却律师和投资银行家，还包括任何能提供社会所需服务的个人，涉及出版、设计、时尚、医学等领域，甚至包括顶尖的学者。

首席执行官和其他高层管理人员代表了独特的第三个高收入群体。一份论证充分的文献表明，首席执行官的薪酬并不是纯粹由市场决定的，而是由包括同行在内的薪酬委员会决定。卢西恩·别布丘克和雅尼夫·格林施泰因提出了管理权力假说，认为这驱使高管薪酬远高于市场决定的数额。[26]他们的回归模型表明，1500 家企业中的前五名高管的薪酬在 1993—2003 年增加了近两倍。两位作者给出了一个惊人的事实，1500 家企业中的前五名高管薪酬占公司总利润的比例从 1993—1995 年的 5% 上升至 2000—2002 年的 12.8%。

上述文献明确指出，高管薪酬上升主要是因为股票期权增加。布莱恩·霍尔和杰弗里·利伯曼提出了两种解释，分别采用市场驱动论和管理权力论。他们提出的第一种解释是，股票期权的使用之所以如此显著增加，是因为公司董事会想将薪酬和业绩联系得更加紧密。他们的第二种解释与第一种互补，即董事会想增加首席执行官的薪酬，而期权是一个“不太显眼”的方法，招惹股东怒气的可能性小一些。[27]

毫无疑问，用超级巨星、顶尖人才和首席执行官解释不平等加剧，三者之间会有重叠和相互作用。无论什么原因致富之后，那些在收入分配顶层的群体会通过投资于股票市场或更内行的投资，如私募股权和对冲基金，使自己的收益翻倍。从 1983 年标普 500 股票市场价格平均数为 120 点到 2000 年标普 500 当年平均数达到 1477 点，财富出现了超常增长。这代表每年 14.3% 的实际回报率。[28]收入分配中低于第 90 百分位的少数家庭不仅只拥有少量股票（通过退休计划间接持股除外），而且他们也容易偏向于逆市场节奏而行。美联储的一份研究显示，2009—2010 年股市低迷时有 500 多万个家庭在股市中卖出，只有收入分配顶层 10% 的群体增持了股票。[29]低收入家庭之所以在市场低迷时有“逃生”之势，可能是由于商业周期衰退导致失业而必须将资产变现。

美国皮尤研究中心（Pew Research Center）最近的一项研究将美国家庭划分为包含 21% 家庭的顶层群体，包含 46% 家庭的中层群体，以及包含余下 33% 家庭的底层群体，量化了实际财富增长的轨迹。[30]对于大量的中层群体，30 年里经通胀调整后的实际财富值一直停滞不前，仅从 1983 年的 94300 美元增至 2013 年的 96500 美元。这 30 年间，底层群体的实际财富值事实上在下跌，从 11400 美元跌至 9300 美元。与之形成鲜明对比的是，顶层群体拥有的实际财富翻了一番，从 1983 年的 318100 美元上涨至 2013 年的 639400 美元。虽然本书强调的生活水平主要是指人均实际收入，但实际财富的演变不容忽视，财富积累的“安全网”通过提供自我保险以防失业、意外或疾病降低赚钱能力，从而对福利产生深刻影响。美国收入分配底层 80% 群体的实际财富增长停滞，有力地支持了过去 30 年福利增长放缓的观点。

作为不平等加剧根源之一的教育阻力

前两节研究了收入分配底层 90% 群体工资和收入下行压力的根源，以及顶层 1% 群体相对收入增长的根源。此外，底层 90% 群体内也发生了分化，底层百分位群体的工资停滞和下降，而第 80 百分位和第 90 百分位群体的收入增长较快，虽然没有顶层 1% 那么快。教育是形成这种收入分配格局的主要根源，因为那些四年制大学毕业生的收入增长已经远远超过了高中辍学生的收入增长。那些两年制大学毕业生、修习了部分四年制大学本科学位的群体，以及高中毕业生，其收入介于大学毕业生顶层收入和高中辍学生底层收入之间。

对于受教育程度不同的工人所得报酬的分析始于一个基本命题：工人的收入是由其生产率即时均产出决定的。这一小时的价值取决于需求和供给，即雇员所生产的产品对雇主的价值，以及有能力完成必要任务的工人的数量。随着大学毕业的美国人口比例上升，大学毕业生的供给量相对于那些受教育程度较低的人来说增加了。1964—1982 年大学毕业生的相对供给量与相对需求量相比，增长特别快，大学毕业生的工资溢价在 20 世纪 70 年代略有下降。1982 年后，相对供给量增长放缓，相对需求量增加，因此 1982—2000 年大学毕业生的工资溢价增加。大学毕业生的工资溢价增加基本上可以解释 1984—2004 年第 90 百分位群体相对于第 10 百分位群体收入的所有上升。

图 18.3 展示了五个受教育组全职男性工人的实际工资变化，以 1963 年各组的实际工资率表示。[31]曲线由上到下根据受教育程度排列，顶部曲线展示了受教育程度高于学士学位的群体获得的实际工资，底部曲线描绘了高中辍学生的工资变化。图上每个点代表相对于 1963 年的工资，所以 2012 年高中辍学生的工资为 97%，表明从 1963 年至 2012 年工资下降了 3%；而最后那个点 188%，则表明受教育程度高于学士学位的群体的实际工资比 1963 年增加了 88%。扩展开来的五条曲线，显示出受教育程度越高工资增加越多，表明对受过较高教育的毕业生的相对需求增速比相对供给要快。重要的是，学士及以上学位群体之所以比高中毕业生和高中辍学生有更高的收入增长，不仅仅是因为大学毕业生干得好，也是因为底层群体干得差。

这五个组的收入增长步伐并不一致。大学毕业生实际工资的高涨发生在两段相对较短的时期，先是在 1964—1972 年，然后是 1996—2000 年。1972—1996 年，然后是 2000 年以来，大学毕业生实际工资增长停滞。对于高中毕业生而言，实际工资的演变包括几个阶段：1964—1972 年增加，然后 1972—1990 年长期缓慢下降直到 1996 年，1996—2000 年部分恢复，而后在 2000—2012 年再次停滞。对那些有大学修习经历的群体来说，其收入处于大学毕业生和高中毕业生之间，但更接近于后者，而 1974—2000 年高中辍学生实际工资的轨迹则在逐渐下降，低于高中毕业生约 10%。高中毕业生和辍学生工资下降是前述所有阻力影响的结果，包括工会力量弱化，最低工资下降加上进口和移民增加，以及自动化的持续作用。[32]

我们可以用大学毕业生的实际工资除以高中毕业生的实际工资，描绘相对于 1963 年基期值的大学毕业生工资溢价的演变，如图 18.4 所示。在过去的半个世纪里，大学毕业生的工资溢价增加了，但步伐并不一致。在 1964—1967 年最初跃升后，直到 1973 年工资溢价都一直停滞不前，1982 年下降到 1963 年的水平。然后 1982—2001 年，该值稳步上升，从相当于 1963 年的 100% 增至 128% 的水平，随后也有进一步上升。20 世纪 70 年代的下降，可以归因于 20 世纪六七十年代大学毕业生相对供给量的增加。1982—2001 年工资溢价的增加与大学毕业生供给相对缓慢的增长保持一致，并且 1996—2001 年工资溢价急剧增加也反映出 20 世纪 90 年代末互联网爆炸时期对技术需求的急剧增加。2005 年以后工资溢价的平缓似乎是大学毕业生相对供给量重新增长的结果，但这也反映了 2000 年后非常规抽象工作需求的下降。[33]

随着受过大学教育的工人供给增加，越来越多的大学毕业生被迫接受不需要大学学历的工作。正如保罗·博德里及其合著者所述，2000 年以后大学毕业生从事非常规抽象工作的比例下降，从事体力工作的比例上升。[34]这代表了 20 世纪 90 年代以来的一次突变，并进一步加剧了常规体力工作的工资下行压力。博德里解释了对非常规抽象工作者的需求下降，认为这与 2000 年以来高科技信息和通信技术设备投资下降有关，而在 20 世纪 90 年代末互联网爆炸时期，曾出现投资泡沫。

到目前为止，我们已经阐述了相对于 1963 年基期值的实际工资和大学毕业生的工资溢价。那么与这些工资溢价等价的美元是多少呢？大学毕业生工资溢价的货币价值是巨大的。2012 年大学毕业生和高中毕业生的全职收入差距为男性 35000 美元，女性 23000 美元。夫妻双方都有大

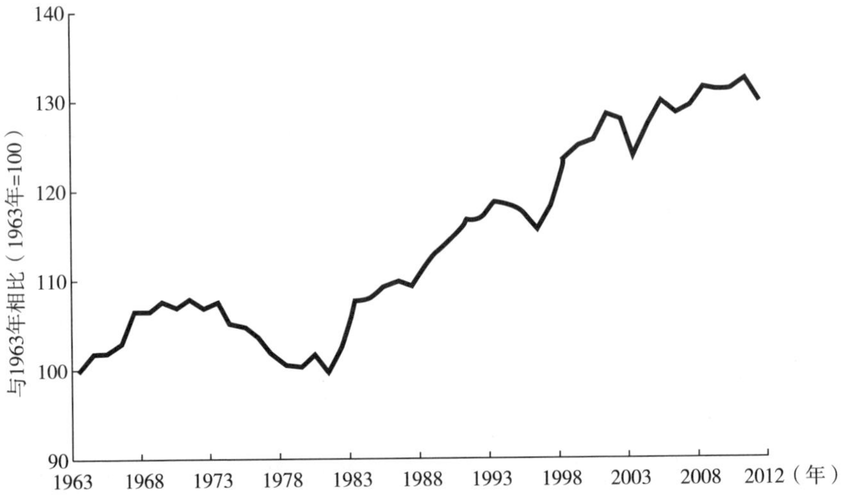

图 18.4　1963—2012 年大学毕业生与高中毕业生的实际周收入之比

资料来源：基于 Autor（2014b）图 6 相关数据计算。

学学位的双职工家庭与夫妻双方均为高中毕业生的双职工家庭相比，年收入差额可达 58000 美元。大学毕业生的工资相对于高中毕业生的工资的贴现值在 2008 年已达到男性 59 万美元和女性 37 万美元。[35]大学毕业生的这些回报也包括硕士和博士毕业生的收入，因为大学毕业是获取硕士和博士的前提条件。

教育对不平等的影响超出了教育对当代人收入的直接影响，因为受过良好教育的父母往往会赋予下一代许多优势。通常情况下，均受过大学教育的男女会结婚，两人收入因大学学位而提升，婚后生育而不是未婚先孕。他们养育孩子，教育孩子读书，这些孩子的词汇优势因此增强，优于那些父母受教育程度较低的孩子。高学历父母也有钱丰富孩子的生活，让孩子接触博物馆、体育、音乐课和各种书籍。他们往往生活在郊区，当地学校提供更丰富的教育选择套餐，包括对大学预修课程给予更多辅导，从而进入在招生过程中偏向于校友的一流大学。大学入学考试，即 SAT 的分数往往与父母收入高度相关。所有这些优势都降低了社会流动性，建立了一个自我维持的教育精英体系，几乎所有高收入家庭都将他们的孩子送入四年制大学，而实际上最贫穷的美国人却做不到这一点。收入分配顶层 1/4 群体的本科学历完成率从 1970 年 40% 上升到 2013 年的 77%，而那些底层 1/4 群体仅从 6% 升至 9%。[36]

作为第二大阻力的教育

拥有学士、硕士和博士学位的群体有更高收入，这反映了他们在工作中有更高的生产率。对整个经济来说，这意味着总体生产率增长与受教育程度提升正相关。任一高中辍学生倾尽一生都不太可能获得比最低工资高很多的收入。

高中毕业率上升是 20 世纪经济增长的核心驱动力。但受教育程度的总体提高从 1980 年起就变慢了，这意味着教育已成为阻力，对经济增长的贡献变低了，从而降低了生产率和人均收入的增长率。本小节要探讨的是：受教育程度提升的放缓，美国教育系统使美国学生成绩水平低于国际同龄人的事实，学费上涨和大学生负债对大学学业完成的阻碍作用，特别是对那些来自低收入和中等收入家庭背景的学生而言。

自 1962 年爱德华·丹尼森初次尝试量化以来，增长核算法将受教育程度提升的作用视为经济增长的源泉。[37]据克劳迪娅·戈尔丁和劳伦斯·卡茨估计，1890—1970 年的 80 年间，受教育程度每 10 年增长 0.8 年。他们还估计，在此期间，受教育程度提升对生产率和人均产出增长的年贡献率为 0.35 个百分点。[38]在另外的研究中，我将丹尼森对 1913—1979 年的估计方法调整为美国劳工统计局的方法，计算出每年 0.38% 的教育贡献率，这与戈尔丁和卡茨的结果接近。

受教育程度的提升分为两个部分：一个是指中等教育，另一个涉及高等教育。根据詹姆斯·赫克曼（James Heckman）的研究，高中毕业率从 1900 年不足青年人数的 10% 增至 1970 年的 80%，此后 18 岁获得高中文凭的孩子的比例开始下降，2000 年降至 74%。他发现，那些具备普通教育发展（GED）证书但没有高中文凭的群体在经济上并不优于高中辍学生，毕业率下降可以归因于年轻人入狱而非在校的比例上升。[39]在发达国家的高中毕业率排名中，目前美国名列第 11 位，是唯一的 25 ~ 34 岁群体毕业率不高于 55 ~64 岁群体的国家。[40]

在中等教育质量水平较差的情况下，教育对未来经济增长的阻碍是显而易见的。在联合国儿童基金会的报告中，美国中学生的阅读和数学能力在 24 个国家中排名第 18 位，低于国际标准。在 2013 年针对中等教育的国际学生评估项目（PISA）中，美国学生的阅读位列第 17，科学位列第 20，数学位列第 27。[41]美国高校入学考试评估组织最近的报告表明，阅读、数学和科学分数足以进入大学的高中学生只有 25%。

在大学层面，问题是大学毕业率的国际排名下降与学生偿付能力和债务问题相互作用。在战后大部分时期，低成本的大学教育使美国能够上大学的人口比例高于任何其他国家，这归功于《退伍军人权利法案》带来的免费大学教育以及州立大学和专科学校对本州学生收取最低学费政策。在 20 世纪的大部分时间里，美国青年的大学毕业率处于世界领先地位。在 25 ~34 岁年龄段群体中，从四年制大学获得学士学位的比例在过去 15 年中已经从 25% 升至 32%，但在发达国家的排名中，美国从 2000 年的第 2 位滑落至现在的第 12 位。[42]

未来看起来并不乐观。自 1972 年以来，大学教育成本的上升是整体通胀率的 3 倍以上。[43]2001—2012 年，州和地方政府支持高等教育的资金在经通胀调整后还下降了足有 1/3。1985 年，科罗拉多州政府 37% 的预算都提供给科罗拉多大学，但在 2013 年只提供了 9%。即使通过奖学金和助学金给全额学费打折，美国要达到目前的大学完成率可能只有通过学生贷款急剧上升来实现。美国人现在所欠的大学债务达到 1.2 万亿美元。尽管四年制大学毕业生的收入比高中毕业生的收入高，失业的风险也要小得多，但仍有一半以上的大学毕业生找不到一份需要大学文凭的工作。22 岁群体的这种“不完全就业率”为 56%，27 岁群体下降到大约 40%，这么多大学毕业生无法找到合适的工作与我们所引用的博德里等人的研究结果（Beaudry、Green and Sand，2013）是一致的，他们认为自 2000 年以来对非常规抽象认知能力的需求已经发生了逆转。[44]

承担大量学费债务的大学生面临两种风险。一是因为大学毕业后可能失业或没有能力在所选择的研究领域找到一份工作，他们的收入低于大学毕业生通常的平均收入。研究表明，平均而言，一个承担 10 万美元学费债务的大学生到 34 岁时才会因为完成大学学业、拥有足以偿还债务的较高收入而从债务中解脱出来。但是，如果未来收入低于毕业生的平均收入水平，从债务中解脱出来的年龄将更大。二是他们也存在学业是否完成的风险。一个修习两年课业后辍学的学生便无法清偿债务，因为大学辍学者的工资仅略高于高中毕业生。这些风险与低收入家庭的高学历学生尤其相关，凯洛琳·霍克斯比的研究表明，他们很少能申请到那些可以全额资助无须贷款的名牌大学，所以会止步于不够格的高校，而且负债累累。[45]

美国高中毕业生的较差成绩将影响他们在大学教育中的表现。许多能力不足者进入两年制社区学院，这些学校目前招收的美国大学生比例占 39%，余下 61% 的学生就读于四年制大学。国际教育基准中心（The Center on International Education Benchmarking）的报告表明，只有 13% 的两年制大学生在两年内毕业，四年制大学毕业的比例能达到 28%。低毕业率反映了大多数学生需要在攻读大学课程之外兼职或全职工作，以及进入社区学院的高中毕业生底子较差。大多数社区学院的学生修习一个或多个补习课程。[46]

正如美国中等教育的缺陷使大学生顺利毕业的可能性较小，美国基础教育的巨大不平等也导致学生高中表现差和高中辍学率过高。美国基础教育体系的资金来源于财产税收入，这使得富裕郊区可以为他们的学生提供豪华设施，这些学生的良好开端归功于父母的高收入和家庭辅导，而贫困家庭学生经常面临严格的预算限制，以及由于市内招生收缩和地方政府税收收入不足而导致学校关门。美国也未能效仿其他国家，提供免费学前教育。在发达国家，平均有 70% 的三岁孩子能够进入某个教育项目，而在美国这一比例仅为 38%。[47]

第三大阻力：人口状况

人口状况阻力是指一组改变人均工时（H/N）的力量，就好比在生产率增长和人均产出增长之间插入一个楔子。理解其重要性的基本原理是一个涉及总产量（实际 GDP 或 Y）与总体经济的工作总时间（H）和总人口（N）关系的定义性恒等式：

$$\frac{Y}{N} \equiv \frac{Y}{H} \cdot \frac{H}{N} \tag{1}$$

根据定义，恒等式（1）表明了一个公理，即通过人均产出度量的生活水平（Y/N）等于劳动生产率或时均产出（Y/H）乘以人均工时（H/N）。通过将人均产出分解为生产率和人均工时，恒等式（1）有助于澄清本书第 17 章和第 18 章之间的关系。在第 17 章中，过去、现在和未来的生产率（Y/H）增长与创新相关，是每小时人均产出提升的根本动力。第 18 章则要识别出哪些经济阻力改变了生产率，哪些经济阻力改变了人均工时，哪些经济阻力虽然不影响总变量，但在不平等情形下，将会使实际收入中位数相对于收入平均数的增长减缓。

关键的 H/N 项可以进一步分解为每个雇员的工作小时数（H/E），劳动人口的就业率（E/L），以及劳动参与率（L/N）：

$$\frac{H}{N} \equiv \frac{H}{E} \cdot \frac{E}{L} \cdot \frac{L}{N} \tag{2}$$

美国战后最重要的人口事件是 1946—1964 年的婴儿潮，1965—1995 年妇女涌入劳动力市场，以及 2008 年前后开始的婴儿潮一代退休。婴儿潮一代进入劳动力市场是在 20 世纪 70 年代，他们提高了人均工时，而女性的涌入永久地提高了人均工时的整体水平，并提高了美国在 1965—1995 年转型期间的增长率。人均工时的正增长使得人均产出增长率高于劳动生产率的增长率，如恒等式（1）所示。

在 2008—2034 年这一漫长过渡期，不考虑任何其他原因，婴儿潮一代的退休将减少人均工时。但比起婴儿潮一代的退休还有更多的人口阻力。劳动参与率（L/N）从 2007 年的 66% 下降到 2014 年的 62.9%，并进一步在 2015 年 6 月降至 62.6%。由于劳动年龄人口是 2.5 亿，L/N 下降 3.4 个百分点（66 减去 62.6）意味着流失了 850 万个工作岗位，其中大部分是永久性的。

经济研究得出的结论是，大约一半的劳动参与率下降是由婴儿潮一代退休和年龄小于55 岁的其他人口的劳动参与率下降引起的。那些已经停止寻找工作，并因此退出劳动力队伍的工人构成了在失业后并不指望再次就业的经济环境中的失业群体，他们中相当大一部分已经能够获得社会保障残疾福利。[48]为使这些去工业化的受害者的困境引起人们关注，奥巴马总统在 2013 年 7 月下旬参观了几个“铁锈地带”城市，它们已经失去了大部分制造业就业基础。如伊利诺伊州的盖尔斯伯格、宾夕法尼亚州的斯克兰顿和纽约州的锡拉丘兹等城市，它们现在主要依靠政府、医疗保障和零售业。在斯克兰顿，41. 3% 的 18 岁以上群体退出了劳动力市场，在锡拉丘兹这一比例甚至更高，达到 42. 4% 。[49]最近一任英国驻芝加哥总领事曾在 2013 年秋季即 4 年任期的前 3 个月参观了美国中西部地区，他看到了整个中西部地区制造业工厂关闭带来的灾难性影响，在被问及对这趟旅行的印象时，他说，“最让我吃惊的，是那些原先只有一家工厂的中小型制造业城市的衰退和破败不堪”。[50]

2007—2014 年的经历对未来意味着什么？我们会乐观地认为，55 岁以下人口退出劳动力市场的现象已经消失，那么劳动参与率进一步下降的唯一根源将是婴儿潮一代退休。一些学者估计，婴儿潮一代退休将导致人均工时（H/N）每年下降 0. 4% ，这意味着，人均产出（Y/N）的未来增长将比劳动生产率（Y/H）的未来增长慢 0. 4% 。在本章的最后，我们将把劳动参与率下降的影响与其他阻力相结合，预测人均实际可支配收入中位数的未来增长。[51]

第四大阻力：偿还债务

政府财政的未来账单在今后几十年将会到期。美国国会预算办公室的官方预测目前估计，联邦债务占 GDP 的比例在 2014—2020 年比较稳定，而后至 2038 年稳步上升，达到 100% 。但国会预算办公室描绘的前景过于美好，因为它对未来产出增长及联邦税收收入的预测过于乐观。因此，国会预算办公室低估了未来债务占 GDP 比例的上升。国会预算办公室预测 2024 年这一比例是 78%，我的预测结果是 87%；国会预算办公室预测 2038 年为 100%，我的预测结果约为 125%。[52]

即便是国会预算办公室的估计，在 2020 年以后也会出现问题。医疗保险信托基金预计将在 2030 年余额为零，而社会保障的零余额预计将在 2034 年达到。根据定义，要使联邦债务占 GDP 比例不像在现行政策下那样很可能稳步上升，而是保持稳定，就要求未来税收增长更快或未来转移支付增长更慢。这是第四大阻力，在不久的未来几十年中必然发生，可支配收入相对于税前和转移支付前的实际收入会下降，扭转过去 25 年的趋势。这是人口老龄化和人口增长减缓的必然结果。

我们仅聚焦于联邦债务而忽略了美国许多州和地方政府的养老金空账。底特律的破产导致地方债专家怀疑伊利诺伊和芝加哥是否不久就会步其后尘，更不用说其他那些有大量养老金空账的大一些的州。一个虽然武断却合理的预测是，未来的税率提高或政府转移支付的缓慢增长，将使未来可支配收入的增长率相对于税前和转移支付前收入的增长率每年降低 0.1%。

收入分配底层的社会变化

通过给出一组关于收入平均数和收入中位数的不同指标，本章第一小节展示了美国稳步扩大的不平等。然而，收入分配中层和底层人群的状态不仅仅是缺少货币收入的增长。社会环境正在衰败，收入停滞和社会失调之间显然存在“鸡生蛋蛋生鸡”的双向因果关系。工作机会缺乏可能引发结婚率下降和单亲家庭儿童比例急剧上升。不过，社会问题也可能使一些人丧失就业资格，特别是卷入犯罪。

缺乏大学教育的美国人结婚率下降，这会影响未来生产率的增速，因为在缺乏父爱的家庭中长大的孩子，尤其是男孩，辍学并从事犯罪活动的可能性更高。这种社会变迁的一个重要原因是稳定的高收入蓝领工作的消失。部分原因是没有大学学历的男性缺乏收入和稳定就业，因而缺乏作为婚姻伴侣的吸引力，部分原因是女性变得更加独立，劳动力市场的就业机会已为她们敞开，因此越来越少的人选择结婚。这在很大程度上反映了女性对已就业配偶的重视程度，也反映出在特定年龄段每100 位女性对应的已就业男性为 65 位。年轻的非洲裔美国人中，每 100 位女性对应的已就业男性为 51 位，这很大程度上反映了年轻黑人男性的高监禁率。许多年轻人认为财政状况稳定是结婚的先决条件，所以不结婚的意愿与过去 30 年工资停滞也是相关的。[53]

白人高中毕业生未婚先孕的比例从 1982 年的 4% 增至 2008 年的 34%，同期白人高中辍学生的未婚先孕比例从 21% 增至 42%。同期黑人高中毕业生的这一比例从 48% 上升到 74%，黑人高中辍学生的这一比例从 76% 增至 96%。[54]不仅结婚率下降，而且几乎一半的婚姻都失败了。非婚生子女数量与婚生子女数量相等。琼·卡布恩和内奥米·卡恩总结了这对未来的影响：

> 美国家庭正在变化，而且这种变化将导致不平等在下一代扩大。几乎可以肯定的是，有史以来第一次，美国的孩子们不会像他们父母一样受到那么良好的教育，身体那么健康，或那么富有，并且这一结果源于成年人可获得的资源和投资于孩子的资源之间越来越没有关系。[55]

查尔斯·默里记录了白人底层 1/3 群体每一个相关社会指标的下降，他把一个费城贫民区称为“狒狮城”（Fishtown）。令人赞叹的是，他将数据化为一系列图表，时间统一列为 1960 年到 2010 年。“狒狮城”的白人人口中，已婚夫妇至少有一方在前一周工作 40 个小时以上的人从1960 年的 84% 降至 2010 年的 58%。家庭的解体可以由 30 ~49 岁人群的三个互补指标来说明：已婚比例从 85% 降至 48%，未婚比例从 8% 升至25%，离婚率从 5% 升至 33%。[56]

最惊人的是默里关于 40 岁母亲的统计指标，孩子们生活在亲生父母身边的比例从 1960 年的 95% 下降至 2010 年的 34%。教育和不平等两大阻力相互作用，导致人们预测美国在高中和大学毕业率的国际排名中将持续下滑。另外，可以预测学生债务增长将引发婚姻和生育推迟及人口增长率下降，因而又加重了其他阻力对未来增长放缓的不利影响，特别是财政阻力。

支持默里的其他文献资料强调了白人底层1/3群体的社会衰退。近期的一项研究表明，1979—2009年曾经入狱的白人男性高中辍学生累计比例从3.8%上升到28%。对于同一时期的黑人男性高中辍学生，曾经入狱的累计比例从14.7%上升到68%。也就是说，2/3小于40岁的黑人高中辍学男生都至少有一段入狱经历。而黑人高中毕业生（包括那些拥有国际教育发展证书的人）入狱的比例也从11%上升到21.4%。[57]

任何一种犯罪记录，特别是入狱，都会严重限制向服过刑的人提供就业机会。根据联邦调查局的调查，美国成年人有某种犯罪记录的不低于1/3，其中包括没有定罪的逮捕，这是就业的主要障碍。[58]电子记录的增设，使未来雇主更容易了解潜在求职者过去的污点。就业可能性降低反过来又会影响婚姻可能性，因为那些没有能力从合法活动中获得收入的男人难以吸引女性。

> 一些州的法律禁止服过刑的人从事儿童照护与家庭护理、理发师、发型师等职业。一些州还关闭了他们获得公职的通道，而这种公职一直是城市少数族裔的重要工作来源……许多雇主谨慎雇用曾经的重刑犯，因为越来越多的判例法显示有可能存在“过失雇佣”的责任风险。[59]

其他阻力

对阻力的讨论往往包括另外两个难以量化的增长障碍，“全球化”和“能源/环境”。这一节将对这些额外阻力进行讨论，但不试图量化其重要程度。

全球化很难与加剧不平等的其他根源分开。离岸外包造成那些只有一家工厂的城市工厂倒闭，壮年工人离开劳动力队伍，可以说，离岸外包造成的工厂倒闭是导致人口状况阻力的部分原因。2008年金融危机和

2007—2009 年经济衰退发生之前，高收入制造业工作就一直在大量流失。2000—2011 年制造业失去的 700 万个工作岗位中约一半发生在 2008 年之前。[60] 2000—2007 年美国见证了中国制造能力增强带来的最大冲击，进口品蜂拥而至，贸易逆差增加，工厂倒闭，千百万高中及以下学历的工人因此丧失了获得中等收入的机会。在 2007 年之前经济之所以还在扩张，而没有发生收缩，主要原因在于房地产泡沫，这让许多已失业的制造业工人在建筑业获得了临时工作。

全球化还要对另一渠道造成的不平等加剧负责。美国受益于外国投资，特别是在汽车行业，但这几乎只出现在实施工作权利法的州，多数在南部，那里的外国公司可以自由决定支付给工人的工资数量。2007 年之前，一些工会势力强大的州如密歇根州和俄亥俄州等工资标准为每小时 30 ~ 40 美元，南方现在每小时工资 15 ~ 20 美元，当地居民都兴高采烈，就像天上掉了个馅饼，新厂门前排着长长的充满希望的求职队伍。全球化实践检验了要素价格均等化的经典经济理论，发展中国家的工资提高，发达国家的工资增长减缓。

另一个潜在阻力是担心全球变暖等环境问题的影响，因水平井压裂技术出现而大大增加的美国国内石油和天然气生产，可能就搭了担心环境问题的“便车”。虽然全球变暖的程度和影响是有争议的，但毫无疑问，它们正在发生或即将引起沿海洪水或更频繁猛烈的龙卷风等天气变化，将会减缓未来经济增长并提高保险费用。未来的碳税和直接干预，如企业平均燃油经济性等燃油经济标准，将促使投资转向研究领域，唯一目的是提高能源效率和燃油经济性。相关规制要求机械或家用电器替换成更节能的款式，这将增加资本成本。这样的投资不同于 20 世纪早期电冰箱替代冰盒子、汽车替代马匹，并不会带来经济增长。

全球变暖的世界专家威廉 · 诺德豪斯量化了全球变暖对经济增长的影响。他的研究发现，令人惊讶的是，未来 70 年全球温度变暖 3℃，仅减少全球 2.5% 左右的实际人均 GDP。[61] 这可以转换为年增长率减少 2.5/70，即每年 0.036 个百分点，相比本文估计婴儿潮退休 0.4% 的人口负效应，这一结果微乎其微。诺德豪斯的估计基于全球政策失灵，也即对抗全球变暖的新措施无效。

有了压裂法后发现的油田和气田带来了廉价能源。评估压裂法的重要性，必须区分石油和天然气开采。石油价格是由世界市场决定的，所以额外的石油开采可能最终使美国石油独立，但不会使美国石油价格比世界其他国家更低。由于天然气不易在大陆之间运输，因此天然气压裂开采技术革命对美国更多的是一种恩赐。北美洲独有的廉价天然气，将引致天然气替代石油和煤炭，有助于减缓碳排放量的增加，并降低能源密集型行业的成本。

结论：预测未来生活水平的增长

本章的阻力分析及第 17 章对创新步伐放缓的分析，明确了与过去相比减缓美国未来经济增长的一系列阻力。在这结论性的最后一小节，我们分析这些阻力对未来 20 ~ 30 年的美国劳动生产率（时均产出）和生活水平（人均产出）提高会有什么样的影响。如果不平等继续加剧，就不足以预测总体人均产出的未来增长，因为不断加剧的不平等意味着人均产出增长率中位数将低于平均增长率。同样，如果未来增加税收和/或削减转移支付，以限制公共债务占 GDP 的比例上升，那么，在不考虑税收和转移支付的情况下，实际可支配收入中位数的增长速度将比实际收入中位数要慢。

根据定义，我们对人均产出增长的预测，必须等于时均产出的预计增长加上人均工时的预计增长。因此，我们的预测首先就要从第 17 章对过去时均产出即劳动生产率的预测转向预测未来生产率的增长。如表 18.3 前四行所示，自 1948 年以来实际生产率增长的历史，可以分为四个明显不同的时期。1970 年以前，每年 2.71% 的快速增长，1970—1994 年，每年 1.54% 的相对缓慢增长。随后迎来了 1994—2004 年增长率为 2.26% 的互联网复苏时期，接着 2004—2015 年复苏结束，每年增长 1.00%，比 1970—1994 年还要缓慢。

第 17 章大部分篇幅是对 1994—2004 年生产率复苏的 10 年和 2004—

2014 年减速的 10 年进行比较分析。我们的结论是，复苏是一次性事件，不可能被复制。1994—2004 年生产率快速增长期间，发生了文件和文件柜时代向联网计算机、数字存储和数字搜索新时代的转变，商业模式和实践的绝大部分优势集中出现。2004 年之后向较慢增长的转变表现在各个方面，包括以新设企业减少为代表的商业活力的下降，20 世纪 90 年代末短暂增长后制造业生产能力的增长趋近于零，净投资下降到远远低于战后平均水平，计算机性价比下降速度大幅降低，以及支配计算机芯片上的晶体管密度增速的摩尔定律明显失效。

表 18.3　1948—2040 年时均产出实际和预测增长率

	实际增长率	教育调整	减去经教育调整后的增长率
1. 1948—1970 年	2.71		
2. 1970—1994 年	1.54		
3. 1994—2004 年	2.26		
4. 2004—2015 年	1.00		
5. 1970—1994 年和 2004—2015 年加权平均数	1.38	-0.30	1.08
6. 2015—2040 年增长率预测值			1.20

注：1—4 行的增长率指的是每年第二季度所示数据。

资料来源：产出数据来自 NIPA 表 1.1.6 中的 GDP。小时数据来自美国劳工统计局（BLS）一个未公布的整体经济的小时数序列数据。

这些短暂增长之后紧随着下降，表明 1994—2004 年生产率复苏与我们预测未来生产率增长的任务不相关。相反，我们认为这 10 年是数字发明成果云集的巅峰时期，空前绝后，在 2004—2014 年没有再次发生，在我们 25 年的预测区间中也不太可能再次发生。不考虑这 10 年，我们转而分析 1970—1994 年和 2004—2015 年这两个时期的影响，这两个时期年增长率分别为 1.54% 和 1.00%。作为今后增长的先例，这两个时间段的（以每个时间段年数加权）年均增长率为 1.38%，如表 18.3 第 5 行所示。

然而，我们根据 1.38% 这一平均增长率对未来进行预测，将忽略戈尔丁和卡茨等人强调的受教育程度提高速度放缓对生产率的影响，也会忽略上面分析的近期的一些实际情况，那就是越来越多的大学学位持有人在毕业后无法获得一份需要大学文凭的工作。戴尔·乔根森及其同事估计，未来生产率增长将因为教育贡献减少而每年降低0.3%，并且如表18.3所示，我们将-0.3%的调整因子应用于第5行后，实际增长率1.38%将调整至1.08%，这与未来生产率增长是相关的。[62]更乐观地说，2015—2040年生产率的预测增长率为每年1.20%。虽然这一增速可能比1994—2004年短暂复苏时期更悲观，但从2015年年中的情况看，这一目标则显得有些雄心勃勃。季度数据显示，截至2015年第二季度，5年来生产率的年增长率仅为0.50%。

我们现在利用表18.4中1.20%的未来生产率增速推算出人均产出的可能增长，这取决于人均工时。在做出人均工时未来增长率下降的预测后，我们不去推测55岁以下年龄组劳动参与率的任何进一步下滑，而是仅仅基于2015—2034年婴儿潮一代退休的大致时间表，推断人均工时数。如表18.4第2行所示，这将导致人均工时每年下降0.4%。如第3行所示，2015—2040年实际人均GDP因此将每年增长0.8%，远远低于1920—1970年2.41%的增长率和1970年以来1.77%的增长率。

如表18.4第4行所示，1920—1970年收入变得更平等，“大压缩”促使人均收入中位数增长比人均收入平均数增长快0.2%。而后在1970—2014年，收入变得不那么平等了。经税收和转移支付调整后，人均收入中位数增长比人均收入平均数增长慢0.43%。为预测实际人均收入中位数的未来增长，我们需要推测收入不平等是继续扩大，还是收入不平等加剧趋势将会减缓或完全停止。驱动不平等加剧的因素是强有力的，且有可能继续。全球化将使进口和外包继续破坏中等收入群体的工作，正如第17章讨论的，机器人、大数据和人工智能缓慢但稳步的发展也会损害中等收入群体的工作。

表 18.4　生产率和生活水平的实际与预测年增长率

	1920—1970 年 实际增长率	1970—2014 年 实际增长率	2015—2040 年 预测增长率
1. 劳动生产率（Y/H）	2.82	1.62	1.20
2. 人均工时（H/N）	-0.41	0.15	-0.40
3. 实际人均 GDP（Y/N）	2.41	1.77	0.80
4. 中位数与平均数之差	0.20	-0.43	-0.40
5. 实际人均 GDP 中位数	2.61	1.34	0.40
6. 实际可支配收入相对于 GDP	-0.36	0.12	-0.10
7. 实际人均可支配收入中位数	2.25	1.46	0.30

注：1920—2014 年为实际值。2015—2040 年预测值在正文中进行了讨论。

第 1—3 行：基于图 16.1 和图 16.2 的数据。参见数据附录。

第 4 行：1920—1970 年数据来自图 18.1。1970—2013 年数据来自表 18.2，最后一行，第 2 列。

第 5 行：第 3 行和第 4 行的总和。

第 6 行：1920—2014 年数据来自 NIPA 表 2.1，根据 GDP 平减指数进行平减。1920—1970 年是指 1929—1970 年。

第 7 行：第 5 行和第 6 行的总和。

除了延续过去的趋势，对不平等的展望还遇到本章讨论的社会变化阻力。正如我们将实际生产率增长的过去表现作为未来的指引，对不平等问题，我们也照此处理，假设实际人均收入中位数每年增长 0.4%，比实际人均收入增长更慢一点，大致相当于近期研究计算的 1979—2011 年收入中位数和收入平均数的增长。如表 18.4 中第 5 行所示，0.4% 是收入平均数增长率 0.8% 减去收入中位数增长率 0.4% 的结果。最后的调整是源于联邦政府债务与 GDP 比例上升的必然性。现在无法知道这些财政问题将如何解决，更不知道什么时候或如何迅速解决。如表 18.4 中第 6 行所示，我们假设未来进行财政调整，提高税收，降低转移支付，从而使可支配收入增长 0.1%，慢于税前收入增长，这基本扭转了 1970—2014 年的状况，当时可支配收入以 0.12% 增长，快于税前收入增长。

表 18.4 的底部一行代表了未来 25 年各种预测的综合影响，包括生

产率增长、人均工时、不平等状况和财政政策。表 18.4 的右边一列代表着尝试对过去的实际情况和未来的可能趋势加以权衡，未来趋势包括婴儿潮一代退休、社会流动性低、对单亲家庭下一代成年人未来成就水平的影响，以及人口老龄化引发的财政调整。

图 18.5 总结了实际结果和预测值之间的差异，其中实际结果是指 1920—2014 年近一个世纪的实际值。左边的两个柱体代表过去和未来的时均产出年增长率。接下来的两个柱体展示了过去和未来的人均产出，再接下来展示的分别是过去与未来人均实际收入中位数和人均可支配收入中位数的增长。预计未来增长与过去增长的缺口反映了第 17 章分析的创新对生产率影响的下降以及本章讨论的阻力。总之，创新放缓和不平等、教育、人口状况、债务四大阻力，将使近一个世纪人均收入增长 2.1% 的历史记录无法延续，未来将变得黯淡无光——实际可支配收入中位数几乎将不复增长。

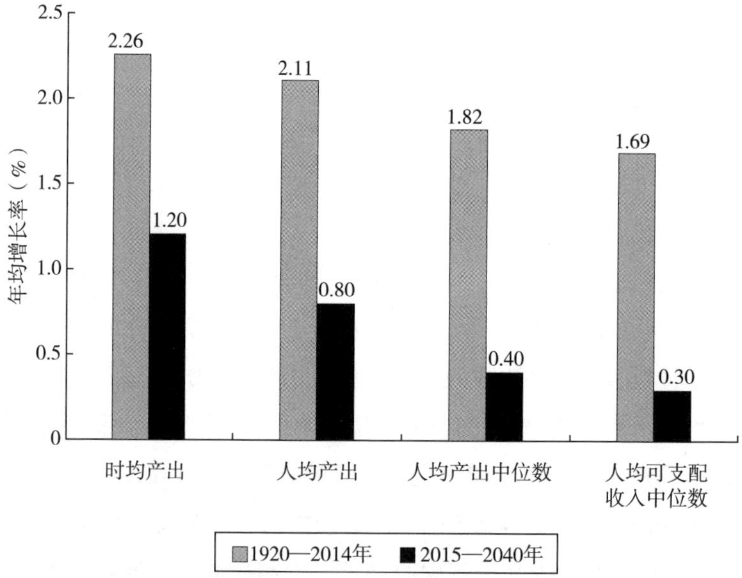

图 18.5　其他实际收入概念的年均增长率，1920—2014 年的实际值和 2015—2040 年的预测值

资料来源：数据基于表 18.4。

与任何预测一样，我们预测的劳动生产率增长与各种阻力造成的劳动生产率下降也可能过高或过低。我们选择了未来生产率每年增长 1.20%，这虽然低于 1920—1994 年或 1970—2004 年的标准，却超出过去 11 年间 1% 的实际年均增长率，更远远超出过去 5 年 0.50% 的年均增长率。在预测人均工时降低导致的劳动生产率下降时，我们仅仅反映了婴儿潮一代的退休现象，而且乐观地假设那些 55 岁以下人口劳动参与率连续 15 年的下降已接近尾声。在预测不平等导致的劳动生产率下降时，我们假设顶层收入与中等收入之间的差距将继续扩大，但不会因为单亲家庭孩子的比重上升而加速。最后，我们预测未来财政紧缩引发的劳动生产率下降是温和的，既没有充分考虑限制联邦税收收入未来增长带来的实际 GDP 增长减缓，也没有考虑州和地方政府层面所需的财政紧缩。总体而言，尽管实际可支配收入中位数仅 0.3% 的增长率预测值看似令人吃惊，但整个“减法练习”的每一步都得到第 17 章和第 18 章的充分支持，也与过去 10 年美国经济增长的历史一致。[63]能不能制定一些政策，消除造成经济减速的根源呢？我们在后记中将探讨一套可行的政策选择。

后记
美国经济增长成就和未来之路

增长下降：创新和阻力

本书题为“美国增长的起落”，字面上好像是说失败之后是成功，但这绝非题中之意。美国经济增长经历的引人瞩目之处不是增长正在放缓，而是增长如此之快如此之持久，自19世纪末以来美国的生产率一直保持对西欧发达国家的领先地位。诚然，必须承认，前进的步伐时快时慢，增长也难免有涨有落。在1770年前的上千年间，经济几乎没有增长，在1870年之前的过渡世纪中缓慢增长，而对美国来说，在1870—1970年的革命性百年期间，经济出现了令人瞩目的快速增长，之后增长的速度又慢了下来。1970年之后美国增长之所以减速，原因并不在于发明者失去了灵感，缺少了新创意，而是因为现代生活水平的诸多基本要素在当时已一应具备，从许多维度来看，包括食品、服装、住房、交通、娱乐、通信、健康、工作环境，都是如此。

1870—1970年的百年是独一无二的：许多发明都是一次性的，有些发明达到了自然界限。从人工打水、倒脏水向管道给排水的转变就属于一次性的发明，就像妇女甩掉搓衣板、晾衣绳而使用自动洗衣机、烘干机一样。1970年以来，娱乐、信息、通信技术方面的发明喷薄而出：电视转向多功能，包括彩色、有线、高清、平板、流媒体，大型计算机伴生了个人电脑、互联网、万维网、搜索引擎、电子商务、智能手机、平板电脑。

1970年前后创新流的节奏是美国增长起落的基本原因。近年来，来自四个方面的阻力对增长率产生了向下的压力，正在缓慢地抑制美国增长的动力。日益增长的不平等将导致收入增长转向 1% 的顶层收入阶层，只给 99% 的底层收入阶层留下很少一部分。受教育程度不再像 20 世纪大部分时间那样提升得很快，从而减缓了生产率提高。随着婴儿潮一代的退休，人均工时也在减少。退休人员比例上升、劳动年龄人口比例下降、预期寿命延长，都将在 2020 年后共同推动联邦债务占 GDP 的比例迈向不可持续的上行轨道。这四大阻力非常强大，足以在今后 25 年间给实际人均可支配收入增长不留任何空间。

展望美国经济表现

美国崛起于“二战”，成为史无前例的经济和政治霸主，从 1948 年到 1973 年，收入分配“大压缩”带来了从上至下实际工资的迅速增长，世界上第一个大众消费社会诞生了：普通居民最终都能买得起汽车、电视、家用电器、城郊住宅，产业能够稳定地供给。开明的政府提供了免费大学教育，为退伍军人提供低成本抵押贷款，推动了一系列立法，包括 1964 年的《公民权利法案》、1965 年的《选举权利法案》，还在 1965 年为年老居民建立了 Medicare 制度，为贫困居民建立了 Medicaid 制度。女性进入劳动力市场，接受较高的教育，进入较好的职业，到 2010 年获得学士学位的有 58% 是女性。

在 1870—1970 年，美国的工业领先地位有升有降。尽管制造业就业在整个经济中的份额稳步下降，但美国的发明确立了一个新的主导阶段。尽管美国生产的计算机和智能装备不多，但现代数字时代几乎所有的软件和组织创造力都起源于美国。全球最有价值的 10 家公司，8 家坐落在美国。美国发明家持续的创新流得到积极进取而复杂的风险资本产业的资金支持。政府资助的科学研究、美国国防部在互联网发展初期的作用都对此做出了贡献。

对发明家、企业家而言，除狂热而活跃的市场之外，当代美国还有许多其他健康的特征。研发占 GDP 的比例一直较高，医药产业的新药开发也由美国企业主导。页岩油、页岩气的开采与生产方面的发明使美国的进口依赖持续下降，下降之快超过几年前才预测的结果。美国顶尖的私立和公立研究型大学在全球前30家高教组织中占据几乎垄断地位。最后，美国的人口老龄化速度不像西欧或日本那么快，这一是因为生育率较高，二是因为来自世界各地的移民。所有这些有利方面都是美国经济体系强大力量的源泉，而且在我们预测的今后25年的时间跨度里可能持续下去。短期而言，美国的失业率从2009年末的10%下降到几乎5%，而欧洲则为11%。新增就业岗位每年达250万个。假定缓慢的通胀持续下去，那么在人口缓慢增长、人均工时下降产生约束之前，失业下降、就业上升就依然有空间。

提高生产率、克服阻力的政策变化潜力

一些基本问题的性质从根本上制约了支持增长的政策发挥其潜在效应。政府政策干预并非加速创新的理想手段，因为美国的创新机器自我运转得非常健康。鼓励投资的政策也没有多大空间，因为多年来实施的宽松货币政策和高利润提供的投资资金比企业想用的还要多。与此相应的是，教育问题是推动生产率增长的最有成效的政策方向。而且，需要消除的各种教育阻力不仅仅事关生产率增长。一个更好的教育体系，特别是对成长期儿童而言，还能消除日益加剧的不平等，减轻在贫困环境中成长的孩子面临的问题。

在收入顶层对收入最高者征收更高的税收，可以抑制不平等的无情上升，这些人现在占有的收入份额比40年前要大得多。在收入底层，提高最低工资，扩大所得税减免范围，有助于将经济蛋糕更多地转移到底层人群。结婚率下降（部分原因是许多男性入狱，社会上男性缺少），会因为监狱政策改革、进一步推动一些毒品合法化而得到缓解。创造性的教育改革政策，从学前到中学再到高等教育，处处可以适用。努力抵制过度热情的累退性规制，可以缓解不平等，生产率也会提高。工作人群转为退休者的人口阻力，会因新的移民政策而消除。新移民政策大幅度提高了法律限制，而重点强调潜在移民的教育和工作经历。2020年后

的财政总清算（fiscal reckoning）并不要求实施较高的工薪税或较低的退休福利，因为财政收入的新源泉很多，如毒品合法化，提高税收累进率，取消大多数税收减免的税收改革，以及设立鼓励减排的碳税。

走向结果更平等

不平等日渐加剧，顶层人群的收入迅速增加，中下层人群的收入停滞不前。影响不平等的政策面临功能性不对称问题，因为我们期望99%的底层收入人群更有生产能力，有办法赚取更多收入，但不会相应地期望顶层1%的人士降低生产能力，也不会设法让这些人为经济和社会少做贡献。加大结果平等的政策通过减少顶层收入人群的可支配收入，增加底层收入人群的可支配收入，可以缩小顶层和底层的差距。

累进的税收体系

顶层1%人群的收入占比几乎增长了3倍，从1974年的8%上升到2014年的22%，而其中最顶层的0.01%人群收入占比同期增长了4倍，从1%上升到5%。[1]许多高收入者特别是体育和娱乐明星，则赚取了纯经济租金（高于所能找到的次优职业收入的那部分收入）。首席执行官的收入与工人平均收入之比，从1973年的23上升到2007年的352，关于经济租金的进一步证据在这16倍的增长中就可以看到，因为首席执行官履行的职责与以前是相同的。[2]一种政策解决方案是实行超级税率，向年收入100万美元的人征收经济租金税，或对（年收入）超过1000万美元的人征收更高的税率。另一个有利于平等的政策变化是对红利和资本利得征收与常规收入相同的税率，就像1993—1997年所做的那样，从而结束目前的不正常状况，目前，巴菲特的纳税率比他的秘书还要低。税法规定，继承的金融资产价值增值可以免税，有利于平等的下一个措施就是取消这一条款。[3]

最低工资

最常被提及的政策措施，是提高底层的实际工资增长率，提高联邦最低工资。现在最低小时工资是7.25美元，用2014年价格表示，这要比20世纪60年代的最低工资低12%。[4]同期50年间，每小时实际报酬上升115%，这一指标表明，法定的实际最低工资与整体报酬是多么不同步。标准经济理论认为，提高最低工资会使最低工资工人的失业率上升。[5]不过，大量的经济研究指出，提高最低工资对就业的影响很少或没有。2015—2016年的经济现状特别有利于提高最低工资，因为现在美国劳动力市场新增就业创造了新纪录，并以较快的速度创造出低技能的工作。

劳动所得税抵免

劳动所得税抵免（EITC）鼓励低收入家长出去工作，对受益人的纯收入产生很大的积极影响，这一政策还大幅改善了这些家庭的孩子们的福利，包括降低新生儿低出生体重的发生率，提高数学和阅读成绩，提高大学入学率。人们普遍赞成所得税抵免范围更宽一些，幅度更大一些，最近的研究也表明，扩大所得税抵免是提高最低工资的补充，而不是替代。[6]

监狱政策

入狱率即在押人口占总人口的比例，美国要比欧洲一些最大的国家高8～10倍。监禁是与不平等相关的一个问题，因为被送到监狱的人主要来自缺乏教育的贫困人群，这些人入狱后就不能再完成教育过程，不能与自己的孩子接触，即使释放出来，其犯罪记录也成为找工作的重要障碍。即使找到工作，通常多数是苦力型的，因为数年的监禁会使其工作技能受到损害。一项研究表明，这些人出狱后一年内有60%的人找不到工作。[7]刑期太长、保释和缓刑政策太不灵活，使这些人的生活受到严重伤害。现金保释政策使很多贫困人口犯罪后待在监狱等候判决。数百万儿童成长过程中都有一位家长在监狱，不利于他们的成长。

美国的监狱系统估计每年要消耗纳税人740亿美元费用，这些资金本来可以用于直接解决很大一部分不平等问题。[8]在这方面，不平等问题的政策解决方案是很特殊的，它是在减少政府支出，而不是要求增加支出。节省下来的资金可用于为刑满释放的人治疗毒瘾或心理健康问题。仅对较短的刑期进行必要改革是不可取的，被判几十年刑期使许多人在监狱中变老，他们现在对社会已威胁不大。只有广泛的赦免运动，才会减少监狱人口。

毒品合法化

毒品合法化的理由是禁毒成本高，效果有限。据米隆和沃尔多克计算，2010 年的禁毒成本达 880 亿美元。[9]毒品合法化之后，因为节省警力、执法成本、监狱系统的资金与人力花费，可节省一半资金。另一半节省的资金来自目前放弃的税收，合法毒品可像烟草一样征税。这些成本估算还没有计入涉毒人员被囚禁而产生的无形成本，包括失去公民自由，犯罪记录对未来收入和就业的负面影响。

走向更大的机会平等

学前教育。尽管 4 岁的学前教育在很多国家都很普遍，如英国、日本，但在美国，这个年龄的人群进入学前项目的只占 69%，在经合组织（OECD）成员排名第 26，最贫困的儿童很少有可能入学。美国 3 岁儿童进入学前项目的比例名列第 24，入学率为 50%，而法国、意大利至少达到 90%。美国排名靠后不仅仅是因为儿童加入学前教育的年龄，还包括班级规模和生均支出。[10]

学前教育的好处适用于所有学生，但尤其适用于低收入家庭长大的学生。贫困家庭的父母受教育程度有限，他们的孩子到 5 岁才入幼儿园，在词汇上就有很大的差距，限制了小学和初中时期的成绩，产生了高辍学率，而且常常导致出现违法活动。从教育系统来说，5 岁才加入学习过程就太晚了，因为这时大脑已经迅速发育，形成了对未来成功至关重要的认知技能和性格技能。贫困家庭的儿童缺乏家庭阅读、日常交流以及经常的问答式交谈，而这些在中产阶层家庭都很普遍，在父母双方都完成大学教育的家庭更是如此。

赫克曼等人研究了儿童完成实验性学前教育项目的一系列数据。[11]他们估计，一个这样的项目每年的回报率为 7%~10%，这包括提高教育和职业成就，减少补习成本，降低健康支出和刑事司法系统支出。他们指出，对贫困家庭风险儿童的学前教育要长期关注，学前教育的投资回报要大于小学和初中教育的投资回报。有效的学前教育带来的不仅是词汇和其他学习技能，而且包括“注意力集中、情绪控制、毅力和团队意识等性格技能”。[12]

中等和高等教育。之所以把学前教育放在首位，是因为美国教育体系每一层次的业绩都令人失望，从 15 岁学生的国际学生评估项目测试中差劲的表现到社区学院的辅导班，都反映了孩子们每一个年级的成就都不尽如人意。在学校选择和特许学校方面，一直都没有灵丹妙药，尽管也做了不少试验——其中一些取得了令人瞩目的成功，来自低收入背景的孩子拿到了高中毕业证，进入了大学。[13]美国不平等和教育阻力的一个重要因素是美国的小学与初中教育融资体系都是由地方财产税支付，结果一些富裕郊区的校园设施富丽堂皇，中心城市贫民区的学校则破败不堪。教育的资金来源从当地转到州级，将有助于减少不平等，提升教育结果。理想状态下，服务贫困儿童的学校享受的资源应大于服务富裕儿童的学校，而不是像现在这样反而更少。

高学费和迅速积累的学生债务已成为美国高等教育的主要问题。尽管有大量的助学金，特别是在富裕的私立大学。但到 2015 年，学生债务还是达到 1.2 万亿美元，每月要偿付成百上千美元学生贷款的年轻人推迟组建家庭、结婚、生育、购置住宅。最有希望的改革措施可能是通过所得税体系，将学生贷款转移到按收入比例偿付的还款体系。尽管联邦学生贷款最近引入了按收入比例还款的选择计划，但那些私人部门的贷款没有引入这一计划，因此迄今为止只有很少的学生选择了按收入比例还款的计划。澳大利亚提供了一个典范：学生在校时大学教育贷款免息，毕业后根据纳税收入比例，通过所得税体系，偿还部分费用。在失业期间或者如果收入低于纳税门槛，还款停止，直至找到合适的工作。在现有债务超过 20% 永远无法回收时，将为这一体系提供补助。[14]

累退性规制。在美国的整个经济生活中，通过版权和专利法提供过度垄断的权利，对准入和竞争设置规制性壁垒，限制了创新。通过职业资格许可限制，保护无能的服务提供商，限制了职业选择；通过用地规制，人为制造稀缺。所有这些，都加剧了不平等，降低了生产率提升速度。政策专家广泛认为，版权法过于宽泛，在规定侵犯版权违法的同时，也限制了非商业用途的复制，这在互联网时代很不正常。专利法也走得太远，过于保护软件和商业模式。[15]

据克莱纳计算，受职业资格许可影响的工作比例已从 1970 年的 10% 上升到 2008 年的 30%。[16]职业许可减少了就业机会，限制了新进入者创建小企业的能力，制约了低收入人群的向上流动。职业许可还降低了新企业进入的速度，成为第 17 章描述的“企业活力”下降的原因之一。格莱泽把区域功能限制和土地使用规制称为“规制税”，实施规制税就是将财富从不太富裕的人群转移到更富裕的人群，将穷人与富人分开，抬高房价推动居住隔离，鼓励潜在居民从生产率高的大城市迁移到生产率低的区域，因为那里的房价便宜。[17]所有这些过度规制都与不平等相关，因为它们将收入与财富再分配给受版权、专利、许可、土地使用限制保护的人群。解除各种过度规制是缓解不平等、推动生产率增长的可行政策措施，需要指出的是，这些规制是在州和地方层面实施的，远在联邦政府政策的直接影响之外。

人口与财政阻力

随着婴儿潮一代的退休，随着过去 10 年间 55 岁以下人群劳动参与率的下降，人口阻力减少了人均工时。财政阻力是由没有劳动收入或不支付所得税的退休人员对有劳动收入或支付所得税的劳动人口的比率上升造成的。政策解决方法包括移民、增加纳税工人数量，加上有利于增加财政收入、促进税收公平的税收改革。碳税是基于保护环境、减少碳排放设立的，也有增加财政收入、缓解财政阻力的附带作用。

移民。改革移民政策的方向是提高劳动年龄人口的平均技能水平，从而推动劳动生产率增长。一种改革办法是终止不向外国出生的美国大学毕业生提供居住权的做法，这是一种“自我强迫的人才流失”。增加高技能移民、提高美国劳动力平均质量的理想工具可能是类似于加拿大以积分为基础的移民制度。其中，根据其教育水平、语言技能、原先的工作经历等，计算得分，评价每一个移民申请者。[18]技能定义可以宽泛些，也包括蓝领技能人才，因为美国目前缺少许多蓝领技能人才。相比较而言，加拿大每年移民数量占全部人口的0.8%，而美国受制于每年的法定限额，移民只占0.3%，这说明美国增加移民数量是有潜力的。

税收改革。公平和税收的一大好处通过采取费尔德斯坦（Martin Feldstein）长期主张的限制“税收支出”（指所得税体系中的多种减免）可以实现。所有减免，不同于税收抵扣，将使税金节约额随收入而增长，所以取消税收减免可以提升税收体系的公平性。费尔德斯坦提供了一份详细的计划，说明不用终结慷慨的税收减免，联邦税收每年都能增收1440亿美元。[19]

受到广泛支持、被视为控制碳排放最直接手段的碳税，可以解决财政阻力。来自碳税的收入可以避免提高工资税和减少退休福利。美国国会预算办公室估计，每吨二氧化碳排放征收20美元税收，一年就能增加收入1150亿美元。[20]

财政总清算。财政阻力来源于预期寿命延长和退休人员对在职人员比率的上升。财政解决方案可以来自三个方面：如上文建议的加大对顶层收入的征税，取消或大幅限制税收减免的税制改革，以及碳税。所有这些收入都有助于稳定联邦债务占GDP的比例，为最重要的政策改革——向贫困家庭的儿童提供专门辅导和强化项目，提供统一的学前教育——筹集资金。只要新征税收来自对顶层收入加税，来自主要影响收入分配顶层的税制改革，就能为制止债务占GDP的比例上升提供财政收入，而不用降低中等收入者的可支配收入。

最后的设想

表P.1总结了10类政策干预建议，每一类都与相关的阻力有关。另外，其中7类中都有生产率增长，表明该类政策有可能通过提高劳动技能和人力资本，加快劳动生产率增长。这些政策包括推行更慷慨的劳动所得税抵免，改善贫困儿童的学习环境，实施释放囚犯、缩短刑期的政策，改革各层次教育，取消累退性规制，移民政策转向基本上自动接纳教育水平和技能水平较高的人群。

表 P.1　解决阻力和生产率缓慢增长的政策方向

累进性税收体系	不平等和财政
最低工资	不平等
劳动所得税抵免	不平等和生产率
监狱政策与毒品合法化	不平等、人口、财政和生产率
学前教育	不平等、教育和生产率
公立学校融资	不平等、教育和生产率
按收入比例偿还大学贷款	不平等、教育和生产率
累退性规制	不平等和生产率
移民	人口、财政和生产率
税收改革	不平等和财政

生产率缓慢增长、不平等加剧、人均工时下降，都有难以克服的深层原因。这里并不是说一旦实施了上述政策建议，实际人均可支配收入就比没有这些政策变化时高出几十个百分点。不过，无论对经济增长影响结果如何，这些措施加在一起，再加上新的税收来源能够解决财政阻力，就可以为政府的新重点项目，特别是学前教育提供资金，从而创造一个更平等、能受到更好教育的社会。

致　谢

我对经济增长源泉与测度的毕生兴趣可追溯到1965年夏天，当时我在麻省理工学院的研究生院有了一份工作。我首先要感谢的是弗兰克·费希尔（Frank Fisher）和埃德温·库赫（Edwin Kuh），当时，他们雇我在其增长研究项目中担任助理。这封致谢辞几乎在50年前我参与项目一个月后就已经写好了，当时我第一次注意到美国的产出资本比在20世纪20年代至50年代之间翻了一番，随之而来的是全要素生产率急剧的离散式跳跃，那些让我迷惑的问题在本书以及讨论“大跨越”的第16章都有阐述。

在学术上，我首先要感谢的是约翰·肯德里克（John Kendrick），他在1961年出版了一本具有划时代意义的著作，那本书编著了1869年之后美国产出与投入的核心数据。直到今天，我们依然在使用其著作中20世纪20年代末之前的数据。爱德华·丹尼森激发了我对增长源泉的兴趣。丹尼森与兹维·格瑞里奇斯和戴尔·乔根森在1967年争论的那些饱受争议的议题成为我贯穿职业生涯的研究基础。从招聘我进入我的第一份学术工作开始，到1999年他去世为止，格瑞里奇斯不仅是我的学术导师，也是激励我不断前行的向导。

本书的中心主旨是，19世纪末将人们的生活从单调沉闷、辛苦劳作中解放出来的那些伟大发明，其起源非同寻常。在20世纪80年代，我和我的妻子有时候会住在密歇根西南部的一个赠送早餐的酒店，酒店里有一个旋转书架，客人在离开时可以带走上面的书籍。正是在那里，我发现了奥托·贝特曼（Otto Bettmann）鲜为人知却非常经典的著作《艰难困苦的往日岁月：它们真的很糟糕》（*The Bad Old Days: They Were*

Really Terrible），这本著作里有大量19世纪生活中出现的极大危险的插图，从机车锅炉爆炸到用水和白垩粉稀释的牛奶等，不胜枚举。相比其他资料，贝特曼的书是我一篇两千字文章《新经济能媲美过去的伟大发明吗?》（Does the New Economy Measure Up to the Great Inventions of the Past?）的灵感来源。

最初，专门记录经济学界新发展思想的著名记者戴维·沃尔什（David Warsh）和普林斯顿大学出版社的经济编辑赛斯·迪奇克（Seth Ditchk）建议我出版一本以伟大发明为主题的书籍。2007年初我参加美国经济学会在芝加哥召开的学术会议时，同以上两位就此事沟通了一周。2007年1月10日，我在给同事乔尔·莫克尔的一份邮件中写道，这本书是“凭空想象”的。乔尔·莫克尔是普林斯顿大学出版社经济史丛书的主编，他当即邀请我为他的丛书写这本书。我花了很长一段时间才拟定了这本书的介绍说明以及章节大纲。2009年初，为了征求相关的评价意见，这份提纲曾经传阅过。随后，在2009年10月，我同普林斯顿大学出版社签订了协议。

同时，约阿希姆·沃斯（Joachim Voth）建议我们一道在2010年5月在位于巴塞罗那的母校组织一场关于如何量化新发明价值的会议。他很机智地将会议的主题定为“量化富足”（Cornucopia Quantified）。通过那场会议，我暂定了本书的两个章节，这两个章节的大纲跟我之前的大纲非常不同。我在那场会议中收获了很多新思想，对此深表感谢。我尤其感谢戴维·埃杰顿（David Edgerton）、莫克尔和沃斯在那场会议中对本书相关章节所做的评价。

但是，直到2011年夏季，我才开始着手编写本书各章。早在2008年之前，我开始每年雇一位或者多位助理来完成著作和论文资料来源的发掘、编辑和重点标注工作。我想对本书的所有助理表达最深切的谢意，他们是Ryan Ayres、Andrea Dobkin、Burke Evans、Tyler Felous、Robert Krenn、Marius Malkevicius、William Russell、Andrew Sabene、Neil Sarkar、Spencer Schmider、Conner Steines、John Wang、Scott Williams、Edwin Wu和Lucas Zalduendo。

如果不是因为有脱产时间，并获得了考夫曼基金会的研究资助，我可能永远完不成这本著作。我想要感谢罗伯特·利坦（Robert Litan），是他鼓励我申请第一笔资助。我还想要感谢戴恩·施坦格勒（Dane Stangler）对书稿最后阶段的撰写和修改给予的补充性支持。

很多著名经济学者都阅读过本书不同的章节并提出建议，我努力吸纳所有人的意见，其中包括 David Autor、Steven Davis、Ian Dew-Becker、David Dranove、Benjamin Friedman、Robert Gallamore、Joshua Hausman、Richard Hornbeck、Megan McCarville、Valerie Ramey、Hugh Rockoff、Ian Savage、Joseph Swanson、Burt Weisbrod 和 Mark Witte。

我尤其要感谢的是我麻省理工学院博士论文的导师罗伯特·索洛（Robert M. Solow），我的博士论文主要研究 1920—1950 年产出资本比翻番的谜题，与本书第 16 章研究的“大跨越”现象相同。2014 年夏季，索洛阅读了本书手稿的五章内容，还庆祝了他的 90 岁生日。当我将第 16 章的初稿发给他时，我深有感触，因为从某种意义上来讲，我是在 47 年后重新提交了博士论文的修改版！

我的同事和普林斯顿大学出版社经济史丛书主编乔尔·莫克尔一直在鼓励我，并给我提供了很多建设性评论。普林斯顿大学出版社的两位推荐人亚历克斯·菲尔德（Alex Field）和卢·凯恩（Lou Cain）对最终书稿做出了许多贡献。我尤其要感谢的是菲尔德，不只是因为他向我提出了很多鞭辟入里的评论，而且因为他自己就挖掘了 20 世纪 30 年代的很多发明以及其他维度的进步。凯恩的建议一如既往对我的帮助很大，特别是对本书最后一章的组织架构。

虽然作为普林斯顿大学出版社的编辑，赛斯·迪奇克曾经在 2011—2013 年因为章节的编写速度过慢不可避免地唠叨，但是，在我第一次尝试确定本书书名的时候，他就提出了建设性意见。最后确定的书名就是他的想法。不只是标题，在本书的方方面面，或大或小，他都给我提供了数不胜数的协助。我还要感谢内容编辑玛德琳·亚当斯（Madeleine Adams）、制作编辑凯伦·福尔特岗（Karen Fortgang）、编辑助理萨曼莎·内德（Samantha Nader）、皮特·菲利（Peter Feely）以及印刷本书的员工。

最后，我还想感谢的是我相濡以沫52年的妻子朱莉（Julie），她不只忍受我四年内随意将成堆书籍堆放在书房，还为我付出了很多。她是我书里很多想法的参谋，并且在本书出版之前，一直给我提出尖锐而有建设性的评论。本书开头的献词提及了格什温（Gershwin）的一首歌，它是我们共同喜爱的《美国金曲》的象征，是20世纪20年代到50年代美国大跨越获得的另一种成就。

罗伯特·戈登

伊利诺伊州爱文斯顿

2015年8月

数据附录

图表中的源码注释的缩写

在本书图表注明的资料来源中，HSUS 指剑桥大学出版社千禧年版的《美国历史统计》（*Historical Statistics of the United States*, *Millennial Edition*），通过西北大学图书馆可在线访问。SAUS 指（美国）政府印刷局在当年出版的《美国统计摘要》。NIPA 指国民收入与产出账户，可通过 bea. gov 访问。

特定图表的资料来源

本数据附录给出的序列数据的来源是将多个不同的数据源整合成新的时间序列和指数。每一幅图和每一张表下方列出的数据来源指从第一手资料处复制过来的数据来源。

图 1. 1

所列时间段的增长率来自后面描述的绘制图 16. 1 所用的数据。

图 1. 2

所列时间段的增长率来自后面描述的绘制图 16. 5 所用的数据。

第一篇和第二篇间奏曲的数据

产出指实际 GDP，人口指美国劳工统计局月度“当前人口调查”（CPS）中的劳动年龄人口（16 岁以上），工时指从美国劳工统计局获得的未公布的每季度整体经济工作小时序列数据。通过提取每个序列与实际失业率和自然失业率之间差距随时间变化的相关性，这些数据序列表现出卡尔曼趋势（Kalman trends）。自然失业率序列数据的构建可参见戈登（Gordon，2013）的描述。

图 16. 1

实际 GDP，1889—1929 年，Kendrick，表 A-XXII。1929—2014 年，NIPA 表 1. 16。1870—1928 年的趋势计算参照了 Berry（1988）1870—1889 年的数据。

人口，1870—1998 年，见 HSUS Aa7 序列，1990—2014 年的数据见美国人口统计局。

工时数，1889—1948 年，Kendrick，表 A-XXII。1948—2014 年的数据为美国劳工统计局公布的整体经济的工时序列数据。1879—1928 年的趋势通过假设人均工时同 1870—1889 年一样进行计算所得。

图 16. 2

所有的序列都是 1870—1928 年趋势实际价值的比率，与图 16. 1 使用的是相同的数据。

图 16. 3

实际时均产出及其趋势来自图 16. 1。

1891—1929 年的实际工资来自 measuringworth. com，等于制造业生产工人平均名义工资除以居民消费价格指数。

1929—2014 年每小时名义工资是用 NIPA 表 1. 10 第二行的职工薪酬总额除以上述图 16. 1 来源中的工时数指标计算所得。并用 NIPA 表 1. 1. 4 中的个人消费平减指数转化为实际工资的序列数据。

图 16. 4

实际 GDP 来自图 16. 1 的资料来源。“原始资本”与图 A. 1 中“官方资本”的线相同。其来源将在数据附录的下一部分进行叙述。图 16. 4 中“修正后的资本”相当于图 A. 1 中标注为“加入政府资本”的线，修正方法将在本附录的其余部分阐述。

图 16. 5

全要素生产率是实际 GDP 对劳动投入的比率和对资本投入的比率的几何加权平均值，其权重分别为 0. 7 和 0. 3。

劳动投入由图 16. 1 资料来源中的工时数与劳动力质量指数相乘组成，该指数来自戈尔丁—卡茨（Goldin-Katz，2008，第 39 页，表 1. 3 第 2 列）的“教育生产率指数”。可直接得到 1915—2005 年的戈尔丁—卡茨指数。我们的教育指数使用戈尔丁—卡茨 1915—1940 年的增长率从 1915 年向后外推至 1890 年；使用戈尔丁—卡茨 1980—2005 年的增长率从 2005 向前外推到 2014 年。

资本投入由本数据附录后面所描述的新资本序列数据组成，图 A. 1 中标注为“加入政府资本”的线显示了 1920—1970 年的数据。

资本投入的调整

美国资本存量的官方数据由美国经济分析局固定资产账户（以下简

称 BEAFAA）提供，该数据可追溯至 1925 年，显示出 1929—1945 年私人经济的资本投入量实际上减少了。这些数据显著低估了 1929—1945 年资本投入的增加，因此也就高估了 20 世纪 20 年代和 50 年代之间平均资本生产率和全要素生产率的跃升。在这一部分，我们设计了四个可选择的资本投入序列，时间跨度为 1889—2013 年，并利用 Kendrick（1961）提供的估计值，向后推算了 1925 年至 1889 年的数值。图 A. 1 将 1928 年的值设为 100，通过指数形式来表示这四个序列，以突出在 20 世纪 20 年代和 50 年代之间这四个概念的不同之处。这些序列之间对全要素生产率有影响的差异被限定在 1920—1972 年，因此图 A. 1 只涵盖了那 52 年而不是所计算的全部 125 年。在下面的小节中，我们将说明数据的来源，以及为改善资本投入测度而做出调整的性质。

私人设备和建筑

本附录以及第 16 章中涉及资本的所有数据都经过了重新计算，以显示用 1950 年不变价格表示的真实数量，而不用 BEAFAA 公布的数据中所用的 2009 年不变价格。这消除了 1950—2009 年的相对价格变化。这种变化会影响产出资本比或者政府资本与私人资本之比的变化。这样做是恰当的，因为第 16 章主要关注 20 世纪 20 年代到 50 年代之间投入与产出关系的变化，而不是 20 世纪 50 年代至最近 10 年间的变化。

现有的成本估计值来自 BEAFAA 表 2. 1 第 2 行和第 35 行。数量指数来自表 2. 2 中的相同行。数量指数与表 2. 1 中的 1950 年美元值相乘，以得到一个用 1950 年美元表示的不变美元序列，之后用 1950 年美元表示。与 1889—1925 年的设备和建筑相对应的序列来自 Kendrick（1961）表 A-XVI 第 7 列和第 9 列，1925 年序列按 1950 年美元同口径调整。

图 A. 1 中的黑线代表 BEAFAA 记录的私人设备和建筑的总量。在经历了 1929 年之前一段平稳增长的历史后，该序列在 1929—1944 年间停止增长。私人资本的官方序列在 1945 年时出现了急转，从没有增

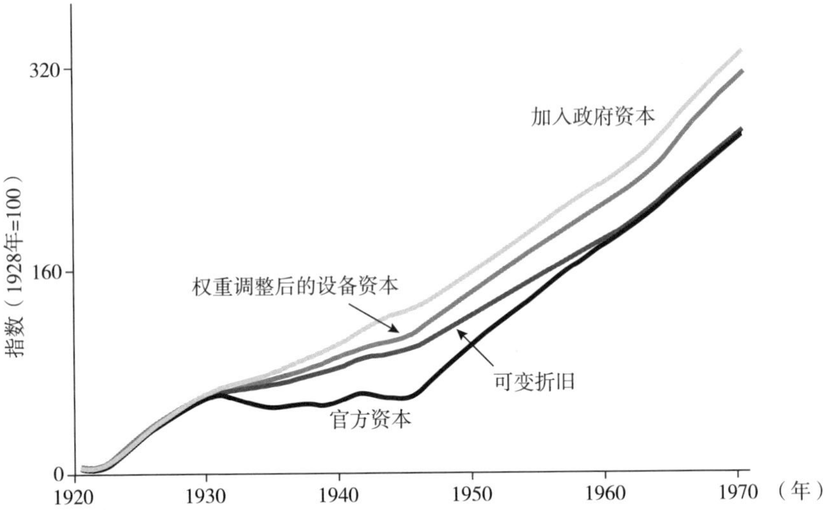

图 A. 1　1920—1970 年四种可选的住宅和非住宅固定资本投入概念

长转变为在整个战后时期持续地快速增长。在全国资本存量这样的基本事物的增长中，出现了一个 15 年的断档是可能出错的危险信号，而它确实出错了。这使我们转向资本投入的新指标。[1]多种概念之间的差异有助于我们理解全要素生产率在 20 世纪 20 年代到 50 年代间的巨大飞跃。

可变折旧

美国经济分析局通过标准的永续盘存法计算资本存量。从第一年的价值开始，通过加上第二年内的总投资并减去当年折旧得到第二年的资本存量。关键的问题在于折旧上，因为它基于一个固定数值表而没有根据经济现状进行调整。当私人总投资发生暴跌时，比如 1930—1945 年的大多数年份里出现的那样，这个假设就是不成立的。

当盈利能力计算发现某块地有更好的用处时，地面上的建筑通常会被拆除。官方数据假设 1880—1930 年间建造的建筑在 20 世纪 30 年代和 40 年代初按照固定的时间表被拆除了，即使没有新建筑来替代它们。但 1939 年曼哈顿的街道上并没有遍布因 1930 年之前的建筑被拆掉而留下的空地。

相反，1930年前的建筑在1930—1945年一直存在，并且在制造这些年的产出中发挥了作用。[2]建筑物投资中断被概括在私人建筑总投资对这些建筑资本存量之比中，该比率从1925—1929年4.8%的均值降到1933年的1.1%，之后直到1946年才超过4.0%。事实上，1931—1945年建筑投资对建筑资本存量的平均比率仅为1925—1929年均值的39%。[3]

纽约和芝加哥提供了建筑物拆除和建筑物建造中断的一个标志。纽约最高的建筑是1931年建成的帝国大厦，直到1974年建成世贸中心才将它超过。芝加哥最高的建筑是1930年建成的（芝加哥）期货交易所，直到1957年建设的保诚大厦才将它超过。在建设数量极少的很长时间里，建筑物没有被拆除，因此美国经济分析局的官方数据高估了1930—1945年的折旧，低估了这段时间的资本存量。

同样的问题影响着美国经济分析局关于生产商耐用设备的数据。虽然这类资产的生产性寿命要短一些，但现象是一样的。大萧条极大地降低了设备投资总量与设备资本之比，从1929年的14.5%降到1932年的6.5%，这时旧设备退役的速度不再是一成不变的。1941—1945年“民主国家兵工厂”那划时代的成就很大程度上依赖于在20世纪20年代制造却没有“按时间表”在1930—1941年报废的机器。“二战”被称为“发动机之战”。美国工业设施为卡车、坦克、飞机生产发动机的能力远超其他任何国家。在1929年，美国生产了全世界机动车辆的80%。支持在投资疲软时期延长设备报废年限这一观点的是机床产业。美国机床使用年限超过10年的占比从1930年的46%跃升至1940年的71%，之后随着“二战”期间机床存量的翻番下降至42%（见下文）。[4]

可变折旧调整将美国经济分析局的固定折旧模式改变为一个可变折旧模式，该模式等于美国经济分析局的折旧乘以总投资同相对于其平均值的资本存量之比。因此，当1933年的总投资相对于资本存量低时，折旧也低；同样，在1955年总投资高时，折旧也高。

计算首先结合当前的成本折旧（cost depreciation）序列以及BEAFAA表2.4、表2.5的第2行和第35行的数量指数，得到1925—2013年以1950年不变美元计价的设备和建筑折旧。1901—2013年以1950年不变美元计价的设备和建筑总投资序列由 BEAFAA 表2. 7 和表2. 8 的第2 行和第35 行得到。之后计算总投资对资本存量的比率（I/K），取该比率在 1925—1972 年的平均数。用 I/K 除以它在 1925—1972 年的均值得到调整因子，然后再乘以美国经济分析局的折旧值。之后，调整的资本存量用永续盘存法计算，使用新的折旧序列而不是美国经济分析局的官方折旧序列。所用的标准公式为 $K_t = K_{t-1} + I_t - D_t^*$，其中 K 是资本存量，I 是总投资，D^* 是调整后的折旧序列。这一调整在 1964 年中断，当时调整后的资本序列与美国经济分析局的官方序列收敛在一起。

这里有一个 1933 年设备折旧调整的例子。1925—1972 年资本投资比率的均值是 15. 4%，但 1933 年的实际比率仅为 6. 9%，均值为 0. 45。0. 45 乘以美国经济分析局 127 亿美元（1950 年美元）的折旧得到一个调整后的折旧额，为 57 亿美元。因为折旧远低于美国经济分析局的假设，即折旧不会受到投资下降的影响，所以调整后的资本存量比美国经济分析局的资本存量上升得快。在 1930—1944 年，除了 1937 年、1940 年和 1941 年，调整后的折旧都比美国经济分析局的折旧小；在 1937 年、1940—1941 年和 1945—1963 年，调整后的折旧都比美国经济分析局的折旧大。对建筑物，调整后的折旧在 1930—1945 年比美国经济分析局的折旧小，在 1945—1963 年比美国经济分析局的折旧大。

可变折旧的计算结果由图 A. 1 中的深灰色线表示。调整后的资本投入在低投资的年份（1930—1945 年）比官方资本序列增长得快，之后则更慢。在 1964 年可变折旧序列与官方资本收敛在一起。可变折旧调整对 1929—1964 年的资本增长没有影响，但对资本投入水平和增长率可以进行看似合理的调整，借以纠正美国经济分析局假设折旧率固定这一错误。[5]1964—2013 年新的资本测度同美国经济分析局的资本数据相同。

设备的用户成本权重

接下来的调整认识到了乔根森和格瑞里奇斯的研究（Jorgenson and Griliches，1967）以及许多后续研究的贡献。设备投资与建筑投资不同。

服役设备的寿命比建筑物要短很多。在极端情况下，笔记本电脑每3～5年就要更换。处于中间的可能是拖拉机、卡车或者商务用车，在12～15年后就可能被送到废品厂。在寿命长的那端是建筑物，许多会存在数十年，一些甚至会超过一个世纪。

美国城市中心地区的许多商业建筑是在20世纪20年代的建筑热潮时建造的，到现在已经有90年了。纽约洛克菲勒中心的核心建筑现在已经85年了。大多数居民建筑物几乎可以永久存在，美国城区和城郊的地形使人们能够回溯到19世纪早期的格鲁吉亚联排别墅，1880—1900年维多利亚时期的安妮女王风格，再到战后初期令人讨厌的小型莱维顿建筑，最后到现在的豪宅。大多数居民住宅都建在新的地址上，只有相对很少的一部分被拆除了。[6]建筑能存在很长一段时间，但设备的寿命要短得多，这一点必然导致这样一个结论：设备资本的“用户成本”比建筑的要高得多，简单说来是因为设备没有那么长的存续时间，相应的折旧率会更高。美国劳工统计局编制的战后资本投入数据对设备和建筑加入了用户成本权重（user cost weights），但劳工统计局的数据没有1948年之前的。而我们的主要兴趣在于了解1928—1948年发生了什么，因此我们必须针对BEAFAA对设备和建筑的测度建立我们自己的用户成本权重。

图A.1中的中灰色线表明，当设备和建筑考虑了用户成本后，资本增长会更快。该方法允许在设备资本内部从寿命较长的卡车和工业机器转向寿命较短的电脑和其他电子设备。校准后的设备相对于建筑的乘数从1925的3.0逐渐上升到2013年的5.9。这一乘数的变化率是经过调整的，这样产生的资本投入序列的增长率与劳工统计局的私人部门固定资本序列相似。该调整对1972年后比对图A.1中的1920—1972年更重要。

政府资本

最后是针对政府资本的调整，政府资本主要包括道路、高速公路以及其他能提高私人部门生产率的基础设施，还包括有助于政府部门产出的政府建筑、军事设施。然而，可获得的政府资本数据必须仔细处理。

虽然所有的政府建筑都为整体经济提供了要素投入，但所记录的政府设备总量却不一定如此。BEAFAA 中大多数的政府设备由军事武器组成，比如轰炸机、战斗机和海军作战舰艇。这些武器的产出与政府非国防设备和建筑的产出不是同样意义的。[7]

以国有资产净存量现时成本计算的来自 BEAFAA 的表 7.1A 和表 7.1B，包括第 3 行的总建筑，第 37 行的联邦非国防设施以及第 51 行的州和地方设施。实际数量指数来自表 7.2A 和表 7.2B 的这几行，并被转换成用 1950 年美元计价的实际序列。图 A.1 中的浅灰色线显示了把这些国有资产的成分加到经权重调整后的私人资本存量上的结果。由于罗斯福新政的项目和公路建设，在整个 20 世纪 30 年代政府资本相对私人资本处于上升趋势，在“二战”末期的 1944 年达到政府资本相对于私人资本的最高值。

表 A.1 中更详细地展示了政府资本的作用。表中显示了政府建筑的四个类别——建筑物、公路、军事设施和其他基础设施（主要是水坝和供排水项目）。应注意，建筑物不仅包括政府官员的办公建筑和教师与学生的学校，还包括大量“政府所有，私人运营”（GOPO），以及作为赢得“二战”胜利的部分行动而建造的设施。亨利·福特当时建设了一个组装 B-24 轰炸机的工厂，建设费用就由美国联邦政府而不是福特公司支付。[8]它被算作政府建筑存量而不是私人部门资本存量的一部分。

表 A.1 展示了每一类政府建筑资产占私人非住宅建筑资产的百分比，都经过调整以包含可变折旧。[9]通过这一比较，可以显示相对于私人建筑而言政府建筑增加了多少。到 1941 年，该比例已经从 1928 年的 35.4% 增加到了 58.0%，到 1944 年达到了 68.6%，几乎是 1928 年占比的两倍。有些奇怪的是，政府建筑相对于私人建筑的重要性在“二战”后没有下降。表 A.1 第五行的总比例在 1944—1950 年从 68.6% 轻微下降到 66.1%，之后又进一步上升到 1957 年的 74.9% 和 1972 年的 93.4%。

政府建筑相对重要性提高的源泉被细分为表 A.1 前四行所显示的四类。政府建筑物涵盖了容纳政府雇员的所有建筑，包括州议会大厦、市政厅、学校、国立大学、治安和消防设施，还有监狱。公路是一个单独的大类别。军事设施包括陆军基地、军港设施、海军基地以及训练设施。“其他基础设施”包括“保护和开发”，比如防洪堤，或者对国家和州立公园的维护、供水设施、污水处理设施等。修建于20世纪30年代的胡佛大坝和田纳西流域管理局的设施就是“其他基础设施”的例子。[10]

表A.1 政府建筑占私人非住宅建筑的比例（%，1950年美元）

	1928	1941	1944	1950	1957	1972	1928—1972年的变化
（1）建筑物	9.8	16.1	21.6	20.9	25.2	32.4	22.6
（2）公路	12.7	20.1	19.2	19.1	22.2	31.6	18.8
（3）军事设施	4.1	5.6	11.9	10.9	11.2	8.9	4.8
（4）其他基础设施	8.2	14.8	16.5	15.1	16.2	21.2	12.9
（5）政府建筑总数	35.4	58.0	68.6	66.1	74.9	93.4	58.0

表A.2显示了表A.1中描述的四个资本投入序列自1928年以来在五个特定年份的百分比对数变化的情况，清晰地显示出一些令人吃惊的结论。第五行显示了官方资本和调整后的资本之间的总变化，从中可以发现大多数调整发生在1928年到1941年之间。与1928年相比，调整后的资本存量在1941年高了25.1%，相比之下官方序列仅为4.2%，说明这里存在一个高达20.9%（25.1%减4.2%）的调整。在这些调整中，超过一半是因为引入了可变折旧，考虑到20世纪30年代的总投资比其他任何10年都低于正常值，就会发现这样做是有道理的。对设备资本的权重调整使1928—1941年资本增加3.4%，政府资本增加5.7%。

表A.2 其他资本投入概念自1928年以来的对数变化（%）

	1928	1941	1944	1950	1957	1972
（1）美国经济分析局的官方资本	0	4.2	2.6	22.2	47.1	99.7
（2）可变折旧	0	16.0	18.3	32.2	50.7	101.4
（3）权重调整后的设备资本	0	19.4	22.9	40.1	61.3	121.7
（4）加入政府资本	0	25.1	30.9	46.3	68.3	128.0
（5）包括前四行的总调整	0	20.9	28.9	24.0	21.2	28.3

1944 年和 1972 年的调整都是 28. 3%，但调整的组成却非常不同。在 1944 年，官方资本测度比 1928 高 2. 6%，调整后的测度高 30. 9%。在这 28. 3% 的差异中，15. 7% 来自可变折旧，4. 6% 来自权重调整后的设备资本，剩下的 8% 是由政府资本增加导致的。可变折旧的贡献持续到 1944 年以后，到 60 年代中期逐渐消失，相反，随着战后时期设备投资相对建筑投资的增加，经权重调整后的设备资本的贡献逐步变得更加重要。最后，政府资本的贡献不出意料地在 1944 年时达到顶峰，但在表中所显示的其他年份中一直都很大。

注　释

前　言

为何能记住当年研究设想产生的时间？源于我年轻时期的三个不同寻常的因素：第一，在长途电话足够便宜并使写信过时之前，我定期给父母写信；第二，我父母都是经济学博士，并且喜欢我对经济学反思，喜欢我那些身为经济学家的老师。第三，我父母保存了我写的每一封信。

第 1 章

1. 参见 Maddison（1999）。

2. 参见 Landsberg（2007）。

3. 参见 Bryson（2010，第 22 页）。

4. 1940 年，美国城市和农村在这些方面的相应比例参见表 4.4。

5. 参见 Haines（2000，第 156 页，表 4.2）。

6. 参见 Becker（1965）。

7. 参见 Denison（1962）。

8. 对价格指数偏误的非技术描述省略了具体细节：GDP 数据是由美国经济分析局（BEA）整理编辑的，但是针对消费者商品和服务的价格指数，即居民消费价格指数（CPI），是由美国劳工部劳工统计局的区域代理人直接比较价格而得到的。波斯金委员会（Boskin Commission）的 1996 年报告中有对价格指数偏误的全面讨论，参见 www.ssa.gov/history/reports/boskinrpt.html。

9. 参见 Hausman and Leibtag（2007）。

10. 参见 Goldin and Katz（2008，表 1.3）。

11. 资本投入数据是为本书特意计算的，具体数据来源在附录中有讨论。

12. 参见 Gordon（2000）。

13. 三个时期中全要素生产率的平均增长率分别是0.46%、1.89%和0.65%。因此，1970年以后时期的增长率几乎是1920—1970年的1/3。

14. 参见 David（1990）。

15. 参见 Solow（1987）。

16. 参见 Field（2003，2011）。

17. 在2006—2014年，美国的商业航空公司中只发生了一次重大的商用飞机坠毁事故：科尔根航空的3407航班在纽约布法罗之外坠毁。期间，美国航空公司共运输旅客50亿人次。

18. 参见 McCloskey（2014）。

第2章

1. 以2010年美元计算，美国的人均收入为3714美元，而英国的人均收入为5038美元。英国和德国人均收入的计算以 Maddison（1995）为基础，而在计算美国人均收入时则使用了追溯到1929年的 NIPA 当前数据与1929年之前 Maddison（1995）数据的比值。

2. 参见 Bryson（2010，第22~23页）。“美国制造体系”一词起源于1851年，可追溯到对1851年展览会的评论（Hounshell，1984，第331页）。

3. 1850年美国人口为2320万，1860年为3150万，1870年为3990万，到1880年达到5030万。1851年整个不列颠群岛（包括爱尔兰南部）的人口总量为2740万，统一后的德国在1871年和1880年的人口分别为4110万和4520万。

4. 后来，Bryce 在1907—1913年担任了英国驻美大使。

5. 参见 Byrce（1888/1959，第2卷，第557~558页）。

6. 参见 Mokyr（2009）。

7. 欧洲人先前已经将电报的相关元素组合在一起，包括电磁铁。但是，塞缪尔·摩尔斯最先开发了一个商业上可行和成功的电报系统。

8. 详细资料参见 Ambrose（2000，第365~367页）。

9. 参见 Ambrose（2000，第366页）。

10. 参见 Mokyr（2009）。

11. 关于 1870 年、1900 年以及 1940 年火车速度的数据，在第 5 章中有提供。

12. 人口数据来自美国历史统计数据（HSUS）的序列 Aa7。

13. 参见 Malthus（1798），间接引用于 Haines（2000，第 143 页）。

14. 参见 Haines（2000，表 4.3，第 158 页）。

15. 参见 Haines（2000，第 155 页）。

16. 参见 Haines（2000，表 4.2，第 156 页）。

17. 参见 Severson（1960，第 361 ~ 362 页）。

18. 参见 Haines（2000，第 193 页）。

19. 参见 Alexander（2009，第 57 页）。

20. 有些家庭的燃料成本涵盖在租金中，而不是作为一个单独的支出项目，这类家庭也同样被排除在外。

21. 参见 Gallman（2000，表 1.10，第 30 页）。

22. 该段中根据 HSUS 序列 Cd378 到 Cd410 对消费进行细分。

23. 参见 McIntosh（1995，第 91 ~ 92 页）。

24. 参见 McIntosh（1995，第 82 ~ 83 页）。

25. 参见 Hooker（1981，第 275 页）。

26. 英国的卡路里摄入量数据来自 Floud et al.（2011，图 4.7，第 163 页），美国的相应数据来自同一文献（表 6.6，第 314 页）。

27. 参见 Alexander（2009，第 78 页）。

28. 参见 Hooker（1981，第 220 页）。

29. 详情参见 Alexander（2009，第 78 ~ 79 页）。

30. 参见 Munn（1915，第 27 页）。

31. 参见 McIntosh（1995，第 91 页）。

32. 援引自 Bettmann（1974，第 110 ~ 113 页）。

33. 详情参见 Carroll（2010）。

34. 参见 Fite（1987，第 47 页）。

35. 详情参见 Schlereth（1991，第 142 ~ 143 页）。

36. 参见 Danbom（2006，第 97 页）。

37. 参见 Clark（1964，第 131 页）。

38. 参见 Schlereth（1991，第 91 页）。

39. 根据 http：//en. wikipedia. org/wiki/Radiator，散热器是圣彼得堡的 Franz San Galli 于 1855—1857 年发明的。

40. 参见 Strasser（1982，第 57 页）。

41. 除其他资料来源外，有关厕所的历史可查看：www. victoriaplumb. com/bathroom_DIY/history_of_toilets. html。

42. http：//plumbing. 1800anytyme. com/history-of-plumbing. php.

43. 参见 Strasser（1982，第 97 页）。

44. 参见 Danbom（2006，第 96 页）。第 9 章深入讨论了消费金融和抵押贷款债务。

45. 参见 Shergold（1962，第 153 页）。

46. 参见 Kleinberg（1989，第 72 页）。

47. 参见 Streightoff（1911，第 84 ~ 85 页）。

48. 参见 Strasser（1982，第 28 页）。

49. 2011 年 7 月，在谷歌上搜索“1870 年的住宅风格”，可以得到一个挂在 oldhouses. com 上的包含 131 户住宅的清单，这些住宅建造于 1870 年至 1880 年。

50. www. localhistories. org/middleclass. html.

51. 参见 Carr（1909，第 18 ~ 22 页）。

52. 援引自 Greene（2008，第 1 ~ 2 页）。

53. 参见 Greene（2008，第 167 页）。

54. 参见 Rosenzweig（1983，第 48 页）。

55. 关于科尼岛的事实来自 http：//en. wikipedia. org/wiki/Coney_Island。

56. 参见 Kleinberg（1989，第 109 页）。

57. 参见 Schlereth（1991，第 288 页）。

58. 参见 Starr（1982，第 113 页）。

59. 参见 Danbom（2006，第 98 页）。

60. 参见 Melosi（2000，第 90 页）。

61. 参见 Melosi（2000，第 75 页）。

62. 我的同事路易斯·凯恩告诉我，流速大约每秒 3. 33 立方英尺的河流能够在大约 100 英里长度内净化相当于 300 万人口的排泄物。

63. 参见 Greene（2008，第 175 页）。

64. 参见 Brinkley（1997，第 120 ~ 121 页）。

65. 参见 Larsen（1990，第 65 ~ 66 页）。

66. HSUS 上有列出职业分类，并且提供了 1860—1990 年（以 10 年期划分）的数据。在将数据更新到 2009 年时，需要将更细的分类进行整合。2009 年的数据里不再有家政服务人员这一分类，我们认为它已经计入了“个人和家庭护工”一类中。在“普通工人”一类中，新增加了建筑帮工和汽车清洗工人。农场主被归类为自我雇佣并参与农业的职业者，但农场工人仍然是农业、渔业和林业的雇员。

67. 参见 Fite（1987，第 38 ~ 39 页）。

68. 参见 Fite（1987，第 55 页）。

69. 这里和之前段落的所有数据均根据 HSUS 序列 Da16、Da24、Da159、Da530-553、Da644 以及 Da1277-1283 计算所得。

70. 该段中的详细内容来自 Greene（2008，第 193 ~ 195 页）和 Pursell（2007）。

71. 参见 Clark（1964，第 39 页）。

72. 参见 Lears（2009，第 133 ~ 134 页）。

73. 参见 Brinkley（1997，第 117 ~ 118 页）。

74. 参见 Larsen（1990，第 72 ~ 73 页）。

75. 参见 Bedford（1995，第 18 ~ 19 页）。

76. 参见 Thernstrom（1964，第 145 页）。

77. 参见 Thernstrom（1964，第 98 页）。

78. 参见 Katz、Doucet and Stern（1982，第 128 页）。

79. 详情来自 1872 年的费城保险地图，由 Greene（2008，第 173 页）进行了重新计算。

80. www. digitalhistory. uh. edu/historyonline/housework. cfm.

81. 参见 McIntosh（1995，第 79 页）。

82. www. digitalhistory. uh. edu/historyonline/housework. cfm.

83. 参见 Alexander（2009，第 68 页）。

84. 参见 Fishlow（1966，第 418 ~ 419 页）。

85. 参见 Schlereth（1991，第 245 页）。

86. 参见 Soltow and Stevens（1981，第 121 页）。

87. 参见 Span（2009，第 5 页）。

88. 参见 Katz、Doucet and Stern（1982，第 85 页）。

89. 参见 Kleinberg（1989，第 239 页）。

第 3 章

1. 1888—1891 年美国劳工统计局调查的对象仅限于“正常”家庭，这些家庭中有一对夫妇、有不超过 5 个 14 岁以下的孩子且没有寄宿者。这与马萨诸塞州劳工统计局以及 Chapin（1909）的结果完全不同，后者包含寄宿者，并且在 Chapin 的数据中收留寄宿者所得收入是相对较大的家庭收入来源。美国劳工统计局样本仅涵盖钢铁等重工业和煤炭、棉花、木材及玻璃等行业中的工薪阶层。人们也许会认为，这些行业中的工人会得到超过平均水平的工资，因为他们的工作十分艰辛。1901 年调查的数据再次发生了变化，它在年收入 1200 美元处有截断，但包含了工资和薪酬收入。因此，我们可以预料 1901 年调查中的收入和消费平均水平将相对较高。在其他方面，1901 年调查中的排斥性约束与 1888—1891 年调查相同，也就是说只考虑“正常”家庭。1917—1919 年美国劳工统计局调查的目的是分析“一战”期间食品在家庭开支中所占比例，因为在此期间食品支出的增长远高于其他商品的价格增长。同时，这一调查的对象都是白人城市家庭。

2. 我们使用的居民消费价格指数包括 Rees（1961）提供的 1890—1914 年价格指数和 1914 年之后的官方居民消费价格指数。参见 Officer（2011）：www. measuringworth. com/uscpi/。

3. 参见 Chapin（1909，第 198～228 页）。

4. 美国农业部的表观消费量序列相当于根据动物饲料、种子、工业采购、出口和结算库存进行调整后的产出（通常以磅为单位衡量）。尽管美国农业部的这个消费量序列只能追溯至 1909 年，但是它能够与可上溯至 1800 年的其他时间序列数据连接。

5. John Wilson 医生，援引自 *Southern Cultivator*，1860 年，第 18 卷，第 295 页。

6. 援引自 Hooker（1981，第 217 页）。

7. 参见 Lynd and Lynd（1929，第 157 页），*Middletown*：*A Study in Contemporary American Culture*，详细讨论参见第 4 章。

8. 参见 Strasser（1982，第 21 页）。

9. 参见 Levenstein（1988，第 25 页）。

10. 援引自 Chapin（1909，第 136 页）。

11. 参见 Craig、Goodwin and Grennes（2004，第 327 页）。

12. 参见 Lebergott（1996，第 76 页）。他承认了 Warburton 的工作，但是并未使用 Warburton 对禁酒期间非法酒精的估计。同样，当前的衡量个人消费支出的 NIPA 表 2.4.5 假设，1929 年（表格的起始年份）至 1933 年（禁酒令失效的时间）之间的酒精消费为零。

13. 参见 Warburton（1932，第 260 ~ 261 页）。

14. 50 亿美元这一估计值出现于 Warburton（1932，第 260 页）。

15. 据 Lebergott 估计，1914 年的酒精消费名义总支出为 14 亿美元，参见 Lebergott（1996，表 A1，第 148 页）。名义 GDP 来自 Gordon（2012a，附录 A–1）。

16. 这个清单来自 Shaw（1947，第 108 ~ 110 页）中的表 II–1，该表列出了按照主要和次要类别划分的已完成加工商品的价值。

17. 参见 Schlereth（1991，第 132 页）。

18. 参见 Panschar and Slater（1956，第 95 页）。

19. 参见 Strasser（1982，第 24 页）。

20. 参见 Root and de Rochemont（1981，第 158 ~ 159 页）。

21. 参见 Coppin and High（1999，第 19 页）。

22. Van Camp 和 Underwood 这两个案例来自 www. foodtimeline. org/foodpioneer. html。Worcestershire 的起始日期（1855 年）是从我的厨房橱柜的瓶子上看到的。关于博登的详情请参见 Root and de Rochemont（1981，第 159 ~ 160 页）。

23. 参见 Hooker（1981，第 214 页）。

24. 参见 Cowan（1983，第 73 页）。

25. 援引自 Hooker（1981，第 215 页）。

26. www. thecoca-colacompany. com/heritage/ourheritage. html。在 Chapin（1909，第 154 ~ 161 页）关于单个家庭食品消费的 6 个详细列表中，没有一个包含瓶装非

酒精饮料，尽管在一些列表中有啤酒和葡萄酒，而一个列表中有烈性酒。只有在1928年，可口可乐的瓶装饮料销售量超过了冷饮柜台销售量，而且这些瓶装饮料的很大一部分是在户外消费的。

27. 参见 Schlereth（1991，第164页）。

28. www.kelloggcompany.com/company.aspx? id = 39。同样参见 Hooker（1981，第213页）。

29. 参见 McIntosh（1995，第99页）。

30. 这些例子援引自 Fernandez（2010，第3页）。

31. 关于 Clarence Birdseye 的细节来自 Gallagher（2012）。

32. 参见 Chapin（1909，第158~159页）。

33. 尽管这个家庭的收入对我们来说似乎很低，但他们非常能吃，这也得益于1907年非常低的名义食品价格。我们同样可以用这一清单来识别这些加工食品在1869年是否已经存在。可以被划分为加工类的食品占消费支出的比重介于53%~83%，具体取决于肉是如何处理的。当我们将1907年的数据同加工食品增长率放在一起时，我们猜测1869年与1907年的饮食差异大部分来自加工食品。

34. 参见 Levenstein（1988）。

35. 参见 McIntosh（1995，第105页）。

36. http://news.bbc.co.uk/cbbcnews/hi/find_out/guides/tech/ice-cream/newsid_3634000/3634978.stm.

37. 参见 Hooker（1981，第327~328页）。

38. 参见 Clark（1964，第9页）。

39. 援引自 Strasser（1982，第18页）。

40. 参见 Schlereth（1991，第142页）。

41. 参见 Jakle（1982），这是描述19世纪末20世纪初小城镇美国人生活的出色资料。

42. 参见 Cooper（1922，第38页）。

43. 参见 Lebhar（1952，第23~25页）。

44. 参见 Lebhar（1952，第88~89页）。

45. 参见 Shergold（1962，第121页）。

46. 参见 Jakle（1982，第123页）。

47. 参见 Shergold（1962，第 127 页）。

48. 参见 Strasser（1982，第 256 页）。

49. 援引自 Weaver（2010，第 261 页）。

50. Levinson（2011）记录了 A&P 与其反对者之间的政治争论。

51. 参见 Shergold（1962，第 118 ~ 119 页）。Shergold（1962）指出原始资料来自 John T. Holdsworth（1914）的著作《匹兹堡经济调查》。

52. Hausman and Leibtag（2007）估计，一个城镇中新沃尔玛商店的出现使食品价格降低了 25%。其中，20% 是沃尔玛更低价格所带来的直接效应，而剩余 5% 则源自已有食品零售商的价格削减。

53. 参见 Hooker（1981，第 209 页）。

54. 参见 Kleinberg（1989，第 106 ~ 108 页）。

55. 参见 Kleinberg（1989，第 109 ~ 110 页）。

56. 参见 Henderson（1956，第 812 页）。

57. 详情参见 Bettmann（1974，第 114 ~ 118 页）。

58. 参见 Batchelor（2002，第 106 页）。

59. 参见 Klein（2007，第 211 页）。

60. 参见 McIntosh（1995，第 101 页）。

61. 参见 Steckel（2008，第 134 ~ 136 页）。

62. 数据来自 HSUS 序列 Bd653。

63. 参见 Steckel（2008，第 144 页）。

64. 沃伦—培生食品价格支出（HSUS 序列 Cc115，1910—1914 年价格为 100）给出了身高降低时期（即 1830—1890 年）每隔 10 年的价格指数，即 1830 年为 94、1840 年为 102、1850 年为 84、1860 年为 96、1870 年为 139、1880 年为 96、1890 年为 86。因此，除了 1870 年之外，这 60 年中食品价格指数始终处于相对狭窄的区间［84，102］中，由此也可以认为，1870 年的高价格是内战所造成的临时通货膨胀的结果。

65. 参见 Floud et al.（2011，第 306 页）。

66. 关于农村衣服的详情参见 Danbom（2006，第 97 页）。

67. 参见 Kidwell（1979，第 80 页）。

68. 如前文所提到的，纺织品是从零售商处购买的面料，随后人们将其裁剪并缝制成衣服。而针线品则包括纽扣、线等用于缝制衣服的物品。

69. 参见 Cohn（1940，第 290 页）。

70. 之所以选择这些年份，是因为我有这些目录的复印件。而且，考察这些年份比较方便，它们跨越了 1870—1930 年这一时期的一半时间，在这个时期里成衣是主流，且西尔斯目录也成为市场营销的主要力量。

71. 参见 Sears（1902，第 1100 ~ 1115 页）。

72. 参见 Kidwell（1979）。

73. 参见 Cohn（1940，第 292 ~ 294 页）。

74. 参见 Sears（1902，第 1103 ~ 1104 页）。

75. 参见 Cohn（1940，第 325 页）。

76. 参见 Cohn（1940，第 315 页）。

77. 这段话出自 P. T. Barnum，援引自 Barron（1997，第 159 页）。

78. 农村顾客与乡村商人之间的紧张关系是 Barron（1997，第 158 页）研究的一个主题。

79. 援引自 Schlereth（1991，第 144 页）。

80. 参见 Hendrickson（1979，第 28 ~ 29 页）。

81. 参见 Hendrickson（1979，第 43 ~ 44 页）。

82. 参见 Benson（1979，第 205 页）。

83. 参见 Clark（1986，第 127 页）。

84. 参见 Laermans（1993，第 87 页）。

85. 参见 Lebhar（1952，第 11 页）。

86. 参见 Emmet - Jeuck（1950，第 35 ~ 37 页）。

87. 参见 Strasser（1982，第 257 页）。

88. 参见 Schlereth（1991，第 156 页）。

89. 参见 Emmet - Jeuck（1950，第 93 页和第 163 页）。1902 年发行量不到 100 万，但到 1928 年就增长至 720 万。考虑到 1928 年的目录都包含 1200 页，1928 年春季目录的总发行页数达到 85 亿页，而在 1928 年秋天同样如此。关于美国家庭的数据来自 HSUS 序列 Ae1。

90. 参见 Boorstin（1973，第 133 页）。

第4章

1. 1870年之前，美国住宅的唯一网络是民用燃气。民用燃气将住宅与住宅连接在了一起，但这些住宅大部分是东北部大城市上层社会的住宅。

2. 参见Haines（2000，表4.2，第156页）。

3. 典型的160英亩的农场是700万平方英尺。农场呈正方形，边长为2640英尺。可以在方形农场的正中央建造一栋房子，或者说距最近的农舍大概半英里。

4. “独栋住宅在乡村几乎到处可见，而在我们的很多城市里，两户联栋住宅也已经很常见。”（Gries，1925，第25页）。

5. 参见Riis（1890，1970）。

6. 参见Lubove（1962）。

7. 参见Barrows（1983，第418页）。

8. 美国人口普查有长期用于区分城市地区和农村非农场地区的分界点，即人口是否达到了2500人。

9. 参见Doan（1997，第12页）。

10. 参见Brown（1994，表3.6A，第62页）。1918年是Brown在其著作中分析的1918年至1988年六次综合消费支出调查的第一次。关于1918年住宅的其他情况在本章随后的几个部分将进行介绍。Brown采用的方法有一个不足之处：她没有给出所有被调查区域的平均数，而是分别得出了工人、工薪阶层和工薪家庭各自的数据。本章提到的来自她著作的数据为工薪阶层的数据。

11. 本章选择的时间一个是1882年，笔者的外祖父出生那一年，然后是1910年，母亲出生那一年，最后是1940年，笔者出生那一年。

12. 曼西市的数据引自Jackson（1985，第50页）。例证同样引自Jackson（1985，第50页）。

13. 引自Winnick（1957，第71页），时间跨度为1900年至1950年。

14. 因为1910年比率来自部分（住房）调查，1940年比率来自1940年住房普查，所以35%的增长可能言过其实。

15. 参见Winnick（1957，第72页）。

16. 负责这些调查的机构的有关资料摘自Wood（1919，第7~8页）。

17. 参见 Wood（1919，第 8 页）。

18. 参见 Chapin（1909，第 75 ~ 84 页）。

19. 参见 Wood（1931，第 4 页）。

20. 参见 Bettmann（1974，第 43 页）。

21. 参见 Jackson（1985，第 90 页）。

22. 本段的详细资料参见 Alexander（2009，第 157 页）以及 Fairbanks（2000，第 24 页）。

23. 参见 Fairbanks（2000，第 26 页）。

24. 参见 Nye（1998，第 94 页）。

25. 参见 Alexander（2009，第 158 页）。

26. 参见 Fairbanks（2000，第 29 页）。

27. 参见 Bryce（1888/1959，第 558 页）。

28. 参见 Jackson（1985，第 59 页）。

29. 参见 Mumford（1961，第 497 页）。

30. 参见 Sidney Fisher，引自 Jackson（1985，第 43 页）。

31. 参见 Wood（1931，第 34 页）。Sam Bass Warner Jr. 在 *The Zone of Emergence* 前言中描述道，随着新型交通方式的增长，这些有名号的社区的形成标志着“从贫民窟转向美国主流生活”（Wood，1931，第 1 页）。

32. Hayden（2003，第 73 页）提到了芝加哥开发商 Samuel Eberly Gross。Gross“在一个很大的区域内搞开发，他将土地细分成了很多块，并建造了可按照分期付款方式购买的上千套砖制房和木制房”。Hayden 在他的著作里对 Gross 的案例进行了详细的研究，并配有 Gross 在 1885 年至 1891 年的宣传广告，也指出了 Gross 与有轨电车开发商之间的合作关系。

33. 参见 Bigott（2001，第 34 页）。

34. 本段的这条信息以及其他信息都来自 Keating（2004，第 76 页）。

35. 参见 Schlereth（1991，第 93 页）。

36. 参见 Doucet and Weaver（1991，表 1，第 562 页）。这个时期，“贵的住房”每平方英尺费用在 1.30 美元至 1.70 美元之间。笔者有一份在伊利诺伊州埃尔斯顿曾经居住过的房子的施工执照，这栋住房建造于 1894 年，造价为 10000 美元。住房内部的面积为 5500 平方英尺，每平方英尺的建筑成本为 1.80 美元。

37. 参见 Chapin（1909，第 58～59 页）。

38. 参见 Alexander（2009，第 166 页）。

39. 笔者的父母在 20 世纪 40 年代末收留了一位伯克利加州大学的寄宿生。20 世纪 70 年代末，笔者本人在自家房子的第三层出租两个房间，供西北大学的研究生居住。

40. 参见 Clark（1986，第 93 页）。

41. 在 Clark（1986，第 75 页和第 79 页）中，详细设计计划包括 8 个房间，总面积为 1000 平方英尺。1860 年一个房间的建筑成本为 800～1000 美元，到 19 世纪 80 年代，一栋面积大概为 3000 平方英尺的精装住宅的建筑成本在 6500 美元至 7000 美元之间（第 81 页）。

42. 参见 Clark（1986，第 82 页）。

43. 参见 Jackson（1985，第 99 页）。

44. Keating（2004，图 5.13，第 164 页）展示了 1874 年伊利诺伊州欣斯代尔的地图，欣斯代尔在距离芝加哥中心往西 16 英里的地方，且部分区域的面积要比其他区域大出 12 倍。笔者居住的城市是伊利诺伊州的埃文斯顿，在距芝加哥中心以北 12 英里的地方，大部分房屋建造于 1865 年至 1900 年之间，房屋正面的长度为 30 英尺到 200 英尺不等。

45. 在第 11 章和第 17 章谈到“二战”之后的住宅时，我们将考察与之不同的个别情况，在某些富裕市郊，人们拆除了 1929 年以前建造的较小的“房子”，并在同一地段上兴建了“豪宅”。除此之外，在一些中心城市，战后的高层公寓租赁以及公寓楼结构也取代了之前时代建造的较小住宅或者商业公寓。

46. 这是 Clark（1986）第 6 章的主题，“平房热”。

47.“加利福尼亚州的平房运动在 20 世纪早期向东蔓延，直至芝加哥。芝加哥是建材和房屋设计创意的主要国际交流中心。19 世纪 30 年代，美国中部大都市主要流行轻捷构架住房，并且成了木材、木制品、五金器具以及机械工具的大市场。”（Doucet and Weaver，1991，第 564 页）

48. 参见 Bigott（2001，第 32 页）。

49. Sonoc（2003，第 8 页）展示了如新月一般的平房带地图，平房带自城市内部的工业区域延伸至城外的郊区。平房同样是近郊的主要建筑，当然也包括 Berwyn 和 Cicero。

50. 参见 Bigott（2001，第 52 页）。

51. 参见 Clark（1986，第 171 页）。

52. Sonoc（2003，第 14 页）展示了标明面积的典型平房的平面图。第一层有 25 英尺宽 50 英尺长，总面积为 1250 平方英尺。Bigott（2001，第 50 页）提供了另一张平房平面图，平房的外围面积为 28 英尺宽 50 英尺高，总面积为 1400 平方英尺。Shanabruch（2003，第 64 页）展示了一则芝加哥平房的广告，该平房面积为 40 英尺乘以 172 英尺，总共大约是 1/6 英亩。

53. 参见 Sonoc（2003，第 16 页）。

54. 详情参见 Sonoc（2003，第 16 页）。

55. 通过对 Clark（1986，第 171 ~ 178 页）提供的几幅平面图的观察，我得出了每平方英尺大约 1 美元的估值。Clark（1986，第 182 页）也引用了 1908 年的《妇女家庭杂志》，杂志内描述了许多不同类型的平房模型，成本分别为 1000 美元、2000 美元以及 3000 美元。在 1915 年至 1929 年的繁荣时期，芝加哥的土地成本为 150 美元至 450 美元不等（Shanabruch，2003，第 55 页）。

56. 价值 2129 美元以及 2076 美元的 Sears 平房，详见 Bigott（2003，第 44 页）。

57. 参见 Schlereth（1991，第 92 页）。

58. 参见 Sichel（2011，图 3b）。

59. 参见 Bigott（2003，第 41 页）。

60. 参见 Bigott（2001，第 33 页）。Bigott（2001，第 45 页）对比西尔斯公司 1926 年邮购商品目录中的 70 种房屋设计（价格在 986 美元至 4365 美元之间）与仅有两个浴室的设计：所有用户想要的只是一个能够快速冲洗且能够很快再上满水的厕所。

61. 19 世纪 80 年代，地块尺寸为房子正面 62. 5 英尺乘以长度 125 英尺，大概是 7813 平方英尺。20 世纪 20 年代，典型的地块尺寸为房子正面 40 英尺，长度可能为 100 英尺，因为“有种惯例，那就是在地块后面切出一块，插入另外一栋房屋，面朝道边”（Lynd and Lynd，1929，第 94 页）。因此土地面积基本变为一半，之前只有 8 块地的街区现在变为拥有“10 块、12 块甚至 14 块地”。

62. 参见 Lynd and Lynd（1929，第 29 页）。

63. 参见 Lynd and Lynd（1929，第 100 页）。

64. 参见 Jakle（1982，第 64 页）。

65. 参见 Lane（1935，第 15 页）。

66. 详细资料引自 Wood（1931，第 33~34 页）。她的资料引自 Newman（1928）。

67. 参见 Bryce（1888/1959）。

68. 参见 Bryce（1888/1959，第 558 页）。

69. 参见 HSUS 序列 Da19。

70. 参见 Alexander（2009，第 59 页）。

71. 参见 Lynd and Lynd（1929）。

72. 这首歌由 Walter Donaldson 创作，并于 1918 年首次录制发表，第一次世界大战之后的很多年都极为流行，被同时代的很多歌手翻唱多次。

73. 两处引文均来自 Lindop（2009，第 57 页）。

74. 参见 Lebergott（1996，第 260~288 页）。

75. 后来评估的数据表明，这里的说明需要有一些限定，因为煤和燃油均在 1930 年后很久还用于城市住宅供暖上，就像农场住宅由木材供暖一样。

76. 关于流明以及燃油灯与电灯比较的基本科学数据请见 Nordhaus（1997，表 1.2，第 35 页）。

77. 参见 Nordhaus（1997，表 1.2，第 35 页）。

78. 参见 Stotz（1938，第 6 页）。

79. 参见 Brox（2010，第 69 页）。

80. 煤油详细介绍引自 Brox（2010，第 5 章），民用燃气详细说明引自同一出处（第 4 章），另见 Jonnes（2003，第 58 页）。

81. 以前的白炽灯是在 19 世纪 40 年代发明的，参见 Nordhaus（1997，第 37 页）的简要历史回顾。更多关于多个国家早期电灯实验的详细资料，参见 Brox（2010，第 6 章和第 7 章）。

82. 参见 Jonnes（2003，第 63 页）。

83. 参见 Jonnes（2003，第 65 页）。

84. 参见 Brox（2010，第 117 页）。

85. 参见 Nordhaus（1997，表 1.3，第 36 页）。

86. 参见 Nordhaus（1997，表 1.5，第 49 页）。

87. 参见 Nordhaus（1997）。

88. 参见 Brox（2010，第 164 页）。

89. 电力生产数据来自 HSUS 序列 Dh219，人口统计来自序列 Aa7。年对数增长率从 1902 年到 1915 年为 10%，从 1915 年到 1929 年为 11.4%。

90. 居民用电的名义价格来自 HSUS 序列 Db235。年国内生产总值平减指数来自 Gordon（2012，附录表 A-1）。

91. 引文来自 Strasser（1982，第 78 页）。

92. 参见 Brox（2010，第 163~164 页）与 Strasser（1982，第 74 页）。

93. 1928 年西尔斯公司邮购商品目录用一整页（第 910 页）的版面来描述第一个产品"Water Witch"绞干机的特点。这些均是用户不熟悉的新产品，因此做了全面的介绍，包括防溅式电动机（splashproof motor）及自润滑轴承（self-lubricating ball bearings）。

94. 一项细致的研究表明，西尔斯直到 1931 年才卖出一台电冰箱。尽管售出了冰箱，但柜体和制冷设备是分开运输的，消费者需要将制冷设备安装进柜体里。（Sears catalog，1931，第 650~651 页）。

95. 1919 年与 1926 年的产品价格与生产率资料来自：www.fundinguniverse.com/company-histories/Frigidair-Home-Products-company-History.html。

96. 参见 1928 年西尔斯公司邮购商品目录（Sears catalog，第 662~663 页）。

97. 1928 年西尔斯公司邮购商品目录（Sears catalog，第 660~661 页）中列出了 12 种型号的电子真空吸尘器，价格在 19.95 美元到 37.5 美元之间。

98. 电力消费数据源自 HSUS 序列 Db241。

99. 参见 Platt（1991，表 30，第 251 页）。

100. 参见 Lynd and Lynd（1929，第 98 页）。

101. 参见 Alexander（2009，第 160 页）。

102. 参见 Galishoff（1980，第 35 页）。

103. 参见 HSUS 序列 Dh236。

104. 参见 Ogle（1996，第 9 页）。

105. 除其他资料外，有关厕所的历史还可以在以下网站找到：www.victoriaplumb.com/bathroom_DIY/history_of_toilets.html。

106. http：//plumbing.1800anytyme.com/history-of-plumbing.php.

107. 储水池、泵、管道系统及污水池的详细资料均引自 Ogle（1996，第 2 章）。该书的第 3 章提供了 19 世纪中叶室内洁具的详细资料。

108. 参见 Burian et al.（2000，第 39~41 页）。

109. 1890 年至 1920 年自来水普及率来自 Bailey and Collins（2011，第 192 页）。

110. 参见 Lynd and Lynd（1929）。

111. 事例与引文均出自 Lynd and Lynd（1929，第 9 章）。

112. 参见 Bigott（2001，第 52 页）。

113. 详情参见 1908 年西尔斯商品邮购商品目录，第 604 页。从 Chapin（1909）可知工薪阶层 1908 年的平均收入大概为 750 美元/年，或 15 美元/周。

114. 参见 Holohan（1992，第 3 页和第 15 页）。

115. 参见 Carpenter（1898，第 175 页）。

116. Holohan（1992，第 5 页）记录他 1989 年拜访纽约偏远地区的房子，找到了从 1857 年建造起就安装在房间内的床垫散热器蒸汽系统。

117. 笔者有一份关于自己在伊利诺伊州埃文斯顿 1889 年建筑物的说明复印件，包含了 1889 年 4 月出版的《内陆建筑师》第 61 页关于热水器的条款。与笔者在 1889 年 3 月 31 日在《芝加哥论坛报》上提到的房子相似，这栋房子还有“硬木楼梯及热水取暖器”。

118. 参见 Lynd and Lynd（1929，第 96 页）。

119. 参见 Lynd and Lynd（1929，第 96 页）。

120. Gordon and Van Goethem（2007，第 181~183 页）综述了关于现代便利设施之价值的经验证据。它们的中间值由对数增长变成百分率增长。比如说，回归表明带有一个完整浴室的（房子）单元，其租金对数值比没有浴室的单元高 0.6。对数值 0.6 转化过来就是 82% 的增长率。

第 5 章

1. 事实上，纽约第五大道最后的公共马车在 IRT 地铁网投入运行后的第二年便退出了历史舞台。

2. 在运河不再用于客运的很长时间内，人们把运河用于货运，特别是大宗商品。

3. 粮食产量的估计来自 Steckel and White（2012，表 5），1954 年由于没有拖

拉机，所有的实际产量均靠马力生产，所以这种估计并不现实。这就需要农场扩大面积，从1954年实际的3.29亿英亩扩大到4.29亿英亩，而这其中的1亿英亩差距是喂养马匹所需的实际面积。

4. 参见Smil（2005，第103页）。

5. 后续补充性发明提高了初始创新的实用性，这一框架是由Bresnahan and Gordon（1997，第8~11页）创建的。

6. 数百万计的移民乘坐跨洋蒸汽船统舱到达（美国），登陆后的移民生活并没有受到什么影响。然而，乘坐这些狭窄的统舱而来的欧洲移民为19世纪末的经济（发展）提供了不少活力。

7. 1939年航空旅行只占城际旅行乘客里程的2.4%。

8. 1861年的铁路地图出现在Cronon（1991）的扉页上。

9. 许多书籍和文章记叙了这场演讲，这场演讲引起了广泛讨论，使林肯从一个地区领导变成了全国知名人物，间接促成了他赢得总统选举并使整个国家幸免于难。

10. 详细资料参见White（2011，第1~2页）。

11. 参见Greene（2008，第43~44页）。

12. 1879年、1885年的西部铁路地图差异很大，1893年的地图源自White（2011，第xxxvi~xxxix页和第494页）。从北部到南部，七条线路分别为：美国加拿大边界北部的加拿大太平洋铁路、平行且邻近的大北方铁路和北太平洋铁路、联合中部太平洋铁路、堪萨斯太平洋铁路、圣达菲铁路以及靠近墨西哥边界的从奥尔良到洛杉矶的南太平洋铁路。

13. 最近的资料来自White（2011）。早期经典参考资料参见Chandler（1977）。

14. 参见Stilgoe（2007，第115页）。

15. 交通系统营收乘客里程数来自美国交通部统计局。

16. 如表5.1所示，1870年大城市间的火车运行速度为每小时20~25英里。

17. Cronon（1991，第77页）展示了1830年与1857年的等旅行时间图（iso-travel time graphs）。

18. 这段与前两段的详细资料均来自Cronon（1991，第76~78页）。

19. Cronon的解释是基于商人William McDowell Burroughs写于1888年的回

忆录。

20. 参见 White（2011，第 48 ~ 49 页）。

21. 1913 年之前，邮购商品目录与订单均由美国邮政服务局发送，但是包裹则由像 Wells Fargo 这样的私人企业投递，这些公司有自己的马车队，后来也有了自己的卡车。参见 Stilgoe（2007，第 136 ~ 137 页）。

22. 参见 Hughes（1983，第 201 页）。

23. 参见 Young（1998，第 32 页）。

24. 参见 Jakle（1982，第 16 页）。

25. 几年之间这个指南换了不同的标题。1900 年的标题列在了表 5.1 资料来源中。

26. 1870 年芝加哥与丹佛及洛杉矶之间尚未通火车。

27. 从这些表可以看出，短程线路，如从波特兰到班戈，快车与本地火车速度差不多。而长途路线，如从芝加哥到洛杉矶，始发站到终点站的运行时间在统计表中可以看到，而在大小站都停靠的本地列车在随后的表里单独列出——比如从芝加哥到堪萨斯城，从堪萨斯城到圣达菲的阿尔伯克基。

28. 这个时代交通很慢，支持这一结论的是一件逸事，讲的是在圣达菲乘了一趟"奢华但速度有限的车"，每周一次往返于芝加哥和洛杉矶，运行时间 63 小时，也就是说平均时速为 35 英里（Stilgoe，2007，第 109 页）。速度慢的一个原因是在中途站需要补给燃油、水、工作人员换班及安全检查。

29. 来往于加利福尼亚萨克拉门托和密苏里圣约瑟夫之间的驿马快信制在 1860 年到 1861 年间昙花一现，平均时速为 9 英里。参见 Chapman（1932，第 112 页）。

30. Moline（1971，表 2，第 32 ~ 33 页）为火车旅客提供了一份火车运行与换乘时刻表，记载了芝加哥正西的一个县治即伊利诺伊州俄勒冈县位于五条火车主干线上，可以到达 75 个不同地方。他提供了很多往返于俄勒冈市和周边城镇的例子，由于在换乘站停留很长时间，所以 40 英里路程需要花费 4 ~ 8 小时。与这些每小时 5 ~ 10 英里的速度形成对比的是通往芝加哥的 91 英里路程的速度为每小时 29 英里。

31. 参见 Stevenson（1892，第 27 ~ 28 页）。

32. Bettmann（1974，第 176 页）引用的时候未标明出处。

33. 参见 Bettmann（1974，第 176 页）。

34. 参见 Reed（1968）。

35. www. greatachievements. org/? id = 3854.

36. 普尔曼列车的数据来自 HSUS（1960）序列 Q139 与 Q140。

37. 普尔曼列车搬运工（Pullman porters）的详细资料来自 Holbrook（1947，第 329 ~ 339 页）。

38. www. uprr. com/aboutup/history/passengr. shtml.

39. 参见 Holbrook（1947，第 451 页）。

40. 关于铁路时代城市的“星状”延伸，参见 Monkkonen（1988，第 178 页）。

41. 参见 Monkkonen（1988，第 162 页）。

42. 早期公共马车的史实资料来自 McShane and Tarr（2007，第 60 ~ 61 页）。

43. 参见 Miller（1941，1960，第 13 页）。

44. 引自 Jackson（1985，第 35 页）。

45. 参见 Miller（1941，1960，第 70 页）。

46. 参见 Kipling（2003，第 210 ~ 211 页）。

47. 引自 Sandler（2003，第 8 页）。

48. 参见 Jackson（1985，第 39 页）。

49. Young（1998 年，第 16 页）的报告显示，在芝加哥，一匹马拉的有轨马车可以承载 20 个乘客，两匹马拉的有轨马车可以乘载 30 个乘客。

50. 参见 Greene（2008，第 179 页）。

51. 参见 Jones（1985，第 29 页）。

52. 参见 Miller（1941，1960，第 32 页）。

53. 参见 Young（1998，第 16 页）。

54. 参见 Miller（1941，1960，第 30 ~ 31 页）。

55. 参见 McShane and Tarr（2007，第 121 页）。

56. 关于旧金山缆车的早期历史，参见 Miller（1941，1960，第 35 ~ 41 页）。

57. 芝加哥缆车的详细信息引自 Young（1998，第 22 ~ 23 页）。

58. 参见 Sandler（2003，第 13 页）。

59. 参见 Miller（1941，1960，第 45 页）。

60. 参见 Hilton（1982，第 235 ~ 236 页）。

61. 参见 Miller（1941，1960，第 45 页）。

62. 参见 Miller（1941，1960，第 61 ~ 69 页）。Greene（2008，第 188 页）同样对于史伯格（Sprague）的成就表示认同。

63. 参见 Jones（1985，表 3.1，第 31 页）。同见 Miller（1941，1960，第 101 页）。

64. 这张照片拍摄于 1909 年，描述了芝加哥中心地区伦道夫街与迪尔伯恩街拐角极为严重的交通拥堵事件。照片来自 Young（1998，第 53 页）。

65. 参见 Nye（1998，第 173 页）。

66. 参见 Miller（1941，1960，第 74 ~ 75 页）；Hood（1993，第 51 页）。

67. 参见 Young（1998，第 55 页）。

68. 详细资料参见 Miller（1941，1960，第 78 ~ 81 页）。我很感激 Ian Savage 的补充资料。

69. 参见 Miller（1941，1960，第 91 页）。

70. 引自 Sandler（2003，第 47 页）。

71. 速度数据参见 Hood（1993），第 53 页是高架铁路，第 98 页为快速地铁，地铁站间速度可以达到每小时 40 英里。

72. 纽约 60% 的公共交通是高速交通（地铁及高架），而在伦敦，这一比例仅为 12%。参见 Miller（1941，1960，第 185 页）。

73. 本段中的事例参见 Sandler（2003，第 33 ~ 34 页）。

74. 1922 年与 1940 年的运输事例来自美国运输协会，特别是图 II 和图 IV。

75. 自行车资料来自 Hugill（1982，第 327 页）。

76. 参见 Rae（1965，第 1 页）。

77. 戴姆勒 1900 年去世，本茨 1906 年退休，迈巴赫 1907 年从戴姆勒公司辞职（Smil，2005，第 115 页）。其他有关早期梅赛德斯汽车的详细信息均引自 Hugill（1982，第 331 页）。

78. 早期的这些登记数字并不可信，直到 1915 年才开始强制登记。

79. 参见 Kaitz（1998，第 372 页）。

80. 参见 Monkkonen（1988，第 172 页）。

81. 参见 Monkkonen（1988，第 174 页）。

82. 参见 Moline（1971，第 53 页）。

83. 参见 Moline（1971，第 26 页）。

84. 参见 Monkkonen（1988，第 161 页）。

85. 参见 Dix（1904，第 1259～1260 页）。

86. 经质量调整的价格指数用 1937 年车重与马力的相关系数来计算，这一相关系数源自 Griliches（1961，第 180～181 页）早年进行的关于汽车价值的经典研究。这种计算方法是基于额外增加 100 磅重量可以提升 4% 的汽车质量，而额外增加 10 个马力，可以提升 8% 的汽车质量。我们选择不使用拉夫—崔特伯格质量指数（Raff and Trajtenberg，1997，第 87～88 页），因为该指数竟然认为在 1914—1940 年汽车质量没有任何提高，所以很不可信。

87. 参见 Volti（2004，第 27 页）。

88. 参见 Wells（2007，第 520 页）。

89. 关于福特的详细信息来自 Hugill（1982，第 337 页）。

90. 参见 Allen（1931，第 5 页）。

91. 参见 Georgano（1992，第 38 页）。

92. 参见 Hugill（1982，第 345 页）。

93. 参见 Moline（1971，第 59 页）。

94. 参见 Franz（2005，第 20～22 页）。

95. 参见 Georgano（1992，第 38 页）。

96. 参见 Wells（2007，第 497、522 页）。

97. 参见 Franz（2005，第 41 页）。

98. 坦率地讲，必须承认笔者之所以喜爱 1940 年款雪佛兰车，部分原因是从笔者出生那年（1940 年）起至 1950 年这款车在家庭中的作用；在 1948 年横穿大陆的旅途中，这款车未出任何问题，而当时全部都是硬化道路，限速的高速公路还没有开始建设。

99. 关于 1901 年梅赛德斯的详细信息来自 Hugill（1982，第 330 页）；Wells（2007，第 508 页）称之为第一辆现代汽车。

100. 参见 Wells（2007，第 514 页）。

101. 关于农村公路的政治争论参见 Monkkonen（1988，第 167 页）。

102. 参见 Moline（1971，第 94 页）。

103. 参见 Hugill（1982，第 330 页）。

104. 参见 Greene（2008，第 220 页）。

105. 参见 Kaitz（1998，第 373 页）。这大概仅指农村公路，不包括城市里和近郊的很多硬化道路。

106. 参见 Moline（1971，第 80 页）。

107. 参见 Hugill（1982，表 1，第 338～339 页）。好路的定义是碎石路面、用砖或混凝土砌的路面。其他资料里记载了 1912 年的 200 万英里公路中大约有 16 万英里公路为硬化路面，这些公路“大多修建在城市”（Holley，2008，第 108 页）。

108. 前面的图 5.1 显示了铁路里程数。公路数据是根据 Fraumeni（2007）测算的以不变价格核算的公路建设资金和根据 1995 年联邦公路管理局的公路总里程数倒推出来的新增里程数。

109. 公路路面的发展，参见 Holley（2008，第 7 章和第 10 章）。

110. 详细资料参见 Hugill（1982，第 345 页）。

111. 这张地图出现在 Hugill（1982，图 4，第 345 页）。

112. 梅里特观光道路的建设与设计的详细资料引自 Radde（1993）。他描述了罗伯特·摩西（Robert Moses）设计的长岛和韦斯特切斯特郡的驾车专用道路系统，这成为高速公路限制进入理念的最早实践者（第 6～9 页）。

113. 详细的美国公路地图可以追溯到 1940 年 10 月 23 日，引自 Kaszynski（2000，第 133 页）。

114. 参见 Greene（2008，第 174 页）。

115. 小公共汽车的详细信息请见 Miller（1941，1960，第 150～153 页）。

116. 法沃尔安全长途客车的详细信息参见 Miller（1941，1960，第 154～156 页）。

117. 从表 5.1 可见，1940 年从洛杉矶到纽约的时间少了一半多，只需要 2 天零 8 个小时，另加在芝加哥停留 10 个小时。

118. 航空公司占城际客运量的 2%，铁路则占剩下的 70%。

119. 参见 Greene（2008，第 265 页）。

120. 参见 Monkkonen（1988，第 168 页）。

121. 参见 Jones（1985，表 3.6，第 45 页）。

122. 参见 Nye（1998，第 178 页）。

123. Greene（2008，第 166 页）估计，在 19 世纪末，美国 11%～12% 的马在城市。

124. 参见 McKee（1924，第 13 页）。

125. 参见 Moline（1971，第 53 页）。

126. 参见 Danbom（2006，第 166 ~ 167 页）。

127. 数据摘自 McKee（1924，第 12 页）。

128. 参见 Flink（1984，第 292 页）。

129. 参见 Jakle（1982，第 120 页）。

130. 关于汽车登记信息的详细资料来自 HSUS 序列 Df339—Df342。汽车信贷融资比例引自 Flink（1972，第 461 页）。

131. 本段中的引文来自 Lynd and Lynd（1929，第 255 ~ 256 页）。

132. 参见 Bailey（1988，第 86 ~ 87 页）。

133. 参见 Radde（1993，第 7 页）。

134. 参见 Welty（1984，第 50 页）。

135. 参见 Cohn（1944，第 215 页）。

136. 参见 Balderston（1928，第 341 页）。

137. 有关霍华德·约翰逊的详细资料，参见 www. hojoland. com/history. html。

138. 参见 Kaszynski（2000，第 77 ~ 84 页）。

139. 参见 Nye（1998，第 179 页）。

140. 参见 Greene（2008 年，第 78 页）。

141. 参见 Flink（1972 年，第 460 页）。

第 6 章

1. 参见 National Center for Education Statistics（1993），*120 Years of American Education: A Statistical Portrait*。1870 年的入学率也就是小学的入学率，几乎没有初中入学的情况。通过将 5 ~ 17 岁人群的入学率应用至同一出版物表 1（9601 + 4041）/9601 的 5 ~ 13 岁人群，5 ~ 17 岁人群 57% 的入学率可转换为 5 ~ 13 岁人群 81% 的入学率。

2. 统计数据来自英国注册总署的记录，1871 年男性识字率为 80.6%，女性为 73.2%。参见 richardjohnbr. blogspot. com/2011/01/literacy-revised-version. html。

3. 参见 Tebbel（1972，第 657 页）。

4. 该事实来自 Hart（1950，第 183 ~ 184 页）。

5. 本段中的事实来自 Innis（1942，第 9 ~ 10 页）。

6. The Lynds（1929）披露，他们在 1925 年调查的蓝领阶层家庭百分之百都订阅了至少一份日报。

7. 报纸发行量是日报的日发行量和仅在星期天发行的报纸及周报的周发行量的总和。

8. 本段中的事实来自 Innis（1942，第 11 页）。

9. 参见 Giordano（2003，第 11 页）

10. www. nyu. edu/classes/keefer/ww1/byrne. html. Some historians doubt that this exchange actually happened，参见 Campbell（2001，第 72 页）。

11. 两处引文均来自 Allen（1931，第 76 页）。

12. 参见 Phillips（2000，第 271 页）。

13. 参见 Totty（2002，R13）。

14. 参见 Thompson（1947，第 90～91 页）。

15. 本段中三处引文均来自 DuBoff（1984，第 571 页）。

16. 参见 Field（1998，第 163 页）。

17. 参见 Field（1992，第 406～408 页）。

18. 参见 Brooks（1975，第 62 页）。

19. http：//about. usps. com/publications/pub100. pdf.

20. http：//about. usps. com/who-we-are/postal-history/rates-historical-statistics. htm.

21. 参见 Fuller（1964，第 23 页）。书中的引文来源于政府文件，*American State Papers*：*Post Office*。

22. Reis 也是第一个使用“电话”（telephony）一词的人，参见 Smil（2005，第 228 页）。

23. 许多人认为萧伯纳写作《卖花女》的灵感就来源于他爷爷的这所演说学校，同时这所学校也是 Lerner－Loewe 的音乐剧《窈窕淑女》间接的灵感来源。参见 Brooks（1975，第 37～38 页）。

24. 参见 Smil（2005，第 226 页）。

25. 参见 Bruce（1973，第 181 页）。

26. 参见 Smil（2005，第 34 页）。

27. 所有的引文及价格均来自 Glauber（1978，第 71 页）。

28. 参见 Fischer（1992，第 46 页）。

29. 参见 Gabel（1969，第 346 页）。亦可参见 http：//techjournal. 318. com/general-technology/the-origin-of-the-telephone-number/。

30. 参见 Gabel（1969，第 346 页）。

31. 参见 Weiman and Levin（1994，第 104、125 页）。

32. 参见 Marvin（1988，第 106 页）。

33. 造成手写书信消亡的并不是电话的发明，而是电话费率的降低。美国长途通话的这一转变发生在“二战”后而不是 19 世纪。1958—1962 年，笔者作为一名在校生每周定期和父母通信，但在 1971 年后的个人档案中就没有个人信件的记录了（虽然与工作相关的书信一直持续到 20 世纪 90 年代初期电子邮件的出现）。

34. 来自 Glauber（1978，第 82 页）所引用的一篇 1903 年的报道。

35. 参见 Brooks（1975，第 93 ~ 94 页）。

36. 参见 Baumol（1967）。

37. 此处我们忽略了这一不应忽视的事实，即由于不平等和其他一些因素，在过去的 30 年里，平均工资的增长速度远远落后于生产率提高的速度。在本书的末尾也就是第 17 章再探究这些阻力。

38. 1877 年 7 月这一发明日期来自 Stross（2007，第 29 ~ 30 页），而许多其他资料来源包括 Schlereth（1991，第 191 页）所记录的日期为 1877 年 12 月。这是因为爱迪生不顾其实验室日记的记录，在他自己的记录上将这一日期从 7 月调到了 11 月。

39. 参见 Taylor、Katz and Grajeda（2012，第 14 页）。

40. 参见 Edison（1878，第 534 页）。

41. 本段的引用来自 Stross（2007，第 156 ~ 157 页）。

42. 直到 1925 年每分钟 78 转才被作为行业标准。

43. 本段及下一段的细节来自 Smil（2005，第 238 ~ 240 页）。

44. 参见 Schlereth（1991，第 193 页）。

45. 参见 Roell（1989，第 13 页）。

46. www. mainspringpress. com/caruso_interview_html.

47. HSUS（1960），序列 P 230 和 P 231。

48. 该估计值是用 NIPA 1928 年人均名义可支配收入与 GDP 的比例 80. 5% 乘以 1910 年的名义 GDP 311 亿美元。1910 年的家庭数量为 2050 万。

49. 参见西尔斯—罗巴克邮购商品目录,(1902，第164页)。

50. 留声机的数据不完整，只有1899—1929年这一时间段内的数据。电话和收音机的数据虽然完整，但界定不一致，其中电话的数据用家用电话线数除以家庭数，因此在1960年后提高了100%；而收音机的数据是指至少有一台收音机的家庭比例，因此最大值也就是100%。

51. 本处及本段和下段中的一些引文来自Smil（2005，第241~242、247~248页）。

52. “一战”期间美军征用了美国所有的无线电频段。

53. http：//pabook. libraries. psu. edu/palitmap/KDKA. html.

54. 电台数量来自Lewis（1992，第26页)。收音机销售量来自Allen（1931，第125页)。

55. 全国平均水平应考虑不同地区收音机普及的不同速度，1930年40. 3%的家庭拥有收音机，而具体的数值分布却从北方城市地区的56. 9%到南方农村地区的9. 2%。1940年对应的数值为82. 8%、96. 2%和50. 9%。参见Craig（2004，第182页)。

56. http：//pabook. libraries. psu. edu/palitmap/KDKA. html.

57. 参见Lewis（1992，第26页)。

58. 参见西尔斯—罗巴克邮购商品目录（1927，第707~712页)。分期付款价格为29. 95美元，意味着年利率为30%，大多数客户花的钱远高于这个价钱，1925年购买收音机的平均名义价格为63美元，1930年为78美元。参见Craig（2004，第186页)。

59. 新成立的美国无线电公司整合了通用电气的财务投资、马可尼美国分公司的资产以及在战时被陆军和海军控制的无线电设备。

60. 美国无线电公司的股价来自Lewis（1992，第27页和第29页)。其股价从1929年年中的572美元峰值下跌至1931年初的10美元。

61. “红网”这一名称源于其部分无线电设备上的红色条纹。1943年当私人投资者购买了美国全国广播公司并将其更名为美国广播公司时，政府要求美国全国广播公司剥离其蓝网部分。1927年作为替代网络，哥伦比亚广播体系建立。本段的事实来自http：//earlyradiohistory. us/sec019. htm。有关50个无线电台的事实来自Lewis（1992，第27页)。

62. 一份1935年的调查显示，76%的农村地区收音机持有者会将一个清晰的电台作为他们的第一选择，因此能够与一些最大城市的居民收听同样的节目内容。参见Craig（2006，第5页）。

63. 参见E. B. White（1933），援引自Lewis（1992，第26页）。

64. 参见Lewis（1992，第29页）。图6.4可支撑该段引用，图中显示同1929年相比，每家平均拥有的电话数量在20世纪30年代下降了1/4。

65. 参见Lewis（1992，第29页）。

66. 参见Burns（1988，第86~87页）。

67. 参见Dickstein（2009，第418页）。

68. 参见Fox（1984，第151页）。

69. 这段历史及与1938年广播的联系可参见www. cbsnews. com/8301-201_16257573836/reporting-on-history-cbs-world-news-roundup-marks-75-years/。这期节目对笔者而言有一种特别的意义。笔者当时在麻省理工学院读研究生，在20世纪60年代中期每晚6点都会用自己那辆1958年的大众甲壳虫车去接在哈佛读研的妻子，之后在回家路上一起收听“哥伦比亚广播公司世界晚间新闻”。1988年笔者又收听了第50期纪念节目，这期节目重播了1938年最初的那场播报。

70. 参见Hillenbrand（2003，第122页）。

71. 关于历史上这场伟大的比赛，可参见http：//horseracing. about. com/od/history1/1/blseabis. htm。听众的数量及罗斯福总统的逸事来自Hillenbrand（2003，第253页）。

72. “摄影”（photography）一词的第一次使用在1839年。本处及本段中的其他事实来自inventors. about. com/od/pstartinventions/a/stilphotography. htm。

73. 参见Schlereth（1991，第201页）。

74. 本处引文及艾尔曼特和爱迪生之间的故事细节来自Stross（2007，第207~210页）。维太放映机在纽约第一次展示的3个月之前，身处巴黎的卢米埃尔兄弟进行了第一次投影片放映。参见faculty. washington. edu/baldasty/JAN13. htm。

75. 参见Schlereth（1991，第203页）。

76. 该处引用及本段其他细节来自faculty. washington. edu/baldasty/JAN13. htm。

77. 该处引用及本段其他事实来自Morrison（1974年，第13页）。

78. 援引自Schlereth（1991，第207页）。

79. 参见 Grossman（2012，第 19 页）。以法国美术风格设计的芝加哥剧院今天依然繁荣，而且仍完整保持着 1921 年的原始设计，虽然在 1986 年进行过修复并将座位由 3880 个减少至 3600 个。它是 20 世纪 20 年代那些巨大且奢华的电影宫殿的原型，同时也是其中留存至今最大也最古老的一座。现在它还经常举办流行音乐表演。参见 www. thechicagotheatre. com/about/history. html。

80. 参见 Schlereth（1991，第 206 页）。

81. 数据来自 Phelan（1919，第 247～248 页）中 Toledo 的研究。

82. 参见 Cooper（1922，第 242 页）。

83. 参见 Young and Young（2002，第 187 页）。

84. 参见 Young and Young（2002，第 186 页）。

85. 1936 年人均可支配收入来自 NIPA 表 2. 1。25 美分的电影票价格来自 www. picturesshowman. com/questionsandanswers4. cfm # Q19。该比例从 1936 年的 2. 4% 下降至 2012 年的 1. 0%。

86. 《绿野仙踪》在电视上播放一开始就是彩色的，虽然在 20 世纪 60 年代之前几乎没有什么家庭拥有彩色电视机。1956 年首次播出之后，在 1959—1976 年每年都会播出。

87. 经济学家喜欢基于 L. Frank Baum 1900 年小说改编的《绿野仙踪》，因为它的多处内容都间接反映了 19 世纪 90 年代的主要经济争论。参见 Rockoff（1990）。

88. 参见 Young and Young（2002，第 206 页）。

89. 电视机并未出现在本章的讨论中，虽然它出现在 1939—1940 年的纽约世博会上。直到 1941 年 7 月，第一家商业电视台美国全国广播公司和哥伦比亚广播公司的附属公司才在纽约出现。战时短缺使得大量家庭直到 1946 年才购买电视。

90. www. imdb. com/title/tt0032138/quotes.

91. 参见 Lambert（1973，第 144 页）。

92. 《乱世佳人》在美国电影协会“史上百佳影片”的排行榜中排名第六。其放映时人们的激动被记录在《好莱坞报道》1939 年 12 月第 13 期的第三版上，“这是一部空前伟大的电影，它实现了电影魔法所能实现的各种想象”。在 Harmetz（1996，第 212 页）重新制作这一版。

第7章

1. 参见 Cutler and Miller（2005，第1页）。

2. 参见 Becker（1965）。

3. 参见 Mokyr and Stein（1997，第143~144页）。

4. QALYs 的一种简单测算方式是，如果病人手术后重回健康生活则计为1，如果病人去世则计为0，如果生活质量降低，例如截肢、失明、失禁或者其他结果，则为0到1之间的一个分值。对该方法的批评及对策参见 Prieto and Sacristan（2003）。

5. 参见 Pope（1992，表9.4，第282页）。1750—1779年20岁男性的预期寿命为44.4岁，到1870—1779年为44.3岁。1780—1799年20岁女性的预期寿命为45.6岁。没有出生时预期寿命的数据。

6. 参见 Cain and Paterson（2013，第72页）。

7. 参见 Higgs（1973，第182页）。

8. 参见 Floud et al.（2011，图6.1，第299页）。

9. 如 Steckel（2008，图7，第143页）所示，在1830—1890年，本土出生的美国男性身高从68.3英寸下降至66.5英寸，到1960年又上升至70.1英寸，这里的年份指出生年份。

10. 参见 Meeker（1971，第356页）。

11. 美国人口普查局的报告显示，城市地区出生的白人男性出生时预期寿命比农村地区少10年，城市地区白人女性出生时预期寿命比农村地区少7年。但这一数据由于过分考虑移民以及对黑人考虑不足而受到批评，认为城市与农村的预期寿命差距小于这些估计。参见 Cain and Paterson（2013，第85页）。

12. 参见 Pope（1992，第294页）。

13. 参见 Hart（1950，第157页）。

14. 每年的增速根据图7.2数据源的自然对数增长率计算。

15. 参见 Murphy and Topel（2006，第871页）。

16. 参见 Rao（1973，表3，第412页）。

17. 参见 Troesken（2002，第769页）。

18. 参见 Higgs（1973，第 182 页）。

19. 两处引文均来自 Ewbank and Preston（1990，第 116、117 页）。

20. 参见 Harris and Reid（1858 年，第 iv 页）。瘴气病原论被广泛认为是现代细菌致病论的前身，它提出传染病的扩散是由于“不健康的空气”，比如来自腐烂的垃圾和沼泽的臭味。

21. 参见 Higgs（1973，第 187 页）。

22. 图 7.4 基于 1998 年 HSUS 以及 1998—2007 年统计摘要中对应的问题，是对 McKinlay and McKinlay（1977，图 3，第 416 页）的更新。

23. 1918—1919 年流感的细节来自 www.flu.gov/pandemic/history/1918/the_pandemic/legacypendemic/index.html。

24. 源自 McKinlay and McKinlay（1977，第 425 页）。

25. 参见 Meeker（1971，表 6，第 370 页）。

26. 参见 Turneaure and Russell（1940，第 108 页）。

27. 参见 Turneaure and Russell（1940，第 11 页）。

28. 1910 年的百分比来自 Meeker（1974，表 5，第 411 页）。1880 年、1890 年、1900 年和 1925 年的百分比来自 Turneaure and Russell（1940，第 9 页）。1880 年美国城市人口中只有 3 万人能使用过滤后的水。参见 Condran and Crimmins-Gardner（1978，第 40 页）。1925—1940 年的迅速增加可能是数据来源不一致引起的，虽然人口普查 93% 的城市百分比与 Turneaure and Russell（1940）6600 万的数量相匹配。据此 1940 年 7400 万城市人口所占比例为 85%（Haines，2000，表 4.2，第 156 页）。

29. 来源于 Goubert 的一篇文章，转引自 Mokyr and Stein（1997，第 170 页）。作者提供了许多额外的细节，显示洁净的自来水和污水处理不仅仅是一次性的发明，而且属于遏制传染病的部分解决方案中的许多中间步骤。

30. 参见 Higgs（1973，第 187 页）。

31. 参见 Cosgrove（1909，第 87~88 页），Meeker（1974，第 392~393 页）。

32. 参见 Cutler and Miller（2005，第 6 页）。

33. 参见 Turneaure and Russell（1940，表 17，第 132 页）。从 1900 年的每 10 万人中 35.9 人下降至 1920 年的 7.8 人，再下降至 1936 年的 2.5 人。美国的数据到 1912 年仍未赶上德国，1934 年仍未赶上瑞典。

34. 两处引文均来自 Green（1986，第 108 ~ 109 页）。

35. 来自 Bettmann（1974，第 136 页），是对死亡人数的估计值。症状及 1870 年孟菲斯的人口数量来自 www. history. com/this-day-in-history/first-victim-of-memphis-yellow-fever-epidemic-dies。

36. 该对比由 Mokyr and Stein（1997，第 156 页）提出。

37. 参见 Cutler and Miller（2005，第 2 页）。

38. 参见 Condran and Crimmins-Gardner（1978，第 34 页）。

39. 参见 Mokyr and Stein（1997，第 158 页）。

40. 参见 Rosen（1958，第 288 ~ 289 页）。

41. 参见 Rosen（1958，第 310 页）。

42. 参见 Strasser（1982，第 94 页）。

43. 本段引文来自 Bettmann（1974，第 2、10、14 页）。

44. 参见 Mokyr and Stein（1997，第 164 ~ 165 页）。

45. 源自 Bettmann（1974，第 114 页）。

46. 参见 Ewbank and Preston（1990，第 121 页）。

47. 本段中两处引文均来自 Goodwin（1999，第 44 ~ 45 页）。

48. 参见 Bettmann（1974，第 110 页）。

49. 参见 Goodwin（1999，第 19 页）。

50. 参见 Poole（1940，第 95 页）。

51. 来自《纽约时报》1906 年 6 月 5 日第一版，转引自 Goodwin（1999，第 43 页）。

52. 参见 Goodwin（1999，第 252 页）。

53. 美国食品药品管理局这一名字可追溯至 1930 年，但该机构的前身根据 1906 年的法案成立。参见 www. fda. gov/AboutFDA/WhatWeDo/History/default. htm。

54. 参见 Goodwin（1999，第 256 页）。

55. 参见 Goodwin（1999，第 264 页）；她的引用有多个来源。

56. 参见 Okun（1986，第 10 页）。

57. 参见 Goodwin（1999，第 47 页）。

58. Temin（1980，第 24 ~ 25 页）讨论了药剂师和医生的关系。

59. 源自 Goodwin（1999，第 75 页）。

60. 参见 Temin（1980，第 35~37 页）。

61. “巩固职业权威”是 Starr 所著的《美国医学的社会转变》（*The Social Transformation of American Medicine*）一书的前几章中某一章的标题（Starr，1982，第 79 页）。

62. 1929 年的百分比根据 NIPA 表 2. 3. 5 第 16 行除以 NIPA 表 1. 1. 5 第 1 行所得。2013 年的总支出来自 www. cms. gov，可下载文件为“NHEGDP12. zip”。

63. 参见 Starr（1982，第 68 页）。

64. 参见 Steele（2005，第 135 页）。

65. 参见 Steele（2005，第 140 页）。

66. 本段中的引文来自 Starr（1977，第 594~596 页）。

67. 参见 Rothstein（1972，第 252 页）。

68. 医学发明的简史来自 Reiser（1978，第 2、3、5 章）。

69. 总结来自 Starr（1982，第 198 页）。

70. 参见 Starr（1982，第 232 页）。

71. 参见 Dickie（1923，第 31 页）。

72. 参见 Vogel（1980，第 1 页）。

73. 参见 Starr（1977，第 598 页）。

74. 引文来自 Bettmann（1974，第 146 页）。

75. Targetstudy. com/knowledge/invention/113/antiseptics. html.

76. 参见 Rothstein（1972，第 258 页）。

77. 参见 Bettmann（1974，第 144 页）。

78. 参见 Vogel（1980，第 8 页）。

79. 援引自 Vogel（1980，第 13 页）。

80. 参见 Vogel（1980，第 73 页）。

81. 参见 Wertz and Wertz（1977，第 121~123 页，第 133 页）。

82. 参见 Starr（1982，第 156 页）。

83. 参见 Stevens（1989，第 18 页）。

84. 参见 Stevens（1989，第 25 页，第 48~51 页）。

85. 参见 Vogel（1980，第 89 页）。

86. 参见 Moore（1927，第 112 页）。

87. 参见 Wertz and Wertz（1977，第 215 ~ 216 页）。

88. 参见 Thompson and Goldin（1975，第 207 ~ 225 页）。

89. 参见 Bonner（1991，第 33 页）。

90. 参见 Rothstein（1972，第 265 页）。

91. 参见 Starr（1982，第 93 页）。

92. 顺势疗法是在 19 世纪头 10 年里发展起来的。这种疗法要求在水中重复稀释特定物质，通常重复到水中不再存在原物质的单一微粒为止。参见 Starr（1982，第 96 ~ 99 页）。

93. 参见 Marti-Ibañez（1958，第 112 ~ 113 页，第 126 ~ 127 页）。1873 年巴尔的摩商人约翰·霍普金斯对以其名字命名的医学院和医院的 700 万美元捐款是截至那时美国历史上最大金额的慈善捐款。霍普金斯医学院是第一家要求所有申请者必须具备大学学历的医学院，这也让它成为一所医学研究生院而不只是医学院（Starr，1982，第 113 ~ 115 页）。

94. 引文及细节均来自 Steele（2005，第 151 页）。

95. 参见 Rothstein（1972，第 291 ~ 292 页）。

96. 本段中其他的引用来自 Starr（1982，第 118 ~ 122 页）。

97. 根据笔者母亲的描述，笔者的外公是“马萨诸塞州弗雷明汉的一位著名外科医生”。他的办公室位于市中心附近的一幢大型维多利亚建筑的一楼，里面有一些护士和文员；家人住在二楼。他在 63 岁时因恶性贫血去世，这是一种因过度接触 X 光而导致的疾病。

98. 参见 Moore（1927，第 24 页）。

99. 参见 Moore（1927，第 105 页）。

100. 来自 Moore（1927，第 119 ~ 122 页）。

101. 参见 Murray（2000，第 16 页）。

102. 参见 Starr（1982，第 245 页）。

103. 参见 Crossen（2007，第 B1 页）。

104. 参见 Murray（2000，表 4.6，第 88 页）。

105. 参见 Starr（1982，第 261 ~ 262 页）。

106. 这里的引文和对大萧条的解释来自 Murray（2007，第 203 ~ 217 页）。对于其“荒谬”的判断是我给出的。

107. 参见 Igel（2008，第 13 页）。

108. 这几个词语来自 Thomas Hobbes 1651 年所写的著作《利维坦》。该书写于英国内战末期，捍卫了绝对的政治统治；根据他的说法，没有强大的领导者，无政府状态会让人民的生活陷入“肮脏、残忍和短命”。

109. 参见 Brox（2010，第 86 页）。

110. Harrison 引文和有关铁路的事实来自 Bettmann（1974，第 70 ~ 71 页）。

111. 参见 Droege（1916，第 359 页）。

112. 详情参见 Aldrich（2006，第 124、131 页）。

113. 参见 Remnick（2011，第 21 ~ 23 页）。

114. 1909—1939 年死亡率每年下降 4.6%，1939—2008 年死亡率每年下降 3.1%。交通死亡率的数据来自图 7.7 的数据源。

115. George 和 Ira Gershwin 的歌曲 “Our Love Is Here to Stay” 第一次出现在 1938 年的演出 “The Goldwin Follies”，该剧在 George 去世的一年后被搬上了百老汇。“屠杀” 一词为 Crossen（2008，第 B1 页）所引用。

116. 参见 Crossen（2008，第 B1 页）。

117. 参见 Pinker（2011，第 92 ~ 95 页）。

118. 前两段总结了 Pinker（2011，第 96 ~ 106 页）。

119. 尽管近年来出现了关于芝加哥暴力的宣传，但该城市在 2012 年每 10 万人中 15 人的谋杀率远低于新奥尔良（58）、底特律（48）或者圣路易斯（35）。同年谋杀率至少在芝加哥两倍以上的城市有巴尔的摩、弗雷明汉、纽瓦克以及加利福尼亚的奥克兰。参见 www.policymic.com/articles/22686/america-s-10-deadliest-cities-2012。

120. 这部分中直接引用的资料表明了 Usher（1973）和 Rosen（1988）的文献的重要作用。

121. 参见 Becker et al.（2005，第 278 页）。

122. Nordhaus（2003，第 10 页）这样描述其论文的贡献，“重要的并不是包含了医疗卫生，而是在这里所提出的概念，即我们应该认真地尝试测算医疗卫生部门的产出并正确地提高其产出”。

123. 参见 Moore（1927，第 59 页）。

124. 参见图 7.1。

第8章

1. Nordhaus and Tobin（1972）以及 Eisner（1989）是福利调整的两个主要资料来源，他们都认为，家庭生产增加了福利，通勤和制服等工作费用减少了福利。

2. 参见由 Bresnahan and Gordon（1997）主编的论文集中的文章。

3. Costa（1998）提供了对退休历史的全面分析。

4. 这个比例由图 7. 3 数据得出。

5. 在第3章中我们看到，在1870年，男人的衣服大多从商店购买，而女人和孩子的衣服则是在家缝制。早在1870年之前很久，所有家庭成员的鞋子都从商店购买了。

6. 图 8. 1 到图 8. 4 的原始数据遗漏了 1910 年的人口普查数据，需要我们以线性方式外推 1900—1920 年的普查数据。

7. 参见 Goldin（2000，图 10. 8，第 378 页）。

8. 参见 Goldin and Katz（2008，图 6. 1，第 196 页）。

9. 表 8. 1 的百分比既包括公司雇员，也包括自雇人员。

10. 参见 David M. Gordon（1996，第 2 章）美国公司管理人员比重高于欧洲国家的相关资料。

11. 这一事实来自 Rosenzweig（1983，第 39 页）。这些数字集中关注制造业工人，可能会产生误导，因为制造业工人是 19 世纪末工作时间最长的劳动群体。

12. 白领的每周工作时间，包括西北大学经济系办公室的工作时间，几十年来都是标准的 37. 5 小时。办公室早上 8：30 开始工作，下午 5：00 下班，多年实行这一工作制度使每个人都记住了，每日 8. 5 个小时的工作由于中午 1 小时的午休时间减少到 7. 5 小时。

13. 参见 Keynes（1931，第 363 页）。

14. 私人非农业部门的每周工时数据可追溯至 1900 年。使用制造业工人每周工时数据可将数据外推至 1890 年，图 8. 5 标识了不同来源的数据序列。

15. 参见 Kendrick（1961，第 351 ~ 354 页）。

16. Rosenzweig（1983，第 68 页）的报告指出，大多数蓝领工人在 20 世纪 40 年代前没有带薪休假，但中产白领工人早在 19 世纪 80 年代就有暑期休假。一些加入工会的工人早在20世纪20年代就享受带薪休假。

17. 参见Lynd and Lynd（1929，第53页）。Michael Huberman关于美国政府劳动力市场的回顾性分析报告（Huberman，2004，“Working Hours of the World United? New International Evidence of Worktime，1870—1913”，*Journal of Economic History* 64，no.4，第964~1001页）指出，男性在1870—1899年的平均周工作时间为60.3小时，与Costa的估计非常相似。Lynd夫妇的调查提供了进一步的结论，他们发现在1914年73%的产业工人每周最少工作60小时，但到1919年，每周工作时间减少到55小时，周六有半天的休假（Lynd and Lynd，1929，第54页）。应该指出的是，所有这些数字都是平均值，一些行业的工作时间可能很长。

18. 解释1900—1920年工作时间下降的这些假设和其他假设来自Hunnicutt（1988，第13~22页）。

19. 数据来自Bordewich（2012，第A15页）。

20. 参见Atack、Bateman and Parker（2000，第300页）。

21. 详情参见Jones（1998，第186页）。

22. 关于水土流失的引文和详情来自Jones（1998，第163页）。

23. 本段事实来源于Atack、Bateman and Parker（2000，第312~322页）。

24. 详情参见Green（1986，第44页）。

25. 引自Danbom（2006，第95页）。

26. 劳动力的限制在Atack、Bateman and Parker（2000，第264~265页）中有详细分析。

27. 铸铁犁是1816发明的，到了19世纪60年代，发明了钢犁，钢犁“容易冲刷、不沾土，边缘锋利”，详见Greene（2008，第190页）。

28. 参见Atack、Bateman and Parker（2000，第268页）。

29. 有关收割机的详情，请参见inventors. about. com/library/inventors/blmccormick. htm。

30. 参见Greene（2008，第194页）。

31. 居民也用牛来拉重载马车。

32. 参见Greene（2008，第198页）。

33. 引自Lears（2009，第144页）。

34. 引自Charles A. Siringo（1886）的《得克萨斯牛仔》（*A Texas Cow Boy*），

参见 Danbom（2006，第 167 ~ 168 页）。

35. 参见 Mokyr（1990，第 139 页）。

36. 联合收割机和杂交玉米的详情来自 Green（1986，第 41 ~ 42 页）。引文引自 McWilliams（1942，第 301 页）。

37. 参见 Atack、Bateman and Parker（2000，图 7.13 和图 7.14，第 316 ~ 317 页）。8 个中西部州是俄亥俄州、印第安纳州、密歇根州、伊利诺伊州、威斯康星州、明尼苏达州、艾奥瓦州和密苏里州。深南部 6 个州是南卡罗来纳州、佐治亚州、亚拉巴马州、密西西比州、路易斯安那州和得克萨斯州。

38. Ransom and Sutch（1977）对佃农和商人之间的关系进行了堪称经典的研究。Green（1986，第 49 页）指出，大约只有 1/4 的非裔美国人家庭拥有土地。

39. 参见 Fite（1984，第 5 ~ 6 页）。

40. 参见 Haines（2000，表 4.2，第 156 页）。

41. 参见 Smith（1984，第 222 页）。

42. 参见 Alexander（2009，第 118 页）。

43. 参见 Kleinberg（1989，第 10 页）。

44. 参见 Brody（1960，第 37 ~ 38 页）。

45. 引文和关于钢铁价格的事实描述引自 Brody（1960，第 3 页和第 28 页）。

46. 参见 Smith（1984，第 216 页）。

47. 本段的详细介绍来自 Alexander（2009，第 112 ~ 113 页）。

48. 引自 Brody（1960，第 33 页）。

49. Lynd and Lynd（1929，第 39 ~ 40 页）提供了制作玻璃罐的案例分析："1900 年后不久，吹瓶机的发明……消灭了所有与此相关的技能和劳工并使几乎一成不变的传承自埃及的手工流程变得像石斧一样过时。"他们提供的细节可以让我们计算，每天每个工人生产十几种玻璃罐的数量从 1890 年的 36 个增加到 1925 年的 825 个，这意味着年均增长率为 9%。

50. 参见 David（1990，第 359 页）。

51. 参见 Schlereth（1991，第 50 页）。

52. 根据 HSUS 序列 Ba4744，煤矿每百万小时工作的死亡率从 1931 年的 89.8% 下降到 1970 年的 42.6%。根据 HSUS 序列 Ba4742，制造业同一时间段的死亡率从 18.9% 下降到 15.2%。

53. 参见 Alexander（2009，第 138 页）。

54. 死亡率来自 Kleinberg（1989，表 4，第 29 页）。我本人分析了纽约的数据。

55. 参见 Lynd and Lynd（1929，第 68 页）。有记录显示，在 1923 年，7900 个产业工人中有 4 人死亡，这与每 10 万人 50 人的死亡率相当。

56. 参见 Kleinberg（1989，第 27 页）。

57. 参见 Taft（1983，第 135 页）。

58. 关于火灾的更多细节描述来自 Alexander（2009，第 141 页）。

59. 美国国民经济研究局的商业周期纪年表记录了 1870 年到“一战”的情况（参见 www. nber. org），另外还记录了一些不太严重的经济衰退，其中在 1888 年、1891 年、1900 年、1904 年、1908 年、1912 年和 1912 年最为困难。

60. 参见 Brody（1960，第 39 页）。

61. 参见 Kleinberg（1989，表 3，第 21 页）。1890 年经历一个月及以上失业时间的工人比例：木匠为 23.2%，重体力工人为 27.5%，钢铁工人为 38.6%，石匠为 41.3%，玻璃工人为 65.4%。钢铁需求波动导致匹兹堡的总体失业率高于全国平均水平。

62. 参见 Montgomery（1983，第 92 页）。

63. 参见 Montgomery（1983，第 94 页）。

64. 参见 Kesslar-Harris（1982，第 79 页）。

65. 参见 Kesslar-Harris（1983，第 144 页）。

66. 参见 Kesslar-Harris（1982，第 119 页）。

67. 参见 Goldin and Katz（2008，图 6.1，第 196 页）。

68. 引文来自 Lynd and Lynd（1929，第 169 页）中 Dorothy Dix 的问题。

69. 参见 Strasser（1982，第 3 ~ 4 页）。

70. 参见 Strasser（1982，第 49 页）。

71. 参见 Atherton（1954，第 200 页）。

72. 参见 Kesslar-Harris（1982，第 112 页）。

73. 婴儿死亡率下降是本书第 7 章的中心议题。

74. 1940 年住宅特点百分比见表 4.4，该表基于 1940 年住宅普查编制。

75. 参见 Lynd and Lynd（1929，第 69 ~ 168 页）。

76. 参见 Lynd and Lynd（1929，第 171 页）。在比较时应将 1925 年价格水平设为 1890 年的两倍。由于方法所限（回忆，而不是日记），林德调查往往夸大家庭生产所花费的时间。参见 Ramey（2009，附录 C）。

77. 参见 Ramey and Francis（2009，表 1，第 193 页）。

78. 参见 Ramey and Francis（2009，表 4，第 204 页）。在 Ramey（2009，表 6，第 27 页）那里，壮年女性的每周家庭生产时间的减少比这少一点，从 46.8 小时降到 29.3 小时。

79. 参见 Ramey（2009，表 6，右列，1920 年和 1930 年平均数据）。雷米和林德夫妇调查得到的数字相似性在一定程度上说明，雷米将林德夫妇调查结果作为其众多数据来源之一。

80. 参见 Lynd and Lynd（1929，第 173 页）。

81. 参见 Mokyr（2000，第 1 页）。最初来源为 Cowan（1983）。

82. 参见 Montgomery（1983，第 97 页）。

83. 参见 Montgomery（1983，第 97 页）。

84. 参见 Shergold（1962，第 225 页）。

85. 参见 Rees（1961，表 10，第 33 页）。在 Rees 的著作中，在 1900—1909 年制造业的这些平均值几乎完全对应钢厂普通工人的小时工资，即 16.5 美分，或每天介于 1.67 美元和 1.98 美元之间。参见 Alexander（2009，第 109 ~ 110 页）。

86. 福特工人必须满足某些要求才能得到这种较高的工资，包括行为节制和家庭地位。参见 Batchelor（2002，第 49 ~ 50 页）。

87. 参见 Alexander（2009，第 106 ~ 107 页）。

88. 关于社会部家访的引文和详细信息来自 Montgomery（1987，第 234 ~ 236 页）和 Snow（2013，第 B1、B4 页）。

89. 各种测算问题与图 8.7 中 1980 年之后两个数据序列之间的差异有关，包括价格指数偏差、生产工人和一般工人之间的区别，以及实际工资和整个经济的生产率之间的概念区别，参见 Gordon and Dew-Becker（2008）。我们将在第 15 章继续讨论这个问题。

90. 关于洗碗和纺织厂狭窄空间发生的事例来自 Green（1986，第 28 页）。

91. 参见 Alexander（2009，第 137 页）。

92. 参见 Angus and Mirel（1985，表 1，第 126 页）。

93. 学校教育完成率因家庭收入差异而不同，农场儿童高于城市儿童，来自 Fuller（1983，第 153 ~ 154 页）。

94. 参见 Lewis（1961，第 66 页）。

95. 参见 Jakle（1982，第 85 页）。

96. 参见 Walters and O'Connell（1988，第 1146 ~ 1147 页）。

97. 参见 Goldin and Katz（1999，图 3，第 698 页）。

98. 参见 Smith（1984，第 589 ~ 590 页）。

第 9 章

1. 参见 Gelpi and Julien-Labruyère（2000，第 97 页）。

2. 参见 Gelpi and Julien-Labruyère（2000，第 99 页）。

3. 参见 Cronon（1991，第 323 页）。

4. 引文和利率证据来自 Danbom（2006，第 151 页）。

5. 详情请参见 Calder（1999，第 160 页）。

6. 参见 Danbom（2006，第 123 页）。也可参见 Ransom and Sutch（1977）。

7. 参见 Danbom（2006，第 123 页）。

8. 参见 Simpson、Simpson and Samuels（1954，第 29 页）。

9. 参见 Marron（2009，第 20 页）。

10. 参见 Cox（1948，第 63 页）。

11. 参见 Marron（2009，第 22 页）。

12. 参见 Ham（1912，第 1 页）。

13. 参见 Marron（2009，第 26 页）。

14. 引自 Calder（1999，第 39 页）。

15. 参见 Calder（1999，第 71 页）。

16. 参见西尔斯—罗巴克邮购商品目录（1902，第 4 页）。

17. 参见西尔斯—罗巴克邮购商品目录（1908，第 1 ~ 2 页）。1908 年那本厚厚的目录包含 10 万种商品，有 1162 页，每一页写有商品的不同种类（比如，4 种类型的铁锅，或 30 种银茶杯，或 50 余种刀具），因此，说有 10 万种是有点夸张的。

18. 参见 Calder（1999，第 178 ~ 179 页）。

19. 参见 Kinley（1910，第 69 页）。

20. 早期分期付款购买家具和钢琴详见 Marron（2009，第 38~39 页）。

21. 参见 Ford（1989，第 13 页）。

22. 参见 Neifeld（1939，第 4 页）。

23. 本段内容详见 Leach（1993，第 299~302 页）。

24. 参见 Calder（1999，第 17 页）。

25. 参见 Olney（1991，第 125 页）。

26. 本段所用数据参见 Marron（2009，第 56~60 页）。福特落后于通用不仅仅表现在汽车造型和产品差异化上，也表现在融资上。福特在 1923 年推出了每周购买计划，潜在的购买者可以每周在特别利率账户存 5 美元，等到钱存够了就可以买到汽车（在 1923 年，最低的福特轿车购买价为 265 美元，见第 5 章）。这个计划是失败的，很少能够引起消费者的兴趣，因为通用汽车金融服务公司推出了分期付款计划，消费者可以在付全款之前拿到汽车。直到 1928 年，福特才成立了可以和通用竞争的机构（Calder，1999，第 199 页）。

27. 参见 Calder（1999，第 195 页）。

28. 参见 Olney（1991，第 115 页）。

29. 名义消费者债务数据序列见 Olney（1991，表 4.1，第 1 栏），除以名义 GDP 值（Gordon，2012a，附录 A-1），耐用消费品见 Olney（1991，表 A-7），实际 GDP 和名义 GDP 来源相同。Olney 的数据使用了 1982 年价格，Gordon 的数据使用了 2005 年价格，所以 Olney 的数据要乘以 1.805，即 2005 年与 1982 年的 GDP 平减指数之比。

30. 图 9.1 显示 1939 年的百分比是 8.6，比 1929 年的 7.4 高出 17%。

31. 图 9.1 中债务与 GDP 之比的态势一定程度上反映总体经济价格的变化。因为一笔给定的消费者债务的名义价值是固定的，在“一战”期间，物价翻倍，这个比率随之下降。事实上，名义 GDP 在 1915—1920 年翻了一倍以上。类似的，1929—1934 年，负债率下降小于耐用消费品支出比率，这反映了该时期的价格比率下降。

32. 参见 Olney（1991，表 4.3，第 96 页）。

33. 参见 Seligman（1927，第 1 卷，第 100~108 页）。

34. 参见 Gelpi and Julien-Labruyère（2000，第 101 页）。

35. 参见 Lynn（1957，第 415 页）。

36. 参见 Calder（1999，第 158 页）。

37. 这两段事实来自 Calder（1999，第 66~68 页）。

38. 参见 Lynd and Lynd（1929，第 106 页）。

39. 参见 Radford（1992，第 14 页）。在 1928 年到 1929 年间，100 亿美元大概相当于 GDP 的 10%。

40. 抵押贷款融资的细节有一部分来自 Butkiewicz（2009）。房贷余额的数据来自 Wheelock（2008，图 3，第 136 页）。抵押债务的数据来自 Doan（1997，附表 B，第 186 页）。

41. 参见 Wood（1931，第 187 页）。

42. 参见 Stone（1942，第 12 页）。

43. 这段数据来自 Stone（1942，第 21~25 页）。“背书”起源于这段时间，那些愿意分担的人将名字写在界定特定风险声明书的背面。

44. Presbyterian Ministers Fund 将这个名字一直保留到 1992 年，在经过几次合并之后，成为 Nationwide Mutual Insurance Company 的一部分。见 famousdaily. com/history/first-american-life-insurance-company. html。

45. 参见 Oviatt（1905b，第 186 页）。

46. 未偿寿险由人寿保险公司的名义资产推算，参见 HSUS 序列 Cj741。

47. 1915 年保单数量是 4300 万份，考虑到有的购买多份保单，被保人是 2500 万到 3000 万（Fiske，1917，第 317 页）。作为对比，1915 年的家庭数是 2250 万，这说明不仅户主投保了，还有很多其他的家庭成员也投保了。

48. 1915 年强制人寿保险数据参见 Fiske（1917，第 317 页）。

49. 1926 年强制人寿保险数据参见 Knight（1927，第 97 页）。资产数据来自图 9. 4。

50. 参见 Fiske（1917，第 320 页）。

51. 参见 Knight（1927，第 97 页）。纽约的资产比率参见 Nichols（1917，第 119~120 页）。

52. www. usfa. fema. gov/downloads/pdf/statistics/internat. pdf.

53. disasters. albertarose. org/us_disasters. html.

54. 火灾保险的早期历史参见 Oviatt（1905a）。

55. 1871 年芝加哥大火的保险数据参见 Pierce（1957，第 12～13 页）。

56. GDP 平减指数（2005 = 100），1871 年是 6.4，1906 年是 5.5（Gordon，2012a，附表 A-1）。

57. 参见 Thomas and Witts（1971，第 271 页）。

58. 参见 Morris（2002，第 171 页）。

59. http：//blog. esurance. com/the-surprisingly-fascinating-history-of-us-car-insurance/.

60. 参见 Sawyer（1936，第 24～26 页）。

61. www. insuranceusa. com/reviews/state-farm/state-farm-timeline/.

62. 《宅地法案》土地与铁路土地的质量差异争论，参见 Gates（1936，第 655～657 页）。

63. 关于铁路土地赠予的分析参见 Ellis（1945，第 209 页）。

64. 参见 Greever（1951，第 87～88 页）。

65. 参见 Earl（1997，第 1610 页）。

66. 本节中的引文和信息来自 McDowell（1929，第 250 页）。

67. 参见 Johnson（1981，第 333～334 页）。

68. 有关学位的内容参见 Renne（1960，第 48 页），引文引自该书第 50 页。

69. 《宪法》第 1 章第 8 条第 8 款陈述了这个目标："授予作者和发明家对其作品和发明物在限定时间内的专有权利，以促进科学和实用技术的进步"。（Nard，2010，第 16 页）

70. 参见 Tarbell（2005）。

71. 参见 Lamoreaux（2010，第 388 页）。

72. 参见 King（2010，第 32 页）。

73. 赫伯特·胡佛在 20 世纪 20 年代加快推动螺母、螺栓、螺钉等紧固件的标准化，有关描述参见 Walton（1956，第 531～533 页）。

74. 对禁酒令的评价来自 Clark Warburton（1932，第 261～262 页）对其经济影响的综合研究。

75. 就像我们将在第 15 章看到的那样，美国从来没有实现高中教育的普及，高中毕业率到 1975 年达到近 80%，但随后小幅回落。Jame Heckmam 等人的研究表明，没有获得高中文凭，但是拥有高中同等学力（GED）证书的人的社会回报和高中辍学生更相近。

76. 联邦存款保险公司作为1933年《格拉斯—斯蒂格尔法案》的一部分被创建，“作为加强分支机构限制的一部分，建立联邦存款保险，制定存款利率上限，授权联邦储备委员会改变准备金要求，以及分离投资银行和商业银行”（Vietor，2000，第979页）。最后的成就，即商业银行和投资银行相分离，在1999年被克林顿政府废除，人们将过高的财务杠杆以及2007—2009年金融危机和之后经济衰退部分归咎于投资银行和商业银行相分离这一规定的废除。

77. 参见Cannon（2000，第133页）。

78. 笔者注意到，笔者的家乡加利福尼亚州伯克利和长期居住地伊利诺伊州埃文斯顿的美国邮局，都是公共事业振兴署在20世纪30年代末建成的项目。

79. 参见Darby（1976）。

间奏曲

1. 一个界定电冰箱的首发日期的简单方法就是查看西尔斯公司邮购商品目录。在1900—1928年，西尔斯公司邮购商品目录上的“冰箱”类别指的是“冰盒子”。直到1931年，西尔斯公司才卖出第一台电冰箱，相较于19世纪90年代在销售自行车和缝纫机上的市场领先，西尔斯公司在电冰箱销售上的滞后是个反常的例子。

2. 数据来源参见数据附录中关于图16.1的资料来源。

3. 电影票价格的历史变化参见http：//boxofficemojo. com/about/adjuster. htm。

4. 婴儿潮从1946年持续到1964年。1946年出生的婴儿于2008年达到退休年龄62岁，而1964年出生的婴儿如果选择延迟到70岁退休，那么将于2034年退休。

第10章

1. 前两个段落的细节源自Hooker（1981，第310~312页）。

2. 大型商店首先在洛杉矶建成，与多数城市相比，洛杉矶主要特点是人口密度低，汽车依赖性很大，对建设大型超市极为有利。到1937年，洛杉矶就有260家超市，占该城市食品销售总额的35%。本注释和本段相关信息来自Mayo（1993，第4章）。

3. A&P 在 1936 年拥有 14446 家连锁店，到 1941 年时只有 6042 家。参见 Mayo（1993，第 148 页）。

4. 所列配给食品清单来源于 McIntosh（1995，第 117～119 页）。

5. 参见 Kennedy（2003）。

6. 本段的部分细节源自 Crossen（2007）；引文来自 Hooker（1981，第 334 页）。

7. 这种趋势在 2010—2014 年体现得尤其明显，参见 Gee（2014）。

8. 参见 Marsh（2008）。

9. 参见 Mayo（1993，第 162 页、第 189 页）。

10. 我们夫妇结婚第一年来英国牛津时（1963—1964 年），其销售业仍处于十分落后的状态。所有市场都在牛津市中心，民众基本乘坐双层公交车前往，最后的付款也是分开的——在蔬菜柜台付完账，再到奶酪柜台。英国从菜市场到超市的转化较美国晚了三四十年，整个欧洲也是如此，欧洲战后之所以取得快速发展，是因为它发现了美国自世纪之交以来几乎所有的发明。

11. A&P 连锁店面积是 20 世纪 20 年代普通商店 600 平方英尺面积的一半。参见 Mayo（1993，第 140 页、第 160 页）。

12. 参见 Baily and Gordon（1998，第 414 页）。

13. “7-11”品牌的由来最初指的是商店的营业时间——早晨 7 点至晚上 11 点。第一家便利店由“7-11”的创始人于 1927 年创立，但便利店的迅猛发展是因为 20 世纪 70 年代石油价格的飙升，民众不得不节约使用汽油。

14. Hausman and Leibtag（2007）曾经估计，沃尔玛的开设使食品价格下降了 25%。

15. 举例来说，多米尼克连锁店（Dominick's chain）曾是芝加哥的佼佼者，在 2013 年被公司老板 Safeway 关闭。

16. 塔可钟的目标是在 2 分 40 秒内把食品送到顾客那里。本段详情可参见 Greenfeld（2011，第 63～69 页）。

17. 参见 Greenfeld（2012，第 66 页）。

18. Greenfeld（2011，第 68 页）强调了“验证板”（Verification board）的巨大作用，它是一种电子工具，几乎能准确无误地受理顾客订单。这种技术首先由麦当劳在 20 世纪 90 年代发明。

19. “5000 万人口”这一数据来源于 Miller（2010，第 44 页）。

20. 本段的信息源于 Brody（2013）。

21. 参见 Acs and Lyles（2007，图 2.2，第 19 页）。

22. 本段细节来源于 Miller（2010，第 46 页）。

23. 参见 Lakdawalla and Phillipson（2009）。

24. 参见 Lakdawalla and Phillipson（2009，摘要页）。

25. 参见 Daniels（2006，第 61 页）。

26. 参见 Lebergott（1996，表 A1，第 148～153 页）。

27. 1980 年的名义进口包括纺织品、服装和鞋袜，数据来源于 SAUS 1982－83，表 1489，第 840 页。2007 年的名义进口包括纺织品、布料、服装和饰品，数据来源于 SAUS 2011，表 1311，第 814 页。

28. 客观而全面地来看相对价格的变化，消费者在“视频设备、音像设备、信息处理设备和多媒体”的开支在 1980 年至 2012 年的年均降幅为 11.2%，相反，高等教育开支的相对价格每年上涨 4.4 个百分点。

29. 2007—2013 年，运动鞋类的销售额增长了 14%，而其他种类服装的销售维持在 2.7%。进口服装按照布料的主要成分分类。纯棉含量为 60% 和聚酯含量为 40% 的衬衫可以归到棉类产品，反之亦然。数据来源于 Wexler（2014）。

30. 前两段的细节均出自 Farrell-Beck and Parsons（2007）和 Steele（1997，第 87～88 页）。

31. Cline（2012）引用了 1997 年《消费者报告》的一篇文章，该文显示塔吉特出售的价格为 7 美元的球衣与价格为 75 美元的拉夫劳伦牌（Ralph Lauren）球衣质量是一样的。Cline（2012，第 91 页）解释道，这种不正常现象是由于厂家需要利用品牌地位来“降低质量增补利润”造成的。

32. 参见 Cline（2012，第 93 页）。

33. 参见 Haines（2000，表 4.2，第 156 页）。

34. 对这种陈述须加以限定，即中西部和西北部工业区的很多住房因为人口的不断下降而被不断拆除（如底特律和水牛城）。

35. 单位实际价值比从 1925 年（房产市场的高峰年）的 88% 上升至 1933 年（房产市场的低谷年）的 137%，增幅为 56%。在最近一次危机中，该比率从 2006 年的 328% 上升至 2009 年的 519%，增幅为 58%，与 1925—1933 年的增幅几乎等同。

36. 参见 Podnolik（2014，第二部分，第 1 页）。

37. 《日落》（*The Sunset*）杂志中的引文来源于 Jacobs（2006，第 71 页）。

38. 该段落部分内容基于 "Lexington: The Politics of Plenty"，*Economist*，2007 年 5 月 26 日。

39. 截至 2011 年，77% 的住宅建于 1950 年之后，剩余的 23% 建于 1950 年之前。2011 年的住宅年龄的中位数为 1974 年。数据来源于美国住房调查（American Housing Survey）。

40. 参见 Isenstadt（1998，第 311 页）。

41. 参见 *Consumer Reports*（1955 年 5 月，第 150 页）。

42. 关于冰箱质量的这个细节和其他细节来源于 Gordon（1990，第 249～270 页）。

43. 参见 *Consumer Reports*（1949 年 6 月，第 248 页）。

44. 参见 *Consumer Reports*（1971 年 9 月，第 562 页）。

45. 参见 *Consumer Reports*（1960 年 8 月，第 414 页）。

46. 本节关于洗衣机质量的论述来源于 Gordon（1990，第 282～294 页）。

47. 有关洗碗机方面的细节来源于 Gordon（1990，第 310～311 页）。

48. 有关细节，请参见 Gordon（1990，第 270 页）。

49. 该总结是由 Gordon（1990，第 270 页）引自美国消费者联盟（Consumer's Union）在 1986 年发布的匿名报告（第 2 页）。关于潜艇的这种论述不准确，因为"二战"期间数以百计的潜艇并没有安装空调。事实上，在芝加哥的科学与工业博物馆里，就有一艘保存完好的德国潜艇，即 u-505，导游可以领着 12 个游客进入幽暗沉闷的舱内，并且会重点说明在这样令人窒息的空间里当时只有几个风扇在吹风。

50. 参见 *Consumer Reports*（1965 年 6 月，第 276 页）。

51. 考虑节能和未考虑节能的价格指数增长率差异来源于 Gordon（1990，表 7.9，第 281 页）。在年均增长率为 2.6% 的情况下，该值在 30 年里将累计增至 118%。

52. 参见 *Consumer Reports*（1985 年 11 月，第 647 页）。

53. 参见 Hayden（2002，第 40 页）。

54. 这些成对的形容词是由 Rybczynski 提出的（1995，第 117 页）。

55. 在芝加哥及其内郊区，还有很多中西部城市，小巷的出现不仅把面朝街道的车库改为面朝小巷，还把装载垃圾的卡车停在屋后。另外他们还把电话线和电线铺设在巷子下面，这样街道就没有了杂乱的电线杆，也显得更为整洁和美观。自从1830年最初的城市规划出台以后，巷子就遍布整个芝加哥市。在1900年，足有98%的街区都有巷子，到2000年时这个比例仍高达90%。参见www. encyclopedia. chicagohistory. org/pages/38. html。

56. 参见Coffey and Layden（1995，第139页）。

57. 指《财富》（*Fortune*）杂志的编辑们（1995，第78~80页）。

58. 前一段落的引语和细节来源于Cohen（1996，第1056页）。

59. 参见Cohen（1996，第1060页）。

60. 该段总结了Siegel（2008）的部分内容。

61. www. demographia. com/db-uza2000. htm.

62. www. demographia. com/db-dense-nhd. htm.

63. 参见Bryon et al.（2007）。

64. Hayden使用过“豪宅补贴”一词（2000，第11页）。

65. 用营销服务解释美国和欧洲生产率和发展水平的差异，最为重要的资料来源是Timmer et al.（2010，第5章）。

66. 当时的情形是，这位英国领事正在芝加哥和一些人员用餐，时间是2012年11月，笔者当时回应道，“是的，但是英国北部的工业城市不是也经历了类似的衰败吗?”他的回答很干脆：“是的，它们非常相似，但关掉一家公司并不意味着整个城市就衰败了。一波又一波来自印度和巴基斯坦的移民拯救了这些城市。”

67. 在前面关于人口密度的引文中，两份文献都没有提到人口流失。这两份文献分别为Puga（2008）和Bryon et al.（2007）。

68. 这些段落是对Lemann（1999，第2章）的总结。

69. 参见Baldassare（1992，第488页）和Hayden（2000，第8页）。芝加哥是种族隔离最严重的城市之一，黑人主要搬到了南部郊区如Harvey和Matteson。这种迁移使黑人中产阶层能够买得起面积更大的房子，但更为普遍的一个观点是，白人想极力避开非裔美国人的男性暴力街区。请参见“Black Chicagoans Fuel Growth of South Suburbs”，*New York Times*，2011年7月3日。

70. 参见Bruegmann（2005，第47页）。

71. 参见Silverman and Schneider（1991，第193页）。十五行条目包括对县和

地方政府的分别评估，包括完全一样的警察局、消防局、社区大学、公园、下水道设施等。

72. 参见 U. S. Census Bureau，2012 Census of Governments。

73. 参见 Silverman and Schneider（1991，第 196 页）。

74. 名义家庭收入中位数，参见 www. census. gov/prod/2012pubs/p60-243. pdf。新建住房的名义销售价格中位数来自图 10. 5 引用的数据源。

第 11 章

1. 第 16 章提供了这些细节。举例来说，柳溪工厂在 1942—1945 年生产了 8000 架“解放者”轰炸机，1953 年后改造为通用汽车工厂，截至 2010 年倒闭，共生产了 8200 万辆汽车。

2. 这个指数的编纂并不轻松。HSUS 统计表格的安排为了方便只包括国产机动车辆，不含进口车辆。不仅汽车，轻型卡车也必须包括在内。更为棘手的是，国民账户中 1/3 的汽车开支不算作消费者开支，而是商业固定投资的一部分。

3. 直到今天，笔者仍然记得 1950 年普利茅斯的发票，尽管当时只有 9 岁。或许是因为父亲买车回来两天之后朝鲜战争就爆发的缘故。当时的发票金额为 1520 美元，在我脑海里老是感觉到非常接近哥伦布航海的那一年。这张发票含两个配件，一是价值 7 美元的转向信号部件，二是 56 美元的收音机。1520 美元的价格貌似合理，尤其是与 1950 年 2300 美元的不同品牌汽车的名义价格平均数相比，其中包括高价位的豪华车、皮卡车和公司常用的小货车。

4. 有关零部件安装比例的数据来源于 Gordon（1990，表 8. 2，第 326 页）。

5. 参见 Ingrassia（2012，第 345 页）。

6. 1920—1970 年，尤其是 1928—1950 年，生产率快速提高的根源是第 16 章的主题。

7. 参见 Gordon（1990，表 8. 10，第 351 页）。

8. 前四年燃油消耗的价值相当于购买汽车价格的 41%，参见 Crandall et al.（1976，第 133 页）。

9. 燃油经济性受出售的汽车款型变化的影响，这个谜在 20 世纪 80 年代早期发表的一份研究报告中得到了解决。如果一个人拥有了一定时期内不同款式车辆的规格清单，就可以研究燃油经济性与汽车的尺寸、车重、安装空调以及其他特征之间的关系。另外非常重要的一点是，使用的数据不是关于城市或高速公路汽油里程数，而是恒速下的汽油里程数。因为1950年之后州际公路系统的形成提高了交通速度，降低了汽油里程数。在控制住这些因素之后，就可以测度随时间推移这两者的关系是如何变动的。参见Wilcox（1984）。

10. 参见Gordon（1990，第364～365页）。这是保守的估计，因为它只考虑了汽车寿命周期前四年的汽油购买成本。1967—1984年，经质量调整后的燃油经济性增长了66%，转化成对数并乘以1972年最初燃油成本的31%。在高燃油价格的情况下我们乘以41%。燃油的高价格可以追溯到20世纪70年代中期，这对于70年代中期以后更为重要。

11. 这种评估简单得多，因为几乎不需要考虑汽车尺寸、车重或马力的变化。这些因素1984年之前比之后的变化要大得多。

12. 累计增长率为35%而不是30%，是因为采取了复合代数的算法。

13. 较高的燃油经济性估计值并没有考虑1975—2013年汽车马力提高了60%这一事实。参见White（2014，第B5页）。

14. 车辆平均行驶里程近年来变化不大，从1929年的7450英里到1950年的9450英里，再到2012年的12000英里。

15. blogs. cars. com/kickingtire/2013/04.

16. 这是Akerlof（1970）的文章。

17. 汽车问题包含的图表显示了所有国产和进口车型的维修频率，不仅是最近一年，也包含过去的8年。按照14类维修分别列出维修频率（按照从“比平均要好得多”到“比平均要差得多”进行五类评级）。近年来，年度汽车问题不再单列维修类别，因为对每款车型来说情况基本都一样；现在增加了对每款车在过去12年里的整体评价。

18. 1984年车辆保养和维修的名义支出数据来自NIPA表2. 4. 5，然后将该支出除以1984年机动车辆登记总数。这会产生低估，因为它只包括消费者支出，而不包括企业所属车辆的保养开支。

19. 笔者永远不会忘记马萨诸塞州水城的一家加油站所挂的招牌，那是1965年2月，笔者还是个研究生，就住在水城，对价格非常感兴趣，当时每加仑售价19. 9美分。

20. 有关维修率的数据来源于 *Consumer Reports*（1984 年 4 月，第 221 ~ 232 页）。

21. 根据 Michael Sivak 和 Brandon Schoettle 在密歇根大学交通研究所的报告整理而成，参见 www. wnyc. org/286723。

22. 参见 Kay（1997，第 226 页）。

23. 美国本土 48 个州的陆地面积为 295 万平方英里，而德国在两次世界大战期间的陆地面积仅为 16 万平方英里。

24. 最终成本为 4500 亿美元（2009 年美元）。

25. 参见 Kaszynski（2000，第 166 ~ 167 页）。

26. 参见 Nadiri and Mamuneas（1994，第 22 ~ 37 页）。

27. 参见 *Economist*（2008 年 2 月 16 日，第 32 页）。

28. 本节提到的州际公路系统数据来源于 www. fhwa. dot. gov/interstate/homepage. cfm。

29. 参见 Lichter and Fuguitt（1980，第 500 ~ 510 页）。

30. 参见 Kaszynski（2000，第 156 ~ 160 页）。

31. 参见 Coffee and Layden（1998，第 161 页）。

32. www. gcmap. com/mapui? P = EKO， + SFO-HNL.

33. 埃尔科正好位于里诺（Reno）和盐湖城之间，埃尔科县在 2013 年时有 18000 人。

34. 参见 Garvey and Fisher（2002，第 27 ~ 34 页）。笔者在 2001 年 4 月 6 日乘坐美国航空公司的航班从劳德代尔堡海港（Fort Lauderdale）飞往芝加哥，非常凑巧的是，当天正好是该航空公司 75 周年纪念日。

35. 关于林德伯格的逸闻趣事来源于 Carryer（2007，第 13 页）。

36. 菲律宾独立于 1946 年 7 月 4 日。航线是：从火奴鲁鲁到中途岛（1942 年非常著名的海战发生地），途经威克岛（Wake）、关岛（Guam），最后到达终点马尼拉。随着旧金山和夏威夷之间长达 2400 英里距离的直通，飞行变得更加容易，这些岛屿之间的航程都没有超过 1600 英里。参见 www. gcmap. com/mapui? P = HNL-MDY-AWK-GUM_MNL。

37. 参见 Heppenheimer（1995，第 70 ~ 71 页）。

38. 中途岛在火奴鲁鲁西北部约 1300 英里，“二战”时期美日之间最重要的一场海上战役就发生在那里，时值 1942 年 6 月 4 日，距离日本偷袭珍珠港仅仅过去6个月，一支美国海军中队就击沉了日本四艘航空母舰。

39. 联合航空公司时刻表，1934年10月1日。

40. 1936年的价格来自1937年9月1日美国航空公司时刻表。这一价格水平（根据个人消费平减指数进行计算）比1937年高出13.9倍。现在的价格是从美国航空公司网站得来的，时间为2014年9月15日。现行价格是可全额退款的头等舱机票的价格，相当于1937年可全额退款头等舱机票价格的现代价格。

41. 凯迪拉克的详细信息来源于1934年10月美国航空公司时刻表，价格与1937年的相同。

42. 从火奴鲁鲁到洛杉矶的直飞距离为2556英里，比从洛杉矶到纽约的2475英里稍微长一点。

43. 参见Keeler（1972）。

44. 笔者当时40岁，作为教授经常参加美国和欧洲的会议，同时也和家人外出度假，早在1980年笔者的飞行里程就达到53000英里。因此，我在5月1日加入精英会员行列，5月4日又加入联航的“前程万里”（Mileage Plus）计划，这也是情理之中的事儿。

45. 尽管航空公司在一些特殊情况下给旅客赠送双倍里程，对上层人士来说只有实际的航空里程才有意义。购买食品杂物获得的积分可以用来免费乘坐航班，但对于上层精英人士而言无关紧要。

46. 价格数据来源于美国联合航空公司航班上的杂志，2014年8月。

47. 参见Gordon（1992，第396页）。

48. “Piketty Class”，*Economist*，2014年9月20日，第56页。

第12章

1. 参见Spigel（1992，第146页）。

2. 参见Sterling and Kittross（1990，第146页）。

3. 数据来源于Maclaurin（1950，第147页），Sterling and Kittross（1990，第147页）。

4. 法恩斯沃斯与沙诺夫之间传奇性的争斗，成为2007年作家Aaron Sorkin创作的戏剧《法恩斯沃斯的发明》（*The Farnsworth Invention*）的主题［该作家还创作了戏剧《社会网络》（*The Social Network*）]。该剧描述的沙诺夫而非法恩斯沃斯在诉讼中获胜，不符合历史事实。法恩斯沃斯非但未在默默无闻中死去，还在技术领域继续他的辉煌。他的雕像就屹立在国会大厦里。

5. 参见 Arango（2010，第 17 页）。

6. 英国在电视机发展方面出乎意料地走在了美国的前面。BBC（英国广播公司）早在 1936 年 11 月就开始广播，并在 1937 年 5 月乔治六世加冕时首次成功地进行了户外直播，当时伦敦的观众多达 4 万人。电视传输在 1939 年因“二战”爆发而中断，直至“二战”之后。

7. 参见 Sterling and Kittross（1990，第 213 ~ 215 页）。

8. 参见 Conway（2009，第 19 页）。

9. 参见 Barnouw（1990，第 54 页、第 93 ~ 96 页），也可参见 Sterling and Kittross（1990，第 210 页）。

10. 参见 Bohn and Stomgren（1975，第 383 页）。

11. Sterling and Kittross（1990，第 254 页）。

12. 在 1949 年，笔者当时 9 岁，弟弟 5 岁。我们傍晚就在邻居家看电视，观看 40 年代流行的那种，如 *Cisco Kid*、*Hopalong Cassidy* 和 *Don Winslow in the Navy*。我们整天纠缠父母，终于起了作用，当时父母花了 350 美元，一台当时流行的美国无线电公司生产的 9 英寸电视机就这样在 1950 年 3 月来到我们家的客厅里。

13. 参见 Bogart（1956，第 87 ~ 90 页）。

14. 参见 Sterling and Kittross（1990，第 263 ~ 264 页、第 636 ~ 637 页）。

15. 参见 Schneider（1997，第 23 ~ 25 页）。在整个电视机发展史上，太平洋时区的观众和东部时区的观众一直能够同步欣赏电视节目。但中部时区长期一直是个例外，早晨 10 点之后广播电视网播放的节目比东部时区提前一个小时播放。只有早晨 7 点至 9 点的电视节目是实况录像，才和其他时区一致。

16. 参见 Spigel（1992，第 100 页）。

17. 参见 Barnouw（1990，第 148 页）。

18. 参见 Bogart（1956，第 1 页）。

19. 参见 Van Gelder（2002）。

20. 参见 Bogart（1956，第 106 ~ 107 页）。

21. 参见“TV Basics”（2012）。

22. 参见 Bogart（1956，第 91 页）。

23. 这场最著名的电视辩论发生在 WBBM-TV 演播室里，WBBM-TV 位于芝加哥市区，隶属于哥伦比亚广播公司电视网，与密歇根大街的“壮丽大道（Magnificient Mile）”购物休闲区只隔两个街区。

24. 参见 Druckman（2003，第 559～571 页）。

25. “People and Events：Selma March.” www. pbs. org/wgbh/amex/wallace/peopleevents/pande08. html.

26. 参见 Spigel（1992，第 109 页）。

27. “Word for Word：The Rest is Silence，” *New York Times*，February 12，2006.

28. 参见 Bohn and Stomgren（1975，第 402～407 页）。

29. 参见 Corbett（2001，第 25～32 页）。

30. 参见 Bohn and Stomgren（1975，第 397 页）。

31. 参见 Ganzel（2007）。

32. 参见 Boddy（1985，第 25 页）。

33. “All Time Box Office”.

34. 参见 Daley（2010）。《绿野仙踪》最初于 1956 年放映，在此后 1959—1991 年，每年播放一次。

35. 参见 Bohn and Stomgren（1975，第 483 页）。

36. 参见 Sterling and Kittross（1990，第 396～397 页、第 638～641 页）。

37. 在伯克利，笔者能收听到沃思堡市的 WBAP 电台和明尼阿波利斯市的 WCCO 电台，但是笔者的收音机从来没有收听到芝加哥的电台。

38. 参见 Millard（1995，第 218 页）。

39. 参见 Bijsterveld（2010，第 193 页）。

40. 参见 MacDonald（1979，第 88 页）。

41. 这台电视在网上能查到，网址：abt. com（2014 年 8 月 8 日），价格和款型可以通过电话与销售人员核实。

42. 参见 Gordon（1990，第 303 页）。

43. 有关 GDP 的数据是以现价美元支出为基础的，然后除以价格指数。举例来说，从第一年到第二年，电视机名义支出从 100 美元涨到 105 美元。如果居民消费价格指数统计的价格降幅为 1%，那么价格从 100 美元降至 99 美元，电视机支出就从100美元上升至106美元，但是如果价格实际降幅为4%，那么第二年实际GDP构成中就不是106美元而是109美元。消费者从质量改进中得到的好处被排除在GDP之外。

44. *Consumer Reports* 中的引语来自 Gordon（1990，第308页）。

45. 参见 Fantel（1984）。

46. 60英寸电视机的报价为999.99美元，数据来源于 bestbuy.com.cn（2014年8月8日）。

47. 有关1983年19英寸彩色电视机的数据均来自 *Consumer Reports*（1984年1月，第37~41页）。

48. 价格变化是根据选定屏幕英寸的不同类型电视机的平均价格计算出来的，类型分为“传统型”、“等离子”和“液晶”。信息来源于 *Consumer Reports*：1992年3月（第164~165页），1992年11月（第702~703页），1997年3月（第84页），1999年12月（第16~17页），2004年3月（第22页），2004年12月（第30~31页），2005年3月（第19~21页），2010年3月（第26~29页），2014年12月（第28页）。

49. “TV Basics”.

50. 参见 Sullivan（2008）and Los Angeles Times（1993年4月1日），也可参见 Parsons（1996，第354~365页）关于有线电视起源迷思之一的反驳意见。

51. 参见 Eisenmann（2000）。

52. 参见 Television Facts and Statistics—1939 to 2000。

53. 参见 Sterling and Kittross（1990，第636~637页）。

54. 参见 Hall（2002，第336页）。

55. 参见 Sullivan（2008）。

56. 参见 SAUS（2012），表1142。

57. 参见 SAUS（1999），表1440。

58. 笔者家里第一台盒式磁带录像机是在1978年购买的，当时拥有录像机的家庭还不到1%。根据我的记忆，这台录像机至少每年修一次，直到80年代中期时才更换了一台新式的，它带电子遥控，且有编程能力。

59. 关于盒式磁带录像机价格和质量的讨论，见 Gordon（1990，第313~317页），也可参见 Wickstrom（1986）。

60. 参见 Secunda（1990，第 17～18 页）。

61. 参见 Magoun（2002，第 148 页）。

62. 参见 *New York Times*（1986）。

63. 参见 Millard（1995，第 257 页）。

64. Les Paul 和 Mary Ford 夫妇在使用磁带录音机获取双声道效果方面起到了开创性的作用。

65. 参见 Millard（2002，第 158～167 页）。

66. 参见 Jenish and Davies（1999）。

67. 参见 Millard（1995，第 353～355 页）。

68. 参见 Bergen（2011）。

69. 参见 Fischer（1992，第 225 页）。

70. 参见 AT&T（2014）。

71. 笔者 1961 年曾在加州奥克兰市的太平洋电话公司实习。那时从东海湾打到旧金山的电话是直拨的，但是从奥克兰、伯克利打到旧金山湾的马林县仍然需要电话接线员。

72. 有关电子交换设备发展的总体讨论，请参见 Joel（1984，第 66～67 页）。如欲进一步了解晶体管的发明与使用，请参见 Schweber（1997，第 83～87 页）和 Ganssle（2007）。第 13 章将详细论述晶体管的影响。

73. 参见 Staehler and Hayward Jr.（1979，第 1109～1114 页）。

74. 参见图 6.3，图中的数据来自 HSUS 序列 Dg59、Dg60 和 Gordon（2012a，附表 A-1）。所有的比率均按照 2005 年美元进行换算。

75. 参见 HSUS 序列 Dg46-55，利用 2010—2013 年的 HSUS 序列 A7 换算成人均：The U. S. Census："Annual Estimates of the Resident Population for the United States，April1，2012 to July1，2013"。

76. 参见 Fischer（1992，第 255 页）。

77. 参见 Wright（2004，第 31～32 页）。

78. 参见 Agar（2013，第 45 页和第 170 页）。

79. 参见 U. S. Census（2012），表 1148 和表 1149。

80. 参见 Rainie（2013）。

81. 引自 Agar（2013，第 1 页）。尽管作者是英国人，但是美国也出现了同样的转变。

82. 参见 Donovan and Scherer（1992，第 259 页）。

83. 参见 Donovan and Scherer（1992，第 294 页）。

84. 参见 Steiger（2007，第 A8 页）。

85. 参见 Sterling and Kittross（1990，第 499 页）。

86. NY-1 隶属于时代华纳有线电视公司，为纽约地区提供有线服务。芝加哥电视台（Chicagoland TV）却完全不同，它隶属于 Tribune Media，与属于 Tribune Media 的 WGN-TV 共用员工，共享天气和新闻信息，而且后者的有线频道“WGN America”覆盖全国。

87. 数据来自美国报纸协会（Newspaper Association of America，2012）的发行量统计，并以家庭为单位进行换算。

88. 参见 Steiger（2007，第 A8 页）。

89. 参见 Donovan and Scherer（1992，第 261 ~ 262 页、第 270 ~ 272 页、第 283 ~ 284 页）。

90. 参见 Edmonds et al.（2013）。

91. 参见 American Press Institute（2014）。

92. 参见 Epstein（1973，第 247 ~ 272 页）。

93. Jabr（2013）对这些问题的研究进行了综述。关于数字化阅读和记忆力的具体研究，请参见 Santana et al.（2011，第 2 ~ 30 页）。

94. “Spotify”（2013）。要想了解订购价格，请参见 spotify. com/us。

95. 参见 Mindlin（2006）。DVD 用户比例在上涨，而盒式磁带录像机的用户比例从 2000 年至 2006 年下降了约 10%。

96. 参见 Stelter（2013）。

97. 参见 Nielsen Company（2014，第 8 页）。

98. 参见 Auletta（2014，第 54 ~ 61 页）。尽管视频流服务于 2007 年才开始在网络上流行，但是网飞公司 2000 年之前就开启了网上 DVD 租赁和送货上门的业务。

99. 参见 Epstein（2010，第 189 ~ 194 页）。

100. 参见 Zickhur and Rainie（2014，第 1 页）。

101. Pew Research Internet Project（2014），“Mobile Technology Fact Sheet”.

102. 参见 Agar（2013，第 177 页）。

103. Pew Research Internet Project（2014），“Mobile Technology Fact Sheet”。因为 58% 的民众和超过 64% 的手机用户拥有智能手机（第二个数据是用 58% 除以手机用户的 90% 得来的）。超过 60% 的手机用户使用网络，52% 使用电子邮件，50% 下载各种应用软件，49% 使用 GPS，48% 收听网络音乐，这些数据表明至少 75% 的智能手机用户出于上述各种理由利用手机。

104. 参见 Agar（2013，第 202 页）。

105. 参见 Twitter，Inc. （2014）。

第 13 章

1. 历史信息和统计数据源于 Cray Inc. 网站。

2. 引文来自英特尔的网页“戈登 · 摩尔与创新”（Gordon Moore and Innovation）。

3. 这是“70 规则”的一个很好的例子。2 的自然对数是 0.693；我们可以用这个信息来判定当某样东西按一定的速率增长时需要多少年才能翻番，或是让某样东西在一定时间内翻番增长率应为多少。如果某样东西在两年内翻番，我们用 2 除 69.3，得到增长率为 34.65%。因为美国从 1981 年到 2007 年人均收入增长率为每年 2.0%，所以我们知道它每 34.65 年翻番。

4. 源于英特尔关于摩尔定律 40 周年纪念日的新闻稿（2005）以及发行 Intel 15-Core Xeon 微处理器的新闻稿。

5. 参见 Nordhaus（2007，第 147 页）。

6. 参见 Tuomi（2002）。Varian 发送的邮件日期为 2014 年 8 月 24 日和 25 日。

7. 参见 Kennedy（1964）。

8. 统计数据和事实源于 Farrington（1996，第 74 页）。

9. 参见 Pagliery（2014）。

10. 引自 Yates（1999，第 7 页）。

11. 统计数据源于 Yates（1999，第 8 页）。

12. 统计数据来自 Brand、Fuller and Watson（2011）。

13. 参见 Brooker（2004）。

14. 统计数据源于 VISA，Inc.（2013）。

15. 引自 Allison（1995）。

16. 我的第一台台式电脑是 1983 年买的康柏电脑，比起 IBM 的个人计算机，它拥有更快的 8086 芯片以及更清晰的显示器分辨率。

17. 在 1975—1977 年，我母亲在将近 80 岁的时候确实用一款叫作 Multimate 的较为简略的文字处理程序写过一本完整的书，该程序几乎一瞬间就被 WordPerfect 淘汰掉了。我试图让她相信 WordPerfect 的众多优点，但她始终不肯改变自己的立场。

18. 参见 Patton（1995，第 83 页）。

19. 历史信息和统计数据来自 Caillau（1995）。

20. 举个如今网络搜索之快的例子，我在 2014 年年中把这句话写在了我的台式电脑上，又在另一台相邻的电脑上键入“Windows 95 的发行日期”作为检索词，在几分之一秒内，一个用粗体大大地写着“1995 年 8 月 24 日”的相应页面出现在了该页面的顶部。

21. 参见 O’Malley（1995，第 80 页）。

22. 参见 en. wikipedia. org/wiki/Wikipedia：Size_of_Wikipedia。这将是非常大的体积，每个包含 160 万字，比这本书的字数多好几倍。

第 14 章

1. 这里指的是，与其他 7 国集团成员国相比，美国出生时预期寿命与人均医疗卫生支出的对比，我们将在后文再讨论这一问题。

2. 欲了解这些数据，请参见图 7. 2。

3. 参见 SAUS（2012），No. HS-13。

4. 参见 SAUS（2002），No. 93；SAUS（2012），表 107。

5. 参见 Stevens（1989，第 203 页）。

6. 参见 SAUS（2012），No. HS-13。

7. 参见 CDC（2012）。

8. 参见 SAUS（2012），No. HS-13。

9. 参见 CDC（2012）。

10. 参见 Leaf and Burke（2004）。

11. 参见 CDC（2012）。

12. 参见 American Academy of Neurology（2014）。

13. 参见 CDC（2011），表 9。

14. 参见 Bud（2007，第 3 页）。

15. 参见 SAUS（2012），No. HS-18。

16. 参见 Bud（2007，第 99 页）。

17. 参见 Bud（2007，第 25~41 页）和 Temin（1980，第 66 页）。在 1943 年，辉瑞制药有限公司建立了第一个青霉素生产企业，到 1944 年时该企业的青霉素产量占全美产量的一半。

18. Bud（2007，第 53 页和第 98 页）涉及青霉素价格和消费的一些信息。关于患者对青霉素神奇疗效过誉之词的有关引语，参见 Bud（2007，第 54 页）。

19. 参见 Bud（2007，第 98 页）。

20. 参见美国食品药品管理局（2013）。在 20 世纪 40 年代至 50 年代这些数字如此庞大，原因之一是美国食品药品管理局在 1938 年前没有进行药品审批，因此积压了很多待批药品。当时的管理也比较宽松。尽管如此，这些数字还是较为客观准确地反映了这一时期大量新研制的抗生素和其他药品涌入市场这一基本事实，数量之大史无前例。

21. 参见 Temin（1980，第 70 页）。

22. 参见 Gellene（2009，第 A26 页）。

23. 参见 SAUS（2012），No. HS-18.

24. 参见 Stevens（1989，第 202 页）。

25. 参见 CDC（2010）。

26. 参见 Fordham，Skinner，et al.（2012，第 1~6 页）。尽管质量调整寿命年在欧洲被广泛用于评估一些治疗方法的价值和成本效益，但在美国尚未流行，所引用案例来自英国。

27. 上一段落所含信息及引文来自 Starr（1982，第 346 页）。

28. 参见 Blume and Geesink（2000，第 1593 页）。

29. 参见 SAUS（2012），No. HS-18.

30. 参见 Bud（2007，第 3 页）。

31. 参见 CDC（1999）。

32. 参见 Stevens（1989，第 277 ~ 278 页）。

33. 参见 Cheung and Menkis（1998，第 1881 页）。

34. 参见 Norton（2012）。令人感到非常惊奇的是，青霉素在 1897 年被发现之后，就对许多疾病产生了非常神奇的疗效。小剂量的青霉素就能明显降低心脏病的发病率，近些年有关研究还表明青霉素能降低癌症死亡率。有关青霉素的拓展使用范围，请参见“2000-year-old wonder drug ”（August，2012）。

35. 参见 Jones and Greene（2013，第 e2 ~ e4 页）。

36. 参见 CDC（1999）。

37. 参见 Jones and Greene（2013，第 e4 ~ e9 页）。

38. 参见 Acs and Lyle（2007，图 2.2，第 19 页）。

39. 参见 *American Cancer Society*（2014）。

40. 参见 Galmarini et al.（2012，第 182 页）。

41. 参见 Wiedemann（1994，第 223 页）。

42. 参见 *American Cancer Society*（2014）。

43. 参见 Reynolds（2012，第 2 页）。

44. 参见 Schmidt（2012，第 A119 ~ A121 页）。

45. 参见 Galmarini et al.（2012，第 181 页）。

46. Leaf and Burke（2004）为本段落提供了相关信息和引文。

47. 预期寿命数据来自“Stages of HIV Infection”，www. aids. gov/hiv-aids-basics/just-diagnosed-with-hiv-aids/hiv-in-your-body/stages-of-hiv/。

48. 本段落数据来自“thirty years of HIV/AIDS：Snapshots of an Epidemic”，www. amfar. org/thirty-years-of -hiv/aids-snapshots-of-an-epidemic/。

49. https：//www. aids. gov/hiv-aids-basics/hiv-aids-101/statistics/.

50. 引自 Anthony Fauci，www. cnn. com/2013/12/01/health/hiv-today/。

51. 参见 Cole and Fiore（2014，第 131 ~ 132 页）。

52. 参见 Tavernise and Gebeloff（2014，第 A1 页、第 A17 页）。

53. 数据来源于 Starr（1982，第 345 页）；引语出自第 337 页。

54. 参见 National Alliance on Mental Illness（2013，第 1 页）。

55. 参见 Gardner（2014）。关于“橙色幕布”的描述来自 Judith Lyons 文章网

页上对此的回忆音频文件。

56. 参见 Pope、Ezzati and Dockery（2009，第 384 页）。

57. Krewski（2009，第 413 页）提到 Coyle 等加拿大学者的研究。据精确估计，这种空气污染浓度的增加将“导致经质量调整的人均预期寿命缩短 0. 60 年，未经质量调整的缩短 0. 80 年”。这表明，既定污染浓度下寿命增加 1 年的价值只有未经质量调整的寿命价值的 3/4。

58. 参见 Gardner（2014）。这些描述来自 Chip Jacobs 简短的音频备忘录剪辑。

59. 参见 Pinker（2011，第 107 页）。

60. 本段落总结了 Pinker（2011，第 339 ~ 415 页）。

61. 参见 HSUS 序列 Ec190，SAUS（2012，表 312）。

62. 关于 20 世纪 90 年代犯罪率下降更深层次的原因分析，请参见 Pinker（2011，第 116 ~ 128 页）。“罗伊诉韦德案”（The Roe v. Wade）的理论源自经济学家 John Donohue 和 Steven Levitt。

63. 参见 Light and Levine（1988，第 22 页）。

64. 参见 Temin（1980，第 68 页、第 85 页）。

65. 参见 Starr（1982，第 355 ~ 359 页）。

66. 参见 HSUS 序列 Bd242，SAUS（2012，表 160）。

67. 参见 Light and Levine（1988，第 25 页）。

68. 参见 Stevens（1989，第 231 页）。

69. 参见 Yount（2001，第 23 页、第 40 ~ 41 页）。1914 年以来曾经有过“患者同意”的先例，但告知性同意直到 20 世纪 70 年代才受到重视，并成为更广泛意义上患者权利运动的组成部分。自从美国心脏协会（AHA）发布了第一份《患者权利法案》（Patients’ Bill of Rights）之后，又出现了其他不同的版本。

70. 参见 Starr（1982，第 391 页）。对医疗的越来越不信任可从 20 世纪 60—70 年代日益高涨的医疗保健费用中找到部分解释，原因之一是第三方支付系统有激励推动服务项目最大化，即便这些服务是非常不必要的（Starr，1982，第 385 页）。

71. 参见 Geyman（2011）。

72. 参见 Schmidt（2012，第 A121 页）。

73. 参见 Bakalar（2011，第 D7 页）。

74. 参见 Dotinga（2012）。

75. 参见 McCarthy、Mcleod and Ginsburg（2013，第 1 ~ 13 页）。第一段引文出自第 1 页，第二段引文出自第 7 页，第三段引文出自第 13 页。

76. 参见 Karanes et al. （2008，第 8 页）。

77. 谷歌的 Ngram Viewer 是非常不错的搜索引擎，它可以使你通过查询当前流行词语，了解如今的文化趋势和走向。

78. 参见 O'Brien（2012，第 189 页）。

79. 参见 Munos（2009，第 962 页）。

80. 参见 Vijg（2011，第 65 页）。

81. 参见 Fuchs and Garber（2003，第 46 页）。

82. 前两个段落总结并引用了 Vijg（2011，第 63 ~ 75 页）。

83. 通过人工智能如 IBM 的 Watson 来挖掘数据并进行医疗诊断，这方面的论述请参见 Cohen（2013）。

84. 参见 Stevens（1989，第 204 ~ 220 页）。

85. 参见 Stevens（1989，第 231 页、第 296 ~ 301 页）。

86. 参见 Starr（1982，第 368 页）。

87. 参见 Yount（2001，第 9 页）。

88. http：//managedhealthcareexecutive. modernmedicine. com/managed-healthcare-executive/content/higher-costs-resulting-medical-arms-race？ page = full.

89. 参见 Stevens（1989，第 252 页，第 306 ~ 308 页），前一段落来自第 252 页和第 308 页，引文来自第 306 ~ 307 页。

90. 参见 Starr（1982，第 363 页）。

91. 参见 Erbentraut（2014）和 Thomas（2013）。

92. 参见 Starr（1982，第 434 页）。

93. 参见 Stevens（1989，第 288 页）。

94. 参见 CDC（2011），表 9。

95. 参见 American Academy of Neurology（2014）。在发现老年痴呆症死亡率比美国疾控中心统计数据高出 6 倍时，我们做了修订，也就是说将美国疾控中心统计的死亡率乘以 6。

96. 参见 Fuchs（1998，第 164 页）。

97. 参见 CDC（2011），表 9。

98. 参见 SAUS（2012），No. HS-16；Hoyert and Xu（2012），表 6。1990 年的差异实际上并非白人之间的差距，因为黑人的预期寿命直到 1970 年才被美国人口普查局计算在内。然而这两个数据非常接近，只是非裔美国人预期寿命略微短些。

99. 参见 Hoyert and Xu（2012），表 1。

100. 参见 CDC（1999）。

101. 参见 SAUS（2012），表 182。

102. 参见 Tavernise（2013）。

103. 参见 Barreca et al.（2015）。

104. www. cdc. gov/nchs/fastats/inpatient-surgery. htm.

105. 信息来自 time. com/3692001/birth-control-history-djerassi/。

106. 信息来自 www. nature. com/bdj/journal/v199/n7s/full/481. 2863a. html。

107. 参见 Winship（2012，第 17 页）。

108. 参见 Yount（2001，第 5～7 页）。在 2001 年，超过 1. 6 亿美国人的医疗保险来自雇主出资设立的保险计划。

109. 参见 Starr（1982，第 373 页）。

110. 参见 Stevens（1989，第 334 页）。

111. 参见 Starr（1982，第 335 页、第 380～385 页）。

112. 参见 Stevens（1989，第 257 页）。

113. 引语源自 Stevens（1989，第 325～326 页）。前一段落的其他信息来自 Stevens（1989，第 321～325 页）。

114. CDC（2006），"National Hospital Discharge Survey：2006 Annual Summary."

115. 参见 Cohn（2007，第 78 页）。

116. 参见 Cohn（2007，第 64 页）。

117. 参见 Dranove（2000，第 67 页）。

118. 参见 Cohn（2007，第 68 页）。

119. 参见 Folland et al.（2013，图 12-1，第 240 页）。

120. 参见 Dranove（2000，第 84 页）。

121. 参见 Yount（2001，第 19～20 页），2010 年数据见 World Bank（2014）。

122. 参见 Dranove（2000，第 88 页）。

123. 参见 Cutler and Wise（2006，第 64 页）。

124. 参见 Winship（2012，第 17 页）。

125. 参见 Yount（2001，第 25 页）。

126. 有关补贴情况参见 obamacarefacts. com/cost-obamacare and about preventive screening from obamacarefacts. com/Obamacare-preventive-care/。

127. 本段细节及引文来自 Rosenthal（2015，第 7 页）。

128. 参见 Bud（2007，第 3 页）。

129. 最新的一些抗癌治疗方法包括格列卫（Gleevec）、阿代斯汀（Avastin）、利妥昔单抗（rituximab）、他莫昔芬（tamoxifen）和赫赛汀（Herceptin）。笔者对提供这些治疗方法清单的 Megan McCarville 先生表示感谢。

第 15 章

1. 1958 年在常青藤联盟大学的学费是 1250 美元，现在学费涨到 55000 美元。因为 55 年间价格水平上涨了 5 倍，所以，剔除通货膨胀的影响，学费几乎涨了 10 倍。

2. 只有两个例外，它们分别是 1958 年和 1961 年的经济衰退期。

3. "Improvements in Workplace Safety—United States, 1900-1999," MMRW（1999，第 465 页）。

4. 参见 Barreca et al.（2015）。

5. 关于公元前生活的描述来自国家建筑博物馆的 Plumer（2012）。

6. 参见 Beatty（1994，第 64 页）。

7. 参见 Goldin and Margo（1992，第 3 页）。

8. 参见 Reardon and Bischoff（2011，第 1093 页）。

9. 参见 Boyce、Brown and Moore（2010，第 474 页）。

10. 生育率指的是子女数与育龄妇女数量之比。

11. 参见 Ramey（2009，第 9 页）。

12. 参见 Ramey（2009，第 18 页）。

13. 参见 Harvey（2002，第 69 页）。

14. 参见 Coontz（2011）。

15. 参见 Lamb（2011，第 25 页）。

16. 参见 Klenow（2012，第 2 页）。

17. 参见 Collins（2009，第 20 页）。

18. 参见 Goldin（2006，第 8 页）。

19. 参见 Klenow（2012，第 1 页）。

20. 参见 Bock（1993）。

21. 参见 Hymowitz（2012，第 56 页）。

22. 除了纽约、芝加哥和洛杉矶这 3 个男性收入最高的城市外，其他城市 30 岁或以下的妇女挣得比男性多。

23. 参见 Hymowitz（2012，第 56 页）。

24. 参见 Coombes（2009）。

25. 参见 Goldin（2014，第 1093 页）。

26. 参见 Goldin（2014，第 1118 页）。

27. 参见 Brown、Haughwout、Lee、Mabutas and van der Klaauw（2012）。

28. 参见 Wessel（2007，第 1~2 页）。

29. 参见 Seburn（1991，第 18 页）。

30. 参见 Seburn（1991，第 19 页）。

31. 参见 Seburn（1991，第 19 页）。

32. 参见 Sass（1997，第 99 页）。

33. 参见 Beyer（2012，第 3 页）。

34. 参见 Anders and Hulse（2006，第 2 页）。

35. 参见 Sass（1997，第 179 页）。

36. 参见 Beyer（2012，第 5 页）。

37. 参见 *Business Week*（2014 年 3 月 6 日，第 52 页）。

38. 参见 Stroud（1995，第 6 页）。

39. 参见 Costa（1998，第 27 页）。

40. 参见 Brandon（2012，第 1~2 页）。

41. 参见 Sahadi（2013）。

42. 参见 Portman（2014，第 2 页）。

43. 参见 Levitz（2008，第 2 页）。

44. 参见 Polsky（2013，第 2 页）。

45. 参见 Biggs and Schieber（2014，第 57 页）。

46. 参见 Ghilarducci（2012，第 5 页）。

47. 参见 *Economist*（2011 年 4 月 7 日，第 78 页）。

48. 参见 Levitz and Shiskin（2009，第 3 页）。

49. 参见 *Economist*（2011 年 4 月 7 日，第 78 页）。

50. 参见 Hsieh，Chang-Tai et al.（2013）。

间奏曲

1. 2004—2014 年的生产率增长最慢，这种说法指的是周期性调整的生产率增长，并不适用于在经济衰退期生产率暂时低迷的 10 年期，比如 1923—1933 年。

第 16 章

1. 这一章的标题“大跨越”，并非第一次用来认定 20 世纪 20 年代到 50 年代的转型是一次“大跨越”。笔者对这个问题的关注始于本人的博士论文。Kendrick（1961）的数据显示，20 世纪 20 年代到 50 年代，资本的平均生产率翻了一番（Gordon，1967，第 3 页），这激发了我研究这个问题的兴趣。Baumol（1986，第 1081 ~ 1082 页）写道：“值得注意的是……战时和战后初期史无前例的生产率增长大跨越，其幅度恰好与大萧条期间的下滑幅度相当……也许正是那些因为萧条和令人沮丧的储蓄目标而积压的创意，在商业条件允许时，推动了创新和投资的爆发（正如我们将在本章看到的，大跨越的幅度远比大萧条时期下滑的幅度大，实际上 1940—1941 年的劳动生产率升至远高于 1928 年之前的趋势值）。”Gordon（2000，第 22 页）当时也写道：“全要素生产率水平大跨越的重要部分到‘二战’结束时就已经出现了。”在这个意义上，Field（2011）的书名重复使用了一个几十年前已经被使用过的短语。

2. 参见图 5. 4。每百户家庭汽车拥有量为 90. 3 辆，其中小汽车的拥有量为 78. 2 辆。

3. 按照 2009 年价格计算，1939 年的实际 GDP 为 11630 亿美元，1944 年为 22370 亿美元。

4. 我们选择了1928年而不是1929年，来确定大萧条和第二次世界大战之前的趋势值。我们希望绘制的对数线性趋势值是在需求条件相对正常的年份，虽然，从许多宏观经济变量来看，1928—1929年的产出增加及其构成是不可持续的，包括1928—1929年实际GDP增长了6.4%的事实。

5. 即使“点火器”在1929年到1950年之间被关掉，我们在本章的一些表中仍然包括了1941年，有的还包括1944年，从而解释Field（2003，2011）提出的问题，那就是到底有多少大跨越是发生在20世纪30年代（即1928年至1941年）的，有多少发生在40年代（即1941年至1950年）。

6. 全要素生产率也可以定义为产出与经质量调整的劳动力投入之比和产出与经质量调整的资本投入之比的加权平均。

7. 目前对所有发明的价值并没有全面研究。迄今测得的最大成效是预期寿命延长的价值，尤其是在20世纪上半叶。参见图7.8中给出的Nordhaus（2003）的解释。

8. 在使用柯布—道格拉斯生产函数和规模报酬不变的假设下，劳动的边际产出等于劳动投入的产出弹性乘以平均劳动生产率，即时均产出。正如Solow（1957）指出的，理论上，这一弹性应该等于总国民收入中劳动收入的份额。

9. 实际工资的序列数据结合了1870—1929年、1929—1948年以及1948—2014年的不同来源。参见数据附录。

10. 实际工资趋势值以每年1.95%的速度增长，并且计算为1891—1928年的对数增长率，而劳动生产率的增长趋势值为每年1.89%，而且是基于1870—1928年的实际平均变化。我们选择不使用1870—1928年的实际工资趋势值，即每年增长2.15%，因为如果扩展到1928—2014年，就意味着劳动收入份额应该在1928—2014年增长25%。此外，1891年之前实际工资数据的变化意味着1870—1929年劳动收入份额出现了令人难以置信的增长。

11. Kendrick（1961年，表31，第126页）表明20世纪30年代实际工资同样出现了急剧增长。他的实际工资指数在1929—1937年以3.0%的年增长率增长，远远超过1919—1929年的2.4%和1937—1948年的1.8%。

12. 参见Denison（1962），Jorgenson and Griliches（1967）。

13. 参见Goldin and Katz（2008，第33页）。

14. 参见数据附录，其中Kendrick使用的资本概念用美国经济分析局的数据进行了更新，并在图 A. 1 中绘制为“官方资本”曲线。

15. 前已述及，全要素生产率就是余值，包括可测算的劳动和资本的数量与质量都无法反映的一切增长来源，不仅包括创新和技术变革，还包括其他因素，如劳动力从农场转移到城市，生产由低生产率产业转移到具有更高生产率的产业。

16. 权重是基于总收入中资本和劳动收入的份额，这一想法是由罗伯特·索洛在其开创性论文（Solow，1957）中提出的。虽然这些份额随时间推移略有差别，但是究竟采用固定份额还是可变份额并没有多大差异。对 20 世纪使用 0. 7 对 0. 3 的份额已被广泛采纳，包括 Goldin and Katz（2008，表 1. 3，第 39 页）在内。

17. 该指数取自 Goldin and Katz（2008，表 1. 3，第 2 列）。

18. 参见 Abramowitz and David（2000，第 7 页）。他们（2000，第 29 页）进一步重申了技术进步在 1929—1945 年成绩平平的观点，这与本章收集的所有证据相矛盾。“当大萧条和世界大战一起造成私人资本存量增速大幅下降时，私人资本存量的平均使用年限显著上升，而且提高后的全要素生产率增速，也就是包含技术进步的实际生产率增速，被拉低到低于假定的知识进步的基本速率。”

19. 用于计算全要素生产率的劳动生产率比率（labor productivity ratio）与图 16. 1 和图 16. 2 中的劳动生产率序列数据不同，因为它包含了对受教育程度变化的调整。

20. 关于 1941 年各方面的生产能力限制，参见 Gordon and Krenn（2010）。

21. 在四天或更短时间内建造一艘自由轮的竞赛导致了亨利·凯泽的儿子和继子的竞争，他们当时分别是里士满和波特兰船厂的负责人。参见 Herman（2012 年，第 188 ~ 191 页）。

22. 参见 Baime（2014，第 261 页、第 277 页）。

23. 对“二战”结束后的军转民最好的艺术性表现是 1945 年 6 月《财富》杂志的封面。一位艺术家摆出了大概有三个足球场大的广阔场地。整齐排列着战时与和平时代生产的每一种产品。既有坦克、军用卡车和飞机，也有成排的三角钢琴、冰箱、电熨斗、洗衣机和小汽车。这是作者收藏的 1930—1947 年 25 本《财富》杂志封面的一部分。可通过 https：//www. fulltable. com/vts/f/fortune/covers/aa/40. jpg. 浏览。

24. 这些例子是 Herman（2012，第 353 ~ 358 页）给出的成百上千个例子中的一部分。

25. 参见 Abramowitz and David（2000，第 60 ~ 61 页）。

26. 根据现值国民收入和生产核算，以 2009 年美元计算的实际人均消费支出在始于 1940 年的 6 年里分别为：6912 美元、7341 美元、7104 美元、7258 美元、7419 美元和 7762 美元。

27. 参见 Higgs（1992，第 50 ~ 53 页）。

28. 参见 Higgs（1992，第 57 页）。

29. Gordon（1967 年，第 100 页）提供了一些案例。1940 年到 1945 年间，整整相当于 1945 年美国钢铁产能的 10% 是由政府资助的。政府资助了“二战”飞机厂扩张的 88%。即使是在战后的 1947 年，全国铝厂整整一半都是政府所有。1951 年，一半的橡胶供应是人工合成的，它们全部都是在政府拥有的工厂中由私人公司生产。

30. 参见 Gordon（1967）。

31. corporate. ford. com/our-company/heritage/company-milestones-news-detail/680-willow-run.

32. 参见 Gordon（2012a，附表 A. 1）。

33. 1924 年《约翰逊—里德法案》（Johnson-Reed Act）设定了人口总数 2% 的严格配额，此处人口是指 1890 年已经居住在美国的人。来自阿拉伯、东亚以及印度的移民被绝对禁止。

34. 当然，人口增长的下降部分是由于大萧条期间经济困难和 1942—1945 年战争期间男性缺乏而推迟生育的结果。

35. 更多关于 20 世纪 20 年代过度建设的内容参见 R. A. Gordon（1974）。

36. 这种认为 1940—1970 年不平等缩小的看法，经典论述来自 Goldin and Margo（1992）。

37. “通用技术”一词由 Bresnahan and Trajtenberg（1995）引入，关于延续性发明的作用在 Bresnahan and Gordon（1997）的导言中有进一步探讨。

38. 参见 Abbot（1932，第 17 ~ 18 页）。

39. 一些作者给出了大量案例，来说明在完成商业引入之前发明已经存在了很长时间，大部分发明的日期来自 Mensch（1979）；其中包括胰岛素（1922/1889）、氯丁橡胶（1906/1932）、尼龙（1927/1939）、青霉素（1922/1943）、柯达彩色胶片（1910/1935）和自动变速器（1904/1939）。

40. 参见 Alexopoulos and Cohen（2010，图 1，左框上部，第 454 页）。

41. 需要说明的是芝加哥堆料场在 19 世纪 90 年代甚至更早就采用了流水线生产方法，Richard Garrett 和 Sons 早在 1843 年就按照流水线作业的原理建造了蒸汽机。

42. 参见 Abramowitz and David（2000，第 48 页）。

43. 参见 Weintraub（1939，第 26 页）。

44. Ristuccia and Tooze（2013，最后一节）指出了用马力和用电量来解释“二战”期间美国比德国更高的生产率。

45. 私人设备的序列数据如表 16.2 所示，第（1）行与数据附录图 A.1 中的可变折旧的序列数据是一样的。

46. Field（2011，第 49 页）提供了机械体量增大的更多例子，例如 20 世纪 20 年代和 30 年代工业机车的体量从 7.4 吨增至 11.4 吨。铲土机的平均生产能力从 1920—1923 年到 1932—1936 年几乎增加了 1 倍。

47. 参见 Field（2011，第 47 页）。

48. 美国第一栋使用中央空调的办公楼是得克萨斯州圣安东尼奥的梅兰大厦，这座大厦竣工于 1928 年。参见 www.asme.org/about-asme/who-we-are/engineering-history/landmarks/155-milam-high-rise-air-conditioned-building。

49. 电力公用事业生产率增长的详细研究由 Gordon（2004b）给出。

50. 参见 www.tshaonline.org/handbook/online/articles/doe01。关于东得克萨斯油田及其创造的个人财富增长，没有比埃德娜·费伯（Edna Ferber）1952 年的小说《巨人传》和 1956 年由伊丽莎白·泰勒、洛克·哈德森和詹姆斯·迪恩主演的同名电影描绘得更好的。

51. 本段中的时间表来自 www.inventors.about.com/od/pstartinventions/a/plastics.htm。

52. 参见 Field（2011，第 49 ~ 50 页）。

53. 参见 Field（2011，第 74 ~ 75 页）。

54. 参见 Bryson（2010，第 22 ~ 23 页），第 2 章中已经引用。

55. 本段两处引用都来自 Walton（1956，第 532 页）。

56. 参见 Walton（1956，第 533 页）。

57. 关于 18 世纪后期第一次工业革命的现代分析，参见 Mokyr（2009，特别是第5~12章）和其中所引用的许多资料来源。

58. 参见第5章表5.2，其中显示了两款被广泛购买的经典汽车。发动机马力从1928年福特A型车的40马力到1940年雪佛兰的85马力增加了1倍多。

59. 笔者在1967年写作博士论文时发现这一现象，最近Ristuccia and Tooze（2013，表1）利用详细的原始数据给予了说明。在1940年《美国机械师》（*American Machinist*）杂志调查中，机床数量为942000台，并在1945年进行的同样调查中发展到1882841台，同比增长99.8%。

60. 关于政府资助、私人经营的资本设备累计投资额，据Gordon（1967，表24，第164页）估计为1990亿现价美元。1941年美国经济分析局固定资产账户中私人拥有的设备总存量为381亿美元。

61. 图16.5绘制了每10年的全要素生产率的增长率，因此，20世纪30年代由1930—1940年的年均增长率代表，而40年代由1940—1950年的年均增长率代表。菲尔德认为20世纪30年代是生产率最高的10年，该论点基于将20世纪30年代界定为1929—1941年，使1940—1941年的快速增长从40年代转移到30年代。这种做法的一个合理解释是1940—1941年的经济正处于从大萧条恢复之中。然而，年份的选择对于我们的结论——40年代记录的全要素生产率的增长快于30年代——来说没有什么区别。在我们的数据中，1929—1941年的全要素生产率的年均增长率为1.78%；1941—1950年的年均增长率为2.82%。

第17章

1. 这句话转述的原文来自Domar（1961，第712页）：“（自发的增长因素）的大小与投资和资本积累完全相分离。资本仅仅是积累；其质量、形式和构成并不改变；它并不能成为将技术变革引入生产过程的工具。正是这种资本积累（现有木犁的上面再堆放木犁）对经济增长的推动作用如此之少。”

2. 对这一观点的支持来自Nelson（1959，第102页），他写道：“发明通常在推动生产率提高之前，必须在新的厂房和设备中具体使用。”

3. 笔者在一篇论文中（Gordon，2004a）构建了一个包括两个经济体的理论模型，一个没有知识进步，另一个有正向的知识进步。其结果是，当没有技术变革进而额外投资和教育没有回报时，所有的投入，甚至教育的贡献，都增长得更慢。该论文显示，Jorgenson and Griliches（1967）对索洛的批评低估了技术变革的作用，低估程度甚至比索洛的方法本身还要大。

4. 参见 Merton（1935，第 407 页）。

5. 参见 Nelson（1959，第 104 页）。

6. 参见 Killeffer（1948，第 1 页）。

7. 参见 Lamoreaux（2010，第 368 ~ 369 页）。

8. 关于 19 世纪 70 年代爱迪生实验室的描述，Brox（2010，第 113 页）说道："尽管有传统的外观和显而易见的质朴，但它是美国最大的私人实验室。"

9. inventors. about. com/od/tstartinventions/a/transistor_history. htm.

10. 所占比例数据来自 Nicholas（2010，表 1，第 58 页）。引语来自第 59 页。

11. 关于 GE 和 AT&T 实验室的细节都来自 Lamoreaux（2010，第 386 ~ 387 页）。贝尔实验室是由 AT&T 和西部电气公司实验室于 1925 年合并而成的，参见 Gertner（2012）。

12. 参见 Merton（1935，图表 III，第 462 页）。

13. 参见 Nelson（1959，第 104 页）。

14. 参见 Khan and Sokoloff（2004，第 395 页）。

15. 参见 Nicholas（2010，第 61 页）。

16. 参见 Khan and Sokoloff（2004，第 396 页）。

17. 参见 Khan and Sokoloff（2004，第 395 页）。

18. 参见 *New York Times Book Review*，1987 年 7 月 12 日，第 36 页。

19. www. statista. com/statistics/201182/forecast-of-smartphone-users-in-the-us/.

20. www. about. jstor. org/about.

21. 这种技术转换可以精确地追溯日期。在笔者编写的于 1988 年完成的数据密集型著作的最后阶段，所有的电脑输出都以大量打印资料的方式由我的研究助理送到我家。到 1994 年，所有的电脑输出都通过电子邮件的附件发送；成堆的纸张已经永远消失了。

22. 例如，在大多数经济部门，这一革命发生在 20 世纪 80 年代，当时教授们开始使用电脑文字处理器来输入自己的研究论文，其中大部分人，特别是年轻教师，陶醉于能够设置自己的复杂公式的新机会，而无须监督不懂数学的秘书。由于不再需要重复性的再输入，院系员工变得更少。但这种进步随后停止了；2014

年西北大学经济系工作人员的规模与 1998 年是相同的，并履行相同的职能。

23. 参见 Pletz（2015，第 4 页）。

24. 参见 Kenny（2013，第 11 页）。

25. 每年的股票交易数据是在 1 月第一个完整周的平均交易。资料来自 https：//www. nyse. com/data/transactions-statistics-data-library。

26. 参见 Aeppel（2015，第 A10 页）。

27. 参见 Bessen（2015，第 106～107 页）。证据表明，2004 年到 2014 年大公司每 10 亿美元收入所需财务部门全职员工的中位数收入下降了 40%，参见 Monga（2015，第 B1 页）。

28. 参见 Bilton（2014）。

29. 进入和退出数据来自 Hathaway and Litan（2014，图 1）。

30. 参见 Davis and Haltiwanger（2014，第 14 页）。

31. 参见 Simon and Barr（2015，第 A1 页）。

32. 参见 Davis and Haltiwanger（2014，第 11 页）。

33. 参见 Decker et al. （2014，第 22 页）。

34. 参见 Baily and Bosworth（2014，表 3，第 9 页）。在其数据中 1987—2010 年非农私营企业全要素生产率增长 0. 9%，制造业为 1. 3%，信息和通信技术制造业为 9. 7%，以及信息和通信技术制造的制造网络为 0. 3%。

35. 参见 Acemoglu、Autor、Dorn、Hanson and Price（2014，图 1A，第 3 页）。

36. 参见 Cette、Clerc and Bresson（2015，表 4，第 87 页）。类似的结果参见 Bryne、Oliner and Sichel（2013）。

37. 参见 Flamm（2014，第 16～17 页）。

38. 本节此处和其他引文来自 Mokyr（2013）。

39. 关于凡尔纳著作的细节和它的预测来自 Vijg（2011，第 35～36 页）。

40. 电力、内燃机、无线传输的发明以及 19 世纪晚期许多其他创新的详细内容载于 Smil（2005）。关于发明史的一个更广泛的视角由 Mokyr（1990）提出。

41. 参见 Watkins（1900）。

42. 参见 Markoff（2013）。

43. 当我从波士顿附近的学院或研究生院回到在伯克利的家时，我经常乘坐美国加利福尼亚州旧金山国际机场直升机航线，该航线频繁地从美国旧金山国际机场飞往伯克利码头。这家公司由于第一次石油危机在1974年突然关闭了。

44. 参见Roubini（2014，第3页）。

45. 参见Brynjolfsson and McAfee（2014，第44页）。

46. 参见第7章以及Cutler and Miller（2005）。

47. 参见Vijg（2011，第4章）。

48. 对于20世纪90年代中期汽车厂技术的这些评论来自我在国民经济研究局（NBER）作为“针工厂研究组”成员的积累，该课题组当时组织国民经济研究局的科研人员参观工厂。

49. 参见Pratt（2015，第53~55页）。

50. 引用和详细内容来自Aeppel（2015，第B1页）。

51. 参见Autor（2015，第6页）。

52. 关于亚马逊仓库的基瓦（Kiva）机器人的详细信息来自Autor（2014a，第32~33页）。

53. *The Economist*，“Humanoid Robots：After the Fall”，2015年6月13日，第77页。

54. 参见Rus（2015，第4~5页）。

55. 参见Aeppel（2015，第A10页）。

56. 参见Aeppel（2015，第A1页）。

57. 与捷蓝航空收入管理总监斯科特·雷斯尼克（Scott Resnick）的讨论，纽约，2013年12月6日。

58. 参见Charan（2015，第45页）。

59. 参见Lohr（2015，第A3页）。

60. *The Economist*，“Money Management：Ask the Algorithm”，2015年5月9日，第11~12页。

61. 参见Colvin（2014，第200页）。

62. 2009年第三季度到2014年第三季度总经济产出以每年0.67%的速度增长。

63. 参见Autor（2015，第24页）。

64. 参见Rus（2015，第3页）。

65. 参见White（2014，第B1页）。

66. 引用的题目来自 Halpern（2015）。

67. 0.3%的生产率增长指的是整个经济，而不是非农私人部门。劳动生产率的概念定义为实际 GDP 除以整个经济的工作小时数，数据是劳动统计局的未发表数据。其他时间段的生产率增长在表 18.3 中已列出。

第 18 章

1. 婴儿潮一代的退休始于 2008 年，届时 1946 年出生的婴儿达到 62 岁，并将持续到 2034 年，届时 1964 年出生的婴儿将达到 70 岁。

2. 参见 Piketty and Saez（2003）及 Piketty（2014）。

3. 对皮凯蒂—塞斯数据的主要批评者包括 Philip Armour、Richard V. Burkhauser 和 Jeff Larrimore。他们的结论与这一小节基于国会预算办公室数据的计算相近：一旦考虑了税收和转移支付，收入分配底层群体的收入增长率比皮凯蒂—塞斯的数据高很多。参见 Armour et al.（2014）。

4. 国会预算办公室对税前收入的计算包括所有现金收入（包括不报税的非税收入，如子女抚养费）、企业上缴的税收、员工对 401(k) 退休计划的缴费，以及从各种渠道获得的非现金收入估值。国会预算办公室根据家庭规模做了调整，认为一个四口之家的生活费并不是一个两口之家的两倍。

5. 尽管顶层 1% 群体比其他人缴纳更高的税，但他们受益于所得税率的大幅降低，包括国会预算办公室统计的时间段 1979—2011 年降低股息和资本利得税。

6. 皮凯蒂—塞斯的数据不如国会预算办公室的数据准确，因为他们并未对税收、转移支付或雇主 401(k) 养老金计划和医疗保险费等非现金收入做调整。人口普查局的数据也不如国会预算办公室的数据准确，因为“顶层编码”（top-coding）意味着普查局的数据不显示收入分配顶层 10% 群体内部不平等加剧的细节；国会预算办公室则能结合人口普查中顶层收入以下的百分位收入组的收入数据和美国国税局统计的顶层百分位的收入数据来提供这些细节。

7. 参见 Goldin and Margo（1992）。

8. 参见 Mishel et al.（2012），图 4AC，第 269 页。

9. 例如，达美航空公司的员工就没有工会（飞行员除外），其员工工资与已成立工会的竞争对手（如美国联合航空公司）的工资水平一样。尽管达美航空具备类似的工资结构，但它规避了工会在其他航空公司设立的工作规则。

10. 参见 Autor、Dorn and Hanson（2013）。

11. 零部件进口数据来自 Galston（2015）。

12. 参见 Schwartz and Cohen（2014）。

13. 参见 Orrenius and Zavodny（2006）。

14. 参见 Ottaviano and Peri（2006，第 1 页）。

15. 参见 Ottaviano and Peri（2006，第 13 页）。

16. 职业极化的相关文献请参阅 Autor（2014a）和 Autor（2015）。

17. 参见 Card and DiNardo（2002）。

18. 参见 Levy and Temin（2007）。

19. 1973 年数据来自 Mishel et al.（2012，图 4AH，第 291 页）。该文中引用的数值基于“期权授予”标准。2013 年多币种和美元的数据来自 www.nola.com/business/index.ssf/2014/05/2013_ceo_pay.html。

20. 参见 Hymowitz and Collins（2015，第 19 页）。

21. 本段和下一段的事实来自 Greenhouse（2013）。

22. “Roots of the Living Wage Waue,” *Wall Street Journal*，2013 年 8 月 10 日。

23. www.chicagobusiness.com/article/20130517/BLOGS08/130519807/caterpillar-ceo-we-can-never-make-enough-profit.

24. 参见 Rattner（2014）。

25. 参见 Rosen（1981）。

26. 参见 Bebchuk and Grinstein（2005）。

27. 参见 Hall and Liebman（1998）。

28. 17 年间的年均名义收益率为 14.8%，而同一时期 GDP 平减指数每年增加 2.5%，因此除息收益率降至 12.3%。而估计年股息收益率 2% 带来每年 14.3% 的实际收益率。

29. 参见 Zumbrun（2014，第 A2 页）。

30. 参见 www.pewresearch.org/fact-tank/2014/12/17/wealth-gap-upper-middle-income/。家庭收入按规模进行调整，然后按收入归类，顶层收入组是收入中位数的 2 倍多，中等收入组是中位数的 2/3～2 倍，而较低收入组小于中位数的 2/3。2013 年养活顶层收入组一个四口之家的最低收入为132000美元，而中等收入组的为44000美元。

31. 女性群体的等价图也是类似的，但为简化讨论起见，这里不再赘述。

32. 参见Irwin（2015，第A3页）。

33. 由大学毕业生工作时间份额构成的这一时间序列数据源自Autor（2014b，图3A）。

34. 参见Beaudry、Green和Sand（2013）。

35. 美元的数据源自Autor（2014b，第844页、第847页）。

36. www. pellinstitute. org/downloads/publications-Indicators_of_Higher_Education_Equity_in_the_US_45_Year_Trend_Report. pdf.

37. 参见Denison（1962）。

38. 参见Goldin and Katz（2008，表1. 3，第39页）。

39. 高中毕业率数据更新源自Murnane（2013）。Murnane和Heckman都认为，毕业率从1970年到2000年呈下降趋势，但Murnane提供的数据也显示，从2000年到2010年毕业率是上升的。2010年毕业率略高于1970年，不过结论仍然是，高中毕业率在过去40年中停滞不前，尤其是与1900—1970年相比。

40. http：//globalpublicsquare. blogs. cnn. com/2011/11/03/how-u-s-graduation-rates-compare-with-the-rest-of-the-world/.

41. www. oecd. org/unitedstates/PISA-2012-results-US. pdf.

42. 参见Kristof（2014）。

43. 通过对比个人消费支出的详细的国民收入和产出账户（NIPA），我们可以发现，自1972以来，与高等教育指数相对价格上涨相比，个人消费平减指数已上升至常规的个人消费支出价格指数（PCE）通胀率的3. 7倍。

44. 参见Abel、Deitz和Su（2014，第4页）。应届大学毕业生获得了不要求大学学历的工作，作者将这些工作分类为诸如卫生保健和技术行业领域的好工作（例如，机修工、电工、护士、牙科保健员）和低工资的差工作（如酒吧服务员、餐饮服务员和收银员）。56%的应届大学毕业生找不到要求大学学历的工作，其中35%的人就业于不要求大学学历的好工作，21%的人就业于不要求大学学历的差工作。

45. 参见Hoxby and Avery（2013）。

46. 参见 Mitchell（2014）。

47. 参见 Kristof（2014）。

48. 详见 Aaronson et al.（2014）。

49. http：//opinionator. blogs. nytimes. com/2013/08/21/hard-times-for-some/？hp.

50. 本段内容是 2013 年 11 月 20 日英国驻芝加哥总领事在家宴上的谈话。

51. 为了简化讨论，我们忽略了可能存在的雇员人均工时慢慢缩短，并假设它将因 2014 年平均就业率 93.8% 增加到长期稳定的 95% 而抵消，即失业率将从 2014 年的平均水平 6.2% 降至长期稳定的 5%。

52. 参见 Gordon（2014，图 12）。

53. 这一段基于皮尤研究中心的研究，该研究由 Miller（2014，第 A23 页）概述。

54. 参见 Carbone and Cahn（2014，第 18 页）。

55. 参见 Carbone and Cahn（2014，第 1 页）。

56. 这两段所引用的结果来自 Murray（2012，第 149～167 页）。

57. 这一段中的数据来自 Pettit（2012，表 1.4）。

58. 参见 Fields and Emshwiller（2014，第 A1 页）。

59. 参见 Bushway et al.（2007，第 3 页）。

60. 参见 Charles、Hurst and Notowidigdo（2013）。

61. 感谢 Bill Nordhaus 纠正这句话中的数字。他指出，这一计算基于 DICE－2013R 模型。DICE 代表“气候与经济的动态综合模型”。

62. 参见 Jorgenson、Ho and Samuels（2014）。

63. 如表 18.3 所示，2004—2015 年的时均产出实际增长率为 1.00%，略低于增长率预测值 1.20%。同一时期，总人口的人均产出实际增长率为 0.75%，略低于增长率预测值 0.80%。

后　记

1. Saez-Ustopincomes-2014. pdf，文件可从 topincomes. parisschoolofeconomics. eu 下载。

2. 参见 Mishel et al.（2012，图 4AH，第 291 页）。收入包括资本利得。

3. 在资产持有人去世时，这种税收减免在技术上称为“市价计税底数”(stepped up basis)，改变了计算资产持有人购买资产时的价值与其去世时的资产价值所获资本利得的基础。

4. 参见 Mishel et al. （2012，表4.39，第280页）。60年代的平均数用2014年美元表示，将Mishel以2011年美元表示的收入数值乘以2014年的个人消费支出平减指数与2011年的个人消费支出平减指数之比。计算结果表明，1960—1969年实际最低工资为8.26美元（2014年美元）。

5. 1965—2014年整个经济的劳动生产率增长了125%；参见图16.1和图16.2的资料来源，在数据附录中可以找到。总体实际报酬是劳动生产率乘以NIPA表1.10中的雇员报酬占国内总收入的份额。

6. 参见 Nichols and Rothstein（2015，第25~26页）。

7. 参见 Rubin and Turner（2014）。

8. 监狱费用参见 https：//smartasset.com/insights/the-economics-of-the-american-prison-system。

9. 参见 Miron and Waldock（2010）。

10. https：//www.americanprogress.org/issues/education/report/2013/05/02/62054/the-united-states-is-far-behind-other-countries-on-pre-k/.

11. 本段所引用的资料来源除了 Heckman 外，还有 Cascio and Schanzenbach（2013）对一些学前教育项目的实证效果进行的广泛评估。Caroline Hoxby 和 Alan Krueger 的评论为扩展学前教育的效果评估问题提供了重要的视角。

12. http：//heckmanequation.org/content/resource/invest-early-childhood-development-reduce-deficits-strengthen-economy.

13. 关于特许学校结果参差不齐的最好述评，参见 Epple、Romano 和 Zimmer（2015），其中提供了一些非常成功的案例。

14. 进一步的详细资料参见 Norton（2013）。

15. 关于版权与专利法的变化以及这些变化为什么没有达到理想效果的详细情况，参见 Lindsay（2015，第9~14页）。

16. 参见 Kleiner（2011）。

17. 参见 Glaeser et al. （2006）。

18. 关于加拿大积分制的详细情况，参见 www.workpermit.com/canada/points_

calculator. htm。

19. 参见 Feldstein（2014）。他的论文估计了他设计的基本计划以及各种计划的税收节约金额，无限制的慷慨减免加上有限的总减免等于经调整后总收入的2%。如果设计的限额是2%而不是零，额外的岁入将会更高。

20. www. cbo. gov/sites/default/files/44223_Carbon_0. pdf.

数据附录

1. 本部分构建的所有建筑物数据不仅包括私人住宅，还包括所有住宅。当产出概念是实际GDP时，就需要包含住宅，因为支付的租金和估算的租金约占GDP的10%。另一种选择是将住宅资本和租金都排除在外，换言之，考虑“非住宅GDP”。这两种方法是一致的，但为了便于说明，较好的做法还是将产出视为人们所熟悉的实际GDP。这样处理的结果是，它大大降低了政府融资的资本相对于私人资本的重要性，因为在1928—1950年，全部私人建筑的总价值大约是私人非住宅建筑的两倍。

2. 事实上，需要注意的是，2014年在曼哈顿中城区（midtown）和市中心（downtown）金融区（比如苏荷区、格林尼治村、小意大利以及翠贝卡区）之间，有很多建筑都是在1929年之前建造的。

3. 1931—1945年，私人建筑平均投资对资本的比率为1.9%，而1925—1929年，这一比率为4.8%。

4. 参见 Ristuccia and Tooze，表3。

5. 笔者在博士论文（Gordon，1967）中首次区分了固定折旧和可变折旧，但没有展开应用。随后，笔者在2000年的论文中，对特定时间段应用了这一区分。这里是第一次提供回溯到1890年的年度序列数据。在笔者1967年的博士论文之后，费尔德斯坦等人（Feldstein and Rothschild，1974；Feldstein and Foot，1971）提供了关于可变折旧的理论和实证分析。

6. 笔者住在伊利诺伊州的埃文斯顿，房屋建于1889年。邻居的房屋建于1894年、1915年、1920年和1928年。在毗邻的70个街区中，可能有800栋独栋住宅和大量多单元共管公寓和公寓住宅楼，其中在1929年之后建造的不到5%。

7. 目前的美国经济分析局固定资产账户没有提供1972年以前政府国防装备资本的任何细目。1972年和之后的细目表明，几乎所有年份政府国防装备资本都包括武器装备。“二战”期间也肯定如此。我们同意Higgs（2004，第510页）的观点，如果政府资本投入中不包括任何政府国防装备，那么，政府国防装备就不应作为资本投入，因为它不产生通常意义上的产出。

8. Gordon（1969）发现并描述了“政府所有私人运营”资本。有关“二战”战时生产的更多细节，请参见Herman（2012）、Baime（2014）和Walton（1956）。

9. 可变折旧调整不适用于政府资本，因为在1930—1945年，政府投资没有像私人投资那样出现断档。

10. Kline和Moretti（2013，第30页）对田纳西流域管理局的影响进行了一项复杂的分析。他们的结论是，“田纳西流域管理局加速了田纳西流域的工业化进程，创造了高薪的制造业的就业岗位，为该地区带来了持久的利益。值得注意的是，对制造业就业的影响一直远远超出了逐渐取消该地区补贴所带来的影响”。

参考文献

Aaronson, Stephanie, Cajner, Tomas, Fallick, Bruce, Gaibis-Reig, Felix, and Wascher, William (2014). "Labor Force Participation: Recent Developments and Future Prospects," *Brookings Papers on Economic Activity,* no. 2: 197–255.

Abbot, Charles Greeley. (1932). *Great Inventions,* vol. 12 of the Smithsonian Scientific Series. Washington, DC: Smithsonian Institution.

Abel, Jaison, Richard Deitz, and Yaqin Su. (2014). "Are Recent College Graduates Finding Good Jobs?" *Federal Reserve Bank of New York* 20, no. 1: 1–8.

Abramowitz, Moses, and David, Paul A. (2000). "American Macroeconomic Growth in the Era of Knowledge-Based Progress: The Long-Run Perspective," in Engerman and Gallman (2000), pp. 1–92.

Acemoglu, Daron, Autor, David H., Dorn, David, Hanson, Gordon, and Price, Brendan. (2014). "Return of the Solow Paradox? IT, Productivity, and Employment in U.S. Manufacturing," NBER Working Paper 19837, January.

Acs, Zoltan J., and Lyles, Alan. (2007). *Obesity, Business and Public Policy.* Cheltenham, UK/Northhampton, MA: Edward Elgar.

Aeppel, Timothy. (2015). "Jobs and the Clever Robot," *Wall Street Journal,* February 25, pp. A1, A10.

Agar, Jon. (2013). *Constant Touch: A Global History of the Mobile Phone.* London: Icon.

Agus, David B. (2012). "The 2000-Year-Old Wonder Drug," *The New York Times,* December 12, p. A31.

Akerlof, George A. (1970). "The Market for 'Lemons': Quality Uncertainty and the Market Mechanism," *Quarterly Journal of Economics* 84, no. 3 (August): 488–500.

Alexander, June Granatir. (2009). *Daily Life in Immigrant America, 1870–1920: How the Second Great Wave of Immigrants Made Their Way in America.* Chicago, IL: Ivan R. Dee.

Alexopoulos, Michell, and Cohen, Jon. (2009). "Measuring Our Ignorance, One Book at a Time: New Indicators of Technological Change 1909–1949," *Journal of Monetary Economics* 56, no. 4 (May): 450–70.

Allen, Frederick Lewis. (1931). *Only Yesterday: An Informal History of the 1920's.* New York: John Wiley & Sons, Inc.

Allison, David K. (1995). "Interview with Mr. Don Wetzel, Co-Patente of the Automatic Teller Machine," conducted at the National Museum of American History, September 21.

"All Time Box Office" (2014). *IMDB.com, Inc.* http://boxofficemojo.com/alltime/adjusted.htm.

Ambrose, Stephen E. (2000). *Nothing Like It in the World: The Men Who Built the Transcontinental Railroad 1863–1869.* New York: Simon & Schuster.

American Academy of Neurology. (2014). "Study: Alzheimer's Disease Much Larger Cause of Death Than Reported [Press Release]," *AAN.com,* March 5.

American Cancer Society. (2014). "The History of Cancer," *Cancer.org.* www.cancer.org/acs/groups/cid/documents/webcontent/002048-pdf.pdf.

American Press Institute. (2014). "How Americans Get Their News," *American Press Institute,* March 17.

American Transit Association. (1943). *The Transit Industry of the United States: Basic Data and Trends, 1943 Edition.* New York: American Transit Association.

Anders, Susan, and Hulse, David. (2006). "Social Security: The Past, the Present, and Options for Reform," *CPA Journal* (May): 1–17.

Angus, David L., and Mirel, Jeffrey E. (1985). "From Spellers to Spindles: Work-Force Entry by the Children of Textile Workers, 1888–1890," *Social Science History* 9, no. 2 (spring): 123–43.

Arango, Tim. (2010). "NBC's Slide to Troubled Nightly Punchline," *The New York Times,* January 17, pp. 1, 17.

Armour, Philip, Burkhauser, Richard V., and Larrimore, Jeff. (2014). "Levels and Trends in United States Income and Its Distribution: A Crosswalk from Market Income towards a Comprehensive Haig–Simons Income Measure," *Southern Economic Journal* 81, no. 2: 271–93.

Atack, Jermey, Bateman, Fred, and Parker, William N. (2000). "The Farm, The Farmer, and the Market," and "Northern Agriculture and the Westward Movement," both in Engerman and Gallman, eds. (2000b), 245–328.

Atherton, Lewis. (1954). *Main Street on the Middle Border.* Chicago: Quadrangle Books.

AT&T. (2014). "1951: First Direct-Dial Transcontinental Telephone Call," *AT&T.* www.corp.att.com/attlabs/reputation/timeline/51trans.html.

Auletta, Ken. (2014). "Outside the Box: Netflix and the Future of Television," *The New Yorker*, February 3, pp. 54–61.

Autor, David H. (2014a). "Polanyi's Paradox and the Shape of Employment Growth," draft prepared for Federal Reserve of Kansas City economic policy symposium, September 3.

Autor, David H. (2014b). "Skills, Education, and the Rise of Earnings Inequality among the 'Other 99 Percent,'" *Science* 344 (May 23): 843–51.

Autor, David H. (2015). "Why Are There Still So Many Jobs? The History and Future of Workplace Automation," *Journal of Economic Perspectives* 26, no. 3 (summer): 3–30.

Autor, David H., Dorn, David, and Hanson, Gordon H. (2013). "The China Syndrome: Labor Market Effects of Import Competition in the United States," *American Economic Review* 103, no. 6: 2121–68.

Bailey, Beth L. (1988). *From Front Porch to Back Seat: Courtship in Twentieth-Century America.* Baltimore, MD: Johns Hopkins University Press.

Bailey, Martha J., and Collins, William J. (2011). "Did Improvements in Household Technology Cause the Baby Boom? Evidence from Electrification, Appliance Diffusion, and the Amish," *American Economic Journal: Macroeconomics* 3, no. 2 (April): 189–217.

Baily, Martin Neil, and Boswoth, Barry P. (2014). "U.S. Manufacturing: Understanding Its Past and Its Potential Future," *Journal of Economic Perspectives* 28, no. 1 (winter): 3–26.

Baily, Martin N., and Gordon, Robert J. (1988). "The Productivity Slowdown, Measurement Issues, and the Explosion of Computer Power," *Brookings Papers on Economic Activity* 19, no. 2: 347–420.

Baime, A. J. (2014). *The Arsenal of Democracy: FDR, Detroit, and an Epic Quest to Arm an America at War.* Boston, MA/New York: Houghton Mifflin Harcourt.

Bakalar, Nicholas. (2011). "M.R.I., 1974," *The New York Times*, May 17, p. D7.

Bakker, Gerben. (2012). "How Motion Pictures Industrialized Entertainment," *The Journal of Economic History* 72, no. 4 (December): 1036–63.

Baldassare, Mark. (1992). "Suburban Communities," *Annual Review of Sociology* 18: 475–94.

Balderston, Marion. (1928). "American Motor Mania," *Living Age* 15 (February): 341–43.

Balke, Nathan S., and Gordon, Robert J. (1989). "The Estimation of Prewar Gross National Product: Methodology and New Evidence," *Journal of Political Economy* 97, no. 1: 38–92.

Barnouw, E. (1990). *Tube of Plenty: The Evolution of American Television.* Oxford, UK: Oxford University Press.

Barreca, Alan, Clay, Karen, Deschenes, Olivier, Greenstone, Michael, and Shapiro, Joseph S. (2015). "Adapting to Climate Change: The Remarkable Decline in the U.S. Temperature–Mortality Relationship over the 20th Century," Yale University working paper, January.

Barron, Hal S. (1997). *Mixed Harvest: The Second Great Transformation in the Rural North 1870–1930.* Chapel Hill: The University of North Carolina Press.

Barrows, Robert. (1983). "Beyond the Tenement: Patters of American Urban Housing, 1870–1930," *Journal of Urban History* 9 (August): 395–420.

Batchelor, Bob. (2002). *The 1900s: American Popular Culture through History.* Westport, CT/London: Greenwood Press.

Bauman, John F., Biles, Roger, and Szylvian, Kristin M. (2000). *From Tenements to the Taylor Homes: In Search of an Urban Housing Policy in Twentieth-Century America.* University Park: The Pennsylvania State University Press.

Baumol, William J. (1967). "Macroeconomics of Unbalanced Growth: The Anatomy of Urban Crisis," *American Economic Review* 57, no. 3 (June): 415–26.

Baumol, William J. (1986). "Productivity Growth, Convergence, and Welfare: What the Long-Run Data Show," *American Economic Review* 76, no. 5 (December): 1072–85.
Beatty, Jack. (1994). "Who Speaks for the Middle Class?" *Atlantic Monthly* (May): 65.
Beaudry, Paul, Green, David A., and Sand, Benjamin M. (2013). "The Great Reversal in the Demand for Skill and Cognitive Tasks," NBER Working Paper 18901, March.
Bebchuk, Lucian Ayre and Grinstein, Yaniv. (2005). "The Growth of Executive Pay," *Oxford Review of Economic Policy* 21, 283–303.
Becker, Gary S. (1965). "A Theory of the Allocation of Time," *Economic Journal* 75: 493–517.
Becker, Gary S., Philipson, Tomas, and Soares, Rodrigo. (2005). "The Quantity and Quality of Life and the Evolution of World Inequality," *American Economic Review* 95, no. 1 (March): 277–91.
Bedford, Henry F. (1995). *Their Lives and Numbers: The Condition of Working People in Massachusetts, 1870–1900.* Ithaca, NY/London: Cornell University Press.
Benson, Susan Porter. (1979). "Palace of Consumption and Machine for Selling: The American Department Store, 1880–1940," *Radical History Review* 21 (fall): 199–221. http://rhr.dukejournals.org/cgi/reprint/1979/21/199.pdf.
Bergen, Jennifer. (2011). "30 Years of the Music Industry in 30 Seconds," *Geek.com*, August 23. www.geek.com/geek-cetera/30-years-of-the-music-industry-looks-like-in-30-seconds-1415243/.
Berry, Thomas S. (1988). *Production and Population since 1789: Revised GNP Series in Constant Dollars.* Richmond, VA: The Bostwick Press.
Bessen, James. (2015). *Learning by Doing: The Real Connection between Innovation, Wages, and Wealth*. New Haven, CT/London: Yale University Press.
Bettmann, Otto L. (1974). *The Good Old Days—They Were Terrible!* New York: Random House.
Beyer, Lisa. (2012). "The Rise and Fall of Employer-Sponsored Pension Plans," *Workforce* 24 (January): 1–5.
Biggs, Andrew, and Schieber, Sylvester. (2014). "Is There a Retirement Crisis?" *National Affairs* no. 20 (summer): 55–75.
Bigott, Joseph C. (2001). *From Cottage to Bungalow: Houses and the Working Class in Metropolitan Chicago, 1869–1929.* Chicago, IL: University of Chicago Press.
Bijsterveld, Karin. (2010). "Acoustic Cocooning: How the Car Became a Place to Unwind," *Senses and Society* 5, no. 2: 189–211.
Bilton, Nick. (2014). "On Big Stage of CES, Innovation Is in Background," *The New York Times*, January 13, p. B5.
Blumberg, Stephen J., and Julian V. Luke. (2013). "Wireless Substitution: Early Release of Estimates from the National Health Interview Survey, January–June 2013," *CDC*, December. www.cdc.gov/nchs/data/nhis/earlyrelease/wireless201312.pdf.
Blume, Stuart, and Geesink, Ingrid. (2000). "A Brief History of Polio Vaccines," *Science* 288, no. 5471 (June 2): 1593–94.
Bock, James. (1993). "Women Made Career Strides in 1980s: Census Data Show Marked Md. Gains," *Baltimore Sun* 29 (January).
Boddy, William. (1985). "The Studios Move into Prime Time: Hollywood and the Television Industry in the 1950s," *Cinema Journal* 24, no. 4: 23–37.
Bogart, Leo. (1956). *The Age of Television*. New York: Frederick Ungar.
Bohn, Thomas W., and Stomgren, Richard L. (1975). *Light and Shadows: A History of Motion Pictures.* Port Washington, NY: Alfred Pub. Co.
Bonner, Thomas Neville. (1991). *Medicine in Chicago 1850–1950: A Chapter in the Social and Scientific Development of a City.* Urbana/Chicago: University of Illinois Press.
Boorstin, Daniel. (1973). *The Americans: The Democratic Experience.* New York: Random House.
Bordewich, Fergus M. (2012). "How the West Was Really Won," *Wall Street Journal,* May 19–20, p. A15.
Brand, Samuel, Fuller, Frederick Lincoln, and Watson, Thomas Sr. (2011). "The Automation of Personal Banking," IBM 100: Icons of Progress. http://www-03.ibm.com/ibm/history/ibm100/us/en/icons/bankauto/
Brandon, Emily. (2012). "What Retirees Do All Day: Here's How Retirees Are Using Their Leisure Time," *U.S. News and World Report*, July 2, pp. 1–2.

Bresnahan, Timothy F., and Gordon, Robert J., eds. (1997). *The Economics of New Goods*, Studies in Income and Wealth, vol. 58. Chicago, IL: University of Chicago Press for NBER.

Bresnahan, Timothy F., and Trajtenberg, Manual. (1995). "General Purpose Technologies: 'Engines of Growth'?" *Journal of Econometrics* 65, no. 1 (January): 83–108.

Brinkley, Garland L. (1997). "The Decline in Southern Agricultural Output, 1860–1880," *Journal of Economic History* 57, no. 1 (March): 116–38.

Brody, David. (1960). *Steelworkers in America: The Nonunion Era*. New York: Harper Torchbooks.

Brody, Jane E. (2013). "Many Fronts in the Obesity War," *The New York Times*, May 21, Tuesday science section, p. D4.

Brooker, Katrina. (2004). "Just One Word: Plastic," *Fortune*, February 23.

Brooks, John. (1975). *Telephone: The First Hundred Years*. New York: Harper and Row.

Brown, Clair. (1994). *American Standards of Living: 1918–88*. Oxford, UK: Blackwell.

Brown, Meta, Andrew Haughwout, Donghoon Lee, Maricar Mabutas, and Wilbert van der Klaauw. (2012). "Grading Student Loans," *Liberty Street Economics, Federal Reserve Bank of New York* 5 (March).

Brox, Jane. (2010). *Brilliant: The Evolution of Artificial Light*. Boston, MA/New York: Houghton Mifflin Harcourt.

Bruce, Robert V. (1973). *Bell: Alexander Graham Bell and the Conquest of Solitude*. Ithaca, NY/London: Cornell University Press.

Bruegmann, Robert. (2005). *Sprawl: A Compact History*. Chicago, IL/London: University of Chicago Press.

Bryce, James. (1888/1959). *The American Commonwealth*, Louis M. Hacker, ed. New York: Capricorn Books, G. P. Putnam's Sons.

Bryne, David M., Oliner, Stephen D., and Sichel, Daniel E. (2013). "Is the Information Technology Revolution Over?" *International Productivity Monitor* no. 25 (spring): 20–36.

Brynjolfsson, Erik, and McAfee, Andrew. (2014). *The Second Machine Age: Work, Progress, and Prosperity in a Time of Brilliant Technologies*. New York: W. W. Norton & Company Inc, 80.

Bryon, Kevin A., Minton, Brian D., and Sarte, Pierre-Daniel G. (2007). "The Evolution of City Population Density in the United States," *Economic Quarterly* 93, no. 4 (fall): 341–60.

Bryson, Bill. (2010). *At Home: A Short History of Private Life*. New York: Doubleday.

Bud, Robert. (2007). *Penicillin: Triumph and Tragedy*. Oxford, UK/New York: Oxford University Press.

Burian, Steven J., Nix, Stephan J., Pitt, Robert E., and Durrans, S. Rocky. (2000). "Urban Wastewater Management in the United States: Past, Present, and Future," *Journal of Urban Technology* 7, no. 3: 33–62.

Burns, George. (1988). *Gracie: A Love Story*. New York: Putnam.

Bushway, Shawn D., and Stoll, Michael A., and Weiman, David, eds. (2007). *Barriers to Reentry? The Labor Market for Released Prisoners in Post-Industrial America*. New York: Russell Sage Foundation.

Butkiewicz, James L. (2009). "Fixing the Housing Crisis," *Forbes*, April 30, p. 26.

Caillau, Robert. (1995). "A Little History of the World Wide Web," World Wide Web Consortium, www.w3.org/History.html.

Cain, Louis P., and Paterson, Donald G. (2013). "Children of Eve: Population and Well-being in History," *Population and Development Review* 39, no. 3.

Calder, Lendol. (1999). *Financing the American Dream: A Cultural History of Consumer Credit*. Princeton, NJ: Princeton University Press.

Campbell, W. Joseph. (2001). *Yellow Journalism: Puncturing the Myths, Defining the Legacies*. Westport, CT: Praeger.

Cannon, Brian Q. (2000). "Power Relations: Western Rural Electric Cooperatives and the New Deal," *The Western Historical Quarterly* 31, no. 2 (summer): 133–60.

Carbone, June, and Cahn, Naomi. (2014). *Marriage Markets: How Inequality Is Remaking the American Family*. Oxford, UK/New York: Oxford University Press.

Card, David, and DiNardo, John E. (2002). "Skill-Biased Technological Change and Rising Wage Inequality: Some Problems and Puzzles," *Journal of Labor Economics* 20, no. 4: 733–83.

Carpenter, Rolla C. (1898). *Heating and Ventilating Buildings*. New York: John Wiley and Sons.

Carr, Clark E. (1909). *Railway Mail Service*. Chicago: A. C. McClurg & Co.

Carroll, Abigail. (2010). "The Remains of the Day," *The New York Times*, November 28.

Carryer, Edwin. (2007). "Air Transport in the 1930s," *Dying Earth*, pp. 5–23.

Cascio, Elizabeth U., and Schanzenbach, Diane Whitmore. (2013). "The Impacts of Expanding Access to High-Quality Preschool Education." Brookings Papers on Economic Activity, Fall, 127–78.

CDC. (1999). "Achievements in Public Health, 1900–1999: Decline in Deaths from Heart Disease and Stroke—United States, 1900–1999," *Morbidity and Mortality Weekly Report* 48, no. 30 (August 6): 649–56.

CDC. (2010). "National Hospital Discharge Survey: 2010 Table," *CDC.gov*. www.cdc.gov/nchs/fastats/inpatient-surgery.htm.

CDC. (2011). "Deaths: Final Data for 2011," *CDC.gov*. www.cdc.gov/nchs/data/nvsr/nvsr61/nvsr61_06.pdf.

CDC. (2012). "LCKW9_2010," *CDC.gov*. www.cdc.gov/nchs/nvss/mortality/lcwk9.htm.

Cette, Gilbert, Clerc, Christian, and Bresson, Lea. (2015). "Contribution of ICT Diffusion to Labour Productivity Growth: The United States, Canada, the Eurozone, and the United Kingdom, 1970–2013," *International Productivity Monitor* no. 28 (spring): 81–88.

Chandler, Alfred D. (1977). *The Visible Hand: The Managerial Revolution in American Business.* Cambridge, MA: Belknap Press.

Chapin, Robert Coit. (1909). *The Standard of Living among Workingmen's Families in New York City.* New York: Charities Publication Committee.

Chapman, Arthur. (1932). *The Pony Express.* New York: G.P. Putnam's Sons.

Charan, Ram. (2015). "The Algorithmic CEO," *Fortune*, January 22, pp. 45–46.

Charles, Kerwin Kofi, Hurst, Erik, and Notowidiglo, Matthew. (2013). "Manufacturing Decline, Housing Booms, and Non-Employment," NBER Working paper 18949, April.

Cheung, A., and A. H. Menkis. (1998). "Cyclosporine Heart Transplantation," *Transplantation Proceedings* 30: 1881–1884. New York: Elsevier Science Inc.

Clark, Edward Clifford. (1986). *The American Family Home, 1800–1960.* Chapel Hill: The University of North Carolina Press.

Clark, Thomas D. (1964). *Pills, Petticoats, and Plows: The Southern Country Store.* Norman: University of Oklahoma Press.

Cline, Elizabeth L. (2012). *Overdressed: The Shockingly High Cost of Cheap Fashion.* New York/London: Penguin Group.

Coffee, Frank, and Layden, Joseph. (1998). *America on Wheels: The First 100 Years—1896–1996.* Los Angeles, CA: General Publishing Group.

Cohen, Andrew. (2013). "Happy 75th Birthday, CBS World News Roundup," *The Atlantic*, March 12.

Cohen, Lizabeth. (1996). "From Town Center to Shopping Center: The Reconfiguration of Community Marketplaces in Postwar America," *The American Historical Review* 101, no. 4 (October): 1050–81.

Cohn, David L. (1940). *The Good Old Days: A History of American Morals and Manners as Seen through the Sears Roebuck Catalogs 1905 to the Present.* New York: Simon and Schuster.

Cohn, David L. (1944). *Combustion of Wheels: An Informal History of the Automobile Age.* Boston, MA: Houghton-Mifflin.

Cohn, Jonathan. (2007). *Sick: The Untold Story of America's Health Care Crisis—and the People Who Pay the Price.* New York: Harper Collins Publishers.

Cole, Helene M., and Fiore, Michael C. (2014). "The War against Tobacco, 50 Years and Counting," *The Journal of the American Medical Association* 311, no. 2 (January 8): 131–32.

Collins, Gail. (2009). *When Everything Changed: The Amazing Journey of American Women from 1960 to the Present.* New York: Hachette Book Group, Inc.

Colvin, Geoff. (2014). "In the Future, Will There Be Any Work Left for People to Do?" *Fortune*, June 16, pp. 193–201.

Condran, Gretchen A., and Crimmins-Gardner, Eileen. (1978). "Public Health Measures and Mortality in U.S. Cities in the Late Nineteenth Century," *Human Ecology* 6, no. 1: 27–54.

Conway, Mike. (2009). *The Origins of Television News in America: The Visualizers of CBS in the 1940s.* New York: Peter Lang.

Coombes, Andrea. (2009). "Men Suffer Brunt of Job Losses in Recession," *Wall Street Journal*, July 16.

Coontz, Stephanie. (2011). "Women's Equality Not Quite There Yet," *CNN*, March 7.

Cooper, J. van Cleft. (1922). "Creation of Atmosphere," *American Organist.* June, 240–42. Reprinted in Taylor et al. (2012), 196–98.

Coppin, Clayton A., and High, Jack C. (1999). *The Politics of Purity: Harvey Washington Wiley and the Origins of Federal Food Policy*. Ann Arbor: University of Michigan Press.

Corbett, Kevin J. (2001). "The Big Picture: Theatrical Moviegoing, Digital Television, and beyond the Substitution Effect," *Cinema Journal* 40, no. 2: 17–34.

Cosgrove, J. J. (1909). *History of Sanitation.* Pittsburgh, PA: Standard Sanitary Manufacturing Co.

Costa, Dora. (1998). *The Evolution of Retirement: An American Economic History, 1880–1990.* Chicago, IL/London: University of Chicago Press for NBER.

Cowan, Ruth Schwartz. (1983). *More Work for Mother: The Ironies of Household Technology from the Open Hearth to the Microwave.* New York: Basic Books.

Cox, Reavis. (1948). *The Economics of Installment Buying.* New York: Ronald Press.

Craig, Lee A., Goodwin, Barry, and Grennes, Thomas. (2004). "The Effect of Mechanical Refrigeration on Nutrition in the United States," *Social Science History* 28, no. 2: 325–36.

Craig, Steve. (2004). "How America Adopted Radio: Demographic Differences in Set Ownership Reported in the 1930–1950 U.S. Censuses," *Journal of Broadcasting & Electronic Media* 48, no. 2: 179–95.

Craig, Steve. (2006). "The More They Listen, the More They Buy: Radio and the Modernizing of Rural America," *Agricultural History* 80, no. 1 (winter): 1–16.

Crandall, Robert W., Gruenspecht, Howard K., Keeler, Theodore K, and Lave, Lester B. (1976). *Regulating the Automobile.* Washington, DC: The Brookings Institution.

Cray Inc. webpage on "Company History." www.cray.com/About/History.aspx.

Cronon, William. (1991). *Nature's Metropolis: Chicago and the Great West.* New York/London: W. W. Norton.

Crossen, Cynthia. (2007). "Before WWI Began, Universal Health Care Seemed a Sure Thing," *Wall Street Journal,* April 30, p. B1.

Crossen, Cynthia. (2008). "Unsafe at Any Speed, with Any Driver, on Any Kind of Road," *Wall Street Journal,* March 3, p. B1.

Cutler, David M. (2006). "An International Look at the Medical Care Financing Problem," in David Wise and Naohiro Yashiro, eds., *Issues in Health Care in the U.S. and Japan*. Chicago, IL: University of Chicago Press, 69–81.

Cutler, David M., and McClellan, Mark. (2001). "Productivity Change in Health Care," *American Economic Review Papers and Proceedings* 91 (May): 281–86.

Cutler, David M., and Miller, Grant. (2005). "The Role of Public Health Improvements in Health Advances: The Twentieth Century United States," *Demography* 42, no. 1 (February): 1–22.

Daley, Brian. (2010). "'The Wizard of Oz' Television Tradition Continues on TNT," *Examiner.com*, December 15.

Danbom, David B. (2006). *Born in the Country: A History of Rural America*, 2nd ed. Baltimore, MD: The Johns Hopkins Press.

Daniels, Stephen R. (2006). "The Consequences of Childhood Overweight and Obesity," *The Future of Children* 16, no. 1 (spring): 47–67.

Darby, Michael. (1976). "Three-and-a-Half Million U.S. Employees Have Been Mislaid: Or, an Explanation of Unemployment, 1934–1941." *The Journal of Political Economy*. 84, no. 1 (February): 1–16.

David, Paul A. (1990). "The Dynamo and the Computer: An Historical Perspective on the Modern Productivity Paradox," *American Economic Review Papers and Proceedings* 80, no. 2 (May): 355–61.

Davis, Steven J., and Haltiwanger, John. (2014). "Labor Market Fluidity and Economic Performance," NBER Working Paper 20479, September.

Decker, John, Haltiwanger, John, Jarmin, Ron S., and Miranda, Javier. (2014). "The Role of Entrepreneurship in U.S. Job Creation and Economic Dynamism," *Journal of Economic Perspectives* 28: 3–24.

Denison, Edward F. (1962). *The Sources of Economic Growth and the Alternatives before Us.* New York: Committee for Economic Development.

Dickstein, Morris. (2009). *Dancing in the Dark: A Cultural History of the Great Depression.* New York: W. W. Norton and Company.

Dix, W. F. (1904). "The Automobile as a Vacation Agent," *Independent* 56: 1259–60.

Doan, Mason C. (1997). *American Housing Production 1880–2000: A Concise History.* Lanham, MD/New York: University Press of America.

Domar, Evsey. (1961). "On the Measurement of Technological Change," *Economic Journal* 71, no. 284 (December): 709–29.

Donovan, Robert J., and Scherer, Ray. (1992). *Unsilent Revolution: Television News and American Public Life.* Cambridge, UK: Cambridge University Press.

Dotinga, Randy. (2012). "Huge Rise in CT, MRI, Ultrasound Scan Use: Study," *USNews.com*, June 12. http://health.usnews.com/health-news/news/articles/2012/06/12/huge-rise-in-ct-mri-ultrasound-scan-use-study.

Doucet, Michael J., and Weaver, John. (1991). *Housing the North American City.* Montreal, Canada: McGill Queen's University Press.

Droege, John A. (1916). *Passenger Terminals and Trains.* New York: McGraw-Hill.

Druckman, James N. (2003). "The Power of Television Images: The First Kennedy–Nixon Debate Revisited," *The Journal of Politics* 65, no. 2 (May): 559–71.

DuBoff, Richard B. (1984). "The Telegraph in Nineteenth-Century America: Technology and Monopoly," *Comparative Studies in Society and History* 26, no. 4 (October): 571–86.

Earl, Anthony S. (1997). "Colleges of Agriculture at the Land Grant Universities: Public Service and Public Policy," *Proceedings of the National Academy of Sciences* 94, no. 5 (March): 1610–11.

Edison, Thomas A. (1878). "The Phonograph and Its Future," *The North American Review* 126, no. 262 (May/June): 527–36.

Editors of *Fortune*. (1995). *The Changing American Market.* Garden City, NY.

Edmonds, Rick, Guskin, Emily, Mitchell, Amy, and Jurkowitz, Mark. (2013). "The State of the News Media 2013: An Annual Report on American Journalism: Newspapers: By the Numbers," Pew Research Center, May 7.

Eisner, Robert. (1989). *The Total Incomes System of Accounts.* Chicago, IL: University of Chicago Press.

Ellis, David Maldwyn. (1945). "Railroad Land Grant Rates, 1850–1945," *The Journal of Land and Public Utility Economics* 21, no. 3 (August): 207–22.

Emerson, Ralph Waldo. (1841). *The Journals of Ralph Waldo Emerson, vol. V 1838–41.* Boston: Houghton Mifflin (published in 1911).

Emmet, Boris, and Jeuck, John E. (1950). *Catalogs and Counters: A History of Sears, Roebuck and Company.* Chicago, IL: University of Chicago Press.

Engerman, Stanley L., and Gallman, Robert E., eds. (2000a). *The Cambridge Economic History of the United States*, Vol. II: *The Long Nineteenth Century.* Cambridge, UK/New York: Cambridge University Press .

Engerman, Stanley L, and Gallman, Robert E., eds. (2000b). *The Cambridge Economic History of the United States*, Vol. III: *The Twentieth Century.* Cambridge, UK/New York: Cambridge University Press.

Epple, Dennis, Romano, Richard, and Zimmer, Ron. (2015). "Charter Schools: A Survey of Research on Their Characteristics and Effectiveness," NBER Working Paper 21256, June.

Epstein, Edward J. (1973). *News from Nowhere: Television and the News.* New York: Random House.

Epstein, Edward J. (2010). *The Hollywood Economist: The Hidden Financial Reality Behind the Movies.* Brooklyn, NY: Mellville House.

Erbentraut, Joseph. (2014). "Why This Hospital Turned an 18-Year-Old Away after He Was Shot," *The Huffington Post*, May 20.

Ewbank, Douglas C., and Preston, Samuel H. (1990). "Personal Health Behavior and the Decline in Infant and Child Mortality: The United States 1900–1930," in John Caldwell et al., eds. (1990). *What We Know about Health Transition: The Cultural Social and Behavioural Determinants of Health.* Canberra: Australian National University, pp. 116–49.

Fairbanks, Robert B. (2000). "From Better Dwellings to Better Neighborhoods: The Rise and Fall of the First National Housing Movement," in Bauman et al. (2000), pp. 21–42.

Fantel, Hans. (1984). "Television 101: Basic Buying," *Fortune*, October, p. 46.

Farrell-Beck, Jane, and Parsons, Jean. (2007). *Twentieth Century Dress in the United States.* New York: Fairchild Publications.

Farrington, George C. (1996). "ENIAC: The Birth of the Information Age," *Popular Science*, March, p. 74.

Federal Communications Commission. (2010). "Trends in Telephone Service." https://apps.fcc.gov/edocs_public/attachmatch/DOC-301823A1.pdf.

Feldstein, Martin S. (2014). "Raising Revenue by Limiting Tax Expenditures," paper presented to conference on Tax Policy and the Economy, August.

Feldstein, Martin S., and Foot, David K. (1971). "The Other Half of Gross Investment: Replacement and Modernization Expenditures," *Review of Economics and Statistics* 53: 49–58.

Feldstein, Martin S., and Rothschild, Michael. (1974). "Towards an Economic Theory of Replacement Investment," *Econometrica* 42, no. 3: 393–423.

Fernandez, Manny. (2010). "Let Us Now Praise the Great Men of Junk Food," *The New York Times*, August 8.

Field, Alexander J. (1992). "The Magnetic Telegraph, Price and Quantity Data, and the New Management of Capital," *Journal of Economic History* 52, no. 2 (June): 401–13.

Field, Alexander J. (1998). "The Telegraphic Transmission of Financial Asset Prices and Orders to Trade: Implications for Economic Growth, Trading Volume, and Securities Market Regulation," *Research in Economic History* 18 (August): 145–84.

Field, Alexander J. (2003). "The Most Technologically Progressive Decade of the Century," *American Economic Review* 93 (September): 1399–1413.

Field, Alexander J. (2011). *A Great Leap Forward: 1930s Depression and U.S. Economic Growth.* New Haven, CT/London: Yale University Press.

Fields, Gary, and Emshwiller, John R. (2014). "As Arrest Records Rise, Americans Find Consequences Can Last a Lifetime," *Wall Street Journal*, August 19.

File, Thom, and Ryan, Camille. (2014). "Computer and Internet Use in the United States: 2013," *American Community Survey Reports.*

Fischer, Claude S. (1992). *America Calling: A Social History of the Telephone.* Berkeley: University of California Press.

Fishlow, Albert. (1966). "Aspects of Nineteenth-Century American Investment in Education," *The Journal of Economic History* 26, no. 4: 418–36. www.jstor.org/stable/2115900.

Fiske, Haley. (1917). "Life Insurance as a Basis of Social Economy," *Science Monthly* 4, no. 4 (April): 316–24.

Fite, Gilbert C. (1984). *Cotton Fields No More: Southern Agriculture 1865–1980.* Lexington: The University Press of Kentucky.

Fite, Gilbert C. (1987). *The Farmers' Frontier: 1865–1900.* Norman: University of Oklahoma Press.

Flamm, Kenneth. (2014). "Causes and Economic Consequences of Diminishing Rates of Technical Innovation in the Semiconductor and Computer Industries," preliminary draft manuscript.

Flink, James J. (1972). "Three Stages of American Automobile Consciousness," *American Quarterly* 24, no. 4 (October): 451–73.

Flink, James J. (1984). "The Metropolis in the Horseless Age," *Annals of the New York Academy of Sciences* 424: 289–301.

Floud, Roderick, Fogel, Robert W., Harris, Bernard, and Hong, Sok Chul. (2011). *The Changing Body: Health, Nutrition, and Human Development in the Western World since 1700.* Cambridge, MA/New York: Cambridge University Press for NBER.

Ford, Janet. (1989). *The Indebted Society: Credit and Default.* New York: Routledge.

Fordham, Richard, Skinner, Jane, Wang, Xia, Nolan, John, and the Exeter Primary Outcome Study Group. (2012). "The Economic Benefit of Hip Replacement: A 5-Year Follow-up of Costs and Outcomes in the Exeter Primary Outcomes Study," *BMJ* 2 (May 25): e1–e7.

Fox, Stephen. (1984). *The Mirror Makers: A History of American Advertising and Its Creators.* New York: William Morrow.

Franz, Kathleen. (2005). *Tinkering: Consumers Reinvent the Early Automobile.* Philadelphia: University of Pennsylvania Press.

Fuchs, Victor R. (1998). *Who Shall Live? Health, Economics, and Social Choice.* Singapore/River Edge, NJ: World Scientific.

Fuchs, Victor, and Garber, Alan M. (2003). "Medical Innovation: Promise and Pitfalls," *The Brookings Review* 21, no. 1 (winter): 44–48.

Fuller, Bruce. (1983). "Youth Job Structure and School Enrollment, 1890–1920," *Sociology of Education* 56, no. 3 (July): 145–56.

Fuller, Wayne E. (1964). *RFD: The Changing Face of Rural America.* Bloomington: Indiana University Press.

Gabel, Richard. (1969). "The Early Competitive Era in Telephone Communication, 1893–1920," *Law and Contemporary Problems* 34, no. 2 (spring): 340–59.

Galishoff, Stuart. (1980). "Triumph and Failure: The American Response to the Urban Water Supply Problem, 1880–1923," in M. Melosi, ed., *Pollution and Reform in American Cities, 1870–1930.* Austin: University of Texas Press.

Gallagher, Brian Thomas. (2012). "The Big Chill: Frozen Food Innovator Clarence Birdseye Changed the Way We Eat," *Bloomberg Business Week*, May 14, pp. 84–86.

Gallman, Robert E. (2000). "Economic Growth and Structural Change in the Long Nineteenth Century," in Engerman and Gallman, eds. (2000a), pp. 1–55.

Galmarini, Darío, Galmarini, Carlos M., and Felipe C. Galmarini. (2012). "Cancer Chemotherapy: A Critical Analysis of Its 60 Years of History," *Critical Reviews in Oncology Hematology* 84: 181–99.

Galston, William A. (2015). "How the Vise on U.S. Wages Tightened," *Wall Street Journal,* April 1.

Ganssle, J. G. (2007). "The Transistor: Sixty Years Old and Still Switching," *Embedded Systems Design* 20, no. 12 (December 1): 53.

Ganzel, Bill. (2007). "Movies and Rural America," *Farming in the 1950s and 60s.* www.livinghistoryfarm.org/farminginthe50s/life_18.html.

Gardner, Sarah. (2014). "LA Smog: The Battle against Air Pollution," *Marketplace.org,* July 14.

Garvey, William, and Fisher, David. (2002). *The Age of Flight: A History of America's Pioneering Airline.* Greensboro, NC: Pace Communications.

Gates, Paul Wallace. (1936). "The Homestead Law in an Incongruous Land System," *The American Historical Review* 41, no. 4 (July): 652–81.

Gee, Kelsey. (2014). "Butter Makes Comeback as Margarine Loses Favor," *Wall Street Journal,* June 25, p. B1.

Gellene, Denise. (2009). "Sir John Crofton, Pioneer in TB Cure, Is Dead," *The New York Times,* November 20, p. A26.

Gelpi, Rosa-Maria, and Julien-Labruyère, François. (2000). *The History of Consumer Credit: Doctrines and Practices.* New York: St. Martin's Press.

Georgano, Nick. (1992). *The American Automobile: A Centenary.* New York: Smithmark Press.

Gertner, Jon. (2012). "True Innovation," *The New York Times Sunday Review*, February 26.

Geyman, John. (2011). "The Decline of Primary Care: The Silent Crisis Undermining US Health Care," *PNHP.org*, August 9.

Ghilarducci, Teresa. (2012). "Our Ridiculous Approach to Retirement," *The New York Times,* July 22, p. 5.

Giordano, Ralph G. (2003). *Fun and Games in Twentieth-Century America: A Historical Guide to Leisure.* Westport, CT: Greenwood Press

Glaeser, Edward, Gyourko, Joseph, and Saks, Raven. (2006). "Urban Growth and Housing Supply," *Journal of Economic Geography* 6: 71–89.

Glauber, Robert H. (1978). "The Necessary Toy: The Telephone Comes to Chicago," *Chicago History* 7, no. 2 (summer): 70–86.

Goldin, Claudia. (2000). "Labor Markets in the Twentieth Century," in Easterlin and Gallman, eds. (2000b), *The Cambridge Economic History of the United States, Vol. III* (pp. 549–623). Cambridge: Cambridge University Press.

Goldin, Claudia. (2006). "The Quiet Revolution That Transformed Women's Employment, Education, and Family," *American Economic Review* 96, no. 2 (May): 1–21.

Goldin, Claudia. (2014). "A Grand Gender Convergence: Its Last Chapter," *American Economic Review* 104, no. 4 (April): 1091–1119.

Goldin, Claudia, and Katz, Lawrence F. (1999). "Human Capital and Social Capital: The Rise of Secondary Schooling in America, 1910–1940," *The Journal of Interdisciplinary History* 29, no. 4 (spring): 683–723.

Goldin, Claudia, and Katz, Lawrence F. (2008). *The Race between Education and Technology.* Cambridge, MA: The Belknap Press of the Harvard University Press.

Goldin, Claudia, and Margo, Robert A. (1992). "The Great Compression: The Wage Structure in the United States at Mid-Century," *Quarterly Journal of Economics* 107 (February): 1–34.

Goodwin, Lorine Swainston. (1999). *The Pure Food, Drink, and Drug Crusaders, 1879–1914.* Jefferson, NC: McFarland & Company.

Gordon, David M. (1996). *Fat and Mean: The Corporate Squeeze on Working Americans and the Myth of "Managerial Downsizing."* New York: Martin Kessler Books, the Free Press.

Gordon, Robert Aaron. (1974). *Economic Instability and Growth: The American Record.* New York: Harper and Row.

Gordon, Robert J. (1967). "Problems in the Measurement of Real Investment in the U. S. Economy," PhD thesis presented to the MIT Economics Department, May.

Gordon, Robert J. (1969). "$45 Billion of U.S. Private Investment Has Been Mislaid," *American Economic Review* 59, no. 3 (June): 221–38.

Gordon, Robert J. (1990). *The Measurement of Durable Goods Prices.* Chicago, IL/London: University of Chicago Press for NBER.

Gordon, Robert J. (1992). "Productivity in the Transportation Sector," in Zvi Griliches, ed., *Output Measurement in the Service Sectors.* Chicago, IL: University of Chicago Press for NBER, pp. 371–422.

Gordon, Robert J. (2000a). "Interpreting the 'One Big Wave' in U.S. Long-term Productivity Growth," in Bart van Ark, Simon Kuipers, and Gerard Kuper, eds., *Productivity, Technology, and Economic Growth.* Boston: Kluwer Publishers, pp. 19–65.

Gordon, Robert J. (2004a). "The Disappearance of Productivity Change," in *Productivity Growth, Inflation, and Unemployment: The Collected Essays of Robert J. Gordon.* Cambridge, MA/New York: Cambridge University Press, pp. 90–133.

Gordon, Robert J. (2004b). "Forward into the Past: Productivity Retrogression in the Electric Generating Industry," in *Productivity Growth, Inflation, and Unemployment: The Collected Essays of Robert J. Gordon.* Cambridge, UK/New York: Cambridge University Press, pp. 172–217.

Gordon, Robert J. (2012a). *Macroeconomics,* 12th ed. Boston, MA: Pearson/Addison-Wesley.

Gordon, Robert J. (2012b). "Is U.S. Economic Growth Over? Faltering Innovation and the Six Headwinds." NBER Working Paper 18315, August.

Gordon, Robert J. (2013). "The Phillips Curve Is Alive and Well: Inflation and the NAIRU during the Slow Recovery," NBER Working Paper 19360, September.

Gordon, Robert J. (2014b). "A New Method of Estimating Potential Real GDP Growth: Implications for the Labor Market and the Debt/GDP Ratio," NBER Working Paper 20423, August.

Gordon, Robert J., and Dew-Becker, Ian. (2008). "Controversies about the Rise of American Inequality: A Survey," NBER Working Paper 13982, May. A shorter version appeared as "Selected Issues in the Rise of Income Inequality," *Brookings Papers on Economic Activity,* 2007, no. 2: 191–215.

Gordon, Robert J., and Krenn, Robert. (2010). "The End of the Great Depression 1939–41: Fiscal Multipliers, Capacity Constraints, and Policy Contributions," NBER Working Paper 16380, September.

Gordon, Robert J., and van Goethem, Todd. (2007). "A Century of Downward Bias in the Most Important CPI Component: The Case of Rental Shelter, 1914–2003," in E. Berndt and C. Hulten, eds., *Hard-to-Measure Goods and Services: Essays in Honor of Zvi Griliches,* Conference on Research in Income and Wealth. Chicago, IL: University of Chicago Press for NBER, pp. 153–96.

Grebler, Leo, Blank, David M., and Winnick, Louis. (1956). *Capital Formation in Residential Real Estate: Trends and Prospects.* Princeton, NJ: Princeton University Press for NBER.

Green, Harvey. (1986). *Fit for America: Health, Fitness, Sport, and American Society.* New York: Pantheon Books.

Green, Harvey. (2000). *The Uncertainty of Everyday Life 1915–1945.* Fayetteville: University of Arkansas Press.

Greene, Ann Norton. (2008). *Horses at Work: Harnessing Power in Industrial America.* Cambridge, MA: Harvard University Press.

Greenfeld, Karl Taro. (2011). "Fast and Furious: The Drive-Thru Isn't Just a Convenient Way to Fill Your Car with Fries; It's a Supreme Achievement in American Manufacturing," *Bloomberg Business Week*, May 9, pp. 63–69.

Greever, William S. (1951). "A Comparison of Railroad Land Grant Policies," *Agricultural History* 25, no. 2 (April): 83–90.

Greenhouse, Steven. (2013). "Fighting Back against Wretched Wages," *The New York Times*, July 28.

Gries, Jon M. (1925). "Housing in the United States," *The Journal of Land and Public Utility Economics* 1, no. 1 (January): 23–35.

Griliches, Zvi. (1961). "Hedonic Price Indexes for Automobiles: An Econometric Analysis of Quality Change," in *The Price Statistics of the Federal Government*. General Series 73. New York: National Bureau of Economic Research, pp. 173–96.

Grossman, Ron. (2012). "Humble Theaters Became Movie Palaces," *Chicago Tribune* February 26, p. 19.

Haines, Michael R. (2000). "The Population of the United States, 1790–1920," in Engerman and Gallman, eds. (2000a), pp. 143–206.

Hall, Brian J., and Liebman, Jeffrey B. (1998). "Are CEOs Really Paid Like Bureaucrats?" *Quarterly Journal of Economics* 113 (August): 653–91.

Hall, Robert Trevor. (2002). *Stretching the Peacock: From Color Television to High Definition Television (HDTV), an Historical Analysis of Innovation, Regulation and Standardization.* (Doctoral dissertation). ProQuest/UMI. (UMI Number: 3071648).

Halpern, Sue. (2015). "How Robots and Algorithms Are Taking Over," *New York Review of Books,* April 2, pp. 24–28.

Ham, Arthur H. (1912). *The Campaign against the Loan Shark.* New York: Russell Sage.

Harmetz, Aljean. (1996). *On the Road to Tara: The Making of* Gone with the Wind. New York: Harry N. Abrams.

Hart, James D. (1950). *The Popular Book: A History of America's Literary Taste.* New York: Oxford University Press.

Harvey, Brett. (2002). *The Fifties: A Women's Oral History.* Lincoln, NE: ASJA Press.

Hathaway, Ian, and Litan, Robert E. (2014). "What's Driving the Decline in the Firm Formation Rate? A Partial Explanation," *Economic Studies at Brookings,* November.

Hausman, Jerry, and Leibtag, Ephraim. (2007). "Consumer Benefits from Increased Competition in Shopping Outlets: Measuring the Effect of Wal-Mart," *Journal of Applied Econometrics* 22, no. 7: 1157–77.

Hayden, Dolores. (2000). "Model Houses for the Millions," Lincoln Institute of Land Policy Working Paper WP00DH2.

Hayden, Dolores. (2002). "Revisiting the Sitcom Suburbs," *Race, Poverty, and the Environment* 9, no. 1: 39–41.

Hayden, Dolores. (2003). *Building Suburbia: Green Fields and Urban Growth, 1820–2000.* New York: Vintage Books.

Henderson, J. Lloyd. (1956). "Market Milk Operations, 1906 versus 1956," *Journal of Dietary Science* 39, no. 6: 812–18. http://download.journals.elsevierhealth.com/pdfs/journals/0022-302/PIIS0022030256912061.pdf

Hendrickson, Robert. (1979). *The Grand Emporiums: The Illustrated History of America's Great Department Stores.* New York: Stein and Day.

Heppenheimer, T. A. (1995). *Turbulent Skies: The History of Commercial Aviation.* New York: John Wiley and Sons.

Herman, Arthur. (2012). *Freedom's Forge: How American Business Produced Victory in World War II.* New York: Random House.

Higgs, Robert. (1973). "Mortality in Rural America, 1870–1920: Estimates and Conjectures," *Explorations in Economic History* 10, no. 2: 177–95.

Higgs, Robert. (1992). "Wartime Prosperity? A Reassessment of the U.S. Economy in the 1940s," *Journal of Economic History* 52, no. 1 (March): 41–60.

Higgs, Robert. (2004). "Wartime Socialization of Investment: A Reassessment of U.S. Capital Formation in the 1940s," *Journal of Economic History* 64, no 2 (June): 500–520.

Hillenbrand, Laura. (2003). *Seabiscuit: An American Legend (Special Illustrated Collector's Edition).* New York: Ballantine Books.

Hilton, George W. (1982). *The Cable Car in America.* San Diego, CA: Howell-North books.

Holbrook, Stewart H. (1947). *The Story of American Railroads.* New York: American Legacy Press.

Holley, I. B. (2008). *The Highway Revolution, 1895–1925.* Durham, NC: Carolina Academic Press.

Holohan, Dan. (1992). *The Lost Art of Steam Heating.* Bethpage, NY: Dan Holohan Associates.

Hood, Clifton. (1993). *722 Miles: The Building of the Subways and How They Transformed New York.* New York: Simon and Schuster.

Hooker, Richard J. (1981). *Food and Drink in America: A History.* Indianapolis, IN/New York: The Bobbs-Merrill Company.

Hortaçsu, Ali, and Syverson, Chad. (2015). "The Ongoing Evolution of US Retail: A Format Tug-of-War." NBER Working Paper 21464, August.

Hounshell, David A. (1984). *From the American System to Mass Production, 1800–1932.* Baltimore, MD/London: The Johns Hopkins University Press.

Hoxby, Carolyn, and Avery, Christopher. (2013). "The Missing 'One-Offs': The Hidden Supply of High-Achieving Low-Income Students," *Brookings Papers on Economic Activity* (spring): 1–50.

Hoyert, Donna L., and Xu, Jiaquan. (2012). "Deaths: Preliminary Data for 2011," *National Vital Statistics Reports* 61, no. 6 (October 10): 1–51.

Hsieh, Chang-Tai, Hurst, Erik, Jones, Chad, and Klenow, Peter J. (2013). "The Allocation of Talent and U.S. Economic Growth," Stanford University Working Paper, January.

HSUS. (1960). *Historical Statistics of the United States, Colonial Times to 1957.* Washington, DC: Bureau of the Census.

HSUS. (2006). *Historical Statistics of the United States,* Millennial Edition Online, Susan B. Carter, Scott Sigmund Gartner, Michael R. Haines, Alan L. Olmstead, Richard Sutch, and Gavin Wright, eds. Cambridge, UK: Cambridge University Press 2006. http://hsus.cambridge.org/HSUSWeb/HSUS EntryServlet.

Huberman, Michael. (2004). "Working Hours of the World United? New International Evidence of Worktime, 1870–1913," *Journal of Economic History* 64, no. 4 (December): 964–1001.

Hughes, Thomas Parke. (1983). *Networks of Power: Electrification in Western Society, 1880–1930.* Baltimore, MD: Johns Hopkins University Press.

Hugill, Peter J. (1982). "Good Roads and the Automobile in the United States 1880–1929," *Geographical Review* 72, no. 3 (July): 327–49.

Hunnicutt, Benjamin Kline. (1988). *Work without End: Abandoning Shorter Hours for the Right to Work.* Philadelphia, PA: The Temple University Press.

Hymowitz, Carol. (2012). "Behind Every Great Woman: The Rise of the CEO Mom Has Created a New Kind of Trophy Husband," *Bloomberg Businessweek,* January 9–15, pp. 55–59.

Hymowitz, Carol, and Collins, Margaret. (2015). "A Retirement Toast," *Bloomberg Business Week,* January 12–18, pp. 19–20.

Igel, Lee. (2008). "A History of Health Care as a Campaign Issue," *The Physician Executive* (May–June): 12–15.

Ingrassia, Paul. (2012). *Engines of Change: A History of the American Dream in Fifteen Cars.* New York/London: Simon and Schuster.

Innis, Harold A. (1942). "The Newspaper in Economic Development," *The Journal of Economic History* 2 supplement (December): 1–33.

International Motion Picture Almanac. (2006). New York: Quigley Publications.

Irwin, Neil. (2015). "Why Less Educated Workers Are Losing Ground on Wages," *The New York Times,* April 23, p. A3.

Isenstadt, Sandy. (1998). "Visions of Plenty: Refrigerators in America around 1950," *Journal of Design History* 11, no. 4: 311–21.

Jabr, Ferris. (2013). "The Reading Brain in the Digital Age: The Science of Paper versus Screens," *Scientific American,* April 11.

Jackson, Kenneth T. (1985). *Crabgrass Frontier: The Suburbanization of the United States.* New York/Oxford, UK: Oxford University Press.

Jacobs, Eva E., ed. (2003). *Handbook of Labor Statistics*, 6th ed. Lanham, MD: Bernan Publishers.

Jacobs, James A. (2006). "Social and Spatial Change in the Postwar Family Room," *Perspectives in Vernacular Architecture* 13, no. 1: 70–85.

Jakle, John A. (1982). *The American Small Town: Twentieth-Century Place Images.* Hamden, CT: Archon Books.

Jenish, D'Arcy, and Davies, Tanya. (1999). "The Walkman at 20," *Maclean's* 112, no. 35 (August 30): 10.

Jerome, Harry. (1934). *Mechanization in Industry.* New York: National Bureau of Economic Research.

Joel, Amos E. Jr. (1984). "The Past 100 Years in Telecommunications Switching," *IEEE Communications Magazine* 22, no. 5 (May): 64–83.

Johnson, Eldon L. (1981). "Misconceptions about the Early Land-Grant Colleges," *The Journal of Higher Education* 52, no 4 (July–August): 331–51.

Jones, David S., and Greene, Jeremy A. (2013). "The Decline and Rise of Coronary Heart Disease: Understanding Public Health Catastrophism," *American Journal of Public Health* (May 16): e1–e12.

Jones, David W., Jr. (1985). *Urban Transit Policy: An Economic and Political History.* Englewood Cliffs, NJ: Prentice-Hall.

Jones, Mary Ellen. (1998). *Daily Life on the Nineteenth Century American Frontier.* Westport, CT: The Greenwood Press.

Jonnes, Jill. (2003). *Empires of Light: Edison, Tesla, Westinghouse, and the Race to Electrify the World.* New York: Random House.

Jorgenson, Dale W., and Griliches, Zvi. (1967). "The Explanation of Productivity Change," *Review of Economic Studies* 34, no. 3 (July): 249–84.

Jorgenson, Dale W., Ho, Mun S., and Samuels, Jon D. (2014). "What Will Revive U.S. Economic Growth?" *Journal of Policy Modeling* 36, no. 4 (July–August): 674–91.

Kaitz, Karl. (1998). "American Roads, Roadside America," *Geographical Review* 88, no. 3 (July): 363–87.

Karanes, Chatchada, Nelson, Gene O., Chitphakdithai, Pintip, Agura, Edward, Ballen, Karen K., Bolan, Charles D., Porter, David L., Uberti, Joseph P., King, Roberta J., and Confer, Dennis L. (2008). "Twenty Years of Unrelated Donor Hematopoietic Cell Transplantation for Adult Recipients Facilitated by the National Marrow Donor Program," *Biology of Blood and Marrow Transplant* 14: 8–15.

Kaszynski, William. (2000). *The American Highway: The History and Culture of Roads in the United States.* Jefferson, NC/London: McFarland Publishers.

Katz, Michael B., Michael J. Doucet, and Mark J. Stern. (1982). *The Social Organization of Early Industrial Capitalism.* Cambridge, MA: Harvard University Press.

Kay, Jane Holtz. (1997). *Asphalt Nation: How the Automobile Took Over America, and How We Can Take It Back.* New York: Crown Publishers.

Keating, Ann Durkin. (2004). *Chicagoland: City and Suburbs in the Railroad Age.* Chicago, IL/London: The University of Chicago Press.

Keeler, Theodore E. (1972). "Airline Regulation and Market Performance," *Bell Journal of Economics* 3, no. 2 (autumn): 399–424.

Kendrick, John W. (1961). *Productivity Trends in the United States.* Princeton, NJ: Princeton University Press for NBER.

Kennedy, David M. (2003). "What Is Patriotism without Sacrifice?" *The New York Times*, February 16.

Kennedy, T. R. Jr. (1964). "Electronic Computer Flashes Answers, May Speed Engineering," *The New York Times*, February 15.

Kenny, Charles. (2013). "What the Web Didn't Deliver," *Bloomberg Business Week,* June 20, pp. 10–11.

Kesslar-Harris, Alice. (1982). *Out to Work: A History of Wage-Earning Women in the United States.* New York/Oxford, UK: Oxford University Press.

Keynes, John Maynard. (1931). "Economic Possibilities for Our Grandchildren," in *Essays in Persuasion.* London: MacMillan, pp. 358–74.

Khan, B. Zorina, and Sokoloff, Kenneth L. (2004). "Institutions and Technological Innovation During Early Economic Growth: Evidence from the Great Inventors of the United States, 1790–1930," NBER Working Paper 10966.

Kidwell, Claudia B. (1979). *Cutting a Fashionable Fit.* Washington, DC: Smithsonian Institution Press.

Killeffer, David H. (1948). *The Genius of Industrial Research*. New York: Reinhold Publishing Corporation.

Kimes, Beverly Rae, and Clark, Henry Austin Jr. (1996). *Standard Catalog of American Cars: 1805–1942*. Iola, WI: Krause Publications.

King, David C. (2010). *Presidents and Their Times: Herbert Hoover*. Tarrytown, NY: Marshall Cavendish.

Kinley, David. (1910). *The Use of Credit Instruments in Payments in the United States*. Washington, DC: National Monetary Commission.

Kipling, Rudyard. (2003). *Kipling's America Travel Letters, 1889–1895* (D. H. Stewart, ed.) Greensboro, NC: ELT Press.

Klein, Maury. (2007). *The Genesis of Industrial America, 1870–1920*. Cambridge, UK/New York: Cambridge University Press.

Kleinberg, S. J. (1989). *The Shadow of the Mills: Working-Class Families in Pittsburgh, 1870–1907*. Pittsburgh, PA: University of Pittsburgh Press.

Kleiner, Morris M. (2011). "Occupational Licensing: Protecting the Public Interest or Protectionism?" W. E. Upjohn Institute for Employment Research Policy Paper no. 2011-009, July. http://research.upjohn.org/up..policypapers/9/.

Klenow, Pete. (2012). "The Allocation of Talent and U.S. Economic Growth," *SIEPR Policy Brief*, July.

Kline, Patrick M., and Moretti, Enrico. (2013). "Local Economic Development, Agglomeration Economies, and the Big Push: 100 Years of Evidence from the Tennessee Valley Authority," NBER Working Paper 19293, August.

Knight, Charles K. (1927). "Fraternal Life Insurance," *Annals of the American Academy of Political and Social Science* 130 (March): 97–102.

Krewski, Daniel. (2009). "Evaluating the Effects of Ambient Air Pollution on Life Expectancy," *The New England Journal of Medicine* 360, no. 4 (January 22): 413–15.

Kristof, Nicholas. (2014). "The American Dream Is Leaving America," *The New York Times*, October 26.

Laermans, Rudi. (1993). "Learning to Consume: Early Department Stores and the Shaping of the Modern Consumer Culture (1860–1914)," *Theory, Culture & Society* 10, no. 4 (November): 79–102. http://tcs.sagepub.com/content/10/4/79.

Lakdawalla, D, and Phillipson, T. (2009). "The Growth of Obesity and Technological Change," *Economics and Human Biology* 7, no. 3 (December): 283–93.

Lamb, Vanessa Martins. (2011). "The 1950's and 1960's and the American Woman: The Transition from the 'Housewife' to the Feminist," *University of Toulon* (June): 1–106.

Lambert, Gavin. (1973). *GWTW: The Making of* Gone with the Wind. Boston, MA: An Atlantic Monthly Press Book, Little, Brown and Company.

Lamoreaux, Naomi R. (2010). "Entrepreneurship in the United States, 1865–1920," in David S. Landes, Joel Mokyr, and William J. Baumol, eds., *The Invention of Enterprise: Entrepreneurship from Ancient Mesopotamia to Modern Times*. Princeton, NJ: Princeton University Press, pp. 367–400.

Landsberg, Steven. (2007). "A Brief History of Economic Time," *Wall Street Journal*, June 9.

Lane, Rose Wilder. (1935). *Old Home Town*. New York: Longmans, Green.

Larsen, Lawrence H. (1990). *The Urban South: A History*. Lexington: The University Press of Kentucky.

Leach, Willam R. (1993). *Land of Desire: Merchants, Power, and the Rise of a New American Culture*. New York: Random House.

Leaf, Clifton, and Burke, Doris. (2004). "Why We're Losing the War on Cancer (and How to Win It)," *Fortune* 149, no. 6 (March 22): 76–97.

Lears, Jackson. (2009). *Rebirth of a Nation, The Making of Modern America, 1877–1920*. New York: HarperCollins.

Lebergott, Stanley. (1976). *The American Economy: Income, Wealth and Want*. Princeton, NJ: Princeton University Press.

Lebergott, Stanley. (1996). *Consumer Expenditure: New Measures and Old Motives*. Princeton, NJ: Princeton University Press.

Lebhar, Godfrey M. (1952). *Chain Stores in America*. New York: Chain Store Publishing Company.

Lemann, Nicholas. (1991). *The Promised Land: The Great Black Migration and How It Changed America*. New York: Alfred A. Knopf.

Levenstein, Harvey A. (1988). *Revolution at the Table: The Transformation of the American Diet.* New York: Oxford University Press.

Levinson, Marc. (2011). *The Great A&P and the Struggle for Small Business in America.* New York: Hill and Wang.

Levitz, Jennifer. (2008). "Investors Pull Money out of Their 401(K)s: Hardship Withdrawals Rose in Recent Months, Plans Say; Concerns about Tax Penalty," *Wall Street Journal*, September 23, pp. 1–3.

Levitz, Jennifer, and Shishkin, Philip. (2009). "More Workers Cite Age Bias after Layoffs," *Wall Street Journal*, March 11, pp. 1–3.

Levy, Frank, and Temin, Peter. (2007). "Inequality and Institutions in 20th Century America." NBER Working Paper 13106, April.

Lewis, Sinclair. (1961). *Main Street.* New York: New American Library.

Lewis, Tom. (1992). "'A Godlike Presence': The Impact of Radio on the 1920s and 1930s," *OAH (Organization of American Historians) Magazine of History* 6, no. 4 (spring): 26–33.

Lichter, Daniel, and Fuguitt, Glenn. (1980). "Response to Transportation Innovation: The Case of the Interstate Highway," *Social Forces* 59, no. 2 (December): 492–512.

Life Insurers Fact Book. (2013). Washington, DC: American Council of Life Insurers.

Light, Donald, and Levine, Sol. (1988). "The Changing Character of the Medical Profession: A Theoretical Overview," *The Milbank Quarterly* 66 (supplement 2): 10–32.

Lindsey, Brink (2015). *Low-Hanging Fruit Guarded by Dragons: Reforming Regressive Regulation to Boost U.S. Economic Growth.* Washington, DC: The Cato Institute.

Lohr, Steve. (2015). "Maintaining a Human Touch as the Algorithms Get to Work," *The New York Times*, April 7, p. A3.

Los Angeles Times. (1993). "John Walson Sr.; Built First Cable TV System," April 1.

Lubove, Roy. (1962). "The Tenement Comes of Age," *The Progressives and the Slums: House Reform in New York City.* Pittsburgh, PA: University of Pittsburgh Press.

Lynd, Robert S., and Lynd, Helen Merrell. (1929). *Middletown: A Study in Contemporary American Culture.* New York. Harcourt, Brace and Company.

Lynn, Robert A. (1957). "Installment Credit before 1870," *Business History Review* 31, no. 4: 414–24.

MacDonald, J. Fred. (1979). *Don't Touch That Dial! Radio Programming in American Life, 1920–1960.* Chicago, IL: Nelson-Hall.

Maclaurin, Rupert W. (1950). "Patents and Technical Progress—A Study of Television," *Journal of Political Economy* 58, no. 2: 142–57.

Maddison, Angus. (1995). *Monitoring the World Economy 1820–1992.* Paris: OECD, Development Centre.

Maddison, Angus. (1999). "Poor until 1820," *Wall Street Journal*, January 11.

Magoun, Alexander B. (2002). "The Origins of the 45-RPM Record at RCA Victor, 1939-1948," in Hans-Joachim-Braun (ed.), *Music and Technology in the Twentieth Century.* Baltimore, MD: Johns Hopkins University Press, pp. 148–57.

Markoff, John. (2013). "In 1949, He Imagined an Age of Robots," *The New York Times*, May 21, p. D8.

Marron, Donncha. (2009). *Consumer Credit in the United States: A Sociological Perspective from the 19th Century to the Present.* New York: Palgrave MacMillan.

Marsh, Bill. (2008). "The Overflowing American Dinner Plate," *The New York Times*, August 3, Sunday business section, p. 7.

Martí-Ibañez, Félix. (1958). *Centaur: Essays on the History of Medical Ideas.* New York: MD Publications.

Marvin, Caroline. (1988). *When Old Technologies Were New: Thinking about Electric Communication in the Late Nineteenth Century.* New York/Oxford, UK: Oxford University Press.

Mayo, James M. (1993). *The American Grocery Store: The Business Evolution of an Architectural Space.* Westport, CT/London: Greenwood Press.

McCarthy, Jeanette J., McLeod, Howard L., and Ginsburg, Geoffrey S. (2013). "Genomic Medicine: A Decade of Successes, Challenges, and Opportunities," *Science Translational Medicine* 5, no. 189: 189sr4.

McCloskey, Deidre. (2014). "Measured, Unmeasured, Mismeasured, and Unjustified Pessimism: A Review Essay of Thomas Piketty's *Capital in the Twenty-First Century*," *Erasmus Journal of Philosophy and Economics* 7, no. 2: 73–115.

McDowell, M. S. (1929). "What the Agricultural Extension Service Has Done for Agriculture," *Annals of the American Academy of Political and Social Science* 142 (March): 250–56.

McIntosh, Elaine N. (1995). *American Food Habits in Historical Perspective.* Westport, CT/London: Praeger.

McKee, John M. (1924). "The Automobile and American Agriculture," *Annals of the American Academy of Political and Social Science* 115 (November): 12–17.

McKinlay, John B., and McKinlay, Sonja M. (1977). "The Questionable Contribution of Medical Measures to the Decline in Mortality in the United States in the Twentieth Century," *Health and Society* 55, no. 3: 405–28.

McShane, Clay, and Tarr, Joel A. (2007). *The Horse in the City: Living Machines in the Nineteenth Century.* Baltimore, MD: The Johns Hopkins University Press.

McWilliams, Carey. (1942). *Ill Fares the Land: Migrants and Migratory Labor in the United States.* Boston, MA: Little, Brown.

Meeker, Edward. (1971). "Improving Health of the United States, 1850–1915." *Explorations in Economic History* 9, no. 1: 353–73.

Meeker, Edward. (1974). "The Social Rate of Return on Investment in Public Health, 1880–1910," *The Journal of Economic History* 34, no. 2 (June): 397–421.

Melosi, Martin V. (2000). *The Sanitary City: Urban Infrastructure in American from Colonial Times to Present.* Baltimore, MD: Johns Hopkins University Press.

Mensch, Gerhard. (1979). *Stalemate in Technology: Innovations Overcome the Depression.* Cambridge, MA: Ballinger.

Merton, Robert K. (1935). "Fluctuations in the Rate of Industrial Invention," *Quarterly Journal of Economics* 49, no. 3 (May): 454–74.

Millard, Andre. (1995). *America on Record: A History of Recorded Sound.* Cambridge, MA: Cambridge University Press.

Millard, Andre. (2002). "Tape Recording and Music Making," in Hans-Joachim Braun, ed., *Music and Technology in the Twentieth Century.* Baltimore, MD: Johns Hopkins University Press, 158–67.

Miller, Claire Cain. (2014). "Financial Security Is Increasingly Trumping Marriage, Report Says," *The New York Times*, September 24, p. A23.

Miller, John Anderson. (1941/1960). *Fares Please! A Popular History of Trolleys, Horse-Cars, Street-Cars, Buses, Elevateds, and Subways.* 1941 edition New York: Appleton-Century-Crofts, reprinted in a 1960 Dover edition with identical content but a new preface and photos.

Miller, Lisa. (2010). "Divided We Eat," *Newsweek.* November 29, pp. 42–48.

Mindlin, Alex. (2006). "DVD Player Tops VCR as Household Item," *The New York Times*, December 25, p. C3.

Miron, Jeffrey, and Waldock, Katherine. (2010). *The Budgetary Impact of Ending Drug Prohibition.* Washington, CATO Institute.

Mishel, Lawrence, Bivens, Josh, Gould, Elise, and Shierholz, Heidi. (2012). *The State of Working America*, 12th ed. Ithaca, NY/London: ILR Press, an imprint of Cornell University Press.

Mitchell, Josh. (2014). "Remedial 101: Call for Reform," *Wall Street Journal*, November 18, p. A3.

Mokyr, Joel. (1990). *The Lever of Riches: Technological Creativity and Economic Progress.* New York/Oxford, UK: Oxford University Press.

Mokyr, Joel. (2000). "Why Was There More Work for Mother? Technological Change and the Household, 1880–1930." *Journal of Economic History* 60, no. 1 (March): 1–40.

Mokyr, Joel. (2009). *The Enlightened Economy: An Economic History of Britain, 1700–1850.* New Haven, CT: Yale University Press.

Mokyr, Joel. (2013). "Is Technological Progress a Thing of the Past?" EU-Vox essay posted September 8, www.voxeu.org/article/technological-progress-thing-past.

Mokyr, Joel, and Stein, Rebecca. (1997). "Science Health, and Household Technology: The Effect of the Pasteur Revolution on Consumer Demand," in Bresnahan and Gordon, eds., pp. 143–206.

Moline, Norman T. (1971). *Mobility and the Small Town 1900–1930.* Chicago, IL: The University of Chicago Department of Geography, Research Paper no. 132.

Monga, Vipal. (2015). "The New Bookkeeper Is a Robot," *Wall Street Journal*, May 5, B1.

Monkkonen, Eric H. (1988). *America Becomes Urban: The Development of U.S. Cities and Towns 1780–1980.* Berkeley/Los Angeles: University of California Press.

Montgomery, David. (1983). "Labor in the Industrial Era," in Richard B. Morris, ed., *A History of the American Worker.* Princeton, NJ: Princeton University Press, pp. 79–114.

Montgomery, David. (1987). *The Fall of the House of Labor.* Cambridge, UK/New York: The Cambridge University Press.

Moore, Harry H. (1927). *American Medicine and the People's Health.* New York/London: D. Appleton and Co.

Morris, Charles. (2002). *The San Francisco Calamity by Earthquake and Fire.* Urbana/Chicago: The University of Illinois Press.

Morrison, Craig. (1974). "Nickelodeon to Picture Palace and Back," *Design Quarterly* 93: 6–17.

Mumford, Lewis. (1961). *The City in History: Its Origins, Its Transformations, Its Prospects.* New York: Harcourt, Brace and Company.

Munn, Orson D. (1915). *Trade Marks, Trade Names, and Unfair Competition in Trade.* New York: Munn & Co.

Munos, Bernard. (2009). "Lessons from 60 Years of Pharmaceutical Innovation," *Nature Reviews* 8 (December): 959–68.

Murnane, Richard J. (2013). "U.S. High School Graduation Rates: Patterns and Explanations," *Journal of Economic Literature* 51, no. 2 (June): 370–422.

Murphy, Kevin M., and Topel, Robert H., eds. (2003). *Measuring the Gains from Medical Research: An Economic Approach.* Chicago, IL: University of Chicago Press for NBER.

Murphy, Kevin M., and Topel, Robert H. (2006). "The Value of Health and Longevity," *Journal of Political Economy* 114, no. 5 (October): 871–904.

Murray, Charles. (2012). *Coming Apart: The State of White America 1960–2010.* New York: Crown Forum.

Murray, John E. (2007). *Origins of American Health Insurance: A History of Industrial Sickness Funds.* New Haven, CT/London: Yale University Press.

Nadiri, Ishaq, and Mamuneas, Theofanis. (1994). "The Effects of Public Infrastructure and R&D Capital on the Cost Structure and Performance of U.S. Manufacturing Industries," *The Review of Economics and Statistics* 76 (February): 22–37.

Nard, Craig Allen. (2010). *The Law of Patents,* 2nd ed. New York: Aspen Publishers.

National Alliance on Mental Illness. (2013). "Mental Illness: Facts and Numbers," *NAMI.org* (March 5), pp. 1–3. www.nami.org/factsheets/mentalillness_factsheet.pdf.

Neifeld, Morris R. (1939). *Personal Finance Comes of Age.* New York: Harper & Bros.

Nelson, Richard R. (1959). "The Economics of Innovation: A Survey of the Literature," *The Journal of Business* 32, no. 2 (April): 101–27.

Newman, Bernard J. (1928). "Rural Housing in the United States of America," presented at the International Housing and Town Planning Conference, Paris, July, published in part I of the conference proceedings.

Newspaper Association of America. (2012). "Trends and Numbers: Newspaper Circulation Volume," *Newspaper Association of America,* September 4.

The New York Times. (1986). "Growing Up, in Three Minute Segments," *The New York Times,* November 5.

Nicholas, Tom. (2010). "The Role of Independent Invention in U.S. Technological Development, 1880–1930," *The Journal of Economic History* 70, no. 1 (March): 57–81.

Nichols, Austin, and Rothstein, Jesse. (2015). "The Earned Income Tax Credit (EITC)," NBER Working Paper 21211, May.

Nichols, Walter S. (1917). "Fraternal Insurance in the United States: Its Origin, Development, Character and Existing Status," *The Annals of the American Academy of Polical and Social Science* 70, no. 1 (January): 109–22.

The Nielsen Company. (2014). "More of What We Want: The Cross-Platform Report," *The Nielsen Company,* June. www.tvb.org/media/file/Nielsen-Cross-Platform-Report_Q1-2014.pdf.

Nordhaus, William D. (1997). "Do Real-Output and Real-Wage Measures Capture Reality? The History of Lighting Suggests Not," in Bresnahan and Gordon, eds. (1997), pp. 29–70.

Nordhaus, William D. (2003). "The Health of Nations: The Contribution of Improved Health to Living Standards," in Murphy and Topel, eds. (2003), pp. 9–40.

Nordhaus, William D. (2007). "Two Centuries of Productivity Growth in Computing," *The Journal of Economic History* 67, no. 1 (March): 147–52.

Nordhaus, William D., and Tobin, James. (1972). "Is Growth Obsolete?" in William D. Nordhaus and James Tobin, eds., *Economic Research: Retrospect and Prospect*, vol 5: *Economic Growth*. New York: National Bureau of Economic Research, pp. 1–80.

Norton, Amy. (2012). "More Americans Getting Pacemakers," *Reuters.com*, September 26.

Norton, Andrew. (2013). "Australian College Plan Has Helped Students, at a Cost," *New York Times*, July 11.

Nye, David E. (1998). *Consuming Power: A Social History of American Energies*. Cambridge, MA/London. The MIT Press.

O'Brien, Jeffrey M. (2012). "The Great Stem Cell Dilemma," *Fortune*, October 8, pp. 186–95.

Officer, Lawrence H. (2011). "The Annual Consumer Price Index for the United States, 1774–2010," MeasuringWorth, 2011. www.measuringworth.com/uscpi/.

Ogle, Maureen. (1996). *All the Modern Conveniences: American Household Plumbing, 1840–1890*. Baltimore, MD: Johns Hopkins University Press.

Okun, Mitchell. (1986). *Fair Play in the Marketplace: The First Battle for Pure Food and Drugs*. DeKalb: Northern Illinois University Press.

Olney, Martha. (1991). *Buy Now Pay Later: Advertising, Credit, and Consumer Durables in the 1920s*. Chapel Hill/London: University of North Carolina Press.

O'Malley, Chris. (1995). "Drowning in the Net," *Popular Science*, June, pp. 78–80.

Orrenius, Pia M., and Zavodny, Madeline. (2006). "Does Immigration Affect Wages? A Look at Occupation-Level Evidence," Federal Reserve of Dallas Research Paper 302, March.

Ottaviano, Gianmarco I. P., and Peri, Giovanni. (2006). "Rethinking the Effects of Immigration on Wages." NBER Working Paper 12497, August.

Oviatt, F. C. (1905a). "Historical Study of Fire Insurance in the United States," *Annals of the American Academy of Political and Social Science* 26, no. 1: 155–78.

Oviatt, F. C. (1905b). "Économic Place of Life Insurance and Its Relation to Society," *Annals of the American Academy of Political and Social Science* 26, no. 1: 181–91.

Pacyga, Dominic A., and Shanabruch, Charles, eds. (2003). *The Chicago Bungalow*. Chicago, IL: Arcadia Publishing for the Chicago Architecture Foundation.

Pagliery, Jose. (2014). "JetBlue's Weird Password Rule: No Q or Z," *CNN Money*, May 15.

Panschar, William G., and Slater, Charles C. (1956). *Baking in America*. Evanston, IL: Northwestern University Press.

Parsons, Patrick R. (1996). "Two Tales of a City: John Walson, Sr., Mahanoy City, and the 'Founding' of Cable TV," *Journal of Broadcasting & Electronic Media* 40, no. 3: 354–65.

Patton, Phil. (1995). "How the Internet Began," *Popular Science*, June, p. 85.

"People & Events: Selma March" (2000). *PBS Online*. www.pbs.org/wgbh/amex/wallace/peopleevents/pande08.html.

Pettit, Becky. (2012). *Invisible Men: Mass Incarceration and the Myth of Black Progress*. New York: Russell Sage Foundation.

Pew Research Center. (2013). "Home Internet Access." http://www.pewresearch.org/data-trend/media-and-technology/internet-penetration/.

Pew Research Internet Project. (2014). "Mobile Technology Fact Sheet," Pew Research Internet Project. www.pewinternet.org/fact-sheets/mobile-technology-fact-sheet/.

Phelan, Rev. J. J. (1919). "Motion Pictures as a Phase of Commercialized Amusements in Toledo, Ohio," *Film History* 13, no. 3: 234–328.

Phillips, Ronnie J. (2000). "Digital Technology and Institutional Change from the Gilded Age to Modern Times: The Impact of the Telegraph and the Internet," *Journal of Economic Issues* 34, no. 2 (June): 266–89.

Pierce, Bessie Louise. (1957). *A History of Chicago*, vol. III: *The Rise of a Modern City 1871–1893*. Chicago, IL/London: University of Chicago Press.

Piketty, Thomas. (2014). *Capital in the Twenty-First Century*. Cambridge, MA/London: Belknap Press of Harvard University Press.

Piketty, Thomas, and Emmanuel Saez. (2003). "Income Inequality in the United States, 1913–1998," *Quarterly Journal of Economics* 118, no. 1 (February): 1–39.

Pinker, Steven. (2011). *The Better Angels of Our Nature: The Decline of Violence in History and Its Causes.* London: Allen Lane.

Pletz, John. (2015). "No More Pens, No More Books," *Crain's Chicago Business*, April 20, p. 4.

Plumer, David. (2012). "How Air Conditioning Transformed the U.S. Economy," *Washington Post*, July 7.

Podnolik, Mary Ellen. (2014). "Big Times: Home Size Hits Record," *Chicago Tribune*, June 3.

Polsky, Carol. (2013). "Many Older Workers Can't Afford to Retire," *Newsday*, March 31, pp. 1–4.

Pope, C. Arden III, Ezzati, Majid, and Dockery, Douglas W. (2009). "Fine Particulate Air Pollution and Life Expectancy in the United States," *The New England Journal of Medicine* 360, no. 4 (January 22): 376–86.

Pope, Clayne L. (1992). "Adult Mortality in America before 1900: A View from Family Histories," in Claudia Goldin and Hugh Rockoff, eds., *Strategic Factors in Nineteenth Century American Economic Growth: A Volume to Honor Robert W. Fogel.* Chicago, IL: University of Chicago Press for NBER, pp. 267–296.

Portman, Rob. (2014). "Heading Off the Entitlement Meltdown; Demography Is Destiny: The Retirement of 77 Million Baby Boomers Is Not a Theoretical Projection," *Wall Street Journal*, July 21, pp. 1–2.

Pratt, Gill A. (2015). "Is a Cambrian Explosion Coming for Robotics?" *Journal of Economic Perspectives* 29, no. 3 (summer): 51–60.

Prieto, Luis, and Sacristan, Jose A. (2003). "Problems and Solutions in Calculating Quality-Adjusted Life Years (QALYs)," *Health Qual Life Outcomes*, December 19. www.ricbi.nim.nih.gov/pmc/articles/PMC317370/.

Puga, Diego. (2008). "Urban Sprawl: Causes and Consequences," *Eis Opuscles del CREI*, no. 18 (January).

Pursell, Carroll. (2007). *The Machine in America: A Social History of Technology*, 2nd ed. Baltimore, MD: The Johns Hopkins Press.

Radde, Bruce. (1993). *The Merritt Parkway*. New Haven, CT/London: Yale University Press.

Radford, Gail. (1992). "New Building and Investment Patterns in 1920s Chicago," *Social Science History* 16, no. 1: 1–21.

Rae, John B. (1966). *The American Automobile: A Brief History*. Chicago, IL: University of Chicago Press.

Raff, Daniel M. G., and Manuel Trajtenberg. (1997). "Quality-Adjusted Prices for the American Automobile Industry: 1906–1940," in Bresnahan and Gordon, eds. (1997), pp. 71–101.

Rainie, Lee. (2013). "Cell Phone Ownership Hits 91% of Adults," Pew Research Center, June 6.

Ramey, Valerie. (2009). "Time Spent in Home Production in the 20th Century United States," *The Journal of Economic History* 69 (March): 1–47.

Ramey, Valerie, and Francis, Neville. (2009). "A Century of Work and Leisure," *American Economic Journal: Macroeconomics* 1 (July): 189–224.

Ransom, Roger L., and Sutch, Richard. (1977). *One Kind of Freedom: The Economic Consequences of Emancipation*. New York/Cambridge, UK: Cambridge University Press.

Rao, S. L. N. (1973). "On Long-Term Mortality Trends in the United States, 1850–1968." *Demography* 10, no. 3: 405–19.

Rattner, Steven. (2014). "The Myth of Industrial Rebound," *The New York Times Sunday Review*, January 26, p. 1.

Reardon, Sean, and Bischoff, Kendra. (2011). "Income Inequality and Income Segregation," *American Journal of Sociology* 116, no. 4 (January): 1092–1153.

Reed, Robert C. (1968). *Train Wrecks: A Pictorial History of Accidents on the Main Line.* Seattle, WA: Superior Publishing Company.

Rees, Albert. (1961). *Real Wages in Manufacturing: 1890–1914.* Princeton, NJ: Princeton University Press for NBER.

Reiser, Stanley Joel. (1978). *Medicine and the Reign of Technology.* Cambridge, UK/New York: Cambridge University Press.

Remnick, David. (2011). "When the Towers Fell," *The New Yorker*, September 18, pp. 21–23.

Renne, Roland R. (1960). "Land-Grant Instituions, the Public, and the Public Interest," *Annals of the American Academy of Political and Social Science* 331 (September): 46–51.

Reynolds, Handel. (2012). *The Big Squeeze: A Social and Political History of the Controversial Mammogram.* Ithaca, NY: Cornell University Press.

Riis, Jacob August. (1890/1970). *How the Other Half Lives; Studies among the Tenements of New York.* Cambridge, MA: Belknap Press of Harvard University Press, 1970.

Ristuccia, Christiano Andrea, and Tooze, Adam. (2013). "Machine Tools and Mass Production in the Armaments Boom: Germany and the United States, 1929–44," *Economic History Review* 66, iss. 4 (November): 953–74.

Rockoff, Hugh. (1990). "The Wizard of Oz as a Monetary Allegory," *Journal of Political Economy* 98 (August): 739–60.

Roell, Craig H. (1989). *The Piano in America, 1890–1940.* Chapel Hill: University of North Carolina Press.

Root, Waverly, and de Rochemont, Richard. (1981). *Eating in America: A History.* Hopewell, NJ: The Ecco Press.

Rosen, George. (1958). *A History of Public Health.* Baltimore, MD: The Johns Hopkins University Press.

Rosen, Sherwin. (1981). "The Economics of Superstars," *American Economic Review* 71, no. 5: 845–58.

Rosen, Sherwin. (1988). "The Value of Changes in Life Expectancy," *Journal of Risk and Uncertainty* 1: 285–304.

Rosenzweig, Roy. (1983). *Eight Hours for What We Will: Workers and Leisure in an Industrial City, 1870–1920.* New York: Cambridge University Press, 1983.

Rothstein, William G. (1972). *American Physicians in the Nineteenth Century: From Sects to Science.* Baltimore, MD/London: The Johns Hopkins University Press.

Roubini, Nouriel. (2014). "Rise of the Machines: Downfall of the Economy?" *Nouriel Unplugged: Economic Insights of a Global Nomad*, blog post, December 8.

Rubin, Robert E. and Turner, Nicholas. (2014). "The Steep Cost of America's High Incarceration Rate," *Wall Street Journal*, December 26.

Rus, Daniela. (2015). "The Robots Are Coming: How Technological Breakthroughs Will Transform Everyday Life," *Foreign Affairs* (July/August): 2–7.

Rybczynski, Witold. (1995). "How to Build a Suburb," *The Wilson Quarterly* 19, no. 3 (summer): 114–26.

Sahadi, Jeanne. (2013). "America's Debt: The Real Medicare Spending Problem," *CNN* 7 (February).

Sandler, Martin W. (2003). *Straphanging in the USA: Trolleys and Subways in American Life.* New York/Oxford, UK: Oxford University Press.

Santana, Arthur D., Livingstone, Randall, and Yoon Cho. (2011). *Medium Matters: Newsreaders' Recall and Engagement with Online and Print Newspapers.* Unpublished doctoral dissertation. Eugene: University of Oregon.

Sass, Steven. (1997). *The Promise of Private Pensions.* Cambridge, MA: Harvard University Press.

Sawyer, E. W. (1936). *Automobile Liability Insurance: An Analysis of National Standard Policy Provisions.* New York/London: McGraw-Hill.

Schlereth, Thomas J. (1991). *Victorian America: Transformations in Everyday Life, 1876–1915.* New York: HarperCollins Publishers.

Schmidt, Charles W. (2012). "CT Scans: Balancing Health Risks and Medical Benefits," *Environmental Health Perspectives* 120, no. 3 (March): A118–A121.

Schneider, Arthur. (1997). *Jump Cut! Memoirs of a Pioneer Television Editor.* Jefferson, NC: McFarland.

Schwartz, Nelson D., and Cohen, Patricia. (2014). "Falling Wages at Factories Squeeze the Middle Class," *The New York Times*, November 21, p. 1.

Schweber, Bill. (1997). "The Transistor at 50: Not Even Considering Retirement," *EDN* 42, no. 26 (December 18): 83–86.

Sears, Roebuck Catalogue. (1902). Introduction by Cleveland Amory. New York: Bounty Books.

Sears, Roebuck Catalogue. (1908). Joseph J. Schroeder Jr., ed. Chicago, IL: Follett Publishing.

Sears, Roebuck Catalogue. (1927). Alan Mirken, ed. New York: Bounty Books.

Seburn, Patrick. (1991). "Evolution of Employer-Provided Defined Benefit Pensions," *Monthly Labor Review* (December): 16–23.

Secunda, Eugene. (1990). "VCRs and Viewer Control Over Programming: An Historical Perspective," in Julia R. Dobrow, ed., *Social and Cultural Aspects of VCR Use*. Hillsdale, NJ: Lawrence Erlbaum Associates, Inc.

Seligman, Edwin R. A. (1927). *The Economics of Installment Selling: A Study in Consumer Credit with Special Reference to the Automobile*. 2 vols. New York: Harper and Brothers.

Severson, Robert F. Jr. (1960). "The American Manufacturing Frontier, 1870–1940." *The Business History Review* 34, no. 3: 356–72. www.jstor.org/stable/3111880.

Shanabruch, Charles. (2003). "Building and Selling Chicago's Bungalow Belt," in Pacyga and Shanabruch, eds. (2003), pp. 53–74.

Shaw, William H. (1947). *Value of Commodity Output since 1869*. New York: National Bureau of Economic Research.

Shergold, Peter R. (1962). *Working Class Life: The "American Standard" in Comparative Perspective, 1899–1913*. Pittsburgh, PA: University of Pittsburgh Press.

Sichel, Daniel. (2011). "What Happened to Prices of Simple, General-Purpose Products over the Centuries: Nails and Screws since about 1700." Federal Reserve Board working paper, September.

Siegel, Lee. (2008). "Why Does Hollywood Hate the Suburbs?" *Wall Street Journal*, December 27–28, p. W4.

Silverman, Arnold, and Schneider, Linda. (1991). "Suburban Localism and Long Island's Regional Crisis," in *Built Environment* 17, nos. 3/4: 191–204.

Simon, Ruth, and Barr, Caelainn. (2015). "Endangered Species: Young U.S. Entrepreneurs," *Wall Street Journal*, January 2, A1.

Simpson, William R., Simpson, Florence K, and Samuels, Charles. (1954). *Hockshop*. New York: Random House.

Sinclair, Upton. (1906). *The Jungle*. New York: Doubleday, Page & Co.

Smil, Vaclav. (2005). *Creating the Twentieth Century: Technical Innovations of 1867–1914 and Their Lasting Impact*. New York/Oxford, UK: Oxford University Press.

Smith, Page. (1984). *The Rise of Industrial America: A People's History of the Post-Reconstruction Era*. New York: McGraw-Hill.

Snow, Richard. (2013). "Henry Ford's Experiment to Build a Better Worker," *Wall Street Journal*, May 10, p. B1.

Snyder, T. D., and Dillow, S. A. (2013). *Digest of Education Statistics*. Washington, DC: National Center for Education Statistics.

Solow, Robert M. (1957). "Technical Change and the Aggregate Production Function," *Review of Economics and Statistics* 39: 312–20.

Solow, Robert M. (1987). "We'd Better Watch Out," *The New York Times*, July 22.

Soltow, Lee and Edward Stevens. (1981). *The Rise of Literacy and the Common School in the United States: A Socioeconomic Analysis to 1870*. Chicago, IL: University of Chicago Press.

Sonoc, Scott. (2003). "Defining the Chicago Bungalow," in Pacyga and Shanabruch (2003), pp. 8–30.

Span, Christopher. (2009). *From Cotton Field to Schoolhouse*. Chapel Hill: The University of North Carolina Press.

Spigel, Lynn. (1992). *Make Room for TV: Television and the Family Ideal in Postwar America*. Chicago, IL: University of Chicago Press.

"Spotify." (2013). *Music Week* 4 (March 1).

Staehler, R. E., and Hayward Jr., W. S. (1979). "Traffic Service Position System No. 1 Recent Developments: An Overview," *Bell System Technical Journal* 58, no. 6: 1109–18.

Starr, Paul. (1977). "Medicine, Economy and Society in Nineteenth-Century America," *Journal of Social History* 10, no. 4 (summer): 588–607.

Starr, Paul. (1982). *The Social Transformation of American Medicine*. New York: Basic Books.

Steckel, Richard H. (2008). "Biological Measures of the Standard of Living," *Journal of Economic Perspectives* 22, no. 1 (winter): 129–52.

Steckel, Richard H., and White, William J. (2012). "Engines of Growth: Farm Tractors and Twentieth-Century U.S. Economic Welfare." Northwestern University working paper, February 9.

Steele, Valerie. (1997). *Fifty Years of Fashion: New Look to Now.* New Haven, CT/London: Yale University Press.

Steele, Volnay. (2005). *Bleed, Blister, and Purge: A History of Medicine on the American Frontier.* Missoula, MT: Mountain Press Publishing Company.

Steiger, Paul E. (2007). "Read All about It: How Newspapers Got into Such a Fix, and Where They Go from Here," *The Wall Street Journal,* December 29, pp. A1, A8.

Stelter, Brian. (2013). "As DVRs Shift TV Habits, Ratings Calculations Follow," *The New York Times,* October 6.

Sterling, Christopher H., and Kittross, John M. (1990). *Stay Tuned: A Concise History of American Broadcasting.* Belmont, CA: Wadsworth Publishing Company.

Stevens, Rosemary. (1989). *In Sickness and in Wealth: American Hospitals in the Twentieth Century.* New York: Basic Books.

Stevenson, Robert Louis. (1892). *Across the Plains with Other Memories and Essays.* New York: C. Scribner's Sons.

Stilgoe, John R. (2007). *Train Time: Railroads and the Imminent Reshaping of the United States Landscape.* Charlottesville/London: University of Virginia Press.

Stone, Mildred F. (1942). *A Short History of Life Insurance.* Indianapolis, IN: The Insurance Research and Review Service.

Stotz, Louis. (1938). *History of the Gas Industry.* New York: Stettiner Bros.

Strasser, Susan. (1982). *Never Done: A History of American Housework.* New York: Pantheon.

Streightoff, Frank Hatch. (1911). *The Standard of Living among the Industrial People of America.* Boston, MA: Houghton Mifflin, 1911.

Stross, Randall. (2007). *The Wizard of Menlo Park: How Thomas Alva Edison Invented the Modern World.* New York: Crown Publisher

Stroud, Hubert. (1995). *The Promise of Paradise: Recreational and Retirement Communities in the United States since 1950.* Baltimore, MD: Johns Hopkins University Press.

Sullivan, Bob. (2008). "Cable TV: King of Misleading Come-ons," *MSNBC.com,* January 28.

Taft, Philip. (1983). "Workers of a New Cenury," in Richard B. Morris, ed., *A History of the American Worker.* Princeton, NJ: Princeton University Press, pp. 115–50.

Tarbell, Ida M. (2005). *The History of the Standard Oil Company.* New York: McClure, Phillips & Company.

Tavernise, Sabrina. (2013). "Joblessness Shortens Lifespan of Least Educated White Women, Research Says," *The New York Times,* May 30.

Tavernise, Sabrina, and Gebeloff, Robert. (2014). "Smoking Proves Hard to Shake among the Poor," *The New York Times,* March 25, pp. A1, A17.

Taylor, Timothy D., Katz, Mark, and Grajeda, Tony. (2012). *Music, Sound, and Technology in America: A Documentary History of Early Phonograph, Cinema, and Radio.* Durham, NC/London: Duke University Press.

Tebbel, John William. (1972). *History of Book Publishing in the United States.* New York: R. R. Bowker and Co.

"Television Facts and Statistics—1939 to 2000" (2001). *TVHistory.tv.* http://tvhistory.tv/facts-stats.htm.

Temin, Peter. (1980). *Taking Your Medicine: Drug Regulation in the United States.* Cambridge, MA/London: Harvard University Press.

Thernstrom, Stephan. (1964). *Poverty and Progress: Social Mobility in a Nineteenth Century City.* Cambridge, MA: Harvard University Press.

Thomas, Gordon, and Witts, Max Morgan. (1971). *The San Francisco Earthquake.* New York: Stein and Day.

Thomas, Monifa. (2013). "Renewed Call for a Level 1 Trauma Center at University of Chicago Hospital," *Chicago Sun-Times.com,* May 28.

Thompson, John D., and Goldin, Grace. (1975). *The Hospital: A Social and Architectural History.* New Haven, CT: Yale University Press.

Thompson, Robert L. (1947). *Wiring a Continent: The History of the Telegraph Industry in the United States, 1832–1866.* Princeton, NJ: Princeton University Press.

Totty, Michael. (2002). "Have We Been Here Before? A Look at How the Internet Is Similar to—and Different from—Landmark Inventions of the Past," *Wall Street Journal* (July 15), R13–R14.

Towne, Mavin, and Rasmussen, Wayne. (1960), "Farm Gross Product and Gross Investment in the Nineteenth Century," in Trends in the American Economy in the Nineteenth Century, The Conference on Research in Income and Wealth. Princeton, NJ: Princeton University Press for NBER.

Troesken, Werner. (2002). "The Limits of Jim Crow: Race and the Provision of Water and Sewerage Services in American Cities, 1880–1925." *The Journal of Economic History* 62, no. 3: 734–72.

Tuomi, Ilika. (2002). *Networks of Innovation: Change and Meaning in the Age of the Internet.* Oxford, UK/New York: Oxford University Press.

Turneaure, F. E., and Russell, H. L. (1940). *Public Water Supplies.* New York: John Wiley & Sons.

"TV Basics: A Report on the Growth and Scope of Television" (2012). *Television Bureau of Advertising, Inc,* June.

Twitter, Inc. (2014). "About: Company." *Twitter.com.* https://about.twitter.com/company.

U.S. Census Bureau. (2012/2013). "Computer and Internet Access in the United States."

U.S. Food and Drug Administration. (2013). "Summary of NDA Approvals & Receipts, 1938 to the Present," *FDA.gov.* www.fda.gov/AboutFDA/WhatWeDo/History/ProductRegulation/SummaryofNDAApprovalsReceipts19.

Usher, Dan. (1973). "An Imputation of the Measure of Economic Growth for Changes in Life Expectancy," in Milton Moss, ed., *The Measurement of Economic and Social Performance,* Studies in Income and Wealth, vol. 38. New York: Columbia University Press for NBER, 193–225.

Van Gelder, Lawrence. (2002). "Milton Berle, TV's First Star as 'Uncle Miltie,' Dies at 93," *The New York Times,* March 28.

Vietor, Richard H. K. (2000), "Government Regulation of Business," in Engerman and Gallman, eds. (2000b), pp. 969–1012.

Vijg, Jan. (2011). *The American Technological Challenge: Stagnation and Decline in the 21st Century.* New York: Algora Publishing.

VISA, Inc. (2013). "VisaNet: The Technology behind Visa."

Vogel, Morris J. (1980). *The Invention of the Modern Hospital: Boston 1870–1930.* Chicago, IL: The University of Chicago Press.

Volti, Rudi. (2004). *Cars and Culture: The Life Story of a Technology.* Westport, CT: Greenwood Press.

Walters, Pamela Bernhouse, and O'Connell, Philip J. (1988). "The Family Economy: Work and Educational Participation in the United States, 1890–1940." *American Journal of Sociology* 93, no. 5 (March): 1116–52.

Walton, Francis. (1956). *Miracle of World War II: How American Industry Made Victory Possible.* New York: The Macmillan Company.

Warburton, Clark. (1932). *The Economic Results of Prohibition.* New York: Columbia University Press.

Watkins, John Elfreth Jr. (1900). "What May Happen in the Next Hundred Years," *Ladies Home Journal,* November, p. 8.

Weaver, William W. (2010). *Culinary Ephemera: An Illustrated History.* Berkeley: University of California Press.

Weiman, David F., and Levin, Richard C. (1994). "Preying for Monopoly? The Case of the Southern Bell Telephone Company, 1894–1912," *Journal of Political Economy* 102, no. 1 (February): 103–26.

Weintraub, David. (1939). "Effects of Current and Prospective Technological Developments upon Capital Formation," *American Economic Review* 29 (March): 15–32.

Wells, Christopher. (2007). "The Road to the Model T: Culture, Road Conditions, and Innovation at the Dawn of the American Motor Age," *Technology and Culture* 48, no. 3 (July): 497–523.

Welty, Eudora. (1984). *One Writer's Beginnings.* Cambridge, MA/London: Harvard University Press.

Wertz, Richard W., and Dorothy C. (1977). *Lying-In: A History of Childbirth in America.* New York: The Free Press.

Wessel, David. (2007). "Lack of Well-Educated Workers Has Lots of Roots, No Quick Fix," *The Wall Street Journal,* April 19, pp. 1–2.

Wexler, Alexandra. (2014). "Cotton's Crown Threatened by Manmade Fibers," *Wall Street Journal,* April 25, p. B1.

White, Joseph B. (2014). "Detroit Gallops Again," *Wall Street Journal,* p. B5.

White, Richard. (2011). *Railroaded: The Transcontinentals and the Making of Modern America.* New York: Norton.
Wiedemann, H. R. (1994). "Sidney Farber," *European Journal of Pediatrics* 153, no. 4 (April): 223.
Wickstrom, Andy. (1986). "Statistics Support the Love Affair with the VCR," *Philadelphia Inquirer*, May 11.
Wilcox, James A. (1984). "Automobile Fuel Efficiency: Measurement and Explanation," *Economic Inquiry* 22 (July): 375–85.
Winnick, Louis. (1957). *American Housing and Its Use: The Demand for Shelter Space.* New York: John Wiley & Sons, inc.
Winship, Scott. (2012). "Bogeyman Economics," *National Affair* no. 10 (winter): 3–21.
Wood, Edith Elmer. (1919). *The Housing of the Unskilled Wage Earner: America's Next Problem.* New York: MacMillan.
Wood, Edith Elmer. (1931). *Recent Trends in American Housing.* New York: MacMillan.
Wright, Russell O. (2004). *Chronology of Communications in the United States.* Jefferson, NC: McFarland.
Yates, JoAnne. (1999). "The Structuring of Early Computer Use in Life Insurance," *Journal of Design History* 12, no. 1: 7–20.
Young, David M. (1998). *Chicago Transit: An Illustrated History.* DeKalb: North Illinois University Press.
Young, William H, with Young, Nancy K. (2002). *The 1930s.* Westport, CT/London: The Greenwood Press.
Yount, Lisa. (2001). *Patients' Rights in the Age of Managed Health Care.* New York: Facts on File, Inc.
Zickhur, Kathryn, and Rainie, Lee. (2014). "e-Reading Rises as Device Ownership Jumps," Pew Research Internet Project, January 16.
Zumbrun, Josh. (2014). "Market Missteps Fuel Inequality," *Wall Street Journal,* October 27, p. A2.

译校者的话

译稿终于出手，顿感如释重负。近年来，为提高年轻科研人员的科研能力，我在所里组织多位青年科研骨干翻译一些材料，其中有些译稿刊登在《比较》上。2015 年 10 月，受《比较》编辑吴素萍女士之约翻译此书。我原以为该书多叙述历史资料，翻译当容易，结果至今才脱稿出手。原因固然很多，包括多位译者同时承担大量的研究工作，分身乏术，包括有些概念没有一一对应的词汇，需要很多时间琢磨，包括有些名称是历史性的，甚至是一次性的，现在难以找到合适的译法。在翻译过程中，该书 2016 年在美国出版，好评如潮，这既给译校者增加了动力，也增添了很多压力，大家愈发感到要交出一部高质量的译稿。

该书所描述的，是美国经济增长的起落，也如其副标题所言，是美国 1870 年以来生活水平的变化。1870 年以来，特别是在 1870—1970 年间，美国的生活水平从多个维度看都发生了翻天覆地的变化。衣物不再在家中缝制，而从商店购买。食品因冷藏技术、电冰箱的出现而呈现多样性、反季节性。住宅人均面积呈增加之势，厨房现代电气设备得到普遍安装。住宅实现了网络化，电、燃气、上下水管道普遍安装。由靠马和马车出行，到发明了汽车，出现了火车、飞机，速度和时空发生巨大变化。1870 年至 1970 年科技进步步伐迅速，第二次工业革命从各个方面影响了美国人民的生活水平，其中最为突出的是人均预期寿命的提高。戈登教授通过大量统计资料和故事，说明许多影响是多维进步带来的。以人均预期寿命为例，它来自医疗技术的进步，如青霉素和其他抗生素，来自现代医疗文明的进步，如巴斯德细菌致病论，更来自影响生活水平的其他维度的进步，如食品因技术进步而不再易腐，不再易致菌，自来水的到来使饮用水更加洁净，下水道的安装使用更是减少了污染和蚊蝇。作者不仅关注一些伟大发明，也关注容易被人忽略但意义重大的进步，如他提到了纱窗，19 世纪发明的纱窗隔开了蚊蝇每天多次来往于餐桌和户外厕所，减少了污染。作者还提到人们生活方式的变化，如对细菌的关注养成了卫生习惯。美国吸烟率的下降降低了脑血管疾病和癌症。不仅生活条件进步迅速，工作环境也因技术进步、产业结构变化而日渐改善，重体力、出大力流大汗的时代日渐远去。所有这些，都推动了美国人均预期寿命的提高。

在这里，我们看到市场监管的进步。曾几何时，美国食品加工业乱象横生，食品掺假，牛奶兑水，过量化学制剂，我们似曾相识的许多食品加工厂的“黑心”行为在这里都出现过，新闻出版界的直面揭露，让这些肮脏行为一下子暴露在公众和决策者目光之下。西奥多·罗斯福总统早餐时看到《屠场》中描述的芝加哥食品加工厂如何将变质的猪肉制成香肠等，当即就把口里的肉肠吐了出去，并立即启动对食品加工厂、在工厂的联邦食品监管员一系列行为的调查，催生了《洁净食品法案》和食品监管机构——美国食品药品管理局。

在这里，我们看到经济增长轨迹的变化。作者指出，美国的人均产出从最初半个世纪（1870—1920 年）的增长，到随后半个世纪（1920—1970 年）的加快增长，并在最后大约半个世纪（1970—2014 年）缓慢增长。全要素生产率的增长模式与此相同，在 1920—1970 年呈加速之势，在 1970—2014 年出现减速，1970 年之后的增长率只是 1920—1970 年的 1/3。20 世纪末以信息通信技术（ICT）为代表的第三次工业革命，给全球经济社会、政治军事等各个方面都带来巨大的变化。但在作者看来，与第二次工业革命对人类生活诸多维度的影响相比，以信息通信技术为代表的工业革命，其影响维度要少得多，只是给娱乐、通信和信息等少数行业带来革命性的变化。也正因如此，作者明确提出疑问：这次工业革命能媲美 19 世纪的伟大发明吗？答案也是否定的。信息通信技术对经济发展的持续影响要短得多。作者认为，也正因为如此，1970 年之后美国的人均产出和时均产出增长开始减速。

对于美国未来的增长前景，作者持悲观态度，他认为，不平等、教育、人口结构和财政这四种阻力将共同发挥作用，未来99%的底层收入人群可支配收入的增长将难以为继，经济增长不容乐观。其中，不平等阻力是指不平等现象加剧，占美国人口1%的顶层收入阶层在整个国民收入的比重不断增加，中产阶层和底层阶层收入不断降低。教育阻力是指学历的回报可能无法抵消学业贷款，教育程度的提高并不能像以前那样快速推动生产率的提高。人口阻力是指人均工作时间减少，总体劳动参与率下降。财政阻力是指联邦政府的债务与GDP的比值将会扩大，政府因此将会采取减少福利、增加税收的政策，从而减缓个人可支配收入的未来增长。针对这些方面的问题，作者在后记中提出了有针对性的政策建议，但他也断言，未来一代的美国人将会发现，他们今后的生活可能不会比其父辈更好。

改革开放40年来，我国经济社会发生了翻天覆地的变化，我们用不到40年的时间走过了美国一百多年的历程。改革开放前普遍缺衣少食，空室蓬户，如今食品丰富多样，家用电器迅速普及，居住条件和工作条件迅速改善，人均寿命大幅度提高，这些都是世人瞩目的巨大成就。我们也曾经历，有的还在经历，假冒伪劣、苏丹红、地沟油、毒大米、瘦肉精猪肉。政府的食品卫生监管体系也在进步，但更需要完善。我们经历了生活条件的改善，经历了城镇化，经历了产业结构升级，教育程度明显提高，也正在经历着雾霾加重、不平等加剧，“富裕病”（肥胖症、糖尿病、冠心病等）增加。我们经历了30多年的高速增长，也正在进入经济新常态，增长放缓，增长动能不足。经济社会可持续发展，需要主要动能做哪些维度的转变？在技术方面，我们用尽了工业革命的潜能和潜在增长空间，需要新的革命性创新吗？在增长主体方面，是否政府主导的增长模式优势不再，怎样发挥市场在资源配置中的决定作用？在要素供给方面，是否从依靠人力物力资金的规模扩张，转向依靠质量提升，如何加大供给侧结构性改革力度，消除妨碍质量提升的制度障碍？在当代中国，创新已经成为国家战略，已经成为社会的共识，互联网革命正在深刻改变着经济社会，改变着人们的联系方式，但正如书中强调的，有一点似乎是肯定的，与第二次工业革命相比，互联网革命对经济发展影响的维度和深度要小得多。如何全面落实新发展理念，推动发展方式转变，实现经济社会可持续发展，如何重塑实体经济，推动产业结构转型升级，都是经济增长理论与政策亟须回答的问题。

所有这些都似乎表明，不仅所有幸福的家庭都是类似的，不幸的家庭也有类似的不幸。“他山之石，可以攻玉”，美国快速发展过程中的经历对于有着类似经历的我们具有明显的启示。作者预测美国的下一代可能不会比当代美国人生活得更好，对于面临类似发展问题的我们而言，下一代的幸福感如何比我们 20 世纪 60 年代出生的这一代人的幸福感更强，值得研究。

对于经济发展过程中制度因素的影响，该书并未特别强调，但我们从有关内容看到，改变美国的几大事件，无论是芝加哥食品加工厂的混乱，还是三角纺织厂的大火，都影响到制度。无论是对于正常生活需要的衣食住行，还是对于社会稳定需要的劳资关系、民族和谐，很多方面最后都形成制度的支撑。有些可能是成功的，推动了社会的进步，包括《国家劳资关系法案》、《退伍军人权利法案》，包括食品监管法律与监管体系，有些则是问题重重，包括近 50 年来的不平等加剧，如社会保障体系的建设。

本书译稿是集体劳动的成果。第 13 章由同济大学材料科学与工程学院的银清扬同学翻译，其他部分均由体改所同仁翻译，其中前言、第 1 章、第 2 章和第 3 章，由孙凤仪博士翻译，第 4 章、第 5 章和第一部分与第二部分之间的间奏曲及致谢，由赵栩博士翻译，第 6 章、第 7 章及数据附录，由张林山博士翻译，第 8 章、第 9 章和第 15 章由张璐琴博士翻译，第 10 章、第 11 章和第二部分与第三部分之间的间奏曲，由刘现伟博士翻译，第 12 章和第 14 章由蒋同明博士翻译，第 16 章和第 17 章由李晓琳助理研究员翻译，第十八章由李叶妍博士翻译。李振京研究员初较了第 4 章和第 5 章，银温泉校对了全部译稿并翻译了附录。在译校过程中，得到许多专家学者的帮助，其中特别需要提到的是香港理工大学许心鹏教授、中国建设银行黄志凌博士、中国银河金融控股有限公司徐旭博士、国家发改委综合运输研究所吴文化研究员、国家发改委体改所史立新副研究员。另外，戈登教授也对翻译中遇到的有关问题给予解答。对于翻译团队，对于帮助者，我在这里一并表示感谢。同时，还要诚恳地感谢吴素萍女士和出版社的各位编辑，感谢她（他）们的督促、时间上的宽容和细心。当然，对于翻译中可能出现的错误，概由译校者负责。

银温泉

2017 年 11 月于北京南草厂街 1 号